suhrkamp taschenbuch 1419

Reinhold Schneider
Gesammelte Werke
Im Auftrag der
Reinhold Schneider-Gesellschaft
herausgegeben von
Edwin Maria Landau

Neunter Band

Reinhold Schneider, geb. 1903 in Baden-Baden, gest. 1958 in Freiburg/Breisgau, lebte zunächst als kaufmännischer Übersetzer in Dresden. Unter dem Eindruck des spanischen Existenz-Philosophen Miguel de Unamuno unternahm er zwei längere Reisen nach Portugal und Spanien, wo er seine ersten frühen Hauptwerke als historiographischer Schriftsteller konzipierte *(Camões. Philipp II.).* 1933 bis 1937 arbeitete er als freier Schriftsteller in Potsdam und ab 1938 in Freiburg/Brsg. Gegen Ende des Krieges wurde Schneider, der den Nationalsozialismus aus einer in schwerer Zeit errungenen christlich-humanistischen Position verwarf, wegen Hochverrats angeklagt. 1956 wurde ihm der Friedenspreis des Deutschen Buchhandels verliehen.

»Dichter kommen entweder zu früh oder zu spät, vorzubereiten, was vergänglich und vielleicht vergangen ist, sie stehen in einem merkwürdigen, aber unberechenbaren Zusammenhang mit dem Volksgeschick.« Eine Grundüberlegung des Dichters, die selbst in der Auswahl noch erkennen läßt, welche Beweggründe in jedem einzelnen Fall zur Auseinandersetzung herausforderten, die immer wieder zu überraschenden Charakterisierungen führt. Nicht zuletzt auch deshalb, weil sich Reinhold Schneider die Frage stellt, warum die Leitbilder aus der deutschen Klassik und Nachklassik so erschreckend versagt haben, ja, daß in ihrem Zeichen die ungeheuerlichsten Schreckenstaten verübt wurden. Aus welchen Kräften und Gegenkräften die Zeit sich speiste, darüber sich Rechenschaft abzulegen, war der Sinn dieser Studien.

Reinhold Schneiders Werke in Einzelausgaben erscheinen – basierend auf der Ausgabe Reinhold Schneider, *Gesammelte Werke* (1977–1982) – in der Reihe *suhrkamp taschenbücher.*

Reinhold Schneider
Dem lebendigen Geist

Auswahl und Nachwort von
Carsten Peter Thiede

Suhrkamp

Der Text folgt der Ausgabe Reinhold Schneider, Gesammelte Werke,
Insel Verlag, Frankfurt am Main 1977–1982, Band 6

suhrkamp taschenbuch 1419
Erste Auflage 1987

Lizenzausgabe mit freundlicher Genehmigung des
Insel Verlags, Frankfurt am Main
Suhrkamp Taschenbuch Verlag

Druck: Nomos Verlagsgesellschaft, Baden-Baden
Printed in Germany
Umschlag nach Entwürfen von
Willy Fleckhaus und Rolf Staudt

1 2 3 4 5 6 – 92 91 90 89 88 87

Inhalt

Religion und Philosophie

Begegnung mit Kierkegaard · Unamuno: Zu seinen Briefen
Pascals Drama · Das ungelöste Problem: Goethes Glaube

BEGEGNUNG MIT KIERKEGAARD

Der große Däne hat zweimal zu mir gesprochen, in ganz verschiedenen Phasen meines Lebens, jedesmal in einer Krise, zuerst vor fast dreißig Jahren, am wirren Anfang meines Weges, und dann fünfundzwanzig Jahre später. Auf einem seltsamen Umweg – und zwar über Spanien – erreichte er mich das erste Mal; die ungesuchten, die völlig überraschenden Begegnungen erweisen sich ja meist als die sinnreichsten. Ich war leidenschaftlich mit den Schriften des Basken Unamuno beschäftigt, der so viel an unerschrockener Existenz und an Wagemut vorweggenommen hat, was dann von Systematikern verbreitert oder zerredet wurde. Nun, dieser wieder auferstandene Don Quijote, der auf scharfem Felsengrate zwischen Glaube und Unglaube dahinritt, wurde für mich zum Erwekker und zur Geißel; er sagte mir jede Stunde, daß ich in der bisherigen Enge und Gedrücktheit mein Leben nicht verbringen dürfe; daß ich endlich das Dasein wagen solle – und sei es auch ein Unmögliches. Ich hielt mich damals für glaubenslos; erst später begriff ich, daß es die *religiöse* Sprache Unamunos war, die mich bezwungen hatte, nicht seine Philosophie, sondern die Wahrhaftigkeit, mit der er auf seiner Verzweiflung seinen Glauben gründete, in der spanischen Felsenlandschaft, vor dem Nichts, in der Estremadura. Oft redet Unamuno auf seine leidenschaftliche Art einen fernen Bruder an: el hermano Kierkegaard, den Bruder Kierkegaard; in den spanischen Texten stehen dänische Zitate. In der Tat: es ließe sich oft schwer entscheiden, ob Unamuno stärker bewegt ist von Teresa von Ávila oder von dem extremen dänischen Protestanten; bei äußerster Verschiedenheit ist den dreien etwas gemeinsam; es ist das leidenschaftliche »für immer«, der Hunger nach Unsterblichkeit, Glaube aus einem fast zerstörenden

Verlangen, aus einem Nichts, einer Negation; es ist die Ehre der Spanier, auf die Kierkegaard einmal hinweist: eine tragische Ehre. Wenigstens habe ich das damals so empfunden. Ich besitze noch »Die Stadien auf dem Lebensweg« in der wohl anfechtbaren Ausgabe von Christoph Schrempf. Heute habe ich den Band nach so vielen – und welchen Jahren! – zum erstenmal wieder aufgeschlagen. Damals trug ich ihn in jeder Straßenbahn, auf jedem Zuge mit mir herum, unablässig grübelnd über einen Durchbruch, einen Weg ins Freie aus einem verhaßten Beruf, über einen wirklichen Einsatz des Daseins. Ich sehe die Striche, die Anmerkungen an, die dann und wann auf Schriften und Dichtungen Unamunos verweisen – und ich bin noch einmal, der ich war. »O Tod«, schreibt der Däne, in der Verkleidung des Fraters Taciturnus, einer seiner unzähligen Verkleidungen: »ich glaube, man tut dir unrecht. Welche Bedeutung kannst du nicht dem Leben geben.« Das ist genau die Stelle, wo ich lernte, ja zu sagen, wo die Verzweiflung, die Schwermut hinüberzwangen in das Tun, wo die Passion aktiv werden mußte. Doch sind das keine Abstraktionen; es ist ein Entschluß; er wurzelt in der tragischen Beziehung zwischen Mann und Frau. Welche Eingeständnisse Kierkegaards! Über ihnen steht die schmerzliche und doch so stolze Frage: »Darf ein Grenzwächter verheiratet sein?« Und dann die rettende Einsicht: »Das Unsterblichkeitsbewußtsein muß sich auf das Negative gründen.« Und: »Das Dasein kann mit dem Tode nicht zu Ende sein; ich fordre eine Replik.« Er fordert sie aus seinem besonderen Verhältnis zur Frau. Denn das Wesentliche dieser Beziehung ist die Verweigerung, die Unerreichbarkeit, die Idealität, und das heißt: das ganz Reale, der religiöse Grund. So erkennt er: »Ein negatives Verhältnis zu einem Weibe weckt im Manne das Unendliche.« Und das ist offenbar sein Weg aus der Krise, der einen in die andere. Denn nun wird er ganz sicher. Hier ist der Satz angestrichen: »Ich erfasse es: auch mein Leben drückt eine Idee aus, wenn ihr mich auch nicht versteht.«

Das muß damals die Rettung für mich gewesen sein. Noch einmal wird vom Manne in der Beziehung zur Frau gesagt: »Denn er hat sein Leben in der Vernichtung dessen, worin sie ihr Leben hat.« Und dann die Verpflichtung: Es ist für das unechte Metall »ein tragischer Fall«, daß es für einen Augenblick als echt angesehen werden kann. Nur eins ist zu fürchten: die »unwahre Existenz«. Das ist »die Hauptsache für den, der etwas auf sich hält«. Darum die Absage an den Erfolg. Wer auf den Erfolg sieht, »wird von der Schlange gebissen: vergiftet durch den irdischen Sinn, ist er vergiftet für Zeit und Ewigkeit«.

Das ist die Brücke zur zweiten Begegnung nach fünfundzwanzig Jahren in einer völlig veränderten Welt. Ich meinte, lange den Glauben gefunden zu haben, hatte ihn bekannt. Aber immer heftiger peinigte mich die Frage, was an diesem Glauben Konvention war; ob der »Erfolg« gar etwas mit ihm zu tun hatte; immer schwerer fiel es und fällt es mir, mich Christ zu nennen. Ist das nicht der tragische Fall des unechten Metalles? Und nun endlich redete die »Einübung im Christentum« zu mir. Wieder zitiere ich angestrichene Stellen: »Man hat vollständig vergessen, was existieren heißt.« »Die meisten Menschen existieren im tieferen Sinne gar nicht.« Und wieder die Frage zwischen Wahrheit und Liebe: »Die Kollision entsteht dann, wenn man aus Liebe zu einem anderen Menschen eine Innerlichkeit verbergen und als ein anderer erscheinen muß.« Und was ist nun Wahrheit? Nur das eine, das ganz Unfaßbar-Unmögliche, von mir nie vollzogene: »Die Situation der Gleichzeitigkeit« mit Christus, nicht Vergangenheit, nicht Zukunft, in die beide sich das Leben hinübertäuscht; das Leben sollte einzig sein Religiosität der Gegenwart, nicht Kunst, nicht Rede, sondern Sieg des Leidens Christi über uns, in unserem Schweigen. Das allein ist Existenz. Vor ihr sind Erfolg, Wirkung nicht mehr zu erörtern.

Das führt zurück zu einer der Schriften, die mich zuerst erschütterten; hier ist die Forderung ausgesprochen: das Äußerste zu tun und dann zu verstehen, daß es wenig ist, ja nichts. Darin liegt für mich die unzerstörbare Kraft Kierkegaards, der ich nie genügen konnte – und ohne die ich doch nicht wäre, der ich bin.

UNAMUNO

Zu seinen Briefen

Im Vorspiel unserer Ära gehört das Lebensdrama Miguel de Unamunos zu den erregendsten Vorgängen. Er nennt sich einmal in dem charakteristischen Selbstbewußtsein, das er gegen seine vielen Niederlagen aufbrachte, den spanischsten und europäischsten Schriftsteller. Ob er das erste wirklich war, wie es wohl den Anschein haben könnte, kann nur von Spaniern entschieden werden. Daß er die Absicht hatte, es zu sein, ist keine Frage. Ebenso gewiß ist, daß er das zweite erstrebte. Spanien in sich auf das äußerste zu intensivieren und dann in die Welt zu tragen: dies sah er stolz als seine Aufgabe an. Er wollte die Vertreter europäischen Geistes, die Völker selber aus der Kraft spanischen Erbes, seiner persönlichen radikal spanischen Existenz aufrufen zum Streit gegen Liberalismus, Pragmatik, Rationalismus, gegen die Vergötzung des Zwecks, gegen erstarrendes, in Konventionen ersterbendes Christentum, um eines Christentums aus der Wurzel willen, gegen ›den Glauben an Christus für den Glauben Christi‹. Mehr und mehr sollte sich der Streit von den äußeren Positionen unter seiner Führung nach innen bewegen. ›Nach innen!‹ ist die Devise, mit der er das ›Vorwärts!‹ des Fortschrittsglaubens, das ›Nach oben!‹ des Humanismus und Idealismus zu schlagen denkt. Nach innen: das heißt zur Selbstbegegnung und zugleich zur Konfrontation des Einzelnen mit den Problemen der Existenz.

Unamuno war Existentialist par excellence lange, ehe der Existentialismus bürgerliches Unterhaltungsthema und Inhalt theatralischer Reißer wurde. Das leidenschaftliche Eins von Denken, Leben und Einsatz war seine Natur. Der Baske hat die letzten, unausweichlichen Probleme: Tod und Unsterblichkeit eher im Schatten des Kreuzes gesehen als in seinem Licht. Um es vorweg zu nehmen: es gibt viele Aspekte des Christentums; Zeitalter, Menschen und Völker schöpfen aus dem Unerschöpflichen nach dem Maße ihres Durstes und ihres Vermögens. Es wird nur gelebt und verstanden als Antwort an eine Zeit; es formt und fordert; es bedeutet geschichtliche Existenz. Aber es wird immer gefragt werden können, ob die Konzeption Unamunos, der weder ein Theologe war noch ein Philosoph, sondern eine dichterische, von Sendungsbewußtsein durchglühte Existenz, eine unangreifbar christliche genannt werden kann, – ob er nicht zu den Brennenden und Verbrannten hinüberschweifte, die mit einer gewissen Voreiligkeit Ketzer genannt werden. Gelehrter will er noch weniger sein; ihm geht es darum, ›das Gefühl zu denken und den Gedanken zu fühlen‹. Gewiß ist das Eine: sein Leben, sein Werk sind ein religiöses Phänomen von eigentümlich-erschütternder Gewalt, auf seiner Narrheit, an der er so wenig Mangel litt wie der von ihm etwas gewaltsam interpretierte Edle von der Mancha, blitzen Reflexe der heiligen Torheit der Apostel und des ›Wahnsinns‹ der Mystiker. Don Quijote, aufgerüttelt aus dem Schlafe in den baskischen Bergen, in verbeulter, verrosteter Rüstung, auf der Mähre, die seine Unsterblichkeit teilt, heute, inmitten der Puerta del Sol, umrast von sinnlosem Verkehr, über dem Gestampfe und im Dampfe der U-Bahn: das war Unamuno und wollte es sein. Was bleibt ihm übrig, als die Lanze einzulegen und auf die lächerlichste Art alles zu attackieren, was ihn umjagt und umstarrt?

Miguel de Unamuno, der überall dort hinstob, wo gestritten wurde oder ein Streit zu entfachen war, kam aus einer ganz fernen Welt. Darum war er selber seine Partei, eine andere hatte er nicht, darum machte er sich überall Feinde, war es sein Fluch, in einer Wolke von Mißverständnissen atmen zu müssen und mehr oder weniger alle zu enttäuschen, die auf ihn hofften. Es war auch seine Eigenmächtigkeit. Ilundain, der schonungslos-kritische Freund, stellt die ›krasse Ichbezogenheit‹ des ›Typs Unamuno‹ fest: neunzig Prozent der Zeitwörter stehen in Briefen und Schriften im Indikativ Präsens und die erste Person wiederholt sich ständig bei jeder Gelegenheit. Wenn er wirklich, wie er vor einer Photographie des verjagten Königs gestanden haben soll, Alfons XIII. bekämpfte, weil er ihn aufrichtig geliebt hat, so ließe sich allenfalls von einem grandiosen Subjektivismus reden. Aber damit ist die Verantwortung für die geschichtliche Auswirkung nicht geklärt. (Im übrigen war, wenigstens lange Zeit, die Großmut auf der Gegenseite. Man konnte, zur Zeit der Monarchie, in Madrid Unamunos poetischen Bericht von seiner Flucht von Fuerteventura nach Paris kaufen, in dem die gröbsten Beschimpfungen des Königs zu lesen waren.) Einmal, im Angesichte Ávilas, stellte er sich die Frage, in welcher Epoche er am liebsten gelebt hätte? In jeder! Aber am liebsten doch im Mittelalter und in der Französischen Revolution. Heben sich die Gegensätze auf, wie so viele Urteile und Bekenntnisse Unamunos einander aufheben? Sind sie nicht zusammengeschlossen von unsichtbarer Klammer, einem Freiheitsbewußtsein, dem Durst nach Gerechtigkeit, dem Willen zur radikalen Verwirklichung des Reiches Gottes, der ja immer ein revolutionärer Wille ist? Ähnlich wie gegen den König verhielt er sich gegen die Jesuiten: er beschimpfte sie hemmungslos, aber er plante ein Buch über Ignatius.

›Kurz in Worten, lang in Taten‹, diese von ihm gerne zitierte klassische Charakteristik der Basken, wie sehr paßte sie auf Ignatius, wie wenig auf ihn!

Aber sein Denken, sein Urteilen, wie oft er sich auch irrte, geht von den Ursprüngen aus. Er hat nicht die Ursprünge bekämpft, jedenfalls nicht bekämpfen wollen, sondern die Abwandlungen, Entartungen, die Trübungen im Medium der Geschichte. Er, der nicht immer, aber doch die längste Zeit seines

Lebens gegen die Konservativen stand und darum dem Mißbrauch des von ihm verabscheuten Liberalismus und Anarchismus verfiel – während er doch nie davon abging, ›daß die religiöse Frage die Kernfrage ist‹, einen ›tief innerlichen Pessimismus‹, das tragische Lebensgefühl, die Überzeugung von der Unheilbarkeit der Welt gegen alle fortschrittlichen Versprechungen setzte und durchhielt und im übrigen überzeugt war, daß der Anarchismus ›nur den ärmsten Geistern etwas besagen kann‹, – er, der zeitlebens um sich schlug wie ein von einem Bremsenschwarm Umschwirrter, hatte ein Geheimnis in seiner Seele von Anfang, das ihn zum Bewahrer und Verteidiger, zum Kronenwächter bestimmte. Er war in einem heute kaum mehr verstandenen Sinne konservativ – und das ist eine der noch unverbrauchten Kräfte seiner Sendung – und kämpfte und irrte wirklich, weil er liebte (was natürlich seine Ausschreitungen nicht rechtfertigt). Die späte Erzählung ›San Manuel Bueno, Martir‹, gewiß eine seiner ergreifendsten, eigensten Dichtungen, spielt in dem steinernen spanischen Gebirge an einem See, und von diesem wird gesagt, daß eine Stadt in ihm versunken sei und daß in der Nacht des Sankt Johannes-Tages um zwölf Uhr die Glocken zu hören seien – una villa feudal y medieval. Und ebenso steht es mit dem Helden, dem Pfarrer, der aus Mitleid, um ›die Seelen darüber zu trösten, daß sie geboren wurden‹, die Unsterblichkeit verkündet, ohne an sie zu glauben: einfach, weil die Menschen sie brauchen, weil sie sonst nicht sein könnten, und der im Martyrium dieser Lüge geheiligt, also ohne zu glauben gerettet wird, indem er für seine Mitmenschen leidet. Auch in Manuels – in Miguels – Seele ist eine Stadt versunken, und einmal sind die Glocken zu hören. Und auch in deiner und meiner Seele, das ist die Botschaft der Glocken, ruht eine solche Stadt: sie ist der Friedhof der Väter; aller Ahnen Seelen sind in uns begraben, wollen sich melden, wollen leben in uns. Sagen wir es ruhig: es ist Ávila, die Stadt der Heiligen und der Steine, der Tränen und der Toten, die in Unamunos Seele ruht.

In der Zeit seines Aufbruchs (1899) bekannte Unamuno, daß ihm die Synthese nicht liege. ›Da ich mich unter Bejahung der Gegensätze fortentwickle, beanspruche ich für mich das Recht, mir widersprechen zu dürfen.‹ Vielleicht hat er noch nicht gewußt, wie tief der Widerspruch reichte. Stellen wir zwei Sätze aus den Jahren 1905 und 1908 einander gegenüber: ›Jeden Tag werde ich mehr zum Christen‹, und – drei Jahre später – ›Mir geht es wie Greco: je älter ich werde, um so wilder, unnachgiebiger und persönlicher werde ich.‹ Das ist die Wahrhaftigkeit des Versagens vor dem Kreuz. Ihrer müssen wir eingedenk bleiben, wenn wir die Anmaßung, die Kühnheit, die unüberwindbare Botschaft Miguel de Unamunos verstehen wollen.

Seine Aufgabe ist es, ›belebende Unruhe einzuflößen‹ – aber in ihm ist es still; er eilt von Stadt zu Stadt, von Pult zu Pult, er sagt meist das Gegenteil des Erwarteten, er liebt es, daß die Menschen sich um ihn drängen, und verübelt den Zeitungen das Schweigen mehr als die Angriffe; der Tumult, den er entfacht, tut ihm wohl, er wird des Redens, Aufpeitschens nicht müde, aber in der Nacht vielleicht schreibt er ein Sonett unter den Klängen Vinetas, der Stadt, die keinen Aufruhr kennt, der revolutionslosen Stadt. Unversehens ist Frieden im Krieg, die Gegenwart der toten Monotonie spanischer Gebirge, Leere der Estremadura, an deren hoffnungslosem Saum Don Quijote und Sancho ziehn durch untersinkendes Licht, in auswegloser Irre. Der höchsten Intensität des Lebens, und das heißt des Willens, begegnet die höchste Intensität der Verweigerung: das ist das Phänomen Unamuno. Einem jeden Ja stellt sich ein Nein entgegen, das dieses Ja, durch die Vernichtung hindurch, steigert zu höherer Bejahung. Da für ihn Siegen Besiegtwerden ist und Don Quijotes Schmach Ehre – wie für die Heiligen die Teilnahme an der Verspottung Christi Gloria ist –, so kann er wohl immerfort geschlagen, aber nicht überwunden werden. Wir werden noch sehen, daß diese Haltung in Beziehung steht zur geschichtlichen Situation Spaniens am

Ausgang des Jahrhunderts und also ins Überpersönliche führt, wie ja der ganze exzentrische Subjektivismus Unamunos plötzlich einen landes-, ja weltgeschichtlichen Aspekt annimmt: es ist die äußerste Anspannung, die bis auf den Tod gefährdete nationale und religiöse Kultur zu behaupten, Europas kostbarstes, fast vergessenes Erbe dadurch in Erinnerung zu bringen, in Gegenwart zu setzen, daß es in einem Leben, einem Werke aufflammt; vielmehr: daß sie in ihm Flamme werden, wie die dürren Zypressen, die Nietzsche auf der Höhe von Rutra, unter den ersten Wolken des Wahnsinns, in Brand steckte. Unamuno erreicht uns, indem er uns mit Dissonanzen fast vernichtet. Aber auf dieses ›fast‹ kommt alles an. Vor der äußersten Grenze, wo der Tod, das Nichts, das Nada – Unamuno feiert dieses Wort, unüberbietbaren Ausdruck des Nichts, als Geschenk Spaniens an die Welt – dem Anschein nach gewonnen haben, wo Christus anscheinend im Grabe verwest, siegt das Menschliche, der Wille, der brennende Hunger nach Unsterblichkeit.

Ist das nicht wie Verdammnis, wie Schmerzenskrampf? Aber er versichert ja, daß er von Gesundheit strotze – während der Freund Ilundain ihm vorwirft, daß ihm die ›Freude am Leben‹ fehle: doch er will ja nicht ›leben‹, er will überleben, will leben in Ewigkeit. Er preist das Glück seiner Ehe, ist Vater von acht Kindern, verzeichnet nach anfänglichem Mißerfolg in der akademischen wie der schriftstellerischen Laufbahn mit Genugtuung die steigenden Einnahmen, die Honorare, die ihm gelingende Eroberung Südamerikas. So sehr er auf die Franzosen schimpft – Molière ist eine ›Jammergestalt‹, ›ein Sack, vollgestopft mit banalsten Gemeinplätzen‹, – er besorgt sich Corneilles Werke und von Jahr zu Jahr literarische und naturwissenschaftliche Bücher aus Paris und bemüht sich, daß dort seine eigenen Schriften verkauft werden; er freut sich über einen jeden Franzosen, der sich für sie interessiert oder sie gar übersetzen will. Aber die Schwermut liegt ihm im

Blute. Er sieht das Bild der Vergeblichkeit: Regen, der in das Meer fällt. Er grüßt die Trümmer von Juste. Das Glück verschimmert. Die Eitelkeiten und Torheiten verstummen, auch die einfältigen Reden Sanchos. Nachts läuten die Glocken von Ávila, jammern die Toten um Unsterblichkeit.

Wohl ist versucht worden, Unamunos Lebensdrama zwischen Christus und dem Nada, Positivismus und Protestantismus, zwischen diesem und dem Glauben der versunkenen Stadt, der Toten, dem Glauben von Ávila, unter dem Aspekt der ›verweigerten Gnade‹ zu sehen. In diese Perspektive kann man auch Kierkegaards Büste rücken – nicht Kierkegaard den Lebendigen, den Unamuno seinen Bruder nannte – el hermano Kierkegaard – und auch nicht den pobre Nietzsche, wohl aber so manchen christlichen Ausleger, und wiederum nicht den hombre Kant, den hombre de carne y hueso, dessen nach Unsterblichkeit dürstendes Herz Unamuno meinte angstvoll pochen zu hören. Wir wagen solche Deutungen nicht. Doch ist es gewiß von tiefer Bedeutung, daß er sich als Jüngling, in einem erhabenen Augenblick nach der Kommunion, durch ein Wort des Evangeliums zum Priester berufen fühlte und diese Berufung der Liebe zu seiner künftigen Frau opferte, obwohl die noch einmal befragte Schrift ihn nicht freigab. Wir wissen nicht, ob er von da an verletzt war und in welchem Grade. Er deutete die Berufung in sein ›Apostolat‹ um, in die Überzeugung, daß ihm aufgetragen sei, ›die Seelen zu erschüttern‹, und ›sie über ihre Geburt zu trösten‹. Diese oft wiederholte Wendung wird schon 1902 ausgesprochen. Ihr liegt eine Auffassung vom Dasein und Glauben zugrunde, die in dogmatischer Hinsicht bedenklich erscheinen könnte, dafür aber echt spanisch ist. Hat es doch auch Calderon als des Menschen größte Schuld bezeichnet, daß er geboren wurde. Unamuno will den Spaniern sagen, daß ›nur gläubige Völker überleben‹. Darum sein leidenschaftlicher Haß gegen ›die Kirchhofsruhe des toten Glaubens und tote Ungläubigkeit‹ und gegen alle, die sie vertreten oder schützen. Darum verschärft er lebenslang bis zur äußersten Schmerzhaftigkeit einer fast untragbaren Paradoxie die Dialektik zwischen Todeserfahrung und Sehnsucht nach Unsterblichkeit, zwischen der ›wahnsinnigen Angst vor dem Nichts‹ und dem Willen zum Glauben – der Glaube ist für ihn ein Willensphänomen, creer es querer creer –, zwischen Verwesung und Auferstehung. Er betont die Todesseite so stark, daß er als Verzweifelter, als Nihilist erscheinen könnte (er hatte gewiß seine ehrlichen Verzweiflungen) –, um die Antwort von oben herauszufordern: die Antwort, die er aus dem Innersten seiner Natur eben *will*. Denn das Wesen des Menschen, des immer einzelnen, ist Durst nach Ewigkeit. Aber jede Mystik, die christliche wie die des Ostens, hat, von der Erde gesehen, einen nihilistischen Einschlag.

Wir kommen damit an Unamunos geschichtlichen Ort. Wie ein jeder Geist, in dem sich Entscheidungen ereignen, ist Unamuno nur innerhalb der Geschichte zu verstehen, wie sehr er auch die außergeschichtliche Existenz und die Werte gepriesen hat, die vor der bekannten Geschichte bestanden haben und sie schweigend durchdringen und überdauern. Sein Aufbruch ist Antwort an die Katastrophe, die Spanien am Ausgang des neunzehnten Jahrhunderts erlitten hat. Er hört nicht auf, nach den Ursachen zu forschen, inständig bemüht, das politische Ereignis als ein geistiges und sittliches zu verstehen. Niemals leugnet er die Niederlage, weder im Persönlichen noch im Vaterländisch-Geschichtlichen. Er nimmt sie so schwer wie nur irgend möglich. Aber Niederlage bedeutet für ihn sowenig Widerlegung wie für Philipp II. der Untergang der Armada. Sein ganzer nervöser und unzerbrechlicher Wille ist darauf gerichtet, die Niederlage fruchtbar zu machen; in der Tiefe des Abgrunds, en el fondo del abismo, das Krongut auszugraben. Nach Aufständen in Marokko, auf Kuba und den Philippinen waren im Krieg mit den Vereinigten Staaten Kuba, Puerto Rico und die Philippinen verlorengegangen, das Kolonialreich, letzter zertrümmernder Pfeiler der einstigen Weltmacht, war erschüttert. Die Frage nach dem Sinn der spanischen Geschichte war aufgeworfen. Unerbittliche pessimistische Kritiker wie Unamunos Freund Ilundain sahen die Katastrophe als verdient an, als wünschenswert: Kuba war für Ilundain nur ein ›Riesenfriedhof der Spanier‹, die Philippinen eine ›Brutstätte der Gauner‹; wie sie mögen auch die übrigen Kolonien verlorengehen. Dann ist endlich die Vergangenheit annulliert.

Unamuno erkämpft einen neuen Sinn der spanischen Geschichte. Was ist die Zukunft Spaniens? Spanien selbst, nur Spanien. Er wirft seinen Atheismus und Positivismus ab und erscheint den Freunden als Verräter – in Wahrheit ist er ja nur auf dem Wege zu der versunkenen Stadt. Die Geschichte seiner Seele und die Geschichte seines Volkes strömen zusammen. Von der Geschichte bewegt, sucht er sie zu bewegen, ihr zurückzugeben, was er von ihr empfangen hat. Dem Dichter wird es klar, daß Geschichte nur im religiösen Sinne beantwortet werden kann. Spaniens Zukunft ist das essentiell christliche Spanien und dessen Sendung an Europa, an die Welt. Eben die Kräfte und Werte, die von der Welt übergangen, ins Unrecht gesetzt werden, sind auserlesen, ihr einmal zu helfen, sie zu führen. In der eben untergehenden Kultur hat Spanien keine Aufgabe – sie ist ihm ganz fremd –, aber eine große in der kommenden. Zuerst, von vordergründigem Versagen, von erstarrten, sich entleerenden Formen aufgebracht, sieht Unamuno im katholischen Glauben Aberglauben. Er erwartet Spaniens Rettung von der Einführung der Reformation. Nach fast vierhundert Jahren soll das Versäumte nachgeholt werden. Er beruft sich auf den Irrationalismus seines Meisters Kierkegaard – der doch im heftigsten Kampfe mit Vertretern seiner Kirche starb, auf sein Lieblingsbuch, den verschollenen ›Obermann‹ Senancours. Er betet einen jeden Tag: ›Ich will die Spanier als ein Volk haben, das es gelassen trägt, geboren zu sein, und das den Traum des Lebens durchsteht, wie es sich gebührt.‹

Aber schon nach drei Jahren (Mai 1905) spricht er die alles Folgende bestimmende Erkenntnis aus: ›Das Heil liegt nur darin, daß wir uns unseren Mystikern zuwenden.‹ Er bekennt sich zum leidenschaftlichen, tragisch gestimmten Ewigkeitsverlangen, dem Pena y gloria para siempre der Teresa von Ávila, zum Erbe ihrer Stadt. Ávila ist *die* Stadt, ist *das* Haus, London und New York können nie Stadt und Haus sein. Ávila ist das Haus der Spanier. Hier brachen zwei Kinder, die siebenjährige Teresa und ihr Bruder Rodrigo, auf, um im Maurenlande zu sterben, das Gebet um pena y gloria para siempre auf den Lippen. Wie die Herrlichkeit soll das Leid ewig dauern, zuerst das Leid. Ávila ist die Seelenburg, das Inner-Innerste, das von Raum zu Raum im Gebet durchlitten, errungen, existentiell erfahren werden soll. Und von diesem Spanien soll Europa hispanisiert werden. ›Die andern mögen Spanien europäisieren. Warten wir es ab, ob ich nicht eines Tages Europa hispanisiere.‹ In ähnlicher Weise verkündet Dostojewski: die Welt muß russisch werden, und er meinte: radikal christlich. Denn Christus war der Allmensch und der Russe auf ihn hin geschaffen. Unamuno sah und erlebte einen erdnahen Gott. Der Gott Spaniens wohnte auf der Sierra von Gredos, im Süden Ávilas, im Angesichte der Stadt, und dieser Gott rief den Propheten bei seinem Namen. Wohl ist zum religiös-nationalen Fanatismus nur ein Schritt; ist dieser Schritt vielleicht schon getan, steht jedenfalls jeder Mißbrauch offen. Wenn aber das Wesen des einzelnen ist: sein Verhältnis zu Gott, sollte dann auch nicht ein jedes Volk, als Persönlichkeit, sein eigenes Verhältnis zu Gott haben, seinen Aspekt Gottes, die Antwort Gottes auf *seine* Geschichte? Und nur das ist gemeint.

Aber der Freund Ilundain widerspricht entschieden: ›Spanien hispanisieren, ja; es christianisieren, nein, weder möglich noch wünschenswert. Überdies war die spanische Seele noch nie wirklich christlich, noch wird sie es je sein.‹ Ilundain steht nicht allein, auch heute nicht. Seine Behauptung ist keineswegs so leicht zu widerlegen. Aber Unamuno *will:* Spanien soll das

Land sein, das den Schrei nach Unsterblichkeit in die Leere des Jahrhunderts schickt. Und dieser Schrei ist sein ewiges Leben. Er kommt aus der Einsamkeit des Volkes und seines Propheten in dieser Zeit und Welt, nur die Einsamen werden ihn vernehmen, denn – trotz des ein wenig aufdringlichen Triumphierens – die Zeit ist nicht da, und immer verspricht die Niederlage mehr Größe als der Sieg. Niederlage bedeutet Selbstbegegnung, Weg nach innen.

Der Kampf mit den Freunden um die innere Stadt, um den Glauben an Unsterblichkeit, das Leben der Toten, die Gemeinschaft mit ihnen, um das Leben als Allerseelennacht – denn das ist eigentlich das Leben Unamunos – gehört zum Erregenden des Briefwechsels. Der scharfsichtige, harte Arzt Areilza, der schroff wahrhaftige Ilundain möchten den Glauben aus der Seele des Freundes tilgen: das ist Schwäche, Weichheit, Flucht. Was Unamuno von sich selber sagt: ›Die Wahrheit, immer und überall die Wahrheit, die Wahrheit um jeden Preis!‹: das wird man auch den Freunden zubilligen müssen. Ihre Einwände sind die der Epoche; der Durchbruch geschieht in Unamuno. Aber wie sollte er die Wand durchbrechen, ohne ihren Staub weiterzutragen und ohne verletzt zu werden! Mit Fassung erduldet er die Hiebe der Logik und Ironie; unter ihnen wird sein Glaube hart. Wie sehr seine Urteile schwanken, sein Unbedingtes besteht jeden Ansturm von außen, von innen. Seine Stärke gegen alle Argumente ist es, daß er das Irrationale will: daß dieses sein Leben ist. Auch Ilundain erlebt in dieser Auseinandersetzung und im Kampfe mit der Umwelt, der es materiellen Ertrag abzwingen will – was sollte er weiter suchen! – sein Drama. ›Ich bitte um Ihren Trost und Zuspruch, damit ich dieses Leben fern aller Geistlichkeit weiter ertragen kann.‹ Trost und Zuspruch von Unamuno erbitten: das heißt doch, eine Anleihe aufnehmen beim Glauben, bei Don Quijote. Und diesen hat Dostojewski als die schönste Gestalt des Abendlandes verehrt: das heißt als die christlichste. Denn Christentum ist für den Byzantiner Dostojewski, den erbitterten Ankläger Roms, Schönheit. Es ist unmöglich, daß dieses echt männliche Gespräch der letzten Frage ausweicht: ›Sie sind selbst Atheist gewesen, und Sie dürfen sich nicht darüber wundern noch sich beleidigt fühlen, wenn ich Sie in bester Absicht und ohne jeden polemischen Hintergrund frage: Was bedeutet in Ihren Schriften Gott?‹ Er selbst, Ilundain, hat keine Beweise für die Existenz Gottes, sein Verstand lehnt ihn ab und das Herz fordert ihn nicht. Er erstrebt höchstens eine irdische Spur, eine Erinnerung zu hinterlassen, jene tragische, sterbende ›Unsterblichkeit‹, die niemand besser kennt als Unamuno. Dessen Antwort ist in ihrer Klarheit überraschend: ›Ich glaube an den persönlichen Gott der christlichen Theologie ... In meinen Schriften bedeutet Gott das gleiche wie in den Schriften der christlichen Schriftsteller. Ich bin weder Atheist noch Pantheist. Was Büchner und Häkkel sagten, halte ich für oberflächlich. Ich glaube, daß das Universum einen Zweck hat, einen geistlichen und sittlichen Zweck.‹ Aber, sogleich die Wendung ins Persönliche: sein Gott ist ›persönlicher, menschlicher, oder menschenähnlicher und lebendiger als der ganz von Aristoteles herstammende Gott katholischer Theologen‹. Diesem gilt sein Kampf. Und dieses Gottes wegen liegt er seit 1900 im Streite mit dem Bischof von Salamanca, der ihn exkommunizieren und seine Bücher indizieren will und endlich (1914) es erreicht, daß der aufsässige Rektor Unamuno abgesetzt wird. Unamuno sieht Gott den Lebendigen in kosmischer Perspektive: das ist von großer Bedeutung in dem Zeitalter, in dem die Naturwissenschaften nicht nur die geistige Vormacht, sondern die Führung der Geschichte übernehmen: Gott ist ›das Gewissen des Weltalls‹. Man wird Unamuno einen gewissen protestantischen Zug, Einwirkung protestantischer Theologie oder ursprüngliche Anlage nicht abstreiten können. Aber auch die große Teresa, als glühende Streiterin ihrer Zeit, hat Sätze von der Übermacht der Gnade geschrieben, gegen die Luther nichts hätte einwenden können.

Am Ende des Buches ›Andanzas y visiones españolas‹ steht wohl das letzte Wort Unamunos von Gott. Er findet es im Kloster der Franziskanerinnen in Palencia, vor einem Bild des toten Christus: es ist der Christus, der unsterblich ist wie der Tod und nicht aufersteht. Aus seinem halboffenen Mund, geheimnisvoll undurchdringlicher Schwärze, atmet Verwesung, dem Nichts entgegen, dem, was niemals kommt. Denn dieser Christus seiner Erde, dieser spanische Christus ist Erde: Porque este Christo de mi tierra es tierra. (Und nun, wenn das wahr ist, muß so mancher der Behauptung Ilundains zustimmen, daß Spanien nie völlig christlich war. Aber vielleicht ist es auch Deutschland, sind es die skandinavischen Länder nie gewesen.) Dann überbietet der Spanier Holbein und seinen Basler Christus im Grabe, vor dem Dostojewski erschauerte: Schlafen, schlafen, schlafen ... Christus, der Staub war und zum Staub zurückkehrte, der schläft und nichts hofft. Nichts ist ewig als der Tod, alle Schmerzen enden, das Leben ist Traum (das ist die ganze spanische Philosophie), alles ist nur Erde, ist nichts, nichts, nichts. ›Todo es nada‹: das hat auch Teresa von Ávila gesagt. Dies ist der ›Cristo cadaver‹, in dessen Haaren Brocken geronnenen Blutes hängen, in dessen schwarzen Eingeweiden die Würmer arbeiten. Das ist nicht Christus, in dem das Wort Fleisch geworden ist, das ist der Christus des grenzenlosen Verlangens, ist das Verlangen selbst, ist der reine Wille, der sich zerstört, sterbend in der Materie, dem Fleisch, der Erde: das ist die spanische Erde selbst, mit geschlossenen Augen gegen den Himmel gerichtet, der mit dem Regen geizt und das Brot verbrennt. (Haben nicht die Heiligen von Ávila, Teresa und Johannes vom Kreuz, Jahr um Jahr verdorrend sich gesehnt nach dem Regen?) Oder – das ist der abgründigste Gedanke –: ist das der büßende Gott, der sein Gewissen reinigen möchte von der Schuld, dem Vorwurf, den Menschen geschaffen zu haben und mit ihm das Böse und das Leid? Das, versichert Unamuno noch einmal, ist der spanische Christus, dessen Blöße die armen Nonnen von

Santa Clara in Palencia mit weißer Seide und Gold bedecken; der Christus ohne Geschlecht, ohne Geschlechtlichkeit, die der tragische Knoten der Geschichte ist: es ist der vor-christliche und nachchristliche Christus und die Nonnen verehren ihn und wiegen den Tod, den furchtbaren Christus, der niemals erwachen wird, Fleisch ohne Pulsschlag, Erde, Erde, spanische Erde.

Und nun scheint alles verloren, und das Spanien der Kathedralen, der Conquistadoren, der eifernden Könige, der Scheiterhaufen (wie sehr hätte Unamuno einen solchen verdient!) – nicht aber der Mystiker ist untergegangen. Hier scheint nichts mehr zu sein als ein absurdes Faktum: christlicher Nihilismus. Und doch ist dies alles nur durchlitten, gesehen, gesagt um des letzten Satzes willen: Und Du, Christus vom Himmel, erlöse uns vom Christus der Erde! (Y tú, Cristo del Cielo, redímenos del Cristo de la tierra!)

Das heißt: die Erde ist Schrei und Frage. Wer sich ohne Rückhalt in die Verzweiflung wirft – wie der englische Mystiker Bunyan von der Leiter in die Nacht –, der wird Christus finden. Er birgt sich in den Abgründen der Verwesung. Wenn das Antlitz des Todes, das völlig unverstellte, uns vernichtet, werden wir gerettet. Die Heilige von Ávila starb nicht, nach ihren eigenen Worten, weil sie immerfort starb. Johannes vom Kreuz klagte: Ich sterbe, weil ich nicht sterben kann. (Muero, porque no muero.) Das ist die christliche, das ist die spanische Agonie, die passive Unsterblichkeit.

Noch einmal: man mag sich mit Recht gegen diese Auffassung vom Christentum wehren, man wird sie ohne große Mühe mit theologischen Zitaten widerlegen (als hätte Unamuno dies nicht gewußt) und seine Verteidiger in die Hölle der Ketzer verstoßen. Vielleicht aber ist diese Hölle nur das Vorzimmer des Gerichtssaals. Und das Gericht tagte noch nicht. Noch werden die Stühle zugetragen, die Akten ergänzt. Entscheidend ist etwas ganz anderes: daß hier mit fast erschöpfter Kraft einer den Strom durchschwamm, auf dem eine Welt dahinschoß, ihrer Zertrümmerung entgegen, und eine Partikel des Kreuzes ans Ufer brachte. Das Kreuz wird nie ganz das, was es war, als der Herr daran hing. Winzige Splitter sind ausgestreut über Länder, Völker, Zeiten, in den Bezirk der Geschichte. Und wenn ein Geschlecht nur eine Faser seines Holzes findet, ist es beantwortet und vielleicht gerettet. Das war die Sendung des Basken (und Kastiliers) Miguel de Unamuno, der seinen Namen als ›Asphodeloshügel‹ deuten wollte. Es sind die in Griechenland, Spanien, Italien die Wiesen schmückenden weißen Blüten, die der Demeter geweiht waren und von den Griechen auf Gräber gepflanzt wurden. Auf Asphodeloswiesen wandelten die Seelen. Hier hielt Minos sein gerechtes Gericht.

Unamunos Tat war dieser Durchbruch. Und wer nach der Gerechtigkeit des Königs-Gottes von Kreta strebt, sollte sich die Todesnot vergegenwärtigen, mit der dieser christliche Don Quijote unserer Ära gerungen hat. Gegen Ende seines Lebens, im spanischen Bürgerkrieg, brachen die Fluten durch, die ihm in das Ohr rauschten, wenn er es an spanische Erde legte, an Spaniens Herz. Er hatte als Antwort auf das zur Geschichtsmacht sich erhebende Nein nur ein verzweifeltes Ja. Aber das war Wahrheit. Die Wahrheit um jeden Preis: das heißt um den Preis der ganzen Konvention, und wohl auch der Existenz. Die Gefahr war beispiellos, ist es vielleicht noch oder morgen wieder – und es wird sich nur der behaupten können, der jegliches Versagen, Niederlage und Untergang, in sein Ja geschlossen hat. Wer mit dem Christus von Erde starb, wird leben mit dem Christus vom Himmel. Vielleicht ist er allein Bote des himmlischen Christus, Träger heiliger Narrheit.

Unamuno war (1901 in Salamanca) gerecht genug, die ›großartige Gedankenfreiheit‹ zu preisen, in der er lebte, aber ›es fehlt nur an den freien Gedanken. Man würde völlige Gewissensfreiheit haben, wenn es nur Gewissen gäbe‹. Wer wollte ihn widerlegen? Der Posa unserer Zeit ist um noch zwei Jahrhunderte pathetischer geworden. Gedanken sind immer frei gewesen. Einst fehlte es ihnen an Verfechtern, nun ist der Mangel existentiell. Und wer wollte heute dem Gewissen eine bessere Diagnose stellen? Unamuno sah wohl: ›Das Gewissen bildet die Freiheit, aber die Freiheit weckt kein Gewissen.‹ Denn: ›daß es Gewissensfreiheit gebe, ist Voraussetzung, daß es vorher Gewissen gebe, das dann frei sein kann, und ein Freiheitsgefühl existiere‹. Von Europa droht Spanien keine Gefahr, der zu widerstehen aus seinem innersten Erbe, dem Vermächtnis der Mystiker, Calderons, Don Quijotes, es nicht stark genug wäre. Die Gefahr ist ›nicht die Europäisierung, sondern der Amerikanismus. Welch schreckliche Strafe dafür, daß wir Amerika entdeckt, erobert, bevölkert und hispanisiert haben!‹ Und auch von Südamerika, das doch sein ›Jagdgrund‹ ist, trennt ihn ein Abgrund: dort fehlt die Form, die kastilische, willensmäßige Gestaltung.

Geben wir zu, indem wir solche Einsichten beherzigen, daß auf Unamunos Lanze Elmsfeuer blinkte, ein beunruhigendes Licht, daß er ein versprengter Reiter war, Avantgardist, der sich, von heranziehenden Gefahren gerufen, zu weit vorgewagt hatte und daß er so manches, was er in seiner Zeit bekämpfte, in sich selber trug und nicht losgeworden ist, daß er vielleicht auch nicht für ganz Spanien sprach, sondern für die baskischen Berge, die Estremadura, die kastilische Hochebene, die Sierra von Gredos – wenn er auch den Zauber der balearischen und portugiesischen Idyllen tief empfand. Er beugte die Stirn auf den Fels der Sierra von Gredos und blickte dann empor zum Sirius, der flackerte in schwarzer Unermeßlichkeit. Hier fühlte er, was er durch seine Existenz bezeugen sollte, das lange Martyrium, nicht zu sterben aus Durst nach Ewigkeit:

este largo martirio
de no morir de sed de eternidad.

Ist es nicht eine Antwort auf Nietzsches ›tot vor Unsterblichkeit‹, auf seine ewige Wiederkehr; als existentieller Aufbruch in die Transzendenz eine der wenigen glaubwürdigen Antworten? Unamunos Blick ließ sich schwerlich täuschen von etwa möglichen Restaurationen. Er hatte durchlebt, was die Mystiker fast zerbrach: das Verlassensein von Gott. Zur Überraschung oder Empörung der Freunde erschien er zeitweise in der Kirche, empfing er das Sakrament. Aber ein Glaube, der nicht zweifelt, war für ihn tot. Ihm hatten es die spanischen Kruzifixe angetan, die, wie er sagte, ›von einer fürchterlichen Tragik‹ sind. Uns ist dieser Aspekt des Christentums keineswegs fremd. Denken wir nur an die Kreuzabnahme der Externsteine, an die zerbrechende Gestalt des Erlösers, an die göttlich-tragische Gebärde, mit der Gott-Vater, zwischen den verhüllten Gestirnen, den toten Sohn dem Grabe überantwortet.

Dem Nihilismus entgegen setzte Unamuno den von ihm entdeckten spanischen ›Nadismus‹, er meinte ihn schon bei Johannes vom Kreuz gefunden zu haben, der ja allen im Irdischen greifbaren Werten das Nichts entgegensetzte: willst du Alles, so wolle das Nichts, ›wer Allem zu sterben wüßte, wird leben in Allem‹ (Quien supiere morir a todo, tendrà vida en todo), – bei Fénelon, der Madame de Guyon, dem umstrittenen Miguel de Molinos. Religion war für ihn Wille zu Gott, exzessive Männlichkeit. Er berief sich gerne auf Schopenhauer, der in der entschiedensten Betonung des Willens einen spanischen und männlichen Charakterzug sah. Glaubte Pascal? fragte Unamuno. Und er antwortete: Pascal *wollte* glauben. Die Vernunft vermochte es nicht, aber das Herz. Denn das Herz wollte. ›Gegen alles Nein der Logik, die die oberflächlichen Beziehungen der Dinge leitet, steht auf das Ja des Herzens, das die Wesensfrage bestimmt.‹ Der Wille baut die Welt. Zwischen dem Nein der Logik und dem Ja des Herzens hat Unamuno das Kreuz erlitten. Und diesen Schmerz hat er in die Welt getragen, immer unter Berufung auf Don Quijote, den verprügelten und geschlagenen, den schwermütigen Narren, den Ritter von der traurigen Gestalt, das heißt: Ritter in einer unritterlichen Zeit. Die Überwindung des Nihilismus ist der Nadismus, das alles erfahrene und erfahrbare verzehrende Verlangen nach Unsterblichkeit, das Totsein in Christi Grab. Denn das ist das Warten auf den Ruf des Vaters.

Hierin scheint das Geschichtliche der Erscheinung zu liegen. Es ist, auf schmalster Spur, der Weg aus einer Welt, die in allen Fugen krachte und von deren Unhaltbarkeit Unamuno überzeugt war. Früher als uns hat die Katastrophe des Vaterlandes ihm diese Unhaltbarkeit entschleiert. Wir wissen nicht, ob es der Katastrophen genug sind, ob es deren noch mehr bedarf. Unamuno baute, wie kaum ein anderer, auf der Niederlage, auf der Erfahrung des Tragischen selbst, erschüttert von dem Zuge zur Tragik in der spanischen Religiosität, von der Schmach, der Verlassenheit des Johannes vom Kreuz, vom tödlichen Schmerz, den Teresa von Ávila fühlte, im Innersten der Eingeweide:

En el interno de las entrañas
Senti el golpe mortal.

Das ist Unamunos prophetische Sendung an die moderne Welt, seine unbesiegliche Kraft. Es ist die auf Volk und Welt gerichtete dichterisch-religiöse Existenz eines Mannes und Streiters, der von der Sehnsucht nach Ewigkeit verwundet wurde, wie Teresa vom glühenden Pfeil des Engels, – Don Quijote, Sancho und Teresa in derselben Gestalt: Ärgernis und Weisung auf den einzigen noch gangbaren Weg, den Weg nach innen, von Christus im Grab zu Christus im Himmel. 23. 8. 34

PASCALS DRAMA

Man muß einen geheimen Gedanken im Hintergrund haben und von ihm aus alles beurteilen, während man wie alle Welt spricht.
Schmeichelt er (der Mensch) sich, so erniedrige ich ihn; erniedrigt er sich, so schmeichele ich ihm; und immer widerspreche ich, bis er begreift, daß er ein unbegreifbares Unwesen ist.

Im Anfang der Epoche, in der die Naturwissenschaften zur führenden geistigen und geschichtlichen Macht wurden, steht Blaise Pascal, Mathematiker, Skeptiker und unterwürfiger Christ, nach seiner in einem gestrichenen Fragment der »Pensées« erhobenen Forderung. An dieser Stelle schildert er Größe und Elend des Menschen. Es gibt keine modernere Sprache als die seine: der Mensch weiß nicht, wer ihn in die Welt setzte, noch was er ist, noch was die Welt ist. Er blickt in die grauenvollen Räume des Universums, erschaudernd vor ihrem Schweigen, hintreibend auf einer wüsten, schreckensvollen Insel; nicht wissend, warum er gerade hier ist und nicht an einer anderen Stelle des unendlichen Raums, sicher nur des Todes, aber nicht wissend, wohin der führt. Eine Ahnung streift ihn, daß er einmal glücklich gewesen sein könnte, aber davon blieb nichts als die Narbe, die »völlig leere Spur«. Er wagt, sich ins Herz zu sehen, und erschrickt vor einem unendlichen Abgrund, er blickt wieder auf und sieht die unerforschliche, doppelte Unendlichkeit: Unmeßbares, das die Milchstraße übersteigt und das sich im Geringsten verliert: hinab zur Milbe, ihren Gliedmaßen und Gelenken, den Adern in den Gliedmaßen, dem Blut darin, den Säften im Blut, den Tropfen in den Säften, den Gasen in den Tropfen. Er fragt seine Gefährten, auch sie wissen keine Antwort; es findet sich kein Satz eines Weisen, dem nicht ein anderer widerspricht. Unfähig, sich zu ertragen, flieht er um der Flucht willen, er sucht, um zu suchen, wandert, um nicht anzukommen, jagt, um zu jagen, immer ist er hinter dem Hasen her, »den er geschenkt nicht nehmen würde«. Will er einen Augenblick ruhen, so befällt ihn die Langeweile wie eine auszehrende Krankheit: dann spürt er sein Nichts, seine Unmacht, seine Leere und Verlassenheit. Nur die Gegenwart ist sein, aber er lebt niemals in ihr, sondern immer nur in dem, was er erhofft; Wahn umstrickt ihn; er zerreißt das Gespinst nur, um es wieder zu spinnen. Ursache der Liebe ist ein »Ich weiß nicht was«; sie setzt Völker, Heere, die Welt in Bewegung. Da er aber nie der ist, der er gerade war: so liebt er auch immer einen Menschen, der nicht mehr ist – oder er kann nicht mehr lieben. Die Frau, die er vor zehn Jahren liebte, würde er noch lieben können, wenn er, wenn sie noch wären, die sie waren. Es gibt keinen Grund, auf dem er bauen könnte: »Alle Fundamente zerbrechen, und die Erde öffnet sich bis zu den Abgründen.« Zufall hat es entschieden, daß er Soldat, Schlosser, Koch wurde, Türke, Ketzer, Ungläubiger – Dichter und nicht honnête homme, was doch das einzig Würdige wäre. Mit anderen kommt er nur zum gegenseitigen Betruge zusammen: Keine Freundschaft würde dauern, wenn der Freund wüßte, was der Freund von ihm sagt, sobald der eine die Tür geschlossen hat. Er ist unfähig, allein im Zimmer zu bleiben: damit ist alles gesagt. Er ist von Geburt an unglücklich. Freundschaft? Ein jedes Ich haßt das andere.

Aber der Mensch ist groß. Er ist es als Denkender; das Denken macht alle seine Würde. Als Denkender richtet er sich auf im Weltraum, besteht er in ihm gegen den Angriff der Unendlichkeit. Das Ringen mit dem All – es ist das große Thema des Jahrhunderts, das mit dem Feuertode Giordano Brunos, eines Verkünders der Unendlichkeit wie Cusanus, angebrochen war – endet mit dem Siege des Denkers *und* einem Siege des Kosmos: während die Unendlichkeit ihn verschlingt, faßt er sie denkend zusammen. Sieg? Der Mensch will ihn ja nicht; er sieht kämpfenden Tieren zu; des Sieges und Siegers wird er augenblicklich überdrüssig. Und doch ist Vernunft das

Wesen des Menschen; richtiges Denken ist die Grundlage der Sittlichkeit, und strenger kann diese nicht konzipiert werden als von Pascal, der von den Eltern fordert, daß sie Gott in ihren Kindern das wieder erstatten, was sie »aus allen andern Gründen eher als wegen Gott« verloren haben: die Reinheit. (Brief an Mme. Périer, 1659.) Aber der Mensch ist ein »denkendes Rohr«, das zerbrechlichste in der Welt, man braucht keine Kanone abzuschießen, um sein Denken zu hindern: das Gekreische einer Wetterfahne, eines Flaschenzuges genügt, ja das Summen einer Fliege. Die Fliegen sind eine geschichtliche Macht: sie gewinnen Schlachten, hindern uns zu handeln, zehren uns auf. Gerade als Denkender wird der Mensch erniedrigt; immer schwankt er zwischen Engel und Tier; die Vernunft macht nur elend, der Wahn verschenkt Ruhm, die Vernunft trägt Verachtung ein. Sie ist überhaupt nicht imstande, den Wahn zu überwinden; in seinem Bereiche ist er unbesieglich; ja er wird in der Geschichtswelt sogar zu einem bindenden Element, einem ordnenden tragenden Prinzip, weil die Menschen nur das zusammenhält und in Furcht versetzt, was sie sich einbilden. Wahrheit ist überhaupt nicht erreichbar. Auf Erden ist ein jedes Ding zum Teil wahr, zum Teil falsch: »Nichts ist reine Wahrheit, und deshalb ist nichts wahr, was wir für reine Wahrheit halten.« Und dieser Doppelsinn reicht innerhalb der geschichtlichen Welt bis in das Sittliche hinab: Keuschheit *und* Ehe sind fragwürdig. Ist es gut, nicht zu töten? Nein. Denn die Unordnung würde schrecklich werden. Ist es gut, zu töten? Ebensowenig. Es gibt, wie Simone Weil, in vielem eine Erbin Pascals, wiederholen soll, kein Gutes ohne den Schatten des Bösen.

Das alles verwirrt und soll es auch. Elend und Größe stehen zueinander in einem dynamischen Verhältnis; sie steigern sich wechselseitig und sind aus dieser Bindung nicht zu lösen, nur in ihr erfahrbar. Je elender der Mensch ist, um so entschlossener er sich seinem Elend stellt, um so größer wird er auch sein. Denn es ist alles offen, nach oben wie nach unten, die positive wie die negative Unendlichkeit; der Denker erfaßt das All wie die Milbe, das Atom. Der Mensch ist »eine Mitte zwischen Nichts und All«, »ein Nichts vor dem Unendlichen, ein All gegenüber dem Nichts«. Die vermessene Pathetik, mit der der deutsche Idealismus austönen sollte: »Mehr denn alle Unendlichkeit«, bleibt fern. Die Größe ist ja das Elend und wächst mit ihm. Der Mensch ist der Ruf eines unendlichen Abgrunds nach einem Abgrund. Ist er ein heilloses Problem?

Im August, spätestens Herbst 1609 richtete Galilei das selbstgebaute Teleskop gegen den Himmel; die Erfindung lag in der Zeit; Holländer waren in ihr vorausgegangen, die Nachricht verbreitete sich mit Windesschnelle über Frankreich nach Italien; Galilei wiederholte und verbesserte sie in bedeutendem Grade. Im selben Jahre erschien Keplers Astronomia nova, Ergebnis unermeßlicher eigener Arbeit und der Beobachtungen Tycho de Brahes. Im April des folgenden Jahres erhielt Kepler in Prag vom Kaiser Galileis in fieberhafter Eile verfaßte und gedruckte »Botschaft von den Sternen« (Nuncius Sidereus). Es geht hier nicht allein um die Tat Galileis, die Erforschung des Mondes, Entschleierung der Milchstraße, Entdekkung der Jupitermonde (in der Nacht des 7. Januar 1610) und damit des ersten »Systems« am Himmel, sondern um das Erscheinen seines ganzen Werks, seiner Person und seines Konflikts, um seine Forschungsmethode, seine extrem mechanisch-mathematische Problemstellung; um die am Turme zu Pisa erhärtete Unabweisbarkeit des Experiments und die Begründung der klassischen Physik. Die Forderung war erhoben, daß die Forschung sich von der Schrift nicht hemmen lassen dürfe, daß es vielmehr Aufgabe der Theologen sei, die Schrift in Übereinstimmung mit den Ergebnissen der Naturwissenschaften zu erklären. Denn diese sollten führen in der Erkenntnis der physischen Welt. Pascal berief sich darauf an entscheidenden Stellen seines Werks (in der Abhandlung über den leeren Raum und im 18. Stück der »Lettres Provinciales«). »Die

Wahrheit muß immer den Vorrang haben, wie neu entdeckt sie auch sei.« Die Theologie ist der Autorität, das heißt der Offenbarung unterworfen; in der Physik ist keine Autorität außer Erkenntnis und Experiment. Das wird Geschichte: ein unaufhaltbarer Prozeß. Im Todesjahr Galileis (1642) wurde Newton geboren. Neben dem Aufbau einer neuen Mathematik unter Führung des Descartes und anderer französischer Gelehrter, Galileis und seines Schülers Cavalieri, Keplers, der Engländer Wallis und Newton und später Leibnizens und Bernoullis ist vielleicht das größte geistige Ereignis jener Zeit der Augenblick, da René Descartes, Seigneur du Perron, ein freiwillig mit dem bayrischen Heere ziehender Weltmann, im Winterlager zu Neuburg an der Donau die Vision einer »wunderbaren Wissenschaft« hatte. Es ist der 10. November 1619. In seinem Enthusiasmus muß er sich völlig frei gefühlt haben: Denker in seiner Größe. »Ich weiß nicht einmal, ob es vorher Menschen gegeben hat (denn es ist ja nichts gewiß), und kümmere mich wenig um Autorität.« Das ist, als ob dieser Eine einen noch nie erreichten Ort betreten habe, um aus dem Denken selbst Welt und Gott zu begreifen. Die Wirkung dieses Ereignisses kann kaum überschätzt werden, wenn es auch nicht ohne geschichtliche Voraussetzungen ist. Pascals Denken und Pascals Weg erscheinen auf weite Strecken wie ein Ringen mit Descartes; trotz wichtiger Verbindungen ist es zu einer echten Beziehung nicht gekommen, geschweige denn zu einem offenen Gespräch. Beide beobachteten mit der Einschätzung des Denkens die Hochachtung des Brauches, der Gewohnheiten, Konventionen und ihrer rechtskräftigen Macht und fühlten sich doch als Gegner, wenigstens Pascal mit Bestimmtheit: »Gegen die schreiben, die zu sehr die Wissenschaften ergründen: Descartes« notiert er in den »Pensées«: Er kann es Descartes nicht verzeihen, daß er Gott brauchte, um die Welt in Bewegung zu setzen und ihr einen »Nasenstüber« zu geben; denn dann »hatte er mit Gott nichts mehr zu tun«. Vielleicht wollte es Pascal auch nicht vergessen, daß Descartes Zögling der Jesuiten war. Und doch war Descartes Mensch und Abgrund wie Pascal selbst, und es ist schwer zu entscheiden, ob er wirklich mit Gott nichts mehr zu tun hatte. Zeitlebens hielt der Seigneur du Perron fest an der Religion, die eben »die Religion seines Königs war und seiner Amme«; er hatte eine Wallfahrt nach Loreto gelobt, um aus seinen wissenschaftlichen Zweifeln geführt zu werden; und fünf Jahre nach dem enthusiastischen Erlebnis im Neuburger Lager hat er dieses Gelübde erfüllt. Aber Pascal bleibt schon beim ersten Worte der tragenden Sätze seines Gegners stehen: »Ich zweifle.« »Ich denke.« Das ist viel zu kühn. Denn: »Was ist das Ich?« Wir sehen, lieben nur Eigenschaften. »Wo ist dieses Ich, wenn es weder im Körper noch in der Seele liegt?« Gibt es eine Antwort auf den Menschen?

Offen sprach sich Pascal über einen anderen Aristokraten aus: über Montaigne. An ihm rühmte er die Wissenschaft des Nichtwissens und von der Torheit und der Unmacht des Menschen: in dem südlichen Weltmann schlägt der zweifelnde Geist sich selbst. Auch Montaigne verharrt streng in der Konvention. Er lebt, ein Erkennender, wie einer, der nicht erkannt hat, und »reitet zu Pferde wie einer, der kein Philosoph ist, weil das Pferd es duldet. Aber er meint nicht, daß er ein Recht dazu habe, denn er weiß nicht, ob dieses Tier nicht im Gegenteil das Recht besäße, sich seiner zu bedienen«. Aber dieses Urteil im Gespräch mit dem Geistlichen de Saci über Montaigne und Epiktet ist schon im Bezug auf eine Entscheidung und ein Ziel gesprochen, nicht ein Entweder-Oder, sondern auf die Synthese von Montaigne und Epiktet, Zweifel und Glaube, Elend und Größe. Pascal kann beim Zweifel nicht stehenbleiben. Er glüht nach Antwort für sich – für die ihm Erreichbaren (keineswegs für alle). Und Antwort kann nur ein Leben sein, echtes Dasein zwischen Nichts und Unendlichkeit.

Von einem Freunde Montaignes, Charron, sagt Pascal: Er habe den törichten Plan gehabt, sich selbst darzustellen. Wie kann man einen Menschen, ein Denken einem Plan unterwerfen! Und »alles, was nur dem Autor dient, taugt nichts«. Aber welches Entzücken, wenn man erwartete, einen Autor zu finden, und einen Menschen gefunden hat! (Pensées.) Pascal lebt in einem jeden Satz, den er geschrieben. Er entfaltet sich in Personen, denen er Rede und Gegenrede auf die Lippen legt. Und doch ist Pascals Vermächtnis in seiner Ganzheit und Geschlossenheit nicht leicht zu vermitteln; man darf nur eine fragende Vermittlung wagen, sein Werk, und an erster Stelle die »Pensées«, ist ein Drama, in dem die Monologe oft die dramatischen Stellen sind. Man kann, wenn man das Ganze sucht, schwerlich von der sogenannten ersten Konversion (1646) ausgehen, wie man es in Port Royal wollte, noch von der zweiten, eigentlichen (1654), wie es streng theologische Deutung versucht. Ewald Wasmuth hat in seinen grundlegenden Einführungen und Ausgaben mit dem Mathematiker Pascal begonnen und dargetan, daß die Probleme seines Denkens zuerst mathematische sind und sich dann in den Ordnungen der Philosophie, des Glaubens wiederholen. Descartes hatte die Mathematik vollständig neu aufgebaut, indem er von algebraischen, nicht mehr geometrischen Voraussetzungen ausging*. Die Mathematik war eine Leidenschaft jener Zeit und in besonderem Sinne eine französische. Schon der Name des Vaters, des Finanzbeamten Étienne Pascal, ist in Verbindung mit einer Kurve vierter Ordnung, der Pascalschen Schnecke, in die Geometrie eingegangen. Ihm sollte der am 19. Juni 1623 in Clermont in der herben Auvergne geborene Sohn sowohl die religiöse wie die wissenschaftliche Erziehung verdanken; lange mag der Vater darin seine erste Aufgabe gesehen haben; er ließ Blaise keine Schule besuchen. Die Mutter starb früh (1626), nach der Geburt der zweiten Tochter, Jacquelines; Gilberte war die erstgeborene. 1631 zog Étienne mit den Kindern nach Paris; im Umkreis des Père Mersenne, der gewissermaßen der Geschäftsträger und Korrespondent des in

* Egmont Colerus, Von Pythagoras bis Hilbert, 1948.

den Niederlanden verborgen lebenden Descartes war, fand der Vater den ersehnten Umgang. Weinend, wie »in Verzükkung«, berichtete er einem Freund, daß er seinen zwölfjährigen Knaben überrascht habe, wie er mit »Runden« und »Stangen« spielend, so nannte er Kreise und Linien, die ersten 32 Sätze Euklids auf den Fliesen der Küche mit einem Stück Kohle entwickelte. Von da wurde Blaise von den gelehrten Liebhabern der Wissenschaften und Künste ernst genommen; er durfte an ihren Gesellschaften teilnehmen. Im Alter von 16 Jahren erregte er das höchste Erstaunen durch eine Schrift über Kegelschnitte, die er nicht zum Druck gab und die auch nicht mehr aufgefunden werden konnte. – Was die Zeit, was jene Kreise erschütterte, deutet die Nachricht an, daß Descartes, als die Verurteilung Galileis (22. Juni 1633) bekannt wurde, sein erstes fast vollendetes Werk »Le Monde« bis auf wenige Fragmente vernichtete. Der Seigneur du Perron war nicht gewillt, sich der Inquisition oder einem Aufsehen erregenden Prozeß auszusetzen. Étienne unterschied scharf zwischen der Autorität der Wissenschaften und der des Glaubens: Gegenstände des Glaubens durften nach seiner Überzeugung der Vernunft nicht unterworfen werden. So hat er schon eine Unterscheidung unabhängiger Ordnungen vollzogen, vielleicht die im Lebensdrama des Sohnes geschehenen Lösungen vorbereitet.
Wissenschaft und Glaube, die Ordnung des Geistes und die des Herzens, sollten Blaise Pascal mit gleicher Stärke einfordern in den nächsten Jahren; er schrieb eine Abhandlung »Über das Gleichgewicht der Flüssigkeiten«, an der, nach dem Zeugnis eines Gelehrten, noch nach zweihundert Jahren kein einziges Wort zu ändern war*. Um dem an die Finanzverwaltung in Rouen berufenen Vater (1640) in umständlichen Berechnungen zu helfen, ersann und konstruierte der Sohn in vieljähriger Arbeit, gegen große technische Schwierigkeiten eine Rechenmaschine; sie wurde 1649 privilegiert.

* Othmar Baier, Der Mathematiker und Physiker Pascal, in: Vermächtnis eines großen Herzens, Dieterich, Leipzig.

Zwei Jahre später ließ er sie, nicht ohne eine gewisse weltmännisch-schmeichlerische Selbstgefälligkeit, der Königin Christine von Schweden überreichen. Die als Schauspielerin und Dichterin begabte Jacqueline hatte dem Vater nach einer Zeit der Ungnade die Gunst Richelieus zurückgewonnen; in Rouen huldigte ihr der große Corneille, damals auf jener Höhe seiner Dichtung, die er, im fragwürdigen Urteil der Mit- und Nachwelt, nicht wieder erreichen sollte. Im Jahre 1646 erlitt der Vater auf einer vereisten Straße Rouens einen Unfall; zwei Edelleute, die sich seiner annahmen, machten die Familie bekannt mit den Schriften des Cornelis Jansen, Professor der Theologie in Löwen und späteren Bischofs von Ypern (1585–1638); in dem 1640 erschienenen »Augustinus«, einem Ergebnis 22jähriger Arbeit, hatte Jansen die Unfreiheit des verderbten Willens, die Unwiderstehlichkeit der Gnade im Sinne gewisser von der Kirche verworfener Sätze des Augustinus gelehrt. Diese Begegnung ist entscheidend; Pascal mag in ihr eine Begründung oder Bestätigung seines Glaubens gefunden haben, daß ein jedes Unglück von Gott kommt; daß ein Geschöpf die erste Ursache jener Zufälligkeiten, welche wir Unglück nennen (Brief an Herrn und Frau Périer vom Okt. 1651), gar nicht sein kann und sich in jedem Geschehnis etwas Wunderbares, eben der Wille Gottes, ausdrückt (an Mlle. Roannez, Okt. 1656).

Von Paris aus, wohin er 1647 zurückgekehrt war, leitete er durch Anweisungen an seinen Schwager Périer, den Gatten Gilbertes (Brief vom 16. Nov.), das Experiment am Puy de Dôme, einem Berge der Auvergne; es ist der auch am Tour St. Jacques in Paris geführte, Aufsehen erregende Nachweis, daß die Höhe einer Quecksilbersäule in einer geschlossenen Glasröhre von dem sie umgebenden Druck der Luft abhängt. Damit war die Theorie vom horror vacui, dem Schrecken vor dem leeren Raum, widerlegt. Nicht ein hereingetragener metaphysischer Satz, sondern Evidenz und Experiment allein konnten die Natur erschließen. Mit einer gewissen siegessicheren Ironie, die ihm eigen war, hatte Pascal schon vorher an den Jesuitenpater Noël, den Verteidiger des horror vacui, geschrieben: »Und nur für die Geheimnisse des Glaubens, welche der Heilige Geist selber geoffenbart hat, behalten wir uns jene Unterwerfung des Geistes vor, die unser Glaube den Geheimnissen entgegenbringt, die den Sinnen und der Vernunft verborgen sind.« Hier warf er die Probleme des leeren Raumes, des Lichtes auf, die in Jahrhunderten nicht gelöst werden sollten und vielleicht Probleme bleiben werden, verwarf er in Sachen der Wissenschaft die Autoritäten: »Denn wenn wir diese Autoren zitieren, dann zitieren wir ihre Beweise und nicht ihre Namen.« Hier erneuerte er die Grundlagen der Definition: niemals in ihr den Ausdruck für das Definierte zu verwenden. Wie er sich von den Alten frei machte, zumal von der Physik und der Astronomie des Aristoteles, so hielt er sich frei vom Weltbild des Kopernikus, Tycho Brahe's und Galilei's; er sah – ohne zum Früheren zurückkehren zu wollen – andere Möglichkeiten der Kosmologie und stimmt gerade darin mit der modernen Physik überein. Ist alle Bewegung relativ, so läßt sich über die Zentren nicht mehr streiten; es kann ein jedes Bezugssystem als Zentrum angenommen werden.

Mit der These, daß »der Mensch für das Unendliche geschaffen« ist, also für ein stetig fortschreitendes Wissen, und daß die Wahrheit »älter ist als jede Meinung von ihr«, scheint sich Pascal, ausgerüstet mit den Methoden des geometrischen (das heißt des gesamtmathematischen) Beweises, außerhalb dessen der Wissenschaft nichts erreichbar ist, die Bahn rastloser Forschung und Entdeckung aufgebrochen zu haben. Aber diese Erwartung erfüllt sich nicht. Die in einer Zahnwehnacht des Jahres 1658 gefundene Theorie der Zykloide (der Kurve, die ein Punkt auf der Felge eines eben hinrollenden Rades beschreibt; Galilei hat sich durch 50 Jahre mit ihnen beschäftigt, wie er mit Pascal nach dem Geheimnis des Glücksspiels forschte) ist seine letzte Leistung für die Mathematik; in einem Fragment erklärt er, sich von der reinen Wissenschaft abgewendet zu haben, weil er zu wenig Menschen gefunden habe, mit denen er darüber sprechen konnte. Die reinen Wissenschaften, fährt er fort, täuschen den Menschen über seine Seinslage; aber getäuscht habe er sich auch mit der Hoffnung, in der Wissenschaft vom Menschen mehr Gefährten zu finden als in der Geometrie. Doch das Problem liegt tiefer. Es ging Pascal überhaupt nicht um die Wissenschaft als solche, sondern um das der Epoche gemäße Weltbild. Er sah das Zukunftsmächtige seiner Zeit in hellstem Licht – und er sah es als Christ, frei in der Forschung, unterworfen der Offenbarung. Damit war der Knoten geschlungen. Wir werden ihn niemals auflösen. Christ war Pascal von Anfang nach dem Wort: »Nicht ihr habt mich erwählt, sondern ich habe euch erwählt.« Alle Erfahrungen seines Lebens scheinen darauf hinzudeuten, daß der nur Gott suchen kann, der von ihm gerufen wurde. Und wie groß müßten für einen andern die Gefahren eines Denkens gewesen sein, das alle die gegensätzlichen Wahrheiten derselben Sache erfaßte! Die Lehre des Bischofs von Ypern von der Gnadenwahl, der Übermacht der Gnade, mußte Pascal wesensgemäß erscheinen.

In der vermutlich zwischen 1655 und 1658 geschriebenen Abhandlung »Vom geometrischen Geist« wird der Übergang vollzogen von der Mathematik zum Weltbild. Zufolge der Definition des Unteilbaren und der Ausdehnung wird behauptet, daß mehrere Unteilbare oder so viele man auch zusammenfügen will, niemals eine Ausdehnung bilden. Zwei Gattungen bestehen nebeneinander, die nicht ineinander übergehen können (wie Wissenschaft und Offenbarung). So verhält sich die Null zu den Zahlen: wie man sie auch vervielfältigt, sie kann nicht größer als eine Zahl werden. Entsprechend steht es zwischen Ruhe und Bewegung, Zeit und Augenblick. Die Größen sind unendlich teilbar und können doch das Unteilbare nicht erreichen: sie stehen in der Mitte »zwischen dem unendlich Großen und dem Nichts«. (Und wer spürte dahinter nicht den »geheimen Gedanken«, der Pascals ganzes Werk durchschimmert!) So ist auch der Raum unendlich teilbar. Rings, auf allen Gebieten, umgibt uns die bewundernswerte Macht der Natur mit dieser zweifachen Unendlichkeit; unser Ort ist die Mitte zwischen einem Unendlichen und einem Nichts der Zahl, einem Unendlichen und einem Nichts der Bewegung, einem Unendlichen und einem Nichts der Zeit. Und nun die Entscheidung: »Woraus man lernen kann, seinen wahren Preis zu schätzen und Überlegungen anzustellen, die wertvoller sind als alles übrige in der eigentlichen Geometrie.« Damit sind die Grenzen der Mathematik überschritten, aber ihre Ergebnisse sind nicht aufgegeben; wie innerhalb der Mathematik (die hier mit Geometrie gleichgesetzt wird) Gattungen nebeneinander stehen, die nicht ineinander übergehen können, so in allen Bereichen des Denkens. In dem wesensgemäß Getrennten waltet aber eine Entsprechung: es ist das Band analoger Gesetzmäßigkeit, das alle Seinsbereiche durchwirkt: die Ordnung der Größen zwischen den beiden Unendlichkeiten. (Und in den Abgründen im Menschen spiegelt diese sich wider.) Die Ordnungen verhalten sich zueinander wie Parallelen; sie sind getrennt, aber in ihnen wiederholt sich das Gesetz; immer ahmt die Natur sich nach. Pascal ist auf dem Wege zum Ganzen, zum Entwurf eines Weltbildes, das alle Probleme aufnimmt, indem es ihnen ihren Ort anweist. Es hat keinen Sinn, ihm vorzuwerfen, daß er die Bahn des Forschers, Entdeckers und Erfinders nicht weiterging. Seine Aufgabe ist die moderne Synthese, die Ordnung aus Gegensätzen, die dramatische Gerechtigkeit moderner Welterfahrung.

Ewald Wasmuth weist nachdrücklich darauf hin, daß Pascals Genialität eine solche des Empfangens und Verbindens war; er übernahm, um zu vereinen. So hat er von Montaigne, der alle Wissenschaften prüfte, die Einsicht in die Grenzen der Geometrie: ihre Unsicherheit in den Axiomen und Begriffen, die sie nicht definieren kann. In einem aus der letzten Zeit (1660) stammenden Briefe an den bedeutenden Mathematiker

Fermat, von dem Descartes ausführlich in seinen Briefen handelt, spricht Pascal diesem seine Verehrung aus: sie gilt, bezeichnend für diese letzte Epoche, vor allem dem Menschen Fermat, dem »größten Ehrenmann der Welt«. Dann blickt er auf eines seiner großen Lebensprobleme zurück: »Denn um Ihnen ein offenes Wort über die Mathematik zu sagen: Ich halte sie für die höchste Übung des Geistes, sehe aber zugleich in ihr etwas so Unnützes, daß ich einen geschickten Handwerker einem Menschen, der nichts ist als ein Mathematiker, vorziehe . . . und meine Studien entfernen sich so weit vom Geiste der Mathematik, daß ich mich kaum mehr daran erinnern kann, mich jemals damit abgegeben zu haben.« Aber sein Weltbild bewahrt die Ergebnisse dieser Beschäftigung auf. Es wäre ohne sie nicht entstanden. Von dem Mathematiker Desargues, der als Ingenieur bei der Belagerung von La Rochelle (1628) gedient hatte, übernahm Pascal, nach Wasmuths Vermutung, die Anwendung des Unendlichen und die Erkenntnis, »daß endliche und unendliche Größen nicht der Größe, sondern der Ordnung nach verschieden sind«. Zugleich soll Pascal im Zusammenhang mit seiner Arbeit über die Kegelschnitte von Desargues zur Erkenntnis der Analogie zwischen getrennten Ordnungen, dem zentralen Gedanken einer paradoxerweise ebensowohl tragischen wie harmonischen Weltsicht, geführt worden sein. Sie ist vergleichbar dem »heiligen Band«, das, nach der jüngeren Stoa, alle Dinge miteinander verknüpft, aber nicht sakrale Vorstellung wie für Marc Aurel, sondern wissenschaftlich erfaßbares Prinzip. Jedenfalls ist sie das Fundament des Pascalschen Weltbildes. Im engsten Zusammenhang damit steht die unter einem Pseudonym veröffentlichte Arbeit über die Zykloide. (Das Pseudonym war nicht Modesache; es war Bedürfnis des in gegensätzlichen Wahrheiten lebenden Menschen Pascal.) Punkte, Linien, Flächen, Körper können einander nichts hinzufügen. Aber Entsprechungen durchwalten ihre durch Unendlichkeiten geschiedenen, unvereinbaren Ordnungen. Das alles zielt auf Letztes: den geheimen Gedanken, die Wahrheit höchster Ordnung, das Umfassende: auf den cusanischen Zusammenfall aller Gegensätze.

Der Anfang des oft unter dem Titel »Die Wette« aus dem geistigen Kosmos Pascals gerissenen Fragments – einem Kosmos aus Fragmenten – wiederholt den im »Geometrischen Geist« geschehenen Übergang: »Die Eins, dem Unendlichen hinzugefügt, vermehrt es um nichts . . .; das Endliche vernichtet sich in Gegenwart des Unendlichen, es wird reines Nichts. So unser Geist vor Gott, so unser Recht vor der göttlichen Gerechtigkeit. Zwischen unserer Gerechtigkeit und der Gottes ist das Mißverhältnis nicht so groß wie zwischen der Eins und der Unendlichkeit.« Aber in diesem Mißverhältnis ist doch eine Beziehung, Entsprechung; die Zahlen, als endliche Größen, haben die Tendenz zum Unendlichen. Wir wissen von den Zahlen, aber nicht vom Unendlichen, und wissen doch, daß es eine Unendlichkeit der Zahl gibt. Das ist Mystik der Mathematik, ihr Wiedererscheinen in einer höheren Ordnung; ihre Bejahung im Glauben. Das ist Rationalismus im Verhältnis zu einer alle Vernunft übersteigenden Wirklichkeit, aber in einem echten Verhältnis. Und wenn Pascal nun – unter der gewiß anfechtbaren Voraussetzung, daß man wetten muß – einen skeptischen Weltmann seiner Zeit bewegen will, die Eins für das Unendliche zu setzen, seine Nichtigkeit für Gott; wenn er zu einem höchst ungleichen Spiel überredet, denn die Unendlichkeit kann ja nichts gewinnen von der Eins, aber die Eins alles durch den Eingang in die Unendlichkeit: so symbolisiert er seine große Idee. In dem ungeheuren Mißverhältnis ist die Aussicht, zu gewinnen, weit bedeutender als die Gefahr des Verlusts; Wahrscheinlichkeitsrechnung wiederholt sich in der Region des Glaubens – denn »man kann wissen, daß es einen Gott gibt, ohne daß man weiß, was er ist«. Die Ordnungen laufen nebeneinander her. Und es ist eine Behauptung des Meisters Desargues, daß parallele Gerade sich in einem unendlich entfernten Punkte schneiden. Die Überlegungen des

Kavaliers am Roulettetisch finden eine Entsprechung in den Erfahrungen des heiligen Johannes vom Kreuz, der nichts wurde (sich als Nichts erkannte und erkennend vernichtigte), um Alles zu werden.

In das Drama des Denkens dringt die Stimme von oben. Als einen Ruf zur christlichen Existenz muß Pascal die Krankheit verstanden haben. »Der Christ kommt immer auf seine Rechnung«; Kranksein ist ein christlicher Zustand, denn es bedeutet Angewiesensein auf den Arzt der Welt. Vom achtzehnten Jahre an hat Pascal keinen Tag ohne Schmerzen gehabt; seine Existenz ist nur als eine leidende zu verstehen und dem entspricht sein christliches Bewußtsein: Nur die Wundmale habe der Auferstandene berühren lassen. »Nur seinen Leiden müssen wir uns vereinen.« Christliches Leben ist das tägliche Sterben des Apostels (1.Kor. 15, 39). Aber Pascal weiß sich auch von früh an zum Streit für die Wahrheit berufen; in Rouen fühlte er sich verpflichtet, dem Erzbischof einen Theologen anzuzeigen, der unter großem Zuspruch eine irrige Auffassung von der Menschwerdung lehrte. Die Gereiztheit und Spannung seiner physischen Existenz mag seine Angriffslust, seine Polemik und Ironie, seine Selbstgerechtigkeit gesteigert haben. Niemand wußte es besser als er selbst, daß die Leidenschaft von der Wahrheit und also von Gott entfernt. »Bemühen Sie sich also«, rät er dem Partner der Wette, »sich nicht etwa durch eine Vermehrung der Gottesbeweise zu bekehren, sondern durch eine Minderung der Leidenschaften.« Von den wenigen als »weltlich« bezeichneten Jahren nach der Rückkehr nach Paris (nach 1647) und einem Aufenthalt in Clermont (1649) wissen wir zu wenig, als daß wir über sie urteilen dürften; vom Chevalier de Méré, einem erfahrenen Weltmann und Literaten, wurde Pascal angeregt; er war befreundet mit dem jungen Herzog von Roannez, dem Statthalter des Poitou, und mit seiner Schwester. Die Fragmente der an sie gerichteten Briefe – freilich schon vom Jahre 1656 – reden im höchsten Ernste: wie in der Hoffnung, auch Mlle. Roannez auf einem jener Throne zu sehen, von dem die in der Nachfolge Vollendeten »die Welt richten werden«. Oft wurde die »Abhandlung über die Leidenschaften« als ein Denkmal jener Zeit angesehen; nach den von Wasmuth gegen die Autorschaft Pascals vorgebrachten Bedenken darf sie nur als ein Fragment aus seinem Umkreise gelten, Reflex der Welt, durch die er ging, ohne ihr anzugehören.

Auch wenn Pascal nicht Schüler Montaignes gewesen wäre, hätte er sich schwerlich täuschen lassen vom Spiel der Welt. Aber er war stets bereit, die Konventionen dieses Spiels zu achten, solange er an ihm teilnahm: Rang und Stand die ihnen nach dem Brauche gebührende Ehre zu verweigern, erschien ihm als Zeichen niedriger Gesinnung, immer grüßte er den Herzog, wenn er auch den Menschen in ihm freimütig verachtete. Das Bild des honnête homme, der sein Ich verbirgt in der Form, war verpflichtend. Richelieu hatte die Großmachtstellung begründet, aber sein Ziel nicht erreicht, als er starb (1642); seine und Mazarins Kriege und Siege zerrütteten die Finanzen und zugleich das sittliche und gesellschaftliche Gefüge Frankreichs – ganz zu schweigen von der religiösen Problematik der von Kardinälen im Bunde mit Ketzern geführten Politik. Das beispiellose Ereignis des Jahrhunderts: die Revolution in England und Hinrichtung Karls I., wühlte Frankreich auf; in England war eine religiöse Bewegung in den politischen Bereich eingebrochen; hier entzündete sie den Streit um ständische Rechte. Mit aufrührerischem Adel verbanden sich das Parlament, die Pariser Bevölkerung; Condé empörte sich und kämpfte mit Turenne im Faubourg St. Antoine um Paris, siegte, konnte sich aber nicht behaupten. Mazarin kehrte wieder. Pascal widerstand allen Vorteilen, die die Aufständischen ihm geboten haben sollen. Nichts ist glaubwürdiger: er anerkannte, wie Descartes, streng Brauch und Gewohnheit eines Landes, als unentbehrliche Bande, eine republikanische Verfassung billigend, wo sie geschichtlich gegründet war, die Verletzung königlicher Rechte in einer Monarchie als »Sakrileg« verwerfend. Höher als die republikanische Form muß ihm dennoch die monarchische gestanden sein. Sie war für ihn, wie Gilberte schreibt, nicht nur ein Bild der göttlichen Macht, sondern Teilhabe an ihr: das heißt, der Vater auf Erden waltet aus der Macht und der Gnade des Vaters im Himmel. Aber der »geheime Gedanke«, den Pascal hinter diesem politischen Bekenntnis verbirgt, ist zweifach wie ein jeder seiner Gedanken: das ist es ja gerade, was er uns Menschen vorwirft, daß uns nur ein einzelner Gedanke beschäftigt und wir nicht fähig sind, »zwei auf einmal zu denken«. Vielleicht ist diese Fähigkeit die Voraussetzung für das Verständnis Pascals und seines Ranges überhaupt, der auf der weltlichen (nicht der religiösen) Stufe seiner Erkenntnis einen jeden Gegenstand und Satz im Lichte ihres Widerspruchs auffaßt. Während er das Bestehende leidenschaftlich verteidigte und erklärte, daß der Aufruhr ein Aufstand sei gegen Gott, Sünde des zur Geduld verpflichteten Christen; und daß er dieser Sache so ferne sei wie dem Menschenmord und Landstraßenraub, blieb er doch Skeptiker im Sinne Montaignes. Aber was er wirklich dachte von Macht und Staat, das enthüllt er uns erst auf der Ebene letzter Entscheidungen, der einen und einzigen Konversion, die in das Jahr 1654 fällt. Sie sollte ihn aus dem Weltleben rufen. Aber dazu bedurfte es keiner starken Stimme; denn verfallen konnte er der Welt nicht; das war nicht seine Natur. Und wenn, wie oft gesagt wurde, eine Dämonie in ihm war, also eine zustimmende Teilhabe an luziferischer Macht – ich entscheide diese Frage nicht, fühle mich keineswegs dazu berufen –, so kann es nur eine solche des Geistes gewesen sein, des Widerspruchs gegen den gefürchteten Gott, von dem uns gesagt ist, daß auch die Teufel in der Hölle an ihn glauben und vor ihm zittern. Und was ist Jugend ohne Dämonie!

Im September 1651 starb Étienne Pascal, dem der Sohn mehr

zu verdanken hatte, als irgendeinem andern. In dem Trostbrief an Schwester und Schwager Périer spricht sich eine Strenge religiöser Anschauung aus, die wie Kälte erscheinen könnte: Nur der Tod befreit die Seele von der Begierde des Fleisches; was Christus erlitt, muß in allen seinen Gliedern geschehn; die Kinder haben den Vater nicht in der Stunde seines Todes verloren; er war ihnen von dem Augenblick an genommen, da er getauft wurde. Denn von da an gehörte er Gott. – Kein Mensch kann also einem Menschen gehören. – Pascal hatte in den letzten Jahren, wenigstens seit seinem Umgang mit den Schriften des Jansenius, einen starken religiösen Einfluß auf die Familie ausgeübt; er hatte den Entschluß Jacquelines, auf allen Ruhm zu verzichten, den ihre glänzende Begabung ihr verhieß, gegen die Neigung des Vaters bestärkt. Denn, so heißt es in den »Pensées«: »Alles verdirbt die Bewunderung, schon von Kindheit an.« (Und wieviel mehr als für die Schwester galt das für ihn selbst!) Aber nach dem Tode des Vaters möchte Pascal nicht zugeben, daß Jacqueline ihn verläßt; sie setzt sich durch: die Äbtissin von Port-Royal nimmt sie auf unter Verzicht auf die von Blaise verweigerte Mitgift. Damit ist ihm der Weg gewiesen zu der für seine letzten Jahre entscheidenden Stätte.

Das Kloster Port-Royal des Champs, im Tale von Chevreuse, sechs Meilen von Paris, wurde Anfang des 13. Jahrhunderts von vornehmen Stiftern für zwölf Nonnen des Zisterzienserordens gegründet. Als im Jahre 1602 Marie Angelica Arnauld, die einer einflußreichen Pariser Familie entstammte, im Alter von elf Jahren Äbtissin wurde, waren Zucht und Ordnung in Verfall. Wenige Jahre darauf wurde die junge Äbtissin von der Predigt eines vorüberreisenden Kapuziners erschüttert. Sie beschloß, Port-Royal im Geiste des Ursprungs, nach der strengen Regel Benedikts und dem Vorbild Bernhards von Clairvaux zu reformieren. Während das Reformwerk begann, vertrat ihr Vater, Antoine Arnauld, Advokat am Parlament, auf eine Aufsehen erregende Weise die Sorbonne in einer

Streitsache gegen die Jesuiten. Dieser Streit und die Besinnung auf den glühenden Eiferer von Clairvaux, der mit beispielloser Kühnheit zum Papste gesprochen hat, sind für das Künftige von Bedeutung. In dem Frommen erwachte Bernhards Sehnsucht, die Kirche, ehe er stürbe, so zu sehen, wie sie in den Zeiten war, da die Apostel ihre Netze auswarfen, nicht um Gold und Silber, sondern um Seelen zu gewinnen, wie er an Eugen III. schrieb. (Aber fast unlösbar verbindet sich mit dieser Sehnsucht ein herrscherlich-richterlicher Anspruch.) Es ist nicht allein die Zeit der Weltleute, Mathematiker, Skeptiker und großen Herren; es ist auch die Zeit der Heiligen: des Vinzenz von Paul, des Galeerenpfarrers und Segenstifters von St. Lazare, in dessen Armen Ludwig XIII. gestorben war, des Franz von Sales und der Frau von Chantal, deren unerbittlicher Gehorsam gegen Gottes Ruf der Nachwelt zum Ärgernis wurde. Franz von Sales berät in seinen letzten Jahren die Äbtissin; das Reformwerk greift rasch auf andere Klöster des Ordens und auf Männerklöster über. Enge Freundschaft verbindet die Mère Angélique mit Frau von Chantal. Neben dem Aufbruch in die kosmische Unendlichkeit geschieht dieser zweite, nicht weniger leidenschaftliche in die himmlische Unendlichkeit. Um 1633 erwählt die Äbtissin den Abbé von Saint Cyran, einen Mann von dämonisch-geistlicher Macht, zum Spiritual von Port-Royal; er war Freund und Mitarbeiter des Jansenius, dessen Verbündeter im Kampf gegen die Jesuiten, den Jansenius als Lebensaufgabe ergriffen hatte. Von da gebietet St. Cyrans Geist im Kloster und in dem um dieses sich bildenden Freundeskreis. Es wird zu einer geistig-geschichtlichen Macht. Schon bald nach seiner Gründung im 13. Jahrhundert wurde es mit seltsamen Vorrechten ausgestattet, die Racine in seiner Geschichte Port-Royals erwähnt. In Port-Royal durfte die Messe gefeiert werden, auch wenn das ganze Land in Bann war. Auch durfte das Kloster Laien eine Zuflucht gewähren, die, der Welt überdrüssig, sich zurückziehen und Buße tun wollten, ohne Gelübde abzulegen.

Darauf greift Saint Cyran zurück. In Behausungen von härtester Einfachheit wohnen die Messieurs de Port-Royal, betend, entsagend, über der Schrift meditierend, arbeitend; dieses Leben ist wie ein Protest gegen das Treiben in Paris, vielleicht aber auch sühnende Fürbitte. Unter den Messieurs oder solitaires sind Arnauld d'Andilly, der älteste Bruder der Äbtissin, sein Sohn, drei seiner Neffen; bald schließt sich ihnen Le Grand Arnauld an, der Jüngste unter den zwanzig Kindern Antoines (1612 bis 1694). Über dem Ganzen webt der tragische Ernst der Berufung, der Absonderung, des Auserwähltseins, unerschrockener Folgerichtigkeit. Jansenius bewahrt das Erbe Augustins. Sein Wort ist wahr. Es will gelebt werden. Es ist Gnade und Verpflichtung, diese Wahrheit zu erkennen. Ein jeder Versuch, sie der Welt anzupassen, ist verwerflich. Pascal besucht die Schwester; sie berichtet, daß er eine große Verachtung der Welt empfunden habe und einen fast unerträglichen Widerwillen gegen alle, die ihr angehörten.

In das Jahr 1654 fallen zwei wichtige Ereignisse. Pascal legt der Pariser Akademie seine Abhandlungen über das arithmetische Dreieck und die Wahrscheinlichkeitsrechnung vor. – Später sollte Leibniz, von einer im Nachlaß Pascals gefundenen Zeichnung ausgehend, das mathematische und in tieferem Sinne historische Problem des Jahrhunderts lösen und die Schreibweise der Infinitesimalrechnung aufstellen: der Rechnung mit dem Unendlichen. – Und nun ist es, als bräche Pascals Dasein mitten entzwei. Er huldigte dem Geist der Wissenschaft. In der Nacht des 23. November 1654 erfährt er eine Erschütterung, die ihm zur heiligsten Erfahrung wurde. Im »Mémorial« hat er sie sich gegenwärtig gehalten. Es ist ein sorgfältig beschriebenes Blatt, das nach seinem Tode im Futter seines Rockes gefunden wurde. Vermutlich hat er es selbst beim Wechseln des Rockes herausgetrennt und wieder eingenäht. Die stammelnden Worte bezeugen das Hereinstürmen dessen, der gekommen ist, Feuer auf die Erde zu werfen; der selber zehrendes Feuer ist (Hebr. 12, 29), nicht des Gottes der Philosophen und Gelehrten, sondern des Vergessenen, der unsägliche Freude ist und die Größe des Menschen; dessen, der uns verläßt, wie er vom Vater verlassen wurde, und den wir verlassen, des in der Schrift Geoffenbarten, der wiederkehrt in der Nacht.

Die häufig faksimilierte Handschrift ist eine Kopie eines Verwandten, des Abbé Périer. Wenn das Original mit den Worten »vollkommene und liebevolle Entsagung« schloß, also den Satz »Vollkommene Unterwerfung unter Jesus Christus und meinen geistlichen Führer« nicht mehr enthielt: so bleibt der Vorgang vom 23. November zwar durchaus im Raum der Kirche, deren Tag am Anfang ausdrücklich bezeichnet wird, aber doch im Bezirke der reinen Unmittelbarkeit zu Jesus Christus, der mystischen Begegnung. Er geschah in solcher Höhe und mit solcher Gewalt, daß er zunächst nicht in das Leben eingehen, nicht in ihm bewältigt werden konnte. Aus dieser Zeit berichtet Jacqueline in einem Briefe vom 25. Januar 1655, daß ihr Bruder sich auf noch nie erfahrene Weise von allen Dingen geschieden wußte und zugleich in solchem Grade verlassen von Gott, »daß er nach jener Seite hin nicht die geringste Anziehung fühlte«*. Das ist das Leiden, das die Mystiker als Gekreuzigtsein zwischen Himmel und Erde beschrieben haben. Wie überwältigend auch die Gnade war: Pascal fand nur in schweren Kämpfen den Weg in die Einsiedelei von Port-Royal. Hier wurde der Abbé Singlin, der wie Saint Cyran von der Lehre des Jansenius durchdrungen war, sein geistlicher Führer (directeur spirituel).

Bald darauf schreibt er an Mlle. Roannez: »Hier gibt es keinen Frieden. Jesus Christus ist gekommen, das Schwert zu bringen, nicht den Frieden.« Da aber die Wahrheit immer im Streite steht mit der Welt und vor ihr Torheit ist, so ist der

* Zitiert nach Romano Guardini, Christliches Bewußtsein. Versuche über Pascal, Leipzig 1935.

Kampf für sie »Friede vor Gott«. Bis zu seinem Tode steht Pascal in einem leidenschaftlichen, zerrüttenden Streit, der hinabdringt bis zum schmerzlichsten Konflikt zwischen personalem Wahrheitsbewußtsein und Autorität und also seine kirchliche Existenz in Frage stellt.

Um der Hauptsache willen soll auf die Vorgeschichte – einen Streit des Großen Arnauld mit den Jesuiten über die häufige Kommunion – verzichtet werden. Der »Augustinus« des Jansenius war zwei Jahre nach dem Erscheinen, 1642, und vier nach dem Tod des Verfassers durch eine Bulle Urbans VIII. verboten worden. Die Jansenisten sahen Augustinus selbst verworfen; das Parlament stellte sich auf ihre Seite. Hauptmacht der Gegenpartei waren die Jesuiten; sie hatten bestimmenden Einfluß in der theologischen Fakultät der Sorbonne. Unter ihrem Vorsitz wurden fünf Sätze als Lehre des Jansenius aufgestellt; 88 Bischöfe erbaten darüber das Urteil Roms. Am 31. Mai 1653 erklärte eine Bulle Innozenzens X. diese Sätze für häretisch. Die viel beredeten, aber selten zitierten Sätze sind die folgenden*:

»1. Einige Gebote Gottes können wegen Mangels der erforderlichen Gnade auch die Gerechten nicht erfüllen. – 2. Der inneren Gnade kann der Mensch, wie er jetzt ist, nicht widerstehen. – 3. Verdienst und Mißverdienst setzen nur Freiheit vom physischen Zwang, nicht auch Freiheit von der inneren Notwendigkeit voraus. – 4. Die Semipelagianer irrten, wenn sie lehrten, der menschliche Wille könne der Gnade widerstehen oder folgen. – 5. Es ist semipelagianischer Irrtum, zu behaupten, Christus sei für alle Menschen gestorben.« Ohne Zweifel ist das nicht katholische Lehre: sie könnte als calvinisch gelten. Mit der Diskussion dieser Thesen war das Problem der Reformationszeit wieder aufgeworfen worden: das Verhältnis zwischen Freiheit und Gnade. Es wurde von Arnauld in engem Anschluß an Augustinus und Chrysostomus am Verrat des hl. Petrus aufgerollt: Wie konnte Petrus fallen,

* Nach Karl Bihlmeyer, Kirchengeschichte, 1934, 3. Teil.

der doch ein Gerechter war und wahrlich nicht gleichgültig gegen Christus? Die Antwort ist: Gott hat den Apostel in diesem Augenblick verlassen; er hat zeigen wollen, daß der Mensch ohne Gnade nichts vermag.

Man muß den heiligen Eifer beider Parteien ganz ernst nehmen. Den Jansenisten ging es um die Ehre Gottes. In seinem Machtbereich kann eine des Widerstandes fähige Macht nicht sein. Auch die Fähigkeit, Gott zu widerstehen, muß von Gott kommen. Den Jesuiten ging es um die Freiheit des Menschen und damit wieder um die Ehre Gottes. Denn es ist seine Ehre, Freiheit zu schaffen und Verantwortung zu fordern. Aber mit dieser vergröbernden Feststellung ist nur etwas für die *Betrachtung* der Sache gewonnen, nichts für die Sache selbst; auf der Ebene der einmal vollzogenen Fragestellung ist sie wahrscheinlich überhaupt nicht zu entscheiden, wieviel Blut und Tränen sie auch gekostet haben mag. Das Verhältnis zwischen Freiheit und Gnade läßt sich nicht definieren; es ist ein geheimnisvolles Zusammenwirken, das hochzeitliche Geheimnis des Eingangs Gottes in den Menschen, des Menschen in Gott. Die Familie Pascal führte das Lamm im Wappen; hier ist ein auf die »Hochzeit des Lammes« weisendes Zeichen, um auf die Theologie Erich Przywaras anzuspielen. Aber in dem Streit, den Blaise Pascal nun an der Seite Arnaulds antrat, war der eben von höchster mystischer Erfahrung Gezeichnete ein leidenschaftlicher Rationalist und Dialektiker, der sich mit bewundernswert überlegenem Geschick derselben Waffe wie der Gegner bediente. Beiden Parteien scheint die Ahnung kaum gekommen zu sein, daß die Vorhalle des Heiligtums nicht der Ort eines noch so glänzenden Florettgefechtes ist.

Die Verteidigungsstellung Arnaulds und Pascals war nun die Unterscheidung zwischen Recht und Tatsache (Quaestio juris und Quaestio facti); das heißt, die Kirche hat das Recht, zu entscheiden, ob gewisse Sätze wahr oder falsch sind, aber sie ist nicht autorisiert, über ein Faktum der Geschichte zu urteilen: nämlich ob ein Theologe diese Sätze gelehrt habe oder nicht. (Warum diese Unterscheidung so häufig als »tiefsinnig« gerühmt wird, ist schwer ersichtlich.) Die Sprecher von Port-Royal dachten nicht daran, die fünf Sätze zu halten; sie erklärten sie, wie der Papst, für häretisch. Aber sie bestritten entschieden, daß sie im »Augustinus« des Jansenius ständen. Man hätte nun meinen sollen, daß dieser Streit, der ja nur ein Scharmützel im Vorfeld war, rasch hätte beigelegt werden können. Jeder konnte das Buch lesen. Vergebens forderte Pascal die Gegner auf, die fünf Sätze nachzuweisen. Sie standen nicht darin: dem Wortlaut nach nicht.

Aber Gott hat für Port-Royal gesprochen. Wir müssen ein Ereignis erwähnen, das nicht als geschichtliches oder religiöses Faktum, sondern als Wahrheit in der Existenz Pascals anerkannt werden muß: Am 24. März 1656 geschah in Port-Royal das Wunder des hl. Dorns, ein Ärgernis der Mit- und Nachwelt, für das Jean Racine im ersten Teil seiner Geschichte von Port-Royal eintritt. Eine zehn- oder elfjährige Pensionärin, Tochter der Gilberte Pascal und Blaise Pascals Patenkind, litt seit drei Jahren an einer Tränenfistel; die Vereiterung hatte sich durch das Nasenbein und den Gaumen gefressen. Die Ärzte mußten die Kranke mit einer freiwilligen Gefährtin separieren; endlich waren sie entschlossen, die Wunde auszubrennen; der Vater der Kranken wurde herbeigerufen, als ein Geistlicher auf die Bitte der Nonnen an jenem 24. März – Racine sagt genau: es war Freitag der dritten Fastenwoche, und die Kirche betete zum Herrn um ein Zeichen, das die Feinde bestürze – einen Dorn von der Spott- und Schmerzenskrone des Herrn in die Kirche brachte; die Nonnen ehrten die Reliquie mit Gesängen und küßten sie, indem sie feierlich an ihr vorüberzogen. Auf das Gebot der Vorsteherin ließ die kleine Pascal ihr Auge vom Dorn berühren; sie betete, wie ihr geheißen war, um Genesung. Als sie mit der Gefährtin in ihr Zimmer zurückkehrte, fühlte sie sich geheilt. Aber – und das ist der Geist von Port-Royal – das Schweigen war schon geboten, »et ces deux jeunes filles se tinrent dans leurs chambres et se couchèrent sans dire un seul mot« (Racine). Erst am Morgen, als eine Nonne kam, um Margot zu kämmen, und sie die gewohnte Vorsicht beobachten wollte, um der Kranken keine Schmerzen zu bereiten, bekannte sich Margot als geheilt. Man muß diese Begebenheit mit der ganzen Wucht eines geglaubten, bestätigenden Wunders in das Leben und Denken Pascals einbeziehen, wenn man die Haltung seiner letzten Jahre verstehen will. Über Port-Royal hat sich der Himmel geöffnet. Was hier geschieht, ist ihm wohlgefällig. Wie aber, wenn das Haupt der Kirche, das Haupt, von dem kein Glied sich trennen wird, ohne zu verderben, den Glauben von Port-Royal verwirft? Denn das kann nach allen erhaltenen Aufzeichnungen Pascals gar nicht bezweifelt werden: Er hielt an der Gnadenwahl fest und blieb überzeugt, daß Gott nach seinem unerforschlichen Willen erleuchtet und blendet. »Ist nun unser Evangelium verdeckt, so ist's in denen, die verloren werden, verdeckt« (2. Kor. 4, 3). Es ist nicht leicht, solche und ähnliche Sätze zu beantworten. Weder können wir, wie es in den »Pensées« heißt, die Ungläubigen überzeugen, noch können sie uns widerlegen. Dazwischen steht die undurchdringliche Wand: die Wahl Gottes des Lebendigen, in dessen Hände zu fallen schrecklich ist. Eine Art Recht ist in beiden, Gläubigen und Ungläubigen, und zwar gesetzt von Gott »in der Ordnung seiner Vorsehung als der wahrhaften Ursache, ohne die nichts geschehen wäre« (Brief an Herrn und Frau Périer). »Zum Schlusse«, schrieb Pascal an Mlle. Roannez, »will ich Ihnen noch die Worte Hiobs mitteilen: ›Ich fürchte immerdar den Herrn wie die Fluten eines tobenden Meeres, das vor mir anschwillt, um mich zu verschlingen‹ (Job 31, 23). Und endlich: ›Glücklich der Mann, der immerdar in Furcht ist‹ (Ps. 111 [112], 1).«

Das ist nicht die Lehre der Kirche, wenigstens nicht die ganze Lehre, und doch weiß sich Pascal im Recht als Rationalist und Mystiker, als Ironiker und Ankläger in den Briefen gegen die

Jesuiten, die er unter dem Pseudonym Louis de Montalte unter den Augen seiner Feinde an einen »Freund in der Provinz« schrieb. – Ausdrücklich muß gesagt werden, daß er die Stiftung des heiligen Ignatius nicht angegriffen hat – sowenig wie Bernhard von Clairvaux in seinen heftigsten nach Rom geschleuderten Anklagen das Papsttum; ihm geht es um die von Jesuiten in seiner Zeit vertretene Lehre und Haltung. Gereizte Auseinandersetzungen gingen voraus: wie die überlegene Abfertigung des Père Noël und seiner Lehre vom horror vacui und des P. Ribeyre, dem Pascal vorwarf, eine irrige oder verleumderische Erklärung über sein Experiment am Puy-de-Dôme geduldet zu haben. Auch mag der Polemiker Pascal übertrieben, verallgemeinert, in Einzelheiten sich schwer geirrt und den historischen Zusammenhang übersehen haben, in dem Kasuistik und Probabilismus auftraten nach dem Konzil von Trient: die Berechtigung, ja Notwendigkeit seines Angriffs wird damit nicht aufgehoben. Das im wesentlichen von spanischen und portugiesischen Jesuiten, auch Dominikanern, mit denen die Jesuiten in Streit gerieten, bis zur äußersten Spitzfindigkeit ausgearbeitete System moraltheologischer Fälle, nach dem im Beichtstuhl verfahren werden sollte, beruhte vielleicht auf der Überzeugung von der freien Verantwortlichkeit des Christen und der Einsicht in die Problematik einer jeden menschlichen Entscheidung, aber es mußte in der Praxis absinken in das Bemühen, Gott und seine Rechtsprechung zu überlisten und die Realität der Sünde aufzulösen. Es wurde ebenso unabänderlich zum Instrument der Herrschaft. Denn mit ihm konnten schwere Vergehen Mächtiger und Einflußreicher leicht verziehen werden. Dieses Moment griff Pascal auf: »Denn durch diese Lehre gebt ihr denen« (den Richtern in einer Rechtsfrage) »dieselbe Gewalt über das Schicksal der Menschen, die ihr euch selber über deren Gewissen angeeignet habt« (Achter Brief). Das gilt zugleich vom Probabilismus; der Lehre vom Rechte auf die Berufung einer probablen Meinung, das heißt einer Meinung, die eine gewichtige Begründung besitzt, von einem anerkannten Gelehrten vertreten wurde. »In diesem Falle«, sagt der von Pascal fingierte Partner auf den erstaunten Vorwurf, daß er gegen sein Gewissen rede, »spreche ich nicht nach meinem Gewissen, sondern nach dem des Pontius und des Paters Baunny.« Die Möglichkeiten der Widersprüche und die Gefahren liegen auf der Hand; der Probabilismus bedrohte das Gefüge der Kirche wie des Rechts; und Pascal hat sich ohne Zweifel ein Verdienst um die Kirche erworben, als er gegen Kasuistik und Probabilismus zu Felde zog. Nicht um geschichtliche Erklärungen kann es sich ja handeln, sondern um christliches Leben, das immer Gegenwart ist, und zwar Gegenwart Jesu Christi. Ein jeder von innen erhobene Vorwurf kann von außen mißbraucht werden. In den Augen der Einsichtigen sind gerade diese Anklagen überzeugende Verteidigungen der Kirche. Die charakteristische, innerkirchliche Unabhängigkeit des französischen Geistes, sein Mut zu Konflikten mit der Autorität bis zu Hello, Bloy, Péguy, Bernanos, Mauriac ist ohne Pascals Angriff wohl nicht zu verstehen, wenn sie auch viel weiter zurückreichen, in die Kämpfe zwischen Kirche und Königtum im 13. Jahrhundert und zur geistig-geistlichen Macht Bernhards und seines Zisterzienserstaats.

Aber die Haltung des Mannes, der zwei Gedanken denkt, bleibt zwiespältig. Er beharrte darauf, daß die Sätze, das heißt der Wortlaut, nicht im Buche des Jansenius stehen; der Papst, von dem er sich nicht trennen will, muß getäuscht worden sein. Ausdrücklich rühmte es Sankt Bernhard dem Heiligen Stuhle nach, daß »er gern das widerruft, was ihm durch Täuschung entlockt worden ist«. Was hat Jansenius gelehrt? Bossuet erklärte: die fünf Sätze seien die »Seele« seines Buches. Fénélon: nie sei ein Text klarer gewesen, es gäbe gar keine Diskussion über seinen Sinn. Da aber die Streitenden mit denselben Worten Verschiedenes meinen, da eine klare Unterscheidung zwischen »genügender« und »wirksamer« Gnade (welche Finesse!) nicht gelingt und zwei tief verschiedene

Auffassungen des Christentums, zwei Lebenshaltungen und Zeiten einander gegenüberstehen, werden sie immer erbitterter streiten. Für die Jesuiten ist Christus wesentlich der Erhöhte, für Pascal der immerfort am Kreuze Sterbende, der sterbend Lebende. Es gibt, heißt es in den »Pensées«, »viele Wahrheiten sowohl im Glauben wie in der Moral, die sich scheinbar widersprechen und die alle in einer wundervollen Ordnung gründen«. Denn Ursprung aller Widersprüche ist »die Verbindung der zwei Naturen in Jesus Christus«. Ja: Jesuiten und Jansenisten haben beide unrecht, wenn sie die Gegensätze verschweigen, die Jansenisten aber mehr, »weil die Jesuiten deutlicher beide bekannt haben«. Aber von dieser Höhe reißt ihn die Leidenschaft hinab: denn »das Schweigen ist die schwerste Verfolgung. Niemals haben die Heiligen geschwiegen«. Die Inquisition und die Gesellschaft Jesu sind »die beiden Geißeln der Wahrheit«. Und nun macht ihn die geglaubte Wahrheit völlig frei: »Mögen meine Briefe von Rom verdammt sein, was ich in ihnen verdamme, ist im Himmel verdammt. Ad tuum, Domine Jesu, tribunal appello« (Dein Gericht, o Herr Jesus, rufe ich an). Wieder steht er allein vor Gott. Will man behaupten, er sei ein Betrüger? »Ich sage euch, daß ihr Betrüger seid.« »Ihr habt das Gericht, ihr habt den Betrug, ich habe die Wahrheit.« Und er sieht nicht mehr, daß der Mensch die Wahrheit nicht haben, daß allein die Wahrheit den Menschen haben kann.

Wieder ringt er in den abgerissenen Aufzeichnungen aus dem Streite inständig um die Höhe, um die Einsicht in die Tragik allen Streits und die ihr gemäße Haltung, um die tragische Gerechtigkeit – die dann mit Bezug auf das Irdische sein letztes Wort und seine letzte Größe sein wird: »Ich verdiene nicht, die Religion zu verteidigen, aber ihr verdienet nicht, den Irrtum und das Unrecht zu verteidigen. Möge Gott in seiner Barmherzigkeit das Böse, das in mir ist, nicht rechnen, und möge er das Gute, das in euch ist, rechnen und uns die Gnade zuteil werden lassen, daß die Wahrheit in meinen Hän-

den nicht Schaden leide und die Lüge nicht ...« Darunter stehen die geheimnisvollen Worte: »Dii iniqui« (ungerechte Götter). »Falsche Frömmigkeit, doppelte Sünde.«
Deuten diese Worte auf das Geheimnis der Finsternis? Er hat es ausgesprochen in diesem abgründigen Fragment: »Das Böse ist bequemer, es gibt davon eine Unendlichkeit, fast einzig ist das Gute; aber eine gewisse Art des Bösen ist fast ebenso schwer zu finden wie das, was man gut nennt, und oft läßt man dieses besondere Böse deshalb als gut gelten. Eine außerordentliche Größe der Seele gehört dazu, um es zu erreichen, fast die gleiche, wie die zum Guten.« Der Streit führt bis an diese Stelle. Es gibt, wie Pascal erkannte, eine Vergötzung der Dunkelheit. Es gibt einen satanischen Eifer für die Wahrheit, einen Anschein der Heiligkeit, der die gefährlichste Maske des Bösen ist. Es ist eine Grenze, wo Heiligkeit und Bosheit, Wahrheit und Schein ineinander spielen, wo Lucifer sich (für die Blicke des Menschen) nicht entscheidet, wo das verblutende Lamm – Blut trinkt. Man kann Pascal nicht begegnen, ohne von diesem Mysterium zu wissen, von der unheimlichen versucherischen Beziehung des Geheimnisses der Finsternis zur Heiligkeit; denn es folgt ihr wie ihr Schatten. Auf Pascals Antlitz scheint der Widerglanz beider Abgründe zu liegen: des oberen, des unteren. Aber es steht uns nicht zu, diesen Anschein zu entscheiden.

Ohne den großen Streit wäre Pascal nicht der, der er war. Und doch, der Streit droht zu zerstören, Schicksal zu werden, aber nicht das diesem Geiste gemäße. Bewundernswert bleiben der Mut, die in der Geschichte der französischen Sprache so wichtige Ausbildung und Vollendung ironisch-aggressiver Prosa: Es ist eine bewußte Leistung, wie das 920. Fragment der »Pensées« verrät: »Da ich sah, daß man mich verurteilte, fürchtete ich, daß ich schlecht geschrieben hätte, aber das Beispiel vieler frommer Schriften läßt mich das Gegenteil glauben. Es ist nicht mehr erlaubt, gut zu schreiben; so verderbt oder unwissend ist die Inquisition.« Doch um dieselbe Zeit – 1656–1658, es sind die letzten Jahre, in denen Pascal noch über seine Arbeitskraft verfügen kann – reift der grandiose Plan der »Apologie des Christentums«; entsteht sie, ein vielleicht unvollendbares, weil einer jeden Systematik überhobenes Unternehmen, in Fragmenten, diktierten Notizen, deren völlig überzeugende Anordnung wohl nie gelingen wird. Pascal bleibt Fragmentist, und zwar aus dem Wesen seines Vorhabens; das Christentum ist das gebotene Unvollziehbare, und nicht anders verhält es sich, auf der entsprechenden Ebene, mit der Wissenschaft: Immer dann, wenn sie meint, auf der Fährte der den Kosmos umfassenden Formel zu sein, muß sie erkennen, daß alles sich scheinbar Vereinfachende maßlos kompliziert. Wir müssen zurück zum Ereignis des 23. November 1654. Das scheint eine Erschütterung zu sein, nicht unähnlich der von Descartes am 10. November 1619 im Winterlager von Neuburg an der Donau erfahrenen. Ein jedes bedeutende Weltbild, auch das rationalste, geht auf eine Vision zurück. Aber die vor Pascal erschienene neue Wissenschaft ist keine Lehre, sie ist der Gottmensch in Fleisch und Blut; sie ist das Feuer »eine halbe Stunde nach Mitternacht«, das Feuer und die Freude. Die Wahrheit begnadet, entmachtet den, der sie gekreuzigt hat. Von da steht Pascal unwiderruflich in Dienst. Der von Größe und Elend Zerrissene, der Weltmann, Mathematiker, Skeptiker, der Rigorist und Spieler, allen Gefahren des Denkens Unterworfene wird ins Feuer gerissen: »Alle diese Widersprüche, die mich am meisten von der Erkenntnis, von der Religion zu entfernen schienen, haben mich am raschesten zur wahren geführt.« Das ist der Plan der Apologie. Sie ist an Weltleute gerichtet, an den freisinnigen Kavalier; ihn will sie anreden; man soll aber zu Menschen nur von Dingen reden, die sie angehen. Das ist die eigentümliche, so oft mißachtete Klugheit Pascals. Keine natürlichen Schlüsse! Keine Beweise! Wenn der Mensch, die Mitte zwischen Engel und Tier, sich selbst begegnet, seinem Elend, seiner peinigenden Größe: so begegnet er dem Erlöser. An Christus wird er sich selbst erkennen und an sich selbst wieder Christus. »Es ist das Herz, das Gott spürt, und nicht die Vernunft.« Die Logik des Herzens ist die Wissenschaft von Jesus Christus, von der heiligen Paradoxie des in das menschliche Elend, in Schmach und Agonie sich herabbeugenden, hüllenden Gottes. Dieser Widerspruch zerklüftet alle Beziehungen in Leben und Weltbild; Ruhm und Schmach, Weisheit und Torheit, Recht und Unrecht, Offenbarsein und Verborgenheit bedingen, steigern einander. Denn das Christentum beruht auf diesen zwei unbegreiflichen Wahrheiten: auf Fall und Erlösung. Die Lehre von der Erbsünde ist »ohne Vernunft«. Es war, wie Pascal an Mlle. Roannez schreibt, leichter, Gott zu erkennen, da er unsichtbar war, als jetzt, da er sichtbar ist. Sichtbar ist er ja nur unter der Verhüllung von Brot und Wein. Alle Dinge sind Schleier, die Gott verbergen, und ebenso verbirgt zeitliche Betrübnis das Heil und zeitliche Freude das Unheil. Gott ist weder völlig abwesend noch offenbar gegenwärtig, im tiefsten: Deus absconditus, der erleuchtet und blendet nach unerforschlichem Willen. Eine Religion, die nicht lehrt, Gott sei verborgen, kann die wahre nicht sein. Darum kann das Alte Testament nur als eine Fülle von Sinnbildern verstanden werden. Ein Sinnbild enthält »zugleich Abwesendes und Gegenwärtiges, Gefallen und Mißfallen«. Opfer, Zeremonien, Zahlen, Chronologie, Genealogie, das Heilige Land als »Ort des Friedens« (der es nicht war) sind entweder »Sinnbilder oder Torheit« – eben Sprache der Religion, die von »unendlicher Weisheit und Torheit« ist. Die Juden, abstammend von »einem einzigen Menschen«, sind Familie, alle »eines Blutes und miteinander verwandt«; dieses Volk ist »einzigartig durch seine Dauer« und als Hülle des Gottmenschen; es ist sein ungenähter Rock. Wäre Jesus nur gekommen zu heiligen, so wäre es leicht, die Ungläubigen zu widerlegen; aber Jesaja sagte das Geheimnis, daß der Erlöser kommen werde in sanctificationem et in scandalum: zur Heiligung und zum Ärgernis; mit Absicht hat Christus nicht gesagt, daß er nicht aus Nazareth, nicht der Sohn Josephs sei; darauf weist auch »die offenbare Nichtübereinstimmung der Evangelien«. Der Gegenwärtige verhüllt sich; er zeigt sich unverschleiert denen, die ihn von ganzem Herzen suchen, und verbirgt sich denen, die ihn von ganzem Herzen fliehen, erkennbar für die Gerechten, unerkennbar für die Ungerechten. Das ist das immer wiederkehrende Argument des sich seiner Erwählung bewußten Pascal: »Die Gerechten irren sich nicht.« Im Menschen ist ein mächtiger Grund der Größe und ein mächtiger Grund des Elends: Christus ist die Antwort auf diesen »erstaunlichen Widerspruch«: ihn zu erfüllen ist der Herr gekommen, unendlicher Abgrund, der sich in den Abgrund senkt. In sich selbst fühlt Pascal einen Abgrund an Stolz, Neugier, Begierde. Er könnte, wie der Herr zu ihm sagt, ihn nicht suchen, wenn er ihn nicht schon gefunden hätte. Aber Christus ist »sündig« geworden um seinetwillen; Christus ist »erbärmlicher« als er. Des Erlösers unauflösbare geschichtliche Verhüllung aber ist die Agonie: »Bis an das Ende der Welt wird die Agonie Jesu dauern; nicht schlafen darf man bis dahin.« Das heißt: Geschichte ist seit der Menschwerdung das Sterben Jesu Christi unter uns, in uns; das geschichtliche Leben des Christen ist Wache unter dem Kreuze des Sterbenden, über dem sich der Himmel verhüllt, Ausharren in der Finsternis, die nach den Worten des Psalmisten Licht ist vor Gott. Wohl hat Tertullian davor gewarnt, zu glauben, »daß das Leben des Christen ein Leben voll Schwermut« ist (an Mlle. Roannez): aber die Freude, Gott gefunden zu haben, ist auch der »Beginn des Schmerzes, ihn beleidigt zu haben«. Das Wort von der Agonie weist auf den irdischen Streit: daß sie Gott mit der Welt vereinen wollen, ist Pascals Vorwurf an die Jesuiten, aber es ist weit mehr: das eigentlich kennzeichnende Wort seines Lebensgefühls und zugleich Zusammenklang mit der Mystik der großen Teresa und des Johannes vom Kreuz.

Dies alles sind »Gründe des Herzens«, gültig in der obersten der drei Ordnungen, die Pascal unterscheidet; es ist die Ordnung, in der das Leben des Christen sich vollenden muß. »Das Herz hat seine Ordnung; der Geist hat die seine, er fordert Grundsätze und Beweise; das Herz kennt eine andere. Man beweist nicht, daß man uns lieben solle, durch die Darlegung der Ursachen der Liebe, das wäre lächerlich.« Die erste Ordnung ist die des Fleisches. Es ist eine Weisheit (der Liebe), die nirgends ist, es sei denn in Gott: sie ist »unerkennbar« den geistigen und fleischlichen Menschen. Denn – das muß wiederholt werden – die wesenhafte Wahrheit, die völlig reine, ist unerreichbar auf Erden; hier ist ein jegliches Ding »zum Teil wahr, zum Teil falsch«, zum Teil gut, zum Teil schlecht; alle Wahrheit ist mit Unwahrheit (oder ihrem Widerspruch), alles Gute mit Schlimmem vermischt. Die Ordnungen heben einander nicht auf, können einander nicht aufheben; sie sind so verschieden, daß sie sich gar nicht berühren, und zerfallen wieder in sich selbst in nebeneinander bestehende Rechtsbezirke oder Geltungsbereiche. Wie Pascal die Theologie von der Wissenschaft abgegrenzt hat, jene streng unterworfen der Autorität der Offenbarung, diese der Autorität der Evidenz und des Experiments, so sind auch Kreise im Reiche der Liebe, die übereinander schwingen, und Rechte neben Rechten im Reiche des Fleisches, und damit geschichtlicher Macht. Das Volk, die Weisen, die Frommen, die wahren Christen bilden auf Grund der ihnen gemäßen verschiedenen Einsichten vielfältig-gegensätzliche Meinungen. Die Systeme bestehen nebeneinander; innerhalb der Koordinatensysteme aber regieren Gesetze, die sich durch alle Systeme als Hierarchien der Kräfte und Werte und Weisen der Wirkung wiederholen. Doch kann, was in dem einen geschieht, ohne Transformation (nach dem Gesetz der Analogie) in das andere nicht übertragen werden. Dieses überraschend moderne Weltbild ist wohl von Pascal erfahren und eingesetzt – und zwar in der geschichtlichen Stunde, die seiner bedarf; es ist aber eine ursprünglich christliche Konzeption, im Grunde Offenbarung. »Aber eine andere Herrlichkeit haben die himmlischen Dinge und eine andere die irdischen.« Und »es ist mancherlei Art Stimmen in der Welt, und derselben keine ist undeutlich«, heißt es im 1. Korintherbrief (15, 40 und 14, 10). Mit voller Deutlichkeit erscheinen die drei Ordnungen Fleisch, Geist und Liebe im Gespräch des Herrn mit Nikodemus: »Was aus dem Fleische geboren ist, das ist Fleisch; und was aus dem Geiste geboren ist, das ist Geist« (Joh. 3, 6). Und »wenn ich Irdisches rede und ihr nicht glaubet, wie werdet ihr, wenn ich zu euch Himmlisches rede, glauben? . . . Und niemand steigt in den Himmel hinauf, als der vom Himmel herabgestiegen ist, nämlich der Menschensohn, der im Himmel ist« (3, 12–13). Das heißt, der Himmlische, der unter uns redet, kann gar nicht auf Erden sein. Er ist (wesenhaft) im Himmel. Die Ordnungen gehen scheinbar ineinander ein, wesenhaft nicht. Aber das Gesetz der »Nachahmung«, Gesetz des Geschaffenen überhaupt, durchwaltet sie und vereint sie in ihrem Getrenntsein, sich wiederholend hinter den Scheidewänden der Unendlichkeiten.

Unter dieser Konzeption führt Pascal die Kritik des Staates, der Gesellschaft, die Untersuchung des Wertes und Unwertes staatlicher Macht. Wie die Wahrheit, so ist auch das absolute Recht nicht erreichbar, im Grunde Wahn, Mode, ein Geflecht aus Geglaubtheiten: »Das Vernunftloseste auf der Welt wird das Vernünftigste, weil es bei den Menschen keine vernünftige Ordnung gibt.« Das wird an der monarchischen Erbfolge erläutert: unter den Reisenden eines Schiffes würde man nicht den Vornehmsten mit der Führung betrauen, sondern den Geschicktesten. Dasselbe wäre vernünftig im Staat. Da wir aber dann sofort ins »Handgemenge« kommen, und sich ein jeder für den Tugendhaftesten und Geschicktesten hält: so ist das Unvernünftige vernünftig und gerecht, und der älteste Sohn des Königs soll König werden. Launen und Hirngespinste wurden erhaltender Brauch; an sie banden sich die Mächtigen, und diese binden das Volk. Erhaltender Wahn ist die Meinung, gerechte Gesetze zu haben, während »ein Längengrad über die Wahrheit entscheidet«. Ein Mensch hat das Recht, mich zu töten, ich habe es über ihn, »nur weil er jenseits des Wassers wohnt«. Wahn und Unrecht ziehen, verteidigen die politischen Grenzen. Widerrechtlich ist jede Besitzergreifung auf der Erde. Aber nichts ist törichter, als zu glauben, man müsse zu den Ursprüngen zurück: das ist das sicherste Mittel, um alles zu verlieren und die Staaten umzuwerfen. Da die Kardinalfrage, die gültige Rechtfertigung der Macht, unlösbar ist und dennoch die Macht sowenig ohne Recht bestehen kann wie das Recht ohne Macht, so »machte man das, was mächtig ist, Rechtens«. Immer droht die »Muskelkraft« die Maske anzugreifen, kann »ein Soldat das Barett des Gerichtspräsidenten ergreifen und aus dem Fenster werfen«.

In dieser Ordnung der Körper, des Fleisches liegt »auf dem Grunde nur der Haß«; sie ist der Bereich des »bösen Gelüstes«; ein jedes Ich steht in Todfeindschaft zum andern. Aber wieder spricht der zweite Gedanke: Nichts ist Pascal ferner als relativierende Aufhebung der Macht; ganz im Gegenteil. Gerade auf dem bösen Gelüste wird die Macht gefestigt von Gnaden der Notwendigkeit. Aus der Natur kommt kein Rechtsanspruch, sondern aus der Satzung; der Obrigkeit soll gehorsamt werden, nicht weil sie im Rechte ist, sondern weil sie Obrigkeit ist. Und es ist höchst gefährlich, dem Volke den Glauben zu nehmen (oder vielmehr den Wahn), daß im Gesetze Wahrheit, in der Herrschaft Recht sei; denn dann ist der Bürgerkrieg nicht zu vermeiden. Der König ist also im Rechte als »König des bösen Gelüstes«; und bewundernswerte Ordnungen der Politik, der Sittlichkeit wurden auf dem bösen Gelüste gegründet. – Die Macht ist in ihrer Ordnung im Recht, die Geistigen haben keine Macht – und die Macht hat keine Achtung für sie. Unterliegend in der Ordnung des Fleisches siegen sie in der ihren. Den Königen, den Reichen, den Kriegshelden sind sie »unerkennbar«.

In den Vorträgen für den Prinzen von Luynes, die um 1660 von Nicole aufgezeichnet wurden, wird ein künftiger Herzog

vor diese Einsicht gestellt. Seine Rechte beruhen allein auf der Satzung; es gibt aber eine Größe der Satzung und eine natürliche Größe des Menschen. Zur Satzung haben sich die Menschen willentlich entschlossen. So wurden Würden und Adel gestiftet; die natürliche Größe beruht auf Tugend, Geist, Eigenschaften. Aber ein Unrecht ist es, die beiden Größenordnungen zu verbinden und die der Satzung gemäßen Ehrungen für den Menschen in Anspruch zu nehmen: »Denn während ich Ihnen die äußeren Ehrenbezeigungen erwiese, die das Gesetz der Menschen Ihrem Herkommen verbunden hat, so würde ich nicht verfehlen, innerlich für Sie die Verachtung zu empfinden, die die Niedrigkeit Ihres Geistes verdienen würde.« Nur von Gnaden des bösen Gelüstes wird der Jüngling zum Fürsten werden; das allein bindet die Menschen an ihn.
Was aber bleibt? Und wie soll der Fürst nun herrschen? »Was ich Ihnen sage, führt nicht sehr weit, und wenn sie dabei verbleiben, werden Sie sich trotzdem zugrunde richten, aber Sie werden wenigstens als rechtschaffener Mensch zugrunde gehen.« Wenn das Pascal wirklich gesagt hat – wir haben nur eine spät veröffentlichte Nachschrift –, so bewies er den Mut, die letzte Konsequenz seiner Theorie zu ziehen: ein Fürst von dieser Einsicht, »der wahre König des bösen Gelüstes«, der als Wissender Härte zu meiden sucht, weil eben das Böse gar nicht aufzuheben ist im gefallenen Menschen und das Fundament seines Reiches bleibt – ein solcher Fürst wird sich zugrunde richten. Er muß es an dieser Stelle. Aber – nun spricht der radikale Christ, nicht mehr aus der Ordnung des Geistes, sondern der Liebe: für ihn ist es »Torheit«, an dieser Stelle stehenzubleiben und sich damit – denn das ist unvermeidbar – um die Seligkeit zu bringen. »Man muß das böse Gelüsten und sein Königreich verachten und nach dem Königreich der Gottesliebe streben, in dem alle Untertanen nur in der Liebe zu Gott atmen und nichts wünschen als die Güter der Gottesliebe.« Christus war ja, wie Pascal an anderer Stelle sagt, nicht »Denker«; er war und ist die Liebe. Über alles

(über alle drei Ordnungen) soll Gott herrschen, und alles soll sich auf ihn beziehen. Was bleibt aber dann für den jungen Herzog? Und für Pascal? Sie können nur solitaires werden in Port-Royal – oder leben, wie Spinoza um diese Zeit, verfemt und frei, in einem Landhause an der Straße von Amsterdam nach Overkerke und dann in Hinterstuben im Haag lebt. Der, dem die höchste Ordnung befiehlt, ist von den anderen Ordnungen streng geschieden; doch bestehen sie fort im Recht ihres Unrechts, unabhängig wie geometrische Ordnungen voneinander unabhängig sind. Der Herausgerufene geht den Weg zu Christus: in seine Niedrigkeit. Und diese gründet nicht in der Ordnung seiner Größe. Christi Größe ist sein Tod, das Versagen der Seinen; seine Auferstehung, die Verhüllung, nicht Enthüllung war.

Nach dem Jahre 1658 schien die Arbeitskraft Pascals zu erlöschen, keineswegs aber die Klarheit seines Geistes, wie Voltaire von diesem »Misanthrope sublime« behauptete. Die letzten Jahre sind ein Dahinsiechen in erbittertem Streit mit der Welt, aber auch dem bösen Gelüste, das ja nicht sterben kann. »Dieweil wir im Leibe wohnen, so wallen wir ferne vom Herrn« (2. Kor. 5, 6). Sobald er die geringste Freude empfand, züchtigte er sich durch einen Schlag mit dem Ellenbogen auf den Stachelgürtel, den er unter den Kleidern trug. Seit von den Anhängern des Jansenius die Unterzeichnung eines vom französischen Klerus aufgesetzten Unterwerfungsformulars gefordert wurde (1657), verschärften sich die Kämpfe. Sie sollen hier nicht geschildert, konnten auch nicht hinreichend erforscht werden. Wichtige Dokumente, die entscheidenden Erwiderungen Pascals, der »Grand écrit«, fehlen. Ende 1661 starb Jacqueline, die Pascal wohl am meisten unter allen Menschen geliebt hat; sie beide waren füreinander religiöses Schicksal. Er nahm die Nachricht mit einem einzigen Satze auf und tadelte später die Klage über den Tod der Gerechten. Endlich muß er empfunden haben, daß seine Stellung unhaltbar war. Doch auch die innere Ferne von Port-Royal – die uranfängliche Einsamkeit seines Geistes und seiner Art – ließ sich nicht mehr verbergen. Plötzlich verwarf er die so lange mit Starrsinn festgehaltene Unterscheidung zwischen Recht (und Lehre) und geschichtlichem Faktum. Damit war die Ausweichstellung von Port-Royal verlassen, wo man noch immer – das war die verzweifelte Anstrengung der Nonnen und ihrer Verteidiger – päpstlich sein wollte gegen den Papst. Das kann aber nur bedeuten, daß Pascal bereit war, sich dem schwersten Konflikt zu stellen. Die Lehre des Jansenius ist für ihn geoffenbarte Wahrheit, das echte christliche Erbe; wer ihr entgegen ist, er sei, wer er wolle, ist in der Wahrheit nicht bestanden. Furchtbarer noch als die Beschuldigung Arnaulds und Nicoles ist Pascals Vorwurf an den Papst: »Er habe die teuflische Intention gehabt, den Lehrsinn des Jansenius zu verurteilen« (zitiert nach Guardini). Nun geht es nicht mehr um den Wortlaut. Es geht um den Sinn. Und das führt, auf der Linie des Denkens, des Geistes, zum Bruch. Im Streit um die Wahrheit entbrennt der Haß.

Aber Gilberte berichtet von einem heiligmäßigen Ende. Der Bruder kann sich nicht genugtun in frommen Übungen; er legt sich einen Almanach an, um kein Fest in einer Kirche, keine Aussetzung einer Reliquie zu versäumen; von ihm erwiesene Wohltaten werden erst nach seinem Tode bekannt. Die Gründung einer Omnibusgesellschaft zeigt, wie nahe er seiner Umwelt blieb. Mächtig zieht es ihn zu den Armen. Mit ihnen möchte er leiden und sterben. Psalmworte trösten ihn; er beichtet jedesmal, wenn der Pfarrer von Saint-Étienne ihn besucht, und ist vor diesem demütig wie ein Kind. In der Stille dieser Andacht verstummt der Streit. Der Sieg ist nichts, alles die Wahrheit der Liebe. Wir haben keine ausreichende Begründung für dieses Verstummen. Aber wir bedürfen ihrer auch nicht. Wie die Heiligen sich verzehrten nach Gott, so dürstet Pascal nach dem Sakrament. Er glaubt den Ärzten nicht, deren Zeugnis ihm noch immer das Sakrament entzieht.

Von der Eucharistie hatte Mlle. Roannez geschrieben: »Das ist das innerlichste Geheimnis, in dem Gott sich verbergen konnte.« Sie ist der Deus absconditus, für den er gelebt hat. Er gibt die umkämpfte Wahrheit nicht auf. Noch kurz vor seinem Tode soll er gesagt haben, daß er die Streitbriefe ein zweites Mal schreiben würde. Aber das eine ist gewiß: daß er auf das Sakrament nicht verzichten kann. Und vielleicht hat er eine Art Kreuzigung durchlitten zwischen der Wahrheit seines Kampfes und Glaubens und dem Ruf der Liebe. Es ist aber nur die Folgerichtigkeit seiner Einsicht, seines Denkens, das Leben war, daß er zuletzt in die höchste Ordnung aufstieg, in die oberste Sphäre seiner Weltsicht. Denn keine Wahrheit des Geistes ist ganz wahr. Je teurer sie uns aber ist, um so eher werden wir sie opfern dürfen auf der Stufe zur dritten, zur allumfassenden Ordnung.

Die Gründe des Herzens haben entschieden; sie mußten es. »Möge Gott mich nie verlassen!« Diese letzten Worte (1662, 21. August) richten sich an den furchtbaren Gott. »Ich hätte dir vieles zu sagen, was sich ganz im Verborgenen vollzieht«, hatte der sich in Todesschatten Verhüllende an Gilberte (1661) geschrieben. Und in dem letzten erhaltenen Brief aus demselben Jahre an einen Freund in Clermont findet er die Kraft, das Recht seiner Feinde anzuerkennen, ohne im mindesten von seiner Haltung abzuweichen: »Der gleiche Beweger, der unser Handeln bewirkt, veranlaßt andere, sich uns zu widersetzen ... und da nicht unser Geist die fremden Gewalten bekämpft, sondern *ein* Geist das Gute bewirkt und das Böse erlaubt, so vermag diese Gleichförmigkeit den Frieden der Seele nicht zu zerstören.« Ähnliches hat Paulus gemeint, als er den Korinthern schrieb: »Denn es müssen Parteien unter euch sein« (1. Kor. 11, 19). Nun erkennt Pascal die Sendung im Gegner, wie er die Sendung erkannte in sich selbst: Der Konflikt mit Port-Royal hat ihm diese Einsicht eröffnet: Es ist dieselbe Macht, die die Frömmigkeit der einen Partei erweckt und die Kraft ihrer Widersacher stärkt. Wir aber verwechseln nur zu oft »den Sieg mit der Wahrheit«. Die Wahrheit aber ist verborgen in Gottes Ordnung; wenn wir den Triumph seiner Gerechtigkeit, die zugleich seine Barmherzigkeit ist, ersehnen, dann wird unser Geist gleich ruhig sein, ob nun die Wahrheit erkannt oder bekämpft wird.

Somit ist alles Sendung, was im Kampfe um das Reich Gottes geschieht; die Feinde sind mir gesetzt; ich muß sie bekämpfen, aber durch ihr Antlitz schimmert eine Bestimmung; wir beide haben nur Teile der Wahrheit und werden von der Wahrheit entmachtet werden, wenn sie in der höheren Ordnung offenbar wird. Sie wird nicht relativiert – sowenig wie die Macht durch die Erkenntnis ihrer Fragwürdigkeit; denn im Streit der Erde herrscht ein ehernes Soll. Aber durch die Leidenschaft, die Erbitterung weht eine Ahnung dieser Gemeinsamkeit, die auf der nicht aufzuhebenden Tragik innerhalb der irdischen Ordnung gegründet ist. Von hier weitet sich der Blick auf Geschichte überhaupt: Notwendigkeiten stehen gegeneinander; der Sieg ist nicht das Ziel: der eigentliche kann gar nicht gewonnen werden. Auch die Niederlage kann Bestimmung sein. Im höchsten Falle ist der Kampf die Hülle der Wahrheit.

In der Mitte zwischen den Unendlichkeiten hat sich Pascal behauptet. Denn es gibt deren viele: im Raum, in der Zahl, der Zeit, im Menschen, unter ihm, über ihm. Das Motiv der Unendlichkeit wurde ja in jenem Jahrhundert mit unerhörter Machtfülle angestimmt: im Denken, Fragen, Forschen, in der Architektur, in den Perspektiven der Malerei und der Gartenkunst, deren Alleen und Flächen in das Grenzenlose fliehen, wie sie Spengler gedeutet hat. Gegen die Unendlichkeit behauptet sich in Pascal der Geist: »Alle Körper, das Weltall und die Sterne, die Erde und ihre Königreiche wiegen nicht die geringste Regung des Geistes auf, denn der Geist erkennt das alles und sich selbst, und die Körper: nichts.«

Als er im vollen Bewußtsein in der letzten Ordnung entschwand, in ihr sich verbarg, hatte er ein Weltbild von großartiger Geschlossenheit vollzogen. Vielleicht ist es das modernste christliche Weltbild. Es ist aufgebaut auf Einsichten der Mathematik und Geometrie, offen für alle Erkenntnisse, die bewältigten und die noch kommenden unbewältigten, auch die bestürzenden, für alle Tiefen des Raums, der Größe wie des unfaßbar Kleinen; für Widersprüche, die tragische Gegensätzlichkeit unseres Geistes und Wesens, die wir als Gefallene Berufene sind. Unabänderlich wie die einander herausfordernden, anfeuernden Schmerzen und Verheißungen ist das Widereinander geschichtlicher Notwendigkeiten, die Dialektik in der Bewertung und Verwaltung der Macht. Da Pascal immer den Menschen meinte, so hat er auch das Wesen des Geschichtlichen, des Geschehens zwischen Unendlichkeiten ausgesprochen. Nur scheinbar hat er durch seinen Verzicht (der höchste Bejahung war) sich der Geschichte entzogen. Wir können nichts tun, was nicht geschichtlich ist. Gerade Pascals letzte Wende ist geschichtliche Tat.

Er ist kein Gesetzgeber, und zwar gerade als Christ ist er es nicht. Seine Antwort, seine Entscheidung sind personal. Schroff verbietet er sich die Nachfolge: »Unrecht ist es, daß man sich an mich hängt.« Er wird nur enttäuschen. Denn er ist keines Menschen Ziel. In ihm ist das Ziel, das Gott ihm gesetzt hat, und das ist verdeckt. Was die Menschen sehen, ist sterblich. Und die sich an ihn hängen, fesseln sich an Sterbliches. Sie sollen ihr wahres Ziel suchen, und er wird sie mißhandeln mit seinen Einsichten, bis sie begreifen, daß der Mensch »ein unbegreifliches Unwesen ist«.

Pascal fordert den Widerspruch heraus und hat ihn schon einbezogen. Er hat mit solcher Meisterschaft die Stimmen seiner Gegner geführt, daß er als Verzweifelter oder auch Skeptiker aufgefaßt werden konnte. Lächelnd – mit dem in seiner Totenmaske vollendeten Lächeln – hätte er es hingenommen als Hülle seiner Wahrheit. Unverhüllt kann die Wahrheit ja gar nicht sein. Der Geist ist machtlos in der Ordnung des bösen

Gelüstes, unerkennbar, scheinbar nicht da. Und auch Gott macht sich in gleichem Maße erkennbar, als er sich unerkennbar macht. So auch weht um das Heilige ein Schein der Bosheit, um den höchsten Eifer ein Schatten der Dämonie, um Jesus Christus die Frage: ob er des Zimmermanns Sohn sei oder ob er rase. Und im Schatten dieser Frage steht die von Christus gegründete Kirche, deren Grenzen wir nicht kennen, steht der Christ. Er ist im wesentlichen ein Fragender; aber nach Pascals Meinung sollte er jede Frage wagen. Denn die Antwort ist der im Fleische und in der Todesangst verborgene Gott.

1954

DAS UNGELÖSTE PROBLEM GOETHES GLAUBE

Ein islamischer Dichter der neuen Zeit, Mohammed Iqbâl, hat Goethe einer Perle verglichen, die die Muschel zersprengt und das Meer erleuchtet. Dieses Bild hätte Goethe wohl Freude gemacht, nicht allein der östlichen Herkunft wegen – es ist als Dank für den »West-östlichen Divan« gemeint –, sondern auch, weil es das Bild der sich nach allen Seiten ausbreitenden Wahrheit darbietet, das Goethe selbst vorschwebte. Und es ist zugleich Ausdruck der geistigen Wirkung Goethes, die wir uns wenigstens für einen Augenblick vergegenwärtigen müssen, ehe wir es wagen, eine Frage an ihn zu richten. Er hat tatsächlich das Meer erleuchtet. Wiederholt hat er in Altersjahren auf die ungeheuere geistige Veränderung hingewiesen, die sich während seines langen Lebens in Deutschland und der Welt ereignete. Sie ist zu einem bedeutenden Teile sein Verdienst, bewirkt von dem Einsatz, den er in den verschiedensten Bezirken des Geistes, aber immer von der Mitte einheitlichen Strebens her, geleistet hat. Nur eine in Wahrheit großartige Persönlichkeit konnte in solchem Maße das Jahrhundert bestimmen; unbekümmert um Widerspruch und Verkennung, um die Schwerfälligkeit, mit der man ihm folgte, und ihn dann erreicht zu haben meinte, wenn er längst einen höheren Standort gewonnen hatte, vertraute er auf »fortwährende Tätigkeit«, auf die unbeirrte Hingabe an die Sache, die, wie er sagen durfte, ihn wohl hatte Widersacher finden lassen, aber keine Gegner. Und er war unabhängig genug, sich das Recht vorzubehalten, selber – wie im Falle Newtons – Gegner zu sein und dessen Werk wirklich niederzureißen. Ihm selbst, meinte er, könne man nichts zerstören, denn er habe nicht gebaut, sondern gesät, und zwar so weit in die Welt hinaus, daß die Saat nicht verderben könne, und wenn noch so viel Unkraut zwischen den Weizen gesät würde.

So hat es Goethe sein Leben lang gehalten, arbeitend für alle nach seinem Gesetz, auf Dank um so weniger angewiesen, je mehr er sich bewußt war, ihn zu verdienen. Dafür hat er selber gedankt; immer wieder hat er es ausgesprochen, wie viel er von der Zeit empfangen habe, die sein »Acker« war, der unerhört fruchtbare Boden einmaligen Wirkens; es war eine dämonische Fügung, im besonderen, positiv-goetheschen Sinne, daß der Dichter diese Zeit antreten durfte; sie gehörte zu ihm und er zu ihr; denn sie stellte ihm eine Aufgabe, derengleichen nicht mehr gestellt wurde, gar nicht mehr auftreten konnte. Ja, er bedauerte das Geschlecht, das er im Alter heranwachsen sah, weil es zu viel Vortreffliches schon vorfand und sich durch Leistungen, die er den Seinen gleichsetzte, nicht mehr auszeichnen konnte, weil sie nicht mehr ungewöhnlich waren, nun, nachdem er mit Gleichstrebenden die Ansprüche verändert, die Vorstellungen der Menschen von dem, was in Kunst und Wissenschaft zu tun war, in so bedeutendem Grade gesteigert hatte. Die mächtige Strahlkraft seines Geistes hatte gewissermaßen eine neue Wertordnung hervorgerufen, mindestens in Deutschland, eine Wertordnung, wie sie unter den verschiedensten Völkern in den großen Epochen der Vergangenheit galt.

Dies im Einzelnen zu vergegenwärtigen, wäre die Aufgabe eines Lebens – gilt es doch auch weit über Goethes Leben hinaus, in dieser unserer Zeit der Verarmung, da die gestaltenden Kräfte auf eine so furchtbare Weise erschüttert, gehemmt, aufgewühlt sind; da es auf schwankendem, zerrissenem Boden kaum mehr möglich scheint zu säen, geschweige denn zu bauen. Aber es wäre doch wohl in Goethes Sinn, wenn wir ihn befragten, von dem Orte aus, auf den wir gewiesen sind, um auch diese Stelle in der Besinnung auf uns selbst und unsere Bestimmung, auf das Vermächtnis, das wir empfangen haben und verwerten sollen, fruchtbar zu machen.
Die Frage, die uns bedrängt, ist die nach Goethes Glauben. Denn unser Glaube brennt uns nun einmal auf dem Herzen, und wir finden uns nicht so leicht damit ab, daß wir auf einen Zwiespalt stoßen zwischen unserem Glauben und dem Dichter, den wir verehren und bewundern, dem wir Unaussprechliches zu danken haben, den wir lieben, fast wie wir die Sprache selber lieben, die sich ihm in der ganzen Fülle ihrer Jugend, mit Worten der Liebe, der Zartheit und Macht und Fülle, die noch nie über ihre Lippen gekommen waren, geschenkt hat.

Fragen wir nach dem Glauben Goethes, nach der Entfaltung dieses Glaubens in seinem reich gestuften Leben, Denken, Erfahren, so möchten wir dem Vermächtnis nicht im mindesten Gewalt antun; wir wollen die reine Schrift Goethes bestehen lassen in ihrer Kühnheit und Sicherheit; wir wollen nur erkennen, soweit das möglich ist, nicht bewerten. Aber die Zeit gebietet eine feste Haltung im Bereich des Geistes – und es kann keine Verehrung menschlichen Wirkens, des Genius, keine Dankbarkeit geben, die unsere ersten Überzeugungen, unsere Glaubensgewißheit, erschüttern oder den Schmerz über den Widerspruch zwischen den Worten des Genius und diesen Überzeugungen beschwichtigen dürfte. Unser Gewissen erlaubt uns nicht, der Frage nach der Beziehung zwischen Kunst und geoffenbarter Wahrheit auszuweichen. Goethe hat

Religion und Kunst streng voneinander geschieden; die Kunst solle sich der Darstellung des rein Menschlichen weihen; ein religiöser Gegenstand war in seinen Augen als solcher nicht Gegenstand der Kunst, sondern nur insofern das Menschliche – unabhängig von der religiösen Idee – mit ihm in Erscheinung trat: nicht als Mutter des Erlösers und Königs der Welt, als Mutter des Gottmenschen, sollte und konnte der Künstler die Jungfrau auffassen, sondern als Mutter überhaupt, deren Liebe zum Kinde wir als edelste Neigung des menschlichen Herzens verehren.

Und doch wird alles Bilden des Künstlers, alles Suchen und Erkennen des Forschers von heißem, religiösem Streben durchströmt; mit Ehrfurcht beginnt, mit Ehrfurcht endet er; nichts war ihm so gemäß; darum hat er alles so leidenschaftlich, bis zur Verkennung bestritten, was die Ehrfurcht verletzte oder ihm zu verletzen schien. Was uns wie harte Ablehnung klingt, ist oft der heftige Ausdruck seiner Scheu. Wir möchten nur versuchen, dieser innersten Strömung nachzuspüren, die des Dichters Werk durchblutet, belebt. Wir wissen ihm auf keine andere Weise zu danken, jenseits der ästhetischen Bewertung, die sich im Ja und Nein wohl längst ausgesagt hat.

Beim Abschied von Frankfurt, am 30. September 1775, schrieb der Sechzehnjährige diese Verse in das »Güldne Schatzkästlein der Mutter«:

Das ist mein Leib, nehmt hin und esset.
Das ist mein Blut, nehmt hin und trinkt.
Auf daß ihr meiner nicht vergesset,
Auf daß nicht euer Glaube sinkt.
Bei diesem Wein, bei diesem Brot
Erinnert euch an meinen Tod.

Gewiß, diese Verse sind im Ganzen des Werkes nicht als Bekenntnis zu werten; ihnen voraus geht das große Gedicht auf die Höllenfahrt Jesu Christi, das Goethe im Jahre 1826 wieder unter seinen Papieren entdeckte und als Äußerung »dogmatischer Borniertheit«, aber, mit dem ihm eigenen Sarkasmus, auch als einen »guten Paß in den Himmel« bezeichnete. Aber diese Jugendverse stehen doch für die religiösen Vorstellungen, in denen er heranwuchs; zum Dank an die Mutter sprach er beim Abschied nur das ernsteste Wort; niemals sollte dieser Ton wiederkehren. Die Zeilen im Schatzkästlein sind in der Tat ein Abschied, auch an die Frömmigkeit, die ihn einmal bewegt haben mußte im Elternhaus.

Ihm stand bevor eine unermeßliche Erfahrung der Welt, vor allem eine gewaltige, fast beispiellose Erschütterung durch die Natur. Aus ihr hat sich die Todestrunkenheit des »Werther« erhoben, ein in der deutschen Sprache neuer, später wohl wieder aufgenommener, doch nicht überbotener Klang. Es ist eine Liebe zu Geschöpfen und Dingen, eine Nähe zu ihnen, zu allem Geschaffenen, die das Herz sprengen. Werther wirft sich ans Herz der Erde, um in ihr unterzugehen; die Liebe zu Lotte ist nur ein Teil der Liebe, die ihn hinunterzieht, über ihm zusammenschlägt wie eine überschwenglich blühende Wiese im Frühling. Er umfaßt überquellenden Herzens die Landschaft in ihrer Mannigfaltigkeit, Felsen, Hügel, Berge, Fluß und Wald, aber auch das kaum Bemerkte, bisher Verschwiegene:

»Wenn ich dann die Vögel um mich den Wald beleben hörte, und die Millionen Mückenschwärme im letzten roten Strahle der Sonne mutig tanzten, und ihr letzter zuckender Blick den summenden Käfer aus seinem Grase befreite; und das Schwirren und Weben um mich her mich auf den Boden aufmerksam machte, und das Moos, das meinem harten Felsen seine Nahrung abzwingt, und das Geniste, das den dürren Sandhügel hinunterwächst, mir das innere, glühende, heilige Leben der Natur eröffnete: wie faßte ich das alles in mein warmes Herz, fühlte mich in der überfließenden Fülle wie vergöttert, und die herrlichen Gestalten der unendlichen Welt bewegten sich allbelebend in meiner Seele.«

Hinter dieser Natur waltet Gott. Aber Werther hat seine eigene Vorstellung von ihm: »Wir sollen es mit den Kindern machen, wie Gott mit uns, der uns am glücklichsten macht, wenn er uns in freundlichem Wahne so hintaumeln läßt.« Dieses rauschhafte Taumeln drängt in den Untergang. Der maßlos Selige, maßlos Unglückliche sehnt sich, in der »Fülle des Unendlichen, sich zu verlieren«. Wohl stimmt er Lotte mit Tränen zu, da sie bekennt: »Wir werden sein«, und »nahe am Grabe« wiederholt er das Bekenntnis – das der Dichter durch sein ganzes Leben festgehalten hat –: »Wir werden sein.« Diese Liebe kann nicht untergehen, aber sie drängt aus der Ordnung der irdischen Welt heraus; sie steht doch im Gegensatze zu dem, der diese Ordnung begründet hat. Werther will mehr, als ihm hier gegeben ist, als er hier jemals erreichen kann. Denn auch Lotte, wenn er sie erringen könnte, würde schwerlich in ihm auslöschen die Sehnsucht, sich im Unendlichen zu verlieren, zu scheitern als Mensch vor dem Unendlichen, aus Liebe zu ihm. Er hat keinen Frieden; vergeblich flüchtet er sich, wie sein Nachfahre Hölderlin, ins Idyll; Unruhe zehrt ihn hinweg.

Und so ist er, in seinem Widerspruch, der mehr will als innerhalb irdischer Gesetze gewährt ist, Prometheus, dem Empörer, verwandt; bildet dieser doch Menschen, die die ganze verweigerte Fülle haben, die sind wie Gott. Was diesem unersättlichen Herzen, das darbt nach aller Freude der Welt, gegeben ist, das ist zu wenig: »Ich dich ehren? Wofür?« Denn die »Räder rasseln, Rad an Rad, rasch ums Ziel weg«, Schwager Kronos tönt ins Horn:

Trunknen vom letzten Strahl
Reiß mich, ein Feuermeer
Mir im schäumenden Aug,
Mich geblendeten Taumelnden
In der Hölle nächtliches Tor.

Es ist vielleicht das verwegenste Wort zerstörender Dämonie – Goethe kennt, wie gesagt, auch eine fördernde –, das der Dichter ausgerufen hat; der Dichter will das Alter nicht auf sich nehmen; jetzt, in der Jugendglut, will er hinabgerissen werden unter schallendem Trab: man soll drunten vernehmen, er kommt, auf daß der Wirt der Hölle ihn freundlich empfange.

Wir dürfen diese Dissonanz nicht aus den Ohren verlieren, wenn wir ermessen wollen, was Goethe bezwungen hat, was in ihm, der doch die ganze Kraft seines reifen Lebens an das Herstellen und Erhalten setzte, an vernichtendem Widerspruch mächtig war. Es ist ein Triumph schrecklichster Art: Sieh, so scheitere ich und auf Ewigkeit. Ich will wohl aufgenommen werden im Orkus. Warum hast du mir dieses Herz gegeben, das kein Genügen kennt! Warum das Grenzenlose in die Natur gelegt, das dieses allzu stürmische Herz aufruft und verdirbt? Es ist ein Einspruch gegen die Liebe, untragbar in Goethes Leben; denn während ihn noch die Räder des stürzenden Daseins umrasseln, preist er bereits den alliebenden Vater. Ist Goethe Pantheist gewesen, in dem Sinne, daß für ihn Gott in der Natur beschlossen, von ihr umschlossen gewesen wäre? Wir glauben nicht. Der mit Kronos Hinabdonnernde hat das Los Ganymeds gefeiert, den die Gewalt der Liebe durch die Wolken trägt zum Vater; »der Vater der Liebe überherrscht das All«. Gott ist in der Welt und zugleich über ihr. Die Vorstellung von der Innerweltlichkeit Gottes hat sich wohl im Ablauf der Jahre vergeistigt; wirft sich der Jüngling dem All-Liebenden an die Brust, indem er das Geschaffene umarmt, so betet der Mann und Greis die göttliche Macht in den Wirkkräften an, die Gott den Wesen und Dingen eingesenkt hat; das Weltbild ist in rastloser Vergeistigung begriffen, im selben Maße, in dem der »Konflikt mit der Welt« über die gewaltige Anstrengung dieses Lebens kommt und von ihm beantwortet wird mit einer tiefen, aber sieghaften Resignation.

Diese, die Tendenz, sein ganzes Tun »nur symbolisch zu nehmen«, kündigt sich schon sehr früh an und ist dem Dichter ja auch zum Vorwurf gemacht worden. Ist es nicht im Grunde eine christliche Tendenz? Jedenfalls ist sie ein Eigentliches Goethes; der eherne Ernst des Wortes »Entsagen« steht sehr bald fest. Schon in der Geschichte der Jugend steht es zu lesen, »daß wir entsagen sollen«, unser physisches sowohl als unser geselliges Leben, Sitten, Gewohnheiten, Weltklugheit, Philosophie rufen es uns zu. Sehr früh muß Goethe es erfahren haben, daß die Menschen die Fülle des Guten, Erhabenen, Erhebenden, das er ihnen bringen wollte, nicht annehmen wollten, wenigstens nicht in dem Maße, das er sich wünschte; daß ihm nur wenige Gleichstrebende von gleicher, unbeirrbarer, beharrlicher Kraft entgegenkamen und in dem Willen, das Ganze zu fördern, ihm Treue hielten; daß der Wahrheit, die er mitzuteilen suchte, ein eigensinniger Widerstand entgegengesetzt wurde. Wir erschrecken über die vorzeitige Gelassenheit und Ergebung, die ihn mitten im Menschengewirr zum überlegenen Zuschauer machte, zu einem, der im Grunde ferne stand, unter der Eingebung seines Herzens und seiner Klugheit aber diese Überlegenheit, diese schmerzliche Abseitigkeit verbarg. Während er sich gesellig zeigte, selbst Zeit zu vergeuden schien, regierten rastlose Arbeit, das Ringen um die höchsten Mittel seiner Kunst, um Einsicht in die Gesetze der Natur, um eine symbolische Existenz, sein Leben.

Sonderbar! In diesem allem Kirchlichen fremden Gedichtwerk erscheinen zweimal Verse, die sich an die Melodie des Kirchenliedes »O Vater der Barmherzigkeit« anschließen möchten; sie bitten den Vater »alles wahren Sinns«, daß er sein leises Wort ins Herz spreche und damit vor »Heuchlern und H.« bewahre; sie erheben sich – etwa im Jahre 1775 – zu dem Gebet: »Könnt ich doch ausgefüllt einmal von dir, o Ewiger, werden«, und dann wieder, in Goethes eigenstem Ton, in der ersten Weimarer Periode, soll der Vater gepriesen werden von allen, um der Phantasie willen, die er als unverwelkliche Göttin den sterblichen Menschen gesellt hat. Denn Göttliches ist im Menschen, von Gott verliehene Gabe, und dieses Göttliche wird nicht untergehen. Gott ist über der Welt, jenseits der Wolken, die Ganymed durchdringt; ja, die Natur ist »unfühlend«, über ihr ahnen wir höhere Wesen, denen der Mensch gleichen soll; wohl schwanken die Vorstellungen auf eine nicht leicht begreifliche Weise zwischen dem klar geprägten Bild des alliebenden Vaters und den »himmlischen Mächten«. Gott ist außerweltlich und innerweltlich: dieses zweite vermöge der Wirkkräfte, die er in die Welt gesandt hat.

Sie sind im Menschen als Sitte, Liebe, Genie (als Liebe auch in den Tieren); die Geliebte ist verklärt vom Abglanz der Ewigkeit, den »ewigen Sternen«, die durch des Nordlichts bewegliche Strahlen schimmern; Liebe bindet unzerreißbar an die Ewigkeit. Es ist die entscheidende Vorstellung, daß Gott nicht »von außen stößt« und doch ist er nicht gleich der Natur; in der Natur, im Menschen geht der Same göttlicher Anlage auf, den Gott auf erhabene Weise ausgestreut hat: es ist die Entelechie, der unzerstörbare, seiner Unsterblichkeit gewisse Kern der Persönlichkeit. Es sind die Urphänomene, vor denen zu erstaunen das Ziel alles Forschens ist. Wie Sitte und Liebe und die Gabe der Kunst, so ist, gleich verehrungswürdig, das Licht ein Urphänomen und darum unteilbar. In gewissem Sinne ist es die Tragik Goethes, des Naturforschers, daß er seine Farbenlehre entwarf aus Frömmigkeit vor dem Licht, in der er so wenig verstanden wurde; ein Urphänomen ist auch die letzte zeugende Gestalt der Pflanze, des Tieres, sind die Gesetze der Wolkenbildung, des Wetters; dieser Ordnung gehört der Granit an, der »aus bekannten Bestandteilen auf unbekannte Weise« zusammengesetzt ist. »Auf einem hohen, nackten Gipfel sitzend und eine weite Gegend überschauend« betrachtet der Dichter erschauernd die »Grundfeste unserer Erde«, »worauf sich alle übrigen mannigfaltigen Gebirge hinaufgebildet. In den innersten Eingeweiden der Erde ruht sie unerschüttert«. Ja, der Granit ist der »älteste, ewige Altar, der unmittelbar auf die Tiefe der Schöpfung gebaut ist« und auf dem der verehrende, schauende Forscher dem »Wesen aller Wesen« ein Opfer darbringt; hier ist die erhabene Ruhe, die erhebt über die »Abwechslungen der menschlichen Gesinnungen«, des Herzens, dieses »erschütterlichsten Teiles der Schöpfung«, an dem der Dichter manches gelitten hat und leidet; diese Gipfel sind vor allem Leben und über dem Leben. »So einsam, sage ich, wird es dem Menschen zumute, der nur den ältesten, ersten, tiefsten Gefühlen der Wahrheit seine Seele eröffnen will.«

Damit hat der Dichter, bereits im Jahre 1784, das Ziel erreicht, zu dem er sich noch als Greis bekennt. »Das Höchste, wozu der Mensch gelangen kann«, sagte er am 18. Februar 1829 zu Eckermann, »ist das Erstaunen; und wenn ihn das Urphänomen in Erstaunen setzt, so sei er zufrieden; ein Höheres kann es ihm nicht gewähren, und ein Weiteres soll er nicht dahinter suchen; hier ist die Grenze.« Dieses Urphänomen findet er auch in dem Verhalten der Vögel, das Eckermann ihm schildert; junge Zaunkönige suchen Zuflucht im Nest der Rotkehlchen und werden zugleich mit deren Jungen gefüttert:
»Wer das hört«, ruft Goethe aus, »und nicht an Gott glaubt, dem helfen nicht Moses und die Propheten. Das ist nun, was ich die Allgegenwart Gottes nenne, der einen Teil seiner unendlichen Liebe überall verbreitet und eingepflanzt hat und schon im Tiere dasjenige als Knospe andeutet, was im edlen Menschen zur schönsten Blüte kommt.«
Die Anschauung des Urphänomens erhebt unmittelbar zur Anschauung Gottes; es ist seine, der Welt mitgeteilte, in ihr sich entfaltende, schaffende Liebeskraft, in ihrer höchsten Form erscheinend als eine auf der materiellen Welt von Gott gegründete »Pflanzschule von Geistern«. »So ist er nun fortwährend in höheren Naturen wirksam, um die geringeren heranzuziehen.«

Die Offenbarung göttlicher Macht ereignet sich fort und fort, heute und morgen: aus dem Göttlichen, das in die Welt eingetreten ist, und sie weiterführt, zu Höherem bewegt. Jede Entelechie ist »ein Stück Ewigkeit«, geschickt vom Ewigen, gegenwärtig in uns. Im Genie und seiner Produktivität ist sie am mächtigsten; diese ist »unverhofftes Geschenk«, der von ihr Begünstigte ist zu betrachten »als ein Werkzeug einer höheren Weltregierung, als ein würdig befundenes Gefäß zur Aufnahme eines göttlichen Einflusses«.

Diese Vorstellungen können hier keineswegs auf hinreichende Weise erörtert, sie können nur angeschlagen werden, damit sie forttönen im Betrachter des Werkes und seiner Gestalten; wir möchten den Granit dieses Weltgebäudes erreichen, von dem aus es sich überschauen läßt. Einige Überzeugungen tragen es unerschütterlich, wenn auch die Formulierung schwankt: göttliche Liebesmacht waltet über der Welt und durch in sie eingepflanzte lebendige Gesetze in ihr; es ist etwas unvernichtbar Gutes in der Natur und im Menschen; des Menschen innerste, Gestalt und Leben in der Wechselwirkung mit Zeit und Welt bestimmende, geistige Wesenheit ist unsterblich; angeschaut wird das Walten der Gottheit in den Ehrfurcht gebietenden Urphänomenen, an die keine Frage mehr gerichtet werden kann, die vielmehr bewegen zum Dank an die Gottheit.

Dieser Gegebenheit entspricht der Mensch, indem er rastlos strebt, sie zu erkennen, von ihr sich erheben zu lassen. Des Menschen Gemäßestes ist das Steigen: Veredelung in der Sitte, zur Anbetung bereites Empordringen des Geistes, reine, schaubare Vergegenwärtigung des in die Welt gesandten Göttlichen durch die Kunst. Da das Ziel der Wissenschaft erstaunende Verehrung ist, so erreicht sie ihre Grenze, wo sie zerlegt; es ist die höchste Pflicht des Naturforschers, hinzuarbeiten auf jene »Erfahrungen höherer Art, die aus mehreren anderen bestehen«. Denn in der Natur geschieht nichts, »was nicht in einer Verbindung mit dem Ganzen steht«; erst auf diesem Grunde wird wahre Erkenntnis möglich. Alles aber ist sichtbar, erfahrbar, greifbar. Es ist die Welt des Künstlers, dessen mächtigster Sinn das Auge ist; dessen Gedanke sich nicht lösen kann von dem Leib des Bildes. Das Gesetz teilt sich mit durch die Gestalt, durch Wesen, Dinge, Mächte: so wird das Innere der Welt immer ein Außen, stellt das Außen das Innere dar.

Ja, die Perle hat das Meer erleuchtet; Goethe hat die Kultur seines Jahrhunderts miterbaut; sie steht mit seinem Werke in Frage und er mit ihr; die Geschichte dieser Kultur, ihre Erprobung durch die Geschichte, erbringt auch ein Urteil über das Werk Goethes. Die Wahrheit wäre, wie er zu Eckermann sagte, einem Diamant zu vergleichen, »dessen Strahlen nicht nach einer Seite gehen, sondern nach vielen«.

Aber wie weit haben wir uns damit von den Versen des Sechzehnjährigen entfernt! Und doch hat ihn die Gestalt Christi nie verlassen. Um sie wäre es auch gegangen in dem Epos von Ahasver: »Um den hohen Mann«, den der nur auf diese Welt gerichtete Sinn des Schusters nicht faßt. Mit dem Beispiel »hohen Menschenwertes« rechtfertigt Goethe in einem Gedicht aus dem Anfang der Weimarer Zeit Klopstock, der auf Golgothas Gipfel geführt habe, um »ausländische Götter« zu ehren. Wir dürfen harten, verletzenden Worten – wie etwa im Nachtrag zu den Venezianischen Epigrammen – keinen zu scharfen Akzent geben. Werden nicht diese Heftigkeiten und Mißverständnisse ausgeglichen durch die wunderbaren, das Kreuz feiernden Verse aus den »Geheimnissen«:

Das Zeichen sieht er prächtig aufgerichtet,
Das aller Welt zu Trost und Hoffnung steht,
Zu dem viel tausend Geister sich verpflichtet,
Zu dem viel tausend Herzen warm gefleht,
Das die Gewalt des bittern Tods vernichtet,
Das in so mancher Siegesfahne weht:
Ein Labequell durchdringt die matten Glieder,
Er sieht das Kreuz und schlägt die Augen nieder.

Freilich, diese Verse sind so wenig ein Bekenntnis Goethes zum Kreuz und der Erlösertat Gottes, wie – wir werden das noch zu verstehen suchen – der offensichtliche Widerwille gegen Darstellungen des Kreuzes eine Ablehnung des Kreuzes ist. Es ist doch von fast symbolischer Bedeutung, daß Goethe im Jahre 1830, angeregt von einer unzulänglichen Darstellung heiliger Figuren, selbst einen Zyklus biblischer Figuren entwirft; er charakterisiert eine jede, Moses als Gesetzgeber, David als Krieger, Daniel, der auf den Künftigen hindeutet. Dann folgt allein der Name »Christus«. Über die Erscheinung wird nichts gesagt; sie hat nicht ihresgleichen; sie ist unaussprechbar. Im Hauptmann von Kapernaum aber, dem unmittelbar Hilfe Erwartenden, und in Maria Magdalena als »einem Symbol der reuigen, der Vergebung bedürftigen, der Besserung sich zuwendenden Menschheit« ist der »Inbegriff des Christentums« enthalten. Aber auch dies ist Anschauung, Einsicht, Erfahrung, geleitet vom religiösen Empfinden; es ist nicht das verpflichtende Ja an die Offenbarung. Übergangen werden kann nicht die von Riemer überlieferte Mitteilung Christianes, daß Goethe in der schweren Krankheit des Jahres 1811, »von Schmerz übermannt, in Fieberphantasien mit wahrhafter Begeisterung in die beweglichsten, herzergreifendsten Reden an den Erlöser ausgebrochen sei«.

Eines hat Goethe ganz klar gesehen: daß es nicht möglich ist, auf Christus sich zu berufen, ohne ihm nachzuleben. Noch im vierten Teil von »Dichtung und Wahrheit« ließ er, bei aller berechtigten Kritik, an Lavater gelten, daß es ihm um die »Verwirklichung der Person Christi« am meisten zu tun gewesen sei. Verwirklichung der Person Christi ist aber Christentum, und wir verstehen Goethes Haltung doch nur, wenn wir mit ihm einig sind in der erschütternden Erkenntnis, wie sehr wir am Christentum versagen. Hier klafft zugleich ein Widerspruch, zu dessen Erklärung es der ganzen deutschen Geschichte bedürfte – wie ja eine jede Erscheinung vom Range Goethes die gesamte Geschichte des Volkes zur Voraussetzung hat und fortbewegt. Schon zur Zeit seiner Beziehung zur Brüdergemeinde geriet Goethe vor den Zwiespalt zwischen einer Auffassung vom Menschen, »daß die menschliche Natur durch den Sündenfall dergestalt verdorben sei, daß auch bis in ihren innersten Kern nicht das mindeste Gute an ihr zu finden, deshalb der Mensch auf seine eignen Kräfte durchaus Verzicht zu tun, und alles von der Gnade und ihrer Einwirkung zu erwarten habe« – und der Lehre, die zwar die erblichen Mängel sehr gern zugab, aber deren Natur inwendig noch einen gewissen Kern zugestehen wollte, welcher, durch göttliche Gnade belebt, zu einem frohen Baume geistiger Glückseligkeit emporwachsen könne. Von dieser letzteren Überzeugung, fährt der Dichter fort, sei er aufs innigste durchdrungen gewesen, ohne es selbst zu wissen. Ihretwegen habe er, höchst unerwartet, in einem geistlichen Gespräch eine große Strafpredigt erdulden müssen; er wurde auf Pelagius verwiesen, dessen Lehre und Schicksal er nun näher betrachtete.

Sein ganzes Wesen war auf »Tätigkeit zum Nutzen anderer« gerichtet; darin sah er die Forderung der Außenwelt; er mußte sich also von einer Lehre, die die Möglichkeit, dieser Forderung zu genügen, leugnete, und von den Vertretern dieser Lehre scheiden; von da an bildete er sich ein »Christentum zu seinem Privatgebrauch«. Diese Entscheidung scheint uns endgültig. Noch als Greis belehrte Goethe Sohn und Schwiegertochter auf seine überlegen-nachsichtige Art über den Unterschied zwischen der katholischen und der protestantischen Auffassung vom Menschen. Daß er mit Bezug auf das Handeln in der Welt die katholische Auffassung erwählt hatte, ist wohl ebenso wenig in Frage zu stellen, wie daß er sich zu Luther und seinem Werk bis zum Ende mit Entschiedenheit bekannt hat und fest überzeugt war von der segensreichen Wirkung der Reformation. Wollte er sich demnach dem Christentum zuordnen, so war er sehr einsam; einig mit der geschichtlichen Umwälzung, die Luther heraufgeführt hatte, und sie preisend als Befreiung, ja als Rückkehr zur Quelle, wo wir das Christentum »in seiner Reinheit zu fassen vermögen«, widersprach er doch Luthern im Denken und Tun hinsichtlich der Auffassung vom Menschen; er widerstand durchaus der Kirche, nicht aber dem von ihr behaupteten Menschenbild, von dem er offenbar überzeugt war, daß es dem Christentum, der Verwirklichung der Person Christi, nicht nur nicht widersprach, sondern gemäß war.

Dieses Problem bleibt bestehen und ist ein schicksalsschweres Erbe für ein Volk, das doch der Einheit und Folgerichtigkeit der geistigen Führung bedarf, wenn es bestehen soll in Zeit und Geschichte. Vielleicht aber liegt in diesem Widerspruch auch ein versöhnendes Element. Noch wenige Wochen vor seinem Tode sprach der Dichter die Hoffnung aus, daß, freilich unter protestantischer Führung, endlich alles eins wird, damals wie früher vertrauend, daß das Heiligste,

was heut und ewig die Geister
tiefer und tiefer gefühlt, immer nur einiger macht.

Im tätigen Leben wollte Goethe Christ sein im Glauben an das Gute im Menschen, die gute Tendenz in der Natur; er hat auf die großartigste Weise, helfend, fördernd, tröstend, ermutigend, befreiend als Christ gewirkt. Und doch hatte Eichendorff recht, als er Goethe den Namen eines Christen nicht zuerkennen wollte; an den Sohn Gottes, wesensgleich mit dem Vater, der uns erlöst hat mit seinem Blut, an die eine, in die Geschichte getretene Wahrheit hat Goethe nicht geglaubt.

Dennoch – wir wagen es gegen anderslautende schroffe Äußerungen zu sagen – verehrte Goethe das Kreuz. Es ist nicht das Kreuz, von dem es im »Ersten Fetzen« des »Ewigen Juden« heißt:

Er war nunmehr der Länder satt,
Wo man so viele Kreuze hat

Und man für lauter Kreuz und Christ
Ihn eben und sein Kreuz vergißt.

Es ist nicht das Kreuz ohne Christus und nicht das mißbrauchte Kreuz – den Mißbrauch des Kreuzes hat Goethe leidenschaftlich gehaßt –, aber es ist für ihn das Ehrfurcht gebietende Zeichen des Leidens, und zwar in dessen reinster Gestalt; wir sollten die Augen nicht zu ihm erheben, ohne zu erschauern; damit dürfen wir an die drei Ehrfurchten erinnern, die im zweiten Buch der Wanderjahre, der »Entsagenden«, dem Helden von den Oberen gelehrt werden: die Ehrfurcht vor dem, was über uns ist oder die ethische, die Religion der Völker; die Ehrfurcht vor dem, was uns gleicht, was in uns ist – oder die philosophische und die Ehrfurcht vor dem, was unter uns ist:

»Es ist ein Letztes, wozu die Menschheit gelangen konnte und mußte. Aber was gehörte dazu, die Erde nicht allein unter sich liegen zu lassen und sich auf einen höhern Geburtsort zu berufen, sondern auch Niedrigkeit und Armut, Spott und Verachtung, Schmach und Elend, Leiden und Tod als göttlich anzuerkennen, ja Sünde selbst und Verbrechen nicht als Hindernisse, sondern als Fördernisse des Heiligen zu verehren und liebzugewinnen.«

Es sind drei Religionen, und zu allen dreien ist das Bekenntnis gefordert; sie erlauben es dem Menschen, sich für das »Beste zu halten, was Gott und Natur hervorgebracht haben«; ihm entsprechen die drei Artikel des Glaubensbekenntnisses der Gemeinschaft, und hier ist auch das Wort über die allerheiligste Dreifaltigkeit, das eine andere, nur allzu bekannte Äußerung Goethes aufzuheben scheint:

»Sollten daher die drei göttlichen Personen, unter deren Gleichnis und Namen solche Überzeugungen und Verheißungen ausgesprochen sind, nicht billigermaßen für die höchste Einheit gelten?«

Aber in der Galerie weltgeschichtlicher Darstellungen, die

Wilhelm durchschreitet, fehlt das Bild des »göttlichen Mannes« – wie der Obere sagt, weil sein Leben ein »Privatleben« gewesen, ein rein Innerliches, das dem Einzelnen begegnet, jenseits der Geschichte. So sind die Bilder aus dem Neuen Testament einer zweiten, hinter einer Pforte bewahrten Galerie vorbehalten; es ist die »Welt der Wunder und Gleichnisse«; denn das Gleichnis hat Christus gebracht. Aber »hier ist die lebendige Lehre ausgesprochen, die Lehre, die keinen Streit erregt; es ist keine Meinung über das, was Recht oder Unrecht ist; es ist das Rechte oder Unrechte unwidersprechlich selbst«.

Doch diese Bilder reichen nur bis zum Abendmahl, das Leben Christi wird mit vollem Bedacht vom Ende abgesondert. Im Leben sei er ein Weiser gewesen im höchsten Sinne, der die Unwissenden, die Armen und Kranken seines Reichtums, seiner Kraft teilhaftig machte und es gewagt habe, »sich Gott gleichzustellen, ja sich für Gott zu erklären«. Im Tode war er ein anderer. Beim Abendmahl läßt er die Seinen verwaist zurück, den Verräter speisend, der ihn zu Grunde richten wird. »Mit diesen Worten eröffnete der Älteste eine Pforte und Wilhelm stutzte, als er sich wieder in der ersteren Halle des Eingangs fand.« Im Tode war Christus Stifter der Religion, die entspringt aus der Ehrfurcht vor dem, was unter uns ist, der Verehrung des Widerwärtigen, Verhaßten, Fliehenswerten. Aber nur der Eingeweihte darf ihre Stätte betreten; sie ist das »Heiligtum des Schmerzes«. In ihm sind das Leiden und der Tod Christi tatsächlich dargestellt, »als ein Vorbild erhabener Duldung herausgehoben«. »Aber«, sagt der Älteste, »wir ziehen einen Schleier über diese Leiden, eben, weil wir sie so hoch verehren.«

Vielleicht sollten wir diese Worte uns immer wieder zurückrufen, wenn wir mit der letzten Frage vor Goethe treten. – Auch hier ist ein Bild Christi geboten, das dem Glauben an das Fleisch gewordene Wort nicht genügen kann. Gewiß aber ist, daß Goethe ein Heiligtum des Schmerzes sorgsam verschlos-

sen hielt vor der Welt und daß er in ihm bereit war, ungesehen sich zu neigen vor dem Kreuz.
Die Religion des Leidens wurzelte tief in seiner Natur. Bekennt er doch, daß selbst in der Zeit »titanisch-gigantischen, himmelstürmenden Sinnes« seine Dichtungsart, seine besondere Art zu dichten, keinen Stoff gefunden habe; es hätte ihm aber geziemt, jenes friedliche, plastische, allenfalls duldende Widerstreben, das die Obergewalt anerkennt, aber sich ihr gleichsetzen möchte! Tantalus, Ixion, Sisyphus seien seine »Heiligen« gewesen. Welch eine Betonung des Leidens! Und wenn wir das Ganze seines Werkes überschauen, steht darin das Leiden nicht in einem ungewöhnlichen Wert, nicht allein im Werke des Tragikers, wo es nicht anders sein kann, auch im Werke des Lyrikers und Epikers? Das widerspricht der Tätigkeit, dem heißen Bedürfnis zu helfen nicht. Im innersten bestand dieses Heiligtum: Wissen vom Leid und seiner Macht, von der beherrschenden, aber verborgenen Gegenwart des Kreuzes im Leben, von seinem geheimnisvollen, Ehrfurcht gebietenden Erscheinen gerade gegenüber unseren höchsten Bestrebungen, unserem reinsten Trachten. Und vielleicht kommen gerade aus diesem Heiligtum des Schmerzes – wo das Kreuz verehrt wird wie in der Kammer hinter dem Chore des Eskorial – die tätigsten Kräfte, die wirksamsten, hilfreichsten Taten. Sie sind getragen von einer Resignation, der Welt und Menschen nichts mehr anhaben können, weil sie das Leiden, den Untergang des Edelsten vorwegnimmt und gerade ihn zum Beispiel wählt. Vielleicht sollten wir nicht weitergehen; vielleicht vor der geschlossenen Tür einen Augenblick verweilen und uns Ahnungen überlassen, die sich auszusprechen nicht ziemt. Aber wir müssen an der Pforte vorüber und »wieder zum Anfang«. Goethe selbst führt uns weg, indem er Christus doch wieder gleichsetzt den »weltlichen Männern«: Gott ist sichtbar mit ihm gewesen und seinen ersten Anhängern, so wie er dann mit Luthern war – und das heißt doch, Christus war nicht Gott. Er halte, bekannte der Dichter in

dem denkwürdigen Gespräch vom 11. März 1832, alle vier Evangelien für durchaus echt – gegen die Bibelkritik sprach er sich entschieden aus –, »denn es ist in ihnen der Abglanz einer Hoheit wirksam, die von der Person Christi ausging und die so göttlicher Art, wie nur je auf Erden das Göttliche erschienen ist«. Aber sofort schließen sich die viel wiederholten Worte an, daß »die Sonne gleichfalls eine Offenbarung des Höchsten« sei und er in ihr »anbete das Licht und die zeugende Kraft Gottes«.

Auch der »Faust« ist keine eindeutige Antwort. Faust ist Gottes Knecht und in der Gnade; das ist die Voraussetzung, unerforschlich wie der Himmel selbst, wo sie verkündet wird. Nun beginnt das Drama auf Erden. Der Ruhelose, Unbefriedbare erfährt im Schatten des Bösen, aber nicht völlig in dessen Gewalt, auf dem Weg durch die Schuld und immer neu sich verschuldend, die Welt in ihrer ganzen Fülle als Natur, Leben des Geistes, Geschichte; indem er, getäuscht von dem Wahne seines letzten Werkes, in Gefahr kommt, das »Verweile doch!« zu sagen – er sagt es eigentlich noch nicht –, wird er eingefordert von der übernatürlichen Wirklichkeit, zu der er am Ende nicht mehr aufblicken wollte um der Erde willen. Nun, da er ruhen könnte, muß er fallen. Er nimmt die ungeheuere Erfahrung der Welt mit, die er durchstürmte. Das Gedicht schildert den Heimfall schuldbeschwerter Erderfahrung an das Licht. Im Bereich der Mater dolorosa, in den Faust erhoben wird von der Liebe, wird er »dankend umarten«, wird Gretchen, die Büßerin, ihn »belehren«. Er gelangt gerade an die Stelle, wo für ihn – nicht mehr für uns – Christus sichtbar wird. Denn auf Ihn weisen die um den höchsten Gipfel schwebenden seligen Knaben: »Den ihr verehret – werdet ihr schaun.«

Das Drama von der Umartung Fausts ist nicht geschrieben. Goethe hat wiederholt das Unberechenbare, Dunkle der Konzeption betont und darin gerade das Poetische gesehen und behauptet. Der »Faust« sei etwas »Inkommensurables«, das man dem Verstand vergeblich näher zu bringen suche. Auch dürfe man nicht vergessen, daß der erste Teil aus einem »etwas dunklen Zustand des Individuums« hervorgegangen sei. Indem sich Goethe aber doch auf eine Deutung einließ, hat er, wohl nicht ohne die abgründige, ja mephistophelische Ironie, mit der er dieses Vermächtnis der Nachwelt anvertraute, die zwei einander völlig widerstrebenden Möglichkeiten nebeneinander bestehen lassen: vom Himmel durch die Welt zur Hölle als Gang der Handlung – das ist das Erdendrama; und die Erlösung des rastlos Strebenden als Idee: das ist das Mysterium der Gnade. Sie überkreuzen, verschlingen sich, aber die Gnade hebt das Schwere empor: die Lösung ist, wie Goethe selbst wollte, ein »ungelöstes Problem«, ein Bekenntnis zur unbegreiflichen Macht der über dem Friedlos-Schuldigen, der seine Schuld nicht einmal sühnt, waltenden Macht der Liebe. Faust sinkt von Stufe zu Stufe; aber in der Welt ist doch eine steigende Bewegung; sie geht von der Gnade aus; sie läßt von dem nicht, der auf Erden nicht zufrieden ist und damit erweist, daß er hingeordnet ist auf Gott.

Wir können das Ungeheuere an Geschichte, an inzwischen Ereignis gewordener geschichtlicher Gefahr, das im »Faust« aufgegriffen, bewältigt worden ist, kaum streifen. Der »Faust« ist das Weltgedicht des Jahrhunderts, das sich gerne nach ihm nannte, in ihm sich wohlgefällig spiegelte und darüber den Dichter wie seinen Helden gründlich mißverstand. Wie sehr ist Goethes Ironie gerechtfertigt worden von seinen Auslegern, dem getreuen Eckermann an der Spitze! Es ist ein Jahrhundert fast heilloser Dämonie, das auf dem Blocksberg falscher Macht die letzte Stunde vertanzt, in der das Menschliche, Glück und Liebe noch gerettet werden könnten. Goethe selbst hat den Helden dieser Zeit überwunden, indem er ihn dahin gelangen ließ, wo er umarten muß – und Welt und Gegenwart müßten ihm darin folgen, Faust in sich erkennen mit Goethes Wahrhaftigkeit und an die Stelle zu dringen suchen, wo die Wahrheit, deren Gnade Faust erst jenseits der Erde teilhaft werden soll, schon wirksam wird im Irdischen, im Jetzt und Hier. Denn wir haben kein Recht, im Irrtum zu verharren – am wenigsten in Goethes Augen – und Fausts Irrtum und Schuld auf uns zu laden. Ist die Wahrheit einmal erkannt, so muß sie auch vollzogen werden.

Und doch möchten wir nicht schließen mit dem »ungelösten Problem«, das Goethe, Unermeßliches vorwegnehmend, der Nachwelt hinterlassen hat. Auf das Fruchtbare, Hilfreiche war sein ganzes Wesen gerichtet. Wir möchten schließen mit einem Bilde, das allen hilft. Wir wenden uns an den Schluß der »Novelle«, eines der reinsten Bilder, die uns Goethe geschenkt hat, auch eines der spätesten; die Dichtung wurde im Jahre 1826 geschrieben, ihre Konzeption reicht aber, wie die des zweiten Teiles des »Faust«, weit zurück, wohl um dreißig Jahre. Bei aller Wandelbarkeit, aller suchenden Unruhe, erscheint eine ergreifende Beharrlichkeit des religiösen Verlangens, des Glaubens. Umspielt nicht das Kind, das mit Liebe den Löwen besänftigt und seine Wunde verbindet, ein Abglanz des göttlichen Kindes? »Und wirklich sah das Kind in seiner Verklärung aus wie ein mächtiger, siegreicher Überwinder.« Ausdrücklich wird der Gesang des Kindes ein »glorreicher« genannt, und dieses ist in der Tat ein Bekenntnis:

Denn der Ewge herrscht auf Erden,
Über Meere herrscht sein Blick;
Löwen sollen Lämmer werden,
Und die Welle schwankt zurück.
Blankes Schwert erstarrt im Hiebe;
Glaub' und Hoffnung sind erfüllt;
Wundertätig ist die Liebe,
Die sich im Gebet enthüllt.

Auf der ältesten christlichen Wandmalerei, den aus dem dritten Jahrhundert stammenden Fragmenten aus Dura-Europos am Euphrat, sehen wir Petrus, der, in den Wellen versinkend, den Arm ausstreckt nach dem Herrn. Wir sehen auch noch die Gestalt Christi und seine sich dem Jünger darbietende Hand, aber nicht mehr das Haupt. So, könnten wir vielleicht sagen, ist Christus gegenwärtig in vielen Werken der modernen Kunst, spürbar in seiner rettenden Kraft, aber nicht mehr sichtbar. Doch diese Gegenwart ereignet sich nur auf den Notruf: Herr, hilf mir, denn ich versinke. Goethe hat dieses äußerste Wort des wankenden, brechenden, aber doch nicht zerbrechenden Glaubens an Christus nicht gesprochen, und doch erscheint er uns, der sich im unerhört großen Wurf seines von mächtigen inneren Gefahren angegriffenen Lebens – mußte er doch nicht allein Werther, Tasso und Faust in sich überwinden, sondern auch Mephistopheles und den ganzen Spuk der Hölle, den er auf einmalige Weise gestaltet hat – von Tag zu Tag über den Wellen behauptet, als ein Geretteter. Er hat sein Irren nicht verschwiegen, aber er hat durch sein ganzes Leben und Wirken Zeugnis abgelegt für den Glauben an die rettende Macht der Wahrheit.

Irrtum verläßt uns nie; doch ziehet ein höher Bedürfnis
Immer den strebenden Geist leise zur Wahrheit hinan.

Die Verteidiger des Christentums werden manchen Vorwurf gegen ihn behaupten müssen – aber niemals, ohne von ihm sich sagen zu lassen, daß wir endlich gelangen müssen zu einem »Christentum der Gesinnung und Tat«. Und darin leuchtet uns dieses ebenso reiche wie entsagungsvolle Leben voran. Das Gute, das Goethe offen oder verborgen gewirkt hat, ermessen wir nicht. Wir können es nicht ahnen, ohne, gerade als Christen, einen Vorwurf zu fühlen an uns selbst. Denn dieses Gute, Hilfreiche kam aus der Gesinnung, um derentwillen Goethe den Namen eines Christen ausdrücklich beanspruchte. Wahrheit und Liebe, die einigende Macht des Geistes bekannte er unerschütterlich, wie des Menschen Beruf, zu steigen, sich zu veredeln. Das Letzte bleibt Geheimnis, auf Erden ungelöstes, in der Ewigkeit gewiß nicht unlösbares Problem. Aber es besteht, nicht allein für die Farbenlehre, sondern für alles, was Goethe tat, das stolze Bekenntnis: »Ich erkannte das Licht in seiner Reinheit und Wahrheit, und ich hielt es meines Amtes, dafür zu streiten.« Dürfen wir hier nicht an das geheimnisvolle Trostwort denken, das – freilich auf einer höheren Ebene religiöser Erfahrung – dem jungen Newman während seiner Krankheit auf Sizilien geschenkt worden ist: »Ich werde nicht sterben, denn ich habe nicht gegen das Licht gesündigt.« Und von da ist es vielleicht erlaubt, über die Einsicht Kierkegaards, daß die Wahrheit nur siegt durch Leiden, weiter zu schreiten zu dem über alle Fragen, alle Bangnis hinwegtragenden gewaltigen Wort des heiligen Augustinus: »Alle Geister, die um die Wahrheit leiden, haben Christus zum Haupt.«

1948

Dichtung

Der Künstler und die Dämonen · Kleists Ende
Novalis und der Tod · Hölderlins Deutschlandbild
Chamissos Geschichtserfahrung
Die Sendung Achim von Arnims
Erworbenes Erbe: Annette von Droste
Dostojewski: Der Idiot
Das Geheimnis der Finsternis: Georges Bernanos
Claudels Weltgedicht
Gottfried Benn / Reinhold Schneider:
Soll die Dichtung das Leben bessern?

DER KÜNSTLER UND DIE DÄMONEN

Ein Gespräch

FREUND: Du hast schon lange nicht mehr von deiner Arbeit gesprochen; ich möchte fast glauben, du seiest wieder an eine Stelle deines Weges gekommen, wo das Weitergehen dir schwer wird.

DICHTER: Es ist so; hilflos, wie wir Künstler sind, und immer angewiesen auf Kräfte, die uns nicht gehorchen, können wir wohl abends in der Tiefe einschlafen und morgens auf dem Gipfel erwachen. Aber dieses Mal, fürchte ich, ist es nicht so. Ich habe etwas erfahren oder es ist mir etwas begegnet, was ich noch nicht ausdrücken kann, obwohl es mich davon zu sprechen drängt; möchten wir doch immer von dem Unerkannten und Unverständlichen sprechen, um es uns klar zu machen und dadurch vielleicht zu überwinden oder anzueignen oder es doch an seinen Platz zu stellen. Ich habe nachgedacht über meine bisherige Arbeit, und das Ergebnis war eine Überraschung, wie es nicht anders sein kann. Die schaffenden Kräfte in uns sind ja immer von reicherem Wissen gesättigt als wir. Da ist es mir aufgefallen, daß ich mich bisher fast nur mit dämonischen Menschen beschäftigt habe.

FREUND: Das war wohl allen klar – außer dir.

DICHTER: Du hast wohl manches Mal darauf hingewiesen; das Schaffende war so stark in mir, daß ich mir über die Bedeutung dieser Wahrnehmung keine Gedanken machte. Aber nun mache ich sie mir; das heißt, der Umgang mit Menschen, die von den Kräften der Tiefe bewohnt oder besessen werden, ist mir nicht mehr natürlich. Hätte ich mich von meiner Erkenntnis leiten lassen, so wäre ich ihnen freilich längst ausgewichen. Nur in früher Jugend hielt ich die Dämonie für etwas Großes an sich; später wurde sie mir immer fragwürdiger, ich lernte sie als eine Probe auf die sittlichen Kräfte einschätzen. Meine Arbeit bewegte sich jedoch in der alten Richtung weiter, bis ich des Zwiespalts inne wurde.

FREUND: Der Umgang mit solchen Menschen, in denen ein anderes, nicht mehr menschliches Dasein haust oder in die es unter gewissen Umständen einbricht, ist also wohl ein Gesetz deiner Arbeit.

DICHTER: Ja, und fast möchte ich sagen, aller menschendarstellenden Kunst.

FREUND: Das glaube ich nicht, aber wohl einer Kunst, die das Tragische ausdrücken möchte. Und das ist ja deine Absicht gewesen.

DICHTER: Wir haben so viel davon gesprochen, und doch habe ich mir das Tragische nie auf eine befriedigende Weise erklären können. Ein Widerspruch in der Existenz liegt ihm zugrunde, und je stärker die Überwelt an ihm beteiligt ist, um so erhabener mag er wirken.

FREUND: Und dieser Widerspruch tritt wohl auf die sinnfälligste Art ein, wenn sich in dem Menschen ein Fremder ansiedelt, der auf Kosten dieses Menschen lebt, der in ihm ist und doch nicht er selbst ist.

DICHTER: Das ist es eben, diesem Fremden möchte ich nicht mehr begegnen.

FREUND: Dieses Widerstreben haben auch die Großen empfunden. Ich brauche nicht einmal von Goethe zu sprechen; Grillparzer konnte sich nie entschließen, die Gesamtausgabe seiner Werke in die Hand zu nehmen; wie schwer es ihm war, die Aufführung eines seiner Stücke anzusehen, weißt du. Racine konnte seine Dramen nicht lesen; er versuchte es einmal und warf den Band ins Feuer. Was sie fürchteten, ist wohl klar: die Dämonen, die im Werke steckten und vielleicht in ihre Brust zurückgekehrt wären. Denn diese Dichter hatten als Menschen längst eine Stufe erreicht, die über dem Bezirk der Dämonen lag. Und nur die antiken Tragiker behielten die Kraft, mit dem Chorlied der Tragödie auf den Lippen zu sterben. Aber das beweist nur, daß sie in einer Welt lebten, deren Mitte das Tragische war.

DICHTER: Gewiß, dennoch kann die Tragödie nicht ein Vorrecht der Antike sein. Die Empfindung des Tragischen ist uns geblieben; nur wenn wir es empfinden, nicht wenn wir es durch Gedanken ausdrücken wollen, können wir es verstehen. Auch die Mächte sind uns nahe geblieben, ja um so näher gekommen, je weniger wir begreifen, wo sie sind. Diese Nähe des Feindes fühlen wir Dichter in der Zeit, genau wie sie die Großen gefühlt haben, denen wir im übrigen so unähnlich sind. Das ist ja wohl unser Amt: dem Feinde das Wort zuzurufen, das ihn bannt. Auch eine geringe dichterische Kraft muß den Feind spüren. Auf irgendeine Weise ist sie ihm verwandt. Aber als die großen Dichter die Unheimlichen in ihrem Werke scheuten, standen sie am Ende, oder sie hatten ein großes Stück Wegs hinter sich gebracht. Ich habe die Mitte nicht erreicht – und soll aufhören.

FREUND: Hast du schon einmal darüber nachgedacht, ob die Tragik, von der wir sprechen, die einzige ist?

DICHTER: Es gibt auch eine andere. Bach hat in der Matthäuspassion die ganze Welt im Lichte dargestellt. Die unteren Kräfte drängen herauf und erfassen und verdunkeln den Menschen; aber das Licht geht von oben aus; in diesem Lichte erscheint die Welt der Dämonen, und in ihm stürzt sie wieder ab. Von Bach würde ich nicht zu sagen wagen, daß er die Dämonen in sich trug; sie haben ihn wohl erreicht, und er hat sie deutlich erkannt und zurückgeworfen, doch hatte er vielleicht nichts mit ihnen gemein, obgleich er ein Tragiker ist.

FREUND: Weil er von oben kam.

DICHTER: Dies ist wohl die wesentlichste Unterscheidung in der Kunst wie im Leben: ob einer von oben oder von unten kommt. Damit möchte ich nicht sagen, daß man den, der von unten kommt, verdammen dürfte. Er muß eben nur hinaufstreben; er darf nicht unten bleiben wollen; und er muß die

Ordnung von oben als die höhere erkennen. Auch der in der Tiefe Wohnende kann Gott preisen, sobald er die Augen zu ihm erhebt.

FREUND: Bachs Welt ist um unsern Herrn geordnet, wie die Gestalten des Naumburger Chors um das Sakrament in ihrer Mitte; in dieser Welt steht der Mensch zwischen Christus und Satan. Nicht das Edle und Hohe im Menschen kann sich hier gegen das Übermenschliche empören – wie es in der Antike geschah –, sondern nur der Dämon kann es. Die christliche Tragik und die der Antike sind grundverschieden.

DICHTER: Es ist gewiß wahr, daß Christus durch sein Erscheinen die ganze Welt und so auch das Tragische verändert hat. Ist der Dichter von Christus berührt worden, so kann er das Tragische nicht mehr als den Sinn des Lebens gelten lassen. Paul Ernst bekannte, er sei an das Ende seiner tragischen Dichtung gekommen, als er sich dem Glauben genähert habe. Müßte das so sein, so hätte die Tragödie *innerhalb* des christlichen Daseins keine Aufgabe; sie könnte bestenfalls zu diesem Dasein führen. Tiefer hat Zacharias Werner in einem bedeutenden Briefe an Iffland gegraben; ausgehend davon, daß der ›religiöse Sinn die Quintessenz des Tragischen sei‹, forderte er eine Tragödie, die auf dieselbe Weise vom christlichen Glaubensgehalte durchdrungen wäre wie die griechische vom Mythos. Das Tragische ist noch da, auch innerhalb des christlichen Lebens, und der Dichter kann es aussagen. Denn die Gegensätze der menschlichen und geistigen Wirklichkeit, auf denen es beruht, wurden nicht aufgehoben; der Mensch ist nach wie vor gespalten; die sittliche Freiheit des Menschen, die der Tragödie unerläßlich ist, wurde sogar erst vom Herrn ausdrücklich bestätigt; die Mächte wurden von ihm endgültig gekennzeichnet. Wie Gott den Herrn, so haben wir auch Satan und seine Hilfsgewalten erst durch Christus erkennen gelernt. Der Kampf auf Leben und Tod will immer wieder geführt werden und widerklingen, wenngleich auch der Himmel darüber ein anderer geworden ist. Er will vor allen Dingen vom Geiste entschieden werden.

FREUND: Und doch ...

DICHTER: Warum willst du deinen Gedanken nicht aussprechen?

FREUND: Ich müßte von dem Dichter reden, der ›von unten‹ kommt.

DICHTER: Nicht wir selbst haben uns auf den Weg geschickt, sondern Gott hat es getan. Warum sollten wir uns des Ausgangspunktes schämen?

FREUND: Und doch, meine ich, kann der Dichter, der von unten kommt, das Tragische nur so lange aussagen, wie er teil hat an den Mächten.

DICHTER: Vielleicht auch, wie er teilhaben will. Aber in dieser Veränderung des Willens oder selbst der Wünsche spiegelt sich die Veränderung des Wesens.

FREUND: Das heißt, er ist von der Kraft Christi berührt und in eine Sphäre gezogen worden, die über der Gemeinschaft mit den Dämonen liegt.

DICHTER: Das erkühne ich mich nicht zu sagen. Der innersten Sehnsucht, dem tiefsten Wesen wurde eine andere Richtung mitgeteilt. Der Zug zu den Dämonen wurde gebrochen. Und dies erst ist die Antwort auf deine Frage. Indem ich sie dir gebe, möchte ich selber fragen: Was nun?

FREUND: Du hast selbst hervorgehoben, wie hilflos der Künstler ist. Fragt er wie du, so muß er warten. Niemand kann ihm antworten, niemand helfen.

DICHTER: Ich weiß. Aber erst jetzt verstehe ich eine Versuchung, der vielleicht auch mancher Große erlegen ist. Er kam an diese Stelle und fühlte den Trieb zur Gestaltung absterben; er wollte und konnte nicht warten. Von oben kam ihm auch keine Hilfe, vielleicht weil er noch nicht lange genug gewartet hatte, vielleicht weil ihm keine bestimmt war. Da – wandte er sich zurück. Und je mehr ein Mensch den Dämonen gibt, um so mehr wird er auch von ihnen erhalten.

Selten lassen sie ihren Diener unbelohnt, wenn sie ihn auch mit Sicherheit eines Tages verlassen werden. Der Künstler, der sich ihnen übergibt, wird große Kräfte von ihnen empfangen; er mag eine Art von Inspiration erfahren, wie er sie noch nicht kennen gelernt, ja nicht für möglich gehalten hat – und er mag sich in seinem Glücke sogar so weit verirren, daß er sie für Gnade hält. Nun erst wird er zum ›Schöpfer‹, aber der andern, der dunklen Welt. Die obere und die untere Ordnung entsprechen ja einander auf allen Stufen. Auf diese Weise, glaube ich, sind viele Werke des vorigen Jahrhunderts, und einige der berühmtesten unter ihnen, entstanden; man könnte die Inspiration, die sie hervortrieb, auch eine wesentlich moderne nennen. Sie mußte einer Zeit zum Verhängnis werden, die das Geniale als solches für verpflichtend hielt, ohne auf sein Vorzeichen zu achten. In der Furcht vor der Erschöpfung, vielleicht aber auch, weil sie von Anfang an zu schwach oder verfallen waren, haben sich die Künstler, um Künstler zu bleiben, den Mächten verschrieben und von ihnen ihren Lohn empfangen. Mit diesen Werken sind die Mächte in die Seelen der Menschen und Völker gedrungen, nach denen sie dürsten und auf die sie angewiesen sind.

FREUND: Dann stände der Künstler an einer der Pforten, die entweder die Dämonen einlassen oder ausschließen.

DICHTER: Darin besteht vielleicht seine tiefste Beziehung zur Geschichte. Aber wie lange dauert es, bis wir sie erkennen und bis wir das Opfer begreifen, das sie fordern könnte!

FREUND: Das Opfer?

DICHTER: Zu warten und zu schweigen in einer Zeit, die des Wortes bedarf, vielleicht auch auf immer zu verstummen.

FREUND: Doch wäre dieses Opfer nicht ohne Trost. Es birgt sogar eine Hoffnung.

DICHTER: Ich ahne sie.

FREUND: Es ist die Hoffnung auf die künftige Aussage von oben.

KLEISTS ENDE

Verflucht das Herz, das sich noch mäß'gen kann!
[Penthesilea. 5. Auftritt]

I. Das Problem

Im Geiste gehen wir den Weg zu dem einsamen Grab am Wannsee, einem Ort, dessen ungelöste Schwermut wir scheuten, so oft wir an ihm vorübergekommen sind. Nun aber, da so vieles zu Ende ging und das Zeichen der Unwiderruflichkeit über Fügungen der Geschichte, den Werken des Geistes steht, könnten wir an Kleists Grab verweilen. Eine der vielen Möglichkeiten der Selbstbegegnung erwartet uns hier, die überall sich darbietet, wo die Ereignisse auf die Entwürfe des Geistes, die Fragen und Leiden der Seele geantwortet haben: wo das äußere Geschehen in seiner Abhängigkeit von Wesen, vom Denken und den Erfahrungen der Seele offenbar geworden ist. Nach Selbstbegegnung müssen wir unablässig trachten; es ist besser, wir suchen und finden zwischen den Trümmern uns selbst, als daß wir eilig aufrichten wollen, was zerstört und verwirkt worden ist. Eh wir mit uns selbst nicht in ein unerbittliches Gespräch gekommen sind und den Mut fassen, es durchzuführen bis zum entschiedenen Ja oder Nein an das Erbe, werden wir kein Haus bauen können. Und schon klingt uns ein Wort in den Ohren, das Kleist geliebt hat, der von seinem Freunde Brokes überkommene Grundsatz: Handeln ist besser als Wissen. Es ist ohne Zweifel ein unseliges Wort – und wir werden es noch einmal aufgreifen müssen –: welchen Wert könnte ein Handeln haben, das sich dem Wissen nicht unterwirft? Handeln, das bedeutet doch wirken auf bestimmte Gegebenheiten. Wie nun, wenn diese nicht im voraus erkannt werden, muß die Wirkung nicht zerschellen, das Tun nicht zum Unrecht werden an dem Nichterkannten? Der Irrtum von der Tat, die in die Welt stürmt, ohne zu wissen, ohne wissen zu wollen, würde wahrlich schon genügen, um das

Unheil herabzurufen auf ein Land; ist die Tat, das Tun um des Tuns willen, das oberste Gesetz, so wird sie den Täter zerstören – und nicht nur ihn allein.

Das Grab am Wannsee aber schließt mehr Schmerzen ein, als wir ermessen können, das »allerqualvollste Leben, das je ein Mensch geführt hat«, wie der Dichter am Ende sagte [an Marie von Kleist, November 1811]. Wir möchten die Ehrfurcht vor diesen Schmerzen nicht verletzen. Wohl können wir dem Geheimnis des Selbstmordes nicht ausweichen; daß wir es aber durchleuchten werden, meinen wir nicht. Es ist im Grunde rätselhaft, daß ein Mensch sich selbst zerstört; daß der Erschaffene glaubt, die Freiheit zu besitzen, sich zu verneinen – oder, wie es wahrscheinlicher ist, durch den selbstgewählten Tod hindurch eine andere Form des Daseins zu suchen. Ein Schatten fällt in die Seele, den wir nicht erklären können, eine Schwere überkommt den Geist, deren Ursprung keinen Namen hat. Die Lebensgeschichte, die Seelenkunde führen im besten Falle bis an die Stelle, wo wir schweigen müssen. Das Ungeheuere, das sich begibt, wenn ein Mensch Hand an sich legt, kann nicht ausgesagt werden. Gewiß ist wohl nur, daß dieser Vorgang eine lange Vorgeschichte hat, die oft in den Ursprung zurückreicht. Selbstmord – wenn er nicht unter der Gewalt überraschender Geschicke geschieht, hat das Gepräge des Angeborenseins; er ist das Ende eines Kampfes, der sich im ersten Dämmer vorbereitet hat.

Zu Ende ist es mit der Macht, die als »Dämon Kleist« eine verführerische Gewalt auf Geschlechter ausübte – namentlich auf Jünglinge, die sich als Gescheiterte fühlten und fühlen wollten. Das Persönlich-Unselige des Dichters, das, verstärkt um den Zauber der Kunst, einstmals so mächtig wirkte, wird schwerlich noch zur Gefolgschaft fortreißen; zu hart ist das Leben geworden; unabweislich treten die geschichtlichen Zusammenhänge hervor, denen es unterliegt; das Leiden an der Person, am persönlichen Konflikt, am Leben für die Kunst ist nicht mehr ernst genug. Aber zu Ende ist es auch mit der geschichtlichen Phase Preußens, in der Kleist stand, in der wir noch gestanden sind. So wenig, wie es angeht, den Untergang des Dichters ausschließlich vom rein Persönlichen her, als Ende eines überlasteten Künstlerdaseins zu sehn, so wenig befriedigt etwa Treitschkes Meinung, daß dem Dichter nichts gefehlt habe als das »große Vaterland«. Indem Kleists Tod auf diese Weise auf die Ebene des Politisch-Patriotischen hinübergespielt wurde, ward diesem Tod für ganze Geschlechter seine Bedeutung, seine erschütternde Aussage genommen; die Fälschung ist ebenso grob wie durchsichtig; das im Angesichte des Todes abgelegte Bekenntnis des Dichters, »daß ihm auf Erden nicht zu helfen war«, hebt sie auf. Kleist war wohl ein glühender Patriot, die entscheidenden Motive seines Untergangs aber werden wir im Geschick seines Vaterlandes nicht finden. Dies war ja – und namentlich im Jahre 1811 – nicht hoffnungslos, trotz des Bündnisses des Königs mit seinem Feinde; nur die Ungeduld konnte verzweifeln, die Geduld sich kommender Veränderungen getrösten.

Wir werden Kleist nicht einmal als Preußen im repräsentativen Sinn gelten lassen können. Was konnte weniger preußisch sein als sein Überschwang, dies niemals nüchterne Herz, diese über alle Ufer tretende Sprache! Und doch war seine Stimme die mächtigste, die sich in Preußen erhob. Der Staat und der Dichter, der grauenvolle Fall der preußischen Macht und die Verzweiflungstat am Wannsee, die dem Fall um hundertdreißig Jahre vorausgegangen ist, stehen in einer geheimnisvollen Beziehung. Vielleicht sind sie nur Erscheinungen der *einen* Not, der unheilbaren Krisis der preußischen Form. Kleist, der Dichter, konnte in dieser Form nicht leben; er mußte dem Übermaß um so eher verfallen, je enger die Form war, in der er sich gefangen wußte. Sein Werk wurde zur Herausforderung des Herzens an die Starrheit, die Enge der preußischen Lebensform; er gab sich bewußt dem Unerträglichen hin und sagte es aus: so hoffte er, die Ketten zu zersprengen, in die er die Seinen, in die er sich selber geschlossen sah. Und so hatte

Kleist dem Staat, dem er sich gleichwohl mit ganzer Seele hingab, vielleicht ein Wort zu sagen, dessen ganzen Ernst erst wir ermessen können. Es ist das Wort vom Herzen im Staat, vom Menschen über dem Befehl, über der Macht; Preußen nahm dieses Wort nicht an. Aber auf dem Wege einer gewaltigen Verwirrung seines Machtstrebens ist der Staat gestürzt – und das Letzte, was Kleist zu sagen hatte, scheint uns wunderbar nah. Daß der Staat nicht erstarre, wie er erstarrt ist: das war es, was Kleist »auf den Knien seines Herzens« erflehte. Vielleicht hat die Geschichte dem Unglücklichen zu später Stunde zugestimmt, dem auf Erden nicht zu helfen war, und sein Ende und das Ende der preußischen Macht sind wie Ruf und Antwort von diesseits und jenseits des Katarakts, die sich in diesem Augenblicke begegnen.

II. Die Seele

Welche Zerrissenheit, welches Drama einander widersprechender Wünsche in der Seele! In Penthesilea und Kätchen hat Kleist diesen zerstörenden Widerspruch gestalthaft ausgesagt; wir verstehen den Dichter nur, wenn wir die Gestalten in ihrer Gleichzeitigkeit – nicht allein als Möglichkeit, sondern als Wirklichkeit und Gegenwart – begreifen. Er selbst hat darauf hingewiesen, daß diese beiden Liebenden nicht voneinander zu trennen sind. »Denn wer das Kätchen liebt, dem kann die Penthesilea nicht ganz unbegreiflich sein, sie gehören ja wie das Plus und das Minus der Algebra zusammen, und sind ein und dasselbe Wesen, nur unter entgegengesetzten Beziehungen gedacht.« [An Collin, 1808.] Dieses »gedacht« ist freilich zu wenig; Penthesilea und Kätchen waren *da:* die herrische, über alles Menschliche hinwegtobende Leidenschaft, die glaubt nur lieben zu können, wo sie besiegt und zerstört, und die schrankenlose Hingabe und Selbsterniedrigung, die liebt, wo sie nicht aufzublicken wagt.

Wie mag es um ein Herz bestellt sein, das diese beiden Gestalten hegt mit aller Glut seiner Wünsche; ja, das sie zu verschmelzen trachtet und die Welt durchirrt mit der ungeheuerlichen Forderung, diese beiden Wesen in einem einzigen zu umfangen! Und wenn nun der Dichter diesem Traumbild begegnet wäre, welche Liebe hätte er ihm schenken können? Sein ewig schwankendes Herz hätte Penthesilea begehrt, wenn Kätchen sich ihm zuneigte, und er hätte nach Kätchen gedürstet unter der Glut Penthesileas. Ach, er war in gewissem Sinne nur Herz, ein losgerissenes Schiff, das hintrieb unter Stürmen, ohne Anker und Ankergrund, ohne Kompaß und Steuer. Über die Haltung des »Götz« und »Werther« ist er im Grunde nicht hinausgekommen; die Worte Franzens an Weislingen: »So fühl ich denn in dem Augenblick, was den Dichter macht, ein volles, ganz von einer Empfindung volles Herz!«, behielten Geltung für Kleist, so wenig sie Goethe noch anerkannt hätte. Kleist, der Preuße, wollte nur Herz sein, Empfindung, Leidenschaft, und aus diesen Kräften Dichter – und er war doch ein Kleist, der davon träumte, zu den vielen Kränzen, die sein Geschlecht errungen, noch einen und wohl den höchsten zu gewinnen. Wiederholt sprach er davon, daß er seinen Stand ablegen und ein ländliches, gar bäuerliches Dasein führen wollte in dem »grünen Häuschen«, das er immerfort suchte und nicht finden konnte, weil die Möglichkeit einer solchen Idylle nicht in ihm war. Seinen Stand, seinen Namen konnte er nicht abwerfen; sie waren ein Teil seines Selbst; in eherner Form siedete das Übermaß seines Trachtens, seiner Träume. Und wie hätte sich das Doppelwesen Penthesilea-Kätchen als Bewohnerin jenes Häuschens geschickt!

Und doch war es seine einstweilige Bewahrung, daß er sich nicht allein nach Penthesilea, sondern auch nach Kätchen sehnte. Penthesilea – seine einzige rettungslos tragische Gestalt – ist die Zerstörung selbst. Vielleicht ist sie auch seinem Herzen am nächsten gewesen; als sie »tot« war, beweinte er sie wie einen gestorbenen Freund; sein »innerstes Wesen«, den »ganzen Schmerz zugleich und Glanz seiner Seele« fand er in ihr. Mit dem Herzen hatte er sie geschaffen; eine Liebende sollte sie sein, die über alle Grenzen hinaus liebt. Aber liebt sie in Wahrheit? Lieben: das würde doch heißen, daß sie ihrer selbst vergäße und ein höheres Leben suchte oder fände im andern; Penthesilea aber muß triumphieren, eh sie sich hingibt, ebenso wie Achill ihr gegenüber das Bewußtsein des Sieges – wenn auch eines Sieges, den er verschweigen mag – vor ihr nicht entbehren kann. Das Ich steht vor der Liebe – ein herrisch-verhängnisvolles Ich; es muß besitzen, unterwerfen, gebieten. Aufgeben kann es sich nicht; es ist umtobt von der Meute der Leidenschaft, die den andern und sich selber verzehren muß; Liebe rührt es nicht an.

Ich bin's,
Du junger Kriegsgott, der du angehörst;
Wenn man im Volk dich fragt, so nennst du mich.
[15. AUFTRITT]

Spricht so die Liebe, die den Geliebten erhöhen will und von ihm ihre Krone, ihren Wert empfangen möchte – statt ihm das Siegel ihres Stolzes aufzuprägen? Aber Achill empfindet nicht anders:

Zwar durch die Macht der Liebe bin ich dein,
Und ewig diese Banden trag ich fort;
Doch durch der Waffen Glück gehörst du mir;
Bist mir zu Füßen, Treffliche, gesunken,
Als wir im Kampf uns trafen, nicht ich dir.
[15. AUFTRITT]

Menschen dieser Art müssen sich »wie zwei Sterne« treffen und zerschmettern; wirklich begegnen können sie einander nicht; sie sind einander zum Untergang. Achill, der gesiegt hat, kann sich nun wohl überwinden, sich besiegen zu lassen; Penthesilea aber, die Besiegte, muß siegen, und zwar auf die furchtbarste Art:

So soll er in den Staub herab, und wenn
Lapithen und Giganten ihn beschützten.

[20. AUFTRITT]

Die Leidenschaft in den Ketten des Ichs wird zur Bestie; nicht mehr zu überbieten ist die Szene, da die Amazonenkönigin, umtobt von ihren Hunden, die »ein gräßliches Geheul anstimmen«, mit »allen Zeichen des Wahnsinns« niederkniet und Ares anfleht, den Vertilgergott, um die Macht »auf dieses Griechen Scheitel« wie ein Donnerkeil nieder zu fallen. So schlägt sie, zerfleischt sie den Helden, den ihre Raserei sich erwählt:

Den Zahn schlägt sie in seine weiße Brust,
Sie und die Hunde, die wetteifernden.

[23. AUFTRITT]

Im widrigsten buchstäblichen Sinne »küßt sie ihn tot«, sättigt und übersättigt sie sich am Opfer ihrer Leidenschaft. Nachdem sie das Unvorstellbare getan, kann sie nicht mehr sein; sie muß sterben an ihrer Tat, an dem entsetzlichen Widerspruch zwischen dem, was sie unter der Geißel ihres Verlangens und ihrer Ehrsucht vollbracht und dem, was sie wünschte, was noch Höheres in ihr ist; es genügt, daß sie sich ihre Tat zu Bewußtsein bringt, gewissermaßen in das dämonische Herz stößt – und sie muß fallen, freilich nicht als »die gesunde Eiche«, die der Sturm schmetternd stürzt, wie der Dichter will, sondern als die Maßlosigkeit selbst, die sich selber zum Tode war. Den Ida wollte sie auf den Ossa wälzen; Freude und Schmerz sind ihr gleich verderblich.

Und gleich zum Wahnsinn reißt dich beides hin.

[14. AUFTRITT]

Das Unglück läutert sie nicht, es empört sie, selig müßte sie sein, um göttlich zu sein, aber wie vermöchte sie es! Wenn sie ein Recht hat, sich auf ihr Herz zu berufen, so müßte unter

dem Herzen nicht die Mitte der Liebe, sondern eine Sucht ins Grenzenlose, Übermächtige, Übermenschliche verstanden werden; in diesem Sinne unterliegt sie der Dämonie des Herzens. Darum kommt ihr Schicksal auch nicht von außen, wie die Opferpriesterin erkennt.
»Nichts als ihr töricht Herz – das ist ihr Schicksal.« [9. Auftritt] Und es ist nicht ihr Schicksal allein, sondern auch derer, über die sie gebietet, ihres ganzen Volkes:

Dem Feind in ihrem Busen wird sie sinken.
Uns alle reißt sie in den Abgrund hin.

[7. AUFTRITT]

Das Verlangen, das sich nicht zu bändigen weiß, kehrt sich unabwendbar gegen sich selbst; der rauschhafte Wille zum Grenzenlosen stürzt sich und seine Umwelt in den Tod. Penthesilea wollte zugleich siegen und erliegen, anbeten und verzehren, halten und vernichten. Aber auch Achill wollte ihr das Geschick bereiten, das er Hektor bereitet hat; ihrer beider Liebe möchte den Geliebten schmücken mit Wunden, die Penthesilea »Rosen« nennt; sie ist krank bis ins Mark, unter dem Anschein der Tapferkeit, der Macht und Übermacht, an der Sucht zu sterben und zu verderben. Aber die Psychologie der Gestalten bleibt schließlich die persönliche Aussage des Dichters, namentlich im Falle Kleists, der mit schrankenloser Subjektivität, in hemmungslosem Drange sich mitzuteilen, fast sich zu entkleiden, verfuhr; wichtiger als diese gefährlichen Geheimnisse der Seele, vor denen wir nicht verweilen wollen, ist die Welt, in der die Gestalten stehn. Es ist eine Welt ohne Gnade.

Und gilt's den Meisterschuß ins Herz des Glückes,
So führen tück'sche Götter uns die Hand.

[24. AUFTRITT]

Penthesileas, Achills »Liebe« ist gnadenlose Leidenschaft; Liebe, die nicht gebunden ist an höhere, die Welt durchwaltende Liebesmacht, bricht auf wie ein Abgrund, in der die von ihr Ergriffenen unwiderstehlich, aber auch ohne Spur untergehn, samt der Erde und aller Herrlichkeit, die sie birgt. Verflucht Penthesilea doch, da sie von unersättlicher Leidenschaft geschlagen ward, die Schöpfung:

Daß der ganze Frühling
Verdorrte! Daß der Stern, auf dem wir atmen,
Geknickt, gleich dieser Rosen einer, läge –
[9. AUFTRITT]

Hier zieht und wirbelt alles in den Untergang: dieses unersättliche Herz, das zu lieben glaubt, ohne Liebe zu kennen, zerstört sich und die Welt, weil sie ihm das Glück zu verweigern scheint, das es sich in Wahrheit selber verdirbt.

Im Lebensrhythmus der Amazonenkönigin ist kein Dasein möglich, nur ein Stürzen: Leben ist Todeslust, das abgründige Glück, den geliebtesten Menschen und sich selber zu zerstören. Aber der Dichter rettete sich vor das Bild Kätchens; ist Penthesilea als gesund gemeint, als eine Art Übergesundheit der Natur, so Kätchen als treuherzig einfach; schwelgt Penthesilea im Unterjochen und Töten, so Kätchen im Hinschmelzen und Sich-töten-Lassen. Auch sie ist in Wahrheit nicht gesund: die Lust zum Gehorchen, sich Erniedrigen, Dienen, Hinschwinden, Leiden ist ihre innerste Natur, das Übermaß, dem ihr Herz sich schwelgerisch überläßt.

Und doch steht in dem Drama das Wort vom »Wunderbau der Welt«, um dessentwillen man den Menschen nicht strafen dürfe, der von diesem Wunderbau sich verwirren läßt; das Drama ist im Grunde als Märchen, vielleicht als Mysterium gedacht. Rückblickend hat Kleist bedauert, daß er sich diese Konzeption durch untergeordnete Rücksichten habe verderben lassen; vielleicht hätte er den Mut bewahren müssen, im Märchen zu bleiben und Kunigunde ganz als teuflische Ge-

genspielerin aufzufassen, statt ihre Dämonie in realistischen Motiven aufzulösen. Engel führen Kätchen und den Grafen vom Strahl zusammen; die Liebenden haben einander erblickt und sind füreinander bestimmt gewesen, eh das Drama ihrer Liebe begann; eine Folge von Verkennungen, Verirrungen, Proben und Bewährungen, an deren Ende die Krone leuchtet auf Kätchens Haupt, und der Graf, vom Überschwang der Verehrung, der Verdemütigung ergriffen, sich in Staub werfen möchte vor der »Hoch gebenedeiten«, und ihre Füße waschen möchte »mit des Danks glutheißer Träne«. [5. Aufzug, 11. Auftritt]

Der Dichter der »Penthesilea« ist zu Gast im Mittelalter, gleichsam ein Flüchtling in einer Kapelle; er darf anbeten, und indem er die Knie beugt, bannt er die vernichtenden Gewalten in seiner Brust; Kätchen, die Demütige, die des Kaisers Tochter ist, vertreibt in schrankenlosem Gehorsam die Amazonenkönigin und ihre Meute. Aber Kleist hätte Kätchen und dieses Spiel vom Walten der Engel über den irrenden, blinden Menschen nicht gedichtet, wenn er nicht bis zur äußersten Grenze Penthesilea erlitten hätte. Die Selbstzerstörung – diese innerste Leidenschaft Penthesileas, die Vorherrschaft des Ichs, das sich nicht beugen, das aber auch nicht dauern kann und sich darum mit dem Übermaß seiner Gefühle töten muß – wirft ihren Schatten über fast alle Gestaltungen Kleists; sie liegt seinen Helden im Blut. Mit dieser Leidenschaft stürzt sich Michael Kohlhaas in das Recht wie in ein Schwert. Und wenn auch der Haß, der in der »Hermannsschlacht« brennt, die tragenden Gestalten, Hermann und Thusnelda, nicht verzehrt, so verdirbt er doch die künstlerische Form. Ein Gleichgewicht zwischen Spiel und Gegenspiel ist nicht mehr möglich; das Drama wird zum Fanal, zum Feuerzeichen der Rachsucht. Wenn in dem vielgetadelten abstoßenden Auftritt des 5. Aufzuges der in den Bärenzwinger geschlossene Ventidius aufschreit unter den Klauen der Bärin, und selbst in diesem Augenblick Thusnelda noch spotten kann:

Sag ihr, daß du sie liebst, Ventidius,
[DIE HERMANNSSCHLACHT 5, 18]

so ist es wie ein Blitzen vom Himmel der Amazonenschlacht; auch Thusnelda, die sich auf eine wahrlich nicht unbedenkliche Weise in ein Spiel mit dem Römer eingelassen, hat das »Gräßliche« in sich: die Lust am Zerfleischen dessen, den sie liebte. Über das Gesetz des Tragischen, der Gerechtigkeit, das auch das unantastbare Gesetz der künstlerischen Form ist, triumphiert die Tendenz, die ins Dämonische gesteigerte politische Leidenschaft. Die Sitte zerbricht; Hermann will das Volk zur List, zur Lüge erziehen. Die Frevel, die der Feind begangen, genügen ihm nicht; er schickt eigene Leute in Römerkleidern aus, die »sengen, brennen, plündern« sollen; wo kein Frevel geschah, da »wird sich wohl ein Frevel finden« [4. Aufzug, 3. Auftritt]. Der Centurio, der in dem brennenden Thuiskon mit Gefahr seines Lebens ein Kind auf den Ruf der Mutter gerettet hat, erregt des Cheruskerfürsten glühenden Zorn:

Er sei verflucht, wenn er mir das getan!
Er hat, auf einen Augenblick,
Mein Herz veruntreut, zum Verräter
An Deutschlands großer Sache mich gemacht!
[4. AUFZUG, 9. AUFTRITT]

Es entspräche dem Gebot der tragisch-dramatischen Form, wenn ein Haß dieser Art, der über Wahrheit und Sitte hinwegstürmt, dem Gegner nichts Edles lassen will, mit dem Gesetz zusammenstieße, an dem alles Übermaß zerschellt – und begegnete er diesem Gesetz auch auf dem Wege über den Sieg. »Die Hermannsschlacht« aber endet mit der Hoffnung auf die Zerstörung Roms: keine Ruhe werde der Kreis der Welt erschwingen,

Als bis das Raubnest ganz zerstört
Und nichts, als eine schwarze Fahne,
Von seinem öden Trümmerhaufen weht!

Hermanns List und Rache bahnen dem Anscheine nach die Straße zum Triumph über die Herren der Welt; Thusnelda behält Recht; politische Klugheit, die Bereitschaft zur Selbstbezwingung, die sich Hermann bewahrt, bedeuten die letzten Werte und Maßstäbe; ein höllisches Feuer ist in die Welt geschleudert. Vergebens fragen wir uns, wie sie sich wieder Ruhe erschwingen soll, nachdem die List offenbar vom Weltlauf gerechtfertigt wurde. Sicherlich kann die Frage aufgeworfen werden, ob angesichts der Geschichte der Dichter nicht gerechtfertigt werde; sie stellt sich offenbar neben Helden, wie sie Kleists Haß sich in Hermann erträumte – wenn sie auch am liebsten das niedrigste Stichwort aufnimmt und das Fürstliche in der Verschlagenheit, die Klugheit in der Leidenschaft, welche Eigenschaften Hermann noch auszeichnen, gerne preisgibt, sobald die Aufforderung zum Verbrechen einmal ausgesprochen ist. Aber echte Dichtung gibt der geschichtlichen Wirklichkeit Richtbilder, die ihr nicht entnommen sind; sie erblickt im Übermaß der Vergeltung Schuld, die heute oder morgen dem Gerichte verfällt. Dichtung lebt und webt im Kreise unverletzlicher Gerechtigkeit und opfert Form und Würde, das Prinzip der Gestaltung, wenn sie diesen heiligen Kreis verläßt.

Das Urteil der Kunstform ist unbeirrbar, aber es wird in seiner Strenge um so weniger verstanden und angenommen, je weniger erwünscht es ist; mit der »Hermannsschlacht« ist ohne Zweifel ein falsches Richtbild gegeben: Maßlosigkeit, von Zwecken bestimmtes, nicht mehr unbedingtes Recht, Lüge, List und Verschlagenheit erscheinen als Werte und erringen einen ungetrübten, dem Gesetz nicht mehr unterworfenen Sieg. Ihrem Wesen nach zerrüttende Kräfte werden als Tugend gepriesen, erscheinen im Rechte, als Mittel zur Herstellung der Gerechtigkeit, gerechtfertigter Macht.

Weiter aber konnten der Haß und mit ihm die Selbstzerstörung nicht getrieben werden als in der Novelle »Der Findling«: hier weigert sich der Held, dem von seinem Pflegesohn das schändlichste Unrecht angetan wurde, als zum Tode Verurteilter das Sakrament zu empfangen: »Ich will nicht selig sein. Ich will in den untersten Grund der Hölle hinabfahren.« Dort will er den Verhaßten treffen, an dem er auf Erden nur unzulängliche Rache genommen hat; er verflucht das »unmenschliche Gesetz« des Kirchenstaates, das es nicht zulassen will, daß ein Verbrecher gerichtet wird, ohne die Absolution empfangen zu haben. »Eine ganze Schar Teufel« ruft er herbei, bis man ihn endlich am Galgen sterben läßt, wie er es begehrt, ohne Frieden mit dem Himmel, in dem glühenden Wunsch, in die Hölle sich hinabzuwerfen und der Rache sich zu überlassen, an der er sich auf Erden nicht sättigen konnte. So flammt der Haß ins Jenseits hinüber; die Seligkeit der Seele gilt ihm als Preis nicht zu hoch für die immerwährende Qual des Feindes. Der Rächer verdirbt sich selbst auf Ewigkeit, indem er den andern verdirbt; in den Gründen der Hölle zehrt der Haß, der nicht sterben kann, nicht sterben will; es ist der Haß dessen, der in vollem Bewußtsein sich für die Verdammnis entschieden hat, um seinen Beleidiger in »Ewigkeit zu peinigen«. Dieses Ich wählt lieber den Tod ohne Ende in der Bejahung seines dämonischen Willens, als daß es sich überwindet. Vielleicht wurde zum erstenmal mit solcher Bestimmtheit die Hölle gewollt: ein Tor ist aufgesprengt, in das immer mächtigere Wogen des Geistes, der Geschichte hinabstrudeln sollten.

Kleist haßte in Napoleon nicht allein den Bedrücker des Vaterlandes, sondern auch in ganz persönlichem Sinne den Zerstörer seines Lebens – dieses Lebens, dem, was es auch unter dem Unglück des Vaterlandes erduldet hatte, wie viele Hoffnungen es hatte hinwelken sehen, auf Erden nicht zu helfen war. Aber der Haß zehrt an der Kunst; er läßt es nicht zu, daß das Gebild in Reinheit und Freiheit sich vom Herzen löst, die Form sich schließt, das Symbol sich rundet; er übergießt die Gestalten mit einem höllischen Schein. In diesem Haß verglüht die Tafel höchster, unveränderlicher Werte, an die alle Kunst gebunden ist, verdorrt das Dichtertum selbst, dem das letzte Wort weltbewahrender Liebe vorbehalten ist. Wer den Streitwagen der Penthesilea bestiegen hat, rast auf einer jeden Straße in den Tod.

III. Weg des Geistes

Als gläubiger, bewundernder Jünger des deutschen Idealismus war Kleist im Jahre 1800 nach Berlin gekommen. Schon in Frankfurt sprach er von seiner »eignen Religion«, schon als Knabe hat er sich – vielleicht unter dem Einfluß Wielands – den Gedanken immerwährender Vervollkommnung angeeignet, die über dieses Leben, von Stern zu Stern fortschreiten sollte. Das Bestreben, nie stillzustehn, unaufhörlich nach einem höheren Grade der Bildung zu trachten, durchglühte ihn und sollte ihn auf seinem Wege leiten: Wahrheit war das einzige Gut, das er erwerben wollte, Bildung das einzige würdige Ziel; diese beiden Worte waren ihm heilig, in solchem Maße, daß er zweifelte, seine Braut könne diese »zwei Gedanken mit solcher Heiligkeit denken« wie er. Aber er war vom Staat erzogen worden und für den Staat; seine Braut zu einer Mutter, sich selbst zu einem Staatsbürger zu bilden, schien ihm »das Glück der Liebe«, die Aufgabe seines Lebens.
Doch diese Überzeugung schwankte bereits; er träumte von einer »Hütte«, in der er den Wissenschaften leben wollte; »ein eigner Zweck« stand ihm vor Augen; nach ihm würde er handeln müssen, und wenn der Staat es anders wolle, so würde er dem Staat nicht gehorchen dürfen. Indem er nach einer Lebensform suchte, zwischen Tradition und Freiheit, getrieben von der Ahnung einer Berufung, die tragischerweise eine solche Lebensform nicht zulassen sollte, stieß er mit der Philosophie Kants zusammen. An ihr zerschellte die »eigne Religion«. »Wir können nicht entscheiden, ob das, was wir Wahrheit nennen, wahrhaft Wahrheit ist, oder ob es uns nur so scheint.«

[An Wilhelmine von Zenge, 1801]. Es war Kleists Art, alle Folgen einer Entscheidung auf sich zu nehmen, auch – oder viel mehr gerade – wenn die Folgerichtigkeit tödlich war: »dein einziges, dein höchstes Ziel ist gesunken«, dies war der Gedanke, den fortan seine Seele »mit glühender Angst bearbeitete«. Die Klage um dieses Ziel kehrt wieder in seinen Briefen; er versucht zu arbeiten, sich zur Arbeit zu zwingen, aber Ekel befällt ihn. Und doch hat er von seinem Freunde Brokes den – im Grunde faustischen – Satz übernommen, daß Handeln besser sei als Wissen; er prägt es sich und andern ein. »Wissen kann unmöglich das Höchste sein« [an Ulrike 1801]. Nach welcher Richtung aber soll er handeln? Was ist Bildung ohne Wahrheit? die Vervollkommnung von Stern zu Stern war er bereit, aufzugeben, um nur für dieses Leben seine Pflicht zu erfüllen, aus keinem andern Grunde als »eben, weil es meine Pflicht ist« [an Wilhelmine von Zenge, September 1800]. »Ich will mich nicht um meine Bestimmung nach dem Tode kümmern aus Furcht, meine Bestimmung für dieses Leben zu vernachlässigen. Ich fürchte nicht die Höllenstrafe der Zukunft, weil ich mein eigenes Gewissen fürchte, und rechne nicht auf einen Lohn jenseits des Grabes, weil ich ihn mir diesseits desselben schon erwerben kann.« Die »praktische Moral«, das sittliche Tun war alles, auf dieses Erdenleben fiel das ganze Gewicht der Ewigkeit – und noch einmal, was sollte getan werden, nachdem das höchste Ziel, die Bildung, gesunken war? Wissen und Handeln: dies waren die zwei Möglichkeiten; aber die Wahrheit konnte nicht gewußt werden, das Tun als Tun war ohne Ziel, ohne Sinn; die dritte Möglichkeit: der Glaube, wird nicht gestreift.

Als Kleist unlustig, eigentlich nur um ein Versprechen, das er der Schwester leichtsinnigerweise gemacht, in deren Gesellschaft nach Paris reiste, »ohne Ziel und Zweck«, war es ihm zuweilen, als ob er »seinem Abgrund« entgegenginge. [An Wilhelmine von Zenge, Paris 1801.] Dieses Wort ist merkwürdig: »sein Abgrund«: war er schon zu der Überzeugung gelangt, daß er seinen Abgrund habe, sein ganz persönliches Verhängnis, das ihn entweder in der Welt erwartete, oder aber, das in ihm war? Mit dieser Einsicht entdeckt er eine sonderbare Pflicht. »Ob es nicht meine Pflicht sei«, schreibt er der Braut, »Dich von dem zu trennen, der sichtbar seinem Abgrund entgegen eilt?« Aber vielleicht sollte ihm diese »Pflicht« nur helfen, frei zu werden von einem Menschen, den er zu lieben glaubte und der ihn nicht verstand – von einem jeden Menschen.

Denn niemand verstand die Geschichte seiner Seele, niemand den ungeheueren Ehrgeiz, der allen seinen Bescheidungen zum Trotz in ihm glühte. »Einer Furie zum Raube« war er hingegeben. [An Ulrike, Januar 1802.] Und sogleich fügt er hinzu: »*in* der Welt wenig zu sein, ist schmerzhaft, außer ihr nicht«. Der Ehrgeiz, der ihn nach einem Gedicht ohne Beispiel trachten ließ, einem Ruhm, der jeden Ruhm überstrahlte – dem Sieg über Achill –, stellte ihn dicht neben den Tod. Entweder sollte ihm das Unvergleichliche gelingen – oder er wollte nicht da sein, nicht leben in dieser Welt, in der nur der höchste Ruhm ihn halten konnte, sonst aber nichts mehr, weder Wahrheit noch Bildung, noch die Pflicht. In ihm scheiterte der deutsche Idealismus bereits völlig; die Werte, die dieser setzte, wurden zu Asche in der Glut der Dämonie, und auch die preußische Form, die Heranbildung und Berufung zum Staat, wurden von ihr verzehrt. Hier war keine bindende, leitende, erhebende Macht.

Was sollte, was konnte noch geschehen, da in Paris schon der ungemessene Ehrgeiz zerbrach? Kleist verbrannte weinend den »Guiscard«, der das Werk über allen Werken werden sollte; diesem Wurf gegenüber ist auch die »Penthesilea« nur noch die Klage um das verweigerte Werk, nicht mehr das Werk selbst:

Mein Alles hab ich an den Wurf gesetzt:
Der Würfel, der entscheidet, liegt, er liegt:
Begreifen muß ichs – – und daß ich verlor.

[9. AUFTRITT]

Alles, was er weiterhin schrieb, ist Verzicht. Wenn er seine gewaltige Gestaltungskraft in einen engen Kreis zu schließen vermochte, formte er Gebilde von höchster Eindringlichkeit; Zug um Zug setzt Gegenwart, Leben, und durch das lebendigste, farbigste, gesättigte Leben Gleichnis –; aber was war das für sein eigentliches Trachten, seine Sehnsucht? Über den »Zerbrochenen Krug«, das »Kätchen«, die Novellen, den »Prinzen von Homburg« tönt es – so scheint es uns, wenn wir uns der Geschichte dieser Seele bewußt bleiben – wie eine Klage, die sich ungestüm ins Grenzenlose schwingt: Ach, daß ich solche Arbeit tun muß, solche Gebilde forme, »Töpfe und Schüsseln« gleichsam, während doch das Unsagbare, das edelste, schwerelose Gebild, die Gestalt meiner Seele, mit all ihren verborgenen Schimmern und Lichtern, mir vor den Augen schwebte und meine Hände sie schon zu bilden begannen aus einem Stoff, der noch keinem Dichter gehorchte – und sie dann doch nicht zu bilden vermochten. *Außer* dieser Welt läßt sich vielleicht dieses Schicksal ertragen – *in* ihr nicht. Hier macht nur der höchste Kranz das Leben gerade des Lebens wert.

Er hatte sich in tödliche Leere verstiegen. Die beiden Bildungsmächte, denen er überantwortet war: der deutsche Idealismus und die preußische Form hatten ihm unvermerkt die Luft seines Atmens entzogen; da er den ernstlichen Versuch machte, von ihren Werten zu leben, folgerichtig zu sein, fand er sich plötzlich verlassen und der Meute seiner Leidenschaften, seinem Ehrgeiz ausgeliefert, der ihn der Selbstzerstörung entgegenhetzte. Diese Bildungsmächte waren viel zu schwach für sein sich verzehrendes Herz, für die Gewalt einer Versuchung, die weder vom deutschen Idealismus noch vom

Preußentum als ein Teil der Lebenswirklichkeit anerkannt und einbezogen wurde. Einmal fühlte sich Kleist von einer andern Sphäre angerufen: es war beim Antritt seiner großen Reise, als er in Dresden die katholische Hofkirche betrat: »Nirgends fand ich mich aber tiefer in meinem Innersten gerührt, als in der katholischen Kirche, wo die größte, erhebendste Musik noch zu den andern Künsten tritt, das Herz gewaltsam zu bewegen. Ach, Wilhelmine, unser Gottesdienst ist keiner. Er spricht nur zu dem kalten Verstande, aber zu allen Sinnen ein katholisches Fest. Mitten vor dem Altar, an seinen untersten Stufen, kniete jedesmal, ganz isoliert von den andern, ein gemeiner Mensch, das Haupt auf die höheren Stufen gebückt, betend mit Inbrunst. Ihn quälte kein Zweifel, er *glaubt* –; ich hatte eine unbeschreibliche Sehnsucht, mich neben ihn niederzuwerfen, und zu weinen. – Ach, nur einen Tropfen Vergessenheit, und *mit Wollust* würde ich katholisch werden.« [An Wilhelmine von Zenge 1801.]
Nur ein Tropfen Vergessenheit? Ging es, geht es wirklich darum? Soll die Wende in einem Rausch »mit Wollust« geschehen? Hätte er die Zweifel, den Einspruch des Ichs nicht anders meistern können? Ist Religion Betäubung? Was der Dichter in der Dresdner Hofkirche empfand, war doch nur die Versuchung zu einem Gefühl, einer Flucht; gerade diese Versuchung erweist, wie weit er von echter Religion fortgetrieben war. Die Bildungsmächte seiner Herkunft und der Zeit hatten den Wurzelgrund seines Lebens völlig ausgewaschen; nur das Herz hatten sie ihm gelassen, das maßlose, verzweifelte und doch schwelgerische Herz, das zu weinen verlangte, aber schwerlich etwas wußte vom Glauben: dem Entschluß zur erkannten Wahrheit. Abgestoßen von der Unnatur der großen Stadt, suchte Kleist in Paris einmal die echte Natur unter einem heiligen Bilde zu begreifen: »Große, stille, feierliche Natur, du, die Kathedrale der Gottheit, deren Gewölbe der Himmel, deren Säulen die Alpen, deren Kronleuchter die Sterne, deren Chorknaben die Jahreszeiten sind, wel-

che Düfte schwingen in den Rauchfässern der Blumen gegen die Altäre der Felder, an welchen Gott Messe liest und Freuden austeilt zum Abendmahl unter der Kirchenmusik, welche die Ströme und die Gewitter rauschen, indessen die Seelen entzückt ihre Genüsse an dem Rosenkranze der Erinnerung zählen – so spielt man mit dir?« [An Luise von Zenge, 1801.] Aber wer könnte dem Bilde glauben?
Vielleicht hoffte der Dichter sogar mit dem »Amphytrion«, mit der »Penthesilea« in die Nähe des Mysteriums zu gelangen; aber wir mißbrauchen das Wort schon, wenn wir, wie es im besten Falle hier möglich ist, von einem »Mysterium der Leidenschaft« sprechen wollten. Euripides hat im »Bacchenfest« noch Schrecklicheres gewagt als Kleist, und doch steht auf der Bühne des griechischen Tragikers der Gott in seiner Furchtbarkeit; indem wir vor ihm erschauern, ertragen wir das Entsetzliche: wir werden befähigt, es zu ertragen, da wir entrückt werden in einen vom Göttlichen durchmächtigten Bezirk. Dies kann nur geschehen, weil der Dichter, der das Namenlose gestaltet, als tief Verehrender das Gleichgewicht der Seele bewahrt und in den Formen seiner Kunst sich faßt und beherrscht – während seine Personen sich zerstören –, steht doch überall das Maß gebietend über der Maßlosigkeit. Unbeirrbar beugt sich die Ehrfurcht vor dem Gräßlichen der Gottheit, bescheidet sich vor dem Unbegreiflichen, wahrt sie das Gegenbild des Entsetzens im Lobe des immer möglichen, wahrhaft frommen und von den Göttern begünstigten Daseins. Der Tragiker der Antike weiß, was dem Menschen verweigert ist, und nimmt diese Verweigerung an:

Die Hälfte
Krönt das Glück, und die Hälfte
Sieht der Träumer zerrinnen!

Kleist konnte sich als Künstler wie als Mensch mit der Hälfte nicht bescheiden und mußte darum verarmen; nicht allein die Hälfte, sondern alles sollte er zerrinnen sehen. Ihm blieb, wie er am Ende seiner kurzen Bahn bekannte, »auf Erden nichts mehr zu lernen und zu erwerben« [an Marie von Kleist, 1811]: diese Einsicht drohte ihm unausweichlich, während der Unbefriedigte, Unbefriedbare in der schlimmsten Gesellschaft: das heißt allein mit sich selber lebte und die Erfahrungen austrug, die sein Ich – ein Raubtier im eisigen Kerker der entgötterten Welt – für ihn bereit hatte. – »Ich würde ganz ohne alle widrigen Gefühle sein« schrieb er aus der Schweiz [an Ulrike von Kleist, 1802], »wenn ich nicht, durch mein ganzes Leben daran gewöhnt, sie mir selbst erschaffen müßte.«

Die bekannte Inschrift, die er an einem Hause an der Straße nach Thun fand: »Ich komme, ich weiß nicht, von wo? . . .«, »gefiel ihm ungemein«; so rätselhaft, so leer waren das Leben, die Erde, obgleich eine mächtige Bildkraft in ihm schuf. Er fand das Herz nicht, an dem er hätte »ruhen« können; wo er liebte, beleidigte er. Von andern forderte er unerhörte Opfer; daß sie die »Kunst nicht verstanden habe, sich aufzuopfern«, sollte er der Schwester am Ende noch vorwerfen, die doch mehr als möglich schien für ihn getan hatte.

Sicherlich opferte auch er: in seinem Leben für die Kunst, das ihm, am Einsatz und der Leistung gemessen, wahrlich nur geringen Dank eingetragen hat; es bescherte ihm Beifall, der nicht vollen Gewichtes war, und verweigerte ihm Lob und Ermutigung, wo er sie am innigsten erhoffte. Den Erfahrungen des Künstlers, der sich von der Eingebung leiten lassen sollte, statt von der Reflexion, meinte er das ihm fehlende Gesetz entnehmen zu können: »Falsch ist jedes Ziel, das nicht die reine Natur dem Menschen steckt.« [An Wilhelmine von Zenge, 1801.] So hoffte er auf einen zweiten Stand der Unschuld, der dann eintreten sollte, wenn wir ein zweites Mal vom Baum der Erkenntnis gegessen haben. Aber was vermochten solche Gedanken und Träume über »seinen Abgrund«, den Zug zum Tode in ihm? Am Rande dieses Abgrunds, dem Tode ganz nah, in einem brüderlichen Verhältnis zu ihm und doch ohne das letzte Wort der Wahrheit mit ihm gewechselt zu haben, unter dem Untergangshimmel der Zeit, rang sich der Dichter seine Gestaltungen ab, in denen seine Seele sich selber begegnete, erblickte, vor sich selber erschrak. Als schon alles zu brechen drohte, sollte er im »Prinzen von Homburg« das Wort finden, das als das Wesentliche ihn und sein unseliges Leben, aber auch das Land, in dessen Geschichte er gerufen war, überdauert.

IV. Der Prinz von Homburg

Wie das »Kätchen« ist der »Prinz von Homburg« ein Märchen; zu Unrecht wurde immer wieder die erste Szene mißbilligt, die den Helden als Träumer seines Ruhmes und Glükkes zeigt und den Kurfürsten in diesen Traum verflicht und ihn zum Mitschuldigen macht. Traumhaft ist ja auch der Schluß, der die erste Szene aufgreift und gewissermaßen bewahrheitet; diese Wahrheit steht freilich nicht in der Geschichte, sondern über ihr. Wenn der über alle Wahrscheinlichkeit Beglückte fragt: »Ist es ein Traum?« und der alte Kottwitz antwortet: »Ein Traum, was sonst«, so glauben wir den eigentlichen Ernst der Aussage zu vernehmen. In der Mitte des Dramas steht ja die Begegnung mit dem Tod; es ist das lösende, wahrhaftige Wort, das Kleist, offenbar vom Tode in gleicher Weise angezogen wie geschreckt, ihm noch schuldig war. Der Prinz stirbt gewissermaßen in dem Stücke; so furchtbar packt ihn die Todesangst an, daß er alles Erstrebenswerte hinzuwerfen bereit ist, Ruhm und Würde, das Glück der Liebe, ja die Achtung der Geliebten, die er schonungslos aufgibt, nur um dem Grabe zu entgehen. Da ihm aber die Verantwortung über Leben und Tod und zugleich seine Haltung, die Entscheidung, ob er Recht oder Unrecht erleide, anheimgestellt wird, und er sich faßt und seine Angst in Todesbereitschaft überwindet, ist er gleichsam ein Gestorbener.

Er hat sich dem Tode gestellt und wurde von ihm verwandelt.

Am Ende des Dramas leuchtet die Welt nicht mehr in den Farben, in denen sie zu Anfang aufging; auch der Kurfürst ist ja durch den Tod gegangen und als Totgesagter wiedergekehrt; was sich nun noch begibt, ist ein Traum; die Spieler wissen vom Tod, von der Hinfälligkeit alles Erreichbaren, der Gleichnishaftigkeit des Ruhms und aller Taten. Todernst ist die sittliche Entscheidung, die der Mensch zu vollziehen hat, Lorbeer und Schlachten und selbst die Größe des Vaterlandes sind nicht von gleichem Ernste; wer in sein Grab geblickt, zum Tode sich überwunden hat, wider alles Hoffen erlöst wurde, wer von der Fragwürdigkeit, der Zufälligkeit des Schlachtenglückes wirklich weiß – wie leicht hätte der Kurfürst den Sieg nicht erleben können! –, der ist nur noch Gast an fremdem Tische. Er entzieht sich den Freuden der Tafel nicht, aber er weiß: auf einen einzigen Wink entschwindet alles, und die eigentliche, schon erfahrene Wahrheit wird wieder sichtbar: das offene Grab, in dem das Auge modert, das – wie der Dichter meint – *alle* Herrlichkeit, sowohl des Diesseits wie des erträumten Jenseits, allein erblicken kann und somit trägt.

Friedrich von Homburg ist durchaus kein Held; er soll kein Held sein; im Grunde begreifen wir den Schimmer des Ruhmes nicht, der ihn umgibt. Vor der Schlacht von Fehrbellin hat seine Unbeherrschtheit zwei Treffen verloren; sein befehlswidriger Einsatz wirkt zwar zum Siege mit, aber er geschieht doch weit weniger aus Einsicht denn aus der ungeduldigen Sorge des Prinzen, daß ihm keine Zeit zum Handeln und Schlagen bleibe. Der Prinz soll aber auch kein werdender Held sein von der Art der »Helden«, die als Gespenster oder Dämonen von den Geschichtsschreibern verherrlicht wurden: Helden, die ihr Menschentum gaben an ihren Ruhm. Sicherlich hat Kleist in dieser Gestalt seine eigene Beziehung zum Tode ausgetragen, beschwichtigt, indem er auf seine Weise das

Grauen vor dem Grabe über das Erträgliche hinaus durchlitt und aussprach. Doch die fliegende Todesangst des Jünglings sollte vielleicht auch – wie sie es in der Tat getan – Anstoß erregen; es ist, als habe der Dichter, selbst auf Kosten der Menschenwürde, das Menschliche gerade als Ärgernis verteidigen wollen gegen jede Forderung des Staates, des Soldatentums, die dem Menschlichen gefährlich war. Aus der Tiefe eingestandener Angst, schonungslos preisgegebener Entwürdigung erhebt sich der Mensch zum Bewußtsein der Verantwortung, einem Selbstgefühl, über dem die Einsicht in den Ernst und die gleichzeitige Schattenhaftigkeit aller irdischen Verpflichtungen leuchtet. Die Drohung des Nichts, des Dunkels sind nicht zu leugnen; wohl betete der Prinz vor der Schlacht, aber die Worte vom modernden Auge, mit dem die Herrlichkeit des Jenseits zerfällt, werden doch eher abgewandelt als widerrufen mit des Todbereiten Hinwendung zur Unsterblichkeit, einem Schwingen in Ätherräumen, in denen Farben und Formen untergehn.

Alles geht um das Herz, das zitternde, der Angst ausgelieferte, nach Ruhm und Liebe dürstende, der Anfechtung, dem Versagen preisgegebene, auf Liebe angewiesene Herz. Das *Gefühl* des Prinzen ist es, das der Kurfürst zu dessen Richter macht; ist das Gefühl des Schuldigen gegen den Urteilsspruch, so will ihn der Fürst nicht vollziehn:

Die höchste Achtung, wie dir wohlbekannt,
Trag ich im Innersten für sein Gefühl:
Wenn er den Spruch für ungerecht kann halten,
Kassier ich die Artikel: er ist frei.

[4, 1]

Wohl will der Herrscher das Gesetz, das die Krone aufrecht hält – nicht den Sieg, der ein Kind des Zufalls ist, sondern ein »Geschlecht von Siegern«, das nur unter dem Gesetze gedeihen kann. Kottwitz jedoch fragt ihn:

Willst du das Heer, das glühend an dir hängt,
Zu einem Werkzeug machen, gleich dem Schwerte,
Das tot in deinem goldnen Gürtel ruht?
Der ärmste Geist, der, in den Sternen fremd,
Zuerst solch eine Lehre gab! Die schlechte,
Kurzsicht'ge Staatskunst, die, um eines Falles,
Da die Empfindung sich verderblich zeigt,
Zehn andere vergißt, im Lauf der Dinge,
Da die Empfindung einzig retten kann!
Schütt' ich mein Blut dir, an dem Tag der Schlacht,
Für Sold, sei's Geld, sei's Ehre, in den Staub?
Behüte Gott, dazu ist es zu gut!
Was! Meine Lust hab, meine Freude ich,
Frei und für mich im Stillen, unabhängig,
An deiner Trefflichkeit und Herrlichkeit,
Am Ruhm und Wachstum deines großen Namens!
Das ist der Lohn, dem sich mein Herz verkauft!

[5, 5]

Und der Fürst, dessen lächelnde, männliche Milde die Grenzen des Gesetzes wohl kennt und den Wert des Herzens im Staate längst ermessen hat, gibt zu:

Mit dir, du alter, wunderlicher Herr,
Werd' ich nicht fertig! Es besticht dein Wort
Mich, mit arglist'ger Rednerkunst gesetzt,
Mich, der, du weißt, dir zugetan.

[5, 5]

Das heißt, auch der Fürst beruft sich, wie Kottwitz, auf sein Herz: darauf, daß er dem Widersprechenden »zugetan« ist, wie dem Prinzen auch; daß er herrschen will, indem er Freie glücklich macht und das Recht vollzieht, das als Recht erkannt wird. Sein Rechtsspruch wird erst gültig mit dem Wort des Prinzen:

Laß meinem Herzen, das versöhnt und heiter
Sich deinem Rechtsspruch unterwirft, den Trost,
Daß deine Brust auch jedem Groll entsagt.

[5, 7]

Dies ist das ernsteste Wort, auf das es kein Ausweichen mehr geben sollte; der Fürst ist offenbar endgültig entschlossen; vergebens scheint ihm Hohenzollern, fast empört, vorzuhalten: Mein Kurfürst, kann dein Herz –? In Wahrheit aber ist das Herz größer als das Gesetz, auch als das anerkannte, stärker als die Rücksicht auf Ruhm und Macht: zwei Siege hat der Prinz verspielt, den dritten »schwer gekränkt«. Aus der Stärke und Sicherheit des Herzens, dem allein Herzen sich hingeben werden, ist der Fürst bereit, es zum vierten Male mit dem Geprüften zu versuchen. Es geht nicht darum, daß Homburg nun, wie man meinte, mit Sicherheit siegen wird. Aber der Gebieter will und kann über das Menschliche nicht hinweg: er weiß sich seiner Krone am sichersten, wenn er beglückt. Der furchtbarste Ernst des Gesetzes ist offenbar geworden. Es führte bis an die Todesgrenze, wo der wahre Herr in Freiheit wagt, ihm Einhalt zu gebieten und die Menschen durch Gnade fester an sich zu ketten, als das Gesetz zu binden vermag. Ist ihm doch selber Gnade widerfahren, da er vom Tode – den er nicht fürchtete wie der Prinz – durch die Treue eines Dieners, eines sich opfernden Herzens, errettet wurde. Wie leicht könnte die Krone verwaist sein, ein anderer an seiner Stelle stehn! Schattenhaft ist die Macht, wirklich aber das starke, beglückende Herz; von ihm geht die wahre Macht aus, von ihm lebt sie im Traumspiel der Geschichte.

Man kann dem Dichter vorwerfen, daß er in seiner Art die Bedeutung des Gefühls übertrieben habe. Nehmen wir aber sein Werk als ein Wort an Preußen – das Preußen, das erst heraufkam und das nun zerbrochen ist, so erschüttert es uns. Ist es doch, als habe Kleist darum mit solcher Heftigkeit vom Herzen gesprochen, weil er das tote Werkzeug fürchtete, den

Sieg der kurzsichtigen Staatskunst, die um eines Falles willen, da die Empfindung verderblich war, zehn Fälle vergißt, »da die Empfindung einzig retten kann«! Ist hier nicht das Preußen geahnt, von dem Fontane am Ende des Jahrhunderts klagte: »Überall Enge und Kleinheit, nirgends Freiheit und Freudigkeit; ein dürrer, totmachender Zug geht durch die ganze Verwaltung, nichts kann aufkommen, weil nichts aufkommen soll.« Lieber schilderte Kleist einen Offizier, von dem die Liebende sagen muß:

Zu solchem Elend, glaubt ich, sänke keiner,
Den die Geschicht als ihren Helden preist.
[4, 1]

Lieber einen Träumer, den die irdische Traumwelt bestätigt, als einen Fühllosen oder Ehrsüchtigen, der im Gehorsam – aus Pflicht, nur um der Pflicht willen – sein Menschentum verleugnet und den Anspruch seines Verdienstes vor dem Gesetze austrägt. Das Drama ist wie die letzte leidenschaftliche Verwahrung gegen Staat und Heer, aus denen der Mensch schwinden wird; gegen die Pflicht, die keinen Einspruch des Herzens, des Gewissens mehr hört; gegen die Macht, die sich in starrem, vernichtendem Ernste für endgültig hält – während der Tod ihr die unsichtbare Grenze zieht und sie sich in Traum verwandelt im selben Augenblick, da sie diese Grenze berührt. Es ist der weit in die Zukunft gerichtete Ruf eines Unverstandenen, daß alle Macht von Gnaden ist und lebendig sich nur erhält, sofern sie Gnade mitteilt.

Keine Bühne, kein Drucker nahmen sich der Dichtung an; erst zehn Jahre nach des Dichters Tod machte sie Tieck – zusammen mit der »Hermannsschlacht«, dem Haßgesang, der gleichfalls stumm blieb in der Zeit – bekannt. Aber wir müssen vielleicht sagen, daß sich die ganze folgende Zeit mehr als ein Jahrhundert der großen Dichtung nicht angenommen, oder sie auf unverantwortliche Weise mißbraucht und untergeordneten politischen Tendenzen dienstbar gemacht habe. Eben den Staat, der heraufwuchs, die Scheinordnung und Scheinmacht toten Gehorsams, herzlosen Dienstes wollte der Dichter nicht. Er fühlte sie wohl kommen: das beste, was er sich bewahrte, das Überpersönliche, die Herzenskraft, die lieben wollte und keine Liebe fand, setzt er gegen dieses Künftige ein. Wohl hatte er damit die Grenze des Preußentums überschritten, aber das bedeutete nur, daß er auch eine Gefahr des Preußentums überschritt; daß er, von einem höheren – wir dürfen vielleicht sagen: theresianischen – Bild irdischer Ordnung bewegt, eine Form zu zersprengen suchte, die sich unerbittlich zusammenschloß und das Leben erstickte. Nicht die Macht, nicht der Sieg, nicht das Gesetz, das Knechte schafft und am Ende nur noch Knechte dulden wird, denen ein jeder, auch ein Elender, schrankenlosen Gehorsam abnötigt, wenn er nur zu befehlen, das heißt: sie ihres Menschentums, ihres Herzens, ihrer Verantwortung gebieterisch zu entbinden vermag; nicht der tote Staat des toten Heeres, in dem nur noch Soldaten wimmeln, ein ungeheuerliches, willfähriges Werkzeug, gebildet aus Knechten, die widerstandslos dienen, solange der Befehl sie speist, sondern der Mensch und sein Recht auf die Ordnung des Herzens, koste sie auch Ruhm und Sieg in dieser Scheinwelt: dies ist Kleists letzte erschütternde Forderung. Wirklich ist nur das Herz. Das ist die Stimme des Grabes am Wannsee, der die Geschichte, in einem Augenblick zwischen den Schlachten, mit dem Hall eines beispiellosen Niederbruchs Recht gegeben hat.

V. *Das Ende*

Der Gedanke, sich selbst den Tod zu geben, muß Kleist schon früh beschäftigt haben. Ein Mensch *kann* an diesem Gedanken wie an einem unheilbaren Leiden erkranken. Woher der Gedanke ihn anfliegt, aus welchen Erfahrungen, welchen Säften seines Lebens er sich nährt, ist verhüllt. An Motiven zu

Kleists Selbstmord – äußerer und innerer, geistiger, seelischer und geschichtlicher Art – fehlt es wahrlich nicht. Es ist, als führten in seinem Dasein alle Straßen in den Tod, und das, was am Wannsee geschah, sei nur der Schnittpunkt der abschüssigen Lebenswege. Über ihnen blitzt der Gedanke, daß der Mensch die Freiheit habe, seinen Tod zu wählen, gewissermaßen zu feiern.

Der Vers des Novalis: »Zur Hochzeit ruft der Tod«, gilt auch hier – für den Einsamsten, dem offenbar eine jede Vermählung, ein jeder lösende Einklang verweigert war, weil seine Herzenskraft gefangen blieb, sein Geist der Tyrannei seines Ichs sich nicht entwinden konnte. Der Tod schwebte ihm von Anfang an nicht allein als Ende, als Flucht, als Abkehr ins Nichts vor, sondern als freier Entschluß zur Vollendung, als rauschhafte Feier endlicher Hingabe in der Vernichtung des Selbst. Darum bedrängte Kleist fast alle Menschen, die ihm nahe kamen, mit dem Ansinnen, mit ihm zu sterben – mochte es der Freund, die Schwester, die Geliebte sein. Es war nicht die Angst, die einen Gefährten suchte – mindestens nicht die Angst allein –: es war das unersättliche Verlangen, doch einmal, ein einziges Mal, mit der ganzen Lebenskraft hinüberzuströmen in einen andern, und – da dieser andere doch nimmer genügen konnte – mit ihm aus der unsäglich schmerzhaften Form des Daseins, einer viel zu engen Form, in das Unbegrenzte, Gestaltlose.

Das Leiden an der zu engen Form war vielleicht sein tiefstes Leiden; wir verständen es nur, wenn wir seine Glut empfinden könnten im Widerspruch zu allem und allem, was ihn umschränkte: der Welt, wie er sie verstand und mißverstand, zu falschen Einsichten, den »Sätzen einer traurigen Philosophie«, wie er selber sagte, der tief gefühlten persönlichen Unzulänglichkeit, den geschichtlichen Gegebenheiten. Als er nun endlich an einer der gefährlichsten Stellen seines Weges, während er in solchem Grade am Leben litt, daß die Luft und das Licht ihn schmerzten, einen Menschen fand, der bereit war, mit ihm zu sterben, ließ er sich dieser Vermählung, der einzigen ihm erreichbaren, beseligt entgegentreiben, ja er redete sich das Glück, das in ihr seiner harren sollte, mit verdächtigem Überschwang ein. Was sollen wir seinem Briefe an Henriette Vogel glauben, der die künftige Gefährtin seines Todes seine »Königin und Kaiserin, seine Hochzeit, die Taufe seiner Kinder, seinen Nachruhm, die Vergebung seiner Sünden« nennt [1810], was allen Beteuerungen seiner Seligkeit, seiner unaussprechlichen Freude auf seinen Tod? Endlich vermochte er es, sich zu dem Glauben zu überreden, daß Gott ihm diesen Tod schenkte, um ihn zu entlohnen für sein unsagbar qualvolles Leben. »Morgens und abends knie ich nieder, was ich nie gekonnt habe, und bete zu Gott.« [An Marie von Kleist, November 1811.]

Doch dieses Leben endete nicht mit einem Gebet. Wir weichen der Wahrheit nicht aus, daß Selbstmord Empörung ist, es sei denn, er wäre Opfer oder in Furcht und Zittern Flucht zu Gott.

Um Kleists Tod blendet der Glanz selbstherrlicher Wahl, die Fackel der mystischen Hochzeit der Romantik. Und doch geschah er an geschichtlichem Ort.

Die preußische Form und die Mächte des Herzens, der Seele, der deutsche Idealismus und die ganze diesseitig-jenseitige Tiefe der Welt, mit allen Machtgebieten der Dämonie, stießen auf tödliche Weise zusammen. Vielleicht hat der Dichter im voraus eine Verzweiflung erlebt, die sich wieder und wieder ereignet und seinen Tod wiederholen muß, bis die Formen ausgelebt, die Irrtümer verzehrt, die Möglichkeiten, Geschichte zu wirken, erschöpft sind. Vielleicht starb er in gewissem Sinne doch den Tod seiner Tradition; sie hatte ihn nicht hinlänglich gerüstet wider die Schrecken der Wirklichkeit. Das Beste aber, das er ihr geben wollte, um ihr Leben zu erweitern und zu erneuern, nahm sie nicht von ihm an. Und so mußte auch die Tradition einmal sterben an sich selbst: daran, daß sie ihre Enge, ihre Mängel übersteigerte zu furchtbar hinfälliger Macht, in der gleichwohl kleistisches Erbe, der Zug zum Übermaß, beschlossen war. Er will gerade da durchbrechen, wo nur Ordnung sein soll. Und wenn die Meute der Penthesilea sich losriß, so wird kein Gedanke, keine Pflicht sie beschwichtigen, keine politisch-geschichtliche Lebensform und Tradition sie bannen, und auch die Kraft des Künstlers wird sie nicht wieder anketten.

In keiner Perspektive wird das Schicksal durchhellt, entschwert. Etwas Unverwindliches bleibt darin, daß ein Dichter – und sei es am schwermütigsten Novembertag – Hand an sich legt, würde er doch, als Mitverwalter der Schönheit der Erde, vom nächsten Frühling beschämt werden, schon vom ersten Gesang der Amseln beim untergehenden Mond.

NOVALIS UND DER TOD

Das »Lied der Toten« hat schwerlich seinesgleichen in unserer Sprache; es weht aus einer nur noch in Ahnungen erreichbaren Vergangenheit her; Christliches verbindet sich mit dem Todesrausch weitentlegener Zeiten; über verzehrende Liebe wogt bacchantisches Empfinden hinweg. Wir sehen in unermeßlicher Tiefe der Welt ein Fest bereitet unter leidenschaftlichen Schatten, das heidnische Gegenbild der mystischen Hochzeit, die von den Heiligen ersehnt wurde; die Kleinodien der Erde blitzen in dämonischem Feuer; in einem Augenblick wandelt sich der Jubel in Klage, die Toten streichen sich wie Träumende über die Stirn und bekunden unheilbaren Schmerz, sie versinken im ewigen Sein, dann kehren sie wieder mit ernsten, fast drohenden Gebärden: die Lebenden droben sind ihnen verfallen, ja die Toten wirken schon mitten unter ihnen, das Totenreich erhebt sich und wird die Erde übersteigen.

Aber welch ein Reich ist es? Liegt es im Lichte der Wahrheit oder des Traumes, hat ein verzehrender Schmerz, ein auf Erden unstillbares Verlangen dieses Reich erdichtet? Und wenn es erdichtet ist, hat es nicht die Gewalt echter Wirklichkeit? Es wurde ja offenbar nicht gesucht, sondern es brach in ein Leben wie Sturmflut, die den Damm zerriß. Dies sind nicht die betörenden Worte eines eigenwilligen Dichters; durch den Dichter und seine Sprache tönt eine gewaltig verlockende fremde Wirklichkeit.

Ein Gebilde dieser Art läßt sich nicht erklären; es ist da und bezeichnet in der Richtung dämonischer Tiefe das Äußerste, was dem Dichter, was vielleicht unserer Sprache gegeben war. Dies ist wahrlich nicht das Jenseits, dem sich der Gläubige im Vertrauen auf die Königsmacht Christi anbefiehlt; und doch hat diese Tiefe der Erde ein Wort zu sagen, das furchtbare: Einmal kehrt euch um! Dieses Totenreich ist stärker als die irdischen Reiche; es hat teil an Gottes Macht und brandet unwiderstehlich gegen den schwachen Schutzwall des Erdentags.

»Das Lied der Toten« ist das eigentümlichste Wort des Novalis; wir müssen ein solches Wort in sich bestehen lassen, wie rätselhaft es auch immer sein mag. Aber es ist nicht das einzige Wort des Dichters. Aus einem ganz andern Reiche hören wir die innigsten Gesänge eines gläubigen Gemütes antworten, so, als ob belichtete Felsengipfel Zwiesprache hielten mit dem bodenlosen Abgrund. Dem Dichter war beides gegeben; aber vielleicht hat er an dem gewaltigen Gegensatze nicht gelitten; heiter und leicht, als ein Mensch, den auch das tiefste Leid nicht fesseln konnte, vielmehr löste und begnadete, durchschritt er die kurzen Jahre seines Lebens auf dem Weg zum früh geahnten Weltgeheimnis, zum Herrn. Es war das Wunderbare seines Gesanges, daß die unermeßliche Tiefe des Abgrunds offen vor ihm lag; das Totenreich tönte mit dem Liede des Sängers und beschenkte es mit einer geheimnisvollen Gewalt. Wer könnte verkennen, daß etwas Ungeordnet-Zerstörendes im Gesang der Toten schwingt und im Dichter selber lebte? »Er wollte sich in die Ferne verweinen«, sagt Novalis einmal von seinem Helden Heinrich von Ofterdingen, »daß auch keine Spur seines Daseins übrig bliebe.« Der tiefste Ursprung der Todeslust, des Todesrausches ist angedeutet in dem Fragment »Die Lehrlinge von Sais«: »Im Durste offenbaret sich diese Weltseele, diese gewaltige Sehnsucht nach dem Zerfließen. Die Berauschten fühlen nur zu gut diese überirdische Wonne des Flüssigen, und am Ende sind alle angenehmen Empfindungen in uns mannigfache Zerfließungen, Regungen jener Urgewässer in uns.« Etwas von den »Regungen der Urgewässer« meinen wir im »Lied der Toten« zu fühlen; das Uranfänglich-Ungestaltete sendet seine »ungeheure Woge« über alle Räume hinweg in das kalte Tageslicht der modernen Zeit; sie ergreift den Dichter, und er läßt sich von ihr forttragen, glücklichen, brennenden Herzens, mit weit geöffneten, staunenden Augen, furchtlos die Tiefe besingend, in die ihn die Woge hinabzieht. Er ist dieser Welt so sicher, in solchem Maße vertraut mit ihren Geheimnissen, daß er sich auch im Abgrund geborgen fühlt. Das Äußere ist ja nur ein »in Geheimniszustand erhobenes Innere«. Und vielleicht läßt dieser Satz sich auch umkehren, wie Novalis in Klammern hinzufügt: alles Bestehende, ihm Begegnende ist der Seele verwandt, die er nicht verlieren kann; mit dem Vertrauen des kundigen Bergmanns, dessen Beruf der Dichter liebte und als ein fast unausdeutbares Symbol verklärte, läßt er sich in einen jeden Schacht hinab.

Diese Lust am Zerfließen, dieses Hingezogenwerden von den Urgewässern läßt sich aus dem Schicksal nicht ableiten; es geht um die schicksalhafte Verwandtschaft mit dem dunkelsten, aber gewiß nicht düstersten Bezirk der Welt. Vielleicht war es diese Verwandtschaft, die den Dichter eine vom Tode Gezeichnete lieben ließ und seine Leidenschaft zur höchsten Glut entflammte, als die Geliebte nicht mehr zu retten war. Vom Tode gezeichnet war der Dichter selbst; »seit ich ihn kenne«, schrieb Tieck kurz nach des Dichters Tod, »sah ich ihn als einen Toten an« [an Friedrich Schlegel, 23. April 1801]. Wenn jemals im Leben eines Menschen unter der mächtigen Anziehungskraft seines Innern Begegnungen erfolgt sind, Vorgänge sich geordnet haben, so ist das im Leben des Novalis geschehen; er ging durch sein Schicksal wie durch die verzauberten Grotten seiner Seele. Alles, was ihm begegnete, war in ihm vorgebildet. So kann es kaum wundernehmen, daß er unter den mächtigen Einwirkungen seiner Zeit, namentlich der Philosophie Fichtes, als Denker die Macht des Ichs überschätzt hat. Mit der Seele, die er empfangen hatte, war ihm sein Weg gewiesen; je tiefer er in die Welt ging, um so näher kam er sich selbst. Der Zug zum Tode war sein eigenstes Eigentum. Aus der Macht des Todes wurde er zum Dichter.

Die Dichtung gibt das Bild des Lebens, nicht das Leben selbst; wie auf der Höhe des Glaubens *der* nur das Leben gewinnt, der gestorben ist und wiedergeboren wurde, so läßt sich wohl auch von der Kunst an ihrer Stelle sagen, daß *der* Künstler nur das Bild des Lebens und der Welt erreicht, der sich von der Welt gelöst hat, in gewissem Sinn sogar ihr gestorben und dann wieder, frei und von ihren Gütern nicht beschwert, in sie eingetreten ist. In einer besonderen Beziehung zum Tode erst kann die letzte Zusammenfassung der Wirklichkeit in gereinigten Bildern gelingen, mag diese Beziehung nun eine geheime oder offenbare sein; der unbedingte Abschied erhöht die Sprache zur Sprache der Kunst. Das »Lied der Toten«, der Wiederklang mächtiger Todeserfahrung, sollte in dem zweiten, nicht ausgeführten Teil des »Heinrich von Ofterdingen« seinen Platz an entscheidender Stelle finden. Heinrich ist der Ahnung seines Dichtertums entgegengereift; er hat die zauberische Gewalt des Dichters über das Geschaffene, über Zeiten und Menschen in der Begegnung mit Klingsor kennengelernt; tiefer Schmerz hat ihn der Welt entrückt. Da er von neuem in ihre Schicksale gezogen wird, gelangt er in ein entlegenes Kloster; hier hat er, nach Tiecks Bericht, »Ahndung vom Tode und dem Stein der Weisen«. Er geht vom Klostergarten zum Kirchhof hinüber, und nun sollte aus der Erzählung das »Lied der Toten« hervorbrechen; wie an andern bedeutenden Wendungen der Handlung sollten Rhythmus und Klang das Unsagbare heraufbeschwören. Aber diese Wendung ist vielleicht die wichtigste: »Jetzt sollte sich eine ganz neue Periode des Werkes eröffnen, aus dem stillsten Tode sollte sich das höchste Leben hervortun; er hat unter Toten gelebt und selbst mit ihnen gesprochen.« Der Dichter: das ist der Lebendige, der unter den Toten war. Vor Heinrich schließt sich Italien auf als Schauplatz eines großen ritterlichen Krieges; er pilgert nach Jerusalem; der Orient, Griechenland, Indien wehen ihn an, das Meer breitet sich vor ihm aus. Dann ruft ihn die große Geschichte an, über Rom geht er an den Hof Kaiser Friedrichs II.

So ist der Kirchhof das Tor der Welt; der in das Grab gestiegen ist, wird als Bildner der Welt und Geschichte erst mächtig. Die Todestrunkenheit trübt seinen Blick nicht; mit wachen Sinnen durchforscht er das Wirkliche; der unendliche Reiz des Äußeren ist ja gerade das Magische, das Zeichen, daß es im Grunde ein Inneres ist. Darum genügte dem Dichter die Geschichtsschreibung so selten; weil sie nicht die ausreichende Fülle der Tatsachen bot, widmete er sich mit Leidenschaft der Mathematik und Physik, zog es ihn zur Laufbahn des Staatsmannes, dachte er selbst an wirtschaftliche Unternehmungen. Der das Geheimnis dieser Welt begreifen wollte, mußte nüchtern sein; nüchtern ist der echte Künstler wie der echte Christ: sie beide müssen die Wirklichkeit bestehen, und es wird ihnen nur gelingen, wenn sie die Wirklichkeit unbestechlichen Blikkes erkennen. Aber nur ein Schleiergewebe schied die Nüchternheit des Novalis vom Traum; die Erkenntnisse, die er sich erworben, erweckten augenblicklich die kühnste Spekulation; der Historiker sollte auf das kritischste verfahren; aber »echt historischer Sinn ist prophetischer Visionssinn, erklärbar aus dem tiefen unendlichen Zusammenhang der ganzen Welt«.

Auf diesem prophetischen Visionssinn ruhte für ihn im Grunde die Berufung des Physikers, des Mathematikers und Psychologen wie des Künstlers.

Diesem Sinn ist es zu danken, daß der »Heinrich von Ofterdingen« das echte Gepräge des alten Reiches trägt, obgleich nach allen Seiten die Tore eines Zauberreiches offenstehen und Menschen und Dinge sich augenblicklich in schwerelose Gebilde verwandeln können. Der Handwerker in der Werkstatt, die wandernden Kaufleute, der Landesherr, die Ritter auf ihren Burgen, wo die Reisenden einkehren, die Bürger der Reichsstadt leben alle im Lichte der Krone, wenn auch die Krone noch nicht sichtbar wird; an der Grenze maßlos sich ausbreitender Träume, von ihnen gleichsam wie von einem Meer umfangen, steht eine fest gegründete Welt; das merkwürdige Fließen und Gleiten, das Auftauchen und Verschwinden der Menschen und Landschaften: diese alle Erscheinungen bestimmende, überwältigende Strömung der Geschichte ist in die Ufer einer Ordnung gefaßt, die sich von oben her gliedert; der Strom schäumt unter den Brückenbogen eines klar geschauten Zeitalters dahin; eh sich die Dichtung in der Sphäre des Märchens verliert, führt sie eine geschichtliche Substanz mit, die, aus dem Wesen des Geschichtlichen aufgebaut, nicht von geschichtlichen Namen und Ereignissen erst vorgetäuscht wird. Die großen Bestrebungen und Werte des Zeitalters leben in den Menschen. Novalis wußte von der Krone, die ihre Machtfülle über die Stände ausbreitet und damit einen jeden an seiner Stelle bestätigt und bestärkt; die so befestigten Stände strahlen ihre Macht auf die Krone zurück, die alle Hoheit in sich sammelt und faßt. Überall werden in dem Roman die aufsteigenden Linien sichtbar, die sich in der Krone vereinigen müssen, aber der Dichter konnte sie bis zum Schnittpunkt nicht mehr durchzeichnen. In Tiecks Bericht über die mutmaßliche Fortsetzung ist davon die Rede, daß Heinrich am Hofe Friedrichs II. die »wunderbarsten Menschen aus der ganzen Welt« versammelt finden sollte, »deren Mittelpunkt der Kaiser selbst ist. Hier erscheint die größte Pracht und die wahre große Welt. Deutscher Charakter und deutsche Geschichte werden deutlich gemacht. Heinrich spricht mit dem Kaiser über Regierung, über Kaisertum, dunkle Reden von Amerika und Ostindien. Die Gesinnungen eines Fürsten. Mystischer Kaiser.«

So war offenbar die Darstellung des Konkret-Geschichtlichen geplant, aus der freilich der Dichter, seiner Art folgend, rasch wieder in das Uferlos-Phantastische hinübergeschweift wäre; aber eben als Dichter fühlte er sich dem König nahe, verstand er die Krone, wenn er auch als Denker, unter der Gewalt seiner Zeit, das Erbe mit revolutionären Gedanken vermischte. Der Dichter, meinte er, müsse wie ein guter König am frohen und klaren Gesichte zu erkennen sein. Es war der dem Dichter eigene Sinn für das Heilige und Ehrwürdige, der ihm, schon im entschiedensten Gegensatz zur Zeit, der er dann wieder erlag, die Geschichte und ihre Symbole erschloß: so konnte er die letzte Wahrheit über die Geschichte aussprechen mit den Worten: »Die Kirche ist das Wohnhaus der Geschichte« [Heinrich von Ofterdingen 1, 5. Kap.]. Daß die Geschichte sich im Raum der Kirche begibt, bedeutet, daß der Herr mitten in der Geschichte fortlebt, daß vor seinem Antlitz, in der Beziehung zu ihm, in der Verantwortung vor ihm, die Entscheidungen des persönlich-geschichtlichen Lebens getroffen werden müssen; es bedeutet, daß die Geschichte in ihrem ganzen Ausmaß dem Heilsplan unterliegt, daß der Herr ihr die Grenzen gezogen, das Ende gesetzt hat; daß die Geschichte das Vorspiel des ewigen Lebens ist. Denn die vom Kirchenraum Umfangenen können nicht sterben; sie sind in der Zeitlosigkeit eins. Aber auch nur dadurch, daß die Völker die Kirche betreten, gehen sie in die Geschichte ein: Geschichte ist das Wirken des Heilsplans, der auf geheimnisvolle Weise das Tun und Kämpfen der Menschen durchwaltet; wie außerhalb der Kirche kein Heil ist, so ist auch außerhalb ihrer keine Geschichte, kein Handeln vor dem Richter in der Erwartung des ewigen Lebens; es ist außerhalb ihrer auch keine Bindung und Ordnung im höchsten Sinne. Die allein, die gemeinsam angerufen werden von Christus, werden eins, werden zum Volk in der Zeit für die Ewigkeit: sie werden um so inniger vereint sein, je fester sie entschlossen sind, ihm zu dienen und ihn zu verherrlichen in der Geschichte. Und in der Kirche sind die Toten geborgen; sie sollen leben im Bewußtsein derer, die das Meer der Geschichte befahren, sofern das Schiff seinen Tiefgang haben, das Steuer die Richtung bewahren soll. Die Toten wollen zurückwirken ins Dasein; wird ihrer nicht mehr gedacht, so melden sich ihre Stimmen drohend an wie die erschütternden Worte des Totenlieds. Die Toten wollen ein jedes Geschlecht ins Herz treffen mit dem Ruf: Einmal kehrt euch um! Die Toten wollen auch segnen und beschützen mit ihren Gebeten. Aber es ist keine Gegenwart der Toten als vor Christus, im Raum der Kirche. Dieser Raum allein, den der Herr gebaut hat; der sich überall wölbt, wo der Herr gegenwärtig ist, faßt die Geschichte in ihrer Fülle und leitet sie in die Ewigkeit hinüber. Und die Priester, die das Wohnhaus der Geschichte verwalten im Namen des Herrn, müssen der Geschichte zugewendet, ihr verpflichtet sein: sie müssen das Priestertum als geschichtlichen Auftrag, das heilige Opfer als höchste, in die Geschichte einströmende Macht verstehen.

Ob Novalis seinen großen Satz ganz zu Ende gedacht hat, wissen wir nicht; er hat ihn ausgesprochen und damit auch alle Folgerungen übernommen, die in ihm beschlossen sind. Die Haltung eines Frommen in der Kirche forderte der Dichter vom Geschichtsschreiber. »Von der Geschichte«, so heißt es im »Ofterdingen«, »sollten nur alte, gottesfürchtige Leute schreiben, deren Geschichte selbst zu Ende ist, und die nichts mehr zu hoffen haben als die Verpflanzung in den Garten. Nicht finster und trübe wird ihre Beschreibung sein, vielmehr wird ein Strahl aus der Kuppel alles in der richtigsten und schönsten Erleuchtung zeigen, und heiliger Geist wird über diesen seltsam bewegten Gewässern schweben.«

Es ist damit die äußerste Ferne erreicht von der Geschichtsschreibung, die Geschichte darstellte, »um Geschichte zu machen«; und doch würde eine Geschichtsschreibung im Sinne des Dichters von tiefer Wirkung auf das geschichtliche Leben sein. Eine Geschichtsschreibung, die Geschichte anschauen, erforschen würde als Heilsdrama, ist im umfassenden Sinn noch kaum versucht worden; sie könnte den Anfang der Umkehr in die Herzen tragen; sie allein wäre auch fähig, das Böse zu kennzeichnen, zu benennen – so wie die großen Baumeister des Mittelalters die ungezählten Fratzen des Bösen, Brechungen des einen ungeformten Gesichts, an den Außenwänden der Kirchen gestaltet und damit den Bösen in die Gestalt gebannt und ihn überwunden haben.

Aber der Dichter hatte seine Einsichten in der engsten Nähe des Todes gewonnen, mit dem er sich im geheimen fest verbündet hatte; das jenseitige Licht machte ihm Welt und Geschichte transparent. Im unterirdischen Reiche, in einer weitgedehnten, vielräumigen Höhle, spricht ein Einsiedler, dem Grabplatten als Tisch dienen, die oben zitierte Auffassung der Geschichte aus; das Alter des Einsiedlers läßt sich nicht bestimmen; er ist heiter, die Unterwelt bedrückt ihn nicht; sie erleuchtet ihn. Wie unter einem plötzlichen, mächtigen Hereinfluten jenseitigen Lichtes, das freilich nur einen trunkenen Abschiedsblick gestattet, breitet sich in dem Aufsatze »Die Christenheit oder Europa« das Abendland vor dem Dichter aus; das Fernste rückt in unheimliche Nähe heran, lange Verborgenes liegt offen da; kindhafte Sicherheit spricht aus, was kein Weiser zu erforschen vermochte. Der Dichter grüßt eine ferne Ordnung, deren Friede gegründet war auf die Stiftung Christi, die Verehrung des Heiligen; er fühlt in seiner eigenen Zeit alle Formen zerbrechen, den Ungeist der Spaltung, der Abkehr in der Stunde seiner höchsten geschichtlichen Macht; aber zuversichtlich schreitet er durch die ungeheuerlichen Trümmer; er weiß: »Wahrhafte Anarchie ist das Zeugungselement der Religion.« Auf dieser Einsicht ruht die ganze

Hoffnung des Abendlandes; der Streit der Mächte kann nur geschlichtet werden vor einer dritten Macht, die wesentlich anderer Art ist als die sich zerfleischenden Erdenmächte: »Wer weiß, ob des Krieges genug ist, aber er wird nie aufhören, wenn man nicht den Palmenzweig ergreift, den allein eine geistliche Macht darreichen kann. Es wird so lange Blut über Europa strömen, bis die Nationen ihren fürchterlichen Wahnsinn gewahr werden, der sie im Kreise herumtreibt, und von heiliger Musik getroffen und besänftigt, zu ehemaligen Altären in bunter Vermischung treten, Werke des Friedens vornehmen und ein großes Liebesmahl als Friedensfest auf den rauchenden Walstätten mit heißen Tränen gefeiert wird. Nur die Religion kann Europa wieder aufwecken und die Völker sichern und die Christenheit mit neuer Herrlichkeit sichtbar auf Erden in ihr altes, friedenstiftendes Amt installieren.«

Die Irrtümer ganzer Geschlechter verwehen vor den Augen des Sehers: er sieht das Wesen des auf Erden gestifteten Heiligen und der ihm dienenden Gründungen und Formen und verkündet es ohne Bedenken; er ist dem Tode so nahe, daß die Toten ihn teilnehmen lassen an ihrem vergangenen Leben und an dem Geheimnis ihrer Zeiten; er muß sich die Wahrheit nicht mehr mühevoll erringen; sie vertraut sich ihm an, und er sagt sie ruhig aus, unbekümmert um die Mißverständnisse, denen er begegnen wird, um die Ablehnung der Freunde und der gerühmtesten Geister seiner Zeit und Nachwelt. Eine grenzenlose Hoffnung für die Menschheit berauscht ihn; aber da er sie verkünden will, drängen sich wieder die furchtbaren Klänge des Totenliedes auf seine Lippen: »Das Neugeborene wird das Abbild seines Vaters, eine neue goldne Zeit mit dunkeln, unendlichen Augen, eine prophetische, wundertätige und wunderheilende, tröstende und ewiges Leben entzündende Zeit sein – eine große Versöhnungszeit, ein Heiland, der wie ein echter Genius unter den Menschen einheimisch, nur geglaubt, nicht gesehen werden, und unter zahllosen Gestalten den

Gläubigen sichtbar, als Brot und Wein verzehrt, als Geliebte umarmt, als Luft geatmet, als Wort und Gesang vernommen und mit himmlischer Wollust als Tod unter den höchsten Schmerzen der Liebe in das Innre des verbrausenden Leibes aufgenommen wird.« Wohl umschatten Träume und Vorstellungen seines Zeitalters – eben des Zeitalters, dessen Ende er anzeigt und dessen Bann er nicht ganz durchbrechen kann – seine Ahnungen und nehmen ihn wieder gefangen; aber stärker als Ahnungen und Träume ist der Glaube, zu dem er sich bekennt: »Und bis dahin seid heiter und mutig in den Gefahren der Zeit, Genossen meines Glaubens, verkündigt mit Wort und Tat das göttliche Evangelium und bleibt dem wahrhaften, unendlichen Glauben treu bis in den Tod.« Der Tod gewährte ihm die letzte Einsicht, der Tod machte ihn stark: »Durch den Tod wird das Leben verstärkt«, sagte er selbst. Er hat Jahrhunderte besiegt, aber sehr ferne ist noch die Stunde, da es die Menschen erkennen werden. Sie wird dann erst gekommen sein, wenn die Menschen begreifen, daß das Wohnhaus der Geschichte unwiderruflich die Kirche ist, die Kirche, die nicht mehr zwischen Lebenden und Toten scheidet: der Ort des allvereinenden Abendmahls.

Doch eine größere Wirklichkeit noch als die der Geschichte ging dem Dichter auf, als er sich in leidenschaftlicher Inbrunst hinabwandte zum Reich der Toten. Mit einer kühnen Absage an das Licht stimmte Novalis die »Hymnen an die Nacht« an; alle Bilder sollten verlöschen in der Tiefe, in die er, nach dem Tod der Geliebten, in einem grenzenlosen Verlangen nach Liebe, nach der Liebesmitte der Welt, sich hinabsenkte. Eine mächtige Woge, des Todes »verjüngende Flut«, hob sich ihm entgegen, und er überließ sich ihr selig, im geheimen sterbend, während er mit den Menschen den Tag noch teilte; sein eigentliches Leben, ein Sterben von immer höherer Glut, gehörte der Nacht. Aber mitten im Glück des Verzehrtwerdens befiel ihn die Erinnerung an die Welt, die Geschichte, die Menschen noch einmal; er entsann sich der tyrannischen Gewalt, die einst der Tod über die Menschen ausgeübt; das Mysterium göttlicher Liebe rührte ihn an: Christus trat ihm entgegen aus der Nacht; Christus, der als letzter »des alten Todes Schrekken« erlitten und zugleich überwunden hat. Und nun bricht ein gewaltiges Licht in die Dunkelheit: Und unser aller Sonne ist Gottes Angesicht.

So begibt sich zwischen der vierten und fünften Hymne das Wunder, das die Mystiker erfahren haben, und sicherlich hatten jene nicht recht, die den Dichter tadelten, weil er, nachdem er das Dunkel gepriesen, das Licht wieder feierte. Es war ja nicht die Nacht der Ungläubigen, der Verneiner und Verzweifelten, die er suchte, sondern die Todesnacht der Umkehr, da der Mensch stirbt für die Welt, die »heilige Finsternis«; die Bilder des ewigen Lebens mußten ihm aufgehen, nachdem er den Bildern des Erdentags die letzte Macht über sein Herz genommen hatte; der Unsterblichkeit gewiß, stieg er ins Grab, ertötete er die irdischen Wünsche: so mußte er an die Stelle gelangen, wo die Finsternis des völlig durchlittenen Todes sich in strahlendes Licht verwandelte, wo er aus dem Abgrund der Verlassenheit in den Abgrund des Lichtes zurückgerissen wurde. Das »Hinunter!«, das ein Wort dämonischen Klanges sein könnte, ist auf den Lippen dieses in der Welt verlorenen, von keinem Orden, keiner Gemeinschaft geschützten Mystikers das Wort entschiedenster Abkehr vom Erdgeist, gläubiger Sehnsucht nach dem Tode, in dem Christus ist. Es ist das verwegenste »Hinauf!« So redet er Christus an im Geiste des Apostels: »Du bist der Tod und machst uns erst gesund.« Christus und der Tod sind eine Person. Das ist die Entscheidung. Der Herr tritt in das Totenreich, und die heidnisch-rauschhaften Klänge verstummen; die Lust am Zerfließen wird gestillt von der mächtigsten Gestalt. Von nun an ist das Dunkel durchlichtet, kann es kein Zerfließen, kein Sichverlieren mehr geben; die Liebe, die sich hätte verirren können, geht in die Wahrheit ein. Es ist das Einzigartige des Novalis, daß er unter der Hut seines Engels an den Abgründen hinschreiten konnte, ohne zu stürzen; daß er mit Kindersinn Worte sprach, die verderblich gewesen wären im Munde eines andern, und nahezu Tödliches wagen durfte unter der Gnade; daß er auf dem gefährlichsten Wege zu Christus gelangte. Der betörende Zauber des Untergangs wurde in seinem Leben und Werk gebändigt von Christus, die Todesmelodie wurde zum Lobgedicht, das Bacchantische der in einem sich verzehrenden Körper glühenden Seele überwunden von der Weltordnung des Herrn. Novalis hat der Bestimmung des Dichters an einer Stelle genügt, die nur der Todbereite erreicht oder vielmehr ein Gestorbener, der, wie er einmal sagte, ein »in den absoluten Geheimniszustand erhobener Mensch« ist; er dichtete aus der Gnade der Agonie. Da er sich zu sterben sehnte, entdeckte er, daß er Christi Sterben an seinem Leibe trug, und er war gerettet. Aber das Chthonische wogt wieder auf; sein Anschäumen gegen den Felsen Christus, sein Zurückgeworfenwerden: das ist Leben und Dichten des Novalis. Von der Wahrheit her, unter der Gewalt des fleischgewordenen Wortes, verwandelte sich die Sprache; sie wurde einfach und innig, wie es die Sprache der Väter gewesen. Der Dichter der »Geistlichen Lieder« gehört nicht mehr der Romantik, nicht irgend einer geistigen Richtung an; er entschwindet mit seinen höchsten Strophen unter den Sängern der Kirche. Die Worte seiner Liebe und Sehnsucht, seiner Trauer um den Herrn wurden zum Eigentum der Gemeinde; Christus ist ihm so nahe wie kaum wieder einem Dichter seines Jahrhunderts, und auch die Gestalt der Gottesmutter ist ihm gegenwärtig geworden. So kann nur der Geborgene sprechen, den Christus an sich gezogen hat; aber er spricht nicht für sich, sondern für die Brüder, deren Heimkehr er vorbereitet, für die Welt, deren Wende gekommen ist. Denn auf die religiöse geschichtliche Wende ist sein ganzes Wirken gerichtet; die Versöhnung des Denkens und zumal des deutschen Geistes mit dem Erlöser war vielleicht die große, ihm gestellte Aufgabe, der er mit Zuversicht diente angesichts eines Morgens, dessen Heraufkunft er ahnte, dessen Röte aber alle Geschlechter täuschen wird, wie sie ihn getäuscht hat, bis das Zeichen der Wiederherstellung vom Himmel flammt.

Unter dieser unerschütterlichen Hoffnung sänftigte sich sein Herz, beruhigte sich sein äußeres Leben; er sah die Welt auf dem Wege zum Herrn, der ihm in der Todesnacht entgegengeschritten war, und konnte nun selber wieder daran denken, in dieser Welt sein Haus zu bauen, ohne sich ihr im mindesten gefangen zu geben. Seine Liebe zu Sophie von Kühn war erst zur Schicksalsmacht geworden, als das unsägliche Leiden der Krankheit, starkmütiges Ertragen, die jugendlichen Züge der Geliebten vollendeten und verklärten; das Leiden erweckte nach Sophiens Tod auch seine Liebe zu Julie von Charpentier. Er sah sie in Freiberg als Pflegerin am Krankenbette ihres Vaters zur Zeit, da in ihm selbst die tödliche Krankheit schon mächtig geworden war. Als er aus Teplitz zurückkam, fand er Julie als Leidende wieder; die Überanstrengung in der Pflege ihres Vaters hatte ihr einen heftigen Gesichtsschmerz zugezogen. »Jetzt erst«, schrieb der Dichter seinem Gönner, dem Geheimen Finanzrat von Oppel in Dresden, »fiel mir der Gedanke, ihr mein Leben zu widmen, lebhaft ein.« Krankheiten waren ihm »Lehrjahre der Lebenskunst und Gemütsbildung«; jeder Schmerz »eine Erinnerung unseres hohen Ranges«, jede Bedrängnis der Natur »eine Erinnerung höherer Heimat, einer höhern, verwandten Natur«. So mag ihn auch Juliens Melancholie, deren die Freunde gedenken, angezogen haben; er suchte mit heißer, verborgener Inbrunst die Vollendung, die Transzendenz im Leiden, seine geheimnisvolle, in das Jenseits ziehende Kraft. Unmittelbar an der Grenze dachte er daran, einen Lebensbund zu schließen, ein Haus zu gründen; die Rücksicht auf die äußeren Erfordernisse des Daseins war ihm niemals fremd; auch jetzt erwog er sie sorgfältig. Die Welt lag offen vor ihm, dem Dichter, der im Grunde schon einer andern Welt gehörte. Mitten in seinen Plänen, auf der Höhe der schaffenden Kraft, die sein Geist erreicht hatte, kamen ihm Worte von einer entsetzlichen Fremdheit über die Lippen. »Mit mir nimmt's hoffentlich bald ein fröhliches Ende. Zu Johanni denk' ich im Paradiese zu sein« [an Friedrich Schlegel, 5. April 1800], oder: »Ein sehr interessantes Leben scheint auf mich zu warten – indes aufrichtig wär' ich doch lieber tot« [an denselben, 20. Januar 1799].

Hatte er nicht in einem schrecklichen, kaum anzudeutenden Sinn das Dasein verwirkt? Als Sophie gestorben war, gelobte er sich dem Tode an: »Mein Tod soll Beweis meines Gefühls für das Höchste sein, echte Aufopferung, nicht Flucht, nicht Notmittel« [Journal]. Er entzog sich dem Leben der andern nicht; er vermochte es wie früher, »die Gesellschaft zu belustigen«, aber auf dem Friedhof zu Grüningen, wo er »das Grab wie Staub vor sich hinblies«, war Unwiderrufliches geschehen; der Entschluß, der Geliebten nachzusterben, ließ sich nicht aus seinem Leben tilgen; noch als sich sein Dasein anscheinend gewendet hatte, schrieb er an Hans Georg von Carlowitz: »Der Entschluß bleibt, wie ein Palladium verwahrt – ein Schatz für die Zukunft« [1. Januar 1800]. Indessen meldete die Angst sich an, ein nicht mißzudeutendes Vorzeichen des Todes. Wohl wiederholte er es sich, daß »die Angst meist körperlich« sei; er hoffte, daß sein Körper den bedenklichen Zustand noch lange werde ertragen können. Aber er fühlte es mit Bestimmtheit: ein anderer Wille forderte ihn ein. »Des Herrn Wille geschehe – nicht der meinige« [Journal, 6. September 1800]. Und dann erkühnte er sich wieder zu der ungeheuerlichen Frage: »Wähl ich nicht alle meine Schicksale seit Ewigkeiten selbst?« Hatte er nicht aus der Eigenmacht seines Willens, seines Ichs, Sophie, das Leiden, den Tod gewählt? Er liebte den Herbst von Jugend an; er bekannte einmal, daß er sich »ungeduldig« auf ihn freue [Journal]; war der Herbst nun, gegen Ende des Jahres 1800, nicht doch zur Unzeit gekommen? Aber eben damit war die Antwort auf die Frage nach der Wahl der Schicksale gegeben. Der Todesengel ist nicht dienstbar; er wird gesendet und fordert

Ergebung. Es ist, als habe er nun, da er nicht erwünscht war, die Schuld tilgen sollen, die der Dichter im Übermaß seines Schmerzes auf sich geladen. Oder war dieser Schmerz nicht mehr: der Zug zur mystischen Hochzeit mit der Geliebten, der Menschheit, dem All? Novalis verstand den Engel wohl; die Angst, die doch ein Versagen der Liebe ist, verließ ihn; er stärkte sich an den Worten Zinzendorfs, Lavaters, oft an der Schrift. So entschlummerte er im Frieden, während sein Bruder Karl ihm auf dem Klaviere vorspielte. Krankheit nannte er einmal ein »musikalisches Problem« – die Heilung eine »musikalische Auflösung«. Aber die Auflösung konnte nur von oben her kommen, mit Klängen, die Menschen nicht ersonnen haben, und die sich dann herniedersenken, wenn der Wille entschlummert ist.

»Wir sind dem Aufwachen nahe, wenn wir träumen, daß wir träumen.« Ein solches Träumen an der Schwelle des Erwachens war das Leben, aber auch das Dichten des Novalis; seine Augen waren schon empfänglich für das Licht der andern Welt, während seine Sprache sich der irdischen fügen mußte. Doch indem er das Jenseitige sah und fühlte, durchdrang er das Irdische. An jeder Stelle, wohin er geführt wurde, wußte er die Dinge zu entzaubern, öffnete sich ihm ein Schacht in das Verborgene. »Oft fühl ich jetzt, wie mein Vaterland«, bekennt Heinrich von Ofterdingen, »meine frühsten Gedanken mit unvergänglichen Farben angehaucht hat und sein Bild eine seltsame Andeutung meines Gemüts geworden ist, die ich immer mehr errate, je tiefer ich einsehe, daß Schicksal und Gemüt Namen *eines* Begriffs sind.« Dieser Einklang des Geistes und Lebens mit der innern Wirklichkeit, deren Symbol das Sichtbare ist, rührt uns noch immer, wenn wir den Wegen des Novalis folgen zu den umsponnenen Burgen über der Elbe und Saale, aus deren Fenstern er einmal als flüchtiger Gast geschaut, unter deren überbüschtem Tor er zaudernd gestanden, oder durch die Ährenfelder von Tennstedt nach Grüningen, an dem alten Gutshaus vorüber, wo er unsägliches Glück und

Leid erfahren, und weiter hinauf zum Friedhof, der keine Spur mehr bewahrt von Sophiens Grab. Die alten Städte, durch die er geschritten, scheinen etwas zu spüren von dem nahen Ende des Traums, dem großen Erwachen, das er verkündet hat; die Wälder des Kyffhäuser, unter dessen Schatten er in Artern gelebt, wehen uns mit seinen Worten an, und mächtige Ahnungen umschauern das Grab zu Füßen des alten Friedhofs in Weißenfels, wo er mit Eltern und Geschwistern des ersehnten Morgens, der Allvereinigung harrt. Sein Wort, sein Leben blieben der Erde und der Geschichte, die sich auf ihr begeben, wunderbar nah, gerade weil er und sein Wort ein Zeichen des Endes waren.

Aber wir verfallen immer wieder der Versuchung, in Schriften und Zeugnissen das Letzte eines Lebens, eines Menschen zu suchen; und wir sollten doch wissen, daß eine einzige Stunde schweigenden Erfahrens mehr bedeuten kann in der Geschichte einer Seele und in der Geschichte des Gnadenreichs als alle Zeugnisse und Werke. Entscheidend ist, daß über dem ganzen großen Trümmerfeld der Fragmente, die uns der Dichter hinterlassen, die höchste Gestalt der Liebe, die Wahrheit selber steht. Ehe noch ihre Strahlen die Schluchten und Abgründe alle erhellten, ward der Dichter in den »absoluten Geheimniszustand erhoben«, vor dem wir uns beugen müssen. Er selber hat sich auf das entschiedenste gegen die Psychologie ausgesprochen: »Sonderbar, daß das Innre des Menschen bisher nur so dürftig betrachtet und so geistlos behandelt worden ist. Die sogenannte Psychologie gehört auch zu den Larven, die die Stellen im Heiligtume eingenommen haben, wo echte Götterbilder stehn sollten.« In der Tat: wer wagt zu glauben, daß wir aus den im Grunde doch dürftigen Zeugnissen, die wir besitzen, das Innere dieses Menschen ablesen könnten! Er war weit mehr, als er gesagt und sagen konnte. Uns geht es nur um die Sendung. Hat Novalis nicht Hölderlins Auftrag, einmal die »Mutter« zu nennen, erfüllt und fast in derselben Stunde, da er ausgesprochen wurde? Vielleicht gibt es nur eine Antwort auf den »Hyperion«: den »Heinrich von Ofterdingen«. Im »Hyperion« übermächtigt das einmalige, tief persönliche Schicksal den Helden; wohl vollzieht es sich im Feld der Geschichte, aber das Geschichtliche führt zur Person, zum Helden und seinem Schmerz zurück. Im »Heinrich von Ofterdingen« öffnet sich die Welt ins Grenzenlose; alle Mauern sinken ein vor dem Dichter, dem der Schmerz die Blindheit von den Augen genommen hat; er hat an sich, an seinem Leide, nicht mehr zu tragen; er kann nur noch empfangen. Die Unschuld seines Herzens machte ihn, wie es im zweiten Teile heißt, zum Propheten, und »die Welt und ihre Geschichte verwandelt sich« ihm »in die heilige Schrift«. Er ist nicht Held, er ist Kind im höchsten Sinne und damit auch nicht, wie der Held, in den engen Kreis des Tragischen gebannt. Denn das Kind allein überwindet die Tragödie.

Aber das heißt nur, daß der Widerschein des göttlichen Kindes auf seinem Angesicht liegt. Novalis sah das göttliche Kind in die Schöpfung kommen und sich die Welt bestellen [Geistliche Lieder, XII].

Er ist der Stern, er ist die Sonn',
Er ist des ew'gen Lebens Bronn,
Aus Kraut und Stein und Meer und Licht
Schimmert sein kindlich Angesicht.

In allen Dingen sein kindlich Tun,
Seine heiße Liebe wird nimmer ruhn,
Er schmiegt sich seiner unbewußt
Unendlich fest an jede Brust.

Ein Gott für uns, ein Kind für sich,
Liebt er uns all' herzinniglich,
Wird unsre Speis und unser Trank,
Treusinn ist ihm der liebste Dank.

Ist dieses Weltgefühl des Novalis nicht wie die erste Botschaft von der heimgekehrten vollendeten Welt, von der Kreatur, deren Harren gestillt ist? Nur ein Dichter konnte diese Botschaft bringen, der den Tod in besonderem Sinne erfahren, der ihn bestanden hatte; der lebte, indem er starb.
Allein von Christus, von der Mitte der erhaltenden Liebe her, läßt die Erde sich nennen. Das Kind, dessen Bild widerstrahlt aus der gereinigten Schöpfung, ist auch der Geopferte, der das sich fort und fort erneuernde Opfer gestiftet hat. In seinen kühnsten Bildern hat der Dichter das Geheimnis von Wein und Brot, den Übergang des Erdenstoffs in die heilige Opferspeise, die Heiligung des Geschaffenen durch die sich immer aufs neue ereignende Liebestat Christi gefeiert: »Die Sternwelt wird zerfließen/Zum goldnen Lebenswein.« Den rauschhaften Klängen des Totenlieds antwortet die Hymne auf die Stiftung Christi, das unsägliche, allversöhnende Abendmahl der Welt, das selbst den Felsen erlöst, das Weltmeer rötet und Opfer und Opfernde in Ewigkeit vereint.

Wer hat des irdischen Leibes
Hohen Sinn erraten?
Wer kann sagen,
Daß er das Blut versteht?
Einst ist alles Leib,
Ein *Leib,*
In himmlischem Blute
Schwimmt das selige Paar. –
Oh! daß das Weltmeer
Schon errötete,
Und in duftiges Fleisch
Aufquölle der Fels!

Hier tönt ein einziges Mal die Melodie aller Geheimnisse. Nur ein Todestrunkener, der des Lebens gewiß war, konnte sie finden. Das heilige Blut ist ausgegossen über die Schöpfung. Der

Heiligen von Siena, der »Braut auf dem Bette des Feuers und des Blutes« – die Geschichte entscheiden, lösen wollte durch das Blutopfer der Christenheit –, antwortet der Dichter der mystischen Hochzeit, der Geschichte sah, wie sie die Heilige gesehn: als Aufbruch der Todbereiten zur Vermählung aller mit dem Blut, und das heißt: mit Christus, dem Haupte, im Mysterium des Blutes. Schwerlich ahnen wir, wie einsam er war; doch wäre er nicht einsam gewesen unter den glühenden Seelen der »Vorzeit«, die er beweinte; unter den Seelen, die sich verzehrten in unaussprechlicher Liebe zum Herrn. Von ihnen, den Toten, die einstmals seinesgleichen gewesen, wehte ihm eine Antwort zu:

Mir deucht, aus tiefen Fernen scholl
Ein Echo unsrer Trauer.
Die Lieben sehnen sich wohl auch
Und sandten uns der Sehnsucht Hauch.

So erreichte er die Grenze des Gesanges, des Wortes, mit der Grenze des Lebens. Im Augenblick, da der entschiedenste Unglaube mit der Zerstörung des Weltbildes, des Weltsinnes drohte, verkündete Novalis die endgültige Rettung, die Erlösung der Kreatur, die Verklärung der Dinge aus der Gnade rückhaltlosen Opfers. Er kannte die Mächte wohl, die ihm gegenüberstanden: »Noch mehr – der Religionshaß dehnte sich sehr natürlich und folgerecht auf alle Gegenstände des Enthusiasmus aus, verketzerte Phantasie und Gefühl, Sittlichkeit und Kunstliebe, Zukunft und Vorzeit, setzte den Menschen in der Reihe der Naturwesen mit Not obenan und machte die unendliche schöpferische Musik des Weltalls zum einförmigen Klappern einer ungeheuren Mühle, die, vom Strom des Zufalls getrieben und auf ihm schwimmend, eine Mühle an sich, ohne Baumeister und Müller, und eigentlich ein echtes Perpetuum mobile, eine sich selbst mahlende Mühle sei.« [Die Christenheit oder Europa]. Diesem Wahne gegenüber, der als klare

Nüchternheit angesehen, in Wahrheit aber vom Haß genährt wurde, entfaltete der Dichter das Bild der geoffenbarten Wirklichkeit. Er durfte Geschichte verstehen als die »Auflösung des Geheimnisses vom Menschen«, als seinen Heimfall an Christus, und alles Geschaffene als die Vorbereitung der Glorie des Herrn. Er durfte in einem Augenblick, da sich die Wege des Geistes in verlockender Vielfalt nach allen Seiten zu öffnen schienen, seinem Volke das Wort sagen, dessen das Volk am meisten bedurfte, und welches Wort in seinem ganzen verpflichtenden Ernste und in der unermeßlichen Fülle seines Gehaltes noch nicht verstanden worden ist, das einfachste Wort tiefster Erfahrung:

Wenn ich ihn nur habe,
Hab' ich auch die Welt.

Denn es ist damit die Welt gemeint mit allen ihren Abgründen und allen Herrlichkeiten ihrer Höhen und Tiefen, und die Welt als Schauplatz der Geschichte. Und vielleicht ist dies doch das Wort, um dessentwillen der Dichter gelebt und die Glut seiner Sehnsucht getragen hat und in die Tiefen hinabgestiegen ist. Im »Heinrich von Ofterdingen« läßt er einen alten Bergmann erzählen, wie ihm die Messe die Arbeit heiligte, als er zum ersten Male sich dem Schachte anvertraute: »Ein Mönch erschien und las eine Messe, nachher sprach er ein feierliches Gebet, worin er den Himmel anrief, die Bergleute in seine heilige Obhut zu nehmen, sie bei ihren gefährlichen Arbeiten zu unterstützen, vor Anfechtungen und Tükken böser Geister sie zu schützen und ihnen reiche Anbrüche zu bescheren. Ich hatte nie mit mehr Inbrunst gebetet und nie die hohe Bedeutung der Messe lebhafter empfunden.« So ging der Dichter »nach innen den geheimnisvollen Weg« unter dem Segen Christi, und die Räume der Unterwelt wurden ihm zur Kirche. Aus Bereichen, die wohl kein Dichter wieder betreten hat, hören wir den Gesang unzerbrechlichen Glaubens zurückschallen. Es ist der Gesang eines Helden, der wieder zum Kinde wurde und als Kind sich geborgen wußte in Ewigkeit, eines Begnadeten, der in der ersten Morgenfrühe alle Verheißungen seines Lebens an den Tod verlor und dem Tode seine prophetische Zuversicht abgerungen hat.

HÖLDERLINS DEUTSCHLANDBILD

Germanien

Nicht sie, die Seligen, die erschienen sind,
Die Götterbilder in dem alten Lande,
Sie darf ich ja nicht rufen mehr, wenn aber,
Ihr heimatlichen Wasser! jetzt mit euch
Des Herzens Liebe klagt, was will es anders,
Das Heiligtrauernde? Denn voll Erwartung liegt
Das Land und als in heißen Tagen
Herabgesenkt, umschattet heut,
Ihr Sehnenden! uns ahnungsvoll ein Himmel.
Voll ist er von Verheißungen und scheint
Mir drohend auch, doch will ich bei ihm bleiben,
Und rückwärts soll die Seele mir nicht fliehn
Zu euch, Vergangene! die zu lieb mir sind.
Denn euer schönes Angesicht zu sehn,
Als wärs, wie sonst, ich fürcht es, tödlich ists
Und kaum erlaubt, Gestorbene zu wecken.

Entflohene Götter! auch ihr, ihr gegenwärtigen, damals
Wahrhaftiger, ihr hattet eure Zeiten!
Nichts leugnen will ich hier und nichts erbitten.
Denn wenn es aus ist, und der Tag erloschen,
Wohl triffts den Priester erst, doch liebend folgt
Der Tempel und das Bild ihm auch und seine Sitte
Zum dunkeln Land und keines mag noch scheinen.

Nur als von Grabesflammen, ziehet dann
Ein goldner Rauch, die Sage, drob hinüber,
Und dämmert jetzt uns Zweifelnden um das Haupt,
Und keiner weiß, wie ihm geschieht. Er fühlt
Die Schatten derer, so gewesen sind,
Die Alten, so die Erde neu besuchen.
Denn die da kommen sollen, drängen uns,
Und länger säumt von Göttermenschen
Die heilige Schar nicht mehr im blauen Himmel.

Schon grünet ja, im Vorspiel rauherer Zeit
Für sie erzogen, das Feld, bereitet ist die Gabe
Zum Opfermahl und Tal und Ströme sind
Weitoffen um prophetische Berge,
Daß schauen mag bis in den Orient
Der Mann und ihn von dort der Wandlungen viele bewegen.
Vom Äther aber fällt
Das treue Bild und Göttersprüche regnen
Unzählbare von ihm, und es tönt im innersten Haine.
Und der Adler, der vom Indus kömmt
Und über des Parnassos
Beschneite Gipfel fliegt, hoch über den Opferhügeln
Italias, und frohe Beute sucht
Dem Vater, nicht wie sonst, geübter im Fluge,
Der Alte, jauchzend überschwingt er
Zuletzt die Alpen und sieht die vielgearteten Länder.

Die Priesterin, die stillste Tochter Gottes,
Sie, die zu gern in tiefer Einfalt schweigt,
Sie suchet er, die offnen Auges schaute,
Als wüßte sie es nicht, jüngst, da ein Sturm
Toddrohend über ihrem Haupt ertönte;
Es ahnete das Kind ein Besseres,
Und endlich ward ein Staunen weit im Himmel,
Weil Eines groß an Glauben, wie sie selbst,

Die segnende, die Macht der Höhe sei;
Drum sandten sie den Boten, der, sie schnell erkennend,
Denkt lächelnd so: Dich, Unzerbrechliche, muß
Ein ander Wort erprüfen und ruft es laut,
Der Jugendliche, nach Germania schauend:
›Du bist es, auserwählt,
Alliebend und ein schweres Glück
Bist du zu tragen stark geworden,

Seit damals, da im Walde versteckt und blühendem Mohn
Voll süßen Schlummers, Trunkene, meiner du
Nicht achtetest, lang, ehe noch auch geringere fühlten
Der Jungfrau Stolz und staunten, wes du wärst und woher,
Doch du es selbst nicht wußtest. Ich mißkannte dich nicht,
Und heimlich, da du träumtest, ließ ich
Am Mittag scheidend dir ein Freundeszeichen,
Die Blume des Mundes zurück und du redetest einsam.
Doch Fülle der goldenen Worte sandtest du auch,
Glückselige! mit den Strömen und sie quillen unerschöpflich
In die Gegenden all. Denn fast, wie der heiligen,
Die Mutter ist von allem,
Die Verborgene sonst genannt von Menschen,
So ist von Lieben und Leiden
Und voll von Ahnungen dir
Und voll von Frieden der Busen.

O trinke Morgenlüfte,
Bis daß du offen bist,
Und nenne, was vor Augen dir ist,
Nicht länger darf Geheimnis mehr
Das Ungesprochene bleiben,
Nachdem es lange verhüllt ist;
Denn Sterblichen geziemet die Scham,
Und so zu reden die meiste Zeit,
Ist weise auch, von Göttern.

Wo aber überflüssiger, denn lautere Quellen,
Das Gold und ernst geworden ist der Zorn an dem Himmel,
Muß zwischen Tag und Nacht
Einsmals ein Wahres erscheinen.
Dreifach umschreibe du es,
Doch ungesprochen auch, wie es da ist,
Unschuldige, muß es bleiben.

O nenne, Tochter du der heiligen Erd,
Einmal die Mutter. Es rauschen die Wasser am Fels
Und Wetter im Wald und bei den Namen derselben
Tönt auf aus alter Zeit Vergangengöttliches wieder.
Wie anders ists! und rechthin glänzt und spricht
Zukünftiges auch erfreulich aus den Fernen.
Doch in der Mitte der Zeit
Lebt ruhig mit geweihter
Jungfräulicher Erde der Aether,
Und gerne, zur Erinnerung, sind
Die unbedürftigen, sie
Gastfreundlich bei den unbedürftgen,
Bei deinen Feiertagen,
Germania, wo du Priesterin bist
Und wehrlos Rat gibst rings
Den Königen und den Völkern.‹

Die Dichter müssen, auch
Die geistigen, weltlich sein.
[Der Einzige]

Welch ergreifendes, fremdartiges Bild Deutschlands entfaltet sich hier! Die Götter der alten Welt, an denen des Dichters Herz hing, sind dahin; er muß sie »Gestorbene« nennen, sie hatten ihre Zeit. Die Geschichte gebot über sie, die einst ihren Tag heraufgeführt hat, und auch die Denkmale ihrer Herrschaft müssen verfallen, da die Götter nicht mehr gegenwärtig, nicht mehr im höchsten Sinne »wahrhaftig« sind: Tempel, Bild und Sitte schwinden ihnen nach, und damit beginnt eine Zeit der Dämmerung und des Zweifels, da keiner weiß, wie ihm geschieht. Aber in dieser Dämmerung ist eine Verheißung, die Gewesenen, die Alten, scheinen zu Künftigen zu werden und die Zweifelnden und Ahnenden zu bedrängen; das »Vorspiel rauherer Zeit« – ist es die ganze Summe der Geschichte vom Untergang der Antike bis zu diesem verheißungsvollen Tage? – hat die Ankunft der heiligen Schar vorbereitet und das Land, Tal und Berge für sie geöffnet; jetzt ist die Stunde, da der Blick sich gegen den Orient auftut, und da schwebt auch der Adler vom Indus über all die heiligen Stätten der Vergangenheit heran; jetzt »überschwingt« er jauchzend die Alpen zum ersten Mal und erblickt Deutschland in seiner Vielgestalt. Arglos, als die »stillste Tochter Gottes«, geduldig im Bewußtsein ihrer Sendung wartet die Priesterin auf die Stunde des Anrufes; »toddrohend« zog jüngst ein Sturm über sie hin: die Französische Revolution, aber die Priesterin fühlte sich von ihr nicht gerufen; in kindhaftem Vertrauen auf die segnende Macht der Höhe ahnte die Priesterin ein Besseres; sie ist rein und darum unzerbrechlich und konnte von den Verwirrungen der Französischen Revolution nicht versucht, nicht »erprüft« werden. In ihrem Glauben ist sie stark geworden für ein »schweres Glück«: ein Glück, das nur ihr zuteil werden kann, weil sie »alliebend« ist. Mit der Stunde der Priesterin soll die Macht allumfassender Liebe eintreten in die Geschichte. In ferner Zeit, da sie »im Walde versteckt« noch schlummerte, ward der Jungfrau von dem Boten der Höhe eine einzigartige Gnade geschenkt worden: die »Blume des Mundes«, das Wort. Seither redete sie einsam; wie die unerschöpflich quellenden Ströme des Landes gingen die Worte von ihr aus, »Lieben und Leiden, Ahnungen und Friede« bewegten sie wie die Natur, »die heilige Mutter«, selbst. Jetzt aber wehen Morgenlüfte, und nicht mehr wie in Träumen, aus der Fülle des Herzens, sondern aus dem Anblick der Welt, dessen, was »vor« ihr ist, soll die Priesterin sprechen: sie soll nennen, was ist vor ihren Augen. Dieses Seiende darf nicht länger ein Geheimnis bleiben, doch geziemt eine heilige Scheu vor ihm: die Rede darf nicht verletzen und darf auch nicht unterbleiben; das Wort ist ja bereit, reich wie die Quellen, ernst und schwer wie das Gold; schon stehen ernste Zeichen des Zornes am Himmel, denn die Stunde ist da und muß erfüllt werden; jetzt, in der entscheidenden Zeit, zwischen Tag und Nacht, an der Wende der Geschichte, muß das Wahre erscheinen. Es erscheint, insofern es umschrieben, gestaltet wird: ausgesprochen und doch in höchster Ehrfurcht verschwiegen: bildhaft gegenwärtig im umschließenden Wort. Es erscheint in der Kunst, die die Wahrheit aussagt im Gebild. Nur der »Unschuldigen« wird die Umschreibung gelingen. Das ist der Auftrag der Stunde, daß Deutschland die heilige Erde »nennt«, die Mutter. Unter dem Nennen werden die Wasser und die Wetter rauschen, Fels und Wald sich beleben; Nennen ist ein Sprechen aus heiliger Scheu, aus Liebe, jenseits der die Geschichte beschattenden Schuld, aber mitten in der Geschichte, zur Stunde, die Gott bestimmt hat. Geschieht es, so wird Vergangengöttliches wieder anklingen; der Ring schließt sich, das Leben der alten Welt wird mit der Stunde Deutschlands versöhnt, auf die begnadete Erde steigen himmlische Gäste herab: nichts bedürfend, dort nur einkehrend, wo Unbedürftige warten, wo ein vollkommen reines, nicht forderndes Verhältnis zum Geschaffenen besteht; dann ist der Festtag der Priesterin gekommen: sie erteilt den Königen und Völkern Rat, mächtig durch die ihr gewährte, die ergriffene Gnade und darum keiner Wehre bedürftig: es ist die Mitte der Zeit, da die jungfräuliche Erde in Ruhe lebt mit dem Äther, dem herabkommenden Geiste, und in der Ferne die erfreuende, nicht beunruhigende Verheißung eines Zukünftigen spielt.

Wir vermessen uns nicht, den ganzen Gehalt des Gedichtes auszuschöpfen, mit dem, wie in allen späteren Hymnen Hölderlins, eine mächtige, neue und fremde Welt in Erscheinung tritt, – einem rätselhaften Sterne gleich, der plötzlich die Bahnen der Erde kreuzt; wir fragen nur nach dem Bilde Deutschlands, das aus diesen Versen aufstrahlt. Es ist die jungfräuliche Priesterin, die alliebende, ahnende, leidende und unschuldige, die unter dem Frieden ihrer Sendung lange geträumt hat, jetzt aber aufgerufen ist beim Zorn des Himmels zur ehrfürchtigen Feier der Erde, zur Versöhnung der Zeiten; sie wird sich über die Völker erheben, indem sie sich ihnen hingibt, wehrlos, denn ihr Schutz ist die »Macht der Höhe«, die sie gesegnet hat mit ihrer Bestimmung.

Wenige Jahre zuvor hatte Hölderlin in seinem heißen, früh schon aufgenommenen Ringen um die Erkenntnis der Bestimmung Deutschlands ein anderes Bild gestaltet:

Spottet nimmer des Kinds, wenn noch das alberne,
Auf dem Rosse von Holz herrlich und viel sich dünkt,
O ihr Guten! auch wir sind
Tatenarm und gedankenvoll!

[AN DIE DEUTSCHEN]

Die Forderung, die Erwartung des Dichters scheint sich hier noch unmittelbar auf das Sein und Handeln in der Geschichte zu richten; die Tatenarmut, das »Schweigen im Volk« bedrücken den Dichter in solchem Maße, daß er sich in Gefahr fühlt, seinem Vaterlande Unrecht zu tun aus zürnender Liebe. Als Tat der Deutschen erhofft er auch hier das Erscheinen des schöpferischen Genius, der Seele des Vaterlandes; was er in Griechenland verehrte: das Reich der Liebe, das Dasein als Gestalt der Seele, das ersehnt er von Deutschland; die Bestimmung des Vaterlands ist die Wiederkehr Griechenlands in der neuen, jetzt eingetretenen Stunde [vgl. Wilhelm Michel: Hölderlin]. Dieser Aufgang Deutschlands, gewissermaßen des ewigen Griechenlands, ist, wie es im »Gesang des Deutschen« heißt, »die reifste Frucht der Zeit«. Das »heilige Herz der Völker« ist Deutschland, gerade weil es »allduldend« ist und den lebendigen Geist spendet, ohne erkannt zu werden;

es gelangt nicht zur Form, sondern »umirrt« schwankend den Boden gleich der »ungestalten Rebe« unter der Last der Frucht: einmal aber wird es sich emporrichten in einem »freudigen Werk«, einem neuen, einzigen Gebild, das ganz aus Liebe geboren und gut ist. Es wird ein Delos, es wird ein Olympia finden, wo sein Volk sich vereint, wo aus dem freudigen, guten, die Welt belebenden Werke der Liebe die Form des Daseins in der Geschichte sich bildet; diese Form ist nicht auf der Macht gegründet, sondern in kühner Ausschließlichkeit auf dem Wirken des Genius, der Liebe, des vorausgegangenen langen Duldens. Sicherlich erscheint hinter dieser Verkündung ein Bild Griechenlands, das weit abgerückt ist von der geschichtlich bezeugten Gestalt; es ging Hölderlin in den Dichtungen geschichtlichen Inhalts nicht um die Probleme der Macht, sondern um die Herrschaft des Genius über die Völker und um das Schicksal, um Elegie und Prophetie, die ja eng miteinander verwandt sind. In der Hymne »Germanien« ist die Aussage ganz in das Seherische erhoben, zugleich aber auch fast ganz vom Boden gelöst, auf dem Menschen und Völker aus dem Gesetz ihres Wesens und ihrer Vergangenheit, geleitet oder vergewaltigt von ihren Herrschern, streiten zwischen Zeit und Ewigkeit. In welchem Maße sind Pindars Gesänge gesättigt von konkreter, in das Mythische hinüberdringender, aus dem Mythischen wieder herabwirkender Geschichte! Hölderlin ruft den Geist, der die Entscheidungen der Geschichte heraufführt; vom Boden dieser Entscheidungen macht er sich frei.

Das visionäre Bild der Priesterin, deren Rede, erweckt von der uralten Überlieferung des Ostens, die Erde »nennen« soll, wurde gestaltet unmittelbar vor dem Ende des alten Reiches [1801]; in welchem seltsamen Gegensatz steht es zu der erhabenen, tragischen Geschichte, die damals ruhmlos ausklang! Wohl mag gerade der tatenlose Zerfall des Reiches den Dichter angespornt haben, den höchsten Adel des Vaterlandes zu feiern, – aber ist es nicht, als hätte in seiner Vorstellung das

Vaterland noch keine Geschichte gehabt? In geschichtsloser Frühe wurde ihm die Macht des Wortes geschenkt, seither liegt es in Schlummer; auch der Donner der Französischen Revolution erweckte es noch nicht: jetzt aber ist die heilige, todernste Stunde. Und alles, was sich schon begeben, die Erwählung der Deutschen zum Reich, die Heraufkunft höchster Gestalten unter dieser Erwählung, das Absinken, die Zerspaltung der Form, Größe und unsägliches Leid bis zum Irrewerden des Volkes an sich selbst, eine Überlast an Erfahrung: sie störten den Schlummer der Priesterin nicht. Über das ganze Geschichtsfeld des Abendlandes spannt sich der Bogen der Sendung von der alten Welt her, ohne dieses Feld zu berühren. Aber meint dieses Bild Germaniens wirklich das Vaterland in seiner geschichtlichen Wesenheit? Es wird noch langhin von bestürzender Wirkung sein, daß einer der höchsten Sprecher, dem die »Blume des Mundes« in makelloser Reinheit blühte, das Vaterland verfehlte, das er sucht. Dieses Vaterland war ja nicht die Priesterin, die bis zu dieser Stunde geträumt, es hatte vielmehr den höchsten geschichtlichen Auftrag empfangen, ergriffen und hatte sich an ihm verblutet; und wenn es wirklich stumm gewesen sein sollte bis zu der Stunde, die Hölderlin feierte, so konnte es die ihm geschenkte Sprache doch nur sprechen aus seinem geschichtlichen Schicksal, aus der ganzen Größe seiner Erfahrung und seines Leides.

Aber Hölderlin bog mit kühnster Entschiedenheit vom Mittelalter ab und pries eine geschichtslose Gestalt, deren geschichtliche Stunde nun kommen sollte, vergebens suchte die Romantik, suchte genau um dieselbe Zeit Novalis, das Mittelalter für das Geschichtsbewußtsein zurückzugewinnen: es sollte nicht endgültig, nicht in entscheidendem Sinne gelingen. Einige Jahrzehnte später folgte Nietzsche der von Hölderlin eingeschlagenen Richtung, wenn auch auf wesentlich tieferer Ebene, die Machtprobleme, die Hölderlin nicht ergriffen, in leidenschaftlicher Übersteigerung erörternd, aber das Mittelalter, das den Boden der abendländischen Geschichte

bereitet hatte, ebenso wie Hölderlin außer acht lassend; wird aber eine ganze Geschichtszeit überschlagen und über sie hinweg das Weitentfernte mit dem Gegenwärtigen oder gar dem Künftigen verknüpft, so muß eine tiefe Störung des nationalen Lebens, ja eine Zerstörung erfolgen: höchstes Streben muß anarchisch wirken, wenn es die Ordnung der Welt, das Gesetz des Seins und Geschehens übergeht. Geistige Wege haben etwas von der Dauerhaftigkeit römischer Straßen und Brücken, auch wenn sie in eine Wüste führen; das Heil eines Volkes kann davon abhängen, ob es Wächter aufbringt, die der Wahrheit Stimme vernommen haben und vor dem Betreten solcher Wege warnen. Daß aber solche Wege gebaut werden, liegt tief gegründet im Wesen des Volkes und seiner Geschichte; es ist niemals das Werk eines einzelnen. Der gewaltige Brückenbogen, der über das Mittelalter hinweg aus dem Altertum in die Zukunft sich wölbte, sollte hinweghelfen über das Leiden der Deutschen an sich selbst, ihrem schweren Auftrag und ihrer Geschichtserfahrung: er sollte ihnen helfen, sich wieder völlig jung und unbeschwert zu fühlen, als hätten sie nicht schon ein großes und tragisches Leben durchmessen. Als das Reich unterging, erschien ein Geschichtsbild in den Lüften, das dieses Reich gar nicht kannte.
Wohl nennt Hölderlin in der Elegie »Stuttgart« die Helden der Heimat:

Barbarossa! dich auch, gütiger Christoph, und dich,
Konradin! wie du fielst, so fallen Starke, der Efeu
Grünt am Fels und die Burg deckt das bacchantische Laub,
Doch Vergangenes ist, wie Künftiges, heilig den Sängern,
Und in Tagen des Herbsts sühnen die Schatten wir uns.

Diese Helden mögen dem Dichter, wie alles Vaterländische, im Leben viel näher gewesen sein, als wir wissen; und doch stehen ihre Namen fremd in seinem Werke; seine große Dichtung geht über sie hinweg. Der tiefe Bruch mit der deutschen

Überlieferung, die Entfremdung des deutschen Wortes von der großen deutschen Geschichte lassen sich nicht verschweigen: sie waren die Folgen wenigstens dreier Jahrhunderte, der Glaubensspaltung und der Zerteilung des deutschen Lebensraumes. Der Dichter, der heißen Herzens nach großen Beziehungen, vom Geiste erfüllten Taten suchte, fand sie in der Heimat nicht mehr. Griechenland wurde übermächtig: es schien die einzige wirkliche Geschichte zu bieten. So wurde es zum verpflichtenden Vorbild des Vaterlandes; und erst in dem Augenblick, da diese unbedingte Vorbildlichkeit erkannt wurde, da die Hoffnung aufflammt auf die Wiedererstehung Griechenlands in Deutschland: erst in diesem Augenblick trat in der Vorstellung des Dichters Deutschland in die Geschichte ein. Dann endlich wäre die befreiende Stunde gekommen, da »Hellas nicht mehr so furchtbar« erschienen wäre.

Aber über dem Ringen um die Sendung Germaniens spielte sich ein anderes Ringen ab: das Ringen um Christus; und erst auf dem Schauplatz dieses Kampfes fiel die Entscheidung über die Sendung Germaniens, über das ganze Werk und das Leben des Dichters. Wir wagen es nicht, die Zusammenhänge noch einmal zu entfalten, die Romano Guardini dargestellt und durchleuchtet hat; hier geht es darum, daß die letzte Einsicht in die Wahrheit, das Wesen der deutschen Geschichte verschlossen bleibt ohne die Unterwerfung unter Christus, die Wahrheit selbst. Die Kaiser des alten Reiches trugen auf ihrer Krone die Worte »Per me reges regnant«. Christus sprach gleichsam durch diese Worte, durch die Kaiser, die er mit der Krone beschwert hatte, zum Volke: das alte Reich hatte seine Gestalt von der Unterwerfung unter Christus, den König; seine Aufgabe war es, diese Unterwerfung und das Wirken aus ihr zur Lebensform, zum Inhalt der geschichtlichen Existenz der Deutschen zu machen; allein mit dem Rechte dieser Aufgabe stand das alte Reich in der Mitte der Welt, war es in der Tat das »heilige Herz der Völker«. Seine Hoheit war nicht auf das Leiden gegründet, sondern auf die Königsmacht Christi; es sollte die Macht wahren, damit sie nicht in die Hände der Feinde Christi fiele; insofern konnte das Reich auch nicht wehrlos sein. Denn die Macht ist da, und sie fällt, wenn ein Frommer sie nicht verwaltet, unabänderlich in die Hände der Unfrommen, zum Schaden der Stiftung Christi, der Seelen, der zur Verherrlichung Gottes aufgerufenen Geschichte und Welt. Das Reich, das dem Erlöser unterworfen war, sollte ein Reich der wirkenden, schützenden, preisenden Liebe sein, allliebend, wie der Dichter es von »Germanien« forderte; in welchem Sinne er freilich das Wort »Liebe« auf Griechenland anwendete, dünkt uns eine sehr schwer zu beantwortende Frage. Hat doch dieses Wort seit dem Erscheinen Christi einen Inhalt empfangen, den es vor dem Erscheinen nicht gehabt.

Hatte sich die unbedingte Herrschaft Christi vor den Augen, im Herzen des Dichters nicht entschieden, so blieb ihm die deutsche Vergangenheit verhüllt, so konnte ihm die Zukunft in der Kontinuität der Geschichte nicht aufgehen. Und diese Wahrheit mußte mit einer furchtbaren Gewalt über ihn und sein Leben kommen: er wurde heimatlos in einem jeden Sinne. Aber kein Dichter hat reineren Sinnes seine Sendung ergriffen; Hölderlins Schicksal fällt mit der Last eines entsetzlichen Vorwurfs auf seine Zeit, auf sein Volk. Wo eine Schuld ist, da müssen wir uns ihr stellen; schwerlich kann eine Zeit sich von einer Schuld ausnehmen, die eine andere Zeit begangen, so wie ein Mensch sich nicht ausschließen kann von eines andern Menschen Schuld.

Hölderlin fühlte als seinen großen Auftrag die Heiligung der Natur, die Wiederentdeckung einer geschehenen, im verborgenen fortbestehenden Heiligung. Es war sein Verhängnis, daß er nicht im Verhältnis Christi zur Schöpfung, in Christi Wandel auf Erden und im Sakrament den einzigen Grund der Heiligung sah. Damit gelangen wir zu Hölderlins Kritik an seinem Volk. Es dünkt uns unerlaubt, die Prophetie des Dichters mit der ganzen Wucht ihres Gehaltes aufzunehmen und zugleich – wie es manches Mal geschieht – seine Kritik als

Antwort auf zeitliche Mißstände oder Äußerung persönlicher Verstimmungen und Enttäuschungen zu entschweren. In den bitteren Worten am Ende des zweiten Teils des »Hyperion« ist die Wahrhaftigkeit der Liebe; sie wollen heute und morgen so ernst genommen werden, wie sie der Dichter gestern gemeint hat. Der Mißbrauch des Heiligen, die »gottverlassne Unnatur«, das ehrfurchtslose, schrankenlose Bemühen, den Menschen, die Welt, das Göttliche nutzbar zu machen, in eine »tote Ordnung« zu zwingen, die Mißachtung des Genius, der Liebe, das sind die furchtbaren Verfehlungen, die der Schmerz des Dichters nicht länger verschweigen kann. Daß das Fach den Menschen ertöte in seinem Volke, daß der Zweck, gewissermaßen das Besessensein vom Zwecke ein reines Verhältnis zum großen Leben der Natur nicht mehr gewähre und das Tun und »Machen« alles freudige Sein verdränge, dies erscheint dem Dichter als Grund allen Übels; der mit seiner ganzen Seele an seinem Vaterlande Hangende vermag nicht in ihm zu leben und ist darum heimatlos für immer. Unter den Anschuldigungen des Enttäuschten ist wohl keine schwerer, als daß er »Priester, aber keine Menschen« gefunden habe – so wie er auch Handwerker, Denker, Herren und Knechte fand, die keine Menschen waren. Der Vorwurf berührt sich mit manchen Stellen aus Hölderlins Briefen. In einem der Briefe an die Mutter [Homburg, Januar 1799], in denen er seine Entfernung vom christlichen Glauben auf eine möglichst schonende, vermittelnde und doch wahrhaftige Weise darzulegen sucht, spricht er, wie er gesteht, ein »hartes Wort« aus: »Aber die Schriftgelehrten und Pharisäer unserer Zeit, die aus der heiligen lieben Bibel ein kaltes, geist- und herztötendes Geschwätz machen, die mag ich freilich nicht zu Zeugen meines innigen, lebendigen Glaubens haben. Ich weiß wohl, wie jene dazu gekommen sind, und weil es ihnen Gott vergibt, daß sie Christum ärger töten als die Juden, weil sie sein Wort zum Buchstaben und ihn, den Lebendigen, zum leeren Götzenbilde machen, weil ihnen das Gott vergibt, vergeb' ichs ihnen auch.

Nur mag ich mich und mein Herz nicht da bloß geben, wo es mißverstanden wird, und schweige deswegen vor den Theologen von *Profession* [d. h. vor denen, die nicht frei und von Herzen, sondern aus Gewissenszwang und von Amts wegen es sind] ebenso gerne, wie vor denen, die gar nichts von all dem wissen wollen, weil man ihnen von Jugend auf durch den toten Buchstaben und durch das schreckende Gebot, zu glauben, alle Religion, die doch das erste und letzte Bedürfnis der Menschen ist, verleidet hat.« Die Sorge, selbst das Predigeramt ausüben zu müssen, bedrückte ihn wohl zeitlebens und vertrieb ihn immer wieder aus der Heimat. »Hätt' ich mich zu nichts gebildet, als mein Brot zu verdienen auf der Kanzel, die ich nicht betreten mag, weil sie zu himmelschreiend entweiht wird, hätt' ich zu sonst nichts die Jugendkräfte verwandt, so möcht' es bald vielleicht ein wenig mißlich stehn mit meinem Broterwerb. Aber ich denke, es soll so schlimm mit mir nicht werden« [An die Mutter, Frankfurt, 7. April 1798]. Leidenschaftlicher noch beschuldigt Empedokles den Priester Hermokrates:

Du weißt es ja, ich hab es dir bedeutet,
Ich kenne dich und deine schlimme Zunft.
Und lange wars ein Rätsel mir, wie euch
In ihrem Runde duldet die Natur.
Ach! als ich noch ein Knabe war, da mied
Euch Allverderber schon mein frommes Herz,
Das unbestechbar innigliebend hing
An Sonn und Aether und den Boten allen
Der großen ferngeahndeten Natur.
Denn wohl hab ichs gefühlt, in meiner Furcht,
Daß ihr des Herzens freie Götterliebe
Bereden möchtet zu gemeinem Dienst,
Und daß ichs treiben sollte so wie ihr.
Hinweg! Ich kann vor mir den Mann nicht sehn,
Der Heiliges wie ein Gewerbe treibt.

Sein Angesicht ist falsch und kalt und tot,
Wie seine Götter sind.

[DER TOD DES EMPEDOKLES, I]

Hölderlins Seele, die nichts weniger ertrug als die mindeste Gewaltsamkeit in der Verehrung des Heiligen, mag unsagbar gelitten haben unter dem ihm auferlegten Studium der Theologie, den ihm begegnenden Formen religiösen Lebens. Vielleicht war dieses Leiden gerade darum so schwer, weil dem Dichter in seiner Kindheit ein verehrungswürdiger Glaube, ein echt christliches Dasein von seiner Großmutter, der Witwe eines aus dem Gothaischen stammenden Pfarrers, war vorgelebt worden. Um 1799, als die Mutter ihn gebeten hatte, ein Gedicht zum zweiundsiebzigsten Geburtstag der Großmutter zu senden, redete er die Greisin bei ihrer Liebe zu Christus, ihrem Wandel auf dem Pfade des Erlösers an. Es waren Töne, die noch kaum in seine Dichtung gedrungen waren, und sie ergriffen ihn mit einer überraschenden Gewalt: »Aber die Töne, die ich da berührte, klangen so mächtig in mir wieder, die Verwandlungen meines Gemüts und Geistes, die ich seit meiner Jugend erfuhr, die Vergangenheit und Gegenwart meines Lebens wurde mir dabei so fühlbar, daß ich den Schlaf nachher nicht finden konnte und den andern Tag Mühe hatte, mich wieder zu sammeln« [An den Bruder, 1. Januar 1799, Homburg]. Nicht die Erinnerung allein und die Sehnsucht nach der Heimat erschütterten den Dichter: das Bild Christi, unter dessen stiller Herrschaft die Heimat, die Kindertage standen, leuchtete dem Vereinsamten entgegen: Christi, den die Menschen kaum kannten:

Ach! sie wissen es nicht, wie der Hohe wandelt' im Volke,
Und vergessen ist fast, was der Lebendige war.
Wenige kennen ihn doch und oft erscheinet erheiternd
Mitten in stürmischer Zeit ihnen das himmlische Bild.
Allversöhnend und still mit den armen Sterblichen ging er,

. Dieser einzige Mann, göttlich im Geiste, dahin.
Keines der Lebenden war aus seiner Seele geschlossen
Und die Leiden der Welt trug er an liebender Brust.
Mit dem Tode befreundet' er sich, im Namen der andern
Ging er aus Schmerzen und Müh siegend zum Vater zurück.

[MEINER VEREHRUNGSWÜRDIGEN GROSSMUTTER]

In dieser Nähe, die den Dichter plötzlich des Nachts befiel, ahnte er auch die Heiligung, die Christus gebracht hat: Keines der Lebenden war aus seiner Seele geschlossen. Diese Hingabe an alles Lebende fand Hölderlin offenbar nicht unter den Gläubigen seiner Zeit oder den ihm bekannten Vertretern der Kirche; auf eine schwer zu begreifende Weise trennte ihn die zeitliche Verkennung der Wahrheit, der Mißbrauch der Glaubenswerte, von der Wahrheit, dem Glauben selbst. Das Beispiel dafür, daß das Menschentum vom Priestertum erst vollendet wird, daß der vollkommene Priester Mensch im höchsten Sinne ist und die von Christus gegründete Liebesbeziehung zu allem Geschaffenen zu erfüllen sucht: dieses Beispiel ward dem Dichter verweigert; aber es hätte gewiß nicht daraus folgen müssen, daß er sich von der Wahrheit selber löste, die ja unabhängig von ihren Trägern besteht und herrscht. So teilen sich die Zeit und der Dichter – in letzter, geheimnisvoller Entscheidung – in die Schuld der Verfehlung; aber eine jede Schuld kann zu einer gesegneten Schuld werden – sofern wir uns ihr nicht entziehen und ihr Wesen nicht verfälschen –, und darum möchten wir den Anteil einer Glaubenshaltung, die unter Berufung auf den Herrn das Leben der Welt ausschloß, statt einzuschließen, sehr ernst nehmen, hat sie doch auch mächtig dazu beigetragen, daß in Weimar wie in Jena die Stiftung Christi verkannt wurde und somit in die edelsten, unabdingbaren Gebilde unserer Sprache ein dem Erlöser und Herrn fremder Geist gedrungen ist, der unser Volk immer wieder in schwere Erschütterungen führen wird. Denn die höchste Ära der deutschen Geschichte und das Wort der Deutschen stimmen nicht überein, und nur in Ahnungen können wir ermessen, welch ein Leiden und Schicksal in diesem Gegensatz beschlossen sind.

Hölderlin war einem einzigen großen Schicksal entgegengereift, entgegengeführt worden von Jugend an; es sind die Worte an Germanien: »O nenne, Tochter du der heiligen Erd, / Einmal die Mutter.« Von der Mutter und dem »seligen tiefen Leben der Welt« [Der Wanderer] umfangen, wuchs er auf; eine Innigkeit ohnegleichen verband ihn mit dem Äther und Lichte, den Blumen der Erde, den Bäumen, die »wie der Adler die Beute / Mit gewaltigen Armen den Raum« ergreifen [Die Eichbäume], den festlichen Bergen seiner Heimat, die »wie Wagen, bespannt mit freiem Wilde«, dem Wanderer voranziehen [Stuttgart]. Vielleicht ist niemals zuvor das geheimnisvolle Eigensein der Dinge und Wesen mit solcher Ehrfurcht empfunden worden wie von Hölderlin; erreichen die Bilder, die diese Ehrfurcht ausdrücken, zuweilen doch schon die Grenze des Unheimlichen, Schrecklichen: Berge, die wie Wagen dahinziehen, leben übermächtig, aus einem dem Menschen verschlossenen Willen. Vor dem Knaben in Nürtingen muß die Welt gewissermaßen vollkommen neu aufgegangen sein; sie war ihm zum mindesten geschenkt worden in einer Herrlichkeit, die sie bisher für nicht viele Menschen gehabt, und dieses Geschenk, das er in seinen Jugendtagen in seinem reinsten Werte empfunden haben muß, wurde sein Auftrag – wie wohl alles echte Dichtertum der Kindheit entquillt und von der sich im Leben erhaltenden, immer wieder herstellenden Kindhaftigkeit gespeist wird. Germanien, dem die Gnade des Worts war verliehen worden, sollte die Mutter nennen durch den Mund seines Dichters; jetzt endlich hatte es ja in seinem Dichter die Mutter erfahren. Aber in dem »Nennen« liegt alles: das Nennen kann nur von oben her, vom Geiste geschehen: der an die Erde Gebundene, im Schlummer der Erde Befangene kann die Mutter nicht nennen; er mußte vielmehr vom Geiste geweckt werden, vom »Strahl des Vaters«

getroffen worden sein; der Geist muß ihn erhoben haben über die Dinge, die er nennen soll, so wie Adam von Gottvater erhoben und – nach einer großartigen Darstellung des sechzehnten Jahrhunderts – durch die Schöpfung getragen wurde, da er den Tieren ihre Namen gab.

Deutschland hätte das Wort zu den Naturwesen zu sprechen, das diese endlich ins Recht setzt und vor der Mißhandlung durch den Menschen bewahrt; auf diesem Wort müßte sich eine Ordnung gründen, die das Gegenteil der von Hyperion so leidenschaftlich getadelten »toten Ordnung« wäre. Denn dieses Wort müßte die Zwecke aufheben, von denen der Mensch besessen ist: diese Zweckbesessenheit bleibt die Wurzel allen Frevels an der Schöpfung; das Wort, dessen Stunde nach dem Glauben des Dichters gekommen ist, würde die Wahrheit des Seienden erreichen und dessen innere Macht zu einem neuen, mächtigen Leben entbinden: es würde nicht wie das Wort der selbstherrlichen idealistischen Denker jener Tage den Dingen eine vom Menschen erdachte Bestimmung gewaltsam aufprägen, sondern es würde die Dinge befreien und den Raum ihres Webens und Waltens unter den Menschen schaffen.

Aber kommt nicht alles an auf den Geist, in dem die Mutter genannt wird? Und indem wir ihm nachfragen, gelangen wir wieder vor die Wirklichkeit, vor die uns die Frage nach Hölderlins Bild der deutschen Geschichte und der geschichtlichen Sendung Deutschlands geführt hat. Alles, was bis zu seinen Tagen von Deutschland an Geschichte geleistet oder bestanden worden war, schien ihm der Rede nicht wert; es fügte sich in keiner Weise in seine Hoffnungen und Vorstellungen. Im Jahre 1803 nahm Isaac von Sinclair den Freund, der bereits den unüberwindlichen Bruch seines Daseins erfahren hatte, von Nürtingen mit auf den Reichstag zu Regensburg. Welch ein seltsames Symbol ist dieses Erscheinen des Dichters in der Stadt des Reichstags, genau zu der Stunde, da das Reich sich auflöste! Das sinkende Reich und der geistesmächtige, von den Schatten schon umdunkelte, dann und wann von gewaltigen Blitzen erleuchtete Dichter vermochten einander nichts zu sagen. Wohl bewegte ihn in den Jahren des Versinkens der Gedanke, das Vaterland zu feiern; im Dezember 1803 schrieb er an seinen Verleger Wilmans aus Nürtingen: Liebeslieder seien immer »müder Flug« ...: »ein anders ist das hohe und reine Frohlocken vaterländischer Gesänge«. In der Widmung der Übersetzung der Tragödien des Sophokles verhieß er der Prinzessin Auguste von Homburg: »Sonst will ich, wenn es die Zeit gibt, die Eltern unsrer Fürsten und ihre Sitze und die Engel des heiligen Vaterlands singen.« Vielleicht hätte ihn die Geschichte der fürstlichen Häuser und namentlich ihrer Großen über das Gegenständlich-Geschichtliche des Mittelalters zur christlichen Mitte der Geschichte, das heißt zu Christus in der Geschichte führen können. Aber der große Vorsatz wurde in letzter Stunde gefaßt, da die Kraft ihm längst nicht mehr entsprach: so gelangte Hölderlin nicht mehr zum »Nennen« der deutschen Geschichte; die Natur aber nannte er unter der Göttermacht der alten Welt. Zum Untergange des Vaterlandes hatte er früher, in der Homburger Zeit, auf dem Gebiete der Philosophie eine Haltung gesucht in dem merkwürdigen Aufsatze »Über das Werden im Vergehen«. Das werdende Neue, das im Untergang fühlbar wird, erscheint hier höheren Wertes als das einmal Verfestigte, Untergehende: »Das neue Leben ist jetzt wirklich, das alte, das sich auflösen sollte, und aufgelöst hat, möglich [ideal *alt*], die Auflösung notwendig und trägt ihren eigentümlichen Charakter zwischen Sein und Nichtsein. Im Zustande zwischen Sein und Nichtsein wird aber überall das Mögliche real, und das Wirkliche ideal, und dies ist in der freien Kunstnachahmung ein furchtbarer, aber göttlicher Traum. Die Auflösung also als Notwendige, auf dem Gesichtspunkte der idealischen Erinnerung, wird als solche idealisches Objekt des neuentwickelten Lebens, ein Rückblick auf den Weg, der zurückgelegt werden mußte ...« Der Aufsatz vermittelt eine Konzeption der Geschichte und

Deutschlands, die nichts Endgültiges, Unverrückbares kennt, keinen in die Geschichte eingesenkten Fels, um den sich das Leben der Völker ordnen, an dem sich die Reiche formen könnten. Wie an so vielen Stellen hat Hölderlin auch hier eine Bahn geöffnet, die in den folgenden Jahrzehnten zum Strombett des Denkens und endlich des Schicksals werden sollte: jeder einmal gedachte Gedanke, sei er wahr oder falsch, trägt in sich den Keim geschichtlicher Wirklichkeit. Aber das Reich, dessen Untergang der Dichter versucht hatte als Denker zu bewältigen, ließ sich gerade mit der Überzeugung vom unbedingten Werte des Werdenden am wenigsten verknüpfen; es ruhte auf der Überzeugung von einem unveränderlichen Sein in der Geschichte: dem durch Christi Stellvertreter an die Kaiser ergangenen Auftrag.

So vereinen sich in Hölderlins Deutschlandbild prophetische Wahrheit und Verkennung auf eine erschütternde Weise. Wer wagte den Auftrag anzuzweifeln, dessen Sprecher der Dichter war: daß Deutschland die Mutter nennen, das niemals Gesagte in Ehrfurcht umschreibend sagen sollte, daß nun die Stunde gekommen sei, wo die Überlieferungen des Ostens und der alten Welt entsiegelt werden konnten vom deutschen Wort! Aber dieses große, Welt und Vergangenheit umfassende Wort konnte doch nur dann ein ordnendes Wort sein, wenn es der Bestimmung der Deutschen, der erfahrenen Geschichte nicht widersprach; es mußte zum verwirrenden Worte werden, wenn es das Recht des geschichtlich Gewordenen überging und Vergangengöttliches nach Deutschland trug wie in einen leeren Raum, während Deutschland in Wahrheit doch mehr Geschichte bestanden hatte, als um jene Zeit seine Sprecher zu bewältigen vermochten. Und die vom Wort zu begründende neue Liebesbeziehung zu allen Wesen und Dingen der Welt: wie hätte sie außerhalb des geschichtlichen Schicksals, auf dem doch das Leben und Tun des Volkes unwiderruflich gegründet war, gefunden werden sollen? Wie außerhalb des Glaubens, der doch die Lebensformen alle, den Wert der Arbeit, das Bild der Städte geprägt hatte? Wie hätte diese Liebesbeziehung gefunden werden sollen im Namen geheimnisvoller Mächte, die der Dichter vielleicht als Einsamster unter den Einsamen erfahren hatte, die aber schon für nah verwandte Geister nur Namen waren? Wenn Hölderlin ein Recht hatte, »Den scheinheiligen Dichtern« zu zürnen: »Ihr kalten Heuchler, sprecht von den Göttern nicht! / Ihr habt Verstand! ihr glaubt nicht an Helios«: wer hatte dieses Recht außer ihm? Und war es nicht ein Recht, das ihn in Wahrheit von Volk und Vaterland entfernen mußte, das ihn endlich auch der Möglichkeit beraubte, für dieses Volk die Mutter zu nennen? Wir beugen uns vor dem Geheimnis seiner Beziehung zu den Mächten der alten Welt und wagen es nicht zu betasten, nicht zu erforschen: der ungeheure Fall eines Sichverlierens im Vergangengöttlichen – vielleicht auch eines Sichverlierenwollens bleibt wohl bestehen; er ist ein Schicksal von eisiger Tragik für den Sprecher wie für das Volk, das von dem nahezu mächtigsten Wort, das unter ihm gesprochen wurde, kaum erreicht, gewiß nicht geführt werden kann. Aber war diese heiße Hingabe an Vergangengöttliches nicht die Antwort auf ein grausiges Mißverstehen der Mutter, auf einen Mangel an Ehrfurcht vor dem Geschaffenen, dem der Dichter allenthalben, unter Frommen und Unfrommen, unter Priestern und Denkern begegnete: schickte ihn nicht diese Sünde auf den Pfad heilloser Einsamkeit, einem furchtbaren Opfer entgegen?

Hölderlin *lebte* seine Gedanken und Einsichten. Mit der Reinheit des empfindenden Herzens und der Beziehung zu Menschen und Welt gehört die schicksalbestimmende Gewalt seines Wortes zu den Geheimnissen seines Werkes; sein Wort war Schicksal und kann wieder Schicksal werden; die Kraft seines Wortes kann sich bis zur Unwiderstehlichkeit steigern. Mit der Erkenntnis der Heillosigkeit seiner Zeit muß dem Dichter die Einsicht in die Notwendigkeit eines Opfers aufgegangen sein, wie er sie in dem Aufsatz »Grund zum Empedokles« ausgesprochen hat: »Das Schicksal seiner Zeit, die gewaltigen Extreme, in denen er erwuchs, forderten nicht Gesang, wo das Reine in einer idealischen Darstellung, die zwischen der Gestalt des Schicksals und des Ursprünglichen liegt, noch leicht wieder aufgefaßt wird, wenn sich die Zeit noch nicht zu sehr davon entfernt hat; das Schicksal seiner Zeit erforderte auch nicht eigentliche Tat, die zwar unmittelbar wirkt und hilft, aber auch einseitiger, und um so mehr, je weniger sie den ganzen Menschen *exponiert*, es erfordert ein *Opfer*, wo der ganze Mensch das wirklich und sichtbar wird, worin das Schicksal seiner Zeit sich aufzulösen scheint.« Diese Forderung nach dem Opfer hat vielleicht einen größeren Anteil an des Dichters Lebensgang, als wir wissen; ihm ist nicht eine Erfahrung seines Herzens, sondern das Ganze seiner geistigen Existenz in ihrem Widerspiel der Zeit, das heißt das Geschichtliche seiner Erscheinung und Sendung zum Schicksal geworden. Er wurde zum Opfer und war dazu bereit. Dieses Opfer, den Eingang eines Menschen, der unsäglich tief an sich selber gelitten, in das Überpersönliche, hat Hölderlin als einen Wesenszug des Dichters verstanden: die »ungewöhnliche Tendenz zur Allgemeinheit« ist Empedokles eigen, *weil* er zum Dichter geboren ist.

Hölderlins Opfer, der Vollzug seines Dichtertums bleiben rein und erhaben; und doch können sie nicht zur Annahme seiner Verkündung verpflichten; denn nicht im Leben des Menschen und Dichters liegt der Grund der Wahrheit; das Wort ist vielmehr als wahr und verpflichtend erwiesen, wenn das Leben des Sprechers der geoffenbarten Wahrheit sich hingegeben hat und von ihr durchmächtigt wird.

Hier scheiden sich die Wege. Hölderlin hing wohl an Christus, aber er blieb »Herakles' Bruder« und glaubte wohl, es bleiben zu müssen. In dem Gedicht »Der Einzige« suchte Hölderlin den schwersten Kampf auszutragen; es ist, als habe nicht mehr er gekämpft, sondern als sei um ihn gekämpft worden: die alten Götter erwiesen noch einmal ihre Vormacht über den

Dichter, dessen Herz sich zu Christus neigte und von ihm geprägt worden war. Christus, der »Lehrer«, der »Meister und Herr«, war nur der Letzte aus dem Geschlecht der Götter, im Grunde keines anderen Ranges als sie. Schon brechen die Zeilen ab, wird die Rede dunkel und schwerfällig; über das Furchtbare, das sich hier ereignete, da Hölderlin zugleich vor den Göttern und vor Christus stand und nach Worten suchte, die dem Herrn und den alten Göttern in gleicher Weise gelten – Worten, die es nimmer geben kann –, über dieses Furchtbare trug der Gesang nicht mehr hinweg. Es ist eine Enthüllung, daß gerade an dieser Stelle, wie eine Inschrift auf dem Schlachtfeld, die Worte stehn: »Die Dichter müssen, auch / die geistigen, weltlich sein.« War es nicht darum immer gegangen, um die Weltlichkeit des vom Strahl aus der Höhe berührten Dichters? Der Dichter kann ja nur sprechen aus dem innigsten Verhältnis zum Ganzen der Welt und der in ihr wohnenden Mächte; er kann es nicht verwinden, wenn er dem Wirklichen Unrecht zufügt. So lebte Hölderlin in heiliger Scheu vor dem Seienden und Überlieferten, so rang er um eine allumschließende Gebärde, vielleicht ohne zu erkennen, wie viel er ausschloß in diesem Ringen. Von den Göttern der alten Welt zu Christus führt wohl kein Weg, vielleicht wäre es aber möglich, von Christus eine Beziehung zu den Mächten der alten Welt zu finden, – seien sie nun gestürzt oder wirkend an ihrer Stelle. Allein von der Mitte, in der Christus steht, wäre auch die umfassende Beziehung zur Geschichte und zum Kosmos erreichbar gewesen und damit die Heiligung des Geschaffenen. So erschien dem heiligen Franziskus im Lichte der Heiligung, die ausstrahlte vom Wandel des Herrn auf Erden und seinem Dasein im Sakrament, das Geschaffene; im Bewußtsein dieser Heiligung wollte Franziskus nicht auf verschüttetes Wasser treten, ehrte er in einem jeden Baume das Kreuzesholz, liebte er noch die Steine, weil Christi Fuß sie berührt hatte. Vom Sakramente her vollzieht sich immer aufs neue die Heiligung des Weltraums. Die heilige Birgitta von Schweden schaute im Augenblick der Wandlung die wandelnden Gestirne über dem engen Kirchenraum, es schien ihr, »als ob der Mond und alle Sterne mit allen Planeten und alle Himmel mit ihrem Gang und ihrer Bewegung in wechselnden Stimmen und lieblich klingenden Tönen und Gesang erklängen«. Ein Heiliger hätte dem Dichter vielleicht die Mitte erschließen können; unter den Menschen, die ihm begegneten, hat es niemand vermocht. Wohl schrieb er der Mutter nach der Ankunft in Bordeaux, 28. Januar 1802, daß er während der Wanderung »auf den gefürchteten überschneiten Höhen der Auvergne, in Sturm und Wildnis, in eiskalter Nacht und die geladene Pistole neben mir im rauhen Bette ... auch ein Gebet gebetet« habe, das bis jetzt das beste in seinem Leben gewesen sei. Und als er mehr denn vierzig Jahre später in seinem Turme zu Tübingen, nachdem er lange in die schöne Mondnacht gesehen, den Tod nahen fühlte, »faltete er die Hände und betete« [Schwab]. Doch wissen wir nichts von seinem Gebet, nichts vom letzten Geheimnis seiner Seele. Für ihn war die Erde »geweiht«; Weihe kann nur von oben, nur aus einer andern Sphäre als der irdischen geschehen. Den ungeheuren, schicksalhaften Ernst, der für Hölderlin in dieser Wahrheit lag, vermochten weder die Zeit noch die Nachwelt zu ergreifen und zu vollziehn. Hier ist seine Forderung für immer. Ihm, dem Dichter, war in gewisser Weise das Wirkliche anvertraut worden, daß er vor seiner Mißhandlung warne. Er sprach diese Warnung am Anfang einer Ära aus, die sich zur rücksichtslosen Mißhandlung, zu grenzenloser Verachtung des Heiligen entschloß. Hatte Hölderlin sich zur Erde gewendet von der Höhe her, so mußte Nietzsche, der die Höhe nicht mehr gelten ließ, den Mächten verfallen, die von unten nach der Erde greifen; denn es ist nicht möglich, sich für die Erde allein zu entschließen: sie schwebt zwischen Höhe und Tiefe; wer sie von der »Macht der Höhe« löst, gibt sie dem Sturze in den Abgrund preis. Und ließ Hölderlin die irdische Macht außerhalb der Sendung seines Volkes und außerhalb der Weihe, so mußte die Macht zum Gegenstand dämonischer Vergötzung werden, sobald der Mensch sich bedingungslos zur Erde entschlossen hatte. Wie die Erde kann auch die Macht über Irdisches nur in einer Beziehung erfahren, nur in der Bindung an die Höhe verwaltet werden. Es gibt keine unbedingte Macht.

Aber »Germanien«? Mit sich selber zerfallen und lange nicht mehr sicher mit Bezug auf sein Wesen, seine Geschichte, machte es seine Dichter irre: Deutschlands höchster Wert ging nicht ein in sein Wort, und mit einer furchtbaren Folgerichtigkeit strebten bald die Verkündung der Sendung und die Geschichte auseinander, das Wort setzte über der geschichtlichen Wirklichkeit ein und vermochte daher diese nicht zu zügeln, nicht zu bestimmen. Losgerissen von der heilenden, verpflichtenden Kraft des Geistes, stürzte die Geschichte der Tiefe zu. Wohl hatte Hölderlin recht, als er in Deutschland das Herz der Völker zu erwecken suchte, als er dem deutschen Wort die Überlieferung des Ostens und der alten Welt und die ehrfürchtige Heiligung der Erde anvertraute: in dieser Forderung, die der Dichter zu Beginn des neunzehnten Jahrhunderts erhob, war zugleich die äußerste Verwahrung gegen die Gefahren dieses Jahrhunderts, eine Verwahrung, die nicht gehört wurde. Aber das »freudige«, »aus Liebe geborene, gute« Werk, die allverbindende Weisheit, die den Völkern Rat erteilt, sie konnten sich nur in inniger Beziehung zur Mitte der Geschichte entfalten; Liebe welkt hin, die von der ewigen Liebe losgerissen ist, der Geist irrt, der sich der ewigen Wahrheit nicht unterwirft. Die Verheißung des Dichters hätte, sofern sie in die Geschichte hätte eingehen sollen, gegründet sein müssen im Glauben an Christus, den Träger der Wirklichkeit und Geschichte. Solange Deutschland ihm sein Antlitz zugewendet hatte, war es, in gewissem Grade, das Herz der Völker. Wenn es nun, aufgerufen von der Geschichte, in äußerster Gefahr, das Wort sprechen sollte, dessen die Welt bedurfte, so mußte es sein Antlitz wieder auf Christus wenden. Das Wesen und die Geschichte eines Volkes sind so wenig voneinander zu lösen wie das Wesen eines Menschen von seinem Lebensgang: Alles kam darauf an, daß Tat und Wort aus dem Ganzen des geschichtlichen Lebens hervorgingen.

An der Stelle, wo dieser Zusammenhang abriß, der Glaube die Welt nicht mehr zu umfassen vermochte, steht Hölderlins Werk, bestimmt, auch diejenigen zu erschüttern, die ihm nicht zu folgen vermögen. Wir erforschen die Ferne nicht, in die er die Seinen führt: der Glanz einer rätselvollen Verheißung spielt darüber, aber furchtbare Schatten eilen heran; der Dichter selbst hat keine Heimat gefunden, die ersehnte Ferne schützte ihn nicht, die verlassene Heimat nahm ihn nicht wieder auf. Wo die ergreifendste Stimme verhallt, da sollte ein Volk sich ans Herz greifen und sich fragen nach dem Herrn seines Daseins, seiner Geschichte. Und je furchtbarer der Streit der Gewalten in der Zeit sich entfaltet – während der Dichter doch auf einen fernen seligen Frieden hoffte –, um so erhabener erscheint der Herr, an dem der Dichter verwundeten Herzens vorüberging, in der Mitte der Welt und Geschichte. Ihm zu dienen ist die unverrückbare Bestimmung Deutschlands; dieser Dienst ist seiner Sendung Fels, auf dem alles Sein und Wirken gegründet ist.

CHAMISSOS GESCHICHTSERFAHRUNG

Wenn wir die Dichter des neunzehnten Jahrhunderts fragen wollten, mit welchen Hoffnungen und Befürchtungen sie den Weg ihrer Epoche betrachtet haben, so würden wir eine widerspruchsvolle Antwort erhalten. Die zuversichtlichen, hoffnungsfreudigen Töne überwögen, trotz mancher Klagen über die Not des Augenblickes; aber dazwischen ließen sich dann und wann Worte vernehmen, die gleichsam mit einer zweiten Stimme gesprochen werden. Es ist eine Stimme, die aus einer sonst unzugänglichen Ferne und Tiefe zu kommen scheint: sie weiß von Verfall, Frevel und Gericht, von unübersehbarem, undurchdringlichem Unheil; man hat das Gefühl, daß sie dem Dichter gar nicht gehöre, sondern vielleicht der Zeit, die kommen soll, oder dem in der Geschichte waltenden Geiste, der sich mit sich selbst bespricht, während auf der Erde unten die Menschen reden, hoffen und dichten, wie es eben den Menschen gegeben ist. Solche Töne durchziehen das Werk Grillparzers, Anastasius Grüns und anderer österreichischer Dichter, auch Hebbels, Gottfried Kellers und besonders Eichendorffs; sie klingen noch, gleichfalls in starkem Widerspruch zum Weltbild und zur politischen Zielsetzung, mächtig im Werke des heute zu wenig geschätzten Hermann Lingg, der eine höchst wunderbare Gabe hatte, in Völkern und Zeiten, fernen Räumen und Städten zu leben und deren oft visionär erfaßtes Sein in wuchtiger Sprache auszudrücken. Nur wenige Geisteswerke jener Epoche sind von der Geschlossenheit und Beharrlichkeit des von Gotthelf hinterlassenen Lebenswerkes; ihm hatte die innige Liebe zu seinem Volke die drohenden Gefahren erschlossen, und er sah von der Höhe seiner Berge weiter in die Zukunft als so viele, die ruhelos die Welt durchjagten. In den Werken der andern Dichter sind verschiedene Schichten durcheinander geworfen, und es wäre wohl oft den Urhebern nicht möglich gewesen, zu sagen, welche Schicht die tiefere war.

Aber was liegt im Grunde an einer solchen Aussage der Dichter, wo doch das Kunstwerk besteht? Seltner, als wir vielleicht anzunehmen geneigt sind, dringt der nachspürende Verstand der Begnadeten der Eingebung nach. Die bedeutendste Gestaltung wird schon als solche schwer verstanden; und wie die Mystiker immer wieder vor dem Wunder warnten und nur ein solches gelten ließen, das in tiefster Demut nicht getan, sondern erlitten ward, wie sie einer jeden Einmischung des Willens in die letzten Geheimnisse der gnadenreichen Beziehung zu Gott einen starken Zweifel entgegensetzten, so hätten die Dichter wohl diejenigen ihnen geschenkten Worte am meisten achten müssen, die sie nicht wollten und die ihren Überzeugungen und den aus der Zeit entwickelten Idealen widersprachen. Die merkwürdige Zweistimmigkeit, die für Epochen der Krise und Umwälzung bezeichnend ist – welche Ahnungen klingen auch durch die Dichtung der Renaissance und des Rokokos! –, läßt sich nur aus dem innersten Wesen der Kunst verstehen; sie fordert persönlichen Wert, Bereitschaft und die Ausbildung der Mittel und insofern auch den vollen Einsatz des Willens; die höchsten Inhalte aber sind ein Geschenk, das nur in der Begegnung mit dem Außerpersönlichen, in Augenblicken der Selbstentäußerung zuteil wird.

Selten wohl hat sich ein Dichter seine Sprache so schwer erringen müssen wie Chamisso. Es ist an sich schon ein kaum begreiflicher Vorgang, daß ein Dichter sich unter der Gewalt geschichtlicher Schicksale vom Mutterboden seiner Sprache losreißt und einen neuen Boden gewinnt; die Spuren dieses Kampfes haften auch dem Werke in Gestalt fremder Wendungen, einer da und dort spürbaren leichten Gewaltsamkeit an. Dennoch war Chamisso seinem Wesen nach durchaus Künstler; keiner der ganz wenigen, denen eine Welt in ihrer Geschlossenheit und Fülle sich darstellt, um von ihnen Zug um Zug gestaltet zu werden, aber doch ein Künstler, der die Grenze des Willens kannte und sich an ihr beugte, um zu warten und zu gehorchen. ›Ich will mit der Poesie selten etwas; wenn eine Anekdote, ein Wort, ein Bild mich selbst von der Seite der linken Pfote bewegt, denk ich, es müsse andern auch so ergehen, und nun ringe ich mühsam mit der Sprache, bis es herauskommt‹, schrieb er seinem Freunde Trinius. Das wesenhaft Irrationale aller Poesie war ihm somit bewußt; von dort her kamen ihm die eigentümlichen Bilder und Prophetieen, die, alle das Siegel besonderer Herkunft tragend, zwischen den zarten Gedichten und herb verhaltenen Verserzählungen, den von hartem Ernste geprägten Balladen stehen;

von dort her war ihm auch der ›Peter Schlemihl‹ gekommen, dessen rein ›zufällige‹ Entstehungsgeschichte der Dichter erzählte, ohne die auf Deutung drängenden Frager befriedigen zu können. Die ›wundersame‹ Geschichte entstieg dem letzten, ihm wohl selbst verborgenen Grunde seiner Existenz als deren nicht völlig in Klarheit aufzulösender Ausdruck, während im äußeren Leben die Gestaltung auf einer Reise angeregt wurde durch die scherzhafte Frage seines Freundes Fouqué, ob Chamisso, wie Hut, Mantelsack, Handschuhe und Schnupftuch, auch etwa seinen Schatten verloren habe. War die Idee der Ausdruck der unheilbaren Heimatlosigkeit des Vertriebenen, so nahm er in Einzelheiten den Gang seines künftigen äußeren Lebens voraus: so in der Schilderung der Weltfernen, die der Held mit den Siebenmeilenstiefeln durchmißt. Auch diese Vorwegnahme deutet darauf hin, daß die Dichtung in jener Tiefe wurzelte, in der Schicksal und Wesen des Menschen eine Einheit bilden. – An der Ausführung, die im Jahre 1813 ganz unbekümmert geschah, hatten romantische Phantasie, verwegener Humor und, im Hintergrunde, Selbstironie den Hauptanteil. Auf eine ähnliche Weise wie das Märchen dem Grunde persönlichen Daseins entstiegen vereinzelte Gedichte und Verse dem Grund der Zeit, emporgetrieben von einem Zeitgefühl, von Furcht und Ahnung, die sich der verstandesmäßigen Durchdringung entziehen. Gerade auf ihnen beruht Chamissos dichterische Bedeutung. Das Unsichtbare und mit ihm das Kommende ist der Gegenstand der Dichtung, die vermittelnd zwischen Erde und Himmel steht und Ewiges durch die Gestalt des Zeitlichen vergegenwärtigen soll; um das Unsichtbare empfangen zu können, darf der Dichter nicht zu fest an der Erde haften. Chamisso hatte durch die Französische Revolution die seine verloren; das Schloß Boncourt in der Champagne ward zerstört, die Familie flüchtete nach Belgien und dann nach Deutschland; zwei Brüder des Dichters hielten noch während der Revolution als Leibpagen im Dienste Ludwigs XVI. aus. Nur auf einem Zettelchen von der ›Größe eines Talers‹ konnte der unglückliche König in einem unbewachten Augenblick seinem Leibpagen Charles de Chamisso seinen Dank aussprechen. Dieser Schmerz, diese Loslösung, die eine neue, ganz feste Bindung nicht mehr zuließ, erweckten und speisten vielleicht das Dichtertum Adelberts.

Für einen Augenblick können wir der Versuchung nicht widerstehen, uns die Gestalt des Dichters zu vergegenwärtigen, der erst im letzten Jahrzehnt seines Lebens es wagte, sich als Dichter zu fühlen. Er lebte zu Berlin als Kustos am Botanischen Institut in seiner ›äußersten Ecke am Tore, welches nach Schöneberg führt‹, und legte nur selten den langen Weg in das Innere der Stadt zurück. Freunde verehrten und liebten ihn, und dem Anteil an ihrem Streben, der Arbeit mit ihnen gehörte ein nicht geringer Teil seines Lebens, seiner großen Arbeitskraft. Aber auch die Fremden, die ihm begegneten, mußten das Ungewöhnliche des Mannes erkennen; langes, früh ergrautes Haar umwallte das stolze, kühne Gesicht; er war hochgewachsen und ging geraden Weges mit unbekümmerter Heiterkeit; die große Ferne, die er auf der dreijährigen Reise um die Welt durchmessen, die Schwere bestandener, überwundener Schicksale, der Sieg, den er über das Wirrsal seiner Zeit errungen, hafteten ihm an. Er hatte die Wirklichkeit erkannt und erfahren; er hatte in das Innerste des Menschenherzens geblickt und deckte den Abgrund des Bösen unbarmherzig auf. So wußte er von der Macht des Gewissens, die den Menschen nicht freigibt und endlich die Sühne erzwingt; aber er wußte auch vom reuelosen Tod der ›Giftmischerin‹, die ›allen Schrecken vor Gespenstern überwunden‹ hat und in der Gier nach Macht sich nur einmal der Vorsicht begab; dieses Versehen, nicht die Schuld, büßt sie willig mit dem Leben, im Tode noch die Welt herausfordernd, die vor ihr in furchtbarer Leere gähnt:

Ich blicke starr und fest vom Rabenstein
Ins Nichts hinein.

Und mit der gleichen schonungslosen Wahrhaftigkeit, mit der er das Böse bis in seinen irrationalen Ursprung verfolgte, begegnete er sich selbst, in dem erschütternden Gedichte ›Erscheinung‹, das Ich seiner Vorstellung und das Ich seiner Selbsterkenntnis einander entgegensetzend. Aber der Dichter schrieb um dieselbe Zeit Liebeslieder, die unserem Empfinden zu weich erscheinen mögen; es war vielleicht die ihm von dem alten Geschlechte vererbte ritterliche Art, die Wirklichkeit der Welt mit unerbittlicher Strenge zu erkennen und auszusagen und zugleich das Herz und das Haus zu bewahren für die zärtlichsten Gefühle. Hatte er doch auch in der Welt auf seine Weise gesiegt: nicht indem er sich der Gelegenheit beugte und den Gewinn suchte, sondern indem er in unberührbarer ritterlicher Reinheit erst als Offizier, dann als Forscher sich durchkämpfte, geleitet von starkem sittlichem Bewußtsein und einem ungemein reichen Geiste, der befähigt war, sich mit gleicher Ausdauer und Kraft der Naturwissenschaften wie der Poesie und ausgedehnter Sprachwissenschaft zu bemächtigen. Eine Art von ›jungfräulichem‹ Lächeln umschwebte noch den Mund des Gealterten; sein Name, nicht Hab und Gut, sollte das sichere Erbe seiner Kinder sein. So traf ihn Ampère im Jahre 1827 in der Berliner Literarischen Gesellschaft; ›sein Gesicht hatte einen eigentümlichen Ausdruck von Wohlwollen und Festigkeit; es lag darin gleichzeitig etwas Zartes und Kräftiges, Abgespanntes und Kühnes; ... ein französischer Emigrant und ein preußischer Offizier, ein Edelmann und ein Liberaler, ein Dichter und ein Botaniker‹. Er sprach entschieden, aber angestrengt und mit fremdem Akzent; ungern ließ er sich bewegen, französisch zu sprechen; vielleicht fühlte er dann zu deutlich, was er hatte überwinden müssen und daß er seinen ›Schatten‹, das im Grunde Unveräußerliche, verloren hatte. Aber auf dem Totenbette, als die ungeheure Willensanspannung nachließ, sollte er die Sprache seiner Mutter sprechen, wie einst auch Franz Xaver Baskisch sprach auf der verlassenen Insel vor Kanton. Oft kehrten die Bilder seiner Kindheit wieder in seinen Träumen; war das Bild des verschwundenen Schlosses Boncourt und der Menschen, die darin gelebt hatten, ihm doch auf die Weltreise nach Kamtschatka und Kalifornien gefolgt.

So tief war die Bindung, so tief auch der Riß, so stark die Kraft, die aus diesem Leben ein Ganzes machte und auf fremder Erde ein großes, vielfältiges Werk aufbaute. Und wie die Bilder der Kindheit, so sollte sich auch ihr Glaube anmelden; unvermittelt erklärte er einem jungen Manne, der ihn während eines Kuraufenthaltes in Reinerz besuchte, ›daß nichts von jenem [dem Christentum] übrig bleibe, wenn man die Göttlichkeit Jesu und die Unsterblichkeit angreife‹. Lange hatte er um Klarheit in Glaubensdingen gerungen: so schon als junger Offizier, da er in dem hannöverischen Dorfe Erbsen die Bibel studierte; auch im letzten Lebensjahre hatte er die Vorstellung der Aufklärung von ›Papsttum und Pfaffentum‹ nicht abgelegt; dennoch war er im Streite mit den Geistesmächten seiner Zeit zu einer klaren Einsicht in das Wesen des Christentums gelangt: ›Ich bin dem Katholizismus entwachsen, und dennoch soll eine Kirche sein, und *ein* Glaube, scheint mir, ist nur auf katholischem Wege zu erzielen; mit dem Schlüssel des Gewölbes stürzt das Gebäude ein und ist eingestürzt.‹ (An De la Foye, 9. Juni 1838.) Und in demselben Briefe, einem seiner letzten, sprach er sein christliches Bekenntnis aus: ›Christ möchte ich nur den nennen, der an die göttliche Sendung, an die Gottheit oder Göttlichkeit Christi und an die Fortdauer des Ichs glaubt.‹

Die mächtige Bindung durch das altfranzösische Erbe seines Geschlechts war für ihn zu einer inneren Bindung geworden, die den Heimatlosen endlich doch in die Nähe des Ursprungs zurückführte; von ihr geleitet, war er durch die Welt geschritten und ihr gerecht geworden. Einst hatte er Freude daran gefunden, sich mit Madame de Staël in blitzendem Gespräch zu messen; in ihrer Umgebung hatte er auf einer seiner Rückreisen nach Frankreich auf Chaumont an der Loire und auf Coppet am Genfer See gelebt; aber der Alternde hatte sich die Empfänglichkeit für die einfachen Freuden einer Wanderung durch das schlesische Gebirge und des häuslichen Lebens bewahrt. In Schöneberg lebte er, umgeben von Frau und Kindern, ›still im Schatten‹, am ›äußern Ufer der Geschichte‹. Seine Dichtung aber kam zuweilen unmittelbar aus deren strudelnder Tiefe. Der von seinem Heimatboden Fortgerissene hatte vor allem eines erfahren: die unwiderstehliche Gewalt der Strömung, der sich der Mensch vergeblich entziehen will. Mit dieser Erfahrung trat er denen gegenüber, die glaubten, beharren zu können; im ›Alten Sänger‹ fand der Dichter, der sein letztes Wort nur in Bildern und Gestalten sagen konnte, seinen Sprecher: Unter den blinden, unwissenden Menschen, die einmal zuviel von der Zeit fordern, dann wieder meinen, sie zum Stillstand bringen zu können, erscheint der Alte, um seine große Weisheit zu verkünden von der Gewalt der Zeit, von Geduld und Kühnheit, die der Mensch üben muß, wenn er sich in der Strömung bewähren will.

Sang der sonderbare Greise
Auf den Märkten, Straßen, Gassen
Gellend, zürnend seine Weise:
»Bin, der in die Wüste schreit.
Langsam, langsam und gelassen!
Nichts unzeitig! Nichts gewaltsam!
Unablässig, unaufhaltsam,
Allgewaltig naht die Zeit.

Torenwerk, ihr wilden Knaben,
An dem Baum der Zeit zu rütteln,
Seine Last ihm abzustreifen,
Wann er noch in Blüten prangt!

Laßt ihn seine Früchte reifen
Und den Wind die Äste schütteln,
Selber bringt er euch die Gaben,
Die ihr ungestüm verlangt.«

Aber die Menschen wollen ihn nicht hören; sie meinen, er spräche im Wahnsinn, und werfen ihn in den Kerker; nun ist es, als sänge die Zeit selbst aus den düstern Mauern mit der Stimme des Propheten:

Sang der sonderbare Greise
Immer noch im finstern Turme
Ruhig, heiter seine Weise:
»Bin, der in die Wüste schreit.
Schreien mußt ich es im Sturme;
Der Propheten Lohn erhalt ich.
Unablässig, allgewaltig,
Unaufhaltsam naht die Zeit.«

Dem Sänger verwandt ist der alte König, der von den Zinnen seiner Burg in das heraufziehende ›Ungewitter‹ schaut; das Zepter ist ihm schon entsunken, er hält die Krone fest; seine Geliebte möchte noch einmal sein Herz bewegen, aber er weist sie ab: er weiß, daß Unwiderrufliches geschieht, daß sein Leben, daß die Welt niemals wieder werden können, was sie vordem gewesen:

Ich bin auf Burgeszinnen,
Nicht König mit Schwert und Kron,
Ich bin der empörten Zeiten
Unmächtiger, bangender Sohn.

In dem Sturme, dessen Macht der Sänger anzeigt, der König schon fühlte, steht der ›alte Müller‹ am Rande der Felswand über der Mühle:

Es wütet der Sturm mit entsetzlicher Macht.
Die Windmühl schwankt, das Gebälk erkracht.
Hilf, Himmel, erbarme dich unser!

Der Müller kennt den Sturm und jubelt ihm zu, obwohl er weiß, daß der Sturm ihn vernichten wird:

Willkommen, willkommen, großmächtiger Wind!

Denn dieser Sturm ist die Allgewalt der Zeit, die an den Schuldigen das Gericht vollzieht und ihrer Hände Werk zerschmettert.

Am Urteil über die Schuldigen im einzelnen war dem Dichter nichts gelegen: das Urteil über sie ist Gottes Geheimnis, es erfolgt jenseits der Grenzen unseres Lebens: sie werden alle gerichtet werden, aber wir wissen nicht, wie das Urteil lauten wird, und sollen es nicht wissen. In dem Gedichte ›Traum‹ hat er diese Versuchung, zu urteilen oder das Urteil zu erfahren, überwunden. Er sieht einen gekrönten Jüngling mit Schwert und Waage vor seinem Lager stehen:

Ich bin, der kommen soll, die Zeit ist reif.
Der Tag ist aber wie die Mitternacht,
Die Gegenwart ist falsch, das Leben lügt,
Der weiß es, der die Toten reden macht.
Die Toten, deren Zeugnis mir genügt,
Sollst du verhören über diesen Streit;
Stch auf und geh, ich hab es so verfügt.
Dann tritt die Zukunft in die Wirklichkeit,
Dann schaff ich Recht in die erneute Welt
Und richte wieder ein den Lauf der Zeit.

Der Dichter folgt dem Engel in das Münster und steigt mit ihm in die Grüfte hinab; die Toten werden aufgerufen und verhört, und der Dichter ›schreibt die schweren Worte treulich nach‹. Franklin und Washington, Ludwig XVI., Rousseau, Voltaire, Necker, Mirabeau und ›ängstlich bang / das blutbefleckte Schreckbild Robespierre‹ werden geweckt und endlich Napoleon. Sein Name dröhnt durch das Gewölbe, und die Toten recken sich, ihn zu sehen, da er, ›gestützt auf des zerbrochnen Schwertes Knauf / im abgerißnen Purpur stolz und bleich‹, dem Rufe folgt. Aber der Toten werden immer mehr, so daß den Träumenden das Grausen packt; er erwacht, und schon ist ›vergessen und verschollen, was ich schrieb‹. Denn gewiß ist wohl das Gericht, unter dem die Zeit steht, aber es ist uns verborgen, und nimmer wird Menschenmund das Urteil Gottes nachsprechen. Hier, auf Erden, unter dem undurchbrechlichen Bann der Geschichte, ist die Stätte, wo die Menschen sich unter ihre Kreuze beugen sollen. Da der Dichter sich über das Gewicht des ihm auferlegten Kreuzes beklagt, wird er in eine Halle versetzt, die von Kreuzen erfüllt ist (›Die Kreuzschau‹), damit er sich ein ihm zusagendes auswähle. Er probt und verwirft, wägt ab und sucht; endlich findet er

Ein schlichtes Marterholz, nicht leicht, allein
Ihm paßlich und gerecht nach Kraft und Maß:
»Herr«, rief er, »so du willst, dies Kreuz sei mein!«
Und wie ers prüfend mit den Augen maß –
Es war dasselbe, das er sonst getragen,
Wogegen er zu murren sich vermaß.
Er lud es auf und trugs nun sonder Klagen.

So wächst die Bereitschaft für das Kreuz unter den Schicksalen, und gerade darauf beruht für den einzelnen deren Sinn. Mit diesem Blick auf das Kreuz findet der Dichter in seinem Todesjahr das letzte versöhnende Wort über die Französische Revolution; er schildert (›Die stille Gemeinde‹) die Bauern der Bretagne, die sich ihren Glauben und Gottesdienst nicht nehmen lassen wollen; hergesandte Soldaten verbrennen die Kirchen und schmähen den Heiland; nachts erglimmt ein fernes Licht auf dem Meere, und Männer, Weiber, Kinder, Greise rudern ihm entgegen. Der greise Priester erwartet sie vor dem Altare im schwankenden Nachen, und der Geächtete bringt das Opfer dar und betet für Frankreich und diejenigen, die es in ihrer Gewalt haben:

Denn dein, nicht unser Wille soll geschehen,
Dein ist die Kraft, dein ist die Herrlichkeit,
Und ewig wird allein dein Reich bestehen.
Wir Kinder Frankreichs beten allezeit:
Nicht wende du im Zorn dein Angesicht
Von unserm Land und unsrer Obrigkeit.
Geh nicht, o Herr, mit ihnen ins Gericht,
Die frevelnd sich aus deiner Hand gewunden;
Was sie getan, sie wissens selber nicht.
Ihr aber, die den Herrn zu allen Stunden
Einmütiglich bekannt und Trost hienieden
In Lieb und Glaub und Hoffnung habt gefunden,
Kehrt heim versöhnten Herzens und mit Frieden.

Mit dem Hinweis auf diese heute leider zu wenig bekannten edlen Dichtungen wurde der Versuch gemacht, die Linie anzudeuten, auf der sich Chamissos Geschichtserfahrung bewegte und auf der er die Geschichte überwunden hat. Gerade die Gegensätzlichkeit der von ihm dargestellten Sphären und Zeiten, die ungemeine Weite des Raumes, dem er seine Stoffe entnahm, spricht für die Stärke seiner Geschichtserfahrung. Dennoch könnte man von ihm wie vielleicht von manchem Dichter sagen, daß er für ein einziges Gedicht gelebt habe; es ist das Gedicht auf ›Schloß Boncourt‹, die Väterburg in der Champagne, die ihm, gerade weil sie von der Erde verschwunden war, ›treu und fest‹ im Sinne stand. In dieser Burg lebte er in Wahrheit, während er die Welt durchstreifte und sich für eine Wahlheimat entschied, deren schönes Glück und freundliche Geborgenheit die schon frühe gemachte Erfahrung des Tragischen nicht beschwichtigen konnten. Ein unergründlicher Gegensatz bestand ja zwischen dem Lebensgefühl, das er aussprach, und dem äußeren Dasein späterer Jahre: Dichtung entspringt nicht in den Ereignissen, sie ist die Erfüllung eines ursprünglichen, vor allen Ereignissen gegebenen Auftrages, der im Lebenslaufe wohl verstärkt und bestätigt werden kann, jedenfalls aber ihm wie der Künstler dem Stoffe oder dem Material gegenübersteht. In Chamissos Seele muß ein Tragisches bestanden haben; dies war er berufen auszusprechen und zu überwinden; dieser Stimmung der Seele entsprachen dann, wie so oft, die Erlebnisse, die ihn zur Gestaltung dieser Stimmung und zu deren Überwindung antrieben. In dem schlichten Gedichte auf das Schloß Boncourt ist alles Dunkle, der ganze schwere Stoff dieses Lebens wie der Zeit, verzehrt worden; der Dichter sieht wieder das Schloß vor seinen Augen schimmern und sich selbst als Knaben den Hügel hinaufeilen und durch das Tor treten; er steht am Grabe des Ahnherrn, dann verschwimmt das Bild im Schimmer der Tränen und des in die Burgkapelle flutenden Lichtes; er steht weißen Haares in der fremden Welt und segnet den Landmann, der den Pflug über den teuren Boden führt. Das untergegangene Schloß mahnt ihn an sich selbst und seine Bestimmung: er ist zum Dichter geboren, der nicht haften und nicht besitzen, der die Welt durchschweifen und singen und segnen soll. So ist die Zeit furchtbarer Erschütterung, der Verwandlung aller Lebensverhältnisse für ihn eine Zeit des Heils geworden: er verbarg sich ihre Furchtbarkeit nicht – so wenig, wie er sich die Furchtbarkeit der Menschennatur verbarg –; er nahm sie vielmehr an. Er opferte das, was ihm genommen ward, noch einmal im stillen auf und erlangte ein Herz, das frei war von den Gütern der Erde; er lernte beten für diejenigen, die unrecht getan, beugte sich in Beharrlichkeit und Geduld unter das ihm bestimmte Kreuz und trug seinen Schmerz im Vertrauen auf den immer bestehenden christlichen Sinn alles Leidens, und er gewann sich auf diese Weise als Dichter die Schönheit und Frische der Welt zurück. Am Ende fällt ein mildes, tröstliches Licht auf den Schauplatz der Geschichte, über den heillose Verwirrung dahingebraust ist: es geht vom Schmerz um das Teuerste aus, dessen Verlust eine Gnade für die geläuterte Seele ist.

DIE SENDUNG ACHIM VON ARNIMS

Wer da steht in meinem Volke,
Ist gedeckt von meinem Schild.
[Arnim, Halle und Jerusalem]

Am Pfingstfest des Jahres 1806 war Clemens Brentano von Heidelberg durch das Neckartal nach Neckarsteinach gewandert; vom flachen Turme des einen der drei Schlösser hörte er junge Mädchen Volkslieder singen – und sie sangen ihm dann alle Lieder, die er sich wünschte; im Gewölbe des andern fand er die Witwe eines Schuhflickers, die in ihrer Verlassenheit allnächtlich von einem Gespenste gequält wurde. »Wir verließen sie«, schrieb er an Achim von Arnim, »und ich dachte Deiner, denn dicht neben dem Schlosse steht einsam und allein in der ganzen Gegend eine ungeheure Kiefer. Dieser Dein herrlicher vaterländischer Baum wird Dir zu sehen viel Freude machen.« Damit empfangen wir ein Bild des Dichters Achim von Arnim, aufgefangen vom dichterischen Blick des ihn erwartenden Freundes in südlich-reicher Landschaft; es ist die Einsamkeit damit ausgedrückt, die viele Jahre später, da Werk und Leben abgeschlossen waren, Wilhelm Grimm als das Gepräge Arnims hervorheben sollte. Und es ist auch die Bestimmtheit des Jugendbildnisses darin, das der in London lebende Düsseldorfer Meister Ströhling von dem Zweiundzwanzigjährigen gemalt hat; die Stirn ist geprägt, entschieden; die ganze Haltung des Hauptes entschlossen; in den Augen dunkeln Wissen und Ahnung, »eine persönliche, wunderbare, bange Schwermut«, die, wie Brentano dem Freunde einmal bekannte [3. August 1813], als eine stete wiederkehrende Empfindung sich über den Büchern Arnims, seinen Briefen, in den Gedanken an ihn und im Umgange mit ihm aufdrängte. Und doch waren in diesem Haupte, in diesem Wesen wieder die frische, sprudelnde Kraft, an die Brentano um seiner selbst und seiner Schwester Bettine willen die Bitte richtete: »Du bist die ewige Freude in unserm Ernst, Du liebes lebendiges Salz, o schütze uns vor der Schwermut«, so wie Clemens aus der Angst um den Freund, aus der Erfahrung seines eigenen bedrohten Daseins, im Verlangen nach dem letzten zuverlässigen Beistand den Freund einmal angefleht hatte: »Halte dich um Gottes willen frei vom Gräßlichen in deinem Leben.« Dieses Wort, gestand Arnim, habe ihn »mehr als einmal gebunden« [1806]. So war das Gräßliche wohl da, oder es war nahe, aber Arnim war fest.

Eine merkwürdige Sicherheit gegenüber seiner Zeit zeichnete ihn aus. Das Reich war aufgelöst, seine Krone verloren, nachdem sie auch für die edelsten Geister ihren Glanz eingebüßt, ihre ganze verpflichtende, heiligende Kraft auf Träger und Volk nicht mehr ausgeübt hatte. »Wo Deutschland sich wiedergebiert, wer kann es sagen? Wer es in sich trägt, der fühlt es mächtig in sich regen«, schrieb er während der Arbeit am »Wunderhorn«. Und an derselben Stelle ist mit dem Plan und der Absicht der Liedersammlung des Dichters Leben und Wirken entworfen. Er spricht von der innigen Begegnung des Künstlers, ja eines jeden mit dem Volke, der »ein wichtiges allgemeines Wirken mühlos vorbereitet«: »Jeder kann da, was sonst nur wenigen aus eigner Kraft verliehen, mächtig in das Herz der Welt rufen; er sammelt sein zerstreutes Volk, wie es auch getrennt sein mag durch Sprache, Staatsvorurteile, Religionsirrtümer und müßige Neuigkeit, singend zu einer neuen Zeit unter seiner Fahne. Sei diese Fahne auch nicht gestickt mit Trophäen, vielleicht nur das zerrissene Segel der schiffenden Argonauten oder der versetzte Mantel eines armen Sängers; wer sie trägt, der suche darin keine Auszeichnung; wer ihr folgt, der finde darin seine Schuldigkeit, denn wir suchen alle etwas Höheres, das goldne Vlies, das allen gehört, was der Reichtum unsres ganzen Volkes, was seine eigene innere lebende Kunst gebildet, das Gewebe langer Zeit und mächtiger Kräfte, den Glauben und das Wissen des Volkes, was sie begleitet in Lust und Tod: Lieder, Sagen, Kunden, Sprüche, Geschichten, Prophezeiungen und Melodien. Wir wollen allen alles wiedergeben, was im vieljährigen Fortrollen seine Demantfestigkeit bewährt.«

Es ist Januar 1805, noch fast zwei Jahre vor der Katastrophe; so gewiß aber diese offenbar kommt und kommen muß, so gewiß ist die noch mögliche Überwindung hier schon vorweggenommen. Wir glauben in das Antlitz männlicher Jugend zu sehen, die unfehlbar siegen, die Zeit durchdringen, bessern wird aus der Kraft des in kühner Ahnung ergriffenen oder entschlossen gestalteten edelsten Erbes.

Aber wie sehr bleiben der Einsatz und seine Wirkungen hinter solchen Hoffnungen zurück! Gewiß, die Volkslieder klangen fort und änderten, bekehrten die Menschen, bestimmten das Denken und Erfahren, das Gepräge der Zeit; aber das dichterische Werk Achim von Arnims wurde niemals lebendig in seinem Volke. Vielleicht sei kein Deutscher so von Poesie durchdrungen wie er, schrieb ihm Clemens [1809], und die ganze Nation würde ihn ihren Dichter nennen, wollte er nur ein wenig strenger arbeiten, wollte er nur nicht selber seine Gedichte verderben, daß sie »wie zerrissene Blumenguirlanden aussehen«. Ein seltsamer, ja tragischer Widerspruch zwischen Sendung und Wirkung, Möglichkeit und Tat walten über diesem Leben und Werke und wir gestehen: wir glauben nicht, daß noch jemals gewonnen werden kann, was bisher nicht gewonnen worden ist. Rührt dies her von einem Mangel an gestaltender Kraft? Dem widersprechen doch zu viele unver-

gleichlich lebendig kraftvolle Stücke in den großen Romanen, den Balladen, Novellen und Dramen, aber auch Urteile, wie sie in den Rezensionen Wilhelm Grimms niedergelegt sind. Und doch mußte ein bedeutender Kenner [Max Koch], der die »Kronenwächter« als ein in seiner Art nicht übertroffenes Werk bezeichnete, Ende des vorigen Jahrhunderts im Vorwort zu einer Auswahl aus Arnims Dichtungen sagen: »Es gibt kaum einen neueren deutschen Dichter, über dessen Jugend wir so schlecht unterrichtet wären, wie über Arnims Bildungsgang. Ganz beispiellos vollends bleibt es, daß in der Blütezeit der literarischen Briefwechsel wir so wenig über die Entwicklung eines Mannes erfahren, dessen nächster und ziemlich umfangreicher Freundeskreis uns so wohl bekannt ist und ihn so oft erwähnt!« Inzwischen wurden freilich [von Reinhold Steig] eine Fülle von Briefen Arnims und die Antworten seiner Freunde veröffentlicht; aber das »eigne Mißgeschick«, das nach Kochs Meinung über ihm zu walten scheint, wurde nicht verdrängt; niemand vermochte es, die zerrissenen Girlanden zu verknüpfen; man gewöhnte sich fast, sie in ihrer verwirrenden Fülle und Verschlungenheit liegen zu lassen; es blieb bei den »angeblich sämtlichen Werken«, die in zwei Ausgaben bald nach des Dichters Tod erschienen und immer seltener anzutreffen sind.
In solchen Umständen liegt ein Urteil, das sich schwerlich abändern läßt; nicht die Ästhetik, das Volk spricht das Urteil, und nur wenige werden sich ihm entziehen und zu dem Werke durchzudringen suchen, das sie freilich gewiß nicht unbelohnt lassen wird. Aber die Art, wie Arnim sich seiner Zeit stellte und sie zu überwinden suchte, indem er ihrer Not begegnen wollte: sein Verhältnis zur Geschichte im geistigen Raum könnte noch immer zu einer erhebenden, bewegenden Kraft werden, unabhängig von der Problematik des Werkes, die er selber in dem an erschreckenden Wahrheiten, Selbsterkenntnissen, blitzhaften Erleuchtungen so reichen Briefwechsel mit Clemens ausgesprochen hat: »Ich fühle, daß ich einiges

der Art [des Dichterischen] in meiner Seele getragen; aber mannigfaltiges Unglück, Zerstreuung, Leichtsinn haben mich vielleicht entheiligt, vielleicht wird es hin und wieder durchscheinen, es wird nicht untergehen im ewig liebevollen Herzen, das durch alle Welt schlägt.«

Es ist ein furchtbares Geheimnis in diesem Entheiligtsein, um so furchtbarer, als es auf einem ritterlichen, hoch geachteten Menschen lastet; wir maßen uns nicht an, es enthüllen zu wollen. Arnims gestaltende Kraft zerstreute sich und erlosch vor seinem Leben, in dessen letzten Jahren der scheinbar ganz zum Landwirt gewordene, so völlig unromantische, manchen Zeitgenossen enttäuschende Gutsherr auf Wiepersdorf im Ländchen Beerwalde kein Buch mehr vorlegte; über der Arbeit auf einem ungeheuern Bauplatz hat er sich erschöpft, und nicht einmal die Pläne, Grundrisse sind mit hinreichender Deutlichkeit zu erkennen, zu oft hat er sie überzeichnet, verwischt; eine Art dämonischen Spieltriebs, schaffend-zerstörender Phantasie kreuzte den vom Herzen gehenden Strom der Gestaltungskraft und ließ nur in den Seitentälern blühendes Leben. Arnim hatte, wie Wilhelm Grimm sagte, seine eigene Weise, einer geschlossenen, in sich vollendeten Geschichte »verborgene Türen von allen Seiten zu öffnen« – oder drei Teile des Rahmens zu schaffen, den vierten aber fehlen zu lassen. Niemand wird retten, was der Dichter selbst nicht retten konnte, und doch sollten wir nicht an ihm vorübergehen und es wenigstens für eine kurze Stunde uns schwer mit ihm machen, der wohl einer der am schwersten zugänglichen Dichter unserer Sprache ist. Vielleicht hat er in gewissem Grade Notwendiges gewollt, das nicht mehr möglich war.

Wir fragen nach seiner Sendung. Sie erwuchs aus seinem Erbe und aus dessen Begegnung mit der Zeit. Aber wie widerspruchsvoll ist dieses Erbe gewesen! Das in der Altmark alteingesessene, dann nach der Uckermark und sich weiter verzweigende Geschlecht hatte sich in den Eltern des Dichters mit einem Hause abenteuerlicher Herkunft verbunden; Joachim Erdmann Arnim heiratete im Jahre 1777 die Tochter des Barons Labes auf Zernikow bei Rheinsberg; Labes dankte sich, wie der Dichter erzählte, alles selbst; er war als Knabe aus der pommerschen Heimat nach Hannover entlaufen; auf der Schule zeichnete er sich aus, so daß ihm Gönner das Studium ermöglichten; als Diplomat gelangte er zu Ansehen; er wurde vom Kaiser geadelt, heiratete im Jahre 1760 die Witwe Michael Gabriel Fredersdorfs, des Geheimkämmerers und Günstlings Friedrichs des Großen; so wurde er Herr auf Zernikow; das Gut war ein Geschenk Friedrichs an seinen Vertrauten, dessen Vermählung der König nur ungern zugelassen hatte. Auf Zernikow führte Labes ein sonderbares Leben, vertieft in den über alles geliebten Horaz, dazwischen den Förstern und den ihm besonders verhaßten Accisebeamten tolle Streiche spielend; noch am Ende seines Lebens soll er ernsthaft nach der polnischen Krone gestrebt haben. Seine Tochter schenkte dem Freiherrn von Arnim zwei Söhne, Otto und Achim, dessen Geburt im Jahre 1781 sie mit dem Leben bezahlte. Joachim Erdmann hatte als Diplomat im Dienste seines Königs begonnen; sein Musikverständnis bewog Friedrich, ihn zum Directeur des spectacles zu ernennen; auch Joachim Erdmanns ältester Sohn war künstlerisch begabt; er trat als Schriftsteller hervor und wurde später Intendant, wie es der Vater gewesen.

Konservative Kräfte verbanden sich mit künstlerischen, vielleicht auch mit einem Zug zum Abenteuerlich-Phantastischen in Achim, beschenkten ihn mit dem Reichtum ihrer Zwiespältigkeit und erlegten ihm den Kampf seines Lebens auf, der sich gegen Ende mehr und mehr zugunsten des väterlichen Familienerbes zu entscheiden schien. Eine tiefe Beziehung zum Vater scheint er nicht gefunden zu haben; er danke ihm ein »dauerhaftes Blut«, schrieb er im Jahre 1804, beim Tode des Vaters, und im übrigen nichts als Wohltaten, die er nicht verdient habe. Des Dichters eigentliche Erzieherin war die Großmutter, die Witwe Fredersdorf, die in späteren Jahren in Berlin, am Pariser Platz wohnte; dort, am Brandenburger Tore, als Zeuge fast aller wichtigen, einprägsamen Vorgänge des Staatslebens ist Arnim aufgewachsen. Die Großmutter erreichte es auch, daß Achim und sein Bruder gegen ein ursprüngliches Verbot des Königs in Göttingen studieren durften; später schickte sie ihre Enkel auf Reisen nach Prag, Süddeutschland, Österreich, Frankreich, England, nachdem sie in Zernikow einen förmlichen Reisevertrag unterzeichnet und sich verpflichtet hatten, sich des Geldspiels und Wettens zu enthalten; in Göttingen begegnete er Clemens Brentano [1801]; Arnim war es, der dort das Vivat der Studenten auf Goethe ausbrachte, als dieser auf der Durchreise im Gasthof »Zur Krone« abgestiegen war. So hatten sich zwei Beziehungen geknüpft, die des Dichters ganzes Leben durchwirken sollten.

Eine Antwort an Goethe ist der Roman »Armut, Reichtum, Schuld und Buße der Gräfin Dolores«, dessen erste Fassung der Dichter rasch, »mit großer Lust« unmittelbar nach dem Erscheinen der »Wahlverwandtschaften« [1809] schrieb, ein damals viel umstrittenes Werk, das er, auf seine Weise, durch Einschaltung fremder Bestandteile sprengte, so daß es den Charakter des Fragmentarisch-Zufälligen empfing, der der ursprünglich tiefen, ernsten Absicht keineswegs entspricht. Wilhelm Grimm spendete Beifall; Jacob Grimm lehnte ab, ja er bezeichnete die Geschichte als »unwahr«. Weniges hat Arnim, nach Brentanos Zeugnis, so niedergeschlagen wie dieser Tadel; er widersprach mit Entschiedenheit: er möge das Buch zwar flüchtig geschrieben haben, aber er habe es nicht flüchtig gedacht, vielmehr »mit aller ernsten Erfahrung der Zeit ausgestattet«. »Die Wahrheit des Ganzen kann ich nicht aufgeben ... Überhaupt habe ich mit der ängstlichen Gewissenhaftigkeit, wo das Buch die Zeit berührte, irgendein wahres Fundament unterzulegen gesucht, daß man sie immerhin für erdichtet halten mag, aber diese Zeit selbst darin in aller Wahrheit gedeutet finde«; auch das über Politik und Landesverfassung Gesagte sei das »Resultat eigner notgedrungener Erfahrung« [an Jacob Grimm, Oktober 1810].

In der Tat, es geht um die Zeit und ihre Deutung, einer Zeit, vor der es schon dem Zweiundzwanzigjährigen geschaudert hatte als dem »allgemeinen Abgrund«. Symbol der Auflösung, der kranken Macht und Ordnung sind die verlassenen, verfallenden Schlösser; der Verfall reicht weit zurück; er steht in Zusammenhang mit sittlicher Verfehlung; gerade darin liegt die Gnade der Zeit beschlossen; denn wo die Einsicht durchbricht in das Versagen des menschlichen Willens, der durchaus als frei und verantwortlich aufgefaßt wird, da ist auch die Möglichkeit einer Besserung. »Auch bin ich nicht frech«, sagt Graf Karl, der Held des Romans, »unsere Zeit schlimmer zu nennen als jede andre; aber das weiß ich, sie trägt der Vorzeit schwere Sünde, und diese abzubüßen ist ihr hohes Verdienst.« Es gilt, der Zeit sich zu stellen: »Aber keiner vermag es, seiner Zeit zu entfliehen, wie noch keiner seine Mutter verleugnen konnte, ehe er geboren.«

Das zentrale Gebrechen, an dem die Not der Zeit sich darstellt, ist der Ehebruch. Goethe hatte in den »Wahlverwandtschaften« die Unverletzlichkeit der Ehe ausgesprochen; aber die Aussage – von einer Lösung kann wohl nicht gesprochen werden – befriedigte Arnim offenbar nicht. Die unglücklich Liebenden erleiden ein tragisches Geschick an dem undurchbrechlichen Gesetz; sie werden nebeneinander bestattet unter der Verheißung glücklicher Vereinigung in der andern Welt, wo dieses strenge Gesetz nicht gilt. Ist dem so, dann ist die Ehe eine Stiftung allein für das irdische Leben; ihre Verletzung wird *hier* wohl geahndet, *dort* aber nicht. Die Ehe ist nicht ein Bund für die Ewigkeit, in dem einer des andern Heil mitwirken soll und für dieses Heil verantwortlich ist, in dem Mann und Weib durch einander selig werden sollen. Arnim versteht die Ehe unter dem Schutz und der Macht des Sakralen: in den Ring, den Graf Karl seiner Braut zur Verlobung schenkt – es ist ein Erbstück aus der Nachlassenschaft seiner

Mutter –, sind die Bilder der zwölf Apostel geschnitten, und in ihrer Mitte glänzt Christus »in einem Strahlenscheine hoch erhaben, in seinen Händen Kelch und Brot«; dieser Ring geht verloren, wird endlich, nach dem Tode der Gräfin wiedergefunden und gelangt wieder in des Grafen Hand; nun wendet er alle Liebe, die er einst der Verstorbenen geschenkt, dem »ewigen, göttlichen Vorbilde aller Leidenden« zu: indem er die Ehe schloß, hat er sich Christus verpflichtet und seine Liebe für immer vergeben. Der Tod an sich kann darum keine Sühne für den Ehebruch sein – so wenig der Untergang eine Sühne wäre für die Frevel der Zeit: nur Buße stellt die Ordnung wieder her. »Die Buße ist die höchste Kraft und Auszeichnung des Menschen.« Die Gräfin büßte nach Versöhnung mit dem Gatten durch hingebende Liebe zu den ihr nun geschenkten Kindern, in täglicher tätiger Fürsorge für diese ihre »Abbilder im Spiegel Gottes«.

Ehebruch bedroht den Weltbestand; er geschieht durch eine »fürchterliche Stärke« im Menschen, und diese Stärke muß vernichtet werden, wenn die Welt bestehen soll. In der Ehebrecherin war von Anfang an das radikal Böse verborgen; es kündigte sich an im Frevel am Heiligen. Mit dem Verlobungsring hatte der Graf seiner Braut in Klöstern gearbeitete Heiligenbilder geschenkt. Einige Tage darauf fand er sie, wie sie, die sich vor Lachen nicht zu halten wußte, »die Heiligen mit Schnurrbärten und Schönpflästerchen schrecklich bemalte«. – »Ich glaube, der Teufel lacht aus dir«, ruft er, außer sich aus dem Zimmer stürzend; dann bereut er diese Worte. »Aber die Heiligkeit der Wahrheit durchzuckte ihn auf einmal, auch sein höchstes Glück wollte er keiner Lüge danken.« Dieses Bösen fürchterliche Stärke wird gebrochen durch Leid; entsühnt werden kann es nur im Sakrament, zu dem die Gatten von ihrer Schuld gezogen werden. Denn auch der Graf wird schuldig, da er sich von der Gattin töten lassen will und sie bewegt, ein Gewehr auf ihn abzudrücken, ohne daß sie weiß, daß es geladen ist. Erst der Schwerverwundete, langsam Genesende wird aufmerksam auf seines Körpers »wunderbaren Bau, auf dessen Mitleben mit aller Welt, wie die Schmerzen mit den Stunden kamen und dem Einflusse ferner Kräuter wichen«. Er erkennt die Ordnung Gottes, an der er gefrevelt hat. Im Beichtstuhl begegnen sich die Gatten zum erstenmal wieder; da Karl eben niederkniet, sieht er Dolores sich auf der andern Seite entfernen. Vor dem Bilde der heiligen Magdalena beginnen sie sich zu versöhnen.

Dies war Arnims Antwort an den von ihm so hochverehrten Dichter der »Wahlverwandtschaften«; gewiß konnte sie sich an künstlerischem Werte mit dem Vorwurf nicht messen, wohl aber an Ernst der Sittlichkeit, des Glaubens, der Einsicht. Auch für ihn liegt der Ursprung der Schuld im Verborgenen, im Gedanken, im Geiste; dies kommt bei Betrachtung des Schlosses zur Sprache, das der Prinz von Palagonien sich gebaut hat, eines absurden Baus, in dem keine Mauer gerade ist, kein Fenster dem andern gleich und dessen schiefe, abstehende Tür, ja ganze Mauer mit den ekelhaftesten in Marmor gehauenen Chimären ordnungslos überzogen ist.

»Der Graf meinte eine eigne Gedankenunzucht darin zu entdecken; er glaubte, daß ein Mensch allmählich in solcher heimlichen Lust, alles Ekelhafte sich zu denken, weil es niemand in seiner Äußerung leiden würde, zu so einer fixierten Verdrehung alles Kunstsinns gelangen könne; ›wunderten wir uns doch oft‹, sagte er, ›über unerklärlich leidenschaftliche Liebe zwischen ganz Ungleichartigen, die in ihrer Verbindung noch ärger wie dieser Palast erschrecken, aber keiner läßt sich träumen, welche geistige Zwischenglieder sie ganz natürlich verbinden; es ist nichts heiliger in der Welt als die Gedanken, und nichts muß heiliger gehalten werden; manche Sünder erscheinen da schuldlos gegen die scheinbar guten und frommen Seelen, so entzieht ihnen auch der Heilige Geist ihre Kunstgaben nicht, während jene in sich aussterben und verarmen‹.«

So droht immer wieder das Dämonisch-Chaotische herein; die Zeit ist »entartet« und am schlimmsten in den oberen Ordnun-

gen. Mit der Aussicht auf politischen Einfluß ließ sich Dolores von dem Verführer gewinnen; verbrecherischer politischer Ehrgeiz ist unter den stärksten zerrüttenden Kräften. Von seinem Vertreter, dem Ritter Brülar, wird gesagt:
»Lustig war der Ritter nur in seinem Äußeren, aber das unterschied sie nicht; sein Inneres war von der Zeit fürchterlich zerrissen, die ihn mit Anlagen, Kenntnissen und Geschicklichkeiten, welche zu den ersten Stellen führen konnten, plötzlich arm gemacht und in Länder verbannt hatte, deren Sprache er nicht einmal hören, viel weniger lernen mochte, von deren Treiben er gar keinen Begriff hatte und sie darum in sich verspottete, während er sich der Leute durch Artigkeit zu bemächtigen wußte. Seiner politischen Meinung hing er mit ganzer Seele an; man lobte sie; aber nirgend sah er sie mit Ernst durchgeführt, obgleich manche den Schein davon annahmen; aus Überdruß und um davon zu leben, überließ er sich der Bekanntschaft reicher Frauen, doch eben der Überdruß und endlich die Erschöpfung trieben ihn auch hievon zurück; er wollte ein Philosoph sein und heißen, und dieses Spekulieren brachte ihn wieder ganz in die Gewalt seines politischen Elements. Da er nirgend seine Gedanken in Ausübung bringen konnte, was er den Fürsten und Regierungen sehr übel deutete, so machte er sich, unabhängig von allen bestehenden Staaten, eine eigene politische Einwirkung und Verbindung; Völker hatte er nie geachtet, nur Systeme und Grundsätze; er vertraute sich so wenig wie möglich, er wollte die Menschen ohne ihr Mitwissen zum Glücke hinbetrügen. Seine Pläne waren weit aussehend: zuerst mußte er den Menschen die Künste verleiden, damit sie sich der Verzweiflung ganz hingeben und dem blinden Wirken.« So wird Verzweiflung bewußt herbeigeführt; auf ihr läßt sich die Macht derer gründen, die nicht herrschen sollen.
Aber die Gnade läßt von dieser Welt nicht; aus schuldigem Bunde kann die Unschuld hervorgehen, die versöhnt und heiligt; Schuld entdeckt sich im Schlafe, entsühnt sich am Ende

noch einmal durch ein Bekenntnis; in der Schuld selber ist ein Gesetz, das zur Sühne drängt; sie schafft, so lange sie verborgen ist, Mißverständnisse, falsche Deutungen, bis sie als Ursache aller Verwicklungen erkannt und ausgesprochen wird. Denn unverletzt, ja unantastbar ist das Bild des Menschen:

»Der Mensch steht aufgerichtet in der Welt, daß er sich umschaue mit offenen Augen; oft will er sich begnügen mit seinem Kreise, aber die Not treibt ihn gewaltsam auf die Höhen, die seinen Blick erst beschränkten; da strahlt ihm das Licht der Welt, sie liegt unter ihm, die dunkle Erde scheint leuchtend, oben umschließt ihn das ewige Blau. Zu dem Lichte möchte der Mensch dann aufsteigen, da beweist ihm die irdische Schwere schwindelnd in ihm ihre letzte Macht. Er fühlt, daß sie ihn nicht zu schanden werden lasse. Da scheidet sich sein Wesen, das Blut aus tiefem irdischen Triebe aufwallend zur höheren reinen Luft füllt den betenden, dürstenden Mund, der Mensch stürzt nieder, sein Göttliches steigt empor – dies ist der Tod auf den Höhen der Welt, so beschreiben ihn die Reisenden, die hohe Berge bestiegen.«

Aber »Ein Tag innerer Versündigung kann den Menschen um ein halbes Jahrhundert an Geist, Erkenntnis und Durchdringen alles Lebendigen schwächen und veralten«.

Ordnung ist allein im lebendigen Ganzen. Auch der größte Einzelne ist hinfällig, »ohne ein dauerndes Bestehen seines Volkes«. Der Glaube muß einstehen für das *ganze* Leben und seine Ordnung, für alle Not der Welt; an der Treue zu des Volkes Glauben werden wir gemessen:

»Vertraue deinem Volke in der Liebe und im Tode: das ist der Glaube, das wird zur Tat.

Wer seines Volkes Glauben im Glücke leichtsinnig vergißt, in der Not verläßt, den wird Gott in seiner letzten Not vergessen und in seinem Glücke verloren gehen lassen. Hat unsre Zeit, hat unser Volk einen Glauben? wehe ihnen! wenn sie keinen haben; aber sie erkennen noch heilige Schriften und heilige Gebräuche. Da steht geschrieben: die Ehe soll ehrlich gehalten werden, die Übertreter richtet Gott und schlägt sie in ihrer Blüte darnieder, daß sie nicht Frucht bringen des Verderbens.«

Auch dies ist sicherlich als Antwort gemeint; Ehebruch ist keineswegs nur eine personale Schuld, sondern eine Mitschuld am sittlichen Niedergang aller; unheilige Gedanken bereiten ihn vor. Darum liegt eine unermeßliche Verantwortung in der Heilighaltung der Gedanken, in der Scheu vor der inneren Versündigung: sie wirken sich aus in der Geschichte für Zeit und Ewigkeit: sie schaffen das Klima der Läuterung wie umgekehrt unheilige Gedanken dem geschichtlichen Fall vorausgehen.

Mag die Handlung unwahrscheinlich, die Ausführung ungleich, die Linienführung der Psychologie zerrissen sein: Wahrheit von Zeit und Geschichte, von Schuld und Sühne, der Verflechtung beider in das Ganze, von der Ganzheit des Lebens überhaupt und von der geschichtlichen Vormacht des Geistes sind in dem Buche. »Was herrlich im allgemeinen Leben, das denket alles in Gott«, diese Überzeugung wollte der Dichter vertreten, ausdrücklich, wie er sagte, nur Vorgänge berichtend, die »belehren« konnten; seine Kunst erwartete vom Sittlichen ihre Aufgabe und wirkende Kraft; sie stellte sich gegen die Dämonen, von denen er wohl wußte, daß eine jede Zeit deren besondere hat. Das Bezeichnende dieser »Antwort« ist vielleicht der unwiderstehliche Drang zum Ganzen, wie er noch zuerst in einem Menschen aufkommen konnte, dessen Vorfahren bewußt in der Geschichte standen und wirkten. Er sah wohl, daß dieses Amt sich veränderte, Rechte fielen und zugleich eine neue Aufgabe gestellt war: welcher Art diese Aufgabe sei, ist wohl die bangste Frage des Buches; aber die Antwort ist klar, siegesbewußt, opferfreudig und damit ritterlich. Was bisher den adligen Häusern eigen war, das soll nun aller Eigentum werden: es gilt »alle Welt zu adeln«; der Geist des Rittertums soll des Volkes Geist werden. Es sollte die neue Bestimmung, die Rettung des Adels sein, daß er sich unbedingt hingab an das Ganze und den Geist, der ihn geprägt in die Sinnesart des Volkes einmünden ließ; konnte Adel nicht mehr sein wie bisher, so mußte das Volk adlig werden; denn auf das Ritterliche kann die Welt nicht verzichten. Das alte Rittertum sei untergegangen, schrieb Arnim an Brentano nach der Schlacht von Auerstädt [17. November 1806]; ein neues möge beginnen. Darum wird von dem Grafen Karl in dem Romane gesagt: »Von der künftigen Zeit hoffte er alles«; darum nahm er sich mit besonderer Gewissenhaftigkeit der Schulen an, in dem Fall nicht mehr zu behauptender Eigenrechte die Möglichkeit der Veredelung seines Volkes, ja der Menschheit und seine besondere, genau begrenzte Bestimmung in diesem Vorgang erblickend. So geht auch Dolores vom Persönlichen zum Ganzen: sie konnte als junges Mädchen keinen andern Menschen lieben, nur sich selber; am Ende empfängt sie das Sakrament aus den Händen des Sohnes, wird sie zu einer Art Sternbild erhabener Mutterschaft. Damit hat der Dichter zum mindesten in der Zielsetzung die Revolution auf hochsinnige Weise bezwungen, beantwortet, einige Jahre vor Eichendorff, dessen Roman »Ahnung und Gegenwart« bei aller Eigenständigkeit der Herkunft und Eigentümlichkeit der historischen Prophetie bis in Einzelheiten der Psychologie, ja des Gedankens und Ausdrucks, von Arnim beeinflußt ist. Lassen wir uns nicht von dem Rankenwerk, dem Spiel und der Glut der Phantasie, der Eigenart und Gemäßheit der Bilder täuschen: in dem Werke lebt ein Bewußtsein von der geschichtlichen Sendung des Dichters, seiner besonderen Stunde, seiner Berufung im religiösen sittlichen Gange der Menschheit, wie es nicht männlicher, ja herber gedacht werden kann.

Wieviel Bleibendes in der Haltung, in der Erkenntnis hier auch niedergelegt ist, wievieles, das nicht mehr vergessen werden darf, wenn ein Volk es sich einmal errungen hat – denn ohne das Einwirken des Ganzen und seiner Erfahrungen entstehen solche Werke nicht –, es war doch in noch höherem Sinne ein

Versprechen. Mit den »Kronenwächtern«, die er im Jahre 1817 vorlegte, machte Arnim den Versuch, es einzulösen; wenigstens den Entwurf des Versuches, denn das Veröffentlichte war nur ein Anfang. Freilich hatte sich sein Standort verändert. Das Weltbild, selbst das Lebensgefühl des ersten Romans ist katholisch; wenn eine Person des späteren Romanes sagt, daß Luther die Stimme unseres Volkes, ja Gottes sei, so dürfte das der Dichter selber gesagt haben. Das Problem aber ist dasselbe: die vollkommene Ordnung des geschichtlichen Daseins und Zusammenhangs aus dem Glauben, die das Leben bewahrende, fruchtbare Bewältigung der Revolution. Das Erbe soll gerettet werden, indem es umgewandelt wird, die Zeit in ihrer gnadenhaften Möglichkeit verstanden und erfüllt werden durch den Einsatz des umgewandelten Erbes. Aber nun ist das beherrschende Symbol, mehr als das: der heilige Gegenstand gefunden, der Handlung, Zeitalter, Geschichte überleuchtet: es ist die Krone.

Die »Kronenwächter« sind das bis an die Grenze des Mythischen gesteigerte Gedicht von der Krone des Reiches, ja der Menschheit überhaupt, eine Konzeption, die im Gebiet des historischen deutschen Romans wohl kaum ihresgleichen haben dürfte. Die Krone ist versunken. Wie kann sie wieder erhoben werden? Es ist Reformationszeit; wohl herrscht der Kaiser; aber gegen die »Strahlenbilder fleckenloser Vollendung« kann er sich vor den Wissenden nicht behaupten. Er ist erfüllt von großen Plänen, bestürzenden neuartigen Gedanken; »wie eine Erdbeerpflanze« wurzelt er sich an zehn Stellen an, in Ungarn, Böhmen, Spanien, Portugal; vielleicht will er gar noch Papst werden und das Papsttum erblich machen, aus seinen Landsknechten einen geistlichen Ritterorden bilden, der ihm den Adel ersetzen soll, weil dieser Adel noch um einige Jahrhunderte zurücksteht und für die Zeit, in der sich der Handel gebieterisch über die Welt hin ausbreitet und ein neues Kriegswesen aufkommt, nicht zu gebrauchen ist. Er zeigt eine Liebenswürdigkeit, wie sie nur Fürsten eigen ist, so

etwa, wenn er die Braut des schönen Markgrafen Kasimir anredet:
»Nicht wahr, liebe Tochter, wir haben gut gewählt; wir gedenken heut bei euch beiden, daß wir auch einmal jung waren und freiten und in der Welt wie in einem Baum voll reifer Kirschen gegen die Sonne gedeckt zu sitzen glaubten; aber die Kirschenzeit ist kurz, am Ende beißt man mit stumpfen Zähnen die Kerne auf, die man erst weggeworfen, und die Jahre vergehen wie die Tage, sonst war mir die Sonne zu warm, und jetzt zu kalt.«
Aber er verliert sich »an das Schauen von unnützen Prachtzügen, von Jagden, Fischereien«; er ist unruhig; gefährliche verborgene Feinde sind da, wirken gegen ihn. Seine Macht ist nicht eigentlich legal; noch lebt das echte Kaisergeschlecht, die Hohenstaufen, in seinen verborgenen Sprossen. Denn »kein Stamm geht unter, aber erst wenn feindliche Stämme sich innerlich versöhnen und verbinden, wird der Friede kommen auf Erden«.
Diese Verbindung hindern die Kronenwächter, eine unheimliche, in ihren Verschworenen fast allgegenwärtige Macht; sie hausen in der Kronenburg, einem unzugänglichen Sitze, der einmal dem Kaiser, da er sich auf der Gemsenjagd verstieg, wie ein Traumbild erschien. Sie ist wie ein Gegenbild des Montsalvatsch; denn nicht das Heil geht von ihr aus, das die Edeln verbindet, dem Unrecht wehrt, sondern die Beharrung, die das Lebendige nicht zusammenwachsen läßt. Die Kronenwächter sind das starre Prinzip, das einen in der Geschichte gebildeten Wert als unveränderlich behaupten will und damit dem Satz entgegen ist, den Jacob Grimm einmal, in einem Briefe an Arnim [1811] als den »höchsten historischen Satz« bezeichnete: Gott spricht aus der Geschichte. In der Gewalt der Kronenwächter sind die Nachfahren der Hohenstaufen: Berthold, der Bürgermeister von Waiblingen, der als Kind mit den Zeichen geheimnisvollen Ursprungs dem Stadttürmer überantwortet wurde. Wie dieser heimliche Kaiser als

Knabe angezogen wird vom Erbe der Ahnen, dem verfallenen Palast der Väter; wie er dann versinkt in der bürgerlichen Welt, im Ahnenschloß eine Fabrik anlegt und hinkrankt im alltäglichen Wirken als Bürgermeister der Stadt, im Widerspruch zu seiner tiefsten Natur, aber bewegt von den Tendenzen seiner Zeit; wie er unter der Magie Dr. Fausts zu neuem Leben erstarkt, mehr und mehr ritterlich, fürstlich wird bis zum Aufbruch in das Große, der Lösung vom Bürgertum:

Vertrau dem Wort in deiner Seele,
Das dir nicht eigen, du bist sein,

welchem Aufbruch rasch der Tod folgt »in den gewölbten Grabhallen, wo die Hohenstaufen unter einfachen, gehauenen Grabsteinen ruhten«: dies ist erschütternd gestaltet. Das bürgerliche Leben des Kaiserenkels ist kein eigentliches Leben; er ist mit ihm »gar schrecklich betrogen« und hat am Ende keinen andern Wunsch, als auszusterben und bei den Toten zu sein. Dies ist das Bild der Zeit: der zur Krone Berufene geht verkleidet, erniedrigt im bürgerlichen Gewand; Magie hielt ihn im Leben, das kein wahres Leben war; er meinte glücklich zu sein und war's doch nicht, weil er als Bürger gar nicht glücklich sein konnte; bei den Toten ist sein Ort. Der Kaiser aber, der die Krone trägt, ist ihr nicht völlig gemäß, versteht auch ihr Wesen, ihre Sendung nicht; schon sein Helm beweist es, auf dem der zweiköpfige Adler seine Jungen in der Krone ausbrütet – zum Zeichen, daß sie erblich werden soll. Beide, Berthold und der Kaiser, verfehlen, jeder auf seine Weise, die Vereinigung des Alten mit dem Neuen, die Bewahrung, Wiedergewinnung des Erbes durch dessen rechte Wandlung. Berthold verkümmert unter dem Druck der Zeit, in der doch etwas Großes beschlossen ist: das Neue, Kühne, das getan werden soll, der Vollzug der Krone. Der Kaiser kann nicht völlig sicher werden; denn er hat nicht Recht. »Alltägliches und Sonntägliches, Haus und Kirche« müßten »aus einem Stück gebildet« sein. Aber das kann nur geschehen, wenn die Krone frei wird aus der Gewalt der Kronenwächter und die Kronenburg stürzt; wenn das Kaisergeschlecht sich losringt aus einer jeden Haft, und die Krone leuchtet über allen, weil sie *in* allen erhoben ist; wenn das Volk geadelt wird zur geistigen Würde der Krone, zu königlichem Menschentum. Dies war Arnims Traum, an dem das Gedicht sich verzehrte, so daß es Fragment geblieben ist: »nur durch geistige Bildung könne die Krone Deutschlands wieder errungen werden«; nur von ihr war das »große, friedliche, gemeinsame Leben« zu erwarten, das es vermöchte, einen jeden Gegenstand, das Alltägliche wie das Einmalige, auszuformen, zu vollenden. Eine Zeit sollte durch die dichterische Gestaltung vorbereitet werden, in der die Strahlkraft der versunkenen, gewaltsam verschlossenen Krone entbunden wäre, um das ganze Dasein des Volkes zu beleben, zu erhöhen. Aber die dichterische Kraft, die diese Berufung ahnte, war zu einsam; die Aufgaben, auf die sie stieß, waren erdrückend und unerbittlich wie Felswände. Das ganze Volk hätte seinem Dichter helfen, hätte mit ihm dichten müssen, um auf den Wegen des Geistes in diese Wirklichkeit durchzubrechen – und das Volk verstand ihn nicht; vielleicht auch konnte er sich nicht recht verständlich machen, wenigstens nicht auf herzbewegende, begeisternd-fortreißende Weise – obwohl er sich doch die Kraft errungen hatte, in Bildern, nicht mehr durch Gedanken, zu sprechen. Das höchste, das wir ihm zu danken haben, ist sein Glaube an das Unerhörte: daran, daß es möglich sei und kommen müsse. Dieser Glaube strahlt uns heute reiner, vielleicht auch furchtbarer als einem Geschlechte, das meinte, Arnims Ahnung sei im Jahre 1870 erfüllt worden, ein Mißverständnis, das eben so nahe lag, wie es abgründig war. Denn eben die Umwandlung des Geistes aus dem Geiste der Krone war damals nicht geschehen; unzugänglicher denn je war die Kronenburg geworden, auch ihr Spiegelbild erschien nicht mehr in den Lüften, und der Name der Krone, die nicht untergeht, auch wenn sie nicht mehr gefunden werden sollte, war an das Gewaltsam-Vergängliche, für den Augenblick Mächtige gefallen. Der Dichter aber hatte so kühn gebaut, daß Generationen hinwegschritten unter seiner Brücke – ohne die Brücke noch wahrzunehmen –, geschweige den Strand, nach dem sie strebte.

Er war dennoch kein Träumer, sondern ein Seher, zugewandt einer Wirklichkeit, vor der die lärmende Zeit Schein ist, weil diese Wirklichkeit das höchste fordert von Mensch und Volk und ihnen erst in Wahrheit gemäß ist als die in ihnen beschlossene, Tat und Form gewordene Ordnung des gesamten Lebens. So blieben die »Kronenwächter« ein Gedicht, das in der Nacht spielt; aber gerade ein solches Gedicht, schrieb Wilhelm Grimm einmal [1810], müsse »auch das Morgenrot verkündigen«. Und aus derselben Gesinnung hat der große Forscher nach dem Tode des Dichters dessen ganzes Wesen ausgesprochen mit den Worten:

»Sein Urteil war fest, aber seine Gesinnung mild: auch dem Geringsten gönnte er Sonnenschein und Wachstum. Allem Parteiwesen fremd, hat er den Spaltungen der Zeit gegenüber die edelste Unabhängigkeit bewahrt. Er war kein Dichter der Verzweiflung, der an der Pein innerer Zerrissenheit sich ergötzt: über Verwirrung und Dunkel erhob er sich, wie die Lerche, zur Abendröte, um die letzten Sonnenstrahlen mit Gesang zu grüßen und auf den kommenden Tag zu hoffen.«

Freilich fügte Wilhelm Grimm Arnims Klage an, daß das Beste, was er in seinen Gedanken gewälzt, mit ihm zu Grab gehen werde, weil er nicht das Geschick habe, alles in Worten, »nach Maß und Zahl zu fassen«. Gewiß: Maß und Zahl waren ihm versagt, aber auch die Zeit. »So vertrauern edle Pflanzen in hartem ungewohntem Boden«, sagte Grimm in der Rezension der »Kronenwächter« von Arnims Helden Berthold; und, wie er an einer andern Stelle sagte: »Nie hat ein Zauberstab, der ohne Zusammenhang schafft, etwas Freudiges und Dauerndes geschaffen.« Und doch erwiesen sich Art und Gesinnung als unzerstörbare, den Gang des Lebens lenkende, seine Fügungen mitbewirkende, mitheranziehende Kraft. »Wir fühlen«, sagt Wilhelm Grimm vom Helden, »daß er seinem Ende entgegengehen darf, wir sehen auch, daß, auf den Thron erhoben oder in die Mitte des Lebens verschwunden, die Geschicke den Königlichen immer königlich bedienen.« Hier war das Geistige der Geschichte ergriffen, »Geschichte vom Feuer gereinigt«, wie es die Aufgabe der epischen Kunst ist, hier war die tiefe Verwandtschaft zwischen Geschichte und Poesie erfahren, hatte sich die Poesie, in der Königsmacht ihrer Verantwortung und eingedenk dieser Verwandtschaft, zur Wegbereiterin der Geschichte erhoben und das Volk aufgerufen zum Höchsten.

Vergessen wir, die wir uns überwältigt fühlen von der Geschichte, diesen Aufruf nicht! Vielleicht bedroht und bedrückt sie uns nur in solchem Maße, weil wir den rechten Glauben an den Geist nicht mehr finden, nicht ganz Ernst machen mit diesem Glauben, weil wir Fabriken und Handlungen anlegen in den zertrümmerten Königspalästen unserer Vergangenheit und uns bereitgefunden haben, die Krone unseres Adels den Kronenwächtern zu überlassen. Wir hatten einen Dichter, der es anders mit uns meinte, der uns frei und königlich wollte in einer zwiespältigen Zeit; darum muß er uns auch in einem zwiespältigen Bilde erscheinen: als die Pflanze, die erstorben ist in ungewohntem Boden; als die ernste Kiefer, die noch immer kräftig grünt neben dem verfallenen Schlosse der Zeiten in ihrer Eigenart, umtönt von dem Liede der Seele, die ihre Heimat und Bestimmung nicht vergessen kann – und nicht vergessen soll.

So ist Arnim zum Kronenwächter geworden, aber im bejahenden Sinne; er wollte das Kleinod seines Adels und Erbes nicht besitzen und verschließen und damit die zusammenstrebenden Kräfte hemmen; sondern er trat in die Zeit, die er in ihrer Furchtbarkeit doch nicht zu schelten wagte und gab sich ihr hin, alles daransetzend, daß der Geist, der Edles geschaffen, alle veredle und erhebe. Er lebte sein Rittertum als Opferbereitschaft und Opfer und bewies damit die Unzerstörbarkeit der ihm überkommenen Form, aber auch ihre Verwandtschaft mit der Kunst, die in die Zeit gerufen ist, um sie zugleich zu bestreiten und zu durchleuchten und den Menschen unter aller Gewalt der Not und Wandlung an das Königsrecht seiner Freiheit zu erinnern und diesem zu verpflichten. Bewegt vom Geschichtlichen, vom Dasein im großen Zusammenhang der Lebenden und Toten, das des Dichters ganzes Leben war, suchte er die Kronenburg zu brechen, in der Erbe und Kunst gefangen waren, und die Menschenkrone zu befreien und zu erheben, auf daß eine jede Stirn verklärt, ein jedes Herz erleuchtet werde von ihrem Licht.

ERWORBENES ERBE
ANNETTE VON DROSTE

Das halbe Jahrhundert, das der Droste als Lebenszeit bestimmt war, ist erfüllt von gewaltigen Veränderungen. Die Auswirkungen der Französischen Revolution und die Gegenbewegungen, die sie auslöste, beruhigten sich nicht; jetzt erst stellte jenes Ereignis die Deutschen vor unausweichliche Aufgaben. Im Alter von fünfzig Jahren starb Annette von Droste im Jahr der ersten deutschen Revolution. Setzen wir die Bilder der stillen, von Weihern umspiegelten Landsitze im Münsterschen und Paderbornischen Lande, wo die Dichterin aufwuchs, der quälenden, suchenden Unruhe der Städte gegenüber, suchen wir uns zu vergegenwärtigen, welche Fülle neuer Erscheinungen das geistige Leben aufwarf, so ahnen wir die Aufgabe, der die Dichterin begegnete. Wohl lag eine unbestimmte, beklemmende Stille noch über allem; in den äußeren Formen veränderte sich noch nicht allzuviel; aber verwandelnde Geistesmächte, der Wellenschlag dessen, was geschehen war, drangen durch alle Fugen ein; die Dichterin, ihre Angehörigen und Freunde wurden auf vielfache Weise in diesen Wandel gezogen. Die geistliche Landeshoheit war gefallen, nachdem Blücher 1802 in Münster eingerückt war, das Land an eine im Grunde fremde Hauptstadt, einen Herrscher andern Bekenntnisses verwiesen, sein Geschick abhängig von den Umwandlungen, die in dieser Hauptstadt sich vorbereiteten. Schwer nur können wir uns in die Lebensbestimmung eines uns um hundert Jahre vorausgegangenen Geschlechtes versetzen, aber das Gefühl einer Bedrohung, eines bevorstehenden Abschiedes wird wohl nicht von den Menschen gewichen sein, die sich in den Lebensformen der Väter behaupten wollten. Freilich war die Zeit reich an Verheißungen und Hoffnungen, an Rechten, die weder damals noch heute eingelöst wurden, aber es fehlte auch nicht an der Ahnung, daß ein Stürzen und Sinken ohne Ende begonnen haben könnte; wenn die Dichterin von ihrem Vater sagt, daß er »gar adlig« ausgesehen habe, »gnädig und lehnsherrlich«, so spüren wir wohl: dergleichen Gestalten schwinden für immer; die Sicherheit und Ursprünglichkeit, mit denen dieser Herr noch Herr zu sein, zu urteilen, zu schalten wagt, wird nicht lange mehr währen können. Die Dichter ritterlicher Abkunft, sei es Chamisso, dem die Revolution die ehrwürdige Heimat nahm, Eichendorff, der das geliebte Erbe gleichfalls einbüßte, Novalis oder Arnim, aber auch die Österreicher wie Anastasius Grün wußten es alle, daß ihnen ein Abschied auferlegt wurde, aber ein Abschied im Sinne der Rettung letzter, unveräußerlicher Werte. Sie standen nicht eigentlich gegen die Zeit; sie wollten nicht halten, was nicht mehr zu halten war, aber sie erkannten doch, daß man das Vermächtnis der Jahrhunderte oder eines Jahrtausends nicht mehr verstand und daß diese Hinterlassenschaft nicht aufgegeben werden durfte. Wenigstens einen geistigen Gehalt mußte das Vermächtnis haben, der denen anvertraut war, die wirklich vom Vermächtnis wußten.

Vielleicht waren nicht viele bedeutende Menschen des neunzehnten Jahrhunderts in solchem Maße vom Erbe durchdrungen, geprägt wie die Droste. Die Rettung des Erbes, dessen, was vom Erbe zu retten ihr Auftrag war, könnte eine ihrer großen Leistungen sein, die es vielleicht rechtfertigen, daß wir ihr Werk einmal mit Bezug auf das Verhältnis zum Erbe betrachten, ohne damit im mindesten die Zusammenfassung ihrer gesamten Aussage oder die Würdigung des künstlerischen Wertes anzustreben. Die geleistete Rettung ist uns besonders nahe oder sollte uns doch nahe sein; denn auch wir sind noch Erben, freilich eines um hundert Jahre gesunkenen, vergeudeten Gutes; auch unser Geschlecht könnte nach hundert Jahren gefragt werden, was es mit dem armen Erbe angefangen hat, das ihm zugefallen ist. Erbe sein: das kann ja nur heißen, das Vermächtnis wieder erwerben für die Zeit, in die es geworfen worden ist, nicht besitzen, wie man gestern besaß, sondern einsetzen unter dem Gebot der Stunde; es heißt, das Unveräußerliche erkennen ohne falsche Liebe zu dem, was entbehrt werden kann, und diesen innersten Samenkern des Erbes einsenken in den Acker unserer Zeit, unter der Gunst oder Ungunst der Stunde. Nur wenn wir das Überkommene zur Wirkung an der Stelle gewinnen, an die wir gewiesen sind, werden wir ihm gerecht. Wir müssen also des Erbes überzeitlichen Wert verstanden und die Zeit erkannt haben, an die es fiel.

Die Frage ist: was erben wir wirklich? Was wurde uns als neu zu gewinnendes, zur Wirkung berufenes Eigentum übergeben? Es ist ein Dreifaches: der Glaube, den wir antreten als Glieder der Kirche, das Ganze der Welt und Welterfahrung, die Erbe jedes Menschen ist, und die Tradition des geschichtlichen Zusammenhangs, in den Volk, Stamm, Landschaft, Familie uns gerufen haben, die alle wieder in größeren Zusammenhängen stehen und an sie verpflichtet sind. Gegenüber diesen drei Ordnungen von Werten und den von ihnen ausgehenden Verpflichtungen tritt die irdische Habe weit zurück; ihre Gültigkeit, das ihr gesetzte Maß werden von den geistigen Ordnungen regiert, die wir übernehmen und vollziehen müssen und von sozialen Verpflichtungen, die sich unaufhaltsam verändern, bestimmt. Ihre Anerkennung, Aberkennung, Einschränkung hängt von der Bejahung oder Verleugnung höherer Werte ab; nicht von der Gewalt, aber von den Veränderungen geistiger und sittlicher Werte müssen sie verändert werden.

Annette von Droste lebte durchaus in ihrem Stand. Insofern sie im Stande lebte, verstand sie das Volk, den Heideknaben, Förster und Schäfer ihrer Heimat sowohl wie die fromme Bäuerin der Pyrenäen. Zwischen einem solchen Dasein und dem Dasein in der Klasse müssen wir scharf unterscheiden. Der Stand ist lebendig verbunden mit allen Gliederungen, in denen er besteht; die Klasse schließt sich ab, wird dadurch zur Gefahr – zum Hindernis oder Ferment – und fordert Gegnerschaft heraus. Der Stand ist nicht volksfremd, weil er nur als im Volke stehend möglich ist – dies gilt für einen jeden Stand; denn ein jeder bleibt ja nur aus der Kraft einer besonderen Aufgabe lebendig; seine Rechte bestehen im Ganzen, nicht in ihm selbst. Ein Stand in dem Sinn, in dem er sich noch in den Dichtungen der Droste spiegelt, von ihrer Umwelt noch gelebt worden ist, konnte von dem eigentlichen Volke so wenig als drückend empfunden werden wie der mittlere Grundherr ohne echten Zusammenhang mit dem Volk, ohne daß er vorsorgte, ordnete, schützte, zusammenfaßte und die Beziehung nach oben herstellte, ohne daß er durch sein Beispiel erzog, auf die rechte Weise sein Gut verwalten konnte. Die Rechtsgeltung, Rechtswahrung und der ritterliche Stand bleiben eng verknüpft. Das kann sich wandeln, wenn im gesamten Staatswesen bedeutende Veränderungen geschehen: es *mußte* sich aber nicht ändern, weil es an sich widerrechtlich gewesen wäre. Im Stande leben heißt unter besonderen Bedingungen, Voraussetzungen da sein für das Ganze; der Stand kann zur Klasse erstarren, abarten und wird dann die Revolution oder den Zerfall mit auslösen, wie eine tödliche Verhärtung im Organismus; aber diese Entwicklung muß nicht geschehen, so lange der Stand seines Wesens und seiner Verpflichtung bewußt bleibt in Wechselbeziehung zur Zeit und das Volk sich das Bild lebendiger Gliederung wahrt. Nicht vom Eigentum wird das entschieden und auch nicht vom zum Eigentum abgesunkenen, dazu erniedrigten Recht, sondern vom Rechte der vollzogenen Aufgabe, die von der Geschichte gestellt, von ihr abgewandelt wird.

Mit wesentlichen Aufgaben war dem Adel die Rechtswahrung entzogen worden; damit mußte sich seine ganze Stellung verändern, wurden Ansprüche hinfällig. Aber das Standesbewußtsein überlebte für eine Weile die Rechte und Pflichten. Wen könnte es wundernehmen? Die Menschen waren von den Formen geprägt, in denen die Väter lebten, und warfen diese Prägung nicht so leicht ab. Einst standen in der Küche zu Hülshoff drei Tische, an denen die Herrschaft, die Reisigen, die Dienerschaft aßen; es waren drei Stufen, umfaßt, geeinigt vom selben Raum. Das bedeutete, daß ein jeder, auch bei Tisch, auf den Herrn blickte, von ihm das Vorbild, den Schutz erwartete. Der Herr konnte dieser Erwartung nur genügen, solange er durchdrungen, geformt war von seiner Bestimmung und sich sicher in seinem Recht, an seiner Stelle wußte. Von diesem Ursprung, dieser Denkweise und Haltung her können wir einen Zug der Droste verstehen, der ihr tief eigentümlich ist: es ist das Bestreben, etwas *vor* andern und für sie zu tun, in der Vorhut des geistigen Kampfes zu sein, der ihr Jahrhundert bewegte. Auch dies gehört zu den Momenten, die ihr Leben besonders beschwert haben; an Persönlicheres möchten wir nicht rühren; es ist zuviel schon davon gesprochen worden und zu selten mit dem gebührenden Takt. Aber vom Geschichtlichen war ihr eine Seinsart auferlegt, die sie einsam machte auf allen Gebieten und namentlich in den drei großen Bezirken des Glaubens, der Natur- und Welterfahrung und des Verhältnisses zur Zeit. Ihr war gemäß, was der Zeit nicht mehr gemäß war. Vergeistigung des Rittertums ist eine ihrer großen Leistungen gewesen.

Der Glaube war Erbe; in welchem besonderen Sinne er es war, zeigt die Entstehungsgeschichte des »Geistlichen Jahres«. Die Dichterin begann es mit ungefähr zwanzig Jahren, angeregt von dem Wunsch ihrer frommen Großmutter Maria Anna von Haxthausen, die einige religiöse Gedichte von ihr verlangte. Im Herbst 1820 übergab Annette ihrer Mutter die ersten fünfundzwanzig Lieder; schon damals, wie später fast immer, fühlte sie sich genötigt, ihre Gaben mit einer gewissen Entschuldigung darzubieten. Sie wußte wohl, daß die Dichtungen für die Großmutter, »völlig unbrauchbar« waren: – so sollte sich die erste Sammlung der Gedichte des Jahres 1837 als fast »unbrauchbar« oder doch fast unverkäuflich erweisen, und von ihrer bedeutendsten Veröffentlichung, der Gedichtsammlung des Jahres 1844, erbat sich Annette vom Verleger nur drei Exemplare, weil sie offenbar nicht mehr Empfänger wußte, auf deren Verständnis sie rechnen konnte. Die geistlichen Lieder nun, das erste Drittel des »Geistlichen Jahres«, waren Zeugnis eines im Grunde zwar unerschütterlichen, aber von quälenden Fragen, bittersten Selbstvorwürfen beschwerten Glaubens. Erst nach siebzehnjähriger Pause sollte Annette die Arbeit wieder aufnehmen und diesen ersten Jahreskreis ihres religiösen Lebens schließen.

Immer wieder empfinden wir das große Werk wie eine Last, eine Kette, einsamer, leidvoller Nächte. Nicht das Kreuz ist erschüttert, wohl aber die Hoffnung auf das eigene Heil; Schuld klagt an, aber die ganze Anklage ist nicht ausgesprochen. Wir fühlen nur, dieses Wort meint sehr viel mehr als etwa die sittliche Verfehlung, die es im Leben und Denken der meisten Menschen bezeichnen soll; es weist auf einen geistigen Vorgang zurück, auf einen Frevel des Gedankens, der Annette zum Fluch geworden ist. Glauben und Wissen standen miteinander im Streit; die große Zuversicht, mit der sich die Zeitgenossen den Wissenschaften hingaben, überredete für eine Weile auch die Dichterin. Ihr scharfer, wacher Verstand suchte Gott in der Natur und erwarb nur »weltliches Wissen« als

»eitle Frucht«. Aber dies ist nicht das letzte: furchtbar ist die Qual des Geistes, der »allein denkt«; dieses bohrende Denken, gesteigert von der Überempfindlichkeit des krankenden Körpers, der zitternden Nerven, hemmt und zerstreut die befriedende Macht des Glaubens. Oft scheint die ringende Seele aus aller Gemeinschaft gelöst, mindestens in dem Sinn, daß ihr kein Trost der Gemeinschaft zufließt: Kraft ihrer Überzeugung stand die Dichterin ja unbeirrt in der Kirche; das einzige, was sie am Ende ihres Lebens nach der Zerrüttung ihrer Freundschaft mit Levin Schücking diesem nicht nachsehen konnte, war, daß er die Kirche beleidigte. Aber sie war in ein Gebiet gedrungen, wo keine Quelle sie erquickte; nur die fernen Mystiker, die die große Trockenheit bestanden, eine viele Jahre währende Seelennacht erduldet hatten, hätten die Einsame im Rüschhaus oder auf der Meersburg trösten können; sie ist tot wie der verdorrte Feigenbaum, ein »versteinert Leben«, und nur wenn wir uns erinnern, als welche Gnade die große Theresia nach unsäglichem Harren und Bitten die Gabe der Tränen empfing, können wir ahnen, was dieses Verschmachten war, das am Pfingstsonntag zum Geiste flehte in der »schwülen Nacht«, und was die Tränen waren, die die Verzagende dem Herrn bot, daß er das »Kainszeichen lösche von ihrer Stirn«.

Auf das Dürsten, den »Glauben des Verlangens«, »Sehnens Weihe« setzte sie ihre Hoffnung, auf keinen andern Wert; alle Gnaden scheinen verloren – wie es schon im Gedicht auf den ersten Fastensonntag heißt, das der ersten frühentstandenen Reihe angehört. Sie hat nur den »angsterfüllten Blick« zu Christus; der Herr aber ist da in all den schweren Nächten und Tagen; wir sollen, wenn wir uns das Gedicht erschließen wollen, versuchen, das hier ausgeklagte Leiden und Harren in seiner ganzen Schwere mitzuempfinden, aber wir dürfen nicht verkennen, daß es ein Schmerz vor Christus, vor dem Kreuze ist, auch wenn es an Verzweiflung, an die Furcht vor Umnachtung streift: es gibt eine Art Verzweiflung vor dem

Kreuz, die im entschiedensten Sinn schon nicht mehr Verzweiflung genannt werden kann, weil sie im Heilsplan steht. Gerade darum muß ja in gewissen Phasen Nacht ohne Trost für den Heimgesuchten sein, als sein Anteil an Golgatha. Und doch ist es gewiß, daß diese Nächte nicht ohne Gnade bestanden worden wären; im Grunde ist dieses Leid bewältigtes Leid: anderes hat die Droste nicht ausgesagt; ihr Wort stand unter dem Gewissen und sollte immer unter ihm stehen; als schwersten aller möglichen Vorwürfe fürchtete sie den, daß sie eine Seele gefährdet haben könnte.

Wie sehr sie auch gelitten hat, empört hat sie sich nicht; sie fühlte sich zuweilen an der Grenze der Verdammnis, unmittelbar vor dem Gericht, aufgerieben von »der Gedanken Übermaß«, aber sie ergab sich der an ihr geschehenden Gerechtigkeit. Das Wort »steht fest«: ihre Erfahrungen drängten ihr kein Argument gegen die *ganze* Wahrheit auf; sie wußte wohl, daß auch die Freude verheißen ist, daß sie ein Erbe sein soll und rang inständig um sie; niemals versündigte sich die Heimgesuchte an der frohen Botschaft; im letzten Glockenschlag, so schrecklich er ist, schwingt die Gnade mit. Sie war an eine Stelle gedrängt worden, wo sie nur noch von den Toten Linderung erhoffte, aber es wurde ihr kein Zeichen: »Ausfechten sollen wir den Kampf.« Es war der Kampf der einsamen, nach Heil verlangenden Seelen ihres Jahrhunderts, die angefochten waren von der Nacht; das wußte sie wohl, daß sie »in bedrängter Zeit« geboren war, in der »verschollner Frevel« wiederkehrte.

Gerade in dieser Zeit verdichtete sich eine neue Gewißheit; was einmal zerstreut war, das sammelte sich nun um Christi Fahnen: es sind diejenigen, die Gottes lenkende Hand tief in der Nacht erkennen. Sie haben erfahren, daß »Menschenweisheit der Tod« ist und sind bestellt, wie die Dichterin, »Wüstenherold« zu sein, ein neues Morgenrot zu verkünden, und ob auch geblendet von Natur und Schuld, ob auch »todesstarr und matt«, zu knien vor dem, der sie gesendet hat, selbst wenn er sich ihrer nicht erbarmen sollte. Denn »gesendet« ist sie: dessen ist sie gewiß, und eine Stimme ist ihr geworden gegen den, dem die abtrünnige Welt Altäre baut; sie ist die Verkünderin des Verkannten und seines Reiches, in dem ihre Brüder stehen, ohne es zu gewahren. Sie ist – wieder brechen die Klage und Selbstanklage hervor – ein »düsterer Schatten« nur, aber sie *kniet* und glaubt; sie hat sich das Herz gefaßt, zu glauben gegen sich selbst, gegen »eignes Gericht«, weil Gott diesen Glauben will, jetzt und hier, und sie als seine Vollzieherin und Verkünderin berufen hat. Dieser Auftrag, Zeugin des in Todesnot sich behauptenden Glaubens zu sein, stellt sie in die verlorene Gemeinschaft, ja in eine neue, die sie mitvorbereiten soll. Es ist die Gemeinschaft der Einsamen, die die Gefahren eines frevelnden Jahrhunderts überwunden haben.

Vom »Geistlichen Jahr« haben wir die Empfindung, daß es im geschlossenen Raum kreist, einem Raum allerdings, der sich nach innen weitet, um die ungeheuere Ferne zwischen dem Verlassensein von Gott und dem nahen Flüstern der Stimme des Erlösers. Die Lyrischen Gedichte erwachen in der innigsten Fühlung mit Wesen und Dingen. Wir fragen uns nach der Aussage, die der Droste vorbehalten war, ihrem eigensten Beitrag zur Verherrlichung der Schöpfung, der dem Stimme gab, das zuvor noch keine Stimme hatte und einen Jeden an den von ihr gleichsam erlösten Bereich Gelangenden in ihre Gefolgschaft zwingt. Denn das ist ja das Geheimnis, daß immer wieder etwas Unbesungenes an eine ihm geneigte Seele rührt und das Lied von der Schöpfung weiterführt, das von Menschen nicht vollendet werden kann. Die Droste hat die »durchwachte Nacht« nach schwerem Sonnenuntergang gestaltet, in der die Dinge reden, in der eine neue, durchsichtige Sichtbarkeit sich herstellt: es ist, als ginge ein Licht vom Körper der Wachenden aus, als machten ihre überhellen Sinne faßbar, vernehmlich, was bisher im Dunkel gefangen war, den Geisterlaut und »kaum berührten Glases Schwingen«, das Schlüpfen des Iltis an des Giebels Sparren; das »Zischeln« der Zweige. Sie hat es selbst gesagt, daß nur »der kranke Leib« den Druck der Luft empfindet; nur wer durch Leiden überwach geworden ist, kann gewisse Dinge wahrnehmen, aber diese Dinge sind Wahrheit und Wirklichkeit und harren des Wortes. So konnte Annette sagen: »Der blasse Äther siecht«, was schwerlich vorher jemand gesagt hat, und aus diesem siechenden Äther, der Stimmung, die er ausbreitet, löst sich die gleichfalls beispiellose Erscheinung des Krähenschwarms, der vom Vergangen-Gegenwärtigen, vom Traum der Geschichte spricht und diesen wieder abschüttelt wie Sand und Staub. Aber auch die Heide stöhnt wie ein »siecher Greis«. Wer hat zuvor den Panzer der Libelle, »kopflos am Gesimse hervorragend« gebildet und den ganzen stummen Spuk des »öden Hauses«, unheimlicher Nähe eines Toten, dessen Lebensspuren sich unter Moder und Asche erhalten haben? Wer ist auf eine so betörende, verwirrende Weise in die Totenwelt gesunken, in die Tiefe des Hünengrabes, der alten Zeit, hinab in das Heidentum – da doch noch der »Kirchenduft im Kleide« gefangen ist: wer hat dieses Erwachen der Toten im Busen gefühlt, wie eine »jede Leiche sich streckt und regt« und die unsägliche Schwere toter Zeit! Was ist noch Tag, was ist Nacht: »Hat's damals oder hat es jetzt getagt?« Und wieder »brennt der Äther« fieberhaft, geistet das Leben der Heide, eines entdeckten Zwischenreiches; »schwimmend«, »mit halbgeschlossener Wimper«, fühlt sie das Flimmern und Dämmern, das Hereinwirken des Unsichtbaren, das Verhauchen der Wolke am Azure, sieht sie sich altern, verwehen und »gleich einem Rauch in der Erde Poren ziehen«. Aber mächtiger noch versucht sie das Wasser, mit dem sie verwandt ist wie mit dem Mond: es schauert ihr vor ihr selbst, dem Spiegelbild und dem blassen Angesicht im Teich, aus dem ihre Hand sachte die »träufelnden Schemen« hervorzieht für »ihre Sträuße«, die Gaben einer Ertrunkenen, Jenseitigen.

Sie wußte es wohl: solche Wahrnehmungen, Stimmen, Bilder erblühen nur am Rande einer Gefahr; zuweilen gab sie sich ihr hin »wollüstig saugend des Grauens Süße«, sie spürte den Dämon in sich, mit dem ihr »zweites, zarteres Gewissen« rang:

Und daß wir dort den Phönix sehn,
Wo unsre liebsten Zedern flammen.

Das ist ein auf Nietzsche weisendes Bild. Wer könnte die Versuchung der Zerstörung, die Neigung zum Untergang leugnen – einen wesentlichen Klang des deutschen Gedichts! Ihr ziemte es,

In Räumen schwer und grau
Zu grübeln über dunkler Taten Reste,

sie sah, wie der Freund sich beim Anblick des Wellenspieles über das Steigen der Woge freute: »Und ich, ich denke, immer sinkt sie wieder.« Sie lebte »zwei Schritte vom Rand«; hier hat sie sich behauptet.

Sie hätte dem Unbesungenen keine Stimme geschenkt, wenn sie es nicht auf unerhörte Weise erlitten hätte. Sie fühlte die Angst eines Käfers, der sich vor dem vorüberflatternden Hänfling in ihrem Ärmel versteckte, wie eigenen Schmerz, ja als Schmerz allen Lebens: sie spürte im dürstenden Halme noch, »der mit vergilbten Blättern lechzt«, das Seufzen der Kreatur; und dieses ganze unermeßliche Leiden, aber auch alles, was schlimm ist in den Geschöpfen, klagte sie an. Und wieder stand sie allein, zu erfahren und auszusprechen, was bisher kaum ein Dichter gesagt: daß der Mensch es ist, der alles Leid in die Schöpfung gebracht, daß er einstehen muß für alle Qual, die die Kreatur erfährt oder sich zufügt. Wenn die Droste von Schuld spricht, so ist einbeschlossen diese Klage der Schöpfung gegen den Menschen:

Das ist die Schuld des Mordes an
Der Erde Lieblichkeit und Huld,
An des Getieres dumpfem Bann
Ist es die tiefe, schwere Schuld,
Und an dem Grimm, der es beseelt,
Und an der List, die es befleckt,
Und an dem Schmerze, der es quält,
Und an dem Moder, der es deckt.

In der Legende vom »Verlorenen Paradies« schildert sie Eva, die unter einem Busche weißer Rosen schlummert; der »ersten Donnerwolke düstrer Rand« steigt herauf, das Rätselvoll-Böse bewegt die Gedanken der Schlafenden; da sie erwacht und, schuldig-unschuldig, weinend kniet, sind die Rosen gerötet: so verändert sich vom Innersten des Menschen her die Schöpfung. Das ganze unermeßliche Leid der Wesen weist auf den Menschen; damit fällt auch alle Hoffnung auf ihn: darauf, daß er den Weg der Erlösung findet, den Glauben erringt, bewahrt und vollzieht.
Solche Gewichte müssen wir tragen, wenn wir die Kraft des »Dennoch« erkennen wollen, zu dem sich die Droste durchgerungen hat. Denn ein Dennoch – nicht etwa ein Nein – ist ihr letztes Wort.

Dennoch, Himmel, immer mir nur
Dieses eine mir: für das Lied
Jedes freien Vogels im Blau
Eine Seele, die mit ihm zieht,
Nur für jeden kärglichen Strahl
Meinen farbig schillernden Saum,
Jeder warmen Hand meinen Druck,
Und für jedes Glück meinen Traum.

Sie ist »Gottes hart geprüftes Kind«; aber dieses fast zu beschwerte Herz verneint nicht; ihr bleibt des »Lebens zarter

Widerschein«, wenn auch nicht das Leben selbst, »ein fremdes, aber o! ein mildes Licht«. Sie segnet das Vaterhaus mit seinen Türmen – wo dieses schwere Leben seinen Anfang genommen –, einen jeden Waldeswipfel, jede Heide, jeden Bach, ja alle Tropfen, die fließen, den feuchten Wind noch, »der wie verschämte Klage weint« und den bescheidenen Sonnenstrahl auf armen Kräutern: sie nimmt dieses ganze Leben an und feiert es auf ihre Weise mit einem Klang, der nicht wiederkehrt; sie stellt sich dem Dämon wie der Schuld, der Reue, dem Tod, den unsäglichen Leiden, da

In jeder Nerve war zu spüren
Die schwefelnde Gewitterluft.

Kein Nein kommt über ihre Lippen; das Nein allein wäre ja das Unverzeihliche, der Widerspruch des Dichters gegen seine Bestimmung, die Verleugnung des göttlichen Siegels, das allem Geschaffenen, allem Seienden aufgeprägt ist. Etwas ist gut an allem, was ist, eben weil es ist: darum kann es nicht in seinem Wesen verneint werden. Aber den »farbig schillernden Saum« den Dingen geschenkt zu haben, die vorher noch keinen Schimmer trugen für Menschenaugen, die Verklärung des Zwischenreichs zwischen Nacht und Tag: dies ist der große Sieg dieser Frau, die sich eines kühnen Herzens rühmen durfte und – von unausgesprochenem, unaussprechlichem Leid, von brennenden Selbstvorwürfen versehrt – sein wollte, was sie war: »ein Aar mit gebrochenen Schwingen«. Denn nur solcher Sinnesart konnte es gelingen, der Macht der Anfechtung, die Leben und Welt bedrohten, die Gnade des verklärenden Wortes abzuringen.

Der dreistöckige Turm zu Hülshoff war schon im achtzehnten Jahrhundert gefallen, der gotische Rittersaal geschwunden, aber das mächtige Steinbild eines Ritters aus dem sechzehnten Jahrhundert schmückte noch das Brückentor; etwas vom

Geiste der Ritterzeit war geblieben und sollte sich stärker zeigen als nachtrauernde Spätromantik. Es gibt ein Leben und Weben in der Geschichte, das Natur ist, weil es in die Seinsgründe selber hinabreicht, in den Zusammenhang der Geschlechter, die im Wechsel der Zeiten eine bestimmte Art zu sein, zu handeln vertreten sollen. Die Toten wohnen in einem altererbten Hause mit, wie sie drunten warten in der Gruft, und unermeßlich ist der Segen, die Bedeutung der formenden, haltenden Kraft, die von ihnen ausgeht. Geschichte ist für ein solches Empfinden immer auch Gegenwart und die Gegenwart gestaltende, leitende Geistesmacht: ein Geschlecht kann keine glückliche Überfahrt erwarten, wenn es nicht ein Erbe mitführt, das dem gefährdeten Boot den nötigen Tiefgang gibt, das heißt, wenn die Toten nicht mit im Boote sind. Das Ineinanderspielen der Zeiten spricht sich in der Ballade aus, die in bedeutendem Grade ritterliche Dichtung ist; die Ballade ist aber auch die Form, die den dramatisch-tragischen Zusammenstoß des Diesseits und Jenseits zusammenfaßt und es denen, die ihrer mächtig sind, erlaubt, das Hereinhandeln anderer Mächte in das Irdische, das Hinüberschwinden des Irdischen in undurchdringliche Machtbezirke zu gestalten; ihr ist es gegeben, ebenso gedrängt, knapp, wirklichkeitsgesättigt wie reich an Andeutungen, Beziehungen, Tiefsinn, Geheimnis zu sein; nur fordert echte Form, weil sie niemals leere Form sein kann, sondern allein erfüllte Geistesgestalt, die ihr gemäße Sinnesart. So dürfte sich die Ballade ebenso wenig lösen lassen von starkem Geschichtsbewußtsein – auch wenn sie ein Thema der Zeit ergreift – wie vom Glauben an die jenseitige Macht. Vom Glücksgefühl wie von der Jenseitserfahrung her und vom Zwischenreich ihrer Seele mußte die Droste zur Ballade gelangen; balladenhaft ist fast ihr ganzes Werk, die »Judenbuche« in der kühnen raschen Führung und Ordnung der Bilder und Vorgänge nicht ausgenommen, und noch durch manche Lieder des »Geistlichen Jahres« webt die schwere Lebensstimmung der Ballade, das Leid und Rätsel einer persönlich-überpersönlichen Schuld, einer vom Jenseits gekommenen Lebenslast, die Dramatik des Seins. Und in welchem Maß erst ist die Dichterin selbst in ihren Gedichten zur Person und Heldin der Ballade geworden, etwa wenn sie am Turme »gleich einer Mänade« den Sturm wühlen läßt in ihrem flatternden Haar oder wenn sie, aus furchtbarer Nähe, sich selber anspricht wie eine Fremde!

Was ist es nun, das die Balladen der Droste kennzeichnet? Es ist der männlich unbestechliche Sinn für die Wirklichkeit und Gleichzeitigkeit des Diesseits und Jenseits, eine bestimmte Art, groß zu empfinden, zu sehen; das, was das Schicksal eines Menschen macht, herauszuheben aus dem Zufälligen und zu vergegenwärtigen; in wenigen Zügen, Ereignissen, Zusammendrängungen die Zeichen-Sprache für das Ganze eines Lebens, für Unaussprechliches zu finden. Es ist die Folgerichtigkeit des Denkens, die von der Schuld unter keinen Umständen läßt, bis sie ihre Sühne gefunden hat, eine Neigung zu Menschen, die von Ungewöhnlichem gezeichnet sind und sich ihm stellen. Als eine besondere Schickung wiederholt sich das Versehrtwerden vom Jenseits; der greise Diener Siegismund wird zwar noch aus der Bedrohung geisterhafter Mächte, denen er in dem alten Schloß ausgeliefert ist, gerettet; der Freiherr aber, dem das Gesicht seines Todes wird, bestellt sein Haus; das Fräulein von Rodenschild, Waller, der Gast in der zur Papiermühle erniedrigten Burg, tragen für immer das Mal unverwindlicher Begegnung. In dem allen ist Erbe: etwas, das sich in einem einzelnen Leben, auch in der Geschichte einer einzelnen Familie nicht erwerben läßt; es bedarf des Zusammenhangs der Geschlechter, des Webens in einer von der Gegenwart des Vergangenen durchsättigten Landschaft, in einem geschichtsbewußten Stamme; aber auch die Nachfahrin der Gerichtsherren spricht hier – wie in der »Judenbuche« –, die durchdrungen waren von der göttlichen Wucht des Rechts, seiner unangreifbaren Geltung. Diese Gestaltenwelt ist in keiner Weise ins gewollt Edle abgewandelt; sie ist nur ins Große gehoben, in die Folgerichtigkeit, die höchste Ordnung ist. Hier ist ritterliches Erbe als geistige Forderung, erklärbar nur aus den geschichtlichen Gegebenheiten, aus denen die Droste hervorging.

Wie eine Zusammenfassung alles dessen, was die Dichterin ererbt und erworben, erfahren und vermocht hat, erscheint uns ihr letztes testamentarisches Gedicht: »Der Spiritus familiaris des Roßtäuschers«, dem die gebührende Ehre noch nicht erwiesen wird; vielleicht ist es ihre größte Vision. Es ist kein Epos mehr, sondern ein strenger Zyklus von Balladen, in dem Sichtbares und Unsichtbares, Engel und Satan mit einer entsetzlichen Wucht zusammentreffen, bis sich Gnade und Friede mächtiger erweisen als Not und Leidenschaft und die abgründigen Gewalten. Hier ist tief Persönliches ins Überpersönliche entrückt, Einzelnes zum Ganzen gesteigert, zum Symbol des Jahrhunderts. Der Täuscher, der in der Versuchung der Not sich dem Satan verschreibt und reich und mächtig wird um den Preis seiner Seele, trägt Züge unseres Volkes, das um jene Zeit von irdischen Gütern und Mächten versucht worden ist und Unschätzbares für Niedriges gab. Dichtung weist der Geschichte den bis heute nicht beschrittenen Weg: in Todesnot schlägt der Besessene den Dämon mit dem Nagel des Kreuzes; als Bettler kehrt er unter die Linde der Kindheit zurück. Wir denken an eine verwandte Gestalt von freilich kaum zu schlichtender Vieldeutigkeit: »den Mann, der seinen Schatten verlor«. Die Dichtungen sind sehr ungleichen Ranges; aber auch Peter Schlemihl wird versucht mit Gold und gibt seinen Schatten dafür. Was aber ist der Schatten, dessen Verlust ehrlos macht? Ist der Schatten vielleicht die Gegenwart der Vergangenheit, der geschichtliche Zusammenhang, ohne den der Mensch – wie ein Volk – ohne Würde und Stetigkeit, ohne Heimat ist? Der Mann, der keinen Schatten hat, wird für einen König gehalten und nennt sich einen Grafen; er gleitet in die Lüge, die sein Leben vergiftet, und in die Kälte ab; wer keinen Schatten hat, kann auch kein Herz finden, das ihm angehören möchte. Nur für seine Seele könnte Peter Schlemihl den Schatten zurückkaufen; dazu entschließt er sich nicht: er wirft den sich nicht erschöpfenden Beutel in den Abgrund, aber er bleibt im Bereich der Magie; mit der letzten unrechten Habe erwirbt er wider Wissen und Willen Siebenmeilenstiefel, und nun schweift er ruhelos durch alle Breiten der Erde, »bald in dem Tag und bald in der Nacht, bald im Sommer und bald in der Winterkälte«. So wird er zum Bild des Forschergeistes, der unendliches Wissen einsammelt und doch keinen Frieden hat und darum auch nicht zur Einsicht in die reine Wahrheit gelangt; es ist der Geist, der im Vorübergehen die Droste gestreift hat. Erlöst wird Peter Schlemihl nicht: er kann ebensowenig die letzte Schuld vollziehen wie die Freiwerdung. Er ist der unbefriedbare Geist ohne Schatten, ohne die Verpflichtung des Erbes; er könnte ein Volk vertreten, das seine Kleinodien verkauft hat um nichtswürdigen Reichtum, aber auch in der Verarmung den Schatten und Frieden nicht zurückgewinnt. Auf all seinen Wanderungen kommt Peter Schlemihl nicht am Kreuze vorüber: seine »Stiefel nutzen sich nicht ab«; er ist ein Ruhelos-Halber, der seine Seele nicht hingab, aber auch nicht besitzt, weil er sie nur besitzen könnte vor dem Herrn, der frei macht. Für den Mann, der seinen Schatten verlor, ist keinerlei Hoffnung.

Damit soll nicht eine abschließende Deutung der Gestalt, sondern nur eine Gegenüberstellung zweier Gestalten versucht werden; eine ganz bestimmte Gefahr ist im Schattenlosen sichtbar geworden; ein Dichter hat ihn gestaltet, der seine Heimat verlor an die Revolution, selbst aber, aus seinem Glauben, die Kraft fand, die verlorene Heimat zu segnen. Der Schatten: das ist die unabdingbare Vergangenheit, vielleicht auch die Schuld, die als erkannte, bekannte Schuld, als unabweisbares Erbe des Menschen, zum Heil wirkt. Wäre der Schattenlose in Siebenmeilenstiefeln an dem unter der Linde der Kindheit sterbenden Roßtäuscher vorübergekommen, dem vom Dämon und seinem toten Reichtum erlösten Bettler, den die Ahnung der Gnade streift, er hätte vielleicht einen erleuchtenden Schmerz gefühlt und den Erlösten nach seinem Geheimnis befragt. Hier sind zwei Möglichkeiten; hier könnte eine Selbstbegegnung, eine Wendung, müßte die letzte Entscheidung geschehen: die Wahl zwischen dem erlösten Bettler und dem Wanderer ohne Ziel.

So kehren wir zur Dichterin, zur Größe ihrer sittlichen Haltung, ihrem Hochsinn zurück. Sie hat etwas bestanden und vorweggenommen, was in Zeit und Volk geschah: es ist der Kampf des Engels mit dem Drachen, wie er auf dem Grab des Wucherers abgebildet war. Vielleicht war dies der letzte Auftrag des Geistes an sie: vollziehen konnte ihn nur ein Mensch ihrer Art, der den Glauben, das Bild der Welt, das vergeistigte Erbe behauptet hat gegen die Anfechtungen seines Innern und die Anfechtungen der Zeit. Annette von Droste hat in einem höheren Sinn noch als ihre Vorfahren, aber in deren Geist, auf dem Feld der Geschichte gestritten: sie hat das Wort gewahrt, das ewige und das von schwerer Verantwortung belastete dichterische Wort, verborgene, gefahrdrohende Bezirke der Schöpfung verklärt, ihr stummes Leid entsiegelt, die Totenwelt vergegenwärtigt und das rettende Zeichen gegeben in einem Streite, der der Streit jenes und dieses Jahrhunderts, ihres und unseres Geschlechtes ist. Das Edle schlechthin, wie es die Geschichte prägte als der Streit des Gottesreiches mit seinen Feinden, ritterlicher Sinn, der in der Vorhut streitet für alle und sich der Gnade anbefiehlt, selbst wenn sie ihn ohne Antwort läßt, ein Zeichen noch unter der Übermächtigung: das ist, unlösbar verschmolzen mit der Gabe der Kunst, das verpflichtende Vermächtnis der Droste.

DOSTOJEWSKI: DER IDIOT

Im Jahre 1921, anläßlich des hundertsten Geburtstages auf dem Gipfel des Nachruhms, wurde Dostojewski als der die Zeit bestimmende Dichter gefeiert. Er schien ihr ganz nahe zu sein. Heute, nach dem Zweiten Weltkrieg, ist seine Stellung eine völlig andere. Er ist weder Vorläufer noch Trabant: er steht uns gegenüber, eine Geistesmacht, zu der wir uns objektiv verhalten können. Die ›russische Welt‹, als deren ›Kolumbus‹ er sich fühlte, ist verschwunden. Eine völlig andere ist an ihre Stelle getreten. Seine Prophetie, soweit sie die Auferstehung der Menschheit aus der Kraft russischen Glaubens verkündete, ist offenbar von der Geschichte widerlegt worden. (Aber seine Prophetie hatte immer ein Doppelantlitz: sie wies auch auf Untergang.) Sein Glaube, die glühende Intensität seiner Liebe zu Christus, seiner ganzen religiösen Existenz, ist uns geblieben.

Rußland, sagte der Dichter Tiutschew (1803–73), ist nicht mit dem Verstande zu erfassen; man ›kann es nur glauben‹; der ›stolze Blick der andern Völker‹ könne nicht verstehen und erkennen, ›was in Rußlands demütiger Nacktheit glüht und voll Geheimnis leuchtet‹. Um dieses Rußland, um diese inzwischen völlig aufgehobene geschichtliche Situation, ist es Dostojewski gegangen. Er war das ›Beispiel eines echten Konservativen‹, wie sein Freund N. N. Strachoff ein Jahr nach des Dichters Tode (1881) schrieb. Er selbst nennt sich mit tiefer Überzeugung einen ›Diener des Zaren‹, wie es Puschkin gewesen sei, und das bedeutete für ihn: mitten im russischen Volk zu stehen; der Zar aber müsse wirklich glauben lernen, daß ›das Volk sich als seine Kinder fühlt‹. In einem, bald nach dem Ausbruch des russisch-türkischen Krieges (1877) geschriebenen, Aufsatz über ›Anna Karenina‹ warf er Tolstoi vor, daß er in scharfen Widerspruch ›mit der gegenwärtigen russischen Wirklichkeit geraten‹ sei. Tolstoi hielt diesen Krieg nicht für eine echte Sache des russischen Volkes. Dostojewski bejahte ihn leidenschaftlich im Glauben, daß er einer ›hochherzigen Idee‹ gelte, nämlich der Befreiung mißhandelter slawischer Völker. Er habe einen Europa unbegreiflichen, nicht mehr glaubwürdig klingenden Zweck und sei einzigartig, weil er Schwachen und Bedrückten Freiheit und Leben nicht etwa nehmen, sondern bringen wolle. Über diesem Krieg leuchtete für ihn die Hoffnung auf die ›Wiedergeburt der slawischen Welt‹ und mit ihr das seit tausend Jahren verfolgte Ziel der Wolgastraße: Byzanz. Dieser Enthusiasmus ist um so erstaunlicher, weil Dostojewski in einem Aphorismus, den er ›Christus‹ überschrieb, die Frage aufwarf: ›Weshalb ist es unsittlich, Blut zu vergießen?‹, und an anderer Stelle, kurz vor seinem Tode, erklärte, Stärke sei nicht bei denen, die Blut vergießen, sondern bei denen, deren Blut vergossen wird. Das eben sei das Gesetz des Blutes auf Erden. Damit erreichen wir schon die Mitte der von Dostojewski gestalteten, vertretenen Welt und Wertordnung, die eine fast radikale Umkehrung der im westlichen Europa gelebten und vollzogenen Wertordnung ist. Selten wurde so klar gesagt wie hier, was uns mit Rußland verbindet und was uns von ihm trennt. Uns geht es dabei nur um Dostojewski. Die aktive russische Geschichte hat sich von der des Westens, mit dem Dostojewski an dieser Stelle – und vielleicht am entschiedensten im ›Idioten‹ – brach, natürlich nicht wesentlich unterschieden: das ist ja die Tragik der widerspruchsvollen Prophetie Dostojewskis, daß die von ihm vertretenen Werte wohl existentielle Realität gehabt haben und weiter haben können, daß sie aber schwerlich Geschichte zu führen vermögen. Sie können sie nur mittelbar mitbestimmen – und sind als wirkende Kräfte heute wahrscheinlich ferner denn je.

In jenem Aufsatz über Tolstois Roman, in dem Dostojewski übrigens dem Künstler Tolstoi höchste Bewunderung zollt, fragt er nach dem ›neuen Wort‹ Rußlands, nach dem, ›was unsere Besonderheit vor der ganzen europäischen Welt ausmacht‹ – und er findet dieses, wenigstens den Anfang des

neuen Wortes, in Tolstois Dichtung. Es geht um die Untersuchung von Schuld und Verbrechen, die Erscheinung des Bösen. Europa kennt, nach seiner Auffassung, zwei Lösungen: die erste ist das niedergeschriebene, formulierte Gesetz, in dem genau ausgearbeitet und festgelegt wurde, was Gut und Böse ist. Diesem Gesetz ist ein jeder blinden Gehorsam schuldig. Die zweite ist genau das Gegenteil und sollte in jener Zeit von wachsender Bedeutung werden: es ist die Lehre, daß die Gesellschaft unnormal aufgebaut, daß ihre ›Ordnung‹ widermoralisch sei, daß also der einzelne Verbrecher frei sei von jeder Verantwortung und es somit überhaupt kein Verbrechen gebe. (Der Nihilismus, dessen ersten Vertreter Turgenjew im Jahre 1862 in seinem Roman ›Väter und Söhne‹ fixiert hatte [?], der aber viel weiter zurückgeht, war für Dostojewski durchaus westlichen Ursprungs: Attentat des Westens auf das ›heilige Rußland‹.)
Diesen zwei westlichen ›Lösungen‹ des Problems des Bösen – die natürlich keine Lösungen sind – stellt nun Tolstoi, nach Dostojewskis Darlegung, eine ganz andere Auffassung von Schuld und Verbrechen gegenüber: vor allen Dingen auch nicht den Vorschlag zur ›Beseitigung der Armut‹, also nicht ein sozialistisches Programm, nicht eine ›Organisation der Arbeit‹, sondern die ›Ergründung der Menschenseele‹, Einsicht also in die – wenigstens bisher bestätigte – Unheilbarkeit der Welt, die metaphysische Macht des Bösen (und des Leids). ›Es ist‹, so fährt er fort, ›klar und verständlich bis zur leibhaftigen Sichtbarkeit gezeigt, daß das Böse im Menschen tiefer sitzt, als die Sozialisten annehmen, die sich als Ärzte aufspielen, daß das Böse sich in keiner sozialen Ordnung, und wäre sie noch so vollkommen, vermeiden läßt, daß die Seele des Menschen überall dieselbe bleibt, daß das Unnormale und die Sünde aus ihr allein hervorgehen.‹ Die Seele des Menschen ist ›unerforscht, unbestimmt und geheimnisvoll‹. Es gibt weder zureichende Ärzte noch Richter. Denn nur der ist Richter, der gesagt hat: ›Die Rache ist mein, ich will vergelten.‹ Der

Mensch aber muß wissen, daß er ›kein endgültiger Richter, vielmehr ein Sünder ist‹ und daß ›die Waage und das Maß in seiner Hand eine Absurdität sind‹. Tolstoi aber hat einen Ausweg gezeigt: Verbrecher und Feinde verwandeln sich in einer bestimmten Situation plötzlich in höhere Wesen. Sie werden Brüder, die einander alles verzeihen ›und eben durch dieses ihr gegenseitiges Verzeihen Lüge, Schuld und Verbrechen von sich abstreifen und sich dadurch mit einem Schlage selbst rechtfertigen‹. Und auf diese Wandlung antwortet der Richter, ›der das Maß und die Waage hält‹: ›Nein, nicht immer ist die Rache mein, nicht immer werde ich vergelten.‹
In der Gestaltung dieser Erkenntnis sieht Dostojewski die verheißungsvolle russische Leistung. Ihr werde die noch zurückgebliebene russische Wissenschaft nacheifern. Die Hoffnung ist, daß ganz Rußland diese Höhe erreiche: daß es wirklich sein eigenes Wort sage, lebe, vollziehe.
Mit königlichem Großmut hat Dostojewski dem großen Dichter der ›Anna Karenina‹ ein Verdienst zuerkannt, das er sich selber schon erworben hatte. Der ›Idiot‹, den Arthur Luther des Dichters ›persönlichstes Werk‹ nennt, war ja schon vor zehn Jahren geschrieben worden. Und in ihm hatte Dostojewski das radikale ›neue Wort‹ Rußlands gefunden: dieses Wort, das in einem so rätselhaften Verhältnis zur gegenwärtigen Geschichtswelt, zur Gestalt Rußlands, Europas, Amerikas, Asiens steht, daß wir es nur aufnehmen, überdenken, beherzigen können, ohne über die Möglichkeit und Stärke seiner Fortwirkung uns eine Vermutung zu erlauben. Alle Beziehungen zur ›russischen Welt‹ Dostojewskis sind zerrissen. Sie hat sich aus dem Schwerefeld der Erde, unserer Geschichte gelöst und blickt uns in den Nächten unserer Selbstbesinnung an, unergründlich wie der Mond. Das war, und ohne dieses Gewesene ist das Gegenwärtige nicht zu begreifen. Aber es ist nicht die Zeit, die Beziehungen zwischen diesen zwei Phasen zu durchforschen. Der ›Idiot‹ ist, wie das ganze Werk des Dichters, durchbebt von der im Jahre 1849 auf dem Semenowsk-

platz in Petersburg erlebten Erschütterung: als politischer Verbrecher zum Tode verurteilt und zur Hinrichtung geführt, durchlitt er die letzten Augenblicke. Statt des Todes erlöste ihn das Leben. Diese Erfahrung der äußersten Grenze gehört nun zur Botschaft des Helden: Fürst Myschkin, der ›Idiot‹, hat sie nicht unmittelbar, sondern mittelbar gemacht. Kraft seiner Hellsicht, die ein furchtbares Gnadengeschenk seiner Epilepsie ist, hat er sich als Zuschauer einer Hinrichtung in diese Erfahrung versetzt.

Dostojewski hatte in Baden-Baden, mit seiner zweiten Frau, Anna Grigorjewna Ssnitkina, in einem bescheidenen Gasthause der Altstadt lebend, sich so weit am Roulette verspielt, daß er auch die um Hilfe flehenden Briefe nicht mehr frankieren konnte. Ein Vorschuß seines Verlegers Katkoff ermöglichte die Abreise nach Genf. Hier, dann in Mailand, entstand das gewaltige Werk, ungefähr innerhalb eines Jahres, von 1867 bis 1868. Während er schrieb, vom Januar 1868 an, hatte schon der Druck im ›Russischen Boten‹ begonnen, einer der umfangreichen Monatsschriften, die für das Geistesleben Rußlands von so großer Bedeutung waren. Dostojewski arbeitete nachts, von elf Uhr bis sechs Uhr früh, allein vor seinem Samowar, in dem der dünne Tee erkaltete. Er war gezwungen, fast ein Jahr lang einen jeden Monat dreieinhalb Druckbogen zu schreiben. Für die Überarbeitung und Verbesserung der Buchfassung blieben ihm nur zwei bis drei Monate. Ohne die Mithilfe seiner Frau ist die Leistung des von der Epilepsie, der ›heiligen Krankheit‹ erleuchteten und geschlagenen Mannes wohl undenkbar. Was die Technik betrifft, so muß man die Bemerkung seines Freundes Strachoff beachten, daß Dostojewski ›ganz Journalist war und ein Verleugner der Theorie der reinen Kunst‹. Auch das trennte ihn von Tolstoi als dem Verfasser der großen Epen und Novellen.

Im selben Jahre, 1867, schrieb ein anderer Dichter, der Heimat fern wie Dostojewski und somit in ähnlicher Freiheit und Rücksichtslosigkeit, ein dem Weltruhm entgegenwachsendes

Werk: in Süditalien, auf Ischia und Sorrent, dichtete Henrik Ibsen den ›Peer Gynt‹: bei aller dichterischen Schönheit, Frische und Keckheit der Erfindung doch ein vergeblicher Versuch, die kleinbürgerliche Wertwelt zu durchbrechen. Stellt man die beiden Werke einander gegenüber, so ergibt sich von selbst, in welchem Maße nicht allein Dostojewski, sondern Rußland in der Erkenntnis der geschichtlichen Situation, aber auch hinsichtlich der religiösen Macht und Aussage, voraus war. Ibsen verharrt, wenn auch in aggressiv-kritischer Haltung, in strenger Selbsterforschung und im Selbstgericht, innerhalb des Moralismus und theologischer Kritik. Dostojewski wirft eine Welt ins Feuer, auf daß ihre Flamme zum Zeichen werde. Er hat jeglichen Moralismus überwunden.

Wie im alten Rußland, wo die Zaren an bestimmten Tagen die Verbrecher in den Gefängnissen besuchten und einen Schwarm Toren und Narren und von der heiligen Krankheit Geplagter an ihrem Hofe hielten, sind Verbrecher und Verbrechen in den dargestellten Gestaltenbereich einbezogen: und zwar gerade die absurden, irrationalen Untaten vom Mord wegen einer Uhr bis zu mittelalterlicher Menschenfresserei. Das alles fällt noch ins Menschliche, wird als Stellvertretung anerkannt – steht der Religiosität nicht entgegen. Die wirkliche Umkehrung der Werte aber erfolgt in der Heldin selbst, in Nastassja Filippowna, hinter der das Vorbild der dame aux camélias gerade noch ahnbar ist. Sie ist eine Erniedrigte und Beleidigte in dem erhöhten, übersozialen, für den späteren Dostojewski charakteristischen Sinne: soweit es um sie geht, ist das ganze Buch die Geschichte ihrer Rache. In seinem letzten Jahre (1880) notierte er: ›Rußland liegt zwar in Europa, aber in der Hauptsache doch in Asien. Nach Asien! nach Asien!‹ Nastassja Filippowna, die vollkommene Schönheit – nicht aber der volksmäßig russische Typ, dafür ist sie zu hager und zu bleich –, Nastassja also, die ›Königin‹ des ›Bauern‹ Rogoshin, ist das Opfer des westlerischen Lebemannes Tozkij, man könnte sagen, des Westens selbst. Er hat sie, ihren herrscherlichen Stolz, tödlich verletzt. Dafür nimmt sie asiatische, ›japanische‹ Rache. ›Der Beleidigte‹, so wird dem verständnislosen Tozkij der unglaubliche Auftritt erklärt, mit dem der erste Teil des Buches schließt, geht in Japan zu seinem Beleidiger und sagt: »Du hast mich beleidigt, und dafür schlitze ich mir vor deinen Augen den Bauch auf.« Und dies geschieht auch, und wahrscheinlich unter außerordentlicher Genugtuung, ganz als habe er sich nun wirklich an jenem gerächt. Nastassja erniedrigt, entkleidet, vernichtet sich vor aller Augen, um sich zu rächen. Etwas Ähnliches, auf viel tieferer Stufe, ereignet sich im General Iwolgin, der bis zur völligen Selbstvergessenheit lügt und doch zu jener Kategorie von Lügnern gehört, die, selbst im Augenblick höchster Ekstase, argwöhnen, daß man ihnen nicht glaube, auch nicht glauben könne; und auf verwandte Weise sucht sich sein Sohn, der Streber Ganjä, zu rächen für seinen verhungernden Ehrgeiz. Es gibt einen ›Genuß der Schmach‹.

An einer bestimmten Stelle wird – nach der ›Kameliendame‹ des Dumas fils – der Don Quijote erwähnt: Aglaja, die jüngste Tochter des Generals Jepantschin, die in einer tragischen Beziehung zum ›Idioten‹, dem Helden, steht, legt einen von diesem empfangenen Brief in das Buch, ohne Absicht. Sie muß lachen, da sie den in dicken Lettern auf den Lederband gedruckten Titel liest. Don Quijote aber war für Dostojewski, nach seinem Geständnis, die vollkommenste aller schönen Gestalten der christlichen Literatur. (Hier begegnen sich die europäischen Extreme, Spanien und Rußland, die in der Tat einander verwandt sind im Mut zum Unbedingten, in der Anerkennung allumfassender Menschlichkeit, der Torheit, des Verbrechens und in der Glaubensglut.) Don Quijote hat, wie Dostojewski sagt, die Welt geliebt mit der großen Kraft einer heiligen Liebe, und da er einsieht, daß er auf ihr nichts mehr zu tun hat, stirbt er ›alsbald still und mit einem traurigen Lächeln‹. Er ist ›einzig deswegen schön, weil er zugleich auch lächerlich ist‹.

Eben das gilt vom ›Idioten‹, dem Fürsten Myschkin, dem ›Lamm‹, letztem Träger eines uralten russischen Namens, der wie der Kaufmann Rogoshin und die Generalin Jepantschin aus dem Mysterium des alten Rußland kommt. Mit ihm wird, in der Sicht der untergehenden russischen Gesellschaft, die Frage gestellt nach der Gestalt Christi. Fürst Myschkin ist keineswegs der ›russische Christus‹ selbst, es ist nur ein Wurf zu ihm hin, oder aber Träger seines Widerscheins, einer Geistesmacht, die erst im Heraufkommen ist. Er ist von Krankheit gebrochen, aber diese Krankheit ist Gnade, weil sie ihn, wie den Dichter, im Augenblicke ihres Sieges sehen läßt, was niemand sonst zu sehen vermag: die transzendentale, die verzehrende Wahrheit. Tor ist er im Sinne des Evangeliums: die Kinder der Welt sind unter ihresgleichen klüger als die Kinder des Lichts. Aber seine Existenz ist unmöglich in einer Gesellschaft, die vor Geldgier von Sinnen ist. So ist er Opfer und zugleich Lichtbahn, in der die Menschen, die Umstände, das Jahrhundert, transparent werden. Er ist der Absichtslose, er ist nur da. Er ist das Kind – und darum besteht eine tiefe Beziehung zwischen ihm und der Generalin Jepantschin, in der er das Kind spürt und die ihm, trotz seiner Unmöglichkeit, die Treue hält, während deren jüngste Tochter, die ihn liebende Aglaja, ihn und mit ihm das heilige Rußland verrät und sich damit zugrunde richtet. Sobald er auftritt, schon im Gespräch mit dem Diener im Vorzimmer des Generals Jepantschin, und dann wieder und wieder stellt er das Bestehende in Frage. Er kann es nicht lassen, von den Letzten Dingen zu reden, den Minuten und Sekunden des Verurteilten vor der Hinrichtung – wie denn der schwindsüchtige junge Ippolyt auf groteske Weise eine aufrüttelnde Existenz am Rande ist. Myschkin lebt immer in der letzten Situation.

Was hier dargestellt wird, ist eine Art wollüstige Selbstvernichtung Rußlands, des Russentums. Die drei extremen und eben darum als russisch empfundenen Existenzen, Fürst Myschkin, Nastassja, Rogoshin, sind einander zum Verderben im Klima einer vom Westen überfremdeten Gesellschaft. Im Fürsten und in Nastassja steht Schönheit gegen Schönheit: die vollkommene (und also auch lächerliche) der Seele, des Herzens, der Kindschaft, und die der Gestalt und zugleich des Stolzes und des Leids. Sie sind einander zugelost: bei der ersten grotesk mißverständlichen Begegnung, da Nastassja den Fürsten für einen tölpelhaften Diener hält, stoßen sie mit den Schultern zusammen. Die Schönheit Nastassjas ist ein Dreifaches: Rätsel, Macht und Leid. Die des Fürsten ist: Machtlosigkeit und Mitleid, die Arglosigkeit des reinen Auges, das Licht eines kranken, furchtbar geprüften Leibes ist. An ihm erfüllt sich das rätselschwere Wort: wenn ihr nicht werdet wie die Kinder. Mit den Kindern, in dem Schweizer Dorfe, erlebte er sein Glück. In Rußland erwartet ihn nur Leid, aber das Leid ist Mitleid, und das höchste Mitleid Liebe, wie für Schopenhauer alle Liebe Mitleid war.

Für Rogoshin, an dem sich Nastassja zerstören muß, wie er sich an ihr, ist Liebe nicht Mitleid. Sie ist ebensoviel wie Qual und Haß. Aber Nastassja ist die Fürstin ›unserer Art‹, Königin rauschhafter Feste, der Orgie in Jekateringoff, in seiner Gegenwart kann sie als ›frech‹ oder ›gemein‹ erscheinen. Der Fürst sieht das wohl – aber er sieht, kindhaften Blicks, durch die Erniedrigung, durch die Schleier namenlosen Leids. Rogoshins Vorfahren waren Skopzen, Angehörige einer aus Flagellanten (Chlysti) hervorgegangenen, von einem Bauern im Gouvernement Orel gegründeten Sekte von Selbstverstümmlern. Sie huldigten nachts, singend und tanzend bis zur erschöpfenden Raserei, dem russischen Messias, der alle Gewalt den Jungfräulichen und Heiligen überantworten werde. Bezeichnend ist, daß Rogoshins Vater, der reiche Kaufmann und erbliche Ehrenbürger, die Skopzen zwar achtete, aber doch in die Kirche ging, wie auch Dostojewski, im Gegensatz zu Tolstoi, in der Kirche lebte und das Sakrament empfing. Der Alte verband altrussisches Sektierertum mit der Orthodoxie. Auf einem Bilde in seinem Petersburger Haus ist er zu sehen als ein Mann ›mit zwei Medaillen auf der Brust, einem sehr spärlichen, kurzen, grauen Bart, runzligem, gelbem Gesicht und einem argwöhnischen, verschlossenen und ein Leiden verratenden Blick‹. – Das Leiden ist unabdingbar. Das Haus der Witwe aber, das zu Anfang des dritten Kapitels des zweiten Teils geschildert wird, ist in seiner Düsternis und Wucht, in dunkler schmutzgrüner Farbe, das alte Rußland. Hier studiert Rogoshin, der ungelehrte, Ssolowjoffs ›Russische Geschichte‹. Hier hängt im ›großen Saal‹ eine Wiedergabe von Holbeins ›Christus im Grabe‹, des Basler Bildes, das eine nicht verebbende Erschütterung im Leben Dostojewskis bewirkt hat: sie ist nur den Minuten auf dem Semenowskplatz zu vergleichen, denn Gott liegt im Grabe und wartet. Das Bild ist die Frage nach der Auferstehung. Wenn aber Christus nicht auferstanden ist, so ist der Glaube eitel, und die ganze Welt stürzt zusammen. ›Ohne eine höhere Idee‹, sagte Dostojewski 1876 in seinem Aufsatz über ›Selbstmord und Unsterblichkeit‹, ›kann weder ein Mensch noch eine Nation in der Welt bestehen.‹ Unsterblichkeit aber ist die ›einzige‹ höhere Idee, in der alle ›Lebensideen ihren Ursprung‹ haben. Wie rätselhaft ist, von diesem Bekenntnis her gesehen, die furchtbare letzte Nacht, da Fürst Myschkin und Rogoshin nebeneinander im Zimmer neben der ermordeten Schönheit ruhn: in Erwartung des Verwesungshauchs, in der Furcht vor ihm, die Nacht, eh der arme Vorbote des russischen Christus in die Gefangenschaft seiner Krankheit für immer heimgerufen wird!

Denn das Ende ist doch eine Frage. Völlig deutlich ist das unheimliche Gesicht der russischen, vom Westen abgekehrten Welt, ganz klar der Glaube, das religiöse Ziel – aber es ist keine Verheißung mehr zu vernehmen. In Wahrheit ist es doch so, daß dieses Rußland Dostojewskis, das heilige, unverständliche, sich uns entzieht: zwischen dem ersten und zweiten Teil des Romans liegen Monate, während denen sich die drei großen extremen Existenzen, Fürst Myschkin, Nastassja Filippowna,

Rogoshin, samt der alten Fürstin Belokonskaja in Moskau aufhalten: wohin sie wirklich gehören. Denn das ist ihr Klima. Was ist aber in Moskau geschehen? Niemand wird es sagen können. Das wird verschwiegen wie die Vorgänge bei der Orgie in Jekateringoff. Petersburg aber ist der Ort ›unabwendbaren Untergangs‹, von dem gleich am ersten Tage gesprochen wird: wenn man einem solchen ausgeliefert ist, sagt Fürst Myschkin, wenn etwa ein Haus auf einen niederstürzt oder Ähnliches geschieht, so würde man sich am liebsten hinsetzen und die Augen schließen: laß kommen, was da mag! – Diese Menschen, diese Erfahrungen und Ideen weisen entweder in eine Zukunft, die nur Einfältige, mit der heiligen Krankheit Ausgezeichnete erblicken – oder sie sind Zeugen und Zeichen des längst Dahingegangenen, nicht mehr Möglichen. Für uns, die wir dieses Entweder-Oder nicht entscheiden können, sind sie Christus im Grabe: wird er auferstehen? Ist das Unfaßbare möglich, daß der Vater ihn nicht ruft? Ihn, den Wartenden, nicht beglaubigt? Wird Rußland, das eigentliche der Heiligen, Narren, Erniedrigten, Beleidigten, Kranken, nicht auferstehen – und also auch die Menschheit nicht aus der Kraft der russischen Idee, der einen und einzigen Idee, nämlich der Hoffnung auf Unsterblichkeit? Alle Personen des Romans sind, wie sonderbar!, in atemloser Spannung versammelt um dieses westliche Bild –, nicht um eine Ikone – um Hans Holbeins ›Christus im Grab‹, um den Basler Tod.

Das Buch ist ein Akt der Notwehr, letzter Schlag eines tödlich Verwundeten: unmittelbar vor dem vernichtenden Zusammenbruch klagt Fürst Myschkin den ›römischen Katholizismus‹, den repräsentativen Träger westlicher Geschichte und des Reichsgedankens, an, den Atheismus heraufgebracht zu haben: die Kirchenväter seien die ersten Atheisten gewesen, das heißt, sie haben geglaubt und gelehrt, daß die Kirche ohne staatliche Macht nicht bestehen könne, sie haben also die cäsarische imperiale Idee in den Glauben getragen, dem Glauben übergeordnet. In Rußland aber ist Christentum Mysterium

und Macht des Leidens. Das Geschichtliche bleibt offen, wird nicht mehr gesucht: das Warten auf Auferstehung ist alles.
Und das liegt auch im Klima der gefährlichen Stadt, die Peter der Große gegründet hat, Peter, den Dostojewski einige Monate vor seinem Tode in seiner Puschkinrede (1880) als universalen Russen feierte: es ist Tauwetter, gleich am Anfang und immer wieder; ›das Tauwetter hielt immer noch an; matter, warmer, fauliger Wind pfiff durch die Straßen, die Equipagen quietschten durch den Straßenschmutz ... Die erschöpfte Menge der Fußgänger schob sich die Fußsteige entlang‹. Es ist Zwischenzeit, alles ist im Fluß. Aber am Ende ist schauerliche Nacht. Und doch: könnte sie nicht Karfreitagsnacht sein? Nacht des wartenden Christus?
Den am Weihnachtstage des Jahres 1877 notierten Plan, ›ein Buch über Jesus Christus zu schreiben‹, hat Dostojewski nicht ausgeführt. Vielleicht wäre das in seiner Sicht, von seinem geschichtlichen Ort her kaum möglich gewesen. Er ist bei der Vorerscheinung geblieben, dem geheimnisvoll Kranken, Umschleierten. Denn es war und ist offenbar die Ära des sich immer tiefer verbergenden Gottes, des Anwesend-Abwesenden, in die Welt Gestorbenen. Vor ihm entscheidet sich die Generalin Jepantschin, das Kind, das den die Kinder Rufenden verstand, endgültig für Rußland, für die Heimkehr: nicht einmal Brot verstehen sie im Westen zu backen, das ganze Europa ist nur Phantasie, und auch die Russen in Europa sind Phantasie. Das bedeutet in Dostojewskis Vorstellungswelt: alles, was nicht auf russischer Erde steht, nicht tief in ihr wurzelt, ist nicht wirklich. Diese Erde aber ist heilig. Und wer sich von ihr löst, verliert Volk und Gott.
Aber dieses Nein an den Westen ist keineswegs des Dichters letztes Wort. Er sieht in späteren Jahren den Westen zu gleicher Zeit als verfallen, als ›Friedhof‹ an und doch als der Rettung noch erreichbar. Der im russischen Volke in gewissem Grade inkorporierte Christus soll die Antwort des von den westlichen Ideen verwundeten Ostens an den Westen sein.

Die Welt muß, im Lichte des Auferstehungsglaubens, russisch werden. Der echte Russe ist universal: so war es Puschkin, der sich in fremde Völker hineinverwandeln konnte, dieser Sendung diente Peter der Große, der also recht daran tat, westliche Kultur aufzunehmen. Zwar erwarten die Völker Europas von den Russen nur ›Schwert und Gewalt‹, Fürst Myschkin aber prophezeit die Auferstehung der ganzen Menschheit einzig durch den russischen Gedanken, den ›russischen Gott und Christus‹, den Allmenschen. Religiöse Universalität und Russentum ist ein und dasselbe. Der russische Gott ist kein Nationalgott. Er ist Gott. Vielleicht ist dieser national-übernationale Universalismus der eigentliche Erreger und Träger unversöhnlicher Feindschaft gegen Rom.

Das russische Volk, wird einmal im Roman ausgeführt, habe eine sehr tiefe Wandlung durchgemacht: noch im achtzehnten Jahrhundert sei es einfach gewesen, von einem einzigen Gedanken erfüllt. Nun seien die Motive der Russen so zahlreich und verschlungen, daß es nicht möglich sei, sie vollständig darzulegen, weshalb ja auch auf das Urteil verzichtet wird. Seit Dostojewski dies geschrieben hat, ist offenbar eine neue, noch erstaunlichere Wandlung erfolgt. Wahrscheinlich würde er auch den heute sich offen erklärenden Atheismus als einen ›Glauben‹ bezeichnen, weil eben seines Erachtens der Russe glauben *muß*. Aber in das Antlitz der gegenwärtigen russischen Macht hat er doch nicht geblickt. Er hat die Technisierung als Geschichte, als unabweisbare und umfassende Notwendigkeit, noch nicht gesehen. Wer wagt es zu sagen, ob das Rußland, an das er glaubte, noch da ist, in welcher Gestalt, in welcher Stärke? Ob es stellvertretend lebt, leidet, sich verbirgt? Ob es in geschichtlichem Sinne unmöglich geworden ist? Über seine unerfüllt gebliebenen Verheißungen hinweg hat Dostojewski vielleicht doch das Letzte gesehn dieser unserer Zeit, als er den Einen, der durchaus nichts wollte für sich, das Lamm, das Kind, den über alle Grenzen hinaus Liebenden aus Mitleid, den Erleuchteten und Toren, den vollkommen

Schönen, kurz, das große Zeichen im Krankenzimmer der Schweizer Heilanstalt erblickte, von der aus er seine Mission angetreten hatte. Er ist nicht gerade unheilbar, aber völlig zerrüttet zurückgesunken in das Dunkel, und nur noch da, ohne Anteil zu nehmen. Die Liebe ist nicht mehr da. Sie ist unter unsäglichem Leiden, unter der Mißhandlung der Welt, erloschen.

DAS GEHEIMNIS DER FINSTERNIS
GEORGES BERNANOS

An Georges Bernanos war offenbar eine ungewöhnlich schwere Aufgabe gekommen. Wir können der Frage nicht widerstehen, was dieser Dichter uns wohl gegeben hätte, wenn seine Zeit heller gewesen, sein Gefühl von der Bedrohtheit und Verdüsterung der Welt weniger drückend gewesen wäre. Aber wir wissen wohl: diese Frage ist nicht berechtigt; das Werk des Dichters ist in die furchtbare Epoche geschlossen, die von den zwei Kriegen umgrenzt ist; und selbst wenn er mit keinem Worte von den Kriegen gesprochen hätte, so steht seine Dichtung doch in einer tiefen, unterirdischen Beziehung zu den Schlachtfeldern, zertrümmerten Städten, geschändeten Kirchen. Bernanos hat sich der Macht des Bösen gestellt, dem entsetzlichen, scheinbar sieghaften Angriff des Bösen auf die Seelen, den wir erlebt haben; er hat es mit einer erschreckenden Wahrhaftigkeit getan, einem leidenschaftlichen Bemühen, bis auf den letzten Grund der Verworfenheit des Widerspruchs gegen Gottes Ordnung hinabzudringen und die Gestalten herauszuarbeiten, die vom Bösen auf das Schrecklichste gekennzeichnet worden sind.
Eine unheimliche Erfahrung, die sich in einem häufig wiederkehrenden Bilde ausspricht, könnte der Ursprung dieser Gestaltungen sein. Es ist die Furchtbarkeit des südlichen Lichtes,

die dämonisierte Welt, eine Landschaft, wie sie auf gewissen Bildern van Goghs erscheint: ein Glutball über verzehrter Erde, gefährliche Bäume, wuchernde, greifende Pflanzen, ein Dunkel, das »mitschuldig« ist an der Schuld des Menschen. Ein zerstörender Sommer zieht hin über die Begegnung zwischen dem Abbé Cénabre und dem Fräulein de Clergerie; das Weltklima ist gleichsam überhitzt; hier kann nichts mehr geschehen, was alltäglich wäre, was nicht in Beziehung stünde zum Aufruhr des Widersachers und dem geheimnisvollen, zermalmenden Gegenspiele der himmlischen Macht.

Denn in manchen Stunden eines allzu drückenden Sommers öffnet und weitet sich die Natur nicht unter der leuchtenden Liebkosung, sondern scheint sich stumm und scheu in sich selbst zurückzuziehen, in die Regungslosigkeit, die stumpfe Ergebung einer Beute, die gefühlt hat, daß die Kinnladen des Siegers sich in ihre Weiche, in den Sitz des Lebens eingebohrt haben. Und fürwahr, an einen Biß, an Milliarden kleiner beharrlicher Bisse, an ein riesiges Zermalmen gemahnte der trockne Regen, der vom trüben Himmel gefallen war, die Flut weiß-glühender Stacheln, das unzählige Saugen des Gestirns.

[»DER ABTRÜNNIGE«, 1929, 2. Buch]

Dies ist die Stunde all dieser Bücher und der in ihnen ausgetragenen Kämpfe; sie geschehen in einer Landschaft, die »gewaltig, begierig« genannt wird, »nach den Wünschen der Menschen gestaltet, von der Sünde geknetet, ein Land der Sünde« (ebenda). »Man sieht das Licht schließlich mit Groll wie einen Feind.« Im »Verbrechen« werden die Tannen von Servières »höllisch« genannt, so »furchtbar« ist der Lärm, den der Wind in ihnen erregt; die sechzig Fuß hohen, in ihren Wipfeln schwankenden Fichten im »Vorspiel« zur »Sonne Satans« »grollen wie Bären«, gegen Ende des »Verbrechens« wälzt die Bidassoa die Überbleibsel des »flammenglühenden baskischen Sommers ... wie eine zerrissene Bühnenausstattung wütend dem Meere zu.« Die Luft, die Dinge sind vergiftet; die Erde steht im Klima des Bösen. Mit einer »tückischen« Freude, der Neigung zur Vernichtung, nimmt das Unterholz das Feuer auf. Und wir denken an ein Wort des hl. Augustinus: »Für die Rebe gilt eines von beiden: entweder der Weinstock oder das Feuer.« Dies ist das Feuer, die Glut der Sonne Satans, dem die losgerissenen Reben verfallen. Aber die Reben am Weinstock sterben, um zu leben; sie bringen das Opfer der Frucht, die sie einfordert, so daß ihr Los, von außen gesehen, dem Los der Verlorenen gleicht, während es in Wahrheit wesensgemäß verschieden ist.

Die Kennzeichnung des Bösen ist denn auch so radikal, wie es der Geisteshaltung dieses Dichters entspricht: es ist gestalthafte Lüge; und darin liegt auch der unheilbare Widerspruch, die letzte Un-Möglichkeit der Gestalten: als solche haben sie teil am Sein, während sie doch als Widerspruch, als Verleugnung nicht sein können: sie stoßen an einen Seinsbereich, an dem sie zerbrechen.

Unter den der Lüge verfallenen Gestalten die furchtbarste, ein reines Negativ, ist wohl die Urheberin des »Verbrechens«, die verheimlichte Tochter einer abtrünnigen Nonne; ihr ganzes Dasein ist Lüge, aber in solchem Maße, daß sie die Lüge liebt und die Masken, die sie trägt – selbst die sakrilegische Maske des Priesters – »nach ihrem Wohlgefallen« aussucht; sie würde keinen Augenblick länger spielen, auch nicht um ihren Kopf zu retten, als sie die Freude an der Lüge hat. Es ist die radikalste Fassung des Problems; die Lüge gewährt die einzige Freiheit, die sich mit maßlosem Stolze verträgt; diese Freiheit ist die satanische Entsprechung der von der Wahrheit ihren Vollziehern geschenkten Freiheit, in der, über den Tod hinaus, das Leben ist. Denn die Lüge stellt keine Bedingungen, die »für den Stolz zu hart sind. Doch dafür tötet sie zum Schluß«. Ein Mensch sollte nicht dasein, darum wird sein Dasein verleugnet, und er selber wird zur Verleugnung, zur Verneinung einer jeden Norm, einer jeden Transzendenz. Von einer solchen nicht sein sollenden Existenz geht der Tod wieder aus; ein Knabe verfällt ihr und wird in den Tod gerissen, wie die geizige Schloßherrin von Mégère, wie der unglückliche Priester, der den Weg der Verbrecherin kreuzt. Über der verleugneten Lügnerin, die sich langsam, lächelnd auf das Bahngleis legt in Erwartung des sie zermalmenden Zuges, erscheint keinerlei Trost: es sei denn die Wahrheit, daß die Lüge wohl wirken, aber im Sein nicht beharren kann; daß sie, nachdem sie den Wirbel des Verbrechens in ihrem Umkreis erzeugt hat, sterben muß an sich selbst.

Ein Schimmer engelhafter Schönheit, satanischen Glanzes umspielt auch diese verlorene Gestalt, in der das Tier den Engel übermächtigt – wie denn eine gewisse Art von Schönheit dem Bösen, auch dem abgefallenen Geiste, eigen ist. Gleich der Erscheinung der Verbrecherin, die nur in Masken Gestalt wird – aber in Masken, die sich nicht halten lassen –, ist auch ihre Liebe pervertiert. Die Lösung einer solchen Existenz läge im Bekenntnis zum Ursprung, in dessen Eingeständnis; aber dämonischer Stolz verbündet sich mit dem Fluch der Geburt zu unüberwindlicher Abwehr.

Der unbedingt Böse ist der Mensch, der nicht wahrhaftig sein kann; der Heilige ist der Mensch, der unfähig ist zu lügen. Entweder das Böse verbrennt sich in haltlosem Wirbel, über dem die Wahrheit sichtbar wird als das vollzogene Gericht – oder es ist dem Heiligen zugeordnet und wird von ihm herausgefordert, das heißt vor die Wahrheit gestellt, die es enthüllt und zerbricht. Die Herausforderung geschieht auf ebenso verhalten-bescheidene wie unwiderstehliche Weise: durch das Dasein des Wahrhaftigen, das der Lügner nicht erträgt. Er muß sich diesem Dasein nähern, sich in sein Licht stürzen und scheint über dieses Licht zu siegen, während er in Wahrheit von ihm tödlich versengt wird. So wird der Abbé Cénabre von dem Abbé Chevance herausgefordert. Schon Cénabres Berufung zum Priestertum, mit der ihm sein Ehrgeiz den Weg zum Ruhme aufbrach, war Lüge, und Lüge ist sein gesamtes schriftstellerisches Werk, das den Mystikern und Heiligen gewidmet ist – und doch keinem anderen Ziele dient als dem mit überlegener Klugheit erworbenen, verwalteten Ruhm. Unter dem Ruhm sinkt der Glaube; die verbrannten Reste dieses Glaubens fallen von dem berühmten Schriftsteller ab, ohne daß er es hindern könnte oder eigentlich wollte; er hat sich getrennt vom Stamme durch seine Lüge und ist nur noch dürre Rebe im Feuer. Aber er muß die Lüge behaupten mit seinem Ruhm; aus der Lüge, der immerwährenden Erniedrigung, schießt der Haß wider Gott. So wurde Cénabres Leben »eins der seltenen und vielleicht das einzige Beispiel vollständiger Abwendung«. Der metaphysische Sinn ist in ihm »wie vernichtet«. Und doch hält er, als Schreibender, um des Schreibens, des Ruhmes willen, an der Wirklichkeit des übernatürlichen Lebens fest. »Es hing von ihm ab, die Untersuchungen und Beobachtungen, die ihn berühmt gemacht hatten, noch jahrelang, bis zum Ende fortzusetzen. In Wirklichkeit aber ist das Nichts in ihm aufgebrochen; ihm schenkt er seinen Glauben, seine Kraft, sein Leben«, auf blasphemische Weise und in satanischer Freude an der Blasphemie das Priestergewand tragend, die heiligen Handlungen ausübend, die Gläubigen betrügend. Die größte aller Lügen aber ist die Verleugnung des Lichtes, Gottes: es ist die Lüge, die unfehlbar den Leugner zertrümmern wird. Das Licht handelt ihm entgegen mit dem armen, begnadeten Abbé Chevance mit dem Mysterium seines furchtbaren, verlassenen Sterbens; und dem Fräulein de Clergerie, die die Nachfolge des Abbé Chevance antreten muß im Plane der Gnade, bis zum grauenvollen Ende.

So wird das Bild des Heiligen im wesentlichen bestimmt von seiner Stellung gegen das Böse, doch nicht, als ob von daher die Existenz des Heiligen überhaupt begriffen werden sollte: diese ruht in seinem Geheimnis vor Gott. Aber das Wirken des Heiligen, sein irdisch-sichtbares Los, seine unerhörten Leiden rühren daher, daß er der erwählte Gegenspieler des Bösen ist, der das Böse an der Wahrheit des eigenen Lebens verbrennt: vermöge dieser Einsicht hat Bernanos, nach dem Vorgange Hellos, das Bild des Heiligen von den Entstellungen einer verweltlichten, verweichlichten Frömmigkeit gereinigt, aber ohne es in einem pathetischen Sinne zu heroisieren. Der Heilige steht in der ganzen Furchtbarkeit des Alltags, in den er verbannt ist.

Dem Geheimnis der Heiligkeit entspricht das Geheimnis der Lüge. Das letzte bleibt nicht erklärbar, ist der Psychologie des Bösen, wie weit sie hier auch getrieben wurde, eingestandenermaßen nicht zugänglich. In der »nie betretenen Nacht«, einer Sphäre seelischen Geschehens, die von uns abgekehrt ist und sich uns nur ankündigt durch den Widerschein der über ihr sich entladenden Gewitter, verfällt die sechzehnjährige Germaine (»Die Sonne Satans«) dem Bösen – wiederum der Lüge.

Jede Lüge war ein neues Vergnügen, bei der ihr die Brust eng wurde wie bei einer Liebkosung; sie hätte in dieser Nacht unter Beschimpfungen, unter Schlägen, selbst unter Gefahr ihres Lebens gelogen; sie hätte gelogen, bloß um zu lügen.

Hier ist der Abgrund offen, hier fordert, nach einem Worte Scheebens, das über die Schöpfung ausgebreitete »Geheimnis der Finsternis« das Mysterium des Lichts als »ein zweites, größeres Mysterium« heraus.

Und das ist es, was uns an dem Werke dieses höchst außerordentlichen Mannes erschüttert: daß er der Ergründung, der Gestaltung des Bösen vielleicht weit mehr Arbeitskraft widmete, als er wollte; daß es ihm im Grunde immer nur um das andere gegangen sein mag – so grauenvoll auch der Aspekt eines großen Teiles seines Werkes ist. »Das Geheimnis dieses Hauses« heißt es von dem von der Lüge verpesteten Vaterhaus eines Fräuleins de Clergerie, »ist nicht das Böse, sondern die Gnade.« Wieviel mehr gilt es von diesem dichterischen

Werke, das, soweit es uns in Deutschland bekanntgeworden ist, im wesentlichen noch auf die »bürgerliche Hölle« unter Einbeziehung ihres »tiefsten Kreises« beschränkt bleibt und damit vielleicht das Ende einer langwierigen Abrechnung bedeutet. Weiter kann die Psychologie der Lüge nicht mehr geführt, auf erschütterndere Weise kann, innerhalb dieser stofflichen Grenzen, die Begegnung der einander entgegengesetzten Mysterien nicht mehr vollzogen werden. Die Formen der Lüge, die hier entlarvt werden, sind zu einem großen, ja überwiegenden Teil die Lebensformen von gestern, einer bürgerlich-kommerziellen, akademisch-literarischen Welt; aber das Böse, das in sie eingebrochen ist, das Licht, das in sie herabstrahlt, sind unvergänglich-geheimnisvoll; die hier ergriffene Phase ihres Kampfes ist nur der von der Geschichte gegebene Ausdruckswert übergeschichtlicher Wirklichkeit. Die Kritik der Lüge in ihren gesellschaftlichen Formen verliert an Gewicht, das radikal Metaphysische dringt immer reiner hindurch: mit dem »Tagebuch des Landpfarrers« ist der Kreis vielleicht zersprengt, aber doch noch nicht überschritten.

Durch das Medium des Bösen stellt sich das Heilige dar; indem der Landpfarrer dem Bösen begegnet und es zu ergründen, zu überwältigen sucht, schildert er absichtslos seine verborgene Heiligkeit, sein unter der Glut des Bösen sich vollziehendes Martyrium. Vielleicht steht das Werk an künstlerischer Geschlossenheit eher vor den früheren Werken etwas zurück, als daß es sie erreicht; aber als indirekte Gestaltung des Heiligen, des Lichtes auf dem Grunde der Finsternis, ist es vielleicht einzigartig; hier auch scheint die Erörterung des Bösen am tiefsten gedrungen zu sein, gerade weil die letzte Antwort nicht mehr gewagt wird. Wohl ist der »Vater der Lüge« der Urheber aller Verwirrung; aber Wollust, Hochmut, Verstokkung, Aufruhr sind doch nur Erscheinungsformen der Sünde, der »Herausforderung«; dahinter dunkelt das Nichtmehr-zu-Bezeichnende, das unlösbare Rätsel des Bösen, die »ungeheure, saugende Sehnsucht des Leeren«, des »Nichts«, der nicht vorstellbare absolute Mangel an Liebe, deren eigentliches Nicht-da-Sein, das kein Mensch ganz erfahren kann. Erfahrbar ist das Klima der Sünde, in der sie gedeiht, und unser aller Schuld an ihr. Darüber ist in dem Gespräch des Pfarrers mit der Gräfin wohl das Letzte gesagt:

»Niemand, gnädige Frau, weiß im voraus, was auf die Dauer aus einem bösen Gedanken hervorgehen kann. Es ist mit den bösen wie mit den guten: tausend werden vom Wind verweht, werden von den Dornen erstickt, von der Sonne ausgedörrt, und ein einziger schlägt Wurzel. Der Same des Bösen wie des Guten fliegt überall hin. Das große Unglück ist, daß die menschliche Gerechtigkeit immer zu spät einschreitet, sie unterdrückt Handlungen oder brandmarkt sie, und doch kann sie niemals weiter gelangen als bis zu dem, der sie begangen hat. Aber unsere verborgenen Fehltritte vergiften die Luft, die die andern atmen, und ein Verbrechen, dessen Keim ein Elender ahnungslos in sich trug, würde seine Frucht niemals zur Reife bringen ohne diesen zersetzenden Einfluß.« – »Das ist Wahnsinn, reiner Wahnsinn, das sind tolle Träume! (Sie war aschfahl geworden.) Wenn man an solche Dinge dächte, könnte man überhaupt nicht weiterleben.« – »Das glaube ich, gnädige Frau. Ich glaube wirklich: wenn Gott uns eine klare Vorstellung von der unlösbaren Verbundenheit gäbe, die uns im Guten wie im Bösen aneinanderkettet, dann könnten wir tatsächlich nicht weiterleben.«

Hier wird die Familie zersprengt von metaphysischen Mächten; nicht auf das Gewand und die vielfach anklingende Kritik der Zeit kommt es an, sondern auf den letzten metaphysischen Gehalt, auf die Transzendenz dieser unserer Zeit – in der die Abgründe bis in ihre schauerlichste Tiefe nach dem Licht rufen und das Licht sich ihrer offenbar erbarmt und sich herabwürdigt, auch die letzte Tiefe zu betreten und die Heiligen dorthin zu senden, wo ihr Los am furchtbarsten sein muß und wo sie am notwendigsten sind – weil *sie* allein die Not wenden, die Zeit gewinnen können. Insofern war und ist Georges Bernanos der Dichter seiner Zeit, der Epoche zwischen den Kriegen, in der auf verborgen-erhabener Weise das Geheimnis der Finsternis überwunden worden ist vom Geheimnis des Lichts – ein geschichtlicher Vorgang, dessen Auswirkungen noch verhüllt sind, der aber auch unser Dasein bis zum letzten Augenblick einfordern wird. 1948

CLAUDELS WELTGEDICHT

(Vortrag)

Im Januar 1921 schrieb Paul Claudel in Kopenhagen eine Hymne zum 600. Todestag Dantes, in der diese Verse stehen:

Mächtiger als der Kaiser hab ich die Erde zur
Einheit gebracht,
und weil man mir den Frieden verweigert, so hab
ich ihn selber gemacht.

Wohl gelten diese Worte dem Anliegen Dantes. Aber der Dichter spricht vom Dichter aus der Verwandtschaft der Sendung, des Lebens, aus der Bindung an das aller Kunst Eigene, Gemeinsame, an das, was sie in die Welt und Zeit drängt. Es ist ein fast maßloser Anspruch – und doch nur der Stolz des Geistes, der das Größte und Schwerste tun muß; dessen Natur es ist, nichts Geringeres als das Äußerste zu unternehmen. Die Erde ist nicht eins; aber im Gedicht wird sie zur Einheit; es ist kein Friede, dem Künstler wird er verweigert, aber er schafft ihn im Gedicht; was der zur Verwaltung der Macht Bestellte nicht vermag, das vollbringt der Dichter, weil er einenden, befriedenden Geistes ist. Ähnliches hat Camões getan, hat noch Walt Whitman erstrebt. Aber indem wir für einen Augenblick an den großen Amerikaner denken, dessen metrische Form an den Rhythmus Claudels anzuklingen scheint – man hat wohl darauf hingewiesen, daß beide von den Psalmen bestimmt worden sind –, wird uns sofort ein wesentlicher Zug Claudels bewußt; Whitman feiert die große Weite seines Kontinents und die auf ihm zusammenströmenden Völker; Claudel umfaßt mit der Natur und dem Menschen die Geschichte wie Dante und Camões. Er ist Christ; darum steht er in der Geschichte, wenn er sie auch nicht wiedergibt, wie sie im Äußeren ablief, sondern ins Gedicht überträgt. Der Standort seines Geistes ist das Abendland, wie weit sein Blick auch schweifen mag.

Eine zerrissene, nicht recht geleitete Welt zu einen, Frieden zu schaffen, der verweigert wird, der vielleicht nicht einmal im eigenen Herzen ist: dies ist eine an Tragik streifende Sendung; diese Aufgabe bezeichnet Claudels Stellung in der Zeit. Damit ist er uns ebenso nah wie fern; es gibt Künstler, die die Zerrissenheit, den Abgrund selber gesucht haben, – wie etwa Georg Bernanos, um durch diese Tiefen hindurchzudringen in die Ordnung; Claudel blickt immer auf das Ganze, wie tief er auch das Tragische erfahren hat: »Die Leidenschaft für das Ganze« ist es, die ihn treibt im Leben wie in der Kunst; die merkwürdige Ruhe tiefen Ernstes, die ihn auszeichnet, das Gleichgewicht im Werke, in dem es doch wahrlich an schweren Gewichten ebensowenig fehlt wie an bezaubernder Leichtigkeit, macht den Dichter in gewissem Grade zum Fremdling. Gestehen wir, daß er uns näher wäre, wenn er ein problematischeres Weltbild darbieten würde! Denn noch immer sind es die Dissonanzen, die den modernen Menschen stärker erschüttern als die Harmonien; das Inferno prägt sich unserer Phantasie mächtiger ein als die Himmelsrose. Claudel hat es wohl erlitten, daß »die Not nötiger ist als das Leben«, und daß die Seele lieber sterben möchte als »ohne Stachel« sein; er erinnert sich wohl, »wie traurig das Meer war und wie dunkel die Nacht«, wie die Antwort ausblieb auf den Ruf der Liebe an die Welt. Aber das Wort, um das alles geht, ist das Ja: auf dieses Wort umkreist den Dichter »ein Heer von Brüdern« und »Welten werden erweckt von einem kurzen Geständnis der Demut«.

Wir können uns, angesichts eines kaum überschaubaren, aber einheitlichen Werkes nur auf das Wort sammeln, das uns als das eigentliche, das zeugende erscheint, das die Gestalten belebt, die Bilder aufleuchten läßt und den Erdkreis um sie rundet, den Bogen des Friedens über sie spannt. In diesem Wort ist auch Claudels Auftrag an die Zeit: das, was ihn mitten unter uns zum einsamen Versöhner, zum Helfer und Fremdling, zum heilenden Arzte macht; einem Arzte, den wir deshalb nicht so leicht verstehen, weil er mehr als wir weiß vom Ganzen und von unserem Angewiesensein auf das Ganze, vom Kranksein an Teilung und Einsamkeit.

Wie hat Claudel seinen Auftrag gefunden? Die entscheidende Stunde erlebte er mit 18 Jahren, am 26. Dezember des Jahres 1886 in Notre-Dame:

Ich stand beim zweiten Chorpfeiler am Eingang, rechts an der Sakristeiseite, da vollzog sich das Ereignis, das mein ganzes Leben beherrscht. In einem Augenblick war mein Herz berührt, und ich glaubte. Ich glaubte mit einer solchen Kraft des Angezogenwerdens, mit einer solchen Aufwallung meines ganzen Wesens, mit einer so mächtigen Überzeugung, mit einer solchen Sicherheit, die keinem Zweifel irgendwelcher Art Raum ließ, daß seitdem alle Bücher, alle Zufälle eines bewegten Lebens meinen Glauben nicht haben erschüttern, ja in Wirklichkeit nicht einmal haben berühren können.

Aber noch brauchte er vier Jahre, um die »Hypothesen des Monismus und Materialismus«, die er »in ihrer ganzen Strenge angenommen« hatte, zu überwinden. Am Weihnachtstage des Jahres 1890 empfing er in Notre-Dame seine zweite heilige Kommunion.* Er war in die Mitte gelangt. Von da an lebt

* Robert Grosche: Paul Claudel. Hellerau 1928.

Claudel in der Mitte der Welt angesichts des Herrn, in dem Alles geschaffen ist. Daß die Welt »keine Mitte mehr hat« ließ er noch Dante beklagen; während aber die äußere ordnende Mitte auf das Schmerzlichste entbehrt wird, wurde der Dichter in die eigentliche gerufen. Von hier aus sollte er die Welt gewinnen.

Es ist Notre-Dame, die Stelle, wo vor hundert Jahren auf blasphemische Weise die Göttin der Vernunft auf den Altar erhoben wurde. Claudels Konversion gab die Antwort des französischen Geistes auf die Revolution aus der ganzen Tiefe und Weite der französischen Tradition. Er gab sie durch das Bekenntnis zur Kathedrale. Denn die Kathedrale ist das Bild der im Heiligen begründeten Weltordnung, streng, klar und unerhört reich, weiträumig genug für das Bilderwerk des Himmels, der Erde, des Abgrunds, für das Gebet der Völker, der Menschheit; sie ist die Entfaltung eines Wissens von Maß und Zahl, das einmal geheimnisumwittertes überpersönliches Eigentum der Menschen war; Werk eines Geistes, dem dieser Dichter sich mehr und mehr näherte, indem er nicht eine besondere, sondern eine allgemeine Aufgabe suchte. Der Dichter, sagte er einmal, habe die Aufgabe der »Turmuhr«. Hoch über die Menschen erhoben zeigt sie einem Jeden unmißverständlich die Stunde an, die immer auch seine Geschichtszeit ist. Verborgen, nur dem Wissenden erforschbar, sind die Baugesetze der Kathedrale in ihrem Verhältnis zum Bau der Welt, ist die wunderbare Auffaltung des Grundrisses in die Fassade; sichtbar sind die Bilder der Wahrheit im Tympanon, in der Vorhalle, auf den Pfeilern: Gottes Bild und die Gestalten der Engel und Heiligen, die entscheidenden Vorgänge der Heilsgeschichte; hier stehen noch Priester, König und Ritter, ein jeder in unversehrtem Amte, in der Würde und Berufung, die nicht von ihnen genommen werden können. Sie sind wohl der Verkennung unterworfen – oder ihr Antlitz wird unkenntlich unter der Arbeit der Zeit; aber die einmal von ihnen besetzte Stelle können andere Gestalten nicht einnehmen. Das

Wort des alten, vorrevolutionären Adels war wirklich wie ein Ding, eine bindende Weltmacht, und kann durch keinen Vertrag ersetzt werden.

Das Wissen von diesen Ämtern gehört zum Eigentum des Dichters Claudel: zu den Schätzen, die er aus dem alten Frankreich herübergerettet hat, wieder um des Ganzen willen und in Beantwortung der Französischen Revolution und Aufklärung, die Teile an die Stelle des Ganzen zu setzen suchten. – Die Konversion in Notre Dame ist aber auch ein Bekenntnis zur Jungfrau – und es ließe sich zeigen, wie dieses Bekenntnis das ganze Leben und Bilden des Künstlers durchwirkt. Sein Werk steht deutlich unter der Segensmacht, der er sich angelobt hat; vielleicht bezeichnet es auch in diesem besonderen Sinne eine Wende der Zeiten. In der »Verkündigung« hat er die Kathedrale und die große Zeit, deren Vermächtnis sie ist, gefeiert:

O fühlt ich doch bald mein weites Werk unter mir auferstehn, o berührt ich doch schon mit Fingern dies unzerstörbar von mir Gefügte, ein Ganzes, zusammengeschlossen aus all seinen Teilen, dies wohlgefestigte Werk, das ich schuf aus hartem Gestein, dem Urquell eine Fassung, mein Werk, die Wohnung Gottes!

Und:

Es gibt Kirchen, die wie Abgründe sind, und andre sind wie glühende Öfen,
Und wieder andre sind so genau berechnet, so kunstvoll gespannt, daß sie tönen müßten unter dem Finger.

Die Kathedrale ist verwandt dem Gedicht:

Was ist die sogenannte Seele oder der Holzsteg, wie ihn der Lautenbauer zwischen die Vorder- und Rückseite seines Gerätes einschaltet,

Vor dieser großen, geborgenen Harfe und diesen nächtlichen Säulengewalten, mit ihren von mir berechneten Maßen und Fernen?
Ich schneide nicht von außen ein Bildwerk.
Sondern dem Erzvater Noae ähnlich, inmitten meiner Arche,
Wirke ich emsig im Innern, und rundherum seh ich alles, wie alles mit einemmal ansteigt!

Das Kunstwerk in diesem höchsten Sinne kann nur *eines* sein, das unerhörte Wagnis der »Fassung«, eine Wohnung Gottes, Welt, die den Schöpfer spiegelt, bekennt und preist.
Mit einer ganz anderen Bilderwelt hat der Dichter viele Jahre später das Gedicht bezeichnet, das ihm am Herzen lag: »Ich will«, schrieb er im Juli 1922 in Tokio,

ein Gedicht verfassen, das den Geist zugleich auf eine dreifache Straße lädt.
Die erste ist droben die der Heiligen über uns, wiederholend, wiedererschaffend jede Bewegung bei uns, feierlich dargebracht, ihr Wandelzug über unsrer Geschichte.
Die zweite ist die Dichtung selbst wie ein Gießbach von Worten, wie eine große Straße von heute, überfüllt von Leuten die in der gleichen Richtung gehen, jeder neben den Nachbarn frei.
Die dritte ist auf der andern Seite des Blatts jener große Fluß, den man nicht sieht.

Das Heilige, das Irdische, das Unsichtbare, das sich durch Zeichen mitteilt, wie etwa das »Glitzern des Mondes am Unterleib der Ente« oder den Blitz, den die Feuerfliege über den nächtlichen Strom zieht: das ist das Gedicht an sich, das Unerhörte, das dieser Dichter aufnehmen mußte.
Welche Liebe zur Welt! Und doch: wie schwer wurde die Welt erworben! Diplomatischer Dienst hat Claudel nach Nordamerika, China, Böhmen, Deutschland, Italien, Süd-

amerika, Dänemark, Japan und Nordamerika geführt. Sicherlich ist eine Gnade in einem auf so weite Räume angelegten, in die großen politischen Zusammenhänge gezogenen Leben; es ist die Gnade des Werkes, das in jedem Falle redlich bezahlt werden will. Der Dichter hat seine Wanderung als Verbannung empfunden und durchlitten.

Lang war die Langeweile, endlos die Beschwerde,
Lang die Verbannung, lang die Wege dieser Welt. –

und

Einsam, gefangen. Nicht ein Wort kommt aus dem Munde.
Verkauft wie eine Herde dem, der treiben mag.

Um alles zu erlangen, mußte er sich von allem trennen; nur der Weg war sein Begleiter, sein Schatten und das Schweigen. Der fast unvergleichlichen Fülle der Farben und Töne begegnet der Verzicht dessen, der sie empfängt; der Vielstimmigkeit des Werkes das Stummsein des Mannes, der für sich selber nicht sprechen will und darf. In China hat sich Claudel das Weltbild des hl. Thomas von Aquin errungen, des Geistes, der wie kaum ein Anderer nach der Zusammenfassung alles Wirklichen strebte und nach der gerechten Einordnung alles Geschaffenen an seiner besonderen Stelle. Von Thomas drang er weiter zu Augustin, den Vätern überhaupt.
Wenn die Kirche angegriffen wird, heißt es im »Seidenen Schuh«, verteidigt sie sich mit dem Universum. So setzte Thomas das von der Wahrheit durchleuchtete, der Wahrheit anheimgefallene Universum ein; so strebte der Glaube des 16. Jahrhunderts über alle Meere, in alle Regionen, während das Konzil von Trient die Reformation beantwortete; so stellt Claudel die Fülle seiner Gestaltung aus dem Glauben in ein Zeitalter des Aufruhrs. Im Leben wie im Dichten mußte er, wie er sagte, »Brasilien versöhnen mit dem Land des Mikado«

und darüber hinaus träumt er das Gedicht, das er nicht geschrieben, in dem »keinerlei Unterschiede sind zwischen Zeit und Raum«, vielmehr alle Dinge innig vereint sind; das Gedicht, in dem »Alles vergaß zu sterben«.* Denn auch das Geschichtliche im größten Sinne soll das Gedicht umfassen, Völker einbeziehen, die vergessen sind und auf deren Grabstein noch der Schatten des Kreuzes fällt. Hier findet auch der Widerspruch seine Stelle: von keinem Heiligen steht geschrieben, daß er notwendig war, sagt der heilige Bonifazius im »Seidenen Schuh«, »aber Luther *mußte* erscheinen«. Es ist das Mysterium des Irdischen, daß die Sünde zur Offenbarwerdung der Gerechtigkeit, zur Verherrlichung treibt. Ja, auch die Hölle ist ein Lob und »nicht zu bemängeln«, und es ist Gnade, diesen Abgrund der Gerechtigkeit zu schauen.

Für diese Konzeption der Schöpfung, für dieses Anliegen bildet Claudel die besondere dichterisch-dramatische Form des »Seidenen Schuhs«. Die ganze Welt soll Bühne werden; über Kontinente und Ozeane dehnt sich die Handlung; aber auch die Geschichtszeiten werden in Anspruch genommen und, wie es in der Regiebemerkung heißt, ineinandergeschoben, »wie etwa aus einer gewissen Entfernung verschiedene getrennte Bergzüge zu einem einzigen Horizont verschmelzen«. Die himmlische Welt, Engel und Heilige, handeln herein; bezeichnend ist es für diesen Dichter, daß er, anders als Bernanos oder Dostojewski, die Tiefe nicht leibhaft in Erscheinung treten läßt, sondern nur durch ihre Macht im Menschen; sein auf die höchste Bejahung gerichteter Sinn verschmäht es, dem wesentlich Bösen, dem Widerspruch, der Verneinung, Gestalt zu schenken. Der Globus dreht sich vor unseren Augen, und über ihn läuft das Spruchband der miteinander im Gespräch be-

* Paul Claudel: Gedichte, übertragen von Hans- Urs von Balthasar, Basel, 1942. Das Nachwort zu dieser Übertragung ebenso wie das Nachwort zur Übertragung des »Seidenen Schuhs« (Luzern) sollen mit besonderer Dankbarkeit erwähnt werden.

griffenen, die Handlung einander zutragenden, die Stafette des geschichtlichen Losungswortes weiterreichenden Menschenpaare, unterbrochen von großen, überschauenden, in die Ferne, zur Höhe weisenden Monologen, wie die Welt einer großen Gerichts- und Schlußszene entgegen – fließend; alles gleitet, wie die Schiffe, die Heerzüge, die Völker; Länder und Inseln werden gewissermaßen zu handelnden Personen, gleich den Gestirnen, sich aussagend in den Strom der Handlung und mit ihm wieder dahinschwindend. Aber hinter dieser Gegenständlichkeit, die im Wort Duft und Farbe der Landschaften, den Atem der Bäume und Tiere, den Hauch der Gebirge, den Geschmack der Salzflut, die Gestalt der in ihr spielenden Ungeheuer vermittelt, steht die eherne beseligende Gewißheit der Entscheidungsstunde von Notre-Dame: »Gott existiert. Er ist da. Er ist ein ebenso persönliches Wesen wie ich. Er liebt mich. Er ruft mich.« Das heißt: die Welt wird zugleich in ihrer Greifbarkeit und Endlichkeit erfahren; denn

wir sind in dieser Welt wie ein Bettler, der, wenn er aufsteht, mit seinem Kopf an das Dach stößt, und streckt er die Arme aus, berührt er die Wände des Hauses.

Das ist das eigentümliche Weltempfinden Paul Claudels.

Eine Mauer immer zu meiner rechten Seite.
Zu meiner Linken ist die Stadt, und die großen Straßen, die hinausgehen auf die ganze Erde,
Aber zu meiner Rechten, da ist die Mauer.
Ich wende mich (bei dieser Station der Tram), und ich weiß, da ist das Meer,
Aber unabtrennbar klebt an meiner Rechten die Mauer,
Da liegt die ganze Stadt zu meinen Füßen, eine ganze zerbrechliche Welt in dem Abend, der sich entzündet und erlischt,
Doch das hebt die Mauer nicht auf zu meiner Rechten.

Hinter der Mauer liegt das Sein, die Wahrheit; die Weltwirklichkeit stößt an Gott, treibt, drängt zu ihm hin; vor dieser auf Schritt und Tritt gefühlten Macht wird das Irdische scheinhaft; das Spiel ist immer in Gefahr, sich aufzulösen, so sicher auch seine Bahn gezeichnet ist. Der Charakter des Unwirklichen, der bloßen Vorbereitung auf das Eigentliche und Letzte, haftet allem Tun der Menschen, allen Dingen und Wesen an. Die Absicht Gottes wird sichtbar: er ist der Herr des Spiels; darum können in seinem Dienst unvermutete Eingriffe geschehen; selbst die Maschinisten des Theaters können sich einmischen; wer hier immer handelt und handeln will, der gerät in den Sinn, die Richtung des überlegen geleiteten Spiels; der ganze szenische Apparat in seiner Nüchternheit und Phantastik wird in die Handlung eingesetzt; er kann eingesetzt werden, weil das Theater für Claudel, wie für Calderon, Symbol ist für den von Gott gelenkten Weltlauf, in dem der Mensch die Geschichte seiner Seele erfährt oder vielmehr leisten soll unter dem Beistand der Engel und Heiligen.

Damit fällt das Irdische bei allem Ernste der tragenden Überzeugung – und gerade dieses Ernstes wegen – in das blitzende, wechselnde Licht entschwerender Ironie; ungeheuer ernst ist der Sinn des Erdenspiels, der Geschichte, aber das Spiel selbst ist leicht, anmutig, verschwebend, erheiternd, grotesk; je näher es dem Ziele kommt, umso näher ist es auch der Auflösung wie ein Traum im Morgenlichte. Wir stoßen an die Wand; sie gibt schon nach. Diese Bühne ist ebenso kühn wie leicht gebaut; sie hat etwas von der Architektur Japans, wo der Dichter das im Jahre 1919 in Paris begonnene Drama nach fünf Jahren vollendete. Es ist, als könnten die zitternden, übereinander gespannten Brücken die Personen nicht tragen; und doch sind diese Brücken ebenso biegsam wie fest. Sie führen sicher an das andere Ufer, in das unaussprechliche Land. Das alles ist eine geniale, beschwingte Improvisation, heitere Scheinwelt, sich selber ironisierende Weltenbühne vor den Felsengraten der Ewigkeit.

Dichterische Technik und Thema, Ausdrucksmittel und Aussage entsprechen einander. Wir sind in Spanien, um die Zeit Philipps II., im spanischen Zeitalter der Geschichte, da »unter das Abenteuer des Kolumbus das Wörtlein Ende gesetzt werden soll«. Die große Tat des Entdeckers war der Aufbruch zur Einheit, Einswerdung der Welt. Er hat das spanische Volk diesem Ziel entgegen gerissen; seit er ausfuhr, ist alles in strudelnder, mündender Bewegung; es ist kein Halten mehr für Könige, Ritter, Soldaten, Räuber und Abenteurer, bis die »Tore des Unerforschlichen zugeschlagen« werden, und ein jedes Meer enthüllt, überquert ist und die Botschaft vom Kreuze Japan und China erreicht.

Denn was Kolumbus dem König von Spanien versprach, ist nicht ein neuer Teil der Welt, es ist die Einigung der Erde, es ist die Gesandtschaft zu den Völkern.

Der Globus erscheint unter dem Kreuze: das ist der Inhalt des Dramas. In diesen Prozeß sind die Geschicke gespannt; von ihm werden sie bewegt; ihn helfen sie vollenden. Der Dichter, die »Turmuhr«, zeigt die Stunde, da die Kontinente die Menschen angerufen haben und sie diesem Anruf gehorchen müssen. Das Universum wird eingefordert von der umkämpften Wahrheit – und die Wahrheit strahlt um so heller, unabweislicher in dem Maße das Universum sich ihr zuneigt. Denn auf die Eine Wahrheit hin ist das Universum gebaut.

Was von dem Leben und Bilden des Dichters gesagt werden kann, der in Notre Dame in die verpflichtende Mitte der Welt gezogen wurde, das gilt von der Handlung des Dramas: sie ereignet sich unter dem Mysterium des Gelöbnisses an die Jungfrau, unter einer die Welt überbreitenden Segensmacht; diese Gewalt bewährt sich an der dieses Weltgedicht tragenden Einsicht, daß auch die Sünde ihre bestimmte Stelle im Heilsplan hat: »Sogar die Sünde«, sagt der Schutzengel Proezas, der Heldin, »Auch die Sünde muß dienen«. Aber das kann nur geschehen, nachdem Proeza, die Gattin des strengen Ritters Pelayo, eh sie ihre gefährliche Fahrt in die Welt antritt, ihren seidenen Schuh in die Hände der Marienstatue gelegt hat, die Pelayos Haus beschützt. Pelayo war es somit, der, indem er sein Haus auf diese Art weihte, über alle künftigen Irrungen Proezas hinweg, in der Strenge seines Glaubens an die Unlösbarkeit, Unwiderruflichkeit des Wortes, das Mann und Weib einander geben – ein einziges Mal und für immer –, diese Macht herabrief und ihr das eigene Heil und das der Gattin auf Ewigkeit anvertraute.

Jungfrau, Hüterin und Mutter dieses Hauses,

betet Proeza,

Solang es denn noch Zeit ist: mit meinem Herzen in der einen Hand, mit meinem Schuh in der andern,
Stell ich mich dir anheim! Jungfrau Mutter, nimm meinen Schuh! Jungfrau Mutter, bewahre in deiner Hand meinen unseligen kleinen Fuß!
Ich sage dir vorweg, daß ich in Kürze dich nicht mehr sehen und alles in Bewegung setzen werde gegen dich!
Aber wenn ich dann versuche, mich in das Schlimme zu stürzen, dann sei es mit hinkendem Fuß! Und will ich
Die Hürde überfliegen, die du errichtet hast, so sei es mit lahmem Flügel!
Ich bin am Ende mit meinem Können, du aber wahre meinen armen kleinen Schuh,
Wahr ihn an deinem Herzen, o große, schreckliche, geliebte Mutter!

Es ist die aufs höchste zu bewundernde Kunst des Dichters, wie er dieses Drama der Gatten ins Weltdrama erweitert, es auf Meeren und Erdteilen austrägt und der gnadenhaften Lösung in der Ewigkeit entgegenführt. Geschichte handelt vom Menschen und wird vom Menschen unter himmlischer Lenkung vollzogen, entschieden: von den Seelen, die einander mit der Gewalt der Schmerzen das Heil bereiten, werden die Völker bewegt, die Reiche zur Erlösung geleitet. Man könnte, wenn es erlaubt ist, sehr ungleiche Werke zueinander in Beziehung zu setzen, von der »Göttlichen Komödie« der Entdeckerzeit sprechen; bewegt sich Dantes Gedicht in der Vertikale, so neigt sich das moderne Drama der Horizontale zu; nicht der Aufstieg, sondern die Ausbreitung, das Hinüberströmen in einen grenzenlosen Horizont, ist der Inhalt; bestimmt die Form. Das eigentliche Problem der Expansion – dieses abendländische Problem an sich – ist gefaßt in der Liebe Proezas zu dem Conquistador und späteren Vizekönig Rodrigo, einer unerfüllbaren Liebe, deren Wesen es ist, daß auf ihr sowohl irdische Verdammnis wie himmlische Verheißung ruht. Es ist die Geschichte zweier Seelen, die einander fliehen und zugleich verfolgen über das ganze Gebreite des maßlos sich ausdehnenden spanischen Reiches. Rodrigo, der sich nach den Fernen, dem Abenteuer, den Gütern der Welt, einem Ruhm ohnegleichen verzehrt, muß es erfahren, daß die begehrte Frau sich in einen Stern verwandelt; höchste Leidenschaft stürmt über die Erde, an ihre Grenze, zur Transzendenz; indem sie alles will, wogt sie über die Erde hinaus. Ist das Weltreich der Expansion von Spanien über den Atlantik, den amerikanischen Kontinent, den Pazifik bis zum Anblick der japanischen Inseln, der Küste Chinas durchmessen, so wird es traumhaft, gespenstisch, ja grotesk; kann es nicht mehr sein. Der König dieses Reiches verliert die Einsicht in feste Gegebenheiten der Erde und opfert seine Macht einem als unsinnig angesehenen Unternehmen, der Fahrt der Armada gegen England, dessen in sich gefestigte friedevolle Kraft er nicht versteht – während der Vizekönig von seiner Leidenschaft bis nach Japan getrieben, endlich verbrannt, verwirrt, entherzt wird, bis er die Nacht in seinem Innern eingesteht, diese Nacht, die von Anfang wartete auf den Stern. Der unheilbar Verwundete heilt jenseits aller Grenzen: »Alles, was nicht Gott war, ist nun weggerückt«: das heißt die durchstürmte Welt. Der gebrochene, gefesselte Weltherr wird zum Küchenjungen; die äußerste Macht schlägt um in die Machtlosigkeit; die Paradoxie des Irdischen ist offenbar.

Am Ende sind das Reich und die Macht selber auf schwankender Flucht; das gesamte Irdische verflüchtigt sich auf grausig-unaufhaltsame Weise, die Zeiten vermischen sich, die Gestalten lösen sich auf, zerfallen; es ist, als verspotte der Dichter sein eigenes Werk. Wir können dieses Ende nur ertragen, wenn wir fest stehen in der metaphysischen Gewißheit, von der alles Gestalthafte aufgesogen wird. Ein Gluthauch vom Jenseits weht über die Erde und zehrt sie hinweg. Das Gewimmel der Gestalten ist nur der Blitz der Feuerfliege, der den Strom verrät. Denn, wie der König am vierten Tag des Dramas sagt: »Alle diese Dinge, die ohne Zusammenhang scheinen, gehen dennoch widerstandslos dem Akkord entgegen.« Damit erhellt sich auch das Geschick Rodrigos: »Denn der Heilige betet mit seiner Hoffnung, der Sünder mit seiner Sünde.« Unter der Macht der verweigerten, unerreichbaren Frau und der Macht der Gnade, die in der Verweigerung liegt, wird das Leben des Sünders zum Gebet, das heißt, es fällt in den Weltplan der Einswerdung als gewaltig treibende Kraft – wie selbst der Gottesleugner Don Camillo, der sich zum Nichts bekennt, restlos zum Nichts, zum Zeugen Gottes wird. »Denn sind wir nicht mehr restlos das Nichts, wer wird dann unsern Platz einnehmen, um restlos zu bezeugen, daß Gott ist?«

Dies ist das Gesetz dieser doppelgründigen Welt: der Auflehnung, dem Angriff antwortet das ganze Sein; darum steht die Erörterung der Reformation, des Dreißigjährigen Krieges, der deutschen Tragödie im Innern dieses Dramas der Expansion. Die Spaltung, der »Widerspruch in der Mitte«, facht die Einswerdung an. Die Peterskuppel, vor deren Bau eine Szene spielt, wird »wie eine große Weizengarbe thronen über dem unzerteilten Europa«; Prag, die Stadt der Spaltung, wird von seinen Heiligen und von der deutschen Musik befriedet. Denn

die Musik wendet sich hier zu den Deutschen als ihre Erlöserin aus dem großen Streit. Wenn die Worte einander nicht mehr helfen können, geht dieses beseligende Reich auf: »Singe, wer nicht mehr reden kann.« Und über dem Versagen des spanischen Weltreichs triumphiert eine aus ihm hervorgegangene neue, weltüberbreitende, weltdurchglühende religiöse Macht: die Gründung der heiligen Teresa von Ávila, deren »Ährenleserin« den verwirrten, gestürzten Vizekönig auf liest als Küchenjungen ihres Klosters. Alle Tragik wird von der Gnade gelöst, und der jenseitige Globus strahlt auf, während der diesseitige zerstäubt.
Aber es ist uns gerade nur möglich, das Leitmotiv anzuschlagen; das alles will nicht besprochen, zerlegt, zerdacht, es will angeschaut, vor allem gespielt werden; dieses Weltgedicht ist szenisches Leben und zugleich Selbstverspottung des Dramas, des Theaters, der Geschichte, die an der gewagtesten Grenze umbiegt zum religiösen Ernst; das Stück soll, wenn es die Bretter berührt, gleichsam im Entstehen begriffen sein; kein errechnetes Spiel, sondern das sich eben ereignende Werk des gegenwärtigen dichtenden Geistes – und gerade darin bewährt es sich als Symbol der Weltgeschichte, in der wir selber stehn. Denn wie die Personen verstrickt sind in ein den Globus umspielendes Netz, so sind wir verstrickt, handelnd, leidend und entscheidend, unter dem Anruf unserer Stunde, ohne die nächste zu kennen – oder das Wort zu wissen, das uns abrufen wird. Alles ist Symbol – eben weil es Leben ist in der Zeit; sind die Symbole versinnlicht, so sagen sie sich selber aus. Darum wollen wir uns auf die Deutung nicht weiter einlassen. Die Freude am Spiel ist schließlich alles – und der Abend ist gewonnen, wenn diese Freude von den Spielern auf die zur Freude gestimmten Zuschauer übergeht. Denn, wie es im Drama heißt, man versteht nur, was man liebt – und man muß das Spiel als solches lieben in seiner unentwirrbaren Verschlingung von Heiterkeit und Ernst, Ironie und Tiefsinn, Spott und Glauben, Verkleidung und Wahrhaftigkeit, Bur-

leske und Tragödie, um es recht zu verstehen. Dann erfüllt sich auch das andere Wort der Dichtung: daß, »wo die meiste Freude ist, die meiste Wahrheit ist«.

Und damit kehren wir zurück zur Sendung Claudels an unsere Zeit, zur geschichtlichen Merkwürdigkeit seiner Erscheinung, seiner Nähe und Ferne. Eine jede Zeit hat ihre eigene Krankheit, ihren Dämon, wie sie auch ihren Engel hat; sie hat einen bezeichnenden Mangel an Wahrheit und deren Vollzug, wie es für sie eine heilende Wahrheit gibt. Vielleicht ist es das eindringlichste Kennzeichen dieser unserer Epoche, daß sie in einem unerhörten Maße Gedanken der Zerstörung denkt; der Aufspürung zerstörender Kräfte hat sich der forschende Geist ergeben; der Proklamation des Nichts unserer Existenz – ohne Zweifel einer aufgezwungenen Proklamation – erkühnte sich seit genau hundert Jahren die Philosophie. Der Dichter hat ein anderes Wort. »Was schön ist, vereint«, sagt der Vizekönig von Neapel am zweiten Tag der Dichtung. Was vereint ist, geht nicht unter; es geht unter nur das Vereinzelte – Zusammenhanglose, die auf schaukelnde Floße verschlagene spanische Macht; es geht unter das von eigener Sucht Verzehrte, das den Grund nicht findet und finden will im Ganzen. Die Schönheit der Welt zu sehen, zu ergreifen, Gott darzubieten zu seinem Lobe, ist die klar bezeichnete, bekannte Bestimmung des Dichters. Sein großes Anliegen an uns ist, daß wir bewahren, verwalten, in die Ordnung führen, alles, was vereinzelt ist; in den Zusammenhang, was nicht zusammenhängt, ins Ganze retten, was sterben will oder als Einzelnes nicht bestehen kann und soll.
Das Universum stellt sich nur her in der Ordnung Dessen, in dem es geschaffen ist; Friede der Welt ist der sich über sie ausbreitende Friede Jesu Christi: das ist der Ruf des weltumspannenden Dichters an uns, seines Lebens wie seines Werkes; vor seinen Augen leuchtet der Globus in neuer, zukünftiger Vollkommenheit, die doch nur der Widerschein, die Rückge-

winnung der ursprünglichen Vollkommenheit ist. In diesem Sinne gilt in der Tat der sublime Geist Hispaniens: das »Neue, das in Allem dem Alten gleicht«. Denn so war der Friede gedacht, eh ihn der Dichter noch einmal denken mußte in seiner Einsamkeit als Vollendung des Gedichts von dieser Welt, die er durchmessen und wieder lassen mußte, um sie in der Wahrheit zu besitzen. – Es hätte keinen Sinn, den Dichter zu feiern, wenn wir ihn nicht begreifen wollten als die große Gegenmacht der Zerstörung, den mit der Kraft der Schönheit, der Wahrheit, des Glaubens – und der Ironie – begnadeten Überwinder des Dämons dieser Zeit. Vielleicht gehören sehr viel mehr Mut, sehr viel mehr Männlichkeit, geschlossene Selbstzucht dazu, die Einheit, den Frieden zu denken als die Angst. Gedanken sind es aber, die die Welt verändern, gelebte, getane, ins Bild gefaßte Gedanken. Sie wollen wahr werden, wirklich; es ist nicht möglich, mit ihnen zu spielen. Und wenn ein Dichter eine Zeit betreten hat, so geschah es, um sie zu verändern und zu erweisen, daß er »mächtiger als der Kaiser« ist.

Die Scheinhaftigkeit der Zerstörung, das Zeugnis des Nichts für Gott, die Unerschütterbarkeit allumspannender Ordnung, die heilige Festigkeit des gläubigen Ja gegenüber dem ruhelosen Nein, die Unterwerfung der Sünde unter das Heil sind in diesem Spiel von der abendländischen Expansion Bild und Handlung geworden. Es will uns ergreifen und in den großen Prozeß der Geschichte ziehen, uns, die wir ohne Zusammenhang zu sein scheinen, in den großen Akkord. Und das Spiel wird sich erst dann an uns erfüllen, wenn wir den Akkord wirklich *wollen* und *tun*, vom Nein durchaus nichts erwartend, was helfen kann, was erlaubt ist gegenüber der Schöpfung, den Menschen; wenn die Leidenschaft für das Ganze, deren Feuerherd die Offenbarung ist, auch uns ergreift und durchmächtigt und, um den Preis eines jeden Opfers, aber mit der Verheißung der Freude, die allein in der Wahrheit ist, uns dem Ganzen rückhaltlos dienstbar macht. Wir sollen, jeder an seinem Ort, Verwalter des Ganzen sein wie der Dichter es ist. So werden wir geheilt werden von der Krankheit der Zeit; so wird die Zeit heilen in uns. 31. 8. 48

SOLL DIE DICHTUNG DAS LEBEN BESSERN?

Zwei Reden, gehalten am 15. November 1955
im Rahmen einer öffentlichen Diskussion im Kölner Funkhaus

Gottfried Benn

Das für den heutigen Abend gestellte Thema ist von beiden Referenten hierzu, von Herrn Dr. Reinhold Schneider und mir, in ihren Büchern wiederholt erörtert worden. Sie brauchen von Herrn Dr. Schneider nur einige Seiten gelesen zu haben, ebenso von mir, und Sie wissen ungefähr, was wir darüber denken. Ich will also meinerseits nicht mit Wiederholungen beginnen, sondern eine andere Methode anwenden, um dem Thema nahezukommen.

Ich will die Methode anwenden, daß ich zunächst das Thema genau betrachte und mir vor Augen führe – Wort für Wort. *Soll*, das ist nicht anders auszulegen, als daß man hier eine Bestimmung für oder über die Dichtung treffen will, die verbindlich ist. In den Zehn Geboten kommt dies Soll in jeder These des Dekalogs vor, entweder Soll oder Du sollst nicht. Es ist ein hartes Wort, dies Soll aus Kapitel 20 von Mos. 2. – Und alles Volk sah den Donner und Blitz, lesen wir, und den Ton der Posaune und den Berg rauchen. Da sie aber solches sahen, flohen sie und traten von ferne. Nun, wir wollen nicht von ferne treten, aber etwas apodiktisch steht es vor uns, dies Soll, und es führt uns sofort zu der weiteren Frage: Wer fragt eigentlich, wer stellt die Forderung, über die Dichtung eine Erklärung zu erwarten. Ist es ein Nationalökonom, ein Pädagoge, ein Geistlicher, ein Staatsanwalt; oder soll es die Vox populi sein, der Consensus omnium oder das demokratische

Ideal, demzufolge jeder alles wissen und über alles mitreden soll? Man weiß es nicht, und ich lasse die Frage zunächst unbeantwortet.

Die *Dichtung*: Da es keine Rhapsoden mehr gibt und wir selber keine sind, heißt Dichtung ein Buch, ein Buch mit Dichtung, ein Buch voll Dichtung. Ein solches Buch also soll das Leben bessern oder nicht bessern – das steht noch offen. Nun gibt es viele Bücher, die ganz offensichtlich das Leben bessern wollen, zum Beispiel ökonomische Bücher, in denen die Frage nach einem Ausgleich von Freiheit und Zwang, von individueller Unbeschränktheit und materieller Massengesellschaft erörtert und zum Schluß ein Ausweg gezeigt wird, der bessere Zustände mit sich bringen soll. Oder es gibt ärztliche Bücher über Neurosen, Verdrängung, Managerkrankheit, diese Bücher geben Ratschläge, empfehlen, verbieten, um das Leben zu bessern. In diese Buchreihe müssen wir nun also das Buch voll Dichtung sehen, hinsichtlich dessen uns die Frage auferlegt ist, zu prüfen, ob es bessern soll. Wir können hier das Theater als aufgeblättertes Buch hinnehmen.

Nun kommt das dritte Wort, und das enthält eine Grundfrage: Was ist eigentlich das *Leben* selbst? Was ist gemeint, was davon soll gebessert werden? Seine Physiologie oder seine Affekte, das produktive oder das denkerische Sein. »Leben« ist sehr summarisch, und hiermit beginnt unser Thema heikel zu werden, und es könnte sich hier eine Kritik des Begriffs Leben andeuten, die etwas ungewöhnlich ist, jedenfalls unzeitgemäß, aber wir kommen nicht darum herum, unser Thema auferlegt es uns. Seit langem begann ich darüber nachzudenken, wie seltsam es sei, daß dieser Begriff des Lebens der höchste Begriff unserer Bewußtseins- und Gewissenslage geworden ist. Neben Schillers Vers »Das Leben ist der Güter höchstes nicht« findet man nur wenige kritische Einschränkungen dieser Art. Das Leben: Hier erzittert die weiße Rasse, es ist der letzte Glaubenshalt des augenblicklichen, unseres Kulturkreises. Ist es ein Residuum des biologischen neunzehnten

Jahrhunderts, das das heutige Europa verpflichtet, um jedes Leben zu kämpfen, auch um seine armseligste Frist, um jede Stunde mit Spritzen und Sauerstoffgebläse, während wir doch Kulturkreise kennen, in denen das gemeine Leben, das allgemeine Leben überhaupt keine Rolle spielte, bei den Ägyptern, den Inkas oder in der dorischen Welt, und noch heute hören wir von Vorgängen bei gewissen Nomadenstämmen Asiens: Wenn die Eltern lästig werden, steckt der älteste Sohn den Speer durch die Zeltwand, und der Alte wirft sich von innen mit dem Herzen dagegen. Also eine universale, eine anthropologische Forderung ist die von uns erwartete Pflege des Lebens nicht. Nur bei uns, innerhalb gewisser Breitengrade ist es der Ordnungs- und Grundbegriff geworden, vor dem alles haltmachte, der Abgrund, in den sich alles trotz sonstiger Wertverwahrlosung blindlings hinabwirft, sich beieinander findet und ergriffen schweigt. Dies erscheint mir tatsächlich nicht so klar und selbstverständlich, wie es die Allgemeinheit sieht, und zwar aus den ernstesten Gründen. Denn anzunehmen, daß sich der Schöpfer auf das Leben spezialisierte, es hervorhob, betonte und etwas anderes als seine üblichen Gestaltungs-Umgestaltungs-Spiele mit ihm betrieb, erscheint mir absurd. Diese Größe hat doch bestimmt noch andere Betätigungsfelder und wirft das Auge auf dieses und jenes, das weitab liegt von einem so unklaren Sonderfall, kurz für einen so pflanzenentfernten Kulturkreis von rein spirituellem Erlebnismaterial, wie wir es wurden, ist dieser diktatorische Lebensbegriff doch erstaunlich primitiv, fast als ob er aus der Veterinärmedizin stammte.

Dies problematische Leben soll also gebessert werden. Immer größer werden die Schwierigkeiten. In welcher Richtung – in *politischer*, aber das tun doch die Abgeordneten und die Wahlversammlungen? In *technischer*? Aber damit träten wir ja mit auf die Seite der Ingenieure und Krieger, die die Grenzen verrücken und Drähte über die Erde ziehen. In *sozialer*? Ich las kürzlich bei einem englischen Nationalökonomen, daß der Arbeiter in England heute komfortabler und mondäner lebt als in früheren Jahrhunderten die Großgrundbesitzer und die Herren der Schlösser. Er führte das im einzelnen aus: an den Wohnungen, die früher dunkel und eng waren und nicht zu heizen, an der Nahrung, man mußte alles Vieh zu Martini schlachten, da man es die Wintermonate nicht ernähren konnte, an den Krankheiten, denen man ohne Wehr gegenüberstand. Also heute leben die Arbeiter wie die Reichen vor drei Jahrhunderten, und in drei Jahrhunderten wird wieder das gleiche Verhältnis sein und immer so fort, und immer geht es weiter hinan und empor mit Menschheitsdämmerungen und Morgenröten und mit sursum corda und per aspera ad astra, die Armen wollen rauf, und die Reichen wollen nicht herunter, das alles ist doch schon gar nicht mehr individuell erlebbar, das ist doch ein funktioneller Prozeß der Tatsache der menschlichen Gesellschaft. Wo sollte dabei bessernd die Dichtung stehen? Oder soll sie in *kultureller* Hinsicht bessern? Nun berühre ich einen Sachverhalt, hinsichtlich dessen ich mit meiner Meinung wohl allein stehen werde. Ich bin nämlich der Ansicht, daß Kunst und Kultur nicht allzuviel miteinander zu tun haben. Ich habe schon oft dafür plädiert, daß man scharf zwischen zwei Erscheinungen unterscheiden sollte, nämlich der des Kunstträgers und der des Kulturträgers. Kunst ist nicht Kultur, Kunst hat eine Seite nach der Bildung, der Erziehung, der Kultur, aber nur, weil sie eben das alles nicht ist, sondern das andere, eben Kunst. Die Welt des Kulturträgers besteht aus Humus, Gartenerde, er verarbeitet, pflegt, baut aus, wird hinweisen auf Kunst, sie anbringen, einlaufen lassen, Kurse, Lehrgänge für sie einrichten, er glaubt an die Geschichte, er ist Positivist. Der Kunstträger ist statistisch asozial, weiß kaum etwas von vor ihm und nach ihm, lebt nur seinem inneren Material, für das sammelt er Eindrücke in sich hinein, zieht sie nach innen, so tief nach innen, bis es sein Material berührt, unruhig macht, zu Entladungen treibt. Er ist uninteressiert an Verbreiterung, Flächenwirkung, Aufnahmesteigerung, an Kultur. Er ist kalt, das Material muß kaltgehalten werden, er muß die Gefühle, die Räusche, denen die anderen sich menschlich überlassen dürfen, formen, das heißt härten, kalt machen, dem Weichen Stabilität verleihen. Er ist vielfach zynisch und behauptet auch gar nichts anderes zu sein, während die Idealisten unter den Kulturträgern und Erwerbsständen sitzen. Der Kunstträger wird in Person nirgendwo hervortreten und mitreden wollen, für Bessern vollends hält er sich in gar keiner Weise für zuständig – von einigen sentimentalen Ausläufern abgesehen –, »unter Menschen war er als Mensch unmöglich«, dies seltsame Wort von Nietzsche über Heraklit – das gilt für ihn.

Oder schließlich soll die Dichtung in *medizinischer* Richtung vielleicht bessern, trösten, heilen? Es gibt viele, die das bejahen. Musik für Geisteskranke und Verinnerlichung durch Rilke bei Fastenkuren. Aber wenn wir bei Kierkegaard lesen: »Die Wahrheit siegt nur durch Leiden«, wenn Goethe schreibt »leidend lernte ich viel«, wenn Schopenhauer und Nietzsche den Grad und die Fähigkeit zu leiden als den Maßstab für den individuellen Rang ansehen, wenn Reinhold Schneider schreibt: »Am Kranken soll die Herrlichkeit Gottes offenbart werden, das Wunder, das er an ihm tut«, und wenn Schneider weiter das Schwinden des Bewußtseins des Tragischen als den Untergang unserer Kultur bezeichnet, darf dann die Dichtung oder der Dichter an einer Besserung dieser tragischen Zustände mitarbeiten, müßte er nicht vielmehr aus der Verantwortung vor einer höheren Wahrheit haltmachen und in sich selber bleiben? Eine höhere Wahrheit in Ihrem Munde, werden Sie mir zurufen, was ist denn nun das? Ich antworte, ich kann mir einen Schöpfer nicht vorstellen, der das, was im Sinne unseres Themas bessern heißen könnte, als Besserung betrachtete. Er würde doch sagen: Was denken sich diese Leute, ich erhalte sie durch Elend und Tod, damit sie menschenwürdig werden, und sie weichen schon wieder aus durch Pillen und Fencheltee und wollen vergnügt sein und auf Omnibusreisen gehen, und was die Dichtung angeht, halte ich es mit dem Satz von Reinhold Schneider: »Es gehört zum Wesen der Kunst, Fragen offenzulassen, im Zwielicht zu zögern, zu beharren.« Wer die Dichtung so empfindet, der kommt vielleicht weiter. Im Zwielicht – soviel über den Schöpfer und das Bessern.

Ich habe mich bisher in der Unternehmung einer formalen Kritik des uns aufgestellten Themas versucht, aber ich werde dabei nicht stehenbleiben. Ich werde die Essenz selber prüfen und zu mir sprechen lassen. Vorher aber möchte ich noch zusammenfassend sagen, unser Thema ist eine sehr deutsche Frage, eine sehr deutsche Formulierung. Ich glaube nicht, daß diese Frage in Frankreich, Italien oder Skandinavien so gestellt werden könnte. Uns liegt sie nahe, da wir aus unserer Literaturgeschichte meinen könnten, daß die Dichter selber, sie als Vorbild, Idol, geschlossenes moralisches Ich, als Vorleben die Jugend und die Zeit bessern könnten. Es trifft zu, wenn wir die letzten hundert Jahre unserer Literatur ansehen, so sehen wir in ihr viele große Männer, aber biedere Gestalten, wie Storm, Fontane, idyllische, wie Mörike, Stifter, Hesse, bürgerliche wie Thomas Mann, Gerhart Hauptmann, alles menschlich edle Figuren, alles Ehrenmänner. Dagegen Dostojewskij spielte Roulette wie ein Maniakalischer. Tolstoj wusch sich wochenlang nicht, um wie ein Kulake zu stinken. Maupassant schrieb, daß ein normaler Mann in seinem Leben dreihundert bis vierhundert Frauen erotisch kennenlerne. Verlaine schoß auf offener Straße auf Rimbaud, verwundete ihn und kam zwei Jahre ins Gefängnis. Von Oscar Wilde wollen wir erst gar nicht reden. Also auch ein vorbildliches, andere besserndes Leben kann man aus den Produzenten der Dichtung nicht herleiten.

Um mich noch mehr in die Probleme unseres Themas zu vertiefen, sah ich mich um, was die Dichter selber von ihrer Tätigkeit halten, ob sie sie in die Richtung, andere zu bessern, deuteten. Ich fand das aber nicht bestätigt. Hebbel schreibt:

»Dichten heißt, die Welt wie einen Mantel um sich schlagen und sich wärmen.« Eine recht egozentrische These. Ibsen sagte: »Dichten heißt, sich selber richten.« Dies Wort ist berühmt, aber ich kann mir nicht viel dabei denken. Bei Kafka hören wir: »Alles, was sich nicht auf Literatur bezieht, hasse ich, es langweilt mich.« Anatole France schreibt: »Wir müssen zum Schluß doch zugeben, daß wir jedes Mal von uns selbst sprechen, wenn wir nicht schweigen können.« Interessant ist eine Bemerkung von Rilke: »Nichts meint ein Gedicht weniger, als in dem Lesenden den möglichen Dichter anzuregen.« Wunderbar ist das Wort von Joseph Conrad:» Dichten heißt, im Scheitern das Sein erfahren.« Zum Schluß noch Majakowski. Er notiert: »Die Arbeit des Dichters muß zur Steigerung der Meisterschaft und zur Sammlung dichterischer *Vorfabrikate* Tag für Tag fortgesetzt werden. Ein gutes *Notizbuch* ist wichtiger als die Fähigkeit, in überlebten Versmaßen zu schreiben.« Beachten Sie an diesem Ausspruch die Worte »Vorfabrikate« und »Notizbuch«. Wir befinden uns hiermit bereits im Vorfeld abstrakter, bewußter, artistischer Kunst. Nirgendwo bei diesem Streifzug erblicken wir oder hören wir von den Autoren etwas von Besserungsbestrebungen in bezug auf andere. Aber Goethe, wird man sagen, der war doch für ein strebendes Bemühen, das allen zugute käme, der war doch für Bildung, Erziehung, Besserung – aber, frage ich dagegen, was war Goethe eigentlich nicht? Und studieren wir seine Gedichte, die vollkommensten, die schönsten – »Warum gabst du uns die tiefen Blicke« oder das Parzenlied oder Nachtgesang: »O gib vom weichen Pfühle träumend ein halb Gehör« –, sie zeigen in der höchsten Gelungenheit immer wieder nur die Vollendung des Dichters in sich selbst – daß es eine Vollendung aus sich selbst ist, das behaupte ich nicht.

Aber jetzt stürze ich mich in die Flut, lasse die Wogen über mir zusammenschlagen – soll die Dichtung das Leben bessern? –, ich atme diese humane, diese idealistische, hoffnungdurchtränkte Essenz in mich ein. Aber, frage ich mich sofort, wie kann denn einer, der dichtet, noch einen Nebensinn damit verbinden? Wer dichtet, steht doch gegen die ganze Welt. Gegen heißt nicht feindlich. Nur ein Fluidum von Vertiefung und Lautlosigkeit ist um ihn. An den Tischen mag geschehen, was will, jeder seine persönlichen Liebhabereien haben, Karten spielen, essen, trinken, selig sein, von seinem Hund erzählen, von Riccione – sie stören ihn nicht, und er stört sie nicht. Er dämmert, er hat Streifen um sein Haupt, Regenbogen, ihm ist wohl. Er will nicht verbessern, aber er läßt sich auch nicht verbessern, er schwebt. Oder er sitzt zu Hause, bescheidene vier Wände, er ist kein Kommunist, aber er will kein Geld haben, vielleicht etwas Geld, aber nicht im Wohlstand leben. Also er sitzt zu Hause, er dreht das Radio an, er greift in die Nacht, eine Stimme ist im Raum, sie bebt, sie leuchtet und sie dunkelt, dann bricht sie ab, eine Bläue ist erloschen. Aber welche Versöhnung, welche augenblickliche Versöhnung, welche Traumumarmung von Lebendigem und Totem, von Erinnerungen und Nichterinnerbarem, es schlägt ihn völlig aus dem Rahmen, es kommt aus Reichen, denen gegenüber die Sterne und Sonnen Gehbehinderte wären, es kommt von so weit her, es ist: vollendet.

Ein beladener Typ! Sie können wahrscheinlich noch über manches nachdenken: L'art pour l'art, Kausalität, Indochina, er kann das nicht mehr, die Welt mag sein, wie sie will, sie geht vorüber, aber er heute auf diesem Breitengrad, dem 53., Durchschnittstemperatur im Juli 19,8, im Januar 0,5 Grad, muß seinen Weg abschreiten, seine Grenzen erleben – *Moira,* den ihm zugemessenen Teil. Arbeite, ruft er sich zu, du hast siebzig Jahre, suche deine Worte, zeichne deine Morphologie, drücke dich aus, übernimm ruhig die Aufgabe einer Teilfunktion, die aber versorge ernstlich. Valéry hatte gesagt, der Vollmensch stirbt aus, heute müßte man sagen, der Vollmensch ist ein dilettantischer Traum, eine voluminöse Allheit, eine archaische Erinnerung. Das Zeitalter Goethes hat ausgeleuchtet, von Nietzsche zu Asche verbrannt, von Spengler in die

Winde verstreut – glimmend und schwelend ist die Luft, aber nicht von Johannis- oder Kartoffelfeuern, vielmehr von den brandigen Scheiten der Kulturkreislehre, der eine Kreis versinkt, ein anderer steigt auf, und wir sind die Puppen und Chargenspieler in diesen solaren Stücken.

Wie schön wäre es für einen, der Dichtung machen muß, wenn er damit irgendeinen höheren Gedanken verbinden könnte, einen festen, einen religiösen oder auch einen humanen, wie tröstlich wäre das für seinen Geheimsender, der die Todesstrahlen ausschickt, aber ich glaube, daß vielen kein solcher Gedanke tröstend zuwächst, ich glaube, daß sie in einer erbarmungslosen Leere leben, unablenkbar fliegen da die Pfeile, es ist kalt, tiefblau, da gelten nur Strahlen, da gelten nur die höchsten Sphären, und das Menschliche zählt nicht dazu.

In dieser Sphäre entsteht die Dichtung. Und damit treten wir vor das Problem der monologischen Kunst. Das Gedicht ist monologisch. Diese Behauptung ist keine Konstitutionsanomalie von mir, auch jenseits des Atlantiks finden wir sie vertreten. In den USA versucht man auch, die Lyrik durch Fragebogen zu fördern, man sandte einen solchen Fragebogen an vierzehn Lyriker in den USA, die eine Frage lautete: An wen ist ein Gedicht gerichtet? Hören Sie, was ein gewisser Richard Wilbourns darauf antwortete: Ein Gedicht, sagt er, ist an die Muse gerichtet, und diese ist unter anderem dazu da, die Tatsache zu verschleiern, daß Gedichte an niemanden gerichtet sind. Das Gedicht, die Lyrik ist für unsere Frage der beste Test. Ein Gedicht ist immer die Frage nach dem Ich, und alle Sphinxe und Bilder von Sais mischen sich in die Antwort ein.

Also der atlantische Kulturkreis heute und hier: Das moderne Gedicht, das absolute Gedicht ist das Gedicht ohne Glauben, das Gedicht ohne Hoffnung, das Gedicht an niemanden gerichtet, ein Gedicht aus Worten, die Sie faszinierend montieren. Und doch kann es ein überirdisches, ein transzendentes, ein das Leben des einzelnen Menschen nicht verbesserndes, aber ihn übersteigerndes Wesen sein. Wer hinter dieser Behauptung und dieser Formulierung weiter nur Nihilismus und Laszivität erblicken will, der übersieht, daß noch hinter Faszination und Wort genügend Dunkelheiten und Seinsabgründe liegen, um den Tiefsinnigsten zu befriedigen, daß in jeder Form, die fasziniert, genügend Substanzen von Leidenschaft, Natur und tragischer Erfahrung leben. Überblicken Sie Ihren Weg: durch die Jahrtausende den religiösen Weg und den dichterisch-ästhetischen Weg: Die ganze Menschheit zehrt von einigen Selbstbegegnungen, aber wer begegnet sich selbst? Nur wenige und dann allein.

Also, werden Sie nun vielleicht denken, der Redner beantwortet die an ihn gestellte Frage schlechtweg negativ. Nein, das tut er nicht. Die Dichtung bessert nicht, aber sie tut etwas viel Entscheidenderes: sie verändert. Sie hat keine geschichtlichen Ansatzkräfte, wenn sie reine Kunst ist, keine therapeutischen und pädagogischen Ansatzkräfte, sie wirkt anders: Sie hebt die Zeit und die Geschichte auf, ihre Wirkung geht auf die Gene, die Erbmasse, die Substanz – ein langer innerer Weg. Das Wesen der Dichtung ist unendliche Zurückhaltung, zertrümmernd ihr Kern, aber schmal ihre Peripherie, sie berührt nicht viel, das aber glühend. Alle Dinge wenden sich um, alle Begriffe und Kategorien verändern ihren Charakter in dem Augenblick, wo sie unter Kunst betrachtet werden, so sie sie stellt, wo sie sich ihr stellen. Sie bringt ins Strömen, wo es verhärtet und stumpf und müde war, in ein Strömen, das verwirrt und nicht zu verstehen ist, das aber an Wüste gewordene Ufer Keime streut, Keime des Glücks und Keime der Trauer, das Wesen der Dichtung ist Vollendung und Faszination.

Und damit Sie sehen, wie ernst die Situation ist, der ich Ausdruck zu verleihen mich bemühe, schließe ich mit einem Vers von Hebbel, in dem Sie auch das Wort hören, das meinem Stil fremd ist, das aber viele von Ihnen vielleicht erhoffen, es ist ein Vers aus dem Gedicht »An die Jünglinge«, er lautet:

Ja, es werde, spricht auch Gott,
und sein Segen senkt sich still,
denn er macht den nicht zum Spott,
der sich selbst vollenden will.

Reinhold Schneider

Herr Dr. Gottfried Benn hat die wirkliche Fragwürdigkeit des uns vorgelegten Fragesatzes erschöpfend erörtert. Wir hätten es ein wenig leichter, wenn es nicht um das »Leben« ginge, sondern um den Menschen, und wenn Einigkeit hinsichtlich der Werte vorausgesetzt werden dürfte, in deren Richtung der Mensch gebessert werden soll. Aber die ist ja gar nicht vorhanden. Sie könnten also fragen, warum wir die Frage überhaupt diskutieren. Die Antwort ist, weil sie gewisse Grenzziehungen und Klarstellungen ermöglicht in Sachen der Kunst, der Geschichte und des Glaubens und damit eine Aussage über die Zeit, die Situation des Geistes. Wer freilich eine Sensation oder ein epigrammatisches Resultat erwartet, wird und soll nicht auf seine Rechnung kommen. Es sind nur zwei Bekenntnisse zu erwarten.

Die Haltung Herrn Dr. Benns ist von ihm auf das prägnanteste bezeichnet worden. Er will einsam sein für sein Gedicht, für das »Fremde, das Steile, die Größe«, die niemandes sind und damit sein. »Erben und Ahnen verloren«, fühlt er am Ende des Gedichts noch immer der »Bilder schweigendes Sein«. Vielleicht darf ich zur Ergänzung des Gesagten einen Satz aus dem Jahre 1929 hinzuziehen. Nach ihm besteht die Größe des Dichters gerade darin, daß er keine sozialen Voraussetzungen findet, daß eine Kluft besteht, ja daß er selber die Kluft bedeutet gegenüber dem »Zivilisationsschotter« der »substantiell gar nicht mehr äußerungsfähigen Tpyen«. Verfehlt wäre es, hier von l'art pour l'art zu sprechen; es geht um eine Größe, die nach ihrem innersten Wesen nicht verändern und wirken will, sie will sein; sie ist nicht für irgend etwas, auch nicht für sich selbst. Nun sind wir uns wohl alle einig darin, daß der Ursprung der Kunst nicht eine Absicht ist, sondern ein Absolutes. Wie sollten wir uns über einen Dichter wundern, der allein für dieses Absolute dasein will, enthoben einer Umwelt, die es nach seiner Überzeugung nicht hat? Wie wir auch die Frage dieses Abends beantworten mögen, das Soll, mit dem sie beginnt, kann nur in der zweiten Instanz Geltung haben, nicht in der ersten. Wenn aus dieser Haltung Gedichte kommen wie das »Aus Fernen, aus Reichen«, in dem die aller Deutung entzogenen Worte stehn »erlöst auch er«, oder das andere, in dem es heißt:

Du mußt dir alles geben,
Götter geben dir nicht –

und in dessen letzten Versen – wieder jeder Deutung entzogenes schweigendes Bild – doch Boten hernieder steigen, »ganz in Rosen und Licht« – nun, so ist diese Haltung durch die von ihr allein anerkannten Werte legitimiert, sie ist gar nicht angreifbar. Soweit ich sehe, gilt sie allein dem Lied: »Das Gedicht, die Lyrik ist für unsere Frage der beste Test.« Sie ist auch ausdrücklich dem Heute gegenübergestellt und in einer Beziehung zum atlantischen Kulturkreis »Heute und hier«, sie hat also doch etwas mit Geschichte zu tun, während sie ja Geschichte auf das nachdrücklichste verneint. Ich möchte darauf zurückkommen.

Natürlich wäre es ein leichtes, von der Antike über die französische Klassik – an Shakespeare ehrfürchtig vorübergehend – bis wenigstens zum deutschen Idealismus Denker und Künstler höchsten Ranges zu zitieren, die es als Berufung der Dichtung ansahen, den Menschen oder gar die Welt zu bessern – selbst dann zu bessern, wenn ihre Unheilbarkeit nicht aufgehoben werden kann. Das ist ja das Paradox in Schillers Ästhetik und Existenz. Drama und Roman können, meine ich, generell nicht ausgeklammert werden wie die Lyrik. Sie müssen unter eigenen, den ihnen gemäßen Gesichtspunkten betrachtet werden, die, ich kann mir nicht helfen, vom Geschichtlichen, Sozialen, Religiösen mitbestimmt werden. Die Novelle würde ich ausnehmen. Sie hat etwas von der Zeitlosigkeit des Gedichts. Aber das Lied steht nun im Brennpunkt des Gesprächs, und das wohl mit Recht. Es ist das Höchste, was einem Dichter gegeben werden kann, und wohl nur die Hymne und die griechische Tragödie können sich neben ihm behaupten. Aber diese beiden sind wohl nicht mehr erreichbar.

Von einem Dichter können wir allein das erwarten, was er selbst als seine Berufung ansieht. Es hat doch wohl keinen Sinn, von ihm, wie das Herr Lernet-Holenia in seinem Briefe an Herrn Benn vor einigen Jahren getan hat, zu verlangen, daß er die Engel des Vaterlandes singe, wenn der Dichter diese Berufung nicht hat. Das ist ebenso unsinnig wie das Christentum zu suchen in den Regionen des verborgenen oder sich entziehenden Gottes. Nun hat es aber mit diesem Abend noch eine besondere Schwierigkeit. Ich habe dankbar die Möglichkeit ergriffen, neben Herrn Dr. Benn zu sprechen. Aber ich habe nichts zum ewigen Vorrat deutscher Poesie beigetragen, nichts zu dem Kronschatz weniger unzerstörbarer Gedichte, die sind, auch wenn sie nicht mehr zu sein scheinen. Wenn das Volk, wenn auch die ganz wenigen eines Volkes, die es im verborgenen stellvertretend repräsentieren, den Klang nicht mehr im Ohre, nicht mehr im Herzen haben – so wie es schon vor Jahrzehnten Oswald Spenglers Befürchtung war, daß Mozarts Ton stirbt über den katalogisierten Partituren. Ich bin ganz zufrieden damit, ein Schriftsteller in dieser Zeit zu sein, wenn es möglich ist, ein christlicher Schriftsteller – damit hat es schon eine neue, große Schwierigkeit –, und hier sollte nun ein Gespräch zwischen Potentaten stattfinden. Ich gebrauche den Titel, mit dem Herr Dr. Benn einmal Thomas Mann angeredet hat. Für den Christen ist jedes Fortleben unsinnig außer dem in den Geheimnissen der Himmel, jeder Ruhm Torheit

gegenüber den Schrecken des Sterbens und des Gerichts. Zwei Meister der Lyrik sollten also hier miteinander sprechen, das hieße also zwei absolute Einsamkeiten, ich selber fühle mich einsam genug, aber in der Geschichte. Nun müßten aber zwei Potentaten sich auch als solche anerkennen, und das ist, in den Bereichen, in denen wir uns befinden – verzeihen Sie, verehrter Herr Dr. Benn! –, ungemein selten. So oft grüßt der Meister den Meister von der anderen Straßenseite, im Vorübergehen, wie Hebbel Grillparzer gegrüßt hat.
Ich hoffe, daß es nun keine Mißverständnisse gibt. Nur von meinem Ort aus will ich sprechen, als ein Mensch, der von Dichtung beglückt worden ist, der nicht aufhören kann, nach ihrem Wesen zu fragen, und die Erfahrung macht, daß es von Jahr zu Jahr schwerer wird, eine Antwort zu finden. Wer könnte sich denken, daß etwa Eduard Mörike – ich kann ihn doch nicht mit dem Idylliker von Cleversulzbach oder dem Lehrer am Stuttgarter Katharinenstift identifizieren, so wenig wie Storm mit dem Husumer Amtsrichter und Mitglied des dortigen Gesangvereins, ein jeder litt an einer unheilbaren Wunde –, wer könnte es sich denken, daß Eduard Mörike die Verse seines kleinen Frühlingsgedichtes vor sich hingesprochen habe in der Absicht, das Leben zu bessern? Das ist ja absurd. Und so steht es mit jedem reinen lyrischen Gedicht. Die großen Hymnen Hölderlins sind befohlene Aussage, Inspiration. Aber die Inspiration ereignet sich nur in dem Menschen, der ihr entspricht, der fähig ist, sie zu empfangen. Nun haben Hölderlins Hymnen ohne Zweifel auf das Geschichtsbewußtsein der Deutschen gewirkt und damit auch auf ihr Tun und Leiden in der Geschichte. Und zwar wirkt eine solche geistige Gewalt nicht allein erhebend oder vertiefend, sie strömt nicht in Menschen und Völker ein, ohne sie zu gefährden, fast zu zerrütten: Die Sehnsucht nach dem Untergang, der Zug nach dem Kaukasus haben einen unheimlichen Widerhall gefunden. Mit solchen Klängen bahnt sich Geschichte an. Einem jeden Mächtigen oder Besessenen flog ein Adler oder ein Geier

voraus. Aber der Ort des Ursprungs eines Gedichts, eines geistigen Vorfalls und die Ebene solcher Wirkung sind um eine Dimension voneinander getrennt. Die Auswirkung in der Geschichte sagt gar nichts über das Gedicht, sein Wesen, seinen Bestand, seinen Wert. Sie ist, da sie in einem dem Gedichte fremden Medium geschieht, Trübung und Brechung, immer mit einem Mißverständnis und Mißbrauch beschwert. Das ist ja wohl der Grund, warum Herr Dr. Benn die historische Wirkung geistiger Größe nicht anerkennen will. Es ist die Stelle, wo unsere Bekenntnisse wohl am entschiedensten differieren, das des lyrischen Dichters und des Schriftstellers, der ein Christ sein möchte. Für mich ist der Dichter eine geschichtliche Erscheinung, selbst wenn er kein Wort von Geschichte sagt, wenn er sich entschließt, sich von keiner Welle bewegen zu lassen. Eben diese Haltung steht im Bezug zu einer besonderen geschichtlichen Situation. Unabänderlich steht der Dichter in einem Bezug, einer Kontinuität. Sein Gedicht ist in irgendeinem Sinne – er soll nicht leichthin definiert werden – Antwort. Als geistige Potenz beeinflußt sein Gedicht, mag es nun gelesen werden oder nicht, das geistige Klima und dieses die Geschichte. Geben wir dem Lied die Freiheit, die Ferne eines Sterns! Aber auch er hat die Stunde seiner Geburt, und die von ihm ausgesandten unsichtbaren Schauer kürzester Schwingung sind von solcher Härte, daß sie den Bodensee durchschlagen bis auf den Grund und in die Tiefe der Bergwerke dringen, daß eine Bleischicht von anderthalb Meter Dicke sie erst um die Hälfte schwächt. Sie jagen ohne Pause durch unseren Körper.

Denken wir an Nietzsche, in dem auch ich die Nova unserer Stunde sehe. Gewiß: er griff nicht ein, nicht der Dichter, nachts, auf der Brücke in Venedig oder vor Winter, unterm Krähenschwarm, nicht der unbekannte pensionierte Professor, nicht das »Untier«, der »Unbehauste«, er hatte die Größe seines Scheiterns für sich allein. Erst im Wahnsinn erteilte er Kaiser und Königen Befehle – nachdem er die neuen Tafeln im verborgenen gemeißelt hatte. Aber er glaubte die Last von Jahrtausenden, *für* Jahrtausende auf sich zu fühlen und empfand sich selbst als eine eminent geschichtliche Existenz, als einen im Sinne der Umwertung, in der er seinen Auftrag sah, die Sache seines Gewissens, in schicksalhafter Bedeutung Verantwortlichen. In Wahrheit ist er in weit höherem Grade eine geschichtliche Gestalt gewesen als etwa Bismarck oder Moltke oder der arme Wilhelm II., den er füsilieren lassen wollte. Hebbel war vielleicht der erste, der sich ganz auf sich selbst stellte, oder vielmehr auf den Dienst an der Form, am Gedicht. Ihm haben Sie ja die schönen Verse gewidmet:

Unerbittlich ist der Kampf
und die Welt starrt von Schwertspitzen.

Aber alle Gestalten, die er als Symbole seines Innern beschwor und belebte, durchglühte, erleiden ihre Konflikte unter dem geheimnisvollen Wechsel der die Stunden der Geschichte führenden Gestirne; sie sind ganz Hebbels Innerstes, Eigenstes und doch von der Geschichte beauftragt, manchmal fast nur ihr Ort. Sie tun schon nicht mehr, was sie wollen, sondern was Geschichte will. Dietrich von Bern spricht das Wort vom Kreuze, das Schlußwort der Tragödie, weil das Kreuz nun da ist, weil er muß. Zum mindesten der Tragiker Hebbel hat Geschichte ausgekämpft, deutend vorbereitet. Aber das Ich des Tragikers, dieses Ich ohne Du, für das Hebbel lebenslang Symbole suchte, ist auch das Ich seiner lyrischen Monologe. Man wird ihm das Ethos einer Beziehung des einzelnen zur Geschichte nicht nehmen können.

Die Bedeutungsschwere der Geschichte beruht darauf, daß Gott in ihr Person geworden ist, daß er im Gespräch mit Pilatus die irdische Macht in Frage gestellt hat, daß er gegenwärtig ist in der Geschichte, im Sakrament, aber auch in einem jeden Bettler, Wanderer und Kranken, daß er sie aufheben wird mit dem Kosmos, dessen Sein also – unausdenkbares

Paradox und Ärgernis – von dieser armseligen Erde aus entschieden werden soll, und daß er unter dem Einsturz der Sphären und dem Niederwirbeln der Sterne alle Spieler des Stücks vor den Richterstuhl rufen wird – auch die Beleuchtungsmeister und Souffleusen, den Programmverkäufer, die Haarkräusler und Garderobendiener, die Schneiderinnen und alle, die mit Masken etwas zu tun hatten, und, wie es sich versteht, die Zuschauer, die entweder die rechte oder die falsche Partei ergriffen oder sich mit der Sünde der Indolenz beladen haben. Es ist wohl klar, daß die Autoren sich vergeblich verstecken werden. Sie sind ja geschichtliche Personen. Ich will nun, was ich längst hätte tun müssen, eine Umschreibung des Wortes »Dichtung« versuchen, nicht eine Definition, und einfach sagen: Dichtung ist die zur Gestaltung erhobene, an das Gemüt sich wendende Aussage oder Vergegenwärtigung eines Innern durch das Wort. Wenn nun dieses Innere erfüllt ist von der Überzeugung, daß Christus König und Erlöser ist, König in einem tief widerspruchsvollen Sinne, der keineswegs mit politischen Vorstellungen etwas zu tun hat, auch wenn sie klerikaltheologischer Prägung sind, dann entsteht vielleicht ein christliches Gedicht.

Ich will der Problematik des Phänomens nicht ausweichen. Erinnern wir uns an Dichter, die an der Schwelle unserer Ära vor dem Kreuze standen oder vor das Kreuz gedrängt wurden! Die religiöse Bedeutung des »Geistlichen Jahres« steht wohl nicht in Frage. Aber die eigentümlichsten, die vollendeten Gedichte der Annette von Droste entsteigen einem Bereich, der von Christus kaum oder nur schwach durchlichtet ist, einer schwermutdurchwehten, zwielichtigen Wohnung unerlöster Toter, der Heide, dem Moor: Die Droste drückt, noch den Kirchenduft in ihrem Kleide, die Stirne fester ins Hünengrab hinab, wollüstig saugend an des Grauens Süße.

Lenau rang sein Leben lang darum, das ungehobene Leid der Natur, dessen Sprecher er sein sollte, als Kreuz zu verstehen und dem Vogel auf dem Friedhofskreuze sein Leid nachzusingen. Vielleicht ist es doch beim Gesang der Naturgeister geblieben, die einen schwermütigen Selbstmörder bestatten:

Das Lied, das dumpf wir klagen,
wenn wir den Wildbach jagen
und wenn wir Blitze flechten
in schwülen Sommernächten.

Oder bei der trunkenen Todesfeier unter dem Taumel der Möwen, dem Flattern der Blitze, bei dem den Katarakt hinabschießenden Indianer oder bei der Antwort des wiedergekehrten erschossenen Raubschützen auf die Frage nach dem Jenseits:

Es ist halt nichts.

Brentanos betörende Melodie begann zu verstummen nach seiner Wende, Novalis, der Dichter des »Totenlieds«, das ich für eines der großartigsten deutschen Gedichte halte, Novalis, dessen Verse noch der Vater in der Kirche singen hörte, ohne zu wissen, von wem sie waren, brachte seinen eigensten Klang aus untergründigen Gefilden, der Stätte bacchantischer Totenhochzeit herauf. Leidbezirk, der von Verheißung nicht erreicht wurde, der sie vielleicht gar nicht annehmen kann, ist der Resonanzboden solcher Dichtung. Die tiefen Töne, tragenden Schwingungen, das Unwiderstehliche, Verzaubernde sind nicht widerchristlich: sie berühren sich mit dem Christentum nicht. Vielleicht nur Eichendorff ist es, nach Hebbel, gelungen, ein starkes Erlebnis der Naturmächte und Geschichte mit christlicher Hoffnung zu beseelen. Kunst hat eine Neigung, der eindeutigen, greifbaren Wahrheit sich zu entziehen. Shakespeares Tragödie und sein Lied schweben im Dämmer. Ihre Gewitter könnten sich nicht entladen im Licht. Im Neuen Testament ist kaum ein Wort zu finden, das die Kunst rechtfertigt, auf dem sich eine Theologie der Kunst aufbauen ließe.

Der Christ soll danksagen und loben. Mancherlei Gaben des Geistes wurden verliehen, die aber verwaltet werden sollen. Es sind mancherlei Stimmen in der Welt (1.Kor. 14), aber wenn die Posaune einen undeutlichen Ton gibt, wird sich niemand zum Streite rüsten. Es war konsequent, daß Kierkegaard die Kunst verworfen hat, auch den Maler, der Christus malt. Denn in Christi Antlitz könnte das nicht geschehen.

Und doch! Wir haben die »Göttliche Komödie«, den »Standhaften Prinzen«, Racines »Athalie«, die Gesänge des Johannes vom Kreuz, die Karfreitagsgedichte des Camoes. Was kann der Künstler tun, Auge in Auge mit Christus, das heißt eben als Christ? Die Antwort hat nur er selbst. Christus hat ihm gesagt, daß er Rechenschaft fordern werde über jedes unnütze Wort, Jakobus, daß die Zunge ein Übel voll tödlichen Giftes ist. Ohne Schein, den Rausch, die Bezauberung ist keine Kunst. Die Frage ist nun: Ist der Schein Lüge, eitles Spiel? Ist er von der Wahrheit durchmächtigt, in ihrem Dienst, ohne seine Zaubermacht zu verlieren?

Wir wollen uns doch nicht verbergen, daß eben das Christentum, die christliche Kunst und das christliche Leben ein Bezirk des Scheiterns ist. Nietzsches Größe war sein Scheitern. Aber ohne Beziehung zum Christentum kann es nicht verstanden werden. Die der antiken Helden, Athens selber ist ihr Scheitern. Das ist ja das unsterbliche Echo des Theaters von Syrakus. Diese Kategorie ist also verbindend, menschlich-geschichtlich überhaupt. »Wir sind ein Fluch der Welt und ein Fegopfer aller Leute«, heißt es im Korintherbrief (1.Kor. 4, 13), und an die Römer: »Ich sage die Wahrheit in Christo und lüge nicht, wie mir Zeugnis gibt mein Gewissen und der Heilige Geist, daß ich große Traurigkeit und Schmerzen ohne Unterlaß in meinem Herzen habe.« Der Apostel wünscht, von Christo verbannt zu sein für seine Brüder – wie Christus verbannt war vom Vater für seine Brüder.

Und damit kommen wir, wie ich glaube, nahe an unsere Zeit, auf die sich ja die Erörterung dieses Abends beziehen soll. Ich behaupte gar nicht, daß das christliche Gedicht heute da ist. Persönlich glaube ich es wohl, aber ich möchte hier nicht in einen Streit der Urteile eintreten, der gar nicht entschieden werden kann. Ich wage nur eine doppelte Verneinung und behaupte: Man kann nicht sagen, daß dieses Gedicht heute nicht dasein kann. Denn es ist doch immer möglich, daß ein Künstler heute erfüllt ist vom Christentum, dieser tragischen Wahrheit, die nur deshalb nicht sterben kann, weil ihre Agonie nicht endet, die deshalb nicht endgültig besiegt werden kann, weil sie innerhalb der Geschichte immerfort unterliegt, die nichts ist als ein Nach-Sterben, und dieses als Leben verstanden, die unsterbliche Frage: Wo ist das Reich Gottes? Und die Erschütterung über die Antwort: In euch. In dir. Es ist das Tragen der Todes- und Schandmale Jesu Christi an unserem Leibe, die Karfreitagsnacht auf dem Grabe dessen, der kommen soll, die äußerste, zerbrechende Anstrengung des Glaubens, gegen die ganze Welt, nicht allein gegen den niederrauschenden Schotter zerborstener Welten, sondern auch gegen die unauslotbaren Raumtiefen und gegen die moderne Erkenntnis und die unendlich vielen Geometrien, die acht Milliarden Lichtjahre und tausend Millionen Milchstraßen sich zu behaupten mit dem verzweifelten Aufschrei, nein, mit dem Gebet: Hier ist Gott geschritten als Armer im Fleische. Hier ließ er sich schlagen und fesseln. Auf dieser Erde ist er erstanden und aufgefahren. Hier, auf diesem, in einer äußeren Spirale einer Milchstraße hinwirbelndem Staubkorn – welche Milchstraße sich in nichts von tausend Millionen andern Milchstraßen unterscheidet – ist die Entscheidung gefallen, das Ende verkündet, die Fessel des Todes zerrissen worden. Ist diese ungeheure Torheit, diese unüberbietbare Verwerfung der Weisheit der Welt, nicht Ausdruck unserer Existenz, unserer kosmischen Verlassenheit und der geheimnisvollen Kraft in uns, die dieser Verlassenheit sich im Geiste stellt? Dies alles aber müßte der christliche Dichter leisten, ehe er dichtet. Er muß das Antlitz der Geschichte aushalten, der vorchristlichen wie der christlichen, das schöne Schlangenhaupt, das Perseus abschlug, und das behelmte, das vor Macbeth aus dem Kessel der tanzenden Hexen stieg. Der Dichter kommt also wohl mit erschöpfter Kraft in die Werkstatt. Denn bevor er sie betritt, hat er das eine zu vollbringen, das notwendig ist. Und seine Sache ist gänzlich verloren, wenn er nicht Hoffnung auf Gnade hat, wenn Gebet und Sakrament und Arbeit nicht einander tragen.

Aber er hat ja etwas zu bringen. Denn seine Not ist nicht die Wahrheit von Gestern, kann es nicht sein. Sie ist die unaufhebbare Not der menschlichen Existenz, die Not auch des Geistes, der sich von allen regierenden Mächten nicht auslöschen lassen will. Überwindung ist die Gestaltung, allerdings die verantwortete, das Wort, das vor Christus, nicht dem einer Theologie, sondern dem unausschöpfbaren Wort, verantwortet werden kann. Der christliche Dichter weiß, daß er der Welt in einem wesentlichen Grade nicht helfen kann. Denn ihre letzten Zeiten werden schlimmer sein als die ersten; die Geschichte, in der er *selber* steht – der Christ, ob nun Künstler oder nicht, ist der geschichtliche Mensch –, mündet im Feuermeer der Apokalypse. Rettung kann erst dann erhofft werden, wenn alles verloren zu sein scheint. Der christliche Dichter ändert also auch nicht den Menschen. Vielleicht aber wird es ihm gegeben, den Menschen zu stellen für den Biß des himmlischen Jagdhundes, ihn durch sein Wort so zu bewegen, daß er das Wort aus den Himmeln vernimmt, ihn so weit zu schmelzen, daß er empfänglich wird für die herabgreifende, umformende Hand des Töpfers, der Gefäße zur Ehre und Unehre macht. Wir ändern nicht, wir hoffen, daß ein anderer es vollbringt.

Und auch das ist schon zuviel. Der christliche Dichter ist einfach Zeuge, nicht aus Absicht, sondern aus seiner Existenz. Er ist, wenn er in die Geschichte hinabsteigt, wie er nicht anders kann, der Unerträgliche, der den Protest Jesu Christi in die Zeit zu werfen sucht, der Unruhestifter, der Ankläger, der

Wurm im Gewissen, verhaßt den Mächtigen, höchst unerwünscht den Oberhirten, willkommen den Feinden Christi, nicht um seiner, sondern um ihrer Sache willen, Narr zwischen allen Fronten, belastet mit dem Vorwurf richterlicher Überheblichkeit, während er sich doch jede Stunde richtet und wissentlich jede Stunde an der Kunst wie am Christentum versagt. Denn er ist der Öffentlichkeit ausgeliefert, und sie färbt auf ihn ab. Die Frage nach der Wirkung ist eine unchristliche Frage, Kants kategorischer Imperativ eine echt christliche Konzeption. Es geht nur um ein Soll: in der Ethik, im Christentum, in der Kunst. Es geht, um dem Heidentum ein Bild zu entlehnen, um die Geste, mit der die Wikinger ihrer Königin den Goldschmuck ins Grabschiff legten. Natürlich wird der kühn geschwungene, mächtige Sarg einmal geschändet und ausgeraubt werden. Aber die Geste derer, die das Gold nicht erben wollten, die es der Toten ließen, bleibt. Als Zeugen dieser Art, modernen Zeugen, will ich William Cowper nennen (1731–1800), der in dem von Bord gespülten Seemann sich selbst erblickte:

No voice divine the storm allay'd
No light propitious shone;
When, snatch'd from all effectual aid,
We perish'd, each alone:
But I beneath a rougher sea,
And whelm'd in deeper gulphs than he.

[THE CASTAWAY]

Er sah seine geängstigte Seele, von der Gnade verlassen, in den Abgrund gerissen. Auch das ist Glaube – und es ist Kunst.

Es ist wahr: Die meisten Gedichte, die Liebesgedichte nicht ausgenommen, sind Monologe oder »Autonomien«. Aber nun kann es doch geschehen, daß aus dem Monolog ein Dialog wird, etwa wenn Johann vom Kreuz in dunkler Nacht aufbricht in dem schon beschwichtigten Hause, ohne bemerkt zu werden, entflammt von Liebe, wenn Mörike in tiefer Nacht die Frage bedenkt:

Kann auch ein Mensch des andern auf der Erde
ganz wie er möchte, sein?

und der Freudenschein aufzückt in Finsternissen, wenn Conrad Ferdinand Meyer – das geschieht ja schon im Zeitalter Nietzsches – die Hand schmerzlich ausstreckt und sie unverhofft gedrückt fühlt

von einer Rechten.

Und inzwischen sind wieder Jahrzehnte vergangen furchtbarster Art, und es ist mehr verbrannt, als wir uns eingestehen wollen, und es sind Verwandlungen auf dem Wege, die wir lieber nicht anblicken, vielleicht unvorstellbares Leid – und nun könnte es ja sein, daß kein Freudenschein aufzückt und in Harmesnächten unsere Hand im Leeren liegenbleibt, wie die des Witwers auf dem verwaisten Bett in der Nacht nach dem Begräbnis. Auch das ist schon vorweggenommen mit dem Ruf des vom Vater verlassenen Sohnes am Kreuz. Nur die Küsten des christlichen Kontinents sind gesellig, besiedelt und bepflanzt. Im Innern flimmern und glühen die Wüsten, die von spanischen Mystikern durchquert und beschrieben worden sind. Solchen Entdeckern war der Wüstenvogelton wohl vertraut. Vielleicht besteht ein christlicher Dichter diese Stunde, wenn er einigen wenigen ans Herz rührt mit einer Frage, auf die niemand antworten kann als Gott. Das gilt auch dann, wenn der Dichter keine Hoffnung auf Antwort hat.

Drama

Das Drama als Geschichtsmacht · Drama und Königtum
Der Mensch und das Leid in der griechischen Tragödie
Tod und Unsterblichkeit in Shakespeares Drama
Das Bild der Herrschaft in Shakespeares Drama
Calderon · Corneilles Ethos in der Ära Ludwigs XIV.
Das Drama Racines · Christopher Marlowe,
der Dichter der Macht · Wahrheit und Wahrhaftigkeit
auf der Bühne Molières · Lessings Drama
Schiller als Tragiker · Fausts Rettung
Franz Grillparzer

DAS DRAMA ALS GESCHICHTSMACHT

Die kritische Situation des deutschen Theaters ist den meisten von Ihnen viel besser bekannt als mir. Sie haben ja die Spielpläne zu verantworten oder die Kritik, oder Sie leben als Autoren für die Bühne der Gegenwart. Ich kenne die deutsche Bühne von heute viel zu wenig, als daß ich mir ein Urteil über sie erlauben könnte; auch bin ich, sei es durch Neigung oder Bestimmung, der Öffentlichkeit des Tages ziemlich fern. Wohl hoffe ich in der Zeit zu leben; ich möchte überhaupt nichts anderes leben als die Zeit, aber in der Perspektive ihrer Zeitlichkeit. Also kann ich weder Stücke empfehlen, die Sie spielen sollen, noch die deutsche Produktion dieser Jahre bewerten; es mag von feuilletonistischem Interesse sein, daß Autoren einander kritisieren; für den Hervorbringenden ist es auch von Wert – unsere brauchbarsten, aber auch anfechtbarsten Dramaturgien sind ja die Kritiken der Dichter an den Dichtern. Doch führt ein Jeder seine Sache, und keiner ist verpflichtende Autorität. Was soll die Öffentlichkeit von solcher Selbstkritik im extremen Sinne haben? Sie pflegt sich nur dann für Künstler zu interessieren, wenn sie miteinander streiten. Und was mich betrifft, so möchte ich dazu keinen Beitrag leisten, der sich hätte unterdrücken lassen. Die Sache des Dramas ist zu ernst; sie ist von geschichtsmächtiger Bedeutung, wie ich ausführen möchte. Das allein ist mein Thema. Geschichte ereignet sich tatsächlich auf der Bühne, nicht als Nachhall, sondern als Gegenwart und Zukunft. Geschichte aber ist unser Leben. Wir haben kein anderes, ob wir es nun wollen oder nicht. Auch möchte ich mich nicht darüber erbittern, daß so viele Übersetzungen gespielt werden. Das wird seine Gründe haben. Es könnte ja sein, daß die geschichtlichen Zentren abwandern; das Drama entsteht aber im Zentrum, und man kann es den Theatern nicht vorwerfen, daß die Wünschelruten ihrer Intendanten über den Wasseradern der Geschichte durch die Luft tasten, daß sie das Drama dort suchen, wo es sein *könnte.* Das ist einstweilen als Frage gemeint, nicht wie die Ächtungen im Politischen, die, wenn sich ihre Unhaltbarkeit erwiesen hat, von den Urhebern als in Verdächtigungen entgleiste »schmerzliche Fragen« deklariert werden. Was ich zu sagen habe, kann nur bekenntnismäßigen Charakter haben. Wenn ich die entgegengesetzte Überzeugung herausfordere, so ist mir das recht. Ich möchte nur als ein Mensch sprechen, der sein Leben lang über das Drama nachgedacht hat, und der fest von der Aufgabe des Dramas überzeugt ist. Ich glaube, daß es einer jeden Zeit nötig ist wie das Brot. Aber wohl kann es sein, daß niemand da ist, der es vermag, die Steine, ich meine die ungeheuern herabgestürzten Schicksale, die auf unserem Acker liegen, in Brot zu verwandeln.

Es ist Nacht, und es bleibt uns nichts übrig, als auf die Sterne zu blicken und mit ihnen zu schiffen, wie das im Wort *considerare* liegt; wollen wir wissen, was das Drama soll, so müssen wir sein Wesen betrachten. Verargen Sie mir darum wenige historische Erinnerungen nicht. Ich bringe sie nur vor, um die Aufgabe in der Gegenwart zu bezeichnen. Im Drama, im Theater selbst muß doch die Antwort auf die Frage liegen, warum wir die volle Macht seiner Wirkung so schmerzlich vermissen und warum wir es wider die Hoffnung erhoffen.

Die Tragödie erscheint in dem Augenblick, da die kultischen musikalischen Maskenspiele sich mit mythischen Inhalten verschmelzen, und zwar auf geweihtem Boden. Der alte sprichwörtliche Vorwurf »Das hat mit Dionysos nichts zu tun« weist darauf hin, daß die beiden Elemente, das kultische und das mythisch-geschichtliche, als höchst verschiedenartig empfunden wurden. Aber sie wurden eins. Ich wage von diesem Geheimnis des Ursprungs nicht zu sprechen. Wesentlich ist das Einströmen vom Bewußtsein des geschichtlich bestimmten Daseinsgefühls in das Kultische. Mythos ist nicht Geschichte, aber doch gewissermaßen ihre unzerstörbare Vorform; er ist das Geschichtliche in seiner höchsten, im Übergeschichtlichen ruhenden Potenz, der das Geschichtliche unterworfen ist. Geschichte selbst aber ist das Zeitliche als Schikkung in seiner Kontinuität und in der Kontinuität ererbter religiöser, volkhafter, räumlicher, landschaftlicher Gegebenheiten. Der Mensch, der sein Dasein im wesentlichen als geschichtlich empfindet, lebt in unzerreißbaren Zusammenhängen physisch-metaphysischer Art, gebunden und doch frei, offen dem Einströmen der himmlischen Mächte und Willenskräfte und doch unter dem Gesetze der Notwendigkeit. Die unergründliche dialektische Beziehung zwischen Freiheit und Notwendigkeit ist ein Nerv der Tragödie, des Dramas überhaupt. Wie für die ganze Kunstform gibt es auch für die Fundamente keine die Widersprüche auflösenden Lehrsätze. In moderner naturwissenschaftlicher Sprache können wir Freiheit und Notwendigkeit vielleicht als »komplementär« betrachten: widersprüchliche Erscheinungsformen derselben Daseins-Gegebenheit, die eben in der Kunst, aber nicht durch den Gedanken ausgedrückt werden kann. Immer wieder wird im Drama das Moment des bewegenden, eine Welt tragenden oder zerstörenden, sich entscheidenden Willens betont; immer wieder die ihn übermächtigende, unbegreifliche Gewalt – die ihn zu tun zwingt, was er nicht will. Darin liegt das Geschichtliche. Von der weltgeschichtlichen Bedeutung der Ödipus-Sage hat Ernst von Lasaulx gesagt: »Sie ist wie eine wunderbare Traumprophezeiung über das Ende des hellenischen Lebens, welche darum am Anfang desselben steht, weil hierin das Ganze, im Keim Beschlossene vor der zeitlich-räumlichen Auseinanderlegung seiner Momente substantiell empfunden wird.«

Keineswegs spricht es also gegen den Geschichtsgehalt der Tragödie, daß die Griechen einen Dichter, der es gewagt hatte, den Fall Milets zum Vorwurf zu nehmen, mit einer Geldbuße bestraften; Themistokles soll dieses Erbitterung erregende Stück eines schon preisgekrönten Dichters [Phrynichos] auf die Bühne gebracht haben – gewiß nicht ohne politische Tendenz. Das zeigt die eigentümliche Beziehung zwischen der Tragödie und dem Wesen der Geschichte, sowohl der Geschichte, die sich *eben* ereignet, wie der, die sich *morgen* ereignen soll. Vielleicht wollte Themistokles die Athener für die kommenden Perserkriege aufwühlen, Menschen heranbilden, die hart genug für sie waren und glühten von dem Verlangen nach Rache. Die Szene hallt von Geschichte wider und wirkt in die Geschichte hinein. Das ist unabänderlich, wie wir auch zu den Idealen stehen mögen, die in einer Epoche verkörpert oder zur Erörterung gestellt werden.

So ist es auch von höchster Bedeutung, daß die Geburt der Tragödie, die Vereinigung des mimischen Dithyrambus mit der geschichtsträchtigen Mythe im »goldenen Zeitalter« des Peisistratos geschah, in den scheinbar glücklichen Jahren, da Griechenland seiner Tat, seinem Sieg, seinem Leid entgegenreifte. Über dem Gipfel dunkelte die Sage von Ödipus, dem schuldhaft-unschuldigen, dem heiligmäßigen Frevler, seiner Heimholung; vom Heiligtum seines Grabes im Angesichte Athens. Der von Greueln befleckte Ödipus ist heilig geworden, sein Grab ist eine Wallfahrtsstätte; das ist, lange vor Vollendung und Untergang, die Aussage des geschichtlichen Phänomens Griechenland. Die Tragödie begann, als die Seele eines Dichters sich teilte in den Chor und den »Antworter«, den Schauspieler. Sie ist Verherrlichung des Gottes, der geopfert wird, Sieg des zerrissenen Dionysos, künstlerische Gestalt eines ursprünglichen Daseinswiderspruchs, des Zusammenstoßes zweier Seinsbezirke, Rechte, Notwendigkeiten, Ordnungen. Götter können den Widerspruch versöhnen, wie es in der griechischen Tragödie ja immer wieder geschieht; der einzelne Fall schuldhaft-schuldloser Verwirrung unterliegt der Gnade. Aber die Möglichkeit des tragischen Konflikts als solche ist unheilbar; sie ist dem Dasein wesenseigen. Es wird immer sein müssen, was nicht sein darf; ein Gott wird fordern, was ein anderer untersagt. Das Leben wendet sich gegen sich selbst, um eine Formulierung Karl Reinhardts zu gebrauchen – und zwar unter göttlicher Gewalt. Frevel ist das Tun. Frevel ist das Nicht-Tun. Mit einer jeden Regung, einer jeden Bewegung unserer Hand sind wir in Gefahr, eine Gottheit, ein Heiliges zu verletzen, deren wir nicht inne waren. Und dann vollzieht sich die Antwort einer grauenvollen Übermacht, die rächt bis ins dritte und vierte Glied und das Verhältnis zwischen unserem und ihrem Tun – von Verfehlung und Strafe zu reden hat keinen Sinn mehr – nach einem uns unverständlichen Maße bestimmt. Am Ende ist der unbegreifliche Gott auf der Szene, auch wenn er nicht repräsentiert wird. Später haben die Griechen gelernt, auch das eben Geschehene, wie in den »Persern«, freilich sie selbst als Sieger, oder das Drohende, wie in den »Troerinnen«, auf der Bühne zu sehen, aber doch immer in mythischer Perspektive, als eine Aussage vom unabänderlich geschichtlichen Dasein selbst. Um diese Erhöhung ins Mythische hat das Drama aller europäischen Kulturen gerungen; es ist unbestreitbar in »Macbeth« und »Lear«, in »Richard II.« und »Richard III.«; es wird wieder aufgenommen von Racine und Corneille, mit einer gewissen idealistischen Gewaltsamkeit von Schiller in der »Jungfrau« und in der »Braut von Messina«, aber auch dort, wo die historisierende Tendenz stärker zu sein scheint, im »Wallenstein« und der »Maria Stuart«; auf Hebbel, den späten Grillparzer und Hofmannsthal brauche ich kaum hinzuweisen.

Aus dem Mythischen als einer Gestaltung des unerforschlichen Ursprungs, des verhüllten Daseinsgesetzes erhebt sich die Prophetie. Sagt das Drama im Zusammenstoß der Gestalten und Mächte die tragende Wahrheit aus, so auch die in ihr beschlossene Zukunft und das Ende, das Weltgeschick, in die Geschichte eines Volkstums gefaßt. Das hat mit literarhistorischen Untersuchungen kaum etwas zu tun; das Drama – und also auch das Theater – werden nie sein können, was sie nicht waren und werden, solange sie lebendig sind oder aus der Glut der Untergänge wieder aufsteigen, immer sein, was sie gewesen sind: von der Geschichte hervorgerufener, der Geschichte vorauseilender Gesang von der Unheilbarkeit des Lebens, Feier eines unverständlichen Gottes, Feier auch des sich auflehnenden Menschen oder des sich beugenden, der an diesem Gotte zerbricht, im Zerbrechen sich vollendet. Es weist an die Grenze, dorthin wo ein nicht Mögliches notwendig ist; wo der Mensch zwar sein soll, was er ist, aber es nicht sein kann – es sei denn, er vermöchte zu lachen über die absurde Unmöglichkeit, in der er sich und die Welt begreift. Denn das allein ist die Auflösung des Tragischen, soweit sie dem Menschen gegeben ist. Das Übrige ist Sache der übermenschlichen Macht; sie löst, innerhalb der Tragödie, den Knoten des Einzel-Geschicks; das tragische Gesetz hebt sie nicht auf. Die prophetische Geste des Dramas ist nur Zeichen seines geschichtlichen Orts. Keine Prophetie aber wird ausgeschöpft; sie wird wahrscheinlich von einer jeden Generation, in einer jeden Situation mißdeutet, d. h. oberflächlich aktualisiert. In Wahrheit weist sie über Generationen und Situationen hinaus. Euripides hat nicht allein die Katastrophe des sizilischen Feldzuges prophezeit; er hat die dunkle Schrift über alle Siegeshoffnungen und Eroberungszüge geschrieben, die, auch wenn sie gelingen, auf unlösbare Probleme stoßen.

Ein Weltbild, in dem die Gleichung der geschichtlichen Existenz gelöst wird, ist der Tod der Tragödie und des Dramas, und wahrscheinlich auch des Theaters, sofern es nicht von Choreographie und Tendenzstücken seinen Unterhalt bestreiten will, mag nun für ein solches Weltbild Mrs. Baker-Eddy verantwortlich sein oder Karl Marx. In der östlichen Presse, die bei aller Monotonie uns wertvolle Aufschlüsse geben könnte, wurde vor einigen Jahren die Frage erörtert, warum das Drama schwinde und auf seinem Gebiete keine der Auszeichnungen würdigen Leistungen zu finden seien – soviel ich weiß, ist der Staatspreis mehrmals nicht verliehen worden.

Der Grund ist einfach: es gibt keinen fundamentalen Konflikt, keinen dem Leben wesenseigenen Widerspruch; die Beseitigung von Rückständigkeiten, Korruption, Sabotage ist das einzige Thema; das ist aber nur ein zeitkritisches, weder ein komisches noch ein tragisches Motiv. Den schärfsten Widerspruch zu unserem Erbe sehe ich nicht in der primären Verwerfung des Christentums, sondern in der Unmöglichkeit, die tragische Irrationalität zu verstehen oder anzunehmen; wo der Mensch nicht begreift, daß er sein tiefstes Leiden aus eigenem Vermögen nicht heilen kann, ist das Opfer der Iphigenie und Antigone, der Elektra und Alcestis und gar des Herakles absurd, der Ehrfurcht unerreichbar. Wieviel mehr wäre es das Opfer Jesu Christi!

Aber das Theater ist Spiel, Schein. »Der ernsteste Stoff«, schrieb Schiller in den Briefen über die ästhetische Erziehung, »muß so behandelt werden, daß wir die Fähigkeit behalten, ihn unmittelbar mit dem leichtesten Spiele zu vertauschen.« Der Schauspieler verkleidet sich in die mythische geschichtliche Person, als Gott, Feldherr, König, Hirte und Bauer, die irgendwann einmal – gestern oder vor zweitausend Jahren – in der Geschichte auftraten. Geschichte selber ist Bühne, unbegrenzbare Möglichkeit der Vertauschung, des Vortäuschens; ganze Welten, Kulturen, Überlieferungen werden Kostüm. Gerade als Spiel ist das Drama auf das Geschichtliche angewiesen, auf den Schein der Vergangenheit, unter dem sich das fast Unerträgliche: unsere gegenwärtige Not zwischen den Mächten der Erde, des Himmels und der Tiefe, unser unmögliches aber tatsächliches geschichtliches Dasein abspielt. Ohne die Freude des Schauspielers, zu repräsentieren, was er nicht ist; ohne das Vergnügen des Regisseurs an seinem Zauberstab kann uns das Theater nicht ergreifen. Aber sind nicht alle Personen der Tragödie und Komödie den Tänzern verwandt, die in der Maske von Böcken [Tragoi], von besessenen Tierdämonen [A. Lesky] zum Preise des Dionysos tanzend sangen? Besessen sind die Spieler alle, des antiken wie des modernen

Dramas, von einer widersinnigen Notwendigkeit, vom Wahn einer Leidenschaft, einem wirren Traum, vom verhüllten Tode und Zug in den Untergang, einer grotesken Manie. Die dramatische Handlung ist Grenzfall; aber sie spielt sich an der Grenze ab, wo wir unsere hinfälligen Häuser und todgeweihten Städte gebaut haben.

Dieses Bewußtsein zu erneuern, ist ein Auftrag des Dramas, um so unabweislicher, je mehr wir versuchen, uns vor dem offenen Geheimnis der äußersten Gefährdung unserer Welt in vorgespiegelte Sicherheit zu flüchten. Wir werfen uns dem Tod in die Arme, damit er uns schütze vor dem Tod. Daß wir aber tragische oder komische Personen sind – jedenfalls Personen in einem von uns nicht gedichteten tragischen oder komischen Spiel –, akzeptieren wir nicht. Nur der erschütternde Schein könnte uns dazu bewegen. Denn Geschichtsbücher und die einfältig-arglistigen Reden so vieler Staatsmänner werden nicht allzuviel bewirken.

Der in Dachau umgekommene evangelische Pfarrer Ludwig Steil machte die Aufzeichnung: »Viele Christen sind geimpft mit Christentum gegen Christus. Die äußeren Formen und Gebräuche verwenden sie als Schutz gegen Christi Forderungen.« Ich möchte diese beherzigenswerte Erkenntnis auf eine tiefere Ebene verpflanzen dürfen: wir impfen uns mit den Argumenten der Tages-Geschichte gegen das Wesen der Geschichte selbst, gegen die Wahrheit unserer geschichtlichen Existenz. Das echte Drama spricht sie aus, ohne Parteinahme und Programm. Die Frage ist nur: wollen wir mitten auf dem Bodensee uns klar machen, wo wir sind? Oder wollen wir es lieber nicht? Es geht nicht darum, ob wir das Ufer erreichen. Das Ufer kann auch wandern – ins Nirgendwo. Aber unschätzbar ist der Augenblick; ist die Möglichkeit, jetzt der Abgründe inne zu werden, über die wir flüchten; ist die Möglichkeit, Person, Mensch zu werden hier an dieser brüchigen Stelle. Wir sind den Mächten unterworfen; aber das bedeutet: daß wir sie anblicken können und müssen. Wir können uns empören, eine Verschuldung, ein Geschick von uns wegschleudern, das zu furchtbar ist, als daß Menschen es hätten verursachen können. Oder wir können uns beugen, weil das wirklich erkannte, in der Geschichte beschlossene Leid jedes Maß übersteigt und uns durch diese Überforderung erheben könnte – so wie einzelne Unglückliche in den Liquidationsanstalten unserer Zeit erhoben worden sind. Jedenfalls, wenn unsere Stunde noch einen Sinn hat und wenn noch Freiheit da und vollziehbar ist – und daran glaube ich fest –, so müssen wir unsere eigene Antwort an die Geschichte finden. Sie ist im Drama, und zwar nicht im Wort, sondern in der Haltung, im Geschehen, als leidendes Tun des in einen unzerreißbaren Ablauf geketteten Menschen, Verwirklichung einer unzerstörbaren Freiheit. Von dieser Freiheit tödlicher Selbstbehauptung soll die Bühne sprechen zu unserer Zeit. Wie soll sie noch vollzogen werden, wenn sie nicht mehr vor uns geschieht, wenigstens als Freiheit des Leidenden vor dem Leid? Und was ist Geschichte noch, wenn dieses erste Menschliche nicht mehr aus ihr hervorbricht? Sie wäre nur noch ein Gegeneinanderdrängen, Ineinanderwirken von Mechanismen, von radikal technisierten Mächten, Fabrikzentren, in denen Völker zermahlen werden. Die Freiheit des Handelns mag wünschenswerter erscheinen als die des Duldens, zumal in politischer Perspektive. Vom Künstlerischen aus ist das fraglich. Der junge Nietzsche hat bemerkt, daß die griechische Tragödie im wesentlichen Klage ist – wenn auch Klage als Geschehen – und Schiller sah in der Darstellung der leidenden Natur und ihrer sittlichen Independenz den Gegenstand des Trauerspiels. In jedem Falle aber wird im Weltgleichnis der Tragödie die Tat die Gegentat heraufrufen, das Recht das ihm todfeindliche Recht, der göttliche Auftrag den ihm entgegengesetzten göttlichen Auftrag – und den Helden aus dem einen Augenblick seiner Freiheit in sein Leiden stürzen und damit vor die Möglichkeit einer Freiheit als Passion.

Wie sehr die Freiheit auch in ihrem Vollzuge gehemmt, eingeschränkt sein mag, wie sehr sie im Plane des Ganzen oder in der Perspektive des Gegenspielers als Notwendigkeit erscheint; sie muß doch als Freiheit empfunden werden. Das entspricht ja auch unserem Geschichtsbewußtsein. Wir leben in einem Prozeß, der im wesentlichen von den vor einem halben Jahrhundert gedachten Gedanken, Entdeckungen und Erfindungen dekretiert zu sein scheint; die von der Wissenschaft willentlich und nicht willentlich, wissend und nicht wissend angebahnte Technisierung des Westens und Ostens wird Geschichte, die sich in der Gestalt von Machtkämpfen durchsetzt; eben diese Kämpfe, wie sie von der Technisierung mit erregt werden, steigern diese auch wieder. Das hat das Gesicht des Fatums. Aber das Fatum fordert das Menschentum heraus, unser Ja oder unser Nein. Daß diese Entscheidung immer gefährlicher wird im Ablauf der Ära, bestätigt nur die Erfahrung, von der die Tragödie ausgegangen ist. Wir sind frei. Wir machen diese Erfahrung als Leidende.

Ich komme zum Dritten. Mit der prophetischen Vergegenwärtigung der Tragik unserer Existenz zwischen den Mächten, des Mysteriums und der Freiheit in unserer Geschichtlichkeit verbindet sich die Sehnsucht nach der Herstellung der Gerechtigkeit. Die Bühne ist der Ort, wo Recht geschieht. Nun hätte es gar keinen Sinn, Recht zu fordern und zu verherrlichen, wenn nicht ein Bewußtsein von Freiheit und Verantwortlichkeit wach wäre. Aber das alles bleibt in der Schwebe, in einem Halbdunkel, das eben Sphäre des Dramas ist, bis auf der Bühne das vorletzte Wort gesprochen ist. Das letzte Wort sagt der heimgehende Zuschauer zu sich selbst. Die geistige Spannung muß wenigstens so intensiv sein wie die der Handlung. Mit der Frage nach Schuld und Nichtschuld bleiben wir im Vordergrund. Kein Gesetzbuch kann eine ausreichende Antwort geben auf das Tragische. Hier geht es um ein ganz anderes Recht, um das Recht derer, die getan haben, was sie nicht wollten oder nicht wußten; um das Recht der von Göttern Geschlagenen, der Geblendeten und Besessenen, um das Recht derer, die gelitten haben, ohne zu wissen warum. Es geht um ein im Geheimnis der Himmel geborgenes Recht. Aber es wird auf der Szene gezeigt; sie ist »Asyl und Heiligtum« [Reinhardt]. Ohne Bejahung des Menschen ist Kunst gar nicht möglich; so auch dieses Trachten des Dramas – ich meine immer Tragödie und Komödie zugleich – nach Gerechtigkeit. Denn im Zuschauer muß die Fähigkeit des hier sich ereignenden Rechtes sein. Er muß das Empfinden haben, daß dieses unverständlich-göttliche Recht sich kundgetan hat. Je mehr aber dieses Recht sich dem Juristisch-Faßbaren, einem sozial reformatorischen oder revolutionären Programm, einer Moral annähert, um so mehr entfernt sich das Drama von der Kunst. Ich möchte die Berechtigung des Zeitstückes nicht anzweifeln oder einschränken. Es kann zu gewissen Zeiten wesenhaft dramatische Elemente – das Spiel, den Zusammenstoß der personalen und ideellen Mächte, die Entfaltung des Schauspielertums und der Regie – viel besser vertreten als das Streben nach dem eigentlichen Drama. Aber dieses ist nicht Ausschnitt, sondern Welt. Während das Zeitstück überbetonte Problemstellung ist, umschließt das Drama wesenhaft eine metaphysische Dimension. Es ist nicht Exempel, sondern Gleichnis und weder imstande noch danach bestrebt, die Welttatsache, die es meint, in einer Devise auszudrücken. Eine jede echte Rolle erlaubt, fordert die verschiedensten Darstellungen. So wenig das Drama an eine Inszenierung gebunden ist, so wenig an eine Deutung. Kunst ist nur, was sich nicht ausschöpfen läßt. Und Recht in, über der Tragödie ist nur das Unsagbare: der Schauer vor der göttlichen Macht, die wie der befremdende Engel auf Manoas Hochzeit durch den Raum schwebt.

In der christlichen Ära nähert sich das Drama von Akt zu Akt dem Bild des Weltgerichts. Das bedeutet eine unaufhaltsame Entschleierung der Erscheinungswelt; zwischen ihr und der Wahrheit spielt das Stück. Am Ende ist die Wahrheit da. Aber damit ist die Welt zu Ende. Denn die unverhüllte Wahrheit ist tödlich. Sie kann nicht in der Welt sein. Das wird deutlich

auch in den Werken der Dichter, die sich zu Christus nicht bekannten, wie der deutschen Tragiker des vorigen Jahrhunderts, oder der Franzosen, die Christen im Leben waren aber nicht gerne auf der Bühne; oder Shakespeares, dessen Stellung zum Christentum mir undurchdringlich bleibt. Die Tragödie ist ein Zeichen des Weltendes. Wenn sie eine ganze Welt umfaßt, Kräfte, Ideen, die einander zugeordnet sind und sich zusammenschließen, so geht auch eine ganze Welt in ihr zugrunde. Fragen wir nicht, was über dem Einsturz erscheint, erahnbar ist. Es ist alles, daß etwas wirklich wird, wenn diese Welt nicht mehr ist, und daß mit der Herankunft dieses nicht zu Benennenden Recht geschieht: Recht, wie es in der Geschichte niemals vollstreckt werden kann, und das gleichwohl das inbrünstigste Verlangen des Menschen in der Geschichte ist.
Racine hat an der wichtigsten Stelle seines Werkes, im Vorwort zur »Phädra«, die er für den höchsten ihm gelungenen Ausdruck des Tragischen hielt, die durchsittlichende Wirkung der Tragödie proklamiert: hier, in der »Phädra«, führt nicht die Verfehlung selbst, sondern der Gedanke an sie die Katastrophe herauf. Hier endlich wird das Verbrechen, gewissermaßen durch seine Vorerscheinung, in seiner ganzen Abscheulichkeit gekennzeichnet. Der Gedanke, der Wunsch, das ist ja eine echt christliche Einsicht, entscheidet; das Tun ist nur Folge. Mit ähnlichen Argumenten, doch nicht so konsequent, sind alle Tragiker für ihre Kunst und deren sittliche Berufung eingetreten. Wir müssen die Auffassung der Bühne als einer moralischen Anstalt – in der Sprache des 18. Jahrhunderts – sehr ernst nehmen; sie wird vielleicht heute von niemandem ernster genommen als von Nihilisten und anscheinenden Amoralisten und Umstürzlern, die von der Bühne Gesetze erlassen wollen.
Solche Argumente haben ihr Recht in der ersten Instanz, in der irdischen Ordnung, die von dem als göttlich verehrten Sittengesetz bestimmt ist. Aber ahnen wir nicht über der Tragödie ein dunkles Reich, in dem auch Klytemnästra und Agamem-

non, Richard III. und Macbeth und Phädra – und gar Penthesilea – Recht erlangen, im Rechte sind? Das hebt das Sittengesetz nicht auf. Mit ihm spricht die Gottheit ein verständliches Wort: Trost der Erschütterten, vielleicht ratlos Gewordenen. Aber die dramatische Kunst führt weiter: vor den Thron einer Macht, der ins Antlitz zu blicken wir nicht imstande sind. Das früheste uns erhaltene Drama des Äschylos, das älteste griechische, das uns vollständig überliefert wurde, schließt mit den Worten:

Ich lob' mir ein Los
Aus einem Teil Glück und zwei Teilen Leid,
Das soll mir genügen. Gerechtigkeit, hilf
Uns Gerechten. Wir lassen nicht ab vom Gebet,
Und Gott finde Mittel und Wege.

Gerechtigkeit ist wirklich in Macht, erreichbar allein den Frommen.

Der tragische Widerspruch der Existenz, das Problem der Freiheit, die überrationale Gerechtigkeit: das sind die drei Strophen des tragisch-prophetischen Gedichts. Wenn wir sie anhören, finden wir uns selbst, und wenn sie uns nicht mehr erschüttern sollten, ist es mit Europa zu Ende, mag es auch in waffenprangendem Wohlstand glänzen. Sofern eine Aussage von der europäischen Geschichte bestätigt wurde, so ist es der Prolog der griechischen Tragiker; er ist vom großen europäischen Drama aller Völker fortgeführt worden. Die Wurzeln unserer geschichtlichen Existenz reichen bis zu ihnen hinab; sie haben das Gesetz erfahren und damit auch Künftiges. Ihre drei großen Anliegen sind die der dramatischen Dichtung überhaupt, wesenseigen der Bühne und der dramatischen Form, die eben Weltgleichnis ist. Gleichnis aber bedeutet Transzendenz; Irdisches wird sinnhaft, wird transparent, wie wir auch das Licht nennen wollen, das es in die Sphäre des Doppelsinns erhebt. Das ist der Auftrag des Dramas an unsere Zeit – an das Leben in der Geschichte. Die Aufgabe des

Theaters aber ist es, ihn in der Form zu übermitteln, die den Menschen dieser Zeit erreicht oder ihn für die großen Inhalte zurückgewinnt. Mir scheint die Frage nach der Form ganz offen; und es kann wohl sein, daß wir der Wucht der Aussage um so näher kommen, je weiter wir uns von dem noch regierenden Gesellschaftstheater entfernen. Der Vorhang hebt sich noch immer vor einer nicht mehr vorhandenen Gesellschaft, einer imaginären Repräsentation; in einem Residenztheater oder einem Theater der Massen, das heute gleichfalls auf absterbender Ideologie gegründet ist, selten vor einer Menschengemeinschaft.

Nicht von der Szene her kann meines Erachtens der Spielplan aufgebaut werden, sondern von dem her, was gesagt werden soll, von der geistigen Direktive. Sie trifft unter dem nun einmal Vorhandenen die Auswahl. Die Szene kann nur erfüllt, belebt, bewegt werden von einem Erfülltsein. Auf der Grundlage des eigentlich dramatischen Gehalts, den zu kennzeichnen ich versucht habe, könnte aber, in weitesten Grenzen, nein, lieber in offenen Grenzen, eine verbindende Theaterkultur angestrebt werden. Ihr Ziel sollte kein Bekenntnis sein, nur das Dramatische selbst. Ich rede also nicht dem christlichen Drama das Wort. Das Christentum ist, wie Bernanos sagte, »die Partei der Besiegten«. Und auch die christlichen Dramatiker werden die Besiegten sein. Eben das ist unzerreißbare Bindung. Doch hat es sich gezeigt und wird sich immer zeigen, daß die christliche Tragödie, von deren Möglichkeit ich im Gegensatz zu bekannten Theorien überzeugt bin, sehr wohl neben der antiken und der unter Naturmächten und den Geistern in der Luft dahinrollenden Tragödie Shakespeares besteht. Und am Abend, nachdem der »Standhafte Prinz« gespielt wurde, käme die Tragödie des Nicht-glauben-Könnens, einer von Gott völlig abgestürzten Welt – wenn es eine solche Dichtung gäbe, und wie sehr wäre es zu wünschen! – ganz zur rechten Stunde. Das Tragische, die Freiheit, der »Schrei nach Gerechtigkeit« ist durchaus auch ihr Thema.

Erst damit komme ich auf das Problem, das uns zusammengeführt hat: das deutsche Drama der Gegenwart. Ist es da? Und in welcher Gestalt und Bedeutung? Zunächst ist es unwahrscheinlich, daß es überhaupt da ist. Das Auftreten des Dramas ist an eine ganz bestimmte Geschichtszeit, an die Epoche gebunden, in der die Geschichte des in seiner Sprache lebenden Volkes kulminiert, sich wendet, zwischen Ende und Aufgang steht, Abschied nimmt und undurchdringlich Künftigem entgegenblickt, auf unvergleichliche Weise durchstürmt wird von Verheißung und Gefahr. Das Drama ist das Lied eines Hochgefühls, in dem Sturz und Sieg, Jubel und Klage, Bewußtsein der Macht und Ahnung ihres Falles sich verflechten. Solche Empfindungen durchbeben ein Volk nur ein einziges Mal; darum ist die Zeit des großen Dramas kurz; länger als ein Jahrhundert hat es weder in Griechenland noch in England oder Frankreich oder in Venedig geblüht; nur in Spanien, wo es die Leidenschaft des ganzen Volkes war, hat es sich durch Jahrhunderte erneuert. Freilich brauchte die Sonne des spanischen Weltreichs länger als die der anderen Imperien für ihren Untergang.

Das große deutsche Drama bleibt eine problematische Erscheinung. Es hatte keine echte geschichtliche Stunde. Wohl ging das Reich unter, während Schiller seine Szene errichtete. Aber dieser Untergang bedeutete keine aufwühlende Erschütterung, weder für das Volk noch für die Vertreter des Geistes – Schillers späte Klage um das Reich blieb Fragment – wie etwa der Untergang Alt-Englands zur Zeit Shakespeares eine religiös-geschichtliche Erschütterung war. Und was harrte jenseits dieses Untergangs? Nur eine Folge von Katastrophen, gescheiterten Versuchen, eine geschichtliche Daseinsform zu erringen. Darum ist das große deutsche Drama, mehr noch als das der anderen Völker, ein Gemisch verschiedenster Stile, ist das deutsche Theater kein Volkstheater, sondern ein Theater der Fürsten, aristokratisierten Bürgertums und sich verbürgerlichender Aristokratie oder der akademischen

Jugend gewesen. Es spielt auf einem höchst künstlichen Gerüst. Schillers Popularität steht in paradoxem Verhältnis zu seiner spekulativen, höchst volksfernen Theorie; Grillparzer schwankt zwischen Weimar und der Tradition Wiens und Madrids und der Antike; Kleist baut auf der Antike und romantischen Entdeckungen auf, Hebbel auf Hegel. Vielleicht klären sich einmal die Perspektiven unserer Ära; vielleicht erkennen wir einmal, daß die Stunde Weimars nicht mehr eine volksgeschichtliche, sondern eine menschheitliche und geistesgeschichtliche war. Ich wage das nicht zu entscheiden. Es ist auch von da kaum eine Antwort zu erwarten. Die Sprache trägt das Drama. Und wir reden nicht in Esperanto oder Volapük, sondern in den Sprachen, deren Geltung mit der Geschichte steigt und fällt. Das Künstliche im Aufbau des deutschen Theaters, seine Wendung zu dem, was wir »Bildung« nennen – wenn auch das Wort in hundert Jahren immer mehr abgeschwächt wurde, abgesunken und schließlich unverwendbar geworden ist –, scheint mir unbestreitbar zu sein.

Wie gesagt, ich möchte auf Namen verzichten. Hinweisen möchte ich nur auf den Weg Gerhart Hauptmanns, der mir in gewissem Sinne beispielhaft zu sein scheint. Vom sozialen Drama, dem revolutionären Zeitstück, das, bei völliger Berechtigung und klarer Berufung in der Zeit, Kritik und Anklage bleiben muß, suchte er über die Tragik des Individuums, des vereinzelt Untergehenden, in seinen späten Griechentragödien zur Gestaltung des Tragisch-Geschichtlichen und Prophetischen durchzudringen. Ob das nicht eine Weisung ist? Und da ein solcher Weg, der ja nicht erdacht und gewollt werden kann, der Zeichen einer Führung sein muß, sich einmal andeutet, so ist vielleicht eine Hoffnung begründet, eine Verheißung da. Wir sollen darüber nicht urteilen. Was wäre auch damit gewonnen? Die Aufgabe der Kritik möchte ich nur streifen; sie ist ja viel diskutiert worden. Die Kritik könnte viel helfen, wenn sie, wie es der Theaterleiter und der Regisseur auch tun müssen, von der Aussage ausginge und zugleich Information und Bewertung wäre. Zuerst müßte einmal verstanden und kurz wiedergegeben werden, was der Autor eigentlich wollte. Das ist für den Leser wichtiger als ein Urteil auf der ersten Zeile. Es ist auch gerechter. Von der Aussage her müßten die gewählten Mittel beurteilt werden, ob sie dem Theater entsprechen oder nicht. Dann kann die Kritik der Aussage einsetzen. Von den meisten Kritiken aber erfährt der Leser nur, was der Kritiker denkt und will. Das kann viel richtiger sein als das Bestreben des Autors. Aber zur Klärung trägt das viel weniger bei als exakte Information. Schließlich ist es auch wichtig, zu erfahren, wie ein Stück aufgenommen wurde. Aus dem besten Feuilleton wird keine Kritik; sie müßte sachlich ergründender Bericht und begründete Wertung sein.

Verzeihen Sie die Abschweifung. Ich komme wieder zur Hauptsache. Die Frage nach dem deutschen Drama stellen, heißt die Geschichte dieser Stunde verstehen wollen. Wer wagt das? Mögen Staatsmänner und Völker der von ihnen vertretenen Notwendigkeiten guten Glaubens gewiß sein und an ihnen festhalten und sie verfolgen, sofern sie nicht von ihnen verfolgt werden: es gibt doch einen Standort, von dem aus diese Notwendigkeiten nur Mittel sind, das Geschick aber verschleiert bleibt, an dem sie arbeiten. Und vielleicht ist es besser: wir blicken in ein fest verschlossenes Gesicht. Eins ist gewiß: die Stunde unseres Daseins hat einen unermeßlichen Gehalt, ist wert höchsten künstlerischen Ausdrucks und auf ihn angewiesen. Alles kommt darauf an, daß in der Maschinenhalle des Wohlfahrtsstaats, im Lärm der Rüstungsfabrik, in der Propaganda der christlichen oder widerchristlichen Glücksreiche unser Ohr nicht ertaubt, unser Herz nicht erstarrt, der Schauer nicht stirbt in unserem Gemüte und der Wurm nicht in unserem Gewissen. Vorbereitende Bereitschaft ist alles. Das Drama kann nur Begegnung sein des Genius mit denen, die ihn hören wollen. Sie kann sich nur in der Geschichte ereignen und wird sich in ihr in Gestalt des Dramas als das Wort erweisen, das den Felsen aufschließt. Keine Erwägung, keine

Theorie kann seine Gestalt vorzeichnen. Erwarten aber können wir es nur auf unserem Boden, in der Kontinuität des Geistes und der Geschichtserfahrung. Ob wir nicht vor jedem Auftritt, wie die Schauspieler in Trauerspielen Otto Ludwigs, nach der falschen Seite blicken? – Das Tragische ist das Vererbte und zugleich das ganz Neue: die bestürzende Herausforderung der Geschichte an uns, der Geschichte durch die Kunst. Was diesem ursprünglichen Geiste des Dramas zustrebt, sollte willkommen sein, ob es der Form nun in höherem oder geringerem Grade genügt, sofern es wirkt mit den Mitteln der Kunst. Nichts ist gewisser, als daß deutsche Bühnen nach deutschen Autoren suchen und erfolgverheißende, theatergerechte Stücke nicht liegenlassen. Aber das Theater hat oftmals bewiesen, daß es auch Werte gewinnen, erschließen kann, die ihm nicht bequem waren; daß es Autoren für die Bühne heranbilden kann. Hier liegt vielleicht die Aufgabe, wenn, wie uns so oft versichert wird, »nichts da ist«. Die Bühne ist kein Laboratorium der Psychoanalytiker und Mediziner, kein Studio dramatisierender Feuilletonisten und kein Lehrstuhl der Sozialreformer und keine Tribüne irgendwelcher Propagandisten. Ihr Zeichen ist die tragische Maske. Blicken wir sie an! Hölderlin hat in seinen Anmerkungen zum Ödipus das Wort »zerstörungsfroh« gebildet; es läßt sich der Tragödie nicht nehmen, nicht abstreiten. Aber gerade aus der Kraft dieses Geheimnisses, dieses sinnlosen Widerspruchs, trägt sie über alle Untergänge hinaus, ist sie europäische Aussage, gerade der Gegenwart. Wieder und wieder haben die Völker sich gefunden, behauptet vor der tragischen Bühne; sind sie, in der äußersten Gefahr, vor dem tragischen Spiel der Geschichte fähig geworden.

DRAMA UND KÖNIGTUM

Zum Gedächtnis Paul Ernsts

Die Deutschen erreichten im Drama nicht, was den Spaniern, Engländern, Franzosen beschieden war; ihr Drama ist das späteste und problematischste. Die Gründe sind oft genug dargestellt worden; man hat den Humanismus und den Dreißigjährigen Krieg, das Abbrechen der Tradition volksmäßiger Dichtung und die dann erfolgte eigenmächtige Anknüpfung an fremde Muster, die Vormacht der bildungsmäßigen Elemente über die schöpferischen, die gerade auf dem Gebiete dramatischer Dichtung sich im achtzehnten Jahrhundert durchgesetzt hatte, für diesen Mangel verantwortlich gemacht und mit all diesen Erklärungen gewiß auf Wesentliches hingewiesen. Wie aber ein Volk nicht allein durch das Vollbrachte, sondern auch durch das, was es erstrebte und nicht erreichte, sich darstellt, so auch die Deutschen: sie haben in der Musik (und in der lyrischen Dichtung) einen ungleich reicheren und eigeneren Ausdruck als im Drama gefunden, das heißt in einer Kunst, die der eigentlich plastischen Gestaltung ferner ist und darum auch einen viel geringeren formgebenden Einfluß auf das Leben ausübt als das Drama. Vieles vom Größten, was die Deutschen vollendet haben, liegt verborgen oder verschüttet, oder es ist nur wenigen erreichbar; es steht so hoch, daß es auf gar keine Weise ›nutzbar‹ gemacht werden kann, daß es das Leben nur dann erfüllt, wenn dieses es sucht. Wie die Engelsgestalten, die Könige und Heiligen an einem hohen Dom sind und dauern diese entscheidenden Werke der Deutschen; selten nur streift sie ein Blick; aber sie bedürfen auch dieser Blicke nicht; denn sie wurden nicht für irdische Zwecke, sondern allein zum Ruhme des Herrn geschaffen. Das SDGL. (Soli Deo Gloria), das Bach unter seine Partituren zu setzen pflegte, ist ihrer aller Siegel.

Scheint somit das deutsche Drama bei all seiner dichterischen Größe und seinem edlen, verehrungswürdigen Gehalt dem

Gesetz der Art unterworfen und an diesem gescheitert zu sein, so drückt sein Werden und Wesen doch nicht nur dieses Innere, sondern auch ein geschichtliches Schicksal aus. Die Stunde der Geburt ist für das Kunstwerk so wichtig wie für den Menschen. Es sind Zeiten, da die Brunnen fließen, und solche, da sie verschlossen sind; und auch die entsagungsreichste Anstrengung vermag dann kaum einen Becher an der Quelle zu füllen, von der früher die Krüge überschäumten. Die Engländer, die Spanier und die Franzosen dichteten zu einer Zeit, da die Form des Staates noch geschlossen war; als die Deutschen zu sprechen begannen, schien sich diese Form verwandeln zu sollen. Auch zu Shakespeares, zu Calderons, zu Racines Zeiten war die Geschichte ihrer Länder auf das äußerste bewegt, von Gefahren beschattet, hinsichtlich der bindenden staatlichen Form jedoch konnte kein Zweifel aufkommen; das deutsche Drama stand im Zeichen der kommenden, sich vollziehenden Revolution.

Den deutschen Dichtern fehlte die Anschauung der Krone, des Königs. Der König war für sie nicht wie für die Engländer, Franzosen, Spanier die entscheidende Gestalt, die ihren Schatten selbst über die Volksstücke und Komödien warf; die Krone war für die Deutschen nicht die entscheidende Macht; sie konnte es vielleicht nicht sein. Und doch hat sie selbst im griechischen Drama, dem Drama einer aristokratischen Republik, geherrscht; von den erhaltenen Tragödien des Äschylos spielt der ›Prometheus‹ außerhalb der Sphäre der Krone: das Drama ereignet sich, wie das Auto der Spanier, allein zwischen Mensch und Gott. Wo aber das Erdenschicksal abrollt, da erscheint auch der König als Ordner, als Träger des größtmöglichen Schicksals und der Gewalt.

Ob nicht das Schwinden der Krone das Drama in dieselbe Verwirrung versetzen mußte wie den Staat? Im hohen Stolze des Künstlers nennt Conrad Ferdinand Meyer seine Novelle ›Die Leiden eines Knaben‹ eine Erzählung, ›deren Wege, wie die eines Gartens, in einen und denselben Mittelpunkt zusammenliefen: der König, immer wieder der König!‹ Das Formgesetz, das hier ausgesprochen wurde, ist auch das Gesetz des Dramas. Denn nicht allein der Fallhöhe wegen, so wichtig dieser Umstand auch ist, steht der König im Drama; er ist die natürliche Mitte einer geordneten oder sich wieder ordnenden Welt. Eine Tragödie kann sich nur dann ereignen, wenn unverrückbare, eherne Gesetze gelten; es ist das hohe Verdienst Paul Ernsts, dies mit aller Schärfe einer Zeit gesagt zu haben, die das Gesetz irdischer Ordnung und damit auch das Gesetz der Kunst nicht mehr begriff. Die Person des Königs selbst, ihr Wert und Verdienst, kann im Drama in Frage stehen, niemals das Königtum oder die Krone, das heißt, im allgemeinsten Sinne, die Form des Staates. Denn wo keine Form ist, da ist keine Notwendigkeit; und wo keine Notwendigkeit ist, da ist keine Tragödie. So endet ein jedes Königsdrama Shakespeares mit der Wiederherstellung, der erneuten Begründung der Krone, deren Ansehen – welches Schicksal sie auch erlitten haben mag – unangreifbar ist.

Die Tragödie stellt eine Erschütterung irdischer Verhältnisse dar, aber nur in dem Sinne, daß der Bau der Ordnung wankt und einstürzt, der Grundriß dieses Baus jedoch für immer festliegt. Vom tragischen Dichter wird das Höchste an ordnender Kraft, an innerer Ordnung verlangt, und das heißt nichts anderes als: er kann kein Revolutionär sein. Denn der revolutionäre Dichter führt entweder in das Ungewisse oder doch zu einer ›Ordnung‹, die noch nicht ist und sich erst bewähren müßte; am Ende revolutionärer Dramen erheben sich nicht die Mauern der wiedererrichteten Form, im Gegenteil, es ›scheint sich die Mauer aufzutun‹, wie Schiller vom Schluß des ›Egmont‹ sagt – und das Morgenrot der Freiheit erdämmert. Aber in der echten Tragödie ist, wie es im ›Hamlet‹ heißt, die Welt aus den Fugen, und es wird nun dargestellt, wie die Welt wieder eingerichtet wird; die Tragödie beschreibt einen Kreis von der gestörten Ordnung über die Verwirrung zur Ordnung zurück; sie ist ihrem Wesen nach konservativ und sieht in der Empörung wohl ein untilgbares Element der Welt, nicht aber einen absoluten Wert. Ihr Inhalt ist das Unterliegen des Empörers, sein Scheitern am Gesetz. Es gibt keine revolutionäre Tragödie: der Begriff ist ein Widerspruch in sich selbst; und darum ist die Tragödie revolutionären Zeiten versagt. Wohl ist es denkbar, daß auch ein nicht monarchischer Staat den Hintergrund einer Tragödie bildet; aber dann müßte dieser Staat nicht als künftige Ordnung proklamiert oder vom Helden erstrebt werden; er müßte in seiner Unerschütterlichkeit schon vorhanden sein; denn das ist gerade das Wesen der Tragödie: daß sie die Rückkehr zum Endgültigen, Bleibenden gestaltet – nicht die Entstehung des noch niemals Gewesenen.

Ein revolutionäres Drama ist optimistisch; es hält einen ›besseren‹ Zustand der Welt für möglich, wenn dieser auch mit dem Tod des Helden erkauft werden müßte; die Tragödie ist pessimistisch; sie hat uns zu sagen, daß gerade das beste, höchste Leben untergehen muß und das Gesetz in jedem Falle mehr ist als Leben und Dasein; und indem wir sehen, wie ein solches Leben von der Erde weggedrängt wird, weil es nicht sein kann und darf, erleben wir die Macht, die über der Erde waltet. Die Tragödie hat kein Versprechen zu machen; sie fordert Ehrfurcht und erweckt sie; das revolutionäre Drama führt – ob es nun will oder nicht – zum Glück; es steht auf der Möglichkeit des Glücks.

Als sich die Deutschen im achtzehnten Jahrhundert der Tragödie zuwendeten und um sie zu ringen und sich um sie zu verzehren begannen, da hatte die Welt das Bewußtsein des Tragischen fast verloren. Es war ja gewiß, daß eine neue, glückhafte Ära kommen werde oder schon begonnen hatte; jenes ›Morgenrot‹, das der Tod aller Tragödie ist, leuchtete; wer nun noch fiel, der fiel für das Glück, vor allem für das Künftige, Erwünschte, Geahnte, für ein Dasein, dessen Form noch nicht feststand, für das Werdende. Der Konflikt des Lebens war heilbar; nur jetzt mußte er noch durchlitten werden, und die Dichter – das gab ihnen Rang, machte sie zu hohen, erschütternden Erscheinungen – wollten ihn auch durchleiden; sie wollten heroische Kämpfer sein für eine unheroische Zeit des Glücks, die nicht mehr ihnen, aber doch den kommenden Generationen aufgehen sollte. Der Staat, wie er bestand, war im Grunde hinfällig, nichtig; in seiner Form war keine Notwendigkeit, seine höchsten Vertreter sogar waren von dieser Notwendigkeit nicht mehr überzeugt; hielt es doch auch Friedrich der Große für möglich, daß eine Zeit kommen werde, in der das Volk der Könige nicht mehr bedürfe. Und welcher Meinung waren erst viele der kleinen Fürsten, die entweder an Ort und Stelle oder in Deutschland die Schule der Franzosen durchlaufen hatten! Die große Hoffnung auf das Künftige, die Empörung gegen das Bestehende oder anscheinend Veraltete wurden zum Inhalt des Dramas; aber das ›In tyrannos‹, das auf dem Titelblatt der ›Räuber‹ stand, ist, wie leidenschaftlich es auch erlebt wurde, das Motiv eines Schauspiels, nicht einer Tragödie. Für Calderon, den tragischen Dichter, war die Welt unveränderlich: der Glaube überwölbte sie, der König war, im Auftrag Gottes, ihre irdische Mitte; darum konnte der Bürger, wenn er Unrecht vom König erlitt, sein Recht erkämpfen, ohne Revolutionär zu werden; Calderon, der Mensch, hat gewiß das Unheil gesehen, das über seinem Volk und der Welt heraufzog; da er aber sein Werk dem Bleibenden unterstellte, so mußte es sich auch in den Zeiten schlimmster Verwirrung bewähren und dann gerade den Menschen am meisten sagen. Die deutschen Dichter des achtzehnten Jahrhunderts waren wohl von der Unwandelbarkeit des Sittengesetzes überzeugt, so wie es in ihrer eigenen Epoche formuliert worden war; alles andere war ungewiß, wandelbar, vom Individuellen abhängig, vor allem der Glaube und die Form des Staates.

Aber das Drama fordert eine festgefügte Welt. Ein in der Brust des Menschen oder in den Sternen stehendes Sittengesetz genügt nicht, um eine Handlung zu regieren; es muß als

Macht auf Erden erscheinen, stark genug, den Menschen zu richten; und die sinnfälligste Form dieser Macht ist im Drama der König oder, wenn er selbst schuldig wird, das Königtum. Als Schiller, der Revolutionär, den ›Don Carlos‹ dichtete, begegnete er dem König. Und seltsam! Das Drama entwikkelte sich der Form entgegen: das Tragische machte sich geltend: beide Parteien hatten recht. Ja das Bild des Helden verblaßte vor Posa, aber auch Posa verschwand vor Philipp; dieser beherrscht das Stück, erweckt den stärksten Anteil; selbst die revolutionäre Idee konnte ihn nicht überwinden. Philipp II. ist die größte Königsgestalt des deutschen Dramas; und was wäre bezeichnender, als daß es sich hier um eine Gestaltung wider Willen handelt, die allen Sympathien, Wünschen, Hoffnungen der Zeit und des Dichters selbst entgegen war!
Grillparzer, Hebbel rangen um den König und die Tragödie. In der ›Agnes Bernauer‹ leuchtet die Idee des Fürsten auf; im ›Bruderzwist‹ gestaltet Grillparzer einen König, wenn auch bezeichnenderweise einen zerbrechenden; beide Dichter litten auf das schwerste unter der Zeit; das Drama und seine Form und zugleich ihre eigene Seele forderten ein anderes als das Jahrhundert, das sie immer wieder zu seinen Wortführern erniedrigte. Aber sie beide gaben dem deutschen Volk ebensowenig wie Schiller oder Kleist die große Königsgestalt, deren es bedurft hätte, um die Form seines staatlichen Lebens immer aufs neue zu verstehen und zu ehren. Keiner der großen Kaiser des Mittelalters wurde von der Dichtung dem Volke wieder geschenkt; das Reich blieb tot. Und doch wäre die Tragödie des Reichs auch der bedeutendste Inhalt der deutschen Tragödie gewesen, weil sie das Höchste durch das Sinnfälligste, das Überirdische durch das Irdische ausgedrückt hätte.

Diese innere Geschichte des deutschen Dramas muß man sich vor Augen halten, wenn man Paul Ernst verstehen will: vielleicht den letzten, der sich in der großen Tradition dramatischer deutscher Dichtung einen Platz errungen hat. Das Verständnis für König und Königtum – wie für den Adel der Kunstform – kann nur in Menschen vorhanden sein, die Rang haben; Paul Ernst hatte Rang im Gegensatz zu vielen Dichtern seiner Zeit, die weder vom Drama, seiner Form und seinen Voraussetzungen noch vom Königtum die ausreichende Vorstellung hatten; das Werk dieses letzten Tragikers, seine Dichtung wie sein Denken, erscheint wie der Epilog zu der unvollendeten deutschen Tragödie; es sagt aus, was die Deutschen hätten suchen sollen und was sie nicht erreichen konnten, weil ihre religiöse Welt und ihre Staatsform schon völlig zerklüftet waren, als sie begannen. Denn ebenso wie ein Fürst die ihm und dem Prinzip seiner Herrschaft entgegenstrebenden Tendenzen der Welt und Zeit nicht besiegen, sondern ihnen allein als Held unterliegen kann, so kann auch der Künstler eine Zeit, die seinem Wesen und seinem Auftrag völlig entgegen ist, nicht überwinden; er muß an ihr zerbrechen und sagt gerade damit aus, was ihn erfüllte und was ihm aufgetragen war. Die Forderung nach der geschlossenen Form des Staates wie der Kunst, nach dem König und dem königlichen Schicksal hat Paul Ernst als letzter durchlebt und ausgedrückt. Und so hat er für sich selbst die Revolution überwunden, die dem deutschen Drama in der Stunde seines Aufgangs zum Verhängnis geworden ist.

DER MENSCH UND DAS LEID IN DER GRIECHISCHEN TRAGÖDIE

Vor welche unverwindlichen Bilder des Leides fordert uns die griechische Tragödie! Der greise Ödipus, der sich des Augenlichtes beraubt hat, irrt, von der Tochter geleitet, durch die Fremde. Antigone an seiner Seite ward ihm von der eigenen Mutter geboren; schon das gemeinsame Erscheinen von Vater und Tochter ist für uns, nachdem sich das Verhängnis des

Ödipus enthüllt hat, kaum tragbar. Aber der vom Wahn geschlagene Ajas liegt jammernd zwischen geschlachteten Tieren, die er für Helden gehalten; er ist von Blut besudelt, von Schande bedeckt:

Den Mutvollen sieh, den Großherzigen,
Den Mann ohne Furcht in graunvoller Schlacht,
So kühn kämpft' er wider harmloses Vieh!

Schonungslos werden die greulichen körperlichen Leiden des von der Nymphe verwundeten Philoktet geschildert bis zu den »Lumpen, angefüllt mit schwerem Eiter«, die der Unglückliche vor seiner Höhle an der Sonne trocknet. Aus dem Königspalast zu Mykene schallt der Todesschrei Klytämnestras, die von ihrem Sohne mit dem Beil erschlagen wird, und Elektra, die Tochter, steht draußen und ruft:

Triff noch einmal, wenn du kannst!

Hekabe küßt die Mauern der gebrochenen, brennenden Heimatburg; sie schwingt sich auf die Trümmer und möchte sich in die Glut stürzen, Soldaten reißen sie herab; sie wirft sich zu Boden:

O Erde, die du meine Kinder nährtest ...

Dann wird sie, während die Burg zusammenkracht, fortgeschleppt zu niedrigem Sklavendienst, den der Greisin aufzuzwingen der Sieger sich nicht schämt. Herakles, über den die Dämonen gekommen, schläft, an eine Säule gefesselt, zwischen den Leichen seines Weibes, seiner Kinder, die er in der Raserei gemordet, einem gräßlichen Erwachen entgegen. In einer anderen Tragödie erleidet er klagend und schreiend seinen fürchterlichen Tod, umstrickt von dem mit Zauberblut getränkten Gewand, das ihm die eifersüchtige Gattin gesandt hat:

Und jetzt will keiner erbarmend
Nahn, mit Feuer und Lanze, die gräßliche Qual zu verkürzen,
(Ah! Ah!)
Nahn, um das Haupt mir vom Rumpfe zu trennen, und
Mich befrein von des Lebens Leid?

Die Königin Agaue tanzt vor dem Zuge rasender Frauen, das Haupt ihres Sohnes Pentheus auf dem Thyrsosstab schwingend; wie des Ajas und Herakles und des zwischen den scheußlichen Eumeniden schlummernden Orest harrt ihrer das entsetzliche Erwachen. Prometheus schmachtet, an den Felsen gekettet, und hört die Ankündigung künftiger Qual:

es wird dir dann
Zeus flügelwilder, mächtiger Aar in heißer Gier
Zerfleischen deines Leibes großes Trümmerfeld,
Wird Gast dir ungeladen, Gast den langen Tag,
Ausweiden deiner schwarzbenagten Leber Rest.

Der Orkan bricht los, »Himmel und Meer ineinander peitschend«, die Felsen zerklaffen, und der Gefesselte stürzt in den Abgrund, wo an ihm geschieht, was Hermes ihm angesagt hat.
Des Schrecklichen ist kein Maß. Welchen Ausdruck des Leidens hat der Grieche von seiner Bühne ertragen, gefordert! Auch die furchtbarsten Vorgänge sind nicht, wie im späteren abendländischen Drama, in den Botenbericht verwiesen; sie geschehen leibhaftig vor den Augen des Zuschauers – erhoben freilich in die uns nicht mehr erreichbare Sphäre des Dramas, die von Gewalten gesättigt, von der Nähe des Göttlichen durchschauert war. Wohl hat auch Shakespeare kaum Tragbares vergegenwärtigt – wie etwa die Blendung Glosters im

»Lear« –; aber solche Szenen sind, gegenüber den ihnen entsprechenden Vorgängen im griechischen Drama, anekdotischer Art, ob sie auch fest in die Handlung geflochten sind. Das ist es gerade, was die Stile unterscheidet; im Drama der Renaissance läuft unter gewaltigen Entladungen menschlicher Leidenschaften eine Geschichte, eine Erzählung ab, die zur erschütternden Einsicht in das Wesen des Irdischen erhebt; im Drama der Griechen ist der Schmerz, die Klage, das Elegische im stärksten Sinne ein wesentliches Element; auf die Klage hin scheint es gebaut zu sein, sie ist fast die Aussage selbst. Denn es bleibt ja nicht bei jenen Bildern gräßlichsten Leids; ihnen wogt der Chorgesang mächtig entgegen, ihnen hallt er nach; die Handlung ist gleichsam die in dramatischen Ablauf übersetzte Klage, darum weist sie im ganzen viel weniger Episches auf als die des modernen Dramas.

Wen bewein' ich, hebend
Grabmelodien an, oder ein Schattenlied, oder
ein Todchorlied?

frägt der Chor im »Rasenden Herakles« des Euripides; Klagelaut, »Händeschlaggetös« erschallt zu Beginn der »Alkestis«; hellere, ernste Melodien kämpfen im Gang dieser Tragödie gegen die dunklen und überwinden sie langsam. Aber immer wieder ist es die Klage, die in den Werken der drei Tragiker mit unvergleichlicher Wucht herabtost, als hätten die Seelen der Dichter sich nicht ausschütten, nicht sättigen können am Weheruf.

O jammert laut, zum Himmel laut
Den Ewigen flehend Bittgesang,
Allendenden uns, zuwendenden uns
Was erlöse der Qual!

so singen die Hiketiden; wie ein Echo, das sich nicht beruhigen läßt, rufen Ismene und Antigone am Ende der »Sieben vor

Theben« sich über den Leichen der Brüder ihren Jammer zu, so schwang offenbar die verschollene »Achilleis« des Äschylos in einer mächtigen Totenklage aus. Es bedeutet schon viel, wenn, wie am Ende der »Elektra« des Euripides, der Gesegnete gepriesen wird, »der an Leid nicht krankt«. Aber wo ist er? Und wie lange dürfte dieses Wort von ihm gelten? Sein Los kann sich wenden im Augenblick; von keinem Leben läßt sich erkennen, ob es glücklich, ob es unselig sei (»Trachinierinnen«). Denn

immer muß der reiflich Überlegende
Sich ängsten, Unglück treffe noch den Glücklichen.

Die Klage der Helden tönt in die Klage des Chors. Sie alle neigen dazu, die Freude vom Schmerz überschattet zu sehen, das Leid viel tiefer zu erfahren als das Glück, als des Glückes schüchterne Möglichkeit; denn mehr bleibt ihnen kaum, obgleich diese Welt der Leiden offen ist gegen den Himmel und der Sonne Licht süß scheint, wenn auch kurz, wie Pheres, der Vater des Admetos im bittern Streite um dieses Licht seinem Sohne sagt. Und welche Liebe zur Erde und zum Licht, zu den Flüssen und Quellen scheidet mit Ajas, da er sich ins Schwert stürzt! Wohl erreicht der Tragiker die Schwelle, wo die Himmelsmacht die Ordnung wieder herstellt; das Leiden beruhigt; Orest wird von Athene beschirmt, Prometheus von Hephaistos entkettet, Alkestis von Herakles der Unterwelt entrissen. Nicht etwa die Ausweglosigkeit oder gar die Verzweiflung am Dasein ist das große Thema der Tragödie, sondern eben der Schmerz, ein Leid, das sich fassen kann, das zum mindesten gefaßt werden soll.

Dies ist eine der großen Fragen: die Haltung vor dem Leid. In der letzten Tiefe der Seele, wo ein Sein, ein Erbe, eine Wesensart bestehen, die nicht mehr erklärt werden können und von der Erfahrung nicht herrühren, vielmehr mitbestimmen, was erfahren und wie es erfahren wird – sie sind es, die dem Lebensgefühl die bezeichnende Farbe geben: dort mag eine Sehnsucht aus dem Dasein weg in den Tod, in die Schmerzlosigkeit lebendig sein; es ist eine klagende Sehnsucht, die nicht müde wird, die Flüchtigkeit und Gefährdung des Daseins zu betrauern. So sind diese Helden, auch die kühnsten und männlichsten, gewissermaßen auf das Leid gerichtet; ihrer keiner schämt sich, seine Schmerzen zu bekennen; keinem ist Leiden Schmach. Das Leid ist unausweichlich. »Erflehe nichts, Herr«, mahnt der Chor den unter seiner Schuld zusammenbrechenden, sich den Tod wünschenden König Kreon:

gibt es doch für Sterbliche
Niemals Erlösung aus der vorbestimmten Not.

Das Leid ist da; alles kommt darauf an, wie sich der Mensch vor ihm verhalte. Wir wagen die Behauptung, daß auf diese Frage hin die griechische Tragödie gebaut worden ist; daß ihre Aussage, selbst bei einmaliger Vollendung der Form, von einer gewissen Stufe vor dieser Frage verstummt, an ihr scheitert.

Die Lösung konnte nur im Bereich der Religion gefunden werden; von Zeus kommt alles Leid:

Weißt Du von einem Leide, das vom Vater her
Zeus nicht an uns vollendet, die wir leben noch?

frägt Antigone die Schwester. Diese Worte des Sophokles führen vor das gewaltige Problem des Äschylos: es ist das »Denken von Zeus«, das Ringen um des Gottes Antlitz, sein gültiges Bild. Dieses Ringen hebt immer wieder an, auch Euripides hat es gewagt. Wer Zeus aber auch immer sein möge, sagt der Chor im »Agamemnon«:

Ihm vergleichen kann ich nichts, wenn ich alles auch
Außer ihm selbst – so des Denkens vergebliche Qualen erwäg'
Ich in Wahrheit bannen will.

Ein *Wille* endet die Qual des Denkens, denn das Denken gelangt aus sich zu keinem Frieden.

Aber den Zeus im Gesange des Sieges zu preisen
Alles Denkens Friede ist's.

So unterwirft sich der Dichter dem Unerforschlichen, feiernd mit der Macht seines Liedes, was er nicht ergründen kann. Und doch lehnt er sich in seinem Werke wieder auf und beugt sich wieder. Zeus herrscht wohl, aber er verhängt Unbegreifliches, das die Betroffenen immer wieder zu fragen treibt. Die letzte Antwort bleibt uns. Nur der Entschluß, nicht weiter zu forschen, beschwichtigt den Leidenden.

Auch forsche drum nicht weiter Deinem Leide nach

rät Prometheus der von Zeus verfolgten, maßlos gepeinigten Jo. Aber er selber, der Wissende, erleidet wohl die Gewalt des Zeus, ohne an des Gottes unbedingte Macht zu glauben. Das Verhängnis alter Untat, unheimlichen Fluchs ballt sich über dem Thronenden; Prometheus glaubt von seinem Ende zu wissen und widersagt selbst in Ketten der Gewalt des Kroniden – während der Chor den »Weltwalter« preist und ihm zu opfern sich anschickt. Zwischen Frage und Verehrung, Widerspruch und Hingabe zieht die Tragödie ihre erhabene Bahn, tönend von den Schmerzen des »Staubgeschlechts«, in die das Meer sogar einstimmt mit seinem ergreifenden Trauergesang um Prometheus:

Ihm trauernd rauscht die Meeresflut empor,
Sie sinkt zurück, und die weite Tiefe seufzt,
Fern nachhallt Hades' dunkles Reich im Erdenschoß,
Rieselnder lauterer Ströme Quell'n beweinen seine Qualen.

Wer ist Zeus, wenn er Prometheus solcher Qual überliefert, nur weil er »nach eig'nem Rat, sonder Furcht vor Zeus zu hoch die Menschen liebt«, wenn er, für Jo entbrannt, deren Vater zwingt, sie auszustoßen und die sich Verweigernde dadurch straft, daß Stierhörner aus ihrer Stirne wachsen und eine Bremse die Wahnsinnsverwirrte durch die Welt jagt? Eine Haltung zum Leiden kann der nur finden, der den Sinn des Leidens erschließt. Und dieser Sinn kann nur gewirkt werden von der Gottheit; er kann nur aufleuchten unter ihrem klaren Bild. Ist dieses Bild schwankend, unbestimmt, der Wirklichkeit nicht gewaltig, so bleibt das Leiden rätselhaft: seine ganze Wucht fällt schließlich auf den Menschen zurück, der mit Würde tragen muß, was sich kaum tragen läßt. Vielleicht entschließt sich der Mensch dann auch, dem Gott zu geben, was ihm mangelt: nur um das Bild zu haben, vor dem er leiden kann. Oder er bestreitet des Gottes Recht in dem ungeheuren – vermessenen – Wagnis, aus sich selber dem Leiden stand zu halten.

Zwischen diesen Entscheidungen ringen die großen Dichter der Tragödie – oder vielmehr ihre Helden; die Dichter selbst haben, wie wir noch erkennen werden, die Grenze frommer Ehrfurcht nicht verletzt. Für sie alle gilt, was der Chor im »Prometheus« sagt: »Nimmer mir frevle der Mund!« Dieses Wort ist todernst; es verpflichtet in unbedingtem Sinne die Kunst. Denn die Tragödie als Ganzes, als wunderbar geglückte Form, sagt ja viel mehr als der Held oder sein Schicksal; sie ist Gesang des Frommen; nur ihm konnte sie gegeben werden. Und es ist das Erschütternde, daß diese Frömmigkeit sich nicht beirren läßt, obgleich sie ohne die letzte Antwort bleibt, ohne Trost.

Unbezweifelbar ist die Macht des Zeus, wenn sie auch Einschränkungen erleidet. Wäre sie keine Macht, so könnte der Mensch sich nicht wider sie auflehnen, würde er nicht mit ihr rechten. Sie ist mächtig, den Menschen zu schlagen; aus undurchdringlichem Dunkel kann es geschehn. Das sich forterbende Verhängnis erklärt ja nur wenig. Die Kinder des Ödipus, des Agamemnon werden von dem Fluche der Untat heimgesucht, die ihre Eltern begangen; aber auch den Eltern ward Unheil vererbt. So bauen sich die Tragödien wie hintereinander emporsteigende Gebirgsketten auf; die letzte taucht in die Wolken, wo die Unbegreiflichen walten. Aber wie wollen sich die Unglücklichen bescheiden, fassen, die in diesen Zwang des Tragischen gerufen wurden durch ihre Geburt und Unrecht tun müssen, weil sie nicht darauf verzichten dürfen, Recht zu tun? Orest muß seine Mutter töten, weil er das Andenken des Vaters nicht ohne Ehre lassen darf – so wie der Vater Iphigenie opfern mußte nach Götterspruch, um das ihm unterstehende Heer zu retten. Antigone darf den Bruder nicht ohne die Ehre des Grabes lassen; aber indem sie dem Gesetze gehorcht, das die Toten schützt, wird sie schuldig an einem politischen Gesetz, in dessen übersteigerter Behauptung König Kreon schuldig wird. Ordnungen wirken gegeneinander und verpflichten zugleich: hier ist der Ursprung namenloser Erdennot, verketten sich Schuld und Notwendigkeit auf verderbliche Weise. Antigone ist ohne Schuld, aber sie ist des Ödipus Tochter, von ihm mit der eigenen Mutter gezeugt: auf düsterstem Grunde steht das herrlichste Bild der Griechenwelt. Und für dieses Bild ist kein Raum. Antigone wäre nicht sie selbst, wenn sie sich des Leichnams ihres Bruders nicht erbarmte, den das Verhängnis des Geschlechtes hingerafft; da sie es tut, wird sie ins Grabgewölbe verschlossen. Sie nimmt sich des Toten an in einer Ordnung, die von Kreons Gebot gehalten wird, in Übertretung dieses Gebots.

Fromm handelt, wer die Toten ehrt;
Doch dessen Macht, dem Macht gebührt
Zu verachten, ziemt sich nimmermehr:
Ja, dich stürzt' eigner Trotz ins Unheil,

wirft der Chor ihr vor, die es beklagt, daß ihr Bruder, ein Toter, schon, »ihr Leben morde«. Hier ist kein Heil. Freunde werden sie nicht einmal ehren. Und doch fällt Kreon unter den Fluch, der vom Geschlechte des Ödipus sich ausbreitet. Er verweigert dem Landesverräter das Grab und versündigt sich dadurch an den Todesgöttern: dem Toten nimmt er das Grab; das Leben schließt er ins Grab ein. So schafft er in einem tieferen Bereich Verwirrung, während er in der aufgewühlten Stadt festen Willens ordnet; die Erinnyen brechen in sein Haus und schlagen Sohn und Gattin. Als »starrer Verwirrungen Frucht« erkennt er sein Leid; unter Klagen findet er die Kraft, seine Schuld zu tragen: zu bekennen:

O weh, weh. Der Menschen sonst keiner nimmt
Auf sich diese Schuld, es ist meine *Schuld.*

Dies ist die tiefere Antwort auf die Frage nach dem Wesen, dem Sinn des Leids: es rührt nicht allein vom vererbten Verhängnis her, sondern es steht im Zusammenhang der Schuld. Aber wie leicht wird diese Schuld begangen in einer Welt, wo gültige Ordnungen einander widersprechen! Würde ein einziger klarer göttlicher Wille die ganze Wirklichkeit, das Diesseits und Jenseits, die Sphäre der Geschichte und das Reich der Toten durchdringen und ordnen, so könnten diese Verfehlungen nicht begangen werden. Aber Götter herrschen wider einander, und über ihnen herrscht Zeus; dann und wann zuckt sein Blitz in die Verwirrung hinab, schmettert er die Frevler hin, stellt er das Recht her. Aber der Mensch bleibt ausgeliefert der furchtbaren Not, die der Widerstreit der Gebote, der Ordnungen bereitet. Nur das eine ist gewiß, daß den Göttern Ehrfurcht gebührt, wer sie auch seien, und daß der Mensch von Unheil heimgesucht wird, wenn er diese Ehrfurcht verletzt – mag er sie nun bewahren können oder nicht. Das Furchtbare kann geschehen, daß der Mensch zum Frevler werden muß aus Frömmigkeit: daß gerade der Fromme sich am Gesetz zu vergehen gezwungen ist. Dies ist die ergreifende Klage der Antigone; es ist das Leid im Leide, daß es unbegreiflich ist:

Seht, was ich erduld' und erdulde von wem,
Da mir Heiliges heilig gegolten!

Dieser Ruf dringt gegen den Himmel empor; er ist ein Vorwurf an Zeus, gesprochen von frömmsten Lippen. Aber der Chor und mit ihm der Dichter duldet ihn nicht: Trotz war in Antigone wie in Kreon. Zeus duldet keinen Trotz.

Nie frevle darum
An der Götter Gesetz!

Was wäre ergreifender als dieses Verlangen des Dichters, zu verehren, zu feiern, zu opfern, – selbst vor einem offenbar unzureichenden Bilde! Ein heilig-reiner Sinn klagt sich aus in der Tragödie; Menschenwelt und Götterwelt genügen nicht. Aber eine Macht ist da, und der Dichter verehrt. Ist der Mensch nicht adliger als die Götter? Geht er, indem er sie, ihr Tun und Nichttun, erleidet, aus einer höheren Ordnung – der Ordnung der reinen Sitte – nicht um vieles besser hervor? Keine Göttin überstrahlt Antigone. Sie ist die vollkommene Schönheit maßlosen Leids; die Schönheit der Klage, des Scheidens vom Licht, wehrlos-schuldlosen Hinuntermüssens. Und vielleicht hat kein Gott den Menschen so viel Hilfe gebracht wie Herakles, den die Dämonen zum Mörder der Seinen erniedrigen und der endlich, bei lebendigem Leibe verbrennend, seine Qual würdig zu enden sich selbst verbrennen läßt:

Vielfältiges Weh, unerhörtes Geschick!
Und dies war alles Zeus' Werk!

singt der Chor über dem Ende des Halbgottes. Verstehen wir aber diese Worte als Ausklang der Tragödie recht, so sind sie nicht als Vorwurf gemeint; sie sagen vielmehr: So mächtig ist Zeus, daß er auch dieses Unerhörte tun kann. Beugt euch vor Zeus, ihr alle, die ihr um Herakles trauert! Aber die Welt liegt unter den tiefsten Schatten. Denn »Morgen und Heute droht schreckend« und »die der Tod hinraffte, rührt kein Leiden mehr«. Das Leben gilt wenig; die Götter tun Unrecht. Der Mensch erhebt sich, indem er sie ehrt. Er erhöht sich im Grunde selbst, indem er sie erhöht, deren Anspruch dem sittlichen Bewußtsein zweifelhaft, mindestens unerklärlich ist, deren Macht aber nicht angegriffen werden kann. Und doch ist überall Schuld, und es ziemt nicht von ihr zu schweigen, wie Herakles sagt. Schuld ist der Trotz des Menschen; Schuld aber schon ein jedes, nicht von der Ehrfurcht eingegebenes Verhalten in einem von Göttern durchwalteten, ihnen überantworteten Bezirk: der Tote gehört den Todesgöttern. Wehe dem, der ihnen den Leichnam vorenthält! Das Leiden weist immer auf Schuld zurück, aber das Verhältnis, nach dem es bemessen wird, läßt sich nicht bestimmen. Es scheint, wenigstens für Menschenaugen, die Schuld um ein gewaltiges zu übersteigen. So ist die Zerstörung über Troja gekommen:

Von Schmerz, ach, mehr als Schmerz –
Von Weltzwang fühl' ich mich umkreiset.
Aus des einzelnen Menschen Sünde
Kam dem ganzen troischen Land
Verderblich Leid, durch fremden Fehl verschuldet.

[HEKABE]

Es ist wie Willkür über den Menschen; an ihr entzündet sich ein Aufruhr, der die ganze Gestaltenwelt der Tragiker durchwogt. Steht Prometheus noch zu Zeus im Drama kühnster Wechselrede, leidenschaftlichen Entgegenhandelns, so erkennen die sich auflehnenden Helden des Euripides die Göttermacht nicht mehr an. Ist dies doch erst die äußerste Empörung: das Heraustreten aus den Bindungen der Religion, die kühle Nichtachtung der Himmlischen und ihres Wirkens. Zeus ist ja geworden; er war nicht von Anfang. Die Geschichte des Zeus war das große Thema des »Prometheus«, der

»Eumeniden«. Da Zeus geworden ist, kann er auch wieder vergehen, und mit ihm wird das Leiden enden, das er verhängt. Zeus hat sich als Gewaltherr emporgeschwungen über die alte Götterwelt. Ein Gott aber, der seine Geschichte hat, ist nicht mehr ehrwürdig, wenn er auch zu fürchten ist. Und warum und auf welche Weise sollte der Mensch Leiden ertragen in seinem Namen? Der Orest des Euripides spricht in dieser zerrütteten, trauervollen Welt das furchtbarste Wort:

Die Götter, die für weise gelten, sind
Nicht zuverläss'ger als beschwingte Träume.
Verwirrung waltet in der Götterwelt
Wie hier bei uns.

Und Hekabe, die von Leid in den Staub Gezwungene, erwartet weder von Menschen noch von Göttern Hilfe:

O Götter, Euch zu rufen hilft ja nichts.

Der Chor der Troerinnen erhebt sich über Zeus:

Ich decke mit Schweigen die Sünden des Zeus.

Denn wer ist er? Über der Qual dieser Frage ohne Antwort, die wieder und wieder kehrt, überwindet sich Hekuba zum Gebet:

Du, der die Erde trägt und auf ihr thront,
Wer du auch seist, du unerforschlich Wesen,
Ob Zeus, ob Weltgesetz, ob Menschengeist,
Dich bet' ich an, dieweil du lautlos wandelnd
Dem Recht gemäß die ird'schen Dinge lenkst.

Aber es ist ein Gebet, das den Sieger in Erstaunen versetzt: »Du betest neu und wunderlich« sagt Menelaos. Wie anders ist die Empörung des Prometheus, der von seinem Felsen zu rufen wagt:

Mich aber kümmert minder dieser Zeus denn nichts!

Für die Menschen des Euripides scheint sich der Himmel zu zerlösen; ihre Erfahrungen sind vielleicht zu entsetzlich gewesen; des Gottes Bild verschwimmt; es hat keine verpflichtende Gestalt, und doch drängt es sie, zu verehren, fühlen sie sich unterworfen. Aber hier geht der »Name« des Gottes verloren: »Wer du auch seist, ob Weltgesetz, ob Menschengeist«, und damit entschwindet Unermeßliches: das tiefe, klare, unausschöpfbare Wissen von Gott. Die Verehrung heiliger Namen ist unveräußerliches Eigentum echter Religion; es ist ein Geschenk ohnegleichen, daß der Mensch Gott nennen darf, daß sich ihm Gottes Unendlichkeit in einem Worte mitgeteilt hat, das er aussprechen, dem er nachsinnen darf, einem Worte, das zugleich Geheimnis und Klarheit ist wie Gottes Walten, Gottes Wesen selbst.

Noch einmal: Reden dieser Art, die an den Frevel streifen, werden von gedichteten Gestalten, nicht vom Dichter getragen, verantwortet. Mit welcher fürchterlichen Wucht hat etwa Euripides im »Bacchenfest« Ehrfurcht vor Dionysos gefordert, indem er die Rache gestaltete, die der Gott an seinem Beleidiger Pentheus nahm! Der Unglückliche wird vom Schwarme rasender Frauen zerrissen, und auch damit ist das Vergehen noch nicht gesühnt; es wirkt bis ins dritte Glied seines Hauses zurück: Kadmos, der Vater seiner Mutter, wird in einen Drachen verwandelt, des Kadmos Weib in einen Lindwurm. So grauenvoll ist das Los derer, die heiligen Bezirk, des Gottes Machtkreis, ohne Ehrfurcht betreten, ja nur berühren. Des Euripides Gesang ist wohl »neu und wunderlich«; er ist gleichwohl Gebet, Rühmen der himmlischen Macht. Nicht die einzelne Rede, sondern allein das Ganze dürfen wir in Anspruch nehmen; die Tragödie ist vollkommene Überwindung der grellsten Dissonanz; der tragische Dichter muß in den Abgrund der Schmerzen hinab und muß die Kraft haben, wieder aus ihm emporzusteigen. Sie tönt von der Höhe herab als der Gesang dessen, der die letzte Tiefe durchschritten, bezwungen hat.

Aber Gedanken und Empfindungen, wie sie Orest oder Hekabe aussprachen, waren möglich geworden. Schon dieses Möglichwerden ist ein Vorgang, dessen Bedeutung wir schwerlich überschätzen können; er greift tief in das geistige Gefüge der Ära ein. Und mehr noch: diese Worte tönten von der Bühne herab; sie mögen verletzt haben, aber sie blieben gewiß nicht ohne Widerhall. Geschehnisse, Einsichten müssen erlitten worden sein, denen die überkommene Vorstellung von der Gottheit nicht standhielt; das Gleichgewicht zwischen Himmel und Erde war gestört. Vor dem gequälten Menschen, der zwischen den Trümmern seiner Heimat fragend aufblickte, zerflossen die Himmlischen; auch dies, das schmerzlichste, mußte gesagt, mußte ausgetragen werden. Der Gedanke tastete die Götter an, und es zeigte sich, daß sie vor ihm zurückwichen. Wie, wenn eine andere Macht in Wahrheit herrschte oder berufen wäre zu herrschen: der Menschengeist? Aber wie, wenn die Bilder im Himmel nie genügt hätten im Angesichte der von Blut überschwemmten, von Zerstörung, sich fortzeugenden Greueln heimgesuchten Erde?

Gefahren, die sich nicht verschweigen lassen, bedrohten die ganze Welt der Tragiker. Und wenn auch Euripides vielleicht der einsamste unter ihnen war – er liebte den Scherz nicht beim Weine und wählte sich, dem allein hingegeben, was »groß und bedeutend war«, eine Höhle bei Salamis als Heimat seiner Kunst –, so wagte er doch gewiß nur den Ausdruck dessen, was unausweichlich war. Er stand, wie es nicht anders sein konnte, in einer sehr tiefen Beziehung zur Geschichte; suchte er doch, mit den »Troerinnen«, sogar Geschichte zu wenden, indem er, unter der Gewalt düsterer Ahnungen, den nach Sizilien Ausfahrenden das Bild großen Unheils vor Augen stellte. In geschichtlicher Stunde aufgerufen, als der Rückblick schon möglich war, die ehrwürdige Vergangenheit, die Götter, die vor Zeus geherrscht, eben noch sichtbar blieben im Dämmer, entfaltete sich die Tragödie in der Zeit, einer engen Spanne zwischen Ruhm und Untergang, Salamis und Syrakus. Das Siegeslied wurde über Nacht zur Prophetie des Endes. Euripides konnte den Zweifel an der Würdigkeit griechischer Helden, der Überlieferung nicht unterdrücken; er wagte es, die Troer hoch über die Sieger zu erheben, Helena ihres Glanzes zu berauben, Menelaos seines Heldentums. Und vielleicht gehört auch das Leiden des Dichters, der Unwürde und Unedles kommen sieht über sein Volk und das Ende ahnt, zu den großen Schmerzen, die in der Tragödie austönen; die Klage um Zeitlichkeit und Verfall, das Hinschwinden des Hohen und Reinen – dessen, was »groß und bedeutend« war und den Dichter allein erfüllt –, diese Klage hat die herrlichsten Verse geformt und das Gedicht mit der Schönheit unheilbarer, dennoch sich fassender Wehmut beschenkt. Die Tiefe des Klangs kommt vom Schicksal, und es ist keine Melodie zu vergleichen dem Gesang der »wandelnden Wasser«, die, wie Hölderlin sagt, »täglich herabklagen ins Schlachttal«. Helden sind nicht, was sie schienen, falsches Trachten befleckt den Staat, den Namen; die Götter verblassen; das Licht wird fahl. Die Toten sind glücklich zu preisen. Unabwendbares düstert herauf. So wird die Tragödie zum Gesang von dem Einmaligen, niemals Wiederkehrenden, der flüchtigen Stunde herrlichster Geistesmacht, der ins Grab verschlossenen Schönheit der Antigone.

In dieser Welt, deren tiefste Not es vielleicht ist, daß sie beschattet ist von den »Sünden des Zeus«, den Gebrechen ihrer Vorstellung von der Gottheit, ist dennoch eine Bewährung möglich. Es leben Menschen in ihr, die »lernen durch Leiden« und sich über das Leid erheben, indem sie es tragen. Erhabneres haben die großen Dichter nicht dargestellt, als den gewaltigen Willen, der sich beugt und bescheidet mit der Einsicht des Pylades:

Oft kommt es vor, daß unerhörte Not
Plötzlich sich löst in unerhörtes Heil.

Die Lösung aber geschieht zunächst durch den Menschen allein, seinen unbeirrbaren Entschluß, zu dulden, was ihm bestimmt ist. Möglich ist diese Lösung freilich nur auf dem Grunde der Überzeugung, daß im letzten unerforschlichen Sinne doch Recht geschieht, das Recht sich wieder herstellt; es ist eine Himmelsmacht über allen Mächten, jeglicher Willkür, die zum Rechte hin wirkt. Stände dieser Glaube nicht fest, so könnte die Tragödie nicht gedichtet werden, könnte der Kreis der Aussöhnung sich nicht schließen, das Kunstwerk sich nicht vollenden. Auch die Götter unterliegen dem Recht, einem Mysterium des Rechts, das wir nicht durchschauen.

Stark sind die Götter, und noch mächtiger
Ist das Gesetz, auf dem Götterglaube
Ruht und des Rechts und Unrechts Unterschied.

EURIPIDES [HEKABE]

Nicht allein kein Mensch, auch kein Gott ist ohne Sünde, wie Theseus im »Herakles« des Euripides erwidert auf des Herakles verzweifelt-höhnische Frage:

Das ist ein Gott, zu dem man beten könnte?

Die beiden Helden sind sich einig über die Sünden des Zeus. Von Heras Haß verfolgt, hat der Sohn der Alkmene Weib und Söhne getötet; er hat damit seine Waffen entweiht, mit denen ihm das »Herrlichste gelang«. Wie soll er sie wieder tragen? Und was ist Herakles ohne Waffen? Er steht wider sich selbst in einem vernichtenden Widerspruch. Der Haß der Göttin hat ihn zu seinem eigenen tödlichen Feinde gemacht. Dennoch hat er kein Recht, sich im Grame zu vergraben, das Leben von sich zu werfen. Theseus rüttelt ihn auf und zieht ihm das Gewand, mit dem er sich verhüllte, vom Haupte:

Steh auf, enthülle dein unselig Haupt,
Blick mir in's Auge: das ist Menschenadel,
Der seine Schickung ohne Murren trägt.

Herakles aber sehnt sich in den Hades hinab, den er einst als Sieger durchschritt; nun möchte er in die Tiefe, um nimmer wieder zu kehren. Theseus verwehrt es ihm:

An Selbstmord denkt nur ein gemeiner Sinn.

Es ist unedel, dem Leid zu erliegen. Des Herakles Ruhm sei, »der große Dulder« zu werden. Was im Bezirk der Menschen als Unrecht der Götter erscheint und ein Leid ohnegleichen über ihn bringt: das gewährt ihm auch einen Adel ohnegleichen. Des Herakles größte Tat ist der gewaltige Entschluß:

Ich trag's zu leben.

Und so möchte er auch ein höheres Bild der Gottheit erringen; es ist ergreifend, wie das Leid sich immer wieder an die Gottheit wendet und nach einer reinen Vorstellung von den Himmelsmächten sucht. Alle Auflehnung rührt vielleicht her von dem Verlangen nach dem Vollkommenen; das Gefühl, daß der Mensch im Grunde nur tragen kann vor Gott, verläßt die Dichter nicht, aber es bleibt unerwidert. Der Mensch muß sich selber fassen. Herakles, der sich überwindet, zu leiden, zu leben, will es nicht mehr glauben, daß ein Gott »verbotner Liebe fröne«, noch daß ein Gott dem andern gebiete; »frevle Märchen« haben den Göttern ihren Fehl angedichtet: es muß eine Gottheit sein, die von keinem Makel befleckt ist, doch der

Unglückliche weiß sie nicht zu nennen. So schreitet der Held, der schmachvoll sein Haus zertrümmert hat, auf den Freund gestützt, in das entwertete Dasein zurück. Sein Heldentum ist: zu dulden, nicht mehr zu fragen. Und ist auch die Welt entfärbt wie das Totenreich, das des Menschen harrt: diese letzte Größe, des Dulders Menschenadel, bleibt ihr vom Menschen zu erringender, zu leistender Wert.

So siegt auch Ödipus auf Kolonos. Sein Dasein selbst ist ein Makel, ein Widerspruch: der den Vater erschlagen, der Mutter sich vermählt hat und in seinen Söhnen den Fluch fortbrennen sieht, könnte und dürfte eigentlich nicht sein. Aber nicht er hat es so gefügt – wenn er auch jäh im Handeln war; die Schicksalsmacht hat dieses untragbare Leben gewirkt. Besser wäre es wohl, nie geboren worden zu sein. Aber Ödipus trägt dieses Leben; der Greis betet, da er, nachdem er aus Theben vertrieben ward, Kolonos erreicht, zu den Göttinnen dieser Stätte, an der sich sein Geschick erfüllen soll: er ist weise geworden und bekennt auch, daß er »im Zorne einst ausgeschweift«. In Andacht will er die ihm bestimmte Bahn wandeln:

O kämpfen wir nicht mit dem Schicksal.

Unsägliches Leiden hat eine geheimnisvolle Beziehung zwischen ihm und der Gottheit gestiftet: dem über alles Maß Heimgesuchten ist Zeus nahe: Ödipus weiß von seinem Tode; er wird auch denen zum Heil werden, die ihn aufnehmen, zum Fluche denen, die ihn von sich stoßen. Ihn werden jetzt die Götter lieben, die ihn einst gestürzt, wie Ismene sagt. Ödipus ist geweiht wie ein vom Blitz getroffener Baum. Es ist – wenn wir dieses Wort wagen dürfen – etwas Heiliges um ihn. Sein Tod ist ein Mysterium. Der wissend gewordene Blinde läßt sich zu der heiligen Stätte geleiten, wo er sterben soll; wie ihn bisher die Töchter geführt, so führt er sie jetzt. An einem »vielgespaltenen Pfad« sitzt er nieder; er löst die Gewänder und läßt sich von den Töchtern ein Bad bereiten. Dann meldet sich der ihm verheißene Donner. Er nimmt Abschied von den Töchtern.

Plötzlich traf ein fremder Laut
Sein Ohr, ihn rufend, und sofort erzitterten
Sie all, in Grausen sträubte sich ihr Haar empor.
Denn viel und vielfach rief ihn an des Gottes Mund:
»O komm, o komm doch, Ödipus! Was zaudern wir,
Zu gehen? Allzulange wird von dir gesäumt.«
Und als er wahrnahm, daß der Gott ihn fordere,
Berief er Theseus, dieses Landes Herrn, zu sich.
Als dieser hertrat, sprach er: »O geliebtes Haupt,
Gib deiner Rechte treues Pfand den Kindern hier
(Und, Töchter, ihr dem König) und gelobe, sie
Freiwillig nie zu lassen und wohlmeinend stets
Zu tun an ihnen, was du glaubst, daß ihnen frommt.«
Und er, von eitler Klage fern, verhieß dem Gast,
Der edle Herrscher, dies zu tun, mit hohem Eid.
Nachdem er das vollendet, legt der Greis sofort
Den schwachen Arm um beide Jungfraun und beginnt:
»O Kinder, tragen müsset ihr's mit starkem Sinn,
Aus diesem Raum zu scheiden, dürft Verbotnes nicht
Zu schaun verlangen, unserm Wort nicht lauschen hier.
Drum eilt geschwind von hinnen; Theseus bleib' allein
Zurück, der Herrscher, anzusehn, was hier geschieht.«
Nur diese Worte hörten wir aus seinem Mund,
Wir alle; samt den Töchtern dann enteilten wir
Und weinten viel und schluchzten. Auf dem Wege nun,
Nach kurzer Weile wandten wir das Haupt zurück
Und sahn den Alten nirgends mehr an jenem Ort
Und nur den König, vor das Haupt die Hand gestreckt,
Die Augen sich verhüllen, als wär' ihm ein Bild
Des Grauns erschienen, unerträglich seinem Blick.
Nur kurz indessen währt' es noch, so sahen wir

Ihn niederknien und in einem *Spruch zugleich*
Zum Götterhaus Olympos und zur Erde flehn.
Doch welcher Tod den Greis entrückt, kein Sterblicher
Weiß das zu sagen, außer Theseus' Haupt allein.
Denn weder hat ihn Gottes feuertragender
Blitzstrahl hinabgeschmettert noch ein Sturm entrafft,
Der aus dem Meere sich erhob zu dieser Zeit:
Nein, Götterhand entführt' ihn, oder Hades' Tor,
Das sonnenlose, tat sich ihm wohlwollend auf.
Denn ohne Krankheit, ohne Schmerz und Seufzer ward
Der Mann hinweggenommen, hehr und wunderbar
Wie nie ein Mensch!

Hier ist das Leid völlig entschwert, durchlichtet von dem unbeirrbaren Willen, sich dem Unbegreiflichen zu beugen. Das Leiden selbst wird zum heiligen Werte, es wirkt zum Heile aller; aus dem Fluch wird Gnade. Das ganz ertragene Leid zieht die Götter herab und ihre Huld. Vom Grabe des Fluchgeborenen wird Segen ausgehen. Nur Theseus weiß von diesem Grabe, nicht einmal den Töchtern darf er es bezeichnen. Hält er es geheim, so wird er beglückt werden und mit ihm seine Stadt und das Land. Es ist eine wunderbare Verheißung für Athen, daß Ödipus, der verfluchte, dessen Leben schmerzvoll wie kein zweites war, vor den Mauern der Stadt am verborgenen Ort begraben liegt. Er hat die Erde geheiligt; kein Sterblicher darf den Bezirk von Kolonos verletzen. Ödipus ist heilig geworden durch sein Leiden; an der Sätte, wo er vollendet ward, »schweigt der Dämon«.

Und vielleicht ist der Tod des Ödipus das letzte Wort vom Leiden, das den Griechen vergönnt war; nur eine Frömmigkeit, die fromm war wider jede Versuchung, den Einspruch des Geistes, des Herzens, konnte es finden: eine Frömmigkeit, die fromm war wider das Walten der Götter selbst. Es ist ihr geheimnisvoller Trost, daß Leiden, wenn es ohne Einschränkung angenommen wird, erhebt, heiligt, segnet; daß es dem

Menschen gewährt wird, den entsetzlichsten Fluch zu entkräften, und daß der Frevler, der den Menschen ein Greuel sein müßte und nicht leben dürfte – ein Frevler wider Willen, aber nicht ohne Schuld –, ehrwürdig wird durch seinen Entschluß zum Leiden. Wir meinen die Mahnung zu hören: Achtet auf Eure Schritte! Hütet Euch vor der Verletzung göttlichen Bezirks, der Quelle stiller Segensmacht! Rührt an das Grab des Ödipus nicht! Er hat dieser Erde äußersten Schmerz erduldet und sich ihm gefügt; nun ist die Erde geheiligt durch ihn. Über dem unentdeckten Grabe des Ödipus vor Eurer Stadt wohnen Gewalten, himmlische Schrecken. Verehrt unbegreifliches Leiden! Am Grabe des Dulders, der gesühnt, was er nicht gewollt, nicht getan hat, verschenkt sich die Gnade.

Wir vermessen uns nicht, den Gehalt, die Bedeutung der griechischen Tragödie zu umschreiben. Sie ist eines der großen Worte der Menschheit, in denen Wahrheit vom Leben beschlossen ist, unerklärbar nach ihrem wunderbaren Erscheinen und Verschwinden, ob wir auch die Stelle genau bezeichnen können, wo die Tragödie aus dem Gestein der Geschichte bricht. Die Vorstellungen der drei Dichter von der Gottheit, dem Recht, der Schuld, der Würde des Menschen, dem Werte des Daseins, dem Totenreich stufen sich auf das mannigfachste ab, so schmal auch die Zeiträume sind, die sie voneinander trennen, so daß ihre Werke eher sich überschneiden als einander folgen; erhaben-gewaltig ist das Tongefüge des Äschylos, rein und streng das des Sophokles, vieldeutig reich, betörend, dem Menschen und seinem Widerspruch am nächsten das des Euripides. Giganten aber, Helden und Menschen treffen sich auf der Ebene der Klage, in der Aussage eines Leides, das überpersönlich und also griechisches Eigentum war. Nach dem Verhalten zum Leide wollten wir die Personen der Tragödie fragen. Und indem sie antworten wollen, verweisen sie alle auf die Gottheit. Aber diese Antwort ist eine ergreifende

Frage empörter, über die Vergeblichkeit oder Vermessenheit der Empörung sich bescheidender Herzen. Und da diese Frage verhallt und die Götter vor ihr zurückweichen in die Wolken eines Himmels, der dennoch vom Göttlichen ganz durchmächtigt ist, fassen sich die Leidenden, duldend um des Duldens willen, um ihren Menschenadel. Oder aber sie gelangen als Erdulder unbegreiflichen Wehs in ein neues Geheimnis, vor dem Theseus, der einzige Zeuge, den Blick verhüllt.

Eine Seele ist angerufen worden mit der Gewalt der Leiden von der himmlischen Macht: sie sollte diese Macht nennen. Hat sie es vermocht? *Konnte* sie es vollbringen? Die Edelsten, in denen diese Seele lebte, ruhen gleichsam im Vorhof der Heiligkeit, nahe denen, an die das Wort erging, daß der Wille Gottes ihre Heiligung sei, und doch durch Undurchdringliches von ihnen getrennt. Der Schimmer ihrer Heiligkeit ist weniger das Leiden selbst als das Segenstiftende ihres Leidens und Sterbens. Aber es bedurfte eines ungeheuren Ereignisses, daß sie Gott hätten nennen können: dieses Nennen konnte ja nur das Nachsprechen des Namens sein, der sich offenbart. Diese Gnade ward ihnen nicht.

Und doch drängte alles zu ihr hin, bereitete alles auf sie vor. Eine Welt, die in solchem Maße heimgesucht wurde, war des Kreuzes Felsengrund lange, eh das Kreuz aufgerichtet wurde; der Mensch, der in solchem Maße litt, so schwer zu tragen hatte an der Schuld und dem Wissen von ihr und der von den Göttern verlassen wurde im schwersten Augenblick – der war schon erlesen zum Gefährten eines andern: des Gottes, der mit ihm, für ihn trug. Dämonische Mächte trieben ihn, sich selber zu beflecken mit unwürdiger Tat: das war die unüberwindliche Erniedrigung des Ödipus, des Herakles und Ajas; Götter erlegten ihm den Mord auf, wie dem Orest. Einer mußte kommen, der stärker als Dämonen und Götter war und die Ketten des Fluches zerriß; der an der Stätte des Grauens, widrigsten Geschehens das sehnsuchtsvolle Wort verstand: »Oh wär' ich unter Reinen stets!« und zugleich mächtig war, es zu erfüllen: Einer, der sich in Freiheit, nicht unter Schicksalszwang in die Leiden der Menschen begab und durch sein Leben das »vollkommene Gesetz der Freiheit« (Jakobus 1,25) lehrte: das Gesetz, das rückhaltlos verpflichtet und gerade dadurch unbedingt frei macht, weil der Verpflichtende Der ist, der alle Macht hat und den sich für Ihn Entscheidenden in die Fülle seines Lebens nimmt. Es ist der Eine, der keine Geschichte hat, aber in sie eintrat, um sie zu wenden.

Das Leid ist unabweislich und zwingt zu Gott. Aber der Mensch erfindet den Namen Gottes nicht; Gott muß ihn nennen. Der Mensch erfindet auch das Zeichen nicht, das alles Leid trägt; Gott muß es selber errichten, das einzige Zeichen, das stark genug ist für die Leidensfracht der Welt, weil es Gottes Leiden und Sterben getragen hat. Keines steht fester in der Wirklichkeit; es ist die Antwort auf die unausweichliche Not des »Staubgeschlechts«.

Wir wollen den Gesang der Tragiker nicht umdeuten. Er erscholl nicht am Hügel des Kreuzes, sondern im Angesicht herrlich-flüchtiger Städte, zum Ruhm der Götterbilder aus Menschenhand. Wir aber, die wir nichts anderes wünschen, als auf dem geweihten Hügel, dicht am Kreuz, zu wohnen, verehren den Gesang der Tragiker und lieben ihn und möchten ihn nicht entbehren. In ihm ist Wahrheit vom Leiden, nicht von Gott; doch über dieser Wahrheit hat sich Gott geoffenbart. Wir können nicht mehr leiden wie die griechischen Helden, denn wir dürfen den Dreieinigen nennen, der von Anfang war und unveränderlich ist; uns ist das Zeichen des Leidens zum Siegeszeichen geworden, das am Ende im Himmel herrschen wird. Wir dulden niemals ohne Verheißung; wir blicken auf und sehen ins Antlitz dessen, der gesagt hat: Wer mich sieht, der sieht den Vater. Wir sind keine Helden des Duldens im Sinne der Alten, sondern Gefangene der Gnade. Denn wir dürfen Gottes geoffenbarten Namen rufen im Schmerz, auch wenn wir diesen Schmerz nicht mehr verstehen, das uns umdüsternde Elend nicht begreifen würden. Wir sollen nicht verstehen; wir sollen tragen. Es ist kein Leiden und keine Schmach, die nicht die Kraft haben, uns Gott zu nähern, ihm zu verwandeln und damit uns wunderbar zu erhöhen. Wenn aber die Alten glaubten, eine Stätte der Gnade hüten zu dürfen im verborgenen Grabe des Ödipus, der seinen stürmischen Willen zur Ergebung in die ungewollte Untat überwand, welche Gnade müßte dann ausgehen von unserem Leiden, unserer sühnenden Geduld, unserem Entschwinden in Gott!

Zitiert nach folgenden Übersetzungen:
Aeschylos, übersetzt von Joh. Gust. Droysen, Berlin 1884.
Sophokles, übersetzt von J. J. Chr. Donner, Leipzig, Bibliogr. Institut, 1913. Euripides nach Johannes Minckwitz, Stuttgart 1865, und Hans von Arnim, Wien 1931.
Ferner: Griechische Tragödien, übersetzt von Ulrich von Wilamowitz-Moellendorff, Berlin 1926.

TOD UND UNSTERBLICHKEIT IN SHAKESPEARES DRAMA

And let my grave-stone be your oracle.
Laßt meinen Grabstein euch Orakel sein!
[Timon von Athen, v, *1, 224.]*

Immer wieder, wenn wir versuchen, uns die Gestalt zu vergegenwärtigen, zu der sich das Werk Shakespeares zusammengeschlossen hat, erscheint uns das Bild einer englischen Kathedrale. Der ungeheuere Umriß dämmert im Nebel; wir würden seiner Größe nichts hinzufügen, vielmehr etwas nehmen, wenn wir ihn in der Schärfe und Bestimmtheit durchzeichnen wollten, die Bauwerken des Südens eigen sind; in

Wahrheit ist die gewaltige Halle streng gegliedert und gemessen; phantastische Gestaltungen umschlingen die Fenster und Portale und drängen sich in die Vorhalle und in das Heiligtum selbst; auch die Gestalten im Innern sind von Schatten umwebt wie die Könige der Chorschranke zu York; aber diese Schatten, ein Geheimnis, das sich nicht mehr aussprechen will, das auch der Dichter nicht erforscht, steigern nur die Wucht der Erscheinungen, der in ihnen ausgeprägten Schicksale. Wir gewinnen nichts, wenn wir versuchen, das Einzelne zu durchdringen; wir müssen die Gestalt vollziehen als ein Ganzes, dessen Lebensmacht und Aussage um Unermeßliches gesteigert wird vom Zusammenwirken der Architektur mit den Gestalten, auf die hin sie gebildet, geordnet ist. Wir wollen den gewaltigen Bildern nicht mit einer Art frevelnder Neugier in die beschatteten Gesichter blicken; wir wollen die Könige nicht entweihen an der Chorschranke zu York – und wie viel weniger noch die Toten, die unter den lastenden Gewölben der Krypta ruhen. Sie alle verdanken ihre Wirklichkeit einer bestimmten Atmosphäre der künstlerischen Architektur, die von Unerforschlichem gebildet ist; das dichterische Wort belebt sie und gestaltet an ihnen, wahrlich nicht nur das Wort, das sie selber sprechen, das Wort vielmehr, dessen letzte Macht es ist, daß Unbestimmtes in ihm schwingt.

Damit hängt es zusammen, daß wir Shakespeares Werk mit Bezug auf letzte Fragen, namentlich religiöser Art, nicht zu einer eindeutigen Antwort bewegen können. Fest sind die Fundamente: der Glaube an eine überweltliche Macht und das Wissen von Mächten der Tiefe, die den Menschen versuchen; das Sittengesetz, die Forderung nach Gerechtigkeit und ihre unausbleibliche, wenn auch im Irdischen nicht ausreichende Herstellung, die Einsicht in die Art, wie Macht verwaltet werden, das Wissen von dem, der herrschen soll, die leidenschaftliche Unterordnung unter die Wahrheit, die alle Lüge richtet; ein zwar erschütterter, aber wieder genesender

Glaube an den Menschen und das Edle in ihm, die Liebe zur Schönheit der Welt, die den Verzicht, doch eine Art verklärenden Verzichts, nicht ausschließt; die Überzeugung von Geschichtlichkeit und Zeitlichkeit, denen alles Geschehen unterliegt – im Angesicht eines heraufdämmernden Gerichtstages. Anderes bleibt offen. Es scheint uns nicht erlaubt, Shakespeares Werk im Sinne eines Bekenntnisses auszudeuten; er hat nicht bekannt wie etwa Dante und Calderon, sondern allein gestaltet, das Erdgewitter vollzogen mit den Mitteln seiner Kunst und mit der Gelassenheit eines Schweigens, von dem wir ahnen, daß es von Ehrfurcht eingegeben ist. Was auch die biographische Forschung noch ergründen mag: das Werk schweigt vor einer bestimmten Frage, in einem bestimmten Augenblick – so wie die Orgel verstummt, wenn am Altar das Heilige geschieht. Das Globe Theatre war dem Dichter zum mindesten nicht der Ort, auf verpflichtende Weise den Namen auszusprechen, den er über sein Testament geschrieben hat. Die Frage nach der religiösen Substanz und Dichte des Werkes kann somit nicht klar beantwortet werden. Nirgendwo steht das Kreuz in der Mitte wie im spanischen Drama oder in der französischen Märtyrertragödie, und doch sind die früheren Werke Shakespeares, vor allem die Königsdramen, gesättigt von geschichtlich-religiösem, christlichem Gehalt; der König ist durchaus sakrale Person, gebunden an das Sakrament, von ihm erhöht, geheiligt, auf Christus hin gewendet; die Auflehnung gegen ihn, die Verletzung seiner Person ist immer auch Schuld an Heiligem. Freilich sind der Heilige selbst, der Priester als solcher – nicht als politisch-geschichtliche Gestalt – nicht Person dieser Bühne. Es ist auffallend genug, angesichts der Wirkung, die Priester und Heilige im alten England ausgeübt haben. Dennoch haben wir das Gefühl einer Übereinstimmung des Dichters mit der alten Glaubenszeit und ihren Werten: nicht allein über das geschichtliche Verständnis hat er sie erreicht; sie ist ihm tief innerlich nah. Er ist nicht etwa wie Schiller verfahren im fünften Akt der »Maria Stuart« oder an den Stellen der »Jungfrau von Orleans«, wo das Sakrale hätte gestaltet werden müssen; von dem Gegensatze zwischen der philosophisch-pathetischen Sprache des Dichters und dem großen, im Grunde nicht erreichbaren Gegenstand, der für diese modernen Werke bezeichnend ist, kann in Bezug auf Shakespeares Dichtung nicht gesprochen werden. Aber die unheimlichen Einbrüche im spätern Werk, im »Hamlet« und »Timon«, in »Antonius und Cleopatra« und im »Sturm«, lassen sich nicht abtun; gerade sie rühren ja nicht von der künstlerischen Aufgabe her; sie sind ausgelöst von persönlichen Erfahrungen; hier wirken sich Katastrophen des Lebens und Denkens, aber auch der Zeit in das Bild des Geschichtlichen aus, unbekümmert um die Objektivität des Zeitbildes, die in einem tiefen, vergeistigten Sinne in den Königsdramen gewahrt ist. Alles scheint nun in der Schwebe zu sein; und reicher an Geheimnissen ist vielleicht nichts als die schmerzliche Leichtigkeit des Abschieds, die Entschwerung des Irdischen am Ende in den letzten Romanzen bis zu Prosperos Worten von dem »Stoff aus Träumen«, welche Entschwerung und Entwirklichung – ganz anders als die im »La vida es sueño« vollzogene – den christlichen Ernst der Verantwortung für alles Irdische, den rechten Ort, die Aufgabe nicht mehr zuläßt.

In dieser Ungewißheit, immer wieder betroffen vom Verschwimmen der Konturen, den Klüften und Abstürzen dieser Gestaltenwelt, treffen wir auf das besondere Verhältnis Shakespearescher Helden zum Tod, auf ein Problem, dessen Beharrlichkeit für ihn vielleicht bezeichnend ist und einer grundlegenden Untersuchung bedürfte. Doch sind es nicht die einzelnen Aussprüche und Gedanken, die uns weiterhelfen – weil sie immer im Bann der Gestaltung stehen und darum nicht absolut genommen werden können. Die eigensinnige Wiederkehr eines Problems weist auf die Haltung des Dichters, auf ein Anliegen, das er austragen mußte, auf eine Überzeugung, vor der er sich immer wieder zur Rechenschaft aufgerufen fühlte. Wir dürfen das Verhältnis seiner Personen zum Tode nicht systematisieren; es ist mannigfaltig entsprechend der unerhörten Mannigfaltigkeit, die hier aufgetan ist; diese Wirklichkeit bricht sich in tausend Farben, wenn sie untergehen soll. Der Tragiker steht immer vor dem Tod und muß ihn rufen und feiern als Vollender einer verfallenen, gerade in ihrer Größe unmöglich gewordenen Wirklichkeit. Aber merkwürdig ist es doch, welche Bedeutung im Gesamtwerke Shakespeares der Gedanke an den unzeitigen, unvorhergesehenen, nicht vorbereiteten Tod hat und wieviele seiner Personen ausdrücklich danach trachten, reif zu werden für den Tod und ihre Seele zu verantworten – die Seele, die selbst Macbeth sein »eternal jewel« nennt, nachdem er doch, im Ringen um seine Untat, bereit gewesen wäre, die Ewigkeit aufzugeben, wenn er nicht hätte fürchten müssen, daß die Gerechtigkeit sich schon auf Erden vollziehe. Der »eternal jewel« aber ist eine Last, an der sie alle zu tragen haben und nicht nur für sich allein –; es ist ihre furchtbare Sorge, daß dieses Ewige ihnen abgefordert werden könnte, ehe sie bereit wurden, es hinzugeben. Die Worte des sterbenden alten Gaunt gelten für alle:

O! but they say the tongues of dying men
Enforce attention like deep harmony:
Where words are scarce, they are seldom spent in vain;
For they breathe truth that breathe their words in pain.
He that no more must say is listen'd more
Than they whom youth and ease have taught to glose;
More are men's ends mark'd than their lives before:
The setting sun, and music at the close,
As the last taste of sweets, is sweetest last,
Writ in remembrance more than things long past.

[RICHARD II., II,I]

Oh! sagt man doch, daß Zungen Sterbender
Wie tiefe Harmonie Gehör erzwingen;

Wo Worte selten, haben sie Gewicht:
Denn Wahrheit atmet, wer schwer atmend spricht,
Nicht der, aus welchem Lust und Jugend schwätzt.
Der wird gehört, der bald nun schweigen muß;
Beachtet wird das Leben mehr zuletzt:
Der Sonne Scheiden und Musik am Schluß
Bleibt, wie der letzte Schmack von Süßigkeiten,
Mehr im Gedächtnis als die frühern Zeiten.

Schon die Jugend – des Dichters wie der Helden – hat dazu ein Wort zu sagen. Romeo ist vom ersten Auftreten an ganz eingehüllt in Liebe und Leidenschaft; er liebt Rosaline vor Julia – so ist die alles verzehrende Leidenschaftlichkeit vorausgesetzt; sie gehört zum Helden, wird nicht erklärt, nicht entwickelt, weil eine solche Entwicklung gar nicht möglich ist –; aber es ist bezeichnend, daß sich mit der Liebe ein Todesbewußtsein verbindet, eine Art tragischen Welt- und Untergangsgefühls. Von Anfang an, eh das Verhängnis Gestalt gewinnt, spricht Romeo von seinem »despised life«; untimely death wird sein Los sein; das gehört zu ihm; er weiß es, bevor er Capulets Halle betritt. Die Verschlungenheit von Tod und Liebe ist das Thema der Dichtung: Tod zehrt die Liebe auf, so wie Zeit die Macht aufzehren wird nach den Erfahrungen des Macbeth oder Richards II:

I wasted time, and now doth time waste me.
[RICHARD II., V,5]

Die Zeit verdarb ich, nun verderbt sie mich.

Hier geht es um love-devouring death; auch der Julia ist es bewußt, daß die Liebe verderblich ist: es ist *die* Liebe, die einzige, und sie entkeimt dem einzigen Haß:

My only love sprung from my only hate.
[ROMEO UND JULIA I,5]

So ein'ge Lieb' aus großem Haß entbrannt!

Nun zieht sich das große Motiv durch die ganze Tragödie:

Come, death, and welcome! Juliet wills it so.
[ROMEO UND JULIA III,5]

Willkommen, Tod! hat Julia dich beschlossen.

Todesvorstellungen schatten in das kurze, erste, höchste Glück. Ein jeder erscheint dem andern als gestorben:

Juliet:
Methinks I see thee, now thou art so low,
As one dead in the bottom of a tomb:
Either my eyesight fails, or thou look'st pale.

Romeo:
And trust me, love, in my eye so do you:
Dry sorrow drinks our blood. Adieu! adieu!
[ROMEO UND JULIA III,5]

Julia:
Mir deucht, ich säh' dich, da du unten bist,
Als lägst du tot in eines Grabes Tiefe.
Mein Auge trügt mich oder du bist bleich.
Romeo:
So, Liebe, scheinst du meinen Augen auch.
Der Schmerz trinkt unser Blut. Leb wohl! leb wohl!

Liebe ist eben im Tod, und Tod in der Liebe:

O love! O life! not life, but love in death!
[ROMEO UND JULIA IV,5]

O Lieb'! o Leben! Nein, nur Lieb' im Tode!

Darum wird Liebe ins Grab gezogen, kann nur die Gruft wirklich vereinen:

Or shut me nightly in a charnel-house,
O'er-cover'd quite with dead men's rattling bones,
[ROMEO UND JULIA IV,1]

Birg bei der Nacht mich in ein Totenhaus
Voll rasselnder Gerippe, Moderknochen,

sagt Julia zu Bruder Lorenzo, auch sie die Vorstellungen in sich nährend, die von der Seele her Gestalt, Schickung werden sollen, und Romeo träumt wieder: mylady came and found me dead. Diese Art zu lieben, mit einem Kusse zu sterben: »Thus with a kiss I die« [V,3], ist der beiden innerste Natur, in ihnen vorgebildet als ihres Herzens Herz, ihres Lebens Leben, ihres Daseins Gestalt und Ende, noch ehe sie zu lieben, wirklich zu leben beginnen. Und doch ist dieser Tod untimely, nicht eigentlich in Reife vollzogen – wie später das Sterben der Cleopatra –, sondern durch eine Verkettung, endlich gar ein sinnvoll-unsinniges Mißverständnis ausgelöst. Er ist und bleibt untimely und ist doch Los und Eigentum der Jugend, der von früh an das Leben lästig, despised ist. Er gehört dem Leben an, das seiner nicht mächtig, nicht Meister wird. Rätselhaft-unüberwindliche Todesbeziehung, Zug zum Fall, zum Ende, zur Hochzeit im Grabe ist dieses Lebens innerstes Wesen.

Vielleicht ist hier der Grund, von dem aus Shakespeare das Ringen mit dem Tode begann; von hier mußte er immer wieder zum Tode zurück, von der Todestrunkenheit leidenschaftlicher, ahnender, wissender Jugend. Von diesem gesetzmäßigen und doch unzeitigen verhängnisschweren und doch vollendenden Tode her begreifen wir das heiße Mühen seiner Menschen um das Reifsein im Tode.

In der Schaffensperiode den unglücklich Liebenden von Verona eng benachbart ist Clarence in »Richard III.«, der mit seinen Brüdern auf dem Schlachtfelde zu Tewksbury den seines Königtums bewußten jungen Prinzen Edward auf schmähliche Weise niedergestochen hat; im Tower muß er die ugly sights of death austragen, die seine Träume, sein Gewissen ihm erregen; noch nachdem er lange erwacht ist, glaubt er in der Hölle zu sein: »Could not believe but that I was in hell!« Vergebens beruft er sich vor den Mördern auf »Christ's dear blood shed for our grievous sins«; vergeblich erinnert er den Mörder an dessen eigenes Seelenheil, an die Reue, die über ihn kommen wird, wie sie über ihn selber, Clarence, schon kam; er muß »Friede machen mit Gott«, und wir wissen nicht, ob es ihm ganz gelingt. Auch Gloster im selben Drama [III,7] ist in Not um seine Seele, wie fast alle, die in den Bannkreis des Verbrechens gerissen sind; Buckingham erinnert sich auf dem Wege zum Richtplatz, daß Allerseelentag ist:

This, this All-Souls' day to my fearful soul
Is the determin'd respite of my wrongs.

[RICHARD III., V,1]

Nun, Allerseelentag ist meines Leibs Gerichtstag.
Dies ist der Tag, den wünscht' ich über mich.

und zuvor schon erinnerte sich Hastings zu spät des Priesters, der ihm vor seinem Hause begegnet war (III, 2).

O! now I need the priest that spake to me:
I now repent I told the pursuivant,
As too triumphing, how mine enemies
Today at Pomfret bloodily were butcher'd,
And I myself secure in grace and favour.

[RICHARD III., III,4]

Oh! jetzt brauch' ich den Priester, den ich sprach:
Jetzt reut es mich, daß ich dem Heroldsdiener
Zu triumphierend sagte, meine Feinde
In Pomfret würden blutig heut geschlachtet,
Derweil ich sicher wär' in Gnad und Gunst.

Denn er hat mehr nach der Gnade der Menschen getrachtet als nach der Gnade Gottes. So steigt die Seelennot der Menschen unter der ungerechten Herrschaft, bis endlich Richard III., nachdem er, wie er fühlt, Christi Gnade vergeblich angerufen: »Have mercy, Jesu« [V, 3], verzweifelnd in die Hölle stürzt:

If not to heaven, then hand in hand to hell.
[V, 3]

Wo nicht zum Himmel, Hand in Hand zur Hölle!

Was wäre nicht vom Tod der Könige zu sagen, dem letzten Aufschrei des seherischen Heinrich VI.:

O *God! forgive my sins and pardon me,*
[III. Teil V, 6]

O *Gott, Vergib mir meine Sünden, mir verzeih'!*

dem Zerfall König Johanns, der die Hölle in sich selber fühlt:

Within me is a hell; and there the poison
Is as a fiend confin'd to tyrannize
On unreprievable condemned blood.
[KÖNIG JOHANN V, 7]

In mir ist eine Hölle, und das Gift
Ist eingesperrt da, wie ein böser Feind,
Um rettungslos verdammtes Blut zu quälen.

von der Einsamkeit Richards II. im Gefängnis zu Pomfret Castle, der sich Worte des Heilands ins Gedächtnis ruft und sie gegeneinander setzt und sich unter Todesstreichen doch des Heils bewußt wird: »Mount, mount, my soul! thy seat is up in high«; was von dem schweren Wege Heinrichs IV. nach »Jerusalem«, in das so genannte Zimmer, das ihm das Heilige Land vergegenwärtigt und ihm im letzten Augenblick, nachdem er vielleicht im Herzen, aber nicht durch die Tat gesühnt, das Lob Gottes auf die Lippen bringt [II. Teil, IV, 4]. Das ganze Problem ist gefaßt in »Heinrich V.«, und zwar in dem ausführlichen, sehr merkwürdigen Gespräch des Königs mit seinen Soldaten über die Verantwortung eines jeden für sein Seelenheil [IV, 1], ein Gespräch, das auch deshalb von größter Wichtigkeit ist, weil es den Verantwortungsbereich des Herrschers genau bezeichnet:

Every subject's duty is the king's,
but every subject's soul is his own,

Jedes Untertanen Pflicht gehört dem König,
jedes Untertanen Seele ist sein eigen.

so wie in »Heinrich VIII.« Cranmer die Aufgaben des Geistlichen bestimmt:

Love and meekness, lord,
Become a churchman better than ambition:
Win straying souls with modesty again,
Cast none away.

[KÖNIG HEINRICH VIII., V,3]

Lieb und Nachsicht, Lord,
Ziemt frommen Hirten mehr, als Sucht der Ehre;
Mit Glimpf verirrte Seelen wieder werben,
Und keine von sich stoßen.

Damit deutet sich eine Überzeugung an, die das ganze Werk durchwirkt. Vielleicht sollten wir im »Hamlet« weniger die Charaktertragödie, weniger auch die Gedankendichtung sehn, als die Entscheidung über die Frage nach der Unsterblichkeit und nach der Verpflichtung an das Heil der eigenen Seele und das der andern. Denn von ihr her wird die Handlung wesentlich mitgelenkt. Der Mord an Hamlets Vater wird unendlich viel schwerer im Bewußtsein des Sohnes, im Vorwurf des umgehenden Toten, weil dieser unvorbereitet gestorben ist, »full of bread«:

Cut off even in the blossoms of my sin,
Unhousel'd, disappointed, unanel'd.

[HAMLET I, 5]

In meiner Sünden Blüte hingerafft,
Ohn' Nachtmahl, ungebeichtet, ohne Ölung.

Die Rolle gehörte, wie bekannt, zu denen, die der Dichter selbst gespielt haben soll; mit eigenem Munde brachte er andeutende Kunde von jener Glut, deren Geheimnisse zu schrecklich sind, als daß er sie hätte schildern können:

I could a tale unfold whose lightest word
Would harrow up thy soul, freeze thy young blood.

[HAMLET I, 5]

So höb' ich eine Kunde an, von der
Das kleinste Wort die Seele dir zermalmte,
Dein junges Blut erstarrte.

Damit ist die Frage Sein oder Nichtsein eigentlich schon entschieden; Hamlet achtet sein Leben deshalb »keiner Nadel wert«, weil seine Seele unsterblich ist; die Träume *sind*, ebenso wie die »Engel und Boten Gottes«, die angerufen werden; es *ist* ein Jenseits und seine läuternde Strafe, und die befleckte

Seele leidet furchtbar in der Läuterung: dieses Leiden treibt die Handlung ja weiter. Und wenn auch ein abgründiger Zweifel an Diesseits und Jenseits in dem Grübler aufbricht, wenn er sich genötigt fühlt, der Gefahr einer Täuschung durch den Teufel zu begegnen und den Mörder zu überführen, so bildet doch die metaphysische Gewißheit das tragende Grundgefüge – oder sozusagen den Raum, in dessen Grenzen – nicht außerhalb – der Zweifel gestaltet, beantwortet wird. Welchen Sinn hätte es sonst, daß Hamlet auf der Höhe der Möglichkeiten, die ihm gegeben sind, den König nicht tötet, weil er ihn im Gebete antrifft? Auch die Königin wird ja zur Sorge für ihre Seele aufgerufen vom Sohn:

Thou turn'st mine eyes into my very soul;
And there I see such black and grained spots
As will not leave their tinct.

[HAMLET III, 4]

Du kehrst die Augen recht ins Innre mir:
Da seh' ich Flecke, tief und schwarz gefärbt,
Die nicht von Farbe lassen.

So fällt der Mörder, dessen Gebet nicht empordringen kann, der ohne Gnade ist, unbereit, durch seine eigene List; die Engelscharen aber, die Horatio über dem sterbenden Helden singen hört, geben die letzte unwiderlegliche Antwort auf Hamlets Frage. Die ganze Dichtung scheint uns, im Zusammenhange des Gesamtwerkes, weit mehr die Bewertung nach der objektiven als der subjektiven Aussage zu rechtfertigen. Othello kann Desdemona nicht töten, ohne sie zu fragen:

Have you pray'd to-night, Desdemona?

[V, 2]

Hast du zu Nacht gebetet, Desdemona?

damit stellt er sich selbst im vollen Bewußtsein, eingedenk einer nicht aufzuhebenden Verantwortung, dem Furchtbarsten:

I would not kill thy unprepared spirit,
No; heaven forfend! I would not kill thy soul.

[v, 2]

Nicht möcht' ich deinen Geist in Sünden töten,
Nein, Gott verhüt's! nicht deine Seele töten.

Und in »Maß für Maß« kann sich der Herzog, ein Vorbild des wahren Herrschers, nicht entschließen, einen »ganz Unbereiten« richten zu lassen:

A creature, unprepar'd, unmeet for death;
And, to transport him in the mind he is,
Were damnable.

[iv, 3]

Durchaus verstockt, unfertig für den Tod;
In der Verfassung ihn hinauszuführen,
Wär verdammlich.

Unzeitig und unbereit, unter der Schuld, die sie nicht bewältigen konnte, stirbt Lady Macbeth:

She should have died hereafter;
There would have been a time for such a word.

[v, 5]

Sie hätte später sterben können; – es hätte
Die Zeit sich für ein solches Wort gefunden.

Aber Macbeth selbst ist »ripe for shaking«, wie Malcolm sagt (iv, 3); er fühlt sich selber als yellow leaf, ohne Anrecht auf das Alter, seinen Trost, seine Ehre; der Trug des Irdischen, den er von Anfang fürchtete, ist geschehen und damit ist seine Seele ausgeglüht:

And wish the estate o'the world were now undone.
[v, 5]

Und wünsche, der Stand der Welt wäre nunmehr ungetan.

Damit dämmert die Frage nach dem eternal jewel, dem der Seele vorbehaltenen Los, wieder herauf. Macbeth wird gefällt vom Macduff, dem, der nicht »geboren« wurde, sondern »from his mothers womb was untimely ripp'd«. Das mag dem Macbeth sein »Engel« sagen [v, 7]; es ist von merkwürdigem Tiefsinn, daß der Königsmörder seinen »Engel« hat, wie Mark Anton auch [»Antony and Cleopatra II, 3«]. Aber dieser Engel ist anderer Art als die Engel, die den Dänenprinzen befrieden; zum Engel in diesem dämonischen Sinne wird auch Cäsar; denn auch Satan hat seine »Engel« und kann selber die Lichtgestalt eines Engels annehmen (2 Kor. II, 14). Wesentlich ist in unserm Zusammenhange, daß es einen unzeitig Geborenen wie einen unzeitig Sterbenden gibt: so ward auch Richard III. vorzeitig geboren:

For I have often heard my mother say
I came into the world with my legs forward.
Had I not reason, think ye, to make haste,
And seek their ruin that usurp'd our right?
[HEINRICH VI., III. TEIL, V, 6]

Denn öfters hört' ich meine Mutter sagen,
Daß ich zur Welt, die Beine vorwärts, kam.
Was meint ihr, hatt' ich keinen Grund zur Eil',
Die unser Recht sich angemaßt, zu stürzen?

Geburt und Tod stehen unter dem Gesetz ihrer Stunde; wo diese Ordnung durchbrochen wird, gerät die Welt in Verwirrung; es bedarf aber vielleicht des Unnatürlichen, um das Unnatürliche wieder zu verdrängen. In die Schule des rechten Sterbens wird Gloucester geführt, der in der Auflehnung gegen die himmlischen Mächte sein Leben enden will durch den Sturz von der Klippe bei Dover [»Lear« IV, 6]; sein Sohn Edward täuscht dem Blinden den Selbstmord vor und heilt ihn auf diese Weise für die Reife zum Tod – so wie Hamlet zur letzten Bereitschaft geheilt wurde:

Men must endure
Their going hence, even as their coming hither:
Ripeness is all.

[KING LEAR V, 2]

Dulden muß der Mensch
Sein Scheiden aus der Welt, wie seine Ankunft:
Reif sein ist alles.

Und auch Imogen weiß von der unverletzbaren Heiligkeit des Lebens:

Against self-slaughter
There is a prohibition so divine
That cravens my weak hand.

[CYMBELINE III, 4]

Selbstmord verbeut so göttlich hehre Satzung,
Daß meine schwache Hand erbebt.

Nur Timon läßt seinem Grabstein noch den Fluch eingraben auf sein Leben; sein Tod ist das letzte Wort seines Hasses. Aber die Gewitter verziehn sich wieder: »nicht niedrig zu sterben«, das ist das große Wort des Antonius und der Cleopatra, deren Tod die Szene vom Grabmal zu Verona auf der letzten Höhe der Geschichte, als das Ende einer die Völkergeschicke entscheidenden Leidenschaft, widerspiegelt: so hat Shakespeare das ursprünglich Persönliche in das immer größere Überpersönliche getragen, sein Innerstes in erfahrene Weltgeschichte übersetzt. Mit der Leidenschaft zerfallen alle Werte, und doch fragt sich Cleopatra nach dem rechten Tod, seiner Stunde:

All's but naught;
Patience is sottish, and impatience does
Become a dog that's mad; then is it sin
To rush into the secret house of death,
Ere death dare come to us?
[ANTONIUS UND CLEOPATRA IV, 13]

Nichtsnutzig alles jetzt!
Geduld ist läppisch, Ungeduld ziemt nur
Den tollgewordenen Hunden! Ist's denn Sünde,
Zu stürmen ins geheime Haus des Todes,
Eh' Tod zu uns sich wagt?

Was sie zu dem bewußten Vollzug des Todes, in die Majestät des Endes erhebt, das ist ein »Sehnen nach Unsterblichkeit«:

Give me my robe, put on my crown; I have
Immortal longings in me.
[ANTONIUS UND CLEOPATRA V, 2]

Den Mantel gib, setz' mir die Krone auf,
Ich fühl' ein Sehnen nach Unsterblichkeit.

Sie ist »Feuer und Luft«, die »niedern Elemente« gibt sie dem »niedern Leben«, und der Tod ist »wie der Händedruck des Liebsten«. So ist er Vollendung in dem Sinne, in dem die Königin gelebt, geliebt hat; sterbend erhebt sie sich zur Größe ihres Verlustes. Mehr kann nicht von ihr gesagt werden als:

Your loss is as yourself,
[v, 2]

Euer Verlust ist wie ihr selbst,

denn der »Erde Krone ist geschmolzen« mit Marc Anton, und nun ist es Römer Art, den Tod stolz zu machen auf seine Beute. Vollendung solcher Art kann auch einmal der Tod des Prospero sein, der wie ein Abgeschiedner lebt in der Scheinwelt, und nach Mailand nur ziehen wird, um an sein Grab zu denken [Sturm v, 1]. Mag der Epilog dieses Abschiedsstückes von Shakespeare stammen oder nicht; der Gedanke, daß Verzweiflung am Ende drohte, wenn Gebet nicht Hilfe bringe und zum Himmel dringe, auf daß es die Gnade herabrufe, ist all diesen Bildern des Todes gemäß, die sich nur im größten Zusammenhange Shakespearescher Dichtung aussagen: sie wenden sich an die Gnade, und die Gnade verweigert sich offenbar nicht. Sie zu erwarten, um ihr zu dienen, ist die höchste Weisheit. In ihr ist der Sinn der Geschicke und der Geschichte.

Die Kunst Shakespeares ist bei allen Schwankungen der Lebensstimmung und unter Wandlungen sich vollendender Reife von solcher Beständigkeit und Folgerichtigkeit, daß wir, sofern es uns gelingt, an ein in der Mitte liegendes Problem zu erinnern, entdecken werden, wie Verbindungen vielfältiger Art nach den verschiedensten Seiten durchbrechen, sich ordnend wie die Strahlen eines Sternes, der wieder von andern Sternen bewegt wird und diese mitregiert. Es ist darum nicht nötig, aber auch kaum möglich, alle Abwandlungen der Bereitschaft zum Tode zu ermitteln und zu belegen. Entsprechungen würden sich zeigen bis in die verhangene, großartig verklärte Herbstlandschaft der Sonette, die, wie auf gewissen Bildern Ruisdaels, unter düstern Wolken, fahlem Laubwerk, zwischen absterbenden Stämmen und den morschen Säulen der Vergänglichkeit bestrahlt wird vom hellsten jenseitigen Licht. Uns geht es hier zuerst um die Tatsache des Problems und um den Versuch, es sich gegenwärtig zu halten, wie andere zentrale Probleme beim Studium Shakespeares; dann um eine gewisse Übereinstimmung in der Lösung. Über dem Tode glänzt die Unsterblichkeit; aber der Tod gehorcht nicht der Willkür der Menschen; er senkt sich als Krone herab in Gemäßheit und als Vollendung; einer jeden Stirne kann und soll die geziemende Krone werden; Harmonie ist das letzte; die Tragödie schwingt aus in einen himmlischen Klang – nicht allein in der Wiederherstellung einer gewissen Gerechtigkeit auf Erden. Herzbeschwerend ist noch die Musik, die der arme Richard II. unmittelbar vor seinem Tode im Kerker hört, anders der Einklang, den der Wahrsager am Ende der wunderbaren Romanze vom König Cymbeline verkündet:

The fingers of the powers above do tune
The harmony of this peace.

[V, 5]

Der Himmelsmächte Finger stimmt die Saiten
Zur Harmonie des Friedens.

Denn die Toten walten mit in dem Geschehen auf Erden; sie rufen, vereint mit den Heiligen, zur Rache gegen Richard III., als eine in die Geschichte einbrechende metaphysische Macht – es ist eine der Stellen, wo die transzendente Wirklichkeit *handelt*; und sie flehen himmlischen Segen auf den schlafenden Posthumus herab [Cymbeline V, 4]. Wie viel mehr mögen noch die »Boten Gottes« und die zwischen Himmel und Erde wechselnden Gnadenkräfte bewirken, auf die sich Hermione in stiller Geduld gegen Verleumdung und Tyrannei beruft!

But thus: if powers divine
Behold our human actions, as they do.
[WINTER'S TALE III, 2]

Doch – wenn Himmelsmächte
Sehn unser menschlich Tun (sie schaun herab).

Doch es genügt nicht, den Tod abzuwarten, zu erdulden; es soll auch etwas für das rechte Sterben getan werden, eine bewußte Bereitung, ein Würdigwerden unter der Gnade; der Tod ist in gewisser Weise zu vollbringen. Die Gnade gewährt menschlichem Verdienst das ewige Leben. Mit dieser Einsicht ist unlösbar verbunden die Vorstellung vom Gericht: judgment, doomsday werden immer wieder beschworen; sie sind den Königen ebenso bewußt wie den armen Schurken, die sich den Mächtigen für ihre Anschläge verkaufen um Gold. Im Drama spiegelt sich das Weltende, sei es nun als Gericht und Wiederherstellung aller Dinge oder als Zertrümmerung. Das liegt im Wesen der Form.

Damit erreichen wir aber die Stelle, wo der Glaube – und zwar ein doppelter: an das Walten der Gnade und an ein Vermögen des Menschen – das Erdenleid einschränkt. Die Tragödie ist nicht unbedingt, vielmehr ein Sonderfall, der freilich das Wesen der Welt, des Menschen aufdeckt; heilende Mächte dringen gegen das Verderben, das Unheilbare an und sind stärker als sie. Wir scheuen uns, diesen Glauben zu bezeichnen – hat sich doch Shakespeare davor gescheut; der die Tragödie endlich überwindende Glaube bleibt ein Geheimnis des unergründlichen Menschen, der Unermeßliches in sich verschloß und es am Ende im Anschein tätigen Alltags barg. Aber dieser Glaube steht nicht in ursächlichem Widerspruch zur Wucht und Würde seiner tragischen Kunst; vielleicht sogar hat er sie erst ermöglicht, als die letzte beschirmende Kraft, der umfassende schützende Kreis, in dessen Bereich sich das Geschichtsbild schloß, die Gestaltenwelt verdichtete, mit Leben füllte und ausbildete, die eherne Kunstform gelang; denn sie alle fordern ein Festes, das sie trägt und sind – zum mindesten in der Ausprägung, die Shakespeare ihnen gegeben hat – von einer metaphysischen Gewißheit nicht zu lösen. Der zum Tode gedrängte tragische Held steht im Verhältnis freier Verantwortung vor der Gnade. Er muß unabänderlich einstehen für das »ewige Kleinod«, das Macbeth, da er bereit gewesen wäre, die Ewigkeit für die Erde zu geben, an die Gewalten verlor, Hamlet aber, an der gefährlichsten Grenze zwischen Zweifel und Glaube, wissend was wir sind, aber nicht was wir sein werden [IV, 5], in endlicher Todesbereitschaft gerettet hat.

1953

DAS BILD DER HERRSCHAFT IN SHAKESPEARES DRAMA

Im letzten Gesang der ›Lusiaden‹ des Camões – neben dem Werke Shakespeares und schon in seiner Epoche eine der großen Aussagen eines Volkes von Geschichte und Sendung – führt Tethys ihren Schützling Vasco da Gama auf einen paradiesischen Berg, um ihm zu zeigen, was die Wissenschaft nicht zu bieten vermag. Der Entdecker erblickt, bewegt von Schrecken und Wißbegierde, den Kosmos in Gestalt einer in der Luft schwebenden, durch alle ihre Ordnungen bis in die Mitte von klarstem Lichte durchdrungenen Kugel:

Uniforme, perfeito, em si sustido
Eins, vollkommen, in sich selbst bestehend,

fest begrenzt, vom Grenzenlosen und Anfanglosen umschlossen, das ihn geschaffen hat. Mas o que è Deus ninguem entende. Aber was Gott ist, vermag niemand zu fassen. Auch Shakespeare hat uns ein solches Bild gegeben, unter der Gegenwart eines unbenennbaren Gottes, freilich ziehen Gewitter darüber hin, und Risse, Zerklüftungen, Verschiebungen und Gipfelungen bezeugen, daß es auf fast vernichtende Weise gefährdet war. Es ging dem Briten nicht um die Erde allein, es ging ihm wie dem Portugiesen um den Kosmos, die Kugel, die Gestalt der Vollkommenheit. Auf dem Bild der Erde zeichnen sich Wüsten ab, die nur wenige betreten und durchmessen haben. Mindestens in seinen letzten Schaffensjahren hat Shakespeare die Ganzheit seiner Welterfahrung gerettet, behauptet, indem er sie in einem Calderons und Goethes Aussage vorwegnehmenden oder anbahnenden Sinne vergeistigt hat, ohne die Bildhaftigkeit einzubüßen.

Nun ist es problematisch, einem solchen Ganzen gegenüber, in dem die Gegensätze einander tragen, Fliehkraft und Schwerkraft im Gleichgewicht sind, eine ins Einzelne gehende Frage zu stellen: die nach dem Bild der Herrschaft, seiner Entfaltung, Wandlung, Vollendung. Aber diese Frage führt, im Falle Shakespeares, in die Mitte, zum mindesten was die Geschichtsauffassung angeht; sie führt, wie ich zeigen möchte, über sich selbst hinaus auf die Frage nach Gott, nach dem Bilde Gottes, oder vielmehr: sie bewegt sich in Kreisen um dieses Bild und wird in gewissem Grade beantwortet von dem Lichte, das es ausstrahlt. Wir sind uns ja dessen bewußt, daß Shakespeare unendlich viel mehr gestaltet hat, als ihm nachgesprochen werden kann; – die unausschöpfbare, meist tragisch getönte Fülle der Beziehungen zwischen Mann und Frau wird hier kaum gestreift. Ein Weltganzes läßt sich überhaupt nicht anders ausdrücken als durch Gestalt. Und Shakespeare hat fast nur gesprochen durch Gestaltungen. Fast alle Worte, die wir von ihm anführen, dienen in einem höheren oder geringeren Grade der Formung und Charakteristik, müssen also in einem Medium verstanden werden, nicht absolut. Auch die Weisheit seiner Weisen ist noch nicht die seine. Aber die aufgeworfene Frage in ihrer Vorder- und Hintergründigkeit, die von der Politik bis zur Metaphysik reicht, gehört doch wohl zu den Fragen, die unsere Zeit uns auf die Lippen legt; uns, die wir schwanken zwischen Macht und Unmacht, zwischen der Meinung, in einen Prozeß gerissen zu sein, in dem wir nichts vermögen, und der Ahnung, dem unwiderstehlichen Bewußtsein einer Berufung, derengleichen noch an kein Geschlecht ergangen ist. Wer soll herrschen und wie? Sollten wir nicht den Dichter fragen, der zwischen Ende und Aufgang zweier Epochen, in der Ära, da nicht nur Kontinente und Meere, sondern der Kosmos wieder entdeckt wurde, eine Geschichtserfahrung von fast beispielloser Wucht mit der Ahnung außerirdischer und überweltlicher Ordnungen und Kräfte verband? Und wenn das feudale England, und mit ihm die feudale Welt überhaupt, ihren großen, fortleuchtenden Abschied feierten in seinem Werk, so hat er doch die äußerste Kraft daran gesetzt, den führenden Werten eine Brücke zu bauen in einen neuen Geschichtsraum, ein neues Weltgefühl. Ich meine, vor allem in ›Heinrich VIII.‹ und den Romanzen ist das geschehen. Denn, wie Imogen sagt: The breach of custom is breach of all, Gewohnheit stören, heißt alles stören (›Cymbeline‹ IV, 2).

Was ich sagen will, ist nur Erinnerung, Rückbesinnung, in dieser Zeit und für sie, Versuch einer Wiederbegegnung. Von den Königsdramen und ihrer Vollendung in ›Heinrich V.‹ möchte ich durch die Kluft schwermütiger Problematik zu ›Maß für Maß‹ und dann auf die traumhafte Höhe der Romanzen führen, um kurz die Gipfel zu bezeichnen. Ich gehe, ohne eine philologische Kritik mir anzumaßen, unbefangen von der Dramatik aus, die unter dem Namen William Shakespeare vereinigt ist – wie ich überhaupt nur die Betrachtungen eines Liebhabers biete. Wie anfechtbar die Autorschaft im einzelnen sein mag: diese Sammlung ist ein Ganzes geworden, gerade als Wort von der Geschichte. Und diese ist ja als Thema gegeben mit der Frage nach der Herrschaft. Denn die Herrschaft des Menschen und die Herrschaft Gottes, ihr Widerspiel und Zusammenspiel in rastloser Umformung ist Wesen der Geschichte. Herrschaft des Menschen hat nun zwei Bedeutungen: einmal Besitz an Macht, und das ist Freiheit und deren Ausübung; dann Verwaltung der Macht und deren Einsatz mit dem Ziele einer bestimmten Ordnung, im Dienste einer Tradition und Berufung, im weitesten Sinne: als sittliche Aufgabe.

Ich bitte Sie, in dieser Unterscheidung kein Programm zu sehen. Sie will nur helfen zu verstehen. Shakespeare hat zur Gestalt erhoben, was ist: als Welt im Dichter. Aber er hat auch – sehr deutlich – gesagt, was sein soll. Er hat jenes Seiende in seiner Furchtbarkeit nur ausgehalten im Bewußtsein eines Soll. Das zeigt sich unabweislich an solchen Stellen, die nicht vom dramatisch-szenischen Organismus, sondern von der geistig-sittlichen Ordnung eingegeben sind, wie etwa die Schilderung Edwards des Bekenners im ›Macbeth‹ – auf die ich zurückkommen möchte – oder die Prophetie der Ära Elisabeths, mit der Heinrich VIII. in Anlehnung an die Schrift seine unbewältigte Historie beschließt:

In ihren Tagen ißt in Frieden jeder
Unter dem eignen Weinstock, was er pflanzte.

Oder die nächtliche Unterhaltung Heinrichs V. mit seinen Soldaten, und so viele Stellen, wo durch das Medium der Person und Szene der Dichter mit unverkennbarem Anteil von Sachen des Staates, dem Vollzug des Rechtes und lebendiger Gliederung spricht. Freilich müssen diese behutsam ausgelegt werden. Der stärkste Wahrheitsgehalt des Dramas aber liegt im Plan, der Führung der Handlung. Dieser erhebt es zum Weltsymbol. Die Könige, Usurpatoren, Aufrührer, die die Macht wollen um ihrer selbst willen und als Besitz, scheitern an diesem Soll, an der lebendigen Gegenwart derer, die ordnen wollen durch Macht, so Macbeth, Richard III., Claudius von Dänemark; Heinrich IV. wird den schweren Weg geführt vom Thronräuber zum König, sein Sohn, Heinrich V., der ohne Schuld und Sühne des Vaters nicht verstanden werden kann, ist der König schlechthin, in dem, nach Grillparzers Wort, der Mensch zuletzt das Beste ist. – Das Beste wohl, hätte Shakespeare erwidert, aber unabdingbar wie der Mensch sind Salböl, Szepter und Krone, das mit Perlen und Gold durchwirkte Gewand. Die Welt ist für ihn nicht in Ordnung, wenn Würde nicht sichtbar ist, Berufung sich nicht darstellt.

Shakespeares Ringen mit dem für ihn kardinalen Problem der Geschichte: der Ausübung der Macht und der Ethik dieses Tuns ereignet sich auf den zwei Ebenen zweier Traditionen: der englischen und der römischen. Andere hat er gestreift oder flüchtig gewählt, wenn der Stoff es gebot, nach Laune, unbekümmert, ohne das Wesen darstellen zu wollen. Nur noch zu Griechenland fand er eine tiefere Beziehung. Aber doch nicht eigentlich zur geschichtlichen griechischen Existenz. Daß er nur diese beiden Überlieferungen aufgriff, aber diese ganz, kennzeichnet wie kaum ein weiteres Faktum seinen Rang als Dichter der Geschichte.

Man könnte nur im Hamlet ein Gefühl für die eigentümliche Tragik der dänischen Geschichte finden, einer Macht, die Jahrhunderte lang vergeblich um ihre Entfaltung kämpfte: Shakespeare war ja Zeitgenosse Christians IV., des Bewohners des Hamletschlosses Kronborg, und großer Bauherr seines Landes; eines Herrschers, der im übrigen eher durch Unglück als durch Glück groß wurde und um dessentwillen noch immer geliebt wird.

Aber Rom und England und das Drama zwischen beiden von der Stunde, da Cäsar ans Ufer der Insel stieg, über die Kämpfe Johanns und all der anderen Könige mit den Päpsten bis zur Lossage Heinrichs VIII., den Märtyrern auf beiden Seiten und den späten Jahren, da die letzten Stuarts, landlos wie Johann, unter den eigensinnig bewahrten Titeln in der Krypta von Sankt Peter beigesetzt wurden! Es ist ein Drama, das Shakespeares Werk noch überflutet. England rühmte sich der todbereiten Entschlossenheit, mit der Männer und Frauen dem Eroberer und seinen Nachfolgern widerstanden. Aber es rühmte sich auch Cäsars, der die Insel in die große Geschichte gezwungen hat. Nie ist die Erinnerung an die römische Zeit, an den Cäsarenhof in York in England erloschen. Schon die westsächsischen Könige fühlten sich – ganz ähnlich wie die deutschen Kaiser – als Nachfolger der Imperatoren. Alfred der Große belebte dieses Bewußtsein. Das im vorigen Jahrhundert errichtete, vor unseren Augen gesunkene indische Kaisertum stand im Zuge dieser Tradition und hat sich ausdrücklich auf sie berufen. Keine ist der englischen näher als die römische. Sie ist dem angelsächsischen Staatsgefühl keineswegs so entgegen wie es scheinen könnte. Die Dynamik zwischen Freiheit und Bindung ist ihnen gemeinsam. Wohl mit Recht hat Hans Delbrück die sich durch Jahrhunderte bewährende Kraft der römischen Verfassung darin gesehen, daß die Wirkungsbereiche der Instanzen nicht starr voneinander abgegrenzt waren, sondern im lebendigen Spiel der Gegensätze, im Bewußtsein des Ganzen ineinandergriffen, hemmend und zugleich fördernd. Ungeschriebene Rechte wirkten aufeinander und glichen sich aus. Der auf der Insel vollzogenen Synthese der nordischen und römischen Sprachen entspricht eine solche des Geschichts- und Staatsbewußtseins. Römische Formen durchwuchsen mit sich steigernder Kraft, gerade seit der Epoche Heinrichs VIII., der mit Rom brach, das Inselreich, sichtbar in der Architektur, von weit größerer Bedeutung aber als geschichtsbestimmende Mächte und als Pfeiler der sich aufbauenden Weltherrschaft. Die römische Idee der Weltordnung, die vom Reich in das Christliche getragen, aber nicht vollendet worden ist, wurde, während das Reich an seiner Herzwunde, der Glaubensspaltung, verblutete, von den Königen, Staatsmännern und Seefahrern des Inselreichs ahnungsvoll aufgegriffen. Shakespeare hat das Lebendig-Verwandte der römischen und der angelsächsischen

Staatsanschauung wohl gesehen. Ich möchte nur die berühmte, dem Livius nachgebildete Rede des Menenius Agrippa im ersten Akt des ›Coriolan‹ dem Staatsgleichnis gegenüberstellen, das der Erzbischof von Canterbury im ersten Akt von ›Heinrich v.‹ entwirft. In der römischen Erzählung ist der Senat der ›gute Magen‹, der geistliche englische Staatsmann erblickt in der Hierarchie des Bienenstaates das Vorbild. Einander entgegengesetzte Aufgaben und Fähigkeiten der Glieder dienen demselben Ziel. Der Chorus des fünften Aktes von ›Heinrich v.‹ sagt vom Mayor von London und den Ratsherren, die in festlichen Kleidern dem siegreich heimkehrenden König entgegeneilen:

Like to the senators of the antique Rome,
With the plebeians swarming at their heels,
Go forth and fetch their conquering Caesar in.

Der Schulz, samt seinen Brüdern, all im Staat
So wie im alten Rom die Senatoren,
An ihren Fersen der Plebejer Schwarm,
Gehn, ihren Sieger Cäsar einzuholen.

Rom ist also übertroffen: das ist national-christlicher Stolz im Sinne der Zeit. Ich wage es, die Römerdramen zur Prophetie Shakespeares zu rechnen, während die Königsdramen als Geschichtsmächte überwundene Gegensätze in ihrem tragischen Streit verklären und endlich aussöhnen wollen. Sie sind an dem Abend entstanden, da das Gewitter sich ausgetobt hat. York, Northumberland, Wales, bald auch Schottland, Warwick, Westmoreland, Buckingham, die Bischöfe von York, Ely, Canterbury sind keine Mächte mehr. Ein paar Donner folgen noch nach, von Schottland her. Aber morgen ist ein anderer Tag: vom Kapitol schweift der Blick in grenzenlose Weiten, über die Küste Asiens, Ägyptens hinaus. ›Coriolan‹, nicht in der Chronologie der Werke, sondern in der geistigen Ordnung gesehen, ist als Tragödie übermäßigen Stolzes, vielleicht auch des nun abklingenden aristokratischen Zeitalters, als Darstellung des Konfliktes zwischen der übermächtigen Persönlichkeit und dem Staat der Prolog. Die Gestalt Cäsars kündigt sich schon früh im Werke Shakespeares an und erscheint wieder und wieder, nachdem die Tragödie gestaltet ist, bis in die letzte Epoche. Der ungewöhnliche Bau des Dramas von Cäsars Tod hat etwas Symbolisches: es steigt steil auf wie ein Fjord und sinkt landeinwärts, geschichtseinwärts, über Geröll und karges Feld fernhin ab, fast ins Unabsehbare. In ›Antonius und Kleopatra‹ liegt das Weltreich offen: es ist das große Spiel zwischen Rom und dem Orient, das später Calderon, Racine und Corneille mit Vorliebe entfalteten. Calderon sah das Weltreich und sah es wieder schwinden, die französischen Tragiker waren, verkleidet in ihre Ära, von der Gegenwart der Verheißung der Antike bewegt. Shakespeare ist Zeitgenosse der englischen Weltumsegler und Piraten, Francis Drakes, der vom Isthmus auf den Pazifik blickte und später die Welt umsegelte, 1577-80, Martin Frobishers, der in den Hudson drang und von der Küste Labradors Steine statt Gold heimbrachte, und Humphrey Gilberts, der in St. John auf Neufundland einen Pfeiler mit Englands Wappen in die Erde rammte. Shakespeare betrat für sein Volk und mit ihm die noch verborgen gewesene imperiale Dimension. Doch geht es hier nicht, wie in Spanien, um eine religiöse Mission. Es geht um Weltordnung, die auf der inneren Ordnung des Menschen, auf der sich beherrschenden Herrscherpersönlichkeit beruht. An diesem Soll scheitern Antonius und Kleopatra, aber im größten Raum. Für sie ist das Weltreich Schauplatz ihrer sich zerfleischenden Leidenschaften. Die Leidenschaft ist für Shakespeare, wie Claudio in ›Maß für Maß‹ (I, 2, 139) sagt:

A thirsty evil, and when we drink we die.
Die durst'ge Sünd', und tödlich wird der Trunk.

Denn wir verschlingen sie wie die Ratten Gift. Aber der Traum der Ägypterfürstin vom Weltkaiser Antony erlischt nicht:

Sein Fuß schritt übers Meer, sein drohnder Arm
Stand auf dem Wappen dieser Welt als Helmschmuck,
Sein Wort war Harmonie wie Sphärenklang,
Doch Freunden nur,
Denn galts, den Weltkreis stürmisch zu erschüttern,
War er wie rasselnder Donner. Seine Güte –
Kein Winter jemals, immer blieb sie Herbst,
Die mehr noch wuchs im Ernten.
Er überherrscht die Welt, vereinend, beglückend.
In seiner Güte herrscht kein Winter.

Und wieder Abschied nehmend von der Leiche Kleopatras, die träumend den Vollender der Weltherrschaft, den ewigen Kaiser sah, eilt Cäsar in der Gestalt Octavians nach Rom, in die Geschichte. Über seinen Tod hinaus wird er mächtig sein, eine Gottheit, ein dämonischer Engel der Macht – Engel wird er ausdrücklich genannt –, des Nordens Stern, den er anrief, als er durchbohrt wurde.

Aber Shakespeare mußte die englische Antwort finden, auf der Erde englischer Geschichte. So befragte er die Könige Englands. Es ist von eigentümlicher Bedeutung und erhebt gleichsam das Problem der Herrschaft ins Relief, daß der erste von ihm beschworene König, Heinrich VI., aus dem Haus Lancaster, unfähig ist, zu herrschen. Im Alter von neun Monaten wurde er in Paris gekrönt. Die großen Geschlechter sind ineinander verbissen in tödlichem Haß, Väter und Söhne erschlagen einander im Bürgerkrieg, die von Heinrich V. ersiegten Länder in Frankreich gehen verloren. Heinrich VI. verzichtet auf das Nachfolgerecht seines Sohnes. Auf dem Felde zwischen Towton und Saxton setzt er sich nieder, auf einen Maulwurfshügel (III. Teil, II, 5, 14), ein einfach-einfältiger frommer Mann, gelassen den Kampf der Wolken mit dem Morgenlicht betrachtend. Der soll siegen, den Gott dazu erwählt hat. Er aber möchte ein Hirt sein – ›a homely swain‹ –, sein Leben lang auf einem Hügel sitzen wie jetzt und sorgsam rechnend seine Zeit einteilen in die Stunden der Arbeit, der Ruhe, der Freude. Er möchte dem Hirten noch seinen kalten dünnen Trunk aus der Lederflasche neiden – und darüber gehen die Schlacht verloren und die Krone, nicht aber das innere Königtum. Denn da er verkleidet, ein Gebetbuch tragend, im Walde irrt und vom Schicksal der Seinen redet, schöpft der Waldhüter Verdacht: dieser Mann spricht, als ob er ein König wäre. Wenn er es aber ist, warum trägt er keine Krone? Und nun wird der arme Unterlegene groß:

Im Herzen trag' ich sie, nicht auf dem Haupt,
Nicht mit Demanten prangend und Gestein,
. . . sie heißt Zufriedenheit
Und selten freun sich Könige dieser Krone.
[›HEINRICH VI.‹, III. TEIL, III, I, 22–64].

Sein Königtum ist sein Friede. Und es ist auch die Wahrheit. Denn indem er im Tower dem Herzog von Gloucester, später Richard III., die Wahrheit sagt von dem, was er ist: Gloucester wurde unter dem Schreien der Eulen und Gebell der Hunde mit Zähnen geboren, um die Welt zu beißen, spricht er das letzte Wort, dessen es noch bedarf, um Richard zum Mord zu reizen. Die Gestalt ist der mittelalterlichen Legende noch nahe, Heinrich den Sechsten umweht ein Hauch von Heiligkeit. Er ist kein Herrscher, aber die geheimnisvolle Wendung ins Transzendentale, die sich in seinem Wesen und Geschick darstellt, ist in Shakespeares Gestaltenwelt allem Königtum eigen, ja, der Herrschaft überhaupt, bald in geringerem, bald in stärkerem Sinne. Herrschertum, Herrschaft weisen auf ein verhülltes Oben oder ein unergründliches Unten. Sie erheben sich im Kraftfeld einer höheren, fremden

Macht. Über ihnen steht das Wort: Du hättest nicht, wenn Dir nicht gegeben worden wäre. Aber: von wem?
Hier, mit dem Sturze Heinrichs VI., vollzieht sich das wohl furchtbarste Ereignis in Shakespeares Gestaltenreich: die Konzeption, die Geburt Richards III., sein Einbruch in die Geschichte. Seine Geburt schon umdunkelt eine Art Mythus, der von Heinrich dem Sechsten erzählt, später, im folgenden Drama von Richards eigener Mutter bestätigt wird; da sie ihn noch im Leibe trug, war er ihr qualvolle Last. Er ist geboren, um Leid zu bringen. Von der psychologischen Begründung her, dem Leiden an seiner Mißgestalt und der Vereinsamung, die sie bewirkt, steigert ihn Shakespeare in das Metaphysisch-Ungeheuerliche: um ihn ist Hölle, er breitet sie auf der Erde aus. Er ist, in der letzten Schlacht, bereit, hinabzufahren in die Hölle, deren Gesandter er ist. Gloucester ist in Shakespeares Werk die entscheidende Herausforderung, die immer wieder beschwichtigt werden muß und sich immer wieder meldet, ähnlich wie im Werke Schillers Franz Moor, der ja deutlich Shakespearesche Züge trägt. Wie muß die Macht beschaffen sein, die ihn zurückwerfen kann, die die Erde bewacht und verteidigt? Der Bastard in ›King John‹ nennt den Teufel ›den Alltags-Meineid, der um alle wirbt‹,

That daily break-vow, he that wins of all. [II, I, 569]

Ist das Böse metaphysischen Ursprungs, so kann es nicht aufgehoben werden; die abgeschlagenen Häupter wachsen wieder an; des Wächterdienstes, des notwendigen Streites an den Toren der Geschichte wird kein Ende sein – sowenig, wie die Sehnsucht nach Frieden, die Hoffnung auf ihn ihr Recht verliert. Dieses Paradox gehört zur geschichtlichen Existenz, die Shakespeare gestaltet hat. Es ist unsere Existenz. Wir haben keinen anderen Frieden als den Frieden im Krieg, den Frieden unserer Hoffnung, innerer Sicherheit, und diesen sollen wir in die Welt tragen, die ihn nicht haben kann.
Shakespeare hat den Überwinder Richards, Richmond, den

Versöhner der Häuser York und Lancaster, in helles Licht gestellt, als den Starken, der Gottes Feind bekämpft und Gottes Recht aufrichtet auf Erden. Er hat dem ersten Tudor das Kalte, Rechnerische genommen, das diesem bedeutenden Regenten die Popularität verwehrte, und versucht, ihn zu einem Volkskönig zu machen. Aber nicht allein durch Richmonds Schwert wird Richard überwunden. Denn sein Wort:

Conscience is but a word that cowards use [v, 3, 309]

ist in ihm selbst nicht wahr: dieser ›Feigling Gewissen‹ hat ihn geschlagen in der Nacht, in der er den Schlachtplan entwarf. Eine Ordnung besteht, deren wir uns nicht erwehren können. Und es ist Sache des echten Königs, sie zu verstehen, zu vollziehen, sinnbildlich zu vertreten. Er ist eins mit diesem unerschütterlichen Sein; Richard aber ist zerbrochen und befiehlt sich gleichzeitig dem Himmel und der Hölle und fair St. George.

Wie Gloucester ist König Johann krank am Gewissen. Er tötet den Prinzen Artur nicht, befiehlt nicht eigentlich den Mord, er denkt ihn nur, deutet ihn an. »Tod« spricht er vor sich hin. Und sofort der Diener: »Mein Herr«. Und wieder Johann: »Ein Grab«. Und Hubert: »Er soll nicht leben.« Für Shakespeare sind Gedanken und Wünsche, Leben und Geschichte bestimmende Wirklichkeiten wie Flüche und Gebete auf dem Schlachtfeld von Bosworth, wie das Flehen der Verstorbenen, der Eltern und der Brüder, die dem Posthumus im Gefängnis erscheinen, und Heinrichs v. Gebet und Gelöbnis vor der Schlacht von Azincourt. Diese unsichtbaren Kräfte haben ihren Ort in der Weltordnung. Wer dieser entsprechen will, muß sie kennen. Macbeth wird durch das Unrecht, das er denkt, aber nicht vollziehen will, in den Kreis der Hexen gezogen, durch das, was er unter dem Schein der Treue verbirgt. ›Kein falsches Spiel, doch unrechten Gewinn‹ (1,4) wünscht er sich, wie die Lady von ihm sagt. Metaphysical aid hat ihn bereits gekrönt, eh Duncans Blut fließt. Denn wie

Gott kennt die böse Macht die Gedanken des Menschen. Das gewaffnete Haupt, das in der Hexenküche zu Anfang des vierten Aktes erscheint, weiß, was er fragen will, eh er spricht – die Reihe der Erscheinungen über dem Kessel, das Haupt, das blutige Kind, das gekrönte mit dem Zweig in der Hand, die sieben Könige, der letzte mit einem Spiegel, bedeuten wohl die unheimlichste Vision der Geschichte, die uns Shakespeare gegeben hat: Be bloody. Was steht im Spiegel des achten Königs? Welch ein Bild der Macht? Horrible sight! (›Macbeth‹ IV, 1). Wie Richard III., wie König Johann, dessen Gewissenskrankheit den Leib zerstört – in ihm ist Hölle, sie brennt seine Eingeweide zu Staub, er schrumpft zusammen wie die Zeichnung auf einem ins Feuer geworfenen Pergament (V, 6), und noch das Salz seiner Tränen ist heiß –, stirbt Lady Macbeth, unvergleichlich stärker als beide, an dem ungewollten und unverneinbaren, dem Menschen eingeschriebenen Gesetz, an dem auf dem Wege zur Macht niedergetretenen Gewissen. Jede von außen kommende Vergeltung oder Katastrophe geht in Shakespeares Dramen einer längst aufgebrochenen inneren entgegen. An Macbeth – das ist das Erschütternde – zehrt die Zeit. Er ist sick at heart (V, 3) vom Bewußtsein der Vergänglichkeit:

> *To-morrow, and to-morrow, and to-morrow,*
> *Creeps in this petty pace from day to day*
> *To the last syllable of recorded time.* [V, 5, 19–21]
>
> *Morgen, und morgen, und dann wieder morgen,*
> *Kriecht so mit kleinem Schritt von Tag zu Tag,*
> *Zur letzten Silb' auf unserm Lebensblatt.*

Die Zeit aber ist nicht allein eine zerstörende, sondern eine ordnende Macht, der der Herrscher ins Antlitz blicken, mit der er sich verbünden müßte. I wasted time, sagt Richard II. im Kerker von Pomfret Castle, and now doth time waste me (V, 5). So hat sie Calderon in einem Sakramentspiel gesehen: dem Anschein nach schrecklich, in Wahrheit milde, Dienerin des Weltregenten, der Gerechtigkeit. Dennoch ist Macbeth König: er fühlt die Krankheit seines Landes, für die es keinen Arzt gibt. Aber von Westminster, vom Hofe Edwards des Bekenners, des heiligen Königs, scheint ein Licht in diese Finsternis: dort warten Kranke vor dem Königsschloß, daß Edward vorübergehe und sie berühre. Der König heilt. Auch die himmlische Gabe der Prophezeiung wurde ihm verliehen. Der König sieht Verborgenes, das gehört zum Wesen des Königtums aller Völker und Zeiten.

And sundry blessings hang about his throne
That speak him full of grace. [›MACBETH‹ IV, 3, 158 f.]

So steht um seinen Thron vielfacher Segen,
Ihn gottbegabt verkündend.

In diesem Bereiche geheiligter Macht hat Malcolm, der künftige König Schottlands, Schutz gefunden. Hier bricht er mit seinen Getreuen zum Kampf auf. Von da her wird die Herrschaft über Schottland gereinigt (Malcolm und seine Gattin Margareta wurden ja heilig gesprochen; ihre Gebeine ruhen, von Philipp II. geborgen, im Escorial).

Die Kraft des Mächtigen – das ist wohl die übereinstimmende Aussage der um die Macht und ihre Verwaltung kreisenden Dramen Shakespeares – ruht in einem außerweltlichen Sein, sei es nun himmlisch oder höllisch oder trage es, wie Alexander oder Cäsar, den verwirrenden Anschein einer Verschmelzung des Oben und Unten, engelhafter Dämonie, die ja bis in die Französische Revolution, auf Napoleon und vielleicht noch in unser Jahrhundert ihre immer trüber werdenden Reflexe wirft. Wohl nicht als Bekenner, aber aus dem Verständnis des Königtums, hat Shakespeare das Tiefste gesagt vom König in der Passion, die Richard II., aus Traum, Leichtfertigkeit, Schuld erwachend, erduldet und annimmt. In Westminster Hall, da er im Angesicht der Krone zum Verzicht gezwungen wird, erinnert er sich der ihm erwiesenen Unterwürfigkeit:

Did they not sometime cry ›All hail!‹ to me?
So Judas did to Christ: but he, in twelve,
Found truth in all but one; I, in twelve thousand, none.
[›RICHARD II.‹, IV, I, 169 ff.]

Und riefen sie nicht manchmal ›Heil‹ mir zu?
Das tat auch Judas Christo, aber der
Fand in der Zahl von Zwölfen alle treu,
Nur einen nicht; ich von zwölftausend keinen.

Und noch einmal:

Though some of you with Pilate wash your hands,
Showing an outward pity – yet you Pilates
Have here deliver'd me to my sour cross.
[IV, I, 239 ff.]

Wiewohl zum Teil ihr wie Pilatus eure Hände wascht
Und äußres Mitleid zeigt, doch, ihr Pilate,
Habt hier mich überliefert meinem Kreuz.

Verhüllt erscheint der König, der im Leiden gesiegt hat, hinter dem Erniedrigten. Von Christus geht alles Königtum aus, auf ihn weist es zurück. Auch Schuld und Versagen tilgt die Christus-Ähnlichkeit des Königs nicht völlig. Das Königtum ist sakramental, das heilige Öl kann nicht abgewaschen, die Krone nicht von einem Haupte genommen werden, das Heilige nicht von der Person des Herrschers. Richard lebt in doppelter, in unauflöslicher Ehe mit der Krone wie mit der Königin. In London, vor Julius Cäsars ill-erected Tower, gleichsam unter dem Fluche der Macht, geschieht dieses Unerträgliche, Unverwindliche, in der tragenden Weltordnung Absurde, für das die englische Sprache dem Dichter unübersetzbare Wörter bot: der König ist unkinged; nun soll das mit geheiligtem Kusse besiegelte Ehe-Gelöbnis, durch den Abschiedskuß der Gatten, zerstört werden:

Let me unkiss the oath 'twixt thee and me. [V, I, 74]

Laß mich den Eid entküssen zwischen uns.

Der Kuß, geheiligte zeichenhafte Wahrheit, soll aufgehoben werden durch den Kuß, das Faktum dadurch, daß es im konträren Sinne wiederholt wird. Das entspricht der furchtbaren Bitte der Lady Macbeth an die auf die Gedanken der Menschen lauernden Geister: Unsex me here (I, IV).
Richard wird König im Leiden. Nun erst leuchtet auf, was er aus seiner Berufung war und darstellen sollte. Aber die abschließende Gestalt, die gültige Antwort konnte auch dieser König nicht sein. Shakespeare sucht nach der Vollkraft gerechten Tuns. Heinrich IV. ergreift Richards Krone im Bewußtsein seiner Schuld, mit dem Gelöbnis einer Wallfahrt nach Jerusalem, einer Sühne, die er nicht leisten wird. Im Kampfe mit dem Aufruhr wird er zum König, wandelt sich die usurpierte Macht in Herrschaft, er selbst sich zum tief ernsten Bilde, das sich dem Sohn und Erben in die Seele senkte, ohne daß der Vater dessen gewahr wurde – wider dessen Hoffnung. Am Sterbebett des Vaters wird der Herrscher in Heinrich V. geboren. Er nimmt dem Schlafenden, für tot Geglaubten, die Krone vom Kissen. Sie berührt ihn; er ist nicht mehr der er war. Aber er nimmt sie an wie den Feind, der den Vater gemordet, seine Kraft verzehrt hat: als erhabene Notwendigkeit. Und der noch einmal Erwachende erkennt nach bitterer Enttäuschung im Sohn den König, als der dieser aus der Berührung mit dem heiligen Reif hervorgegangen ist: er ist Erbe, nicht Usurpator, nicht unter dem Fluch, ist im Recht. So mag der Vater sterben, nicht im Heiligen Land, aber doch in dem Zimmer, das nach der Heiligen Stadt benannt ist. Heinrich V. reicht dem Oberrichter, der im Auftrag des Vaters seine wilde Jugend gerichtet hat, die Hand; er verstößt auf einem Platze bei Westminster die Genossen schlimmer Jahre. Von solchen Menschen hat er geträumt, als er war, der er nicht mehr ist: die Krone ist wie schmelzendes Feuer

über ihn gekommen. Er hat in den Abgrund der Schuld seines Vaters geblickt und weiß vom ewigen Recht. Er träumt nicht mehr; er ist nüchtern, aber hohen Sinnes.
Der Chor, den Shakespeare der Historie von Heinrich V. vorausschickt, spricht von der Größe des Gegenstandes, dessen die Bühne nicht würdig ist. Vor dem zweiten Akt nennt er Heinrich the mirror of all Christian kings. Diesen also gilt es darzustellen. Heinrich wuchs heran wie die Erdbeere unter den Nesseln, sagt der Bischof von Ely. Das war seine bisherige Geschichte. Seine Jugend versprach nicht, was er geworden. Denn erst das Mysterium der Krone hat ihn geprägt. Er ist universal, in geistlichen Dingen so unterrichtet wie in Sachen des Gemeinwesens, mit dem Kriege so vertraut wie mit der Politik. So findet in der ersten Staatsaktion, der Beratung über den Krieg gegen Frankreich, seine rechtliche und machtpolitische Begründung, der Herzog von Exeter, des Königs Oheim, das höchste, ich glaube das entscheidende Bild für government: Musik.

For government, though high and low and lower,
Put into parts, doth keep in one consent,
Congreeing in a full and natural close,
Like music.

[›HEINRICH V.‹, I, 2, 180 ff.]

Denn Regiment, zwar hoch, und tief, und tiefer
Verteilt an Glieder, hält den Einklang doch,
Und stimmt zu einem vollen reinen Schluß,
So wie Musik.

Es ist von tiefer Bedeutung, daß Richard II. im Kerker in Pomfret Castle, wenige Augenblicke vor dem Tode Musik vernimmt: for the concord of state and time (›Richard II‹, V, 5) hat er kein Ohr gehabt. Und der todesmüde Heinrich IV. gebietet stille und sanfte Musik im Nebenraume, dann läßt er sich die Krone aufs Kissen legen, die Krone Richards II., die ihn zerrüttet hat. Herrschaft ist Harmonie der Gegensätze, ist Musik. Und Musik ist Widerklang der Sphären. So soll sie von immer höherem Einfluß in Shakespeares Werk werden, je mehr es sich im Kosmischen ausbreitet, als eine stille, aber starke Gnadenmacht, als herniedersteigende Ordnung. Die Welt der Romanzen ist ganz von ihr durchdrungen, ist eigentlich Musik. Denn hier wird über Begreifen und eigentlich wider die Hoffnung, unter der Einwirkung gnadenreichen, überirdischen Einklangs, Harmonie zurückgewonnen. Diesem Bilde schließt sich das Gleichnis vom Bienenstaat an, das ich schon zitiert habe, unvergleichliche Aussage von Ordnung, die in schwingenden, musizierenden Kreisen das königliche Zelt des Herrschers umschließt.

Who, busied in his majesty, surveys
The singing masons building roofs of gold.
[I, 2, 197]

Der emsig in der Majestät, beachtet
Wie Maurer singend goldne Dächer baun.

Dies ist der Staat König Heinrichs V. Auf der Kraft dieser Ordnung ruht seine Politik, sein Entschluß, von Frankreich zurückzufordern, was nach seiner Überzeugung rechtens sein ist. Unverhüllt sieht er die Schrecken des Krieges. Er vermißt sich nicht des Sieges, denn der ist Gnade, liegt in Gottes Willen. Für die französischen Gesandten, die ihm zum Spott Tennisbälle überbracht haben, befiehlt er – anders als die Tyrannen – sicheres Geleite. Am Schläger für die Bälle wird es ihm nicht fehlen. Er verbirgt sein Wissen von dem ihn umgebenden Verrat und entlarvt die Verschwörer im rechten Augenblick mit eisiger Ironie. Er sagt den Bürgern der belagerten Stadt Harfleur, daß seine Soldaten im Kriege ein Gewissen haben, das weit ist wie die Hölle. Da die Stadt sich ergibt, spricht er ein Königswort, das ihm ansteht wie kein zweites:

Gnade allen. Er führt in Verkleidung das höchst merkwürdige Gespräch mit seinen Soldaten vor der Schlacht von Azincourt, er, einfach Mensch wie sie. Denn der König, sagt er zu ihnen, ist gerade ein Mensch wie sie:

> *Die Viole riecht ihm wie sie mir tut, das Firmament erscheint ihm wie mir, alle seine Sinne stehen unter menschlichen Bedingungen, seine Zeremonien beiseite gesetzt, erscheint er in seiner Nacktheit nur als ein Mensch.*
>
> [IV, 1]

Die Frage ist: Trägt der König, der seine Soldaten sterben läßt, die Verantwortung für ihr Seelenheil, dafür, daß sie unvorbereitet vor Gott gelangen? – Das Problem des unbereiten Sterbens muß, die Vermutung ist kaum abzuweisen, eine eigentümliche beunruhigende Wirkung auf Shakespeare gehabt haben wie die Problematik des Selbstmordes. Beide kehren immer wieder in Tragödien, Komödien, Historien. – Die Antwort von Azincourt ist: der König trägt die Verantwortung für seine Sache, aber nicht für das Seelenheil sündiger Soldaten. Der Soldat weiß, daß er vom Tode umgeben ist. Er muß sich so halten, daß er jeden Augenblick vor Gott erscheinen kann. Für seine Seele steht nur er selbst. Aber nun, da er allein ist, stöhnt der König doch auf. Alles wollen sie auf den König werfen: das Leben, die Seele, die Schulden, die Sorge für Frauen und Kinder, die Sünden. Alles soll er tragen. Und nun will ihn die Sehnsucht ankommen nach dem guten Schlaf der Armen, des wretched slave, die sein unglücklicher Sohn auf dem Maulwurfshügel des Schlachtfeldes zwischen Towton und Saxton empfinden wird: Was ist wirklich des Königs? Nur ceremony – Gewand, Zeichen, Bild, kein Gut, kein menschlicher Wert. So wird er in die Schlacht gerufen. Da trifft ihn – zum wievielten Male! – die Schuld seines Vaters an Richard. Er hat Stiftungen errichtet für fünfhundert

Arme, für Priester, die für Richards Seele beten. Er will mehr tun. Er weiß: alles, was er tut, ist nichts. Aber es ist doch ein Flehen. Und das ist die Brücke, auf der die Gnade sich nähern kann.

Nach dem Siege belehrt ihn einer der Soldaten, mit denen er vor der Schlacht disputierte. Dieser hat ungebührlich vom König gesprochen, und Heinrich will ihn zur Rechenschaft ziehn. Aber dazu, erklärt ihm der Partner, hat er kein Recht. Denn er war nicht als König aufgetreten, sondern als common man (v, 8) und darum wurde auch *der König* nicht beleidigt. Herrschaft muß sich kundgeben, muß zeichenhaft-sichtbar sein. Heinrich läßt ihm den Handschuh, durch den er sich zu erkennen gab, mit Gold füllen.

Die Historie schließt im hellsten Licht mit der Werbung Heinrichs um die französische Königstocher, fast lustspielhaft, Englisch und Französisch vermischend und radebrechend. Und doch: ein Mann wirbt, dem es nicht gegeben ist, es ein zweites Mal zu tun; ein Bursche, der weiß, sein Gesicht ist nicht wert, daß die Sonne es brennt, und der nie in den Spiegel schaut, weil er nichts sehen könnte, das ihm gefällt. Sein Vater hat ihn während des Bürgerkriegs gezeugt, darum hat er ein finsteres, eisernes Aussehen. Aber ein elegantes Bein kann fallen, ein stolzer Rücken gebeugt, ein schwarzer Bart weiß, ein schönes Gesicht runzlig werden; ein gutes Herz leuchtet und wandelt sich nicht.

Es ist die einzige Historie untragischen Endes – denn in ›Heinrich VIII.‹ ist der tragische Ausgang nur notdürftig verhüllt –, nur der Schluß-Chor hat ein knappes Wort der Klage:

> *Nur kleine Zeit, doch groß in seiner Kraft*
> *Schien Englands Stern.*

In Wahrheit ist die Vollendung der Herrschaft in Heinrichs v. Sternbild über dem Abgrund nur Bild, aber unvergängliches und verpflichtendes. Der Einsturz steht unmittelbar bevor. Nach dem frühen Tode des Vaters gehen unter dem Sohne Ehre, Macht, Ordnung verloren. Musik schlägt um in die grellste Dissonanz. Der Bienenstaat wird zum ratlosen Schwarm. Denn das königliche Zelt ist leer. Aber welche Kraft der Liebe gehörte dazu, das strahlende Bild Heinrichs, des christlichen Regenten und Volkskönigs, vor diese Nacht zu stellen!

Ein Einsturz geschieht auch im Werk selbst; früh schon meldete sich völlige Verwirrung an, ein Stadium der Geschichte, in dem Herrschaft nicht möglich ist, weil in den Großen wie den Geringen die Idee der Ordnung als Widerschein ewigen Seins erloschen ist.

Mad world! mad kings! mad composition! (›König Johann II.‹, I). Wer soll herrschen nach Cäsars Fall? Weder die Verschwörer noch Marc Anton noch Octavian treten an seine Stelle. Wo ist Autorität, nachdem Lear sein Reich unbedacht verteilt hat? Echte Autorität war ja nur in ihm. Kent spricht es aus, da er sich verkleidet in Lears Dienst stellt:

Lear: Was willst du?
Kent: Dienst.
Lear: Wem willst du dienen?
Kent: Euch.
Lear: Kennst du mich, Alter?
Kent: Nein, aber Ihr habt etwas in Eurem Wesen,
das ich gern Herr nennen möchte.
Lear: Was ist das?
Kent: Hoheit.

[I, 3, 22 ff.]

Und dann Kent zu Cornwall:

Grad heraus und offen ist mein Brauch:
Ich sah mitunter bessere Gesichter,

Als hier auf irgend einer Schulter jetzt
Vor meinen Augen stehn.

[II, 2, 99–101]

Aber Lears Autorität hat sich mit allzu herrscherlicher Geste gegen ihn selbst gewendet. Er ist den zerstörenden Gewalten, den entbundenen Geistern verfallen und vermag nichts mehr, als sie zu erleiden. – Da die Tragödie Hamlets beginnt, ist der König tot, und seinesgleichen wird nicht wiederkommen. Der seine Krone trägt, ist ein geflickter Lumpenkönig, Mörder, arglistig, tückisch, lügenhaft, niederen Sinns. Aber Hamlet? Er hätte sich höchst königlich bewährt, sagt Fortinbras am Ende. Wirklich? Ein König im Sinne der Königsdramen, einer in aller Zerklüftung doch geschlossenen Welt, wäre er nicht mehr geworden. In ihm – dem Ersten – brach das Nichts auf, nicht als Gewißheit, wie hätte er sich sonst gescheut, den Mörder seines Vaters im Gebet zu töten, – aber doch als eine unverwindliche Frage, eine Möglichkeit. Sein Sinn war königlich. Aber die geheimnisvolle Kraft einer im Transzendentalen ruhenden Übereinstimmung konnte ihm nicht mehr zuströmen. Gegen die verzückte Hoffnung, die Sehnsucht seines ungeheuren Schmerzes, daß Nichts sein könnte jenseits, zeugt die Erfahrung, die sein Schicksal ist, die Wiederkehr des Vaters, der unbereitet starb, das Leiden seiner Seele, die Botschaft von der richterlichen Wirklichkeit jenseitiger Träume. Wer wüßte es besser als er? Aber der Schmerz ist stärker als solche Botschaft. Er wäre der erste zweifelnde König geworden von der Art Oraniens, Friedrichs. Auch ein Argument des Herzens zeugt gegen ihn. Ein König von der Art Heinrichs V., ein König nach dem Herzen Shakespeares, hätte die einstmals Geliebte nicht zerstört, wie Hamlet Ophelia zerstört, auch nicht nach der Vernichtung jeder Glücksmöglichkeit in ihm selbst.

Damit geht die Welt der Königsdramen unter, eine Welt, die sich unaufhaltsam noch weiter von der unsern entfernt, wie die der Edda, der Nibelungen, der griechischen und der französischen Tragödie, die der große Gräcist Murray in ihrem Zusammenhange sah. Wir erheben uns wohl einmal über die Erde und erblicken den schauerlichen Zug der Gipfel, die über dem blassen Wolkenmeer hinwandern; unten, in den Tälern halten wir ihre Wucht nicht aus. Shakespeare hat nach einem abschließenden Wort gesucht in der Historie von König Heinrich VIII. Es ist eines seiner ergreifendsten Stücke, wie viel, wie wenig auch von ihm sein mag. Fast ist die Sprache nicht mehr die seine – wie fern der mächtig tönenden Pathetik Richards II. oder Richards III.! –; es ist auf weite Strecken nur noch ein Bemühen, aus dem einzelne mächtige Szenen ragen. Und doch Shakespeare: ein Gewissensdrama, das Drama einer Gewissenslüge. Heinrich mißbraucht sein Gewissen, indem er es zum Vormund seiner Leidenschaft macht – es geht nicht um das Gewissen, nur um den Aufruhr im Blut; es ist keine wild stürmende See, wie der König vorgibt; es ist entwertet in seinem Mund. Anne Boleyn täuscht. Cranmer ist nicht mehr Bischof wie die großen Herren von York und Ely:

Love and meekness, Lord
Become a churchman better than ambition.
[V, 3, 62 f.]

Lieb' und Nachsicht, Lord,
Ziemt frommen Hirten mehr als Sucht der Ehre.

Und welches verdächtige Licht wirft die Szene zwischen Heinrich und der Old Lady, die ihm die Geburt Elisabeths anzeigt, auf die der jungfräulichen Königin huldigende Schlußszene! Die Hofdame entrüstet sich über den knickrigen Botenlohn, die hundert Mark, die sie für die Freudenbotschaft bekommt:

Said I for this the girl was like to him?
Sagt' ich deshalb, das Mädchen säh' ihm gleich?

Und wie seltsam ist die Verherrlichung der jungfräulichen Königin, da doch Jacob I. regiert, dessen Mutter sie ermordet hat! Und wie gewagt die Verherrlichung des Erben im selben Atemzug! Sie sind beide unglaubwürdig, denn die Lüge des Königs und Annes werden nicht ausgetragen. Aber Shakespeare will versöhnen, abschließen, was sich nicht abschließen läßt. Groß und in wunderbarer Übereinstimmung mit der Überlieferung erscheint Katharina von Aragon vor Gericht, geht sie im Adel erduldeten Unrechts in ihre Einsamkeit, die letzte Königin im Sinne der Tradition. Vor ihr hätte sich Heinrich V. geneigt; sie hätte er nicht verstoßen.

although unqueen'd, yet like
A queen, and daughter to a king, inter me.
[IV, 2, 171 f.]

Der religiöse Konflikt, Schicksal des Inselreichs und Europas, bleibt verhüllt (›König Johann‹, III, 1). Der heftige Zusammenstoß zwischen den Königen Johann und Philipp August und dem Kardinallegaten Pandulph, der den Bann über Johann verhängte, wiederholt sich nicht. In Katharina von Aragon grüßte der Tragiker, der sich in Sachen des Glaubens wie des Lebens nach dem Tode nicht als Bekenner geäußert hat, noch einmal die Ordnung, die Schauplatz seiner Tragödie war. Die lange Reihe vertriebener Könige, Fürsten und Fürstenkinder, die über die Heide schweifen, in einer Höhle in Wales sich bergen, im Ardennerwald oder im böhmischen Wiesenland, bezeugt eine aus den Fugen gegangene Zeit. Der Herzog in ›As you like it‹ und sein wandernder Hof wissen sie zu tragen im Gespräch mit Bäumen und Tieren, mit Wolken und Wind; der Fürst vor allem in wehmütiger Freude an den Verkleidungsspielen des Lebens, am Menschen – dennoch am Menschen –, bis, gegen alle Wahrscheinlichkeit, an old religious man den heranziehenden Usurpator bewegt, auf seine Absicht und zugleich auf die Welt zu verzichten und die irdischen Dinge, wie stille Musik, zusammenklingen (earthly things made even atone together, ›As You Like It‹, v, 4). Hier – es ist eine seltene Empfindung – weint der melancholische Jacques mit dem von den Jägern verwundeten sterbenden Hirsch; hier, endlich einmal, wird gefragt, was den Menschen berechtigt, in das Reich der Tiere einzubrechen und sie auf dem ihnen verliehenen Grund und Boden zu töten.

In ›Maß für Maß‹, das in den drei wichtigsten Chronologien dicht hinter dem ›Hamlet‹ steht, geht es nicht mehr, wie in den Königsdramen, um die Tragik der Macht und deren Überwindung, sondern um den Vollzug des Rechts und das Verhältnis zwischen Recht und Gnade. Der Mensch, der in sich selbst blickt, sich selbst in seinem Tun und Fehlen unbarmherzig erfahren muß, versteht, daß er auf Gnade angewiesen ist. Das ist die Einsicht, die alle verbindet. Und auf ihr wird die staatliche Ordnung, als eine tief menschliche, aufgebaut. Das geschieht in männlicher, sehr dunkel getönter Resignation. Wir müssen dem Tode begegnen, durch ihn, durch das Grab hindurchgegangen sein, dann erst finden wir uns auf die rechte Weise in die gleichwohl nicht verneinbare Welt. Namentlich der Fürst muß vom Tode wissen. Das ist auch das Motiv des eng benachbarten ›Prinzen von Homburg‹, wo der Held durch sein Grab mußte, der Kurfürst, als eine der größten Herrschergestalten des deutschen Dramas aus der Todeswolke, die ihn schon verdeckte, hervorleuchtet. Der Herzog von Wien ist in diesem Sinne ein Wissender. In der Ermahnung, die er als Mönch an den zum Tode verurteilten Claudio richtet, fordert er absolute Todesbereitschaft; nur Narren wollen sich das Leben erhalten. Es ist nicht edel, denn es wird nur von Niedrigkeit ernährt. Aber was ist der Tod? Fast immer, wenn diese Frage aufgeworfen wird, melden sich Zweifel, Dunkelheit: wir gehen, wir wissen nicht wohin (III,

1). Alle sind schuldig: der Herzog, weil er zu milde war und dadurch den Verfall der Sitten begünstigt hat, Claudio, der sie verletzt hat, der Statthalter Angelo, der sich selbst nicht kannte und als Verwalter des Rechts Recht und Sitte bricht, Isabella, die, um den Bruder zu retten, Sünde vortäuscht, die sie nicht begangen hat, der Provost, der ohne klaren Befehl gehandelt hat:

I thought it was a fault, but knew it not,
[V, 1, 464]

Escalus, der Angelo gewähren ließ. Und diese Schuld aller bringt die Lösung; kein Blut wird vergossen, so unumgänglich dies auch zu sein scheint, auch das des Verbrechers nicht, der nicht bereit war, zu sterben. Todesangst bezahlt die Schuld an den Tod, und nun genügt der Tod eines Kranken. Das ist das große Wort:

They say best men are moulded out of faults.
[V, 1, 440]
Aus Fehlern, sagt man, sind die besten Menschen gebildet.

Denn eigentlich könnte, wie der Herzog am Ende des II. Aktes erkennt, nur ein Mann das Schwert auf Erden tragen, der ebenso heilig wie streng ist. Heilig aber ist niemand im Staate; auch er, der das Recht herstellen will, muß List und Täuschung anwenden und andere zur Mithilfe bewegen, zu Lügnern machen. Es ist Recht, daß Juliet, der Angelo die Treue gebrochen hat, mit ihm vereint wird; doch ihm muß vorgetäuscht werden, daß es nicht Juliet, sondern Isabella sei. Er umarmt in seiner Vorstellung die andere. Das Recht geht auf dunklen Wegen.

So wird das Spiel unmerklich zum tiefsinnigen Bild. Der Herr entfernt sich zum Schein; in der Verkleidung ist er da. Die Menschen, die Unschuld scheinen dem Unrecht ausgeliefert zu sein, aber der Wahrer des Rechtes wacht. Sie sprechen mit ihm, ohne ihn zu erkennen. Die Gerechtigkeit ist verborgen gegenwärtig, auch wo keine Hoffnung mehr zu sein scheint und Tod und Gewalt regieren. Prüfung ist alles: und das heißt zunächst Selbstprüfung. Es kann niemand gerichtet, verurteilt werden, den sein Gewissen nicht verklagt. Wo aber diese Anklage geschieht, kann Gnade walten. Ein leiser Widerschein des Weltregenten fällt auf den Herzog, ungeachtet seiner Fehler. Wie Gott das Spiel der Menschen, so leitet er, als sein Stellvertreter, das Spiel seiner Untertanen, Figuren vertauschend, Zerrissenes zusammenfügend, den Sünder zur Selbsterkenntnis führend, wissend, daß Gottes Gesetz nicht der Menschen Gesetz ist, daß sein Recht in Gnade übergeht. Wie erging es Euch, fragt Isabella den Angelo,

Wie erging' es Euch,
Wollt Er, das allerhöchste Recht, Euch richten
So, wie Ihr seid?

How would you be,
If He, which is the top of judgment, should
But judge you as you are?

[II, 2, 75 ff.]

Denn der Himmel tut mit uns, wie wir mit Fackeln tun, die nicht leuchten für sich selbst (I, 1). Wir sollen leuchten für einen Anderen. Und das ist auch die Bestimmung des Staates, das ist zugleich seine Ordnung, daß er leuchtet als Zeichen göttlicher Gerechtigkeit. Hier ist das Tragische überwunden, ohne daß seine Grundlagen aufgehoben sind – das absolut Böse, das unlösbare Problem, ist ja nicht eingetreten. Am Ende stehen alle Personen, wie erwachte Träumer, in dem von oben gekommenen Licht.

In den Romanzen, ich möchte hier nur an ›Cymbeline‹ erinnern – ist diese Konzeption noch weiter entfaltet, noch umfassender geworden. Die Herausforderung der bösen Macht, das von der Königin – dem crafty devil – (II, 1) begangene Unrecht wird nicht eigentlich vom König, als dem Diener göttlicher Macht, beantwortet, vielmehr führt diese Macht selbst das Spiel, am Tode vorüber durch den Tod hindurch. Imogen scheint ja schon tot und begraben und wird wieder erweckt. Das Problem ist das Los des Schuldlosen in der vom Bösen beschatteten Welt. Gerade Imogen, die leidend sich bewährt, auch in der unsinnigen, fast rohen Prüfung, der Posthumus sie unterwirft, stellt den Wert dar, in dessen Umkreis sich die Dinge ordnen. Die sittliche Kraft einer scheinbar schwachen, ausgelieferten Frau durchsittlicht den Staat. Dieses Weltprinzip verstehen die Menschen nicht, auch die Toten nicht, die armen Geister, die die Gottheit mit Aufruhr bedrohen. Jupiter steigt hernieder und enthüllt es: Whom best I love I cross (V, 4), (Den hemm' ich, den ich lieb) ein christliches Wort im Munde des auf seinem Adler wieder auffahrenden Blitzeschleuderers. Hier, gerade durch die Verwirrung, die die leichtfertige Wette des Posthumus und der niedere Betrug Joachimos stiften, wird vergegenwärtigt, was Ordnung ist: wirkende Herrschaft der echten Werte. Wo Schönheit ist, soll Ehre sein, Wahrheit und Schönheit sollen zusammenstimmen und Rang haben; die für den Thron Geborenen, Imogen, Posthumus, die beiden Söhne des Königs werden wieder zum Thron geführt. Edles soll sichtbar oben stehen und aus der Kraft seines inneren Wesens walten und versöhnen. Gelöbnis und Tugend sind eins, und diese Einheit ist in Imogen Fleisch und Blut. Darum ist es Sünde, am Gelöbnis zu zweifeln, es zum Gegenstand einer Wette zu machen. Diese intim persönliche Aussage scheint sich vom Bereich der Geschichte zu entfernen – in Wahrheit ja nicht, weil das Sittliche geschichtsbestimmend sein muß –, und doch löst Shakespeare am Ende ein eminent geschichtliches Problem. Wieder wird Cäsar genannt; mit derselben Heftigkeit, mit der König Johann Papst Innozenz III. den Zins versagte, kündigen die Königin und ihr grobschlächtiger Sohn Cloten dem Gesandten des Augustus den Tribut, den Cäsar der Insel aufjochte. Der Stolz des Inselvolkes flammt auf, wenn die Königin schildert, wie die Väter vereint mit der Natur, with the natural bravery of our isle (III, 1), mit Fels und Flut und Sand, Cäsar zweimal schlugen und seine Flotte zerrütteten. Aber es kommt nicht zum Bruch. Ehrfurcht ist, wie der alte Edelmann Belarius sagt, der Engel der Welt: Reverence that angel of the world (IV, 2). Nachdem die Römer gelandet sind und der König mit Hilfe des Belarius und seiner eigenen Söhne gesiegt hatte, unterwirft er sich:

My peace we will begin. And, Caius Lucius,
Although the victor, we submit to Caesar
And to the Roman empire.
[V, 5, 460 ff.]

Beginnen wir mit Frieden, und, Caius Lucius,
Zwar Sieger, unterwerfen wir uns Cäsarn,
Sowie dem Römischen Reich.

Und in diesem Augenblick erklingt himmlische Musik. Der Wahrsager vernimmt sie zuerst:

The fingers of the powers above do tune
The harmony of this peace.

Der Himmels-Mächte Finger stimmt die Saiten
Zur Harmonie des Friedens.

Er sah vor der Schlacht im Geiste den römischen Adler flügeln von Süden nach Westen und in der Sonne verschwinden. Cäsar neigt seine Gunst Cymbeline, dem König der Briten zu, der im Westen leuchtet. Und der König, der selbst fast nichts vermochte, für den die Gnade, seiner Verfehlungen sich bedienend, alles tat, befiehlt, die römischen und britischen Zeichen freundschaftlich nebeneinander zu setzen. Dann bricht er nach London auf, in Jupiters Tempel den Frieden zu besiegeln: im Tempel der Vorsehung, die den Adler nach Britannien sandte.

Es bleibt uns das letzte Bild der Herrschaft: die des geistesmächtigen Menschen, die Herrschaft Prosperos. Auch sie ist Geschenk. Denn eine höhere Macht hat den von Mailand vertriebenen Herzog und seine Tochter auf die Zauberinsel geführt, wo er sich, kraft geheimer Wissenschaft, die Geister untertan macht. So nähert er sich der Gottheit, gebietet er dem Sturm und den Wogen, lenkt die Schicksale, unterwirft mit der Gewalt feierlicher und fremder Musik seine Feinde (solemn and strange music, III, 3), straft und verzeiht. Alle Mächte sind in seiner Hand: er kann Jupiters Eiche mit Jupiters Blitz spalten (V, 1). Aber diese Herrschaft ist streng bemessen vom ordnenden Gesetz der Zeit. Macbeth erschauerte vor ihr. Prospero ergibt sich wissend. Er will sein Recht, sein Herzogtum, will und muß wollen, daß dieses Recht noch einmal sichtbar wird. In Wahrheit ist sein Vollzug ein Opfer an die Traumwelt, in der wir weben. Dort, in Mailand, in der kurzen Spanne, während die letzten Träume sich auflösen, aus denen wir gemacht sind, samt der Erde und der Geschichte – dort wird jeder dritte Gedanke sein Grab sein, der Schlaf, nach dem sich Hamlet sehnte und der nun, wenigstens für ihn, der den Zaubermantel abstreift, Wahrheit zu sein scheint:

... and our little life
Is rounded with a sleep.
[THE TEMPEST IV, 1, 157]

... und dies kleine Leben
Umfaßt ein Schlaf.

Aber aus diesem Wissen folgt kein Nein, kein Verzicht auf weltliche Ordnung. Nur zum Scherze stellt der alte weise

Staatsmann Gonzalo – holy Gonzalo nennt ihn Prospero (v, 1) – alle Werte der Geschichte in Frage, indem er Utopia entwirft. Wollte Shakespeare hier, am Ende, sein Dichten und Trachten ironisieren? Wenn Gonzalo die Insel zu regieren hätte, so wollte er tun, was allem entgegen ist: kein Verkehr, keine Obrigkeit, kein Reichtum, keine Armut, weder Verträge noch Erbrechte, keine Arbeit für Männer und Frauen, nur Unschuld und Reinheit, keine Herrschaft. No sovereignty (ii, 1). Das bleibt Spiel, Gruß an das Unmögliche. Denn solange wir träumen und spielen in diesem Traum, müssen wir Herrschaft üben. Das war ja Prosperos Verfehlung, daß er, wie er selbst bekennt, als Herzog um seines Forschens willen die weltlichen Dinge vernachlässigt (I thus neglecting worldly ends (i, 2) und dadurch das Verbrechen des Bruders herausgefordert hat. In die Wahrheit vom Traum, den nicht wir, den nur die Macht beenden kann, –

Against self-slaughter
There is a prohibition so divine
That cravens my weak hand.

[›CYMBELINE‹ III, 4, 78 ff.]

Selbstmord verbeut so göttlich hehre Satzung,
daß meine schwache Hand erbebt, –

ist das höchste Ja an den Menschen geschlossen, an die Schönheit, die Wahrheit ist, einfach, weil sie es sein muß, weil Schönheit und Wahrheit nicht auseinanderfallen können und all solemn things should answer solemn accidents (›Cymbeline‹ iv, 2).

There's nothing ill can dwell in such a temple

Nichts Böses kann in solchem Tempel wohnen,

sagt die in der Einsamkeit der Insel aufgewachsene Miranda, versunken in den Anblick des Prinzen Ferdinand (›Tempest‹

I, 2); es gilt von beiden, von denen Jeder, vom ersten Augenblick an, wie Prospero erkennt, in des Anderen Macht ist (They are both in either's power). Und das ist die Macht der Schönheit, die Wahrheit ist. Über welchen Abgründen der Geschichte leuchtet das Wort Mirandas am Ende:

How beauteous mankind is.
[V, I]

In diesem Glauben grüßte sie die unbekannte Welt, der sie entgegengeht, weil sie ihr Menschen, wie den Geliebten, leibhaftige, von oben durchstrahlte Schönheit verheißt. No man was his own (V, I), wie Gonzalo sagt, in diesem Spiel. Alle wurden geführt.

Some heavenly power guide us
Out of this fearful country! . . .
[V, I]

Führ' eine himmlische Gewalt uns
Aus diesem furchtbaren Lande . . .

– das heißt aus der bisher erfahrenen, nun bewältigten Geschichte. Die himmlische Macht vollbringt es, indem sie den Wissenden, in die Ordnung sich Beugenden für eine streng bemessene Frist mit dem Zaubermantel belehnt. Herrschaft ruht auf Demut. Die vertriebenen Fürsten alle, so auch der Herzog aus dem Ardennerwald, kehren in die Herrschaft zurück, nicht, weil sie diese noch begehren, sondern weil Bestimmung und Rang sich sichtbar dartun müssen bis zum Ende. Niemand wußte besser als Shakespeare, daß die Tragik der Macht und der Leidenschaften sich immer neu entzünden und das irdische Gefüge erschüttern wird und der Angriff des Bösen sich nicht erschöpft; daß das Recht nur erscheint wie König Heinrich der Fünfte vor dem Grunde dunkler Jahre;

daß es im höchsten Falle Bild ist, aber die Geschichte bestimmendes, den Menschen verpflichtendes Bild, vor dem dunklen Reiche, das der Dichter in seinem Werke nicht zu bezeichnen wagte, das aber – wenn wir wagen, es im Geiste seines Werkes zu verstehn, der Gnade nicht entrückt sein kann. Deren Allmacht hat er verkündet. In sie gehen die Rechte über. Das ist die Hoffnung allen Rechtes. Aber nur das in Furcht und Zittern ausgeübte, vom ständig sich prüfenden Gewissen geübte Recht kann diese Hoffnung haben. Herrschaft im Sinne Shakespeares, das ist eine Fülle von Gestalten, von Möglichkeiten, kein Prinzip. Es sind Kreise, die immer enger um das Licht sich schließen. Wir verstehen ihn nur, wenn wir die Bilder sehen, die Wahrheiten in Fleisch und Blut, in ihrem Streit und Zusammenstoß, in ihrem Untergang und Aufleuchten über den Gräbern. Der König seiner Könige war er selbst, Herr der Bühne seiner unbegrenzbaren, Himmel und Hölle und die Reiche der Luft einschließenden Welt, Regent, der lächelnd, Gnade übend und erbittend, sein Zepter zurückgab – dem Unbekannten, der es ihm geliehen und zurückkehrte wie seine Fürstin in seinen irdischen Stand, sein Haus, auf seine Äcker und Wiesen. Ich wage die Gottheit nicht zu nennen, da er es nicht getan hat. Ich wage nicht zu sagen, wem er sein Zepter zu Füßen legte, als dem Weltordner und Lehnsherrn, dem er gedient, dessen Gesetz er spiegelte auf dem Globus seiner Träume. Mag es Jupiter sein, der seinen Tempel hatte in London – neben Cäsars Festung; die unbenennbare Gnade über dem Turm der Macht.

CALDERON

Eine in der Münchner Bibliothek verwahrte Handschrift Calderons schließt mit diesen Worten: »Wenn ich etwas gesagt habe, was gegen den Glauben oder die guten Sitten verstößt, so sei es wie nicht gesagt, und alles sei der Korrektur der Kirche unterworfen. Don Po Calderon de la Barca.« Wie immer man sich zu diesem oft zitierten Bekenntnis stellen mag: man muß es berücksichtigen, wenn man den Dichter verstehen will. Die eherne Festigkeit der Haltung, die seine Kunst getragen hat, kann nicht klarer ausgesprochen werden. Hier ist der Ort bezeichnet, den Calderon nie verlassen hat; von ihm aus suchte er die ganze Fülle der Welt zu ergreifen für seine Kunst. Für sie beanspruchte er die Herrlichkeiten der Erde, die Weite und Größe des Meeres; er besang seine Tiefen wie den leichten Schaum auf der Welle – uns darin, wie in so vielem an Shakespeare erinnernd, von dem ihn doch die fast greifbare Geschlossenheit des Weltbildes, die Überlieferung seines Volkes trennten; er besang »Eis und Feuer«, Heilige und Dämonen, Konquistadoren, Hirten und leichtsinnige Spaßmacher, Könige vor allem, aber auch den königlichen Bauern Pedro Crespo, der furchtlos verurteilt und richtet unter den Augen seines Königs – des vielverkannten Volkskönigs Philipp II., den der Spanier noch immer verehrt; er gestaltete Frauen von der Art der arabischen Königstocher, die er Phönix nannte – der Phönix, der sich aus seiner Asche aufschwingt, gehört zu den Bildern, die er besonders geliebt haben mag –; und er bildete Frauen, die ohne Schuld zu tragen dem Verführer zum Opfer fallen, dem unsterblichen Don Juan, und wieder die »Tochter der Luft«, deren dämonische Herrschbegier das Menschliche weit übersteigt; sie ist dem Geschlecht entstammt, das der Apostel meinte, da er uns warnt vor den Geistern in der Luft. Mit Recht hat man darauf hingewiesen, daß solchen Gestalten die Neigung zur Maßlosigkeit einwohne und daß sie gerade deshalb als Gestalten des Barocks aufzufassen seien; aber Calderon hat auch das Maß zu gestalten gewußt: den zuchtvollen Ritter, die ihrer selbst völlig mächtige, unantastbare Frau.

Calderons Lebensdaten [1600–1681] berühren sich nah mit den Lebensdaten Corneilles [1606–1684] und Vondels [1587–1679]. Das katholische Drama erreicht um diese Zeit eine nicht mehr überbotene, vielleicht unüberbietbare Höhe; es will in gewisser Beziehung eben alles: Calderon griff weit über sein Land hinaus; er nahm seine Stoffe aus der heiligen Geschichte und noch aus der Geschichte Englands; sein Blick reichte von der Küste des Pazifik bis zum Königssitze der Semiramis. Corneille war weit strengeren Gesetzen untertan und verdankt gerade diesem Gehorsam die Energie seiner Dichtung; hinsichtlich des Reichtums der Stoffe, der Kühnheit der Wahl war der Holländer Vondel Calderon viel näher als Corneille; aber Vondel war, dank seiner den Ursprüngen näheren Sprache, weit inniger, gemüthafter als Calderon, wenn er auch nicht dieselbe Wucht erreichte; keiner der großen Tragiker redet eine innigere Sprache. Wir möchten es immer wieder bedauern, daß sich vor unsern Augen der Vorhang niemals hebt vor Vondels großartiger, ergreifender Bühne: vor diesen Dichtungen mächtiger Glaubenskraft, deren edelste sich erheben zu reinem Gesang, einem Vorklang Händelscher Melodien. Vondels Drama ist Oratorium: tragischer Zusammenklang der weltlichen und geistlichen Geschichte, universal wie nur je ein Zeugnis katholischen Geistes.

Wir können von Calderon nicht sprechen, ohne von der Welt und ihrer Geschichte zu sprechen; ist seine Kunst doch verwandt der Konzeption, die das spanische Weltreich und dessen niemals völlig vollzogenen Anspruch durchglüht hat. Aber seine Kunst ist auch Abschied dieses Reichs. Man wollte diese Auffassung nicht gelten lassen. Gewiß, Calderon gibt nichts auf: die Werte, die Spanien auf dem Gipfel seiner Geschichte vertrat, sind die Werte, die behauptet werden müssen, die in seinen Augen allein das Leben der Völker in Ordnung halten können. Die Glaubensglut des standhaften Prinzen ist verpflichtendes Beispiel für immer; der »Arzt seiner Ehre« hat recht,

denn nur mit Blut
läßt die Ehre rein sich spülen.

Aber wahr ist und bleibt auch das Wort, »daß das Blut der Edeln ist ihrer Könige Eigentum«. Doch diese erhabene Glaubens- und Geisteswelt ist im Abschiednehmen begriffen: der versteht doch Calderon nicht ganz, der nicht einen schneidenden Schmerz in seinen Versen fühlt und nicht empfindet, was es den Dichter gekostet haben mag, die strenge Gültigkeit dieser Weltordnung zu vertreten in einer Zeit, die ihr auf das schroffste widersprach. Ist es nicht gerade der großartige Zug zur Transzendenz, der Calderons Werk zu einem einzigartigen Werke macht? Unamuno hat im »Leben ein Traum« die eigentliche spanische Philosophie verehrt; und es ist wohl – das Drama wie das Auto desselben Titels – Calderons persönlichstes Wort: die Macht ist ein Schatten und will doch in tödlichem Ernste verwaltet werden; Könige sind Träumer; Völker sind es vielleicht auch – und wieviel mehr sind es Liebende! Aber dieser Traum ist Todesernst; denn wir werden mit Gewißheit aus ihm erwachen. Und der uns wecken wird, ist unser Richter. Dieses Wissen vom Traum, dieser Blick durch das Scheingewebe der Geschichte – ein Blick, der zum wahren Werte der Geschichte hindurchdringt: sie werden den Völkern doch wohl erst vergönnt, wenn sie ihre größte Szene zu Ende gespielt und der Welt das Edelste gegeben haben, was sie zu geben vermochten; wenn die Erfahrung der Schuld über sie gekommen ist, das Bangen vor der Rechenschaft sie durchbebt. Der Büßer in Yuste hat die Augen geschlossen unter den Schauern des Gerichts, sein Sohn schläft im steinernen Sarge, den er sich unter der Guadarrama erbaut hat, die Heilige hat recht bekommen, die sagte, »daß alles nichts ist«, und die Paläste der Konquistadoren in der Mancha, die von verarmten Enkeln bewohnt werden, zerfallen. Don Quichote ist tot – und es wird keiner mehr auf seiner Straße reiten, der seines christlich-kühnen Rittersinnes sich rühmen könnte; nur der arme schwache Don Mende und sein Diener Nuno, in denen Calderon den Edeln der Mancha und seinen Begleiter nachbildend ehrte, irren noch über die Straße Philipps II. und seines verrauschten Triumphs. Eine Vermessenheit erscheint heute vor den Augen der Nachblickenden, in der sich Spanien erst vollenden würde: es wäre die Heiligsprechung Don Quichotes.

Aber diese von der Erde sich lösende Gestaltenwelt ist so groß, daß wir in Gefahr sind, uns völlig an sie zu verlieren, und den Dichter über ihr vergessen. Was wissen wir von Calderon? Der Vater war aus edlem spanischen Stamme, die Mutter aus Flandern, dem Hennegau. Calderon ward von den Jesuiten zu Madrid erzogen; er studierte Theologie und wandte sich bald von ihr ab. Der Einundzwanzigjährige soll zusammen mit seinen Brüdern den Sohn eines Hausbeamten des Konnetabels von Kastilien getötet haben; als er neunundzwanzig Jahre alt war, wurde sein Bruder Diego von einem Schauspieler ermordet; Calderon und seine Freunde drangen auf der Verfolgung des Mörders in ein Nonnenkloster ein und mußten sich dafür verantworten. Aus dem Jahre 1640 ist ein Streit mit einem Schauspieler bekannt. Um sein fünfzigstes Jahr muß eine Krise sich im Leben des Dichters ereignet haben; seine Geliebte, die ihm einen Sohn geschenkt hatte, starb; er selbst wurde krank; die Zahlung der ihm verliehenen Pension stockte; äußere Sorgen müssen ihn belastet haben. In einer Romanze hatte er einst bekannt, daß er wenigstens zwei Damen verehren müsse:

Zweie hab' ich, und mehr sind's nicht.
Gibt's doch in der allerkleinsten

Schauspielertruppe stets zwei Damen,
Eine erste und die zweite.
Und da nichts in diesem Leben
So sehr Freude macht, als Wechsel,
Ist die eine meiner Damen
Blond, indes brünett die andre.

Nun muß sich für ihn alles verändert haben. Die Theologie meldete sich wieder und bekam recht. Mit einundfünfzig Jahren ließ er sich zum Priester weihen; er schwor, nie mehr fürs Theater schreiben zu wollen. Aber wie hätte er, dessen Lebensleidenschaft das Schattenreich der Bühne und Symbole war, diesen Schwur halten sollen? Der zum Kaplan von Toledo ernannte [an der Kapelle der Reyes Nuevos], bald von seinem Herrn Philipp IV. Ausgezeichnete setzte die ganze späte, reife Kraft seiner Kunst an sein Geistliches Theater. Wohl genoß er die Ehre, an festlichen Tagen im Prado prunkvolle Spiele vor den Augen seines Königs zu leiten, der die fast unvergleichliche theatralische Erfahrung seines Dichters nicht entbehren wollte. Aber seine letzte heilige Glut gehörte den Autos sacramentales, den am Fronleichnamstage vor den spanischen Kathedralen aufgeführten Weihespielen; sie sind Calderons äußerstes Wort, sein Vermächtnis, die niemals versinkende Krone seiner Kunst. Über der Arbeit an einem Auto ist er am Pfingstsonntag des Jahres 1681 gestorben. Zur Verherrlichung des Altarsakramentes ist die Fülle der Erde, der Geschichte zusammengerafft; das Irdische ist gleichsam erhöht zur Monstranz, die das Heiligste faßt; aber dieses Heiligste ist wirklich gegenwärtig. Diese Autos sind das gerade Gegenstück jenes Romans Fouqués, von dem gespottet wurde, daß seine in Kathedrale und Kapelle geborgene Mitte der Altar, dessen Mitte die Monstranz, daß diese Monstranz aber leer sei. Am Ende der Autos sacramentales ergreift uns der Schauer vor dem Fleisch gewordenen Wort und seinem Sieg über die Welt; die Handlung wird von Menschen getragen, die schon im Begriffe sind, sich in Symbole zu verwandeln, von Engeln und von Satan und seinen Dienern, den »Geistern aus der Luft«. Die Landschaft ist die großartigste, freieste zwischen dem Paradiese und Babylon; die spanische Geschichte, das Rauschen ihrer untergesunkenen Flotten, der Schritt ihrer zerstobenen Heere, hallen nach. Aber das alles ist nur Mittel der Verherrlichung: da ist, in die Knie zwingt das Sakrament.

Welch ein Weg von Calderon zu uns! Um das Jahr 1750 hat ihn Lessing in Hamburg entdeckt; er nahm sich vor, das »Leben ein Traum« zu übersetzen. Aber er erreichte diese Welt doch nicht. [Schiller blieb ihm fern, nahe kam ihm Kleist im »Prinzen von Homburg«.] Calderon sollte nun nicht mehr in Deutschland vergessen werden, bis die Romantiker, soweit dies gelingen konnte, eine Reihe seiner Stücke in die deutsche Sprache kleideten und sich Goethe von ihm erschüttern ließ und einige Aufführungen in Weimar wagte. [Des seltsamsten, peinlichsten Mißverständnisses Calderons machte sich wohl Friedrich Hebbel schuldig.] Suchen wir aber nach einem Geiste, der ihm in Wahrheit verwandt gewesen ist, so wagen wir William Shakespeare zu nennen. Wäre ein Gespräch zwischen ihnen möglich – eines der großen Totengespräche, nach denen uns oft eine Sehnsucht überkommt –, so käme wohl alles zu Wort, was das Abendland und noch das Altertum bewegt hat; aber auch die Tragik des europäischen Glaubensstreites und der mit ihm verflochtenen Expansion könnten nicht verschwiegen werden. Und vielleicht würde sich dann ein Geheimnis lichten, das zu durchdringen wir uns oft verzweifelt wünschen: der Glaube William Shakespeares, der kein Bekenner war und doch wohl glaubte. Aber fragen wir Hamlet nicht nach »seinen Träumen«, die Toten nicht nach dem, was sie uns nicht sagen wollten! Mit einem gewissen Recht hat man Shakespeares »Heinrich VIII.« und Calderons »Schisma von England« miteinander verglichen. Viel näher aber sind einander die Dichter von »Maß für Maß« und von

»Leben ein Traum«. Denn hier ist zweimal der Ernst und die Flüchtigkeit des Königs- und Herrscheramtes ausgesprochen. Ein Träumer wie der Polenprinz Sigismund ist Angelo, der herrscht und sich versündigt, als sei der eigentliche Herrscher nicht nah. Ein Abglanz des dereinst wiederkehrenden Richters umleuchtet in Shakespeares Drama am Ende den Herzog von Wien. Im Glauben an die Rechenschaft, die er für seine befristete Herrschaft wird ablegen müssen, tritt der Erbe Polens seine Herrschaft an. Beiden, Shakespeare und Calderon geht es um die Frage: wer soll herrschen? Aber herrschen wird nur, der weiß vom Ende und vom Todesernste der Zeit. Und vielleicht darf hier das viel mißbrauchte Wort »abendländisch« ausgesprochen werden: Shakespeare und Calderon, durch Meer und Herkunft getrennt, haben den abendländischen König erblickt. Er ist der König, der aufsieht zum Richter der Welt und auf Erden sein Gleichnis ist: machtvoll und an der Grenze aller Macht, umleuchtet vom Ende der Dinge, König unter dem apokalyptischen Bogen der Geschichtszeit.

Oft haben die Spanier den Deutschen vorgeworfen, daß sie Calderon überschätzten; daß zum mindesten Lope und Tirso die ursprünglich mächtigeren Dichter gewesen seien, daß der Stil Alarcons nicht erreicht worden sei von Calderon. Was die Deutschen zu Calderon zog und immer gezogen hat: das ist sein Tiefsinn; das mag ein Gefühl für das Wort sein »Deine Reiche waren Träume«. Und da die Reiche alle sich als Träume erwiesen, so wurde schließlich ein Reich verschuldet, das ein höllischer Spuk war, Herrschgebiet der Geister in der Luft. Und da auch der Spuk verflogen ist und die Trümmer klaffen oder allzu schnell hinter Versatzstücken entschwinden, wird das Vermächtnis Calderons wieder sichtbar, Geist, der Form ward in der Architektur des Escorial, und mit dem Werke erscheint sein in Stein gegrabenes Wort: daß wir die Macht verwalten sollen eingedenk dessen, daß wir Träumende sind, die einen jeden Augenblick erwachen können unter der Posaune des Gerichts. Es ist nur die weltumfassende dichterische Verherrlichung des Gebotes, daß wir besitzen sollen, als besäßen wir nicht. Und es ist Calderons Wort an uns: die Haltung, die er unter der Bereitschaft, Werk und Ruhm dahinzugeben, mit jener Münchner Handschrift bekräftigt hat:

Christen ja seid ihr, wohl, so tut wie Christen!

1948

CORNEILLES ETHOS IN DER ÄRA LUDWIGS XIV.

Eine Studie

Un roi, quoique vaincu, garde son caractère.

[Corneille: Pertharite]

Vorwort

Der Rangunterschied, der zwischen den Geistern einer Epoche waltet, wirkt sich in der Höhe der Ebenen aus, auf denen sie die gemeinsamen Probleme zu bewältigen suchen; allen sind von der Zeit dieselben Aufgaben gestellt, wenngleich die Erkenntnis ihrer Perspektiven vom Standorte abhängt. Insofern sind die Werke des Geistes Geschichtsdokumente und dürfen als solche betrachtet werden, ohne daß ihnen damit ihr Rang, der ein weit höherer ist, genommen würde. Denn der Geist entspringt nicht in der Geschichte, sondern er ist in sie herabgesendet aus einem fremden Bezirk; er kann nicht wirken, ohne in sie einzutreten, und wird seine ursprüngliche Fremdheit doch niemals verwinden.

Vielleicht kann eine solche Betrachtung das Verständnis für Kunstwerke ein wenig erleichtern, denen, nachdem sie überschwenglich erhoben wurden, viel Unrecht geschehen ist. Damit soll nicht die Kritik schöpferischer Geister angegriffen werden, die auf dem Wege zu ihrem Werke waren und wegräumten, was sie hinderte; es soll nur angedeutet werden, unter welchem Gesichtspunkt ihr Urteil zu verstehen ist und daß Aufnehmende in einem andern Verhältnis zu Kunstwerken stehen als Künstler und deren Urteil nicht übernehmen dürfen. Corneille konnte so wenig nachgeahmt werden, wie er nachahmen wollte; aber er hatte einen Auftrag und hat ihn erfüllt; und eine Ära wie die seine hat schwerlich eine dürftige Aufgabe gestellt oder einen unwürdigen Mann gewählt. So hat Corneille ein Menschenbild geprägt, dessen Formung das Opfer hoher Werte kostete; es läßt sich schwer begreifen, viel schwerer nacherleben, während die Klagen und Leidenschaftsausbrüche der Menschen Racines noch immer erschüttern; aber vielleicht entsprach dieses Bild doch dem geschichtlichen Menschen jener Zeit; und vielleicht ist in ihm auf das Gebot der Zeit eine Haltung und Erfahrung Gestalt geworden, die viele Zeiten überdauert.

Nur diesen Fragen gelten die folgenden Seiten, die sich nicht berufen fühlen, an der Kunst und Sprache Pierre Corneilles Kritik zu üben noch seine Kritiker zu kritisieren. Auch erlöschen die Rechte der Kritik viel früher als das Recht der großen Werke. Grillparzer hat bereits Corneille als »eigentlichen Dichter« seinem Kritiker Lessing gegenübergestellt und mit Bezug auf das klassische französische Drama die gebührende Achtung vor Werken verlangt, »die den Stolz ihrer Zeit ausmachten und einen wenngleich bedingten Wert für alle Jahrhunderte behalten werden«. Noch wichtiger ist vielleicht die Feststellung Goethes: »Von Corneille ging eine Wirkung aus, die fähig war, Heldenseelen zu bilden«, und die im Hinblick auf Corneille gemachte Bemerkung, daß »der persönliche Charakter des Schriftstellers seine Bedeutung beim Publikum« hervorbringe. Hebbel trug sich mit dem Gedanken, das Verhältnis zwischen Corneille und Richelieu zum Gegenstand eines Dramas zu machen; vielleicht wären darin die tiefen, wahrhaft tragischen Beziehungen, die zwischen dem Dichter und dem Träger der Geschichte walten können, gestaltet worden. Nicht nach dem ästhetischen Wert, der geistesgeschichtlichen Stellung soll hier gefragt werden; es wird nur der Versuch gemacht, das Innerste der Aussage Pierre Corneilles – einer Aussage, die aus der Seele kam und diese wieder suchte – zusammenzufassen und von ihr aus des Dichters Stellung in der Geschichte und das geschichtliche Schicksal seines Werkes zu begreifen. Diese Aussage will freilich als eine noch immer lebendige, ja mächtige geistige Kraft erkannt werden, die von dem Aufnehmenden eine Haltung verlangt. Damit wird kein Urteil über den Dichter gesprochen; Pierre Corneille hat den Beifall der Großen seiner Zeit errungen; und schwerlich brachte die Nachwelt Männer hervor, deren Meinung für ihn höheren Wertes gewesen wäre als das Urteil Ludwigs XIV., Turennes und Condés.

Saint-Roch

Aus der langen Häuserzeile der Rue St. Honoré zu Paris ragt die auf breiten Stufen ruhende Fassade einer Kirche empor, deren schweres, ernstes Gepräge sich von der Bauweise und dem Lebensgefühl der französischen Hauptstadt schon merklich zu entfernen scheint. Die drei Portale öffnen sich in einer horizontal geteilten, von übereinanderstehenden Säulen gestützten Wand; hoch und weit ist der dreigeteilte graue Raum, der sich in das Ungewisse verliert. Hinter dem Hochaltar führt eine Folge von Kapellen in immer tiefere Schatten; die Gestalten Marias und Josephs, die das göttliche Kind verehren, erheben sich vor dem Dunkel. Undurchschaubar ist die Gestalt des Raumes, vor dessen Tiefe die Arkaden des Mittelschiffes sich im Halbkreis zusammenschließen und dessen Seitenschiffe von Kapellen begleitet werden; vielleicht wurde hier eine besondere, kunstvolle Form gesucht, die Vereinigung hoher Weiträumigkeit mit dem Geheimnis der dahinter liegenden Kapellen, die sich nicht recht ergeben wollte. Am ersten Pfeiler zur Linken nennt eine Marmortafel der neueren Zeit unter einem Reliefbildnis den Namen Pierre Corneilles, der hier begraben wurde; gegenüber meldet eine Inschrift, daß der italienische Dichter Manzoni in dieser Kirche den in der Taufe empfangenen Glauben wiedergefunden habe. Es ist die Kirche St. Roch, deren Grundstein der noch knabenhafte Ludwig XIV. selbst gelegt haben soll und die damals mit den Bildnissen des Königs und seiner Mutter geziert wurde. In den Kapellen der Seitenschiffe sind die Grabmäler und Epitaphe geistlicher und weltlicher Herren und mancher Träger berühmter Namen versammelt; an Mignard und den Taubstummenlehrer Abbé de l'Epée, an Le Nôtre, der Ludwigs XIV. Gärten erdachte, und an Maupertuis, der Friedrichs des Großen Akademie vorstand, erinnern die Denksteine. Nach der Revolution boten die starken Mauern von St. Roch verstreuten, heimatlos gewordenen Grabmälern eine Zuflucht, wenngleich sie die ihnen anvertrauten Gebeine nicht hatten schützen können; denn auch Corneilles Staub war in dem Sturm verweht worden, der durch die Kirchen fegte. So ist der Dichter ganz eins geworden mit dem grauen, ernsten Raum dieses Gotteshauses; wenn das Brausen der Orgel die Hallen erfüllt, mag man sich seiner Stimme erinnern, die mit nicht geringerer Macht die Hallen der Geschichte durchbrauste und, nur den Frommen vernehmlich, den Namen Gottes verkündete oder nicht minder demütig schwieg.

Nicht mit der Harmonie der schwebenden Gewichte, des flutenden, von alten Scheiben wunderbar verwandelten Lichtes bezwingt St. Roch, wie es St. Etienne du Mont vermag, wo Racine und Pascal bestattet sind; sie ruhen hier in demselben Raume, der das Andenken an die heilige Genoveva, die Schutzpatronin der Hauptstadt, bewahrt. Die Kirche auf dem Berge verkörpert auf ergreifende Weise die Verbindung des Heiligen mit dem Geistigen, die vielleicht doch das tiefste, auch noch im Abfall bestätigte Wesen der Stadt ausmacht und ihre Wirkung wie ihre Aussage und ihre Gestalt unvertilgbar durchdringt. In diesem strebenden Raume scheinen die Steine ihr Gesicht verloren zu haben, so glücklich und sicher hat die durchgeistigende Kraft des Planes den Stoff überwunden, haben die wechselnden Stile der Zeiten sich verbunden und verschlungen; leicht scheint das hohe Gewölbe zu sein, in dessen Schutz der Tragiker, der in die tiefsten Abgründe der Seele hinabgestiegen, nicht ferne dem freilich entweihten Grabe der Heiligen ruht. Und wie fern mag Racine am Ende seinem Werk, seinem Leben, der Tragödie gewesen sein, und wieviel höher mag er den Frieden der Seele geschätzt haben als ein vollkommenes Gedicht!

Die Gewölbe von St. Roch sind hoch, aber lastend; die Kirche steigt gleich einer Burg empor zwischen den engen, düstern Häusern ihres Viertels. Wie das Werk des Dichters steht sie inmitten der Geschichte. Nicht weit von ihr erhob sich die Porte St. Honoré im Schutz ihres Grabens und wuchtiger Türme; vor ihr kämpfte Jeanne d'Arc, die bald darauf in des Dichters Geburtsort den Tod erleiden sollte; Corneille hat sie in frommen Versen besungen in einer der geistlichen Dichtungen, zu denen er immer wieder zurückkehrte, wenn er nach einer andern Welt verlangte, als sie das Drama bot. Stadteinwärts auf derselben Straße, in der Gegend des Pont Neuf, ward Molière in einem engen Fachwerkhause geboren; die Straße abwärts stand das Haus des Tischlers Duplay, wo Robespierre im ungeheuersten Widerspruch zwischen seiner Umwelt, seiner Tat und seinem Wesen lebte; und nahe ist auch der Marché St. Honoré, wo die Jakobiner tagten. An der Kirche vorüber fuhren die Wagen der Verurteilten zum Richtplatze; ihre breite Treppe diente den Royalisten zur Bastion im vergeblichen Kampfe gegen Bonaparte, der, von den Tuilerien heranrückend, sein Geschütz auf die Aufständischen vor dem Portale richtete und sie niederschlug; noch lange zeigten die Säulen die Narben dieses Kampfes. Und wenn irgendwo nach den Jahren des Schreckens die Fahne der Könige wieder erhoben werden mußte, so war es gewiß hier, vor dem Grabe des Dichters, der wie kein anderer seine Kraft darangesetzt hatte, den Namen des Königs zu verklären, die Bedeutung seines Amtes sinnbildlich in dramatischer Handlung auszudrücken und in unverwischbar geprägten Worten dem Volke zu sagen, was ein König sei. Aber die alte Fahne sank vor einer neuen Art von Macht; ist nicht damals auch die Welt des Dichters, sein Vermächtnis, sein Ethos, sein Bild des Menschen und der Ordnung für immer versunken?

So könnte diese Kirche wohl viele Fragen stellen; vor ihr stießen ja die Welt der Geschichte und die Welt des Geistes, die Macht und das Heilige zusammen. Und die Grabtafel über dem verschwundenen Grabe könnte wohl nach dem Schicksal des Dichters in diesem Kampfe fragen. Wie so vielen andern Denksteinen, die keine Gräber mehr bezeichnen, haftet ihr eine eigentümliche Schattenhaftigkeit und Leere an. Das alte Frankreich, von dem sie zeugen, ist dahin, und nicht einmal der Staub der Toten ist geblieben. Wohl ist der Ruhm des Sonnenkönigs, dessen Ära das mächtige Wort des Dichters einleitete, wieder- und wiedergekehrt; und wie teuer war dem Dichter der Name des Ruhmes, wie sehr ersehnte er ihn für sein Land! Aber ob die leidenschaftlich begeisterten Scharen der Revolution, die dem Tag des Ruhmes entgegenzogen, ihn wohl verstanden hätten? Ob es die Menschen waren, die er sich als Sieger wünschte? Der Korse beteuerte seine Verehrung für Corneille, den er gerne mit fürstlichen Ehren beschenkt hätte: Ob er ihn wohl ganz verstand und ob der Dichter nicht selber schuld an so vielen Mißverständnissen war? Über einen jeden Dichter gebietet die Geschichte; nur das Höchste, Äußerste seines Werkes, die letzten Gipfel seiner Landschaft sind vielleicht von reinem Lichte bestrahlt; auf den Bergwänden und der Ebene lagern hellere oder dunklere Schatten; sie werden tiefer, je weiter die Zeit das Bild entfernt, und oft dunkelt es so sehr nach, daß die Linien kaum mehr kenntlich sind.

Corneilles Welt ist weit entrückt; und das heißt vor allem: das Bild des Menschen, das er hegte, ist den Späteren fremd geworden; die Werte, die er hinter seinem Werke errichtete als die Tafeln gleichsam, auf die sich das Tun der Menschen beziehen sollte, veränderten sich. Nicht der Mensch Corneilles behauptete sich in der Geschichte ein Jahrhundert nach des Dichters Tod, wie stark auch sein Name noch immer nachtönte; er war ein Mensch, der dem Menschenbild Racines um vieles näher, reicher und zwiespältiger war und viel weniger geneigt, sich unverrückbaren Gesetzen zu unterwerfen. Späteren wurde die Leidenschaft zum Wert; in den Augen Corneilles konnte sie nur einen Wert verleihen, sofern sie überwunden wurde. Aber die mißverständliche oder trügerische Erfüllung einer Forderung scheidet noch mehr von ihr als die Abkehr; als die Leidenschaften sich im Namen der Vernunft befreiten, um unter ihrem Scheinkönigtum uneingeschränkt zu herrschen; als die unverhüllte Dämonie in Gestalt des Korsen als die einzige Kraft erschien, von der eine ordnende Wirkung zu erhoffen war: da erst war Corneilles Welt völlig überwunden. So hat ihn, den die Geschichte zu ihrem Wegbereiter und Sprecher gemacht hatte, auch die Geschichte überwältigt; der ihm zugebilligte Raum war sehr viel enger, als es den Anschein haben könnte; erst als die Glaubenskämpfe durch härteste Willensschulung einen Menschen gebildet hatten, dem es gemäß war, an Stelle des Persönlichen das Überpersönliche zu ergreifen, wurde Corneilles Dichtung möglich, denn erst dann tauchten seine Probleme auf, wurden sie verstanden und erlebt; als der Mensch, der dringendsten Not für den Augenblick enthoben, der Bindungen überdrüssig, sich wieder dem Eigenen und Vereinzelten, den Leidenschaften und gar dem Glück in irgendeinem irdischen Sinne zuwandte, mußte Corneilles Dichtung unverständlich oder mißverständlich werden; sie mußte zum mindesten weit zurücktreten in der Schätzung der Menschen, denen nur groß erscheint, was ihnen nah ist.

Aber eine Stimme wie die seine tönt nicht von ungefähr; ihr ist eine Aussage aufgetragen, die einem Volke wohl selten ein zweites Mal gelingt; und wie groß auch immer der Anteil gesellschaftlicher Zustände an der Entfaltung eines solchen Werkes sein mag, so erklären diese doch nicht im geringsten die Kraft, die es hervortreibt. In ihm sagt sich die Geschichte eines Volkes auf dem Höhepunkt einer Epoche aus; eine solche Aussage kann nach den Gesetzen der Kunst gewertet und gerichtet werden; aber ein solches Urteil umfaßt niemals ihren ganzen Wert. Wenn der gealterte Dichter mürrisch, mit bittern Gefühlen in der Loge des Hôtel de Bourgogne auf die Verse des »Britannicus«, des »Bajazet« hörte, so drang eine Musik an sein Ohr, über deren unerhörten Reichtum der Seelenhaftigkeit und qualvoller, quälerischer Leidenschaft er nicht gebot; ihr gegenüber klang seine eigene Sprache, der es doch wahrlich an Gegensätzen nicht fehlte, wie die einfache und fast eintönige Melodie eines alten Meisters. Schwer nur ging Corneille das Wort von den Lippen, während Racine sprühte; schwer auch ist oft die Rede seiner Helden, es sei denn, daß die Leidenschaft für ihre Pflicht sie ergriffen hätte, die keiner Schranke achtet und ihren höchsten Triumph in der Selbstaufgabe feiert. Dennoch sollte der König bald von der Vollgewalt, der übermenschlichen Hoheit umleuchtet sein, die Corneille seinen Königen um die Schultern legte, sollten Männer die Heere Frankreichs führen, die seinen Kriegern und Feldherren glichen. Dichter kommen entweder zu früh oder zu spät: vorzubereiten, was kommen soll, oder in die Dauer zu erheben, was vergänglich und vielleicht schon vergangen ist; sie stehen in einem merkwürdigen, aber unberechenbaren Zusammenhang mit dem Volksgeschick. So lebte auch Corneille vor der Zeit, in der sein Ideal zur höchsten geschichtlichen Geltung emporstieg: zu jenem Ruhme, der nur die Folge einer längst gefallenen unsichtbaren Entscheidung ist; und er lebte doch spät genug, um bereits einem neuen Ideal und Menschenbild zu begegnen, das ihm gegenüber dieselbe Berufung der Geschichte hatte, die er einst selbst besessen. Mit der Gerechtigkeit der bedingungslosen Unbarmherzigkeit, die der Geschichte eigen ist, hatte sie ihn gerufen, gebraucht und verworfen.

Freilich, der greise Dichter suchte den letzten Sinn seines Daseins gewiß nicht im Werk. Er hatte nur wenige Schritte von seiner Wohnung in der krummen Rue Argenteuil nach St. Roch; wie er früher täglich von der Rue Cléry hinter den Hallen nach St. Eustache ging, um sein Brevier zu beten, so mag er, sofern das Alter es noch erlaubte, nach St. Roch gegangen sein; Ruhm und Ehre hatten ihn nicht verlassen trotz aller Niederlagen der späteren Zeit, die einen minder starken Willen vielleicht gebrochen hätten. Noch spielten die Theater seine Stücke, wie herb auch die Kritik und der Spott der sich abwendenden Menschen waren; noch ehrte der König ihn und sein Werk. Alte Freunde, wie die Madame de Sévigné, hatten ihm Treue gehalten und für ihn und seine Kunst unbeirrt den ersten Platz gefordert, vor dem gepriesenen Dichter der »Andromaque«. Corneille war in starrer Beharrlichkeit geblieben, der er von Anfang an war; nur die Zeit hatte sich verändert; er stellte seine spätern, mit so viel Überlegung geschaffenen Stücke den früheren, berühmtern nicht nach; nur die Zeit verstand sie nicht. Aber der große Selbstbetrug des modernen Künstlers, daß die Unsterblichkeit im Werke sei, verdunkelte die Altersjahre Pierre Corneilles nicht: er suchte das ewige Leben im geoffenbarten Lande der Seele. Er unterschied zwischen dem Ruhm auf Erden und dem Ruhm im Himmel und schrieb noch als Sechzigjähriger seinem einstigen Lehrer in der Jesuitenschule zu Rouen, daß er hoffe, dem Pater auch diesen Ruhm dereinst zu verdanken, so, wie er ihm jenen zu verdanken habe. Und so hatte er sich über die Geschichte erhoben, während er ihr Werkzeug war; hier in St. Roch, wo er betete, wo für eine Weile sein Staub ruhte, um dann von einem fremden Geschlechte zerstreut zu werden, an dem leidenschaftlich umkämpften Schauplatz der Geschichte ging Pierre Corneille in die wahre Unsterblichkeit ein.

Das Tragische

Eine Frage scheint die Grabstätte des Dichters zu stellen, eine Frage stellt auch sein Leben. Denn selbst wenn wir ihm begegnen könnten, wie ihm die Zeitgenossen begegnet sind, wie wenig würden wir erfahren von seinen Werken, seinem Wesen! Eine Prinzessin, die den berühmten Dichter zu sprechen verlangt hatte, erklärte danach, man solle ihn nur im Hôtel de Bourgogne hören. Nie, so versichert ein Zeitgenosse, habe Corneille ein vollkommenes Französisch gesprochen. Aber ob er es wollte, ob er sich die Mühe gab, den Vorstellungen, die sich die Menschen von einem großen Dichter machten, im mindesten zu entsprechen? Freunden, die ihm Vorhaltungen machten, erwiderte er: »Ich bin darum nicht weniger Pierre Corneille.« Wer ihn zum erstenmal sah, konnte ihn für einen Kaufmann aus Rouen halten; seine trockene, mühsame Unterhaltung wurde zur Last. Er konnte seine Stücke nicht vortragen, seine Handschrift kaum lesen. Zwischen Rouen und Paris verlief sein Leben; war er im Grunde nicht immer fremd in Paris? Soweit es gehen wollte, hielt er sich an seine normannischen Landsleute; mit nahezu unterwürfiger Ehrerbietung grüßte er die großen Herren, widmete er ihnen seine Stücke; mit fast ängstlicher Zaghaftigkeit näherte er sich ihnen. Aber der Verherrlicher des Königtums liebte den Hof nicht und war dort fast unbekannt; in seiner schroffen, rauhen Art unterdrückte er die bittersten Urteile nicht; er schrieb eine Grabschrift auf Ludwig XIII., die selbst Voltaires Unwillen erregen sollte. Sprach er von seinen Stücken, so gewiß nicht von ihrem Gehalt; das Geld, das sie ihm einbrachten, schien ihm das Wichtigste zu sein; nach dem Ertrag, so hieß es, bewerte er seine Tragödien. War dies die Art, der Lebensgang eines Dichters? Nachdem er in jungen Jahren vergeblich als Advokat sein Glück versucht hatte, kaufte ihm sein Vater einen Sitz an der Table de Marbre zu Rouen, die in Sachen der Schiffahrt, der Forste und Gewässer entschied; dort waltete er über zwei Jahrzehnte lang in strenger Gewissenhaftigkeit seines Amtes. Der Adel, den der Vater für treue Dienste erwarb, ging auf ihn und seine Kinder über; und er ließ ihn sich nicht entreißen, als ein königliches Edikt die jüngst verliehenen Adelsbriefe ungültig machen wollte.

Mit derselben Sorgfalt, die er seinem Amte zuwandte, widmete er sich seiner Familie, der Erziehung der Kinder und der Wahl ihres Berufes und Lebensweges; hatte er ein Stück beendet, so las er es seiner Schwester vor, deren Urteil ihm manches Urteil der Kritiker aufwog. Wer, der ihn näher kannte, wußte es nicht, daß er sehr stolz, sehr selbstbewußt war; daß ihn die vorsichtigste Kritik, wenn sie von außen kam, oft auf das empfindlichste verletzte; daß er aber nach einiger Zeit die eigenen Stücke kühl zergliedern konnte, als seien es die Werke eines Fremden! Neben ihm arbeitete sein jüngerer Bruder Thomas, wie der ältere von der Leidenschaft für die Tragödie besessen; ihm war eine wunderbare Leichtigkeit des Hervorbringens verliehen. Quälte sich Pierre um einen Reim ab, so brauchte er nur das Schiebefenster zu öffnen und seinen Bruder zu fragen; nie war Thomas um einen Reim verlegen; dafür ließ er sich von Pierre wohl die Stoffe abtreten, die dieser nicht bearbeiten wollte. Auf den Wunsch des Älteren hatte Thomas die Schwester seiner Frau geheiratet, und dieser doppelte Bund sollte sich während eines langen Lebens bewähren. Derselbe Altersunterschied trennte die Männer wie die Frauen, es waren fast zwanzig Jahre; die Brüder wohnten in benachbarten Häusern; sie hatten dieselbe Anzahl Kinder; nie konnten sie sich entschließen, die Mitgift ihrer Frauen untereinander zu teilen; später zogen sie zusammen nach Paris und wechselten dort gemeinsam ihre Wohnungen von Straße zu Straße, bis sie endlich in der Gegend von St. Roch nicht mehr im selben Hause, aber doch nahe nebeneinander wohnten.

Wunderbares und vielleicht auch wunderliches Leben des Tragikers zu Rouen! Ungern nur löst sich der Nebel von den Giebeln der Stadt, und oft genug verschwinden die Türme im Undurchdringlichen, bis die Sonne sich endlich durchkämpft und breite Lichtbahnen von den Turmspitzen niedersendet. Eng sind die Gassen, eng ist das Haus in der Rue de la Pie hinter dem Alten Markt; der Tag verklingt früh, und nur zögernd dringt am Morgen das Licht in die Räume, deren einer dem andern noch durch die Fenster der Zwischenwand Helligkeit schenken soll. Auf dem Weg in das Palais de Justice kommt der Dichter an der Stelle vorüber, wo Jeanne d'Arc den Tod erlitt, und er kreuzt die Straße, die zur Seine hinab zum Schloß des englischen Königs Heinrich v. führte; hier auf dem Alten Markt hatten die Normannen ein Schloß zu bauen gewagt, nachdem sie die Ufer mit schweren Türmen gesichert hatten. Über die königliche Treppe des Palais de Justice erreicht der Dichter den dämmernden, hochgewölbten Saal, an dessen Ende der erhöhte schwarze Marmortisch steht; es ist ein großer Raum, würdig, nicht allein den Beamten des Königs, sondern der Geschichte selbst zu dienen, die freilich vorüberging an Rouen, nachdem sie die Stadt mit ihren Schatten angefüllt hatte.

Doch wenn je ein Tragiker das Idyll geliebt hat, so muß es Pierre Corneille gewesen sein. Im Sommer fuhr er mit den Seinigen hinaus in das Landhaus Petit Couronne, das der Vater schon erworben hatte. Bäume umdrängten das Fachwerkhaus, das ein kleiner Treppenturm schmückte; zuweilen überschwemmte der Fluß die Wiesen, dann warf die Sonne helle Spiegellichter in die bescheidenen, aber würdigen Räume, deren Möbel noch vom ernsten Geiste der Zeit Ludwigs XIII. geformt waren. Am jenseitigen Ufer begleitete ein hoher Waldrücken den dem Meere entgegeneilenden Strom. Neben dem Herrschaftshause, in einem geringern, bäuerlichen Hause, wohnte Thomas mit den Seinen; die Familien konnten sich durch eine Pforte in der Gartenmauer besuchen. Unter den Obstbäumen vor dem Hause lud ein mächtiger steinerner Tisch, auf dem der Vater schon seine Forstkarten ausgebreitet hatte, zum Schreiben ein. Und doch, wer wollte glauben, daß dieses Leben das eigentliche Leben Pierre Corneilles gewesen sei! Über den dämmrigen Gassen der Stadt, über dem Landhause, von dem sich der Kirchweg an der Seine hin durch das Dorf zog, öffnete sich ein gewaltiger Raum. Der Dichter lebte mit den Königen, den Feldherrn, Staatsmännern und Fürstinnen der alten Welt; er, der so oft verlegen, so oft verletztend war, hörte in seinem Innern eine Sprache tönen, die sein Volk mit gleicher Macht noch nicht gesprochen hatte: Durch ihn sollte diese Sprache gewonnen, sollte sie unverlierbarer Besitz des Volkes werden. Wie unsicher bewegten sich die ersten Helden der französischen Bühne, wie leicht glitten sie in die Niederungen des Witzes, der Plattheit ab, um nur den Zuschauern zu gefallen, wie formlos waren diese den Italienern schlecht nachgeahmten Stücke! Aber der Kampf um den höchsten Ruhm, die entscheidende Stellung in der Welt, den Frankreich in diesem Jahrhundert aufgenommen hatte, verlangte eine andere Sprache, eine andere Würde. Wenn die Bühne die tiefste Wirklichkeit sichtbar machen sollte: das, was als Möglichkeit in der Zeit, im Volke schlummerte; wenn sie Richtbilder geben sollte, die in die Richtung dieses Möglichen, des Notwendig-Künftigen wiesen; wenn sie erschüttern sollte, indem sie aussprach, was alle fühlten, alle als Forderung der Geschichte in sich trugen: dann mußte sie auf eine Höhe erhoben werden, die sie bisher noch nicht erstrebt hatte.

Nur im seltensten Augenblick sammelt sich auf diese Weise der Gehalt der Zeit in einem einzelnen an, so daß dieser ihm dienen muß, weit über eigenes Wissen hinaus; all diese Gestalten, die den Avocat du Roi umgeben und deren manche der Nachwelt unbegreiflich fern erscheinen werden, sind der

Zeit ja wunderbar nah: sie stehen alle im selben Kampf um die Herrschaft, die Macht; um die höchste, ordnende Form der Macht, die vor allem die Form des herrschenden, ordnenden Menschen ist. Wer soll, wer kann herrschen? Dies ist die Frage, die den Gründer der französischen Bühne beschäftigt von dem Augenblick an, da er im »Cid« seine aufstrebende stürmische Sprache findet, bis zum fünften Akt des »Suréna«, da er mit den schmerzlich beherrschten Worten des greisen, seinem Tode entgegengehenden Feldherrn:

Un peu de dureté sied bien aux grandes âmes

verstummt. Corneille kennt im Grunde nur dieses eine Problem; im Umkreis des Herrschenden, mit ihm oder gegen ihn wirkend, finden seine Gestalten ihr Schicksal. Und wie hätten die Zeitgenossen ihn nicht verstehen sollen, mochte er nun unter den Königen des Alten Roms oder den Cäsaren, den oströmischen Kaisern, unter den Fürsten Kleinasiens und Afrikas, den Langobarden oder Hunnen seine Sprecher finden! Wurde doch aus allen Schicksalen die Frage vernehmlich: Wer soll, wer kann in Frankreich herrschen, und wie herrscht Frankreich in der Welt? Unter welchem sittlichen Gesetze steht der wahre Herr? Und unter welchem sein Diener? Um dieser Frage willen mag der Dichter der Kunst mehr entzogen haben, als ihm bewußt geworden ist: ein Menschenbild wollte er vor allem geben, wie entschieden er auch als Dramatiker und Techniker des Theaters betonte, daß die Tragödie nicht Menschen, sondern eine Handlung darzustellen habe. In Wahrheit hat er die beiden Aufgaben vereint: durch das Medium der erschütternden Handlung vergegenwärtigte er den Menschen, auf den es ihm ankam, prägte er dessen Forderung den Seelen der Hörer ein.

Der Dichter hatte seiner Zeit diese Frage nicht abgelernt; sie war ein Teil seiner selbst; und es wäre müßig zu untersuchen, was er erfunden, was er übernommen hat: in der Prägung und verpflichtenden Darstellung geistig-geschichtlichen Gehaltes, nicht in der Erfindung des noch nie Gewesenen besteht die schöpferische Tat. Aber die Ideen einer Zeit und ihr Lebensgefühl sind untrennbar miteinander verbunden, freilich ohne einander zu bewirken. Das Gefühl greift hinauf nach der ihm gemäßen Idee; es bereitet ihre Geltung vor, wie es einmal auch die Abkehr von ihr vorbereiten wird. Vielleicht hätte der Dichter auf seiner Bühne das Bild des Herrschers nicht auf diese Höhe erhoben, wenn ihn nicht das Gefühl durchdrungen hätte, daß des Herrschers Schicksal ein tragisches sei; erreichbar wurde der Gipfel nur auf dem Wege über das Opfer; wer am höchsten im Leben stand, der hatte auch den höchsten Preis an das Leben bezahlt, ja, er gehörte vielleicht dem Leben, so wie es die von ihm beherrschten, zu ihm aufblickenden Menschen verstanden, gar nicht mehr an. Durch die Stunde des Sieges zuckt ein verborgener brennender Schmerz. Die Gesetzgeber und Ordner dieser Welt sind alle eines geheimen Todes gestorben, insofern der Verzicht auf alles Persönliche ein Tod ist: dieser geheime Tod des Mächtigen und Helden, der mit dem physischen Tod nicht zusammenfällt, im Gegenteil die erste Bedingung der nun zu bewältigenden geschichtlichen Aufgabe ist, war vielleicht das eigentliche Thema des Tragikers Corneille. So erscheint das Dasein in einem furchtbaren Widerspruch mit sich selbst: Gesetze sind dem Leben auferlegt, die dem Leben selbst widersprechen, und dennoch werden die Erfüller dieser Gesetze von einem Lichte umstrahlt, das dem Leben erst seinen reinsten Wert schenkt; es ist das Licht der verzichtenden Seele, der »grande âme«. Der Tod wäre wohl ein leichtes; diese Menschen alle, selbst die Liebenden von Cid und Chimène bis zu dem verzichtend sich zusammenfindenden Paare Martian und Pulchérie der vorletzten Tragödie, haben sich in der furchtbaren Krise, in die sie das Schicksal stellte, vom Leben gelöst; sie haben keine Wünsche mehr, wie sie andere Menschen empfinden, aber diese innere Abkehr, die den Schatten gespen-

stischer Leblosigkeit über ihre Züge zu werfen droht, entbindet sie doch nicht ihrer Pflichten: »Vis pour servir l'Etat«, sagt der König Tullius Aufidius zu dem Helden Horace, der im Zorne über die Schmähung seines Vaterlandes die eigene Schwester getötet und sich damit das Recht des Daseins verwirkt hat; zu Horace, dessen Heldenleben bereits sein Ziel erreichte, weil er auf dem Gipfel des Ruhmes, da er die Feinde Roms besiegt hatte, dessen Ende kommen fühlte. Denn für den Ruhm lebt der Held; und es ist die Tragik des Ruhmes, daß er sich selbst zerstört, indem er, immer ungesättigt, in Bezirke hinaufstrebt, wo er nicht mehr wachsen kann.
Alles ist Opfer, auch das Leben; es gibt kein persönliches Leiden, das aus der geschichtlichen Bindung löste. So gilt das Wort des Tullius Aufidius für alle Menschen Corneilles, die als Überwinder aus der »crise morale« hervorgehen; sie sind Gestorbene, die von den irdischen Pflichten doch nicht entlassen werden; sie sind die vom Dichter ersehnten Träger der Geschichte: Menschen, die auch den letzten persönlichen Wunsch aus ihrem Herzen getilgt haben und darum unberührbar in der Wirklichkeit stehen, um sie zu durchdringen und zu beherrschen als das verkörperte Amt, die verlebendigte Pflicht. Oft haben sie, die Männer wie die nicht minder heldischen Frauen, den Einspruch des Herzens unterdrückt; aber gerade darin besteht die Kunst der tragischen Bühne, daß sie diesen unterdrückten Einspruch fühlbar und sichtbar macht: das Gesagte deutet nur das Unsagbare an. Es bedürfte der Geste nicht, wenn sie nicht etwas auszudrücken hätte, das tief im Worte verborgen ist als seine zur Gestalt und Versinnlichung drängende Kraft; und es ist das Geheimnis des nur den wenigsten geschenkten dramatischen Worts, daß es auf diese Weise in das Sichtbare drängt. Den Großen steht es nicht an, von ihren Wünschen, ihren Leidenschaften zu sprechen; es sei denn, sie sprächen von ihrer Überwindung, unter dem Gebote der Vernunft; aber wenn Menschen dieser Art sich zu einer Geste, einer Andeutung bewegen lassen, so ist

Erschütterndes gesagt. Erst da Chimène den Geliebten für tot hält, kann sie ihre Liebe leidenschaftlich bekennen: die Fürstin darf nur von Liebe sprechen, wenn sie sich erhört weiß:

Et tel est en aimant le sort d'une princesse,
Que quelque amour qu'elle ait et qu'elle ait pu donner,
Il faut qu'elle devine, et force à deviner.

[OTHON III, 1]

»Vous aurez mes soupirs«, sagt die Partherfürstin Rodogune zu dem Prinzen Antiochus:

C'est tout ce qu'à mes feux ma gloire peut permettre,
Et tout ce qu'à vos feux les miens osent promettre.

[RODOGUNE IV, 1]

Mehr noch wagt Pauline, die Tochter des römischen Gouverneurs von Armenien, unter dem Schutze strengster Haltung zu gestehen:

Ma raison, il est vrai, dompte mes sentiments;
Mais quelque autorité que sur eux elle ait prise,
Elle n'y règne pas, elle les tyrannise;
Et quoique le dehors soit sans émotion,
Le dedans n'est que trouble et que sédition.
Un je ne sais quel charme encore vers vous m'emporte.

[POLYEUCTE II, 2]

Den Kampf, der diese Menschen belebt, können freilich nur gleich gebändigte Männer und Frauen, die Könige und großen Herren, an die sich der Dichter wendet, empfinden.
So ist Corneille als Darsteller der Selbstüberwindung, der Aufgabe des persönlichen Lebens zugunsten des überpersönlichen Lebens, der Dichter einer Idee, wie Calderon auf der

höheren Ebene der religiösen Kunst, Alfieri und Schiller gleich dem französischen Tragiker auf sittlich-politischer Ebene Ideendichter waren. Aber die Idee ist von tragischem Lebensgefühle durchdrungen und treibt mit dessen Kraft die Gestaltenfülle hervor. Wer vernähme die geheime Klage dieser Männer und Frauen nicht, die in der Schicksalsstunde an ihrem Glück vorübergehen, oft von dem Bewußtsein getröstet, daß die Geliebte oder der Liebende sich auf dieselbe Weise entscheiden werden, um eben dadurch zu zeigen, daß sie wert waren, geliebt zu werden. Sie alle wissen wohl, was Liebe ist; Rodogune spricht es aus:

Il est des nœuds secrets, il est des sympathies
Dont par le doux rapport les âmes assorties
S'attachent l'une à l'autre et se laissent piquer
Par ces je ne sais quoi qu'on ne peut expliquer.

[RODOGUNE I, 5]

Aber diesem Wissen steht der unerschütterliche Gehorsam gegen Pflicht und Bestimmung, gegen den angeborenen Rang gegenüber; Rodogune kann von Liebe sprechen, weil sie entschlossen ist, dem Gesetz zu gehorchen; sie wird sich mit dem Manne verbinden, der ihr bestimmt ist, und das Bewußtsein, ihre Pflicht zu erfüllen, wird ihn ihr teuer machen:

L'hymen me le rendra précieux à son tour,
Et le devoir fera ce qu'aurait fait l'amour.

[I, 5]

Wie könnte Seleucus, der sie liebt, ihren ganzen Wert begreifen, wenn er sich nicht dieselbe Haltung errungen hätte:

Et ma raison sur moi gardera tant d'empire,
Que je désavouerai mon cœur s'il en soupire.

[I, 3]

Mit dieser Bereitschaft im Herzen folgten die bourbonischen und habsburgischen Prinzessinnen der Werbung eines ungeliebten, ungekannten Fürsten in die Fremde, lernten sie dem Manne in Liebe angehören, den sie nicht erwählt hatten. Mußten sie ihn nicht lieben, da das Gesetz ihres Hauses sie mit ihm verbunden hatte; da er ihres Ranges war und dieselbe Form in ihm denselben Wert entwickeln konnte? Rasch verwandelt sich die Klage dieser Menschen in eine heroische Melodie; sie sind ihrem Gesetz begegnet und haben ihm gehorcht; sie lieben das Gesetz, wie die große Seele ihr höheres Leben liebt; sie lieben auch den Menschen, der dieses Gesetz vertritt. Wie der echte Christ im Leben nichts mehr zu fürchten hat, weil ihm in aller Schickung nur das Kreuz entgegenkommen kann, das er ersehnt, so haben diese Helden und Heldinnen nichts mehr zu fürchten: die Notwendigkeit kommt ihnen entgegen und sie werden sie annehmen; so erringen sie sich ihren höchsten Wert.

Et comme tous mes feux n'avaient rien que de saint,
L'honneur les alluma, le devoir les éteint,

darf Pulchérie in der tiefsinnigen und kunstreichen Tragödie »Héraclius« (III, 1) bekennen; und wie sie sagt Plautine, die Tochter des römischen Konsuls Vinius:

Il est un autre amour dont les vœux innocents
S'élèvent au-dessus du commerce des sens.
Plus la flamme en est pure et plus elle est durable.
[OTHON I, 4]

Denn der Wille dieser Menschen ist frei; sie wollen ihr Schicksal tragen und wollen es verantworten; auf der Begegnung eines mächtigen freien Willens mit unverrückbaren Gesetzen beruhen die Spannungen ihrer tragischen Welt; und die Frauen stehen den Männern im Willen, in der Bewußtheit nicht nach. Als der Dichter in seinem »Œdipe« sich der Antike näherte – wenn auch nur in äußerlichem Sinne –, erhob er auf das leidenschaftlichste Einspruch gegen den Glauben an die Übermacht des Schicksals und die Unfreiheit des Willens:

D'un tel aveuglement daignez me dispenser.
Le ciel, juste à punir, juste à récompenser,
Pour rendre aux actions leur peine ou leur salaire,
Doit nous offrir son aide, et puis nous laisser faire.

[OEDIPE III, 5]

Diese immer aufs neue gestaltete Tragik der Liebe, die, wie mächtig sie auch das Herz bewegt, in Gegensatz zu den Werten gerät und diesen geopfert werden muß, ist doch nur eine Seite der tragischen Gegensätzlichkeit des Lebens. Liebe ist ja kein Wert für Corneille; sie ist eine Versuchung, die den Menschen von der freien Annahme der Notwendigkeit abziehen möchte; sie kann ihn emporheben oder ihn binden mit der Kraft der Pflicht, wenn er ein Gelöbnis abgelegt hat, dem das Schicksal bald eine andere Pflicht entgegensetzen wird; immer ist sie der Anlaß einer Bewährung, in der allein der Wert beruht. Seine Menschen sind nicht für die Fülle des Lebens geschaffen wie die Menschen Racines, in denen die zärtlichsten und stürmischsten Gefühle, Hoheit und Dämonie durcheinander wogen, – auch der Dichter war nicht für die Fülle geschaffen, sondern für die strenge sittliche Form, die er mit normannischer Starrheit bewahrte und den Zeitgenossen immer wieder darbot; darum scheint seine Sprache oft nur auf einen Ton gestimmt, so daß die Verwöhnten sich von ihr abwenden. Nicht den Reichtum der Übergänge hatte er zu geben; dafür aber die Festigkeit und Stärke erlebter Haltung, die Leidenschaft der Idee. Und wie die Liebe eine Versuchung ist für seine Helden, deren sie Herr werden, so könnte das Gesetz als eine Versuchung seiner Liebenden erscheinen, aber eine weit mächtigere, sogar unüberwindliche. Sobald der Liebende Corneilles aus der Ferne den Ruf vernimmt, der ihn auf den Schauplatz geschichtlicher Tat ruft, läßt er den Arm sinken, mit dem er eben noch die Geliebte umfaßt hielt; die Geliebte wird es nicht anders erwarten, nicht anders wünschen: wie könnte sie einen Mann lieben, der nicht mit heiliger Inbrunst das Gesetz ergriffe! Wohl haben sie die Frage der Camille (im »Othon« III, 1) auf den Lippen: »Que l'amour est sur moi plus fort que le devoir?« Aber darin kann ihr tiefstes Leiden nicht bestehen, daß Neigung und Pflicht einander widerstreiten: dies ist doch nur der Anfang des Leidens, des Schicksals. Denn in diesem Zwiespalt ist es gewiß, was getan werden muß; und was sie tun müssen, das werden sie auch tun.

Ihr eigentliches Leiden beginnt erst, wenn zwei Pflichten einander hemmen, so daß die Erfüllung der einen die Versäumnis der andern zur Folge hat: darin hat Corneille in Übereinstimmung mit den Alten das Tragische erblickt*. Aber nicht auf der Schuld liegt der Akzent seines Pathos; unschuldig geraten viele – wenn auch nicht alle – seiner Helden zwischen die einander widerstreitenden Notwendigkeiten: Cid ist der Geliebten verpflichtet; er ist aber auch verpflichtet, die Schmach seines Vaters am Vater der Chimène zu rächen; und er ist endlich Untertan seines Königs. Was er immer tun mag, er wird eine Pflicht verletzen, und diese Einsicht erst läßt ihn, einen durchaus ritterlichen Menschen, in die Klage ausbrechen: »Je dois à ma maîtresse aussi bien qu'à mon père« (I, 6). In der Begegnung mit der spanischen Welt gelangte Corneille zur Ausprägung des Tragischen, der er treu bleiben sollte, um sie im Verlaufe einer langen Schaffenszeit unablässig zu erhärten und zu vertiefen. Mit seinem Bruder Thomas studierte er die spanischen Dramatiker: spanische Unerbittlichkeit und Folgerichtigkeit, spanischer Rittersinn, aber auch die glühende spanische Dialektik waren notwendig,

* Grundsätzliches darüber sagt G. Lanson: Corneille, Paris 1913.

um seine Form zu entwickeln; doch entsprachen sie merkwürdig gut seinem Wesen, seinen Überzeugungen und der Schule, die er durchlaufen hatte. Es will nicht wenig sagen, daß die Spanier den von ihnen angeregten französischen »Cid« wieder zurücknahmen und an ihm weiter dichteten.

Wohl ist die Verletzung der Pflicht eine Schuld, aber sie geschieht in dieser tragischen Sphäre ohne Zustimmung des Menschen; Furchtbareres kann diesen adligen, harten Naturen nicht begegnen, als daß sie eine Pflicht verletzen; darin liegt alle Not, alle Strafe beschlossen. Das Leben stellt den Menschen vor diesen Widerspruch, der ihn zerstört, ihn weder verweilen noch weiterschreiten lassen will; ein jeder Schritt ist gegen das Gesetz; ein jeder Schritt ist notwendig. Horace kann es nicht dulden, daß seine Schwester sein Vaterland schmäht; er tötet sie und fühlt keine Reue; er glaubt, das Notwendige getan zu haben. Aber wie ist es mit dem Staate bestellt, der es zuläßt, daß der Bruder die Schwester richtet? Indem Horace den Staat verteidigte, gefährdete er wieder dessen innere sittliche Ordnung; darum fordert der Römer Valère seinen Tod: »Qu'il triomphe en vainqueur, et périsse en coupable« (v, 2). Als Augustus auf der Höhe der schwer erkauften, immer bedrohten Macht dem Verschwörer Cinna verzeihen möchte, muß er fürchten, den Verrat zu ermutigen und damit seine Macht und das Ansehen des Staates zu untergraben. Er mag kein Blut mehr vergießen –, zu viel ist schon geflossen, die Macht ist überzahlt. Aber wie sollte er leben ohne Macht? So befällt den auf dem Gipfel Stehenden die Sehnsucht nach dem Tode:

Meurs, puisque c'est un mal que tu ne peux guérir;
Meurs enfin, puisqu'il faut ou tout perdre, ou mourir.
La vie est peu de chose, et le peu qui t'en reste
Ne vaut pas l'acheter par un prix si funeste.

[CINNA IV, 2]

In dem »il faut« ist der Gehalt der Aussage beschlossen; was immer Augustus tun mag, er muß sich gegen sich selber richten; auf der Lebensstufe, wo er steht, ist das Übel nicht zu heilen.

Dies ist das Lebensgefühl, ist die Lebenserfahrung Corneilles: Du mußt das Äußerste tun, das dir erreichbar ist; aber dieses Äußerste ist auch das Ende: unweigerlich kommst du dorthin, wo du deinem Sein und Wesen widersprechen mußt, wo du nicht mehr sein kannst; eben die Kraft, die dich zur Tat getrieben, führt dich über sie hinaus; und es ist nirgendwo tieferes Leiden als auf den letzten Gipfeln menschlichen Daseins, denen die großen Seelen aus innerstem Verlangen entgegenstreben. Während die Welt noch deinen Namen feiert, hast du das Ende schon erfahren. Du siegst, aber in Wahrheit handelst du gegen dich selbst. Und so ist der Gegensatz zwischen Leben und Werk, zwischen dem Avocat du Roi an der Table de Marbre im Palais zu Rouen und dem tragischen Dichter, der mit den Großen der Erde umgeht, nur ein scheinbarer: Corneille hat nichts anderes gedichtet als die Tragödie seines eigenen Lebens, seines Ruhms, der sich vollendet und überlebt, als den Siegesjubel und die Trauer seiner Seele. Aber was er als Dichter auf der tragischen Bühne erlebte, das erlebte sein Volk in diesem Jahrhundert äußersten, sich verstrahlenden Glanzes; das sollte der König erleben, dessen Bahn gewaltig anstieg, während des Dichters Weg sich unaufhaltsam senkte. Als Ludwig im Jahre 1676 unter sechs Tragödien des Dichters auch den vor fast vierzig Jahren erschienenen »Cinna« in Versailles spielen ließ, da hätte der noch jugendliche Sonnenkönig aus den Worten des Augustus den Vorklang der Müdigkeit vernehmen können, die ihn dereinst, am Ende seiner Siege und seines Kampfes um die höchste Krone, befallen sollte. Corneille, der Dichter, nahm ein gutes Teil der Geschichte und namentlich die in der Geschichte fast unabwendbar drohende Erfahrung des Tragischen voraus; die wahrhaft großen Kräfte eines Zeitalters haben denselben Ursprung und stehen unter demselben Stern; sie sind auf eine Weise miteinander verbunden, die kein Verstand durchdringt, und wissen darum von ihrem Wesen und Schicksal, selbst wenn sie einander nie begegneten. Und wenn auch die eine Erscheinung um wenige Augenblicke früher, die andere später aufleuchtet, so beschreiben sie doch ähnliche Bahnen, bis der ganze Meteorenschwarm der Schicksale vorüber ist und ein anderes Phänomen die Herrschaft antritt.

Dichtung hat ihren Wert in sich selbst und kann auf dem Gebiete der Kunst nur durch diesen Wert erhalten werden; unabhängig davon ist sie eine Stimme, die über den Gehalt der Zeit, das innere Schicksal und Wesen des Volkes, dem sie angehört, und über das Schicksal des Geistes in der Geschichte – ein tragisches, um der tiefsten Gemeinsamkeit willen einsames Schicksal – ihre Aussage macht. Für sie ist das, was der Dichter nur gewollt hat, nicht minder wichtig als das, was ihm gelungen ist. Corneille hat seine ganze Kraft, seine immer reicher werdende Kunst und Kunsterfahrung daran gesetzt, die Menschen in jener unheilbaren Gegensätzlichkeit darzustellen, die man die »Dialektik des Tragischen« nennen könnte. Ja, er hat das Tragische gewissermaßen auf einen Generalnenner gebracht oder in eine Formel zusammengepreßt, die er in dem Bedürfnis nach denkerischer Durchdringung der gefühlsmäßigen Fundamente der Tragödie den Personen wie Leitsprüche ihres Schicksals auf die Lippen legte. Im »Œdipe« spricht Jocaste für alle Menschen Corneilles:

Mais, hélas! mon devoir aux deux partis m'attache . . .
Et je trouve toujours dans mon esprit confus
Et tout ce que je suis et tout ce que je fus . . .
Et mon cœur, qui doit tout, et ne voit rien permis,
Souffre tout à la fois deux tyrans ennemis.

[IV, 5]

Dies war es, was ihn zu dem antiken Stoff zog, dessen Behandlung ihm den Tadel der Nachwelt eintragen sollte: im »Œdipe« ließ sich der Mensch im gänzlichen Zerfall mit sich selbst darstellen; wie Jocaste, so sieht auch Ödipus sein Dasein in der Mitte zerbrechen; in seinen beiden einander hassenden Söhnen erkennt er das Abbild seines sich selbst befehdenden Lebens, und die Nebenpersonen, vor allem Theseus, der zwischen Geschwisterliebe und Leidenschaft hin und her gerissen wird, leiden an derselben unheilbaren Gegensätzlichkeit. Wohl sind solche Formeln des Schicksals von ertötender Kälte; aber dieses selbst ist erfahren, nicht erdacht. Der Grund der Tragödie ist ein Gefühl, das dargestellte Schicksal ein Bild des Lebens, das die Zeitgenossen ohne Zweifel verstanden und mitgefühlt haben; unter den sechs Tragödien, die der König spielen ließ, war auch der »Œdipe«, das Werk, mit dem der Dichter nach langem Schweigen auf das Drängen eines Freundes seiner Kunst, des Oberintendanten Fouquet, die Bühne wieder zu betreten gewagt hatte, um sein unverändert herbes Lebensgefühl in der letzten Tragödienreihe noch einmal zu gestalten. Und so fern war er den Menschen noch nicht, wie es in den letzten trüben Jahren den Anschein haben konnte: gerade der »Œdipe«, den die Kritiker der Nachwelt fast einmütig verdammen sollten, wurde vom Theater mit Freuden ergriffen und lange festgehalten.

Gewiß war es die Leidenschaft für die Bretter, die den Avocat du Roi so oft den Reisewagen besteigen und nach Paris fahren ließ; gewiß waren es die Wirkung von den Brettern herab, der Kampf mit den Nebenbuhlern, die Begierde nach Sieg über sie und die Hörer, der glühende Wunsch, vom König gehört zu werden, die den Dichter nicht ruhen ließen; aber wie mächtig auch solche Kräfte auf die Bühne der Völker gewirkt haben, so schufen sie doch nimmer deren Gehalt. Denn die zum Theater berufenen Völker suchten auf den Brettern die ihnen gemäße Welt mit allen Tiefen und Höhen, die den erlesensten Geistern erreichbar waren; sie suchten

Vorbild und Abbild, Lebensform und Gedanken; sie erwarteten von der Bühne das sie verpflichtende Wort und möchten in den unzähligen Gestalten auf der Rampe die tausendfache Verwandlung der einen, auf kaum eine andere Weise erkennbaren und anschaubaren Gestalt ahnen, die ihr Wesen ausmachte und ihre Geschichte trug. So wird die eigentliche Bühne eines Volkes unendlich erhoben über den Schauplatz des Theaterstücks oder des um des Spieles willen spielenden Mimen. Der tragische Zwiespalt, das Ringen des Menschen mit sich selbst ist zugleich ein Gesetz des Spiels wie der Dichtung; folgt der Ablauf des Stückes dem Fallgesetze des Schicksals als einem tief gefühlten unaufhaltsamen Zwang, während doch in einem jeden Augenblick eine Entscheidung vollzogen wird, die überrascht, so ist der Hörer im Bann: eine Rolle ist dem Spiele, der Darstellung um so angemessener, je tragischer sie ist. Je mehr sich in ihr verbirgt, verschweigt, bekämpft, um so stärker wird sie den Schauspieler fordern, den Zuschauer packen; und was für die einzelne Rolle gilt, das gilt in vielfachem Sinne für das Drama, in dem diese zwiespältigen Rollen sich verflechten. Und doch, wie ließe sich von diesem Gesetze ein Weg finden zu dem Einsatz des Innern, des Herzens, des Gedankens, des Wortes, deren Leib die Rolle ist! Die Seele des Dramas wird ja nicht auf den Brettern und für diese erzeugt; sie wird von oben empfangen. Die gesamte Dramaturgie ist nur das Gesetz der Wirkung; aber diese Wirkung ist das Geheimnis der im dramatischen Spiele von Szene zu Szene sich verkörpernden Seele.

Der Dichter gesteht, er habe auf die Frage, welches seiner Stücke ihm sein liebstes sei, niemals gewagt, all die Zärtlichkeiten zu bekennen, die er für die »Rodogune« empfinde; freilich, Eigenliebe könne dabei im Spiele sein, denn dieses Drama scheine ihm noch mehr sein Eigentum zu sein als die vorausgegangenen Stücke. Wohl mußten ihm die Partherfürstin Rodogune und der Prinz Seleucus, die zu seinen höchsten Fürstengestalten gehören, ans Herz gewachsen sein; wohl hatte er in Kleopatra, der Königin von Syrien, die ursprünglich die Titelheldin sein sollte, die Dämonie des Machtverlangens und den von ihm nur selten dargestellten Fluch sich fortzeugender Schuld gestaltet wie kaum ein zweites Mal –, aber er stand zu allen seinen Gestalten im Verhältnis eines zärtlichen Vaters zu seinen Kindern und mochte nicht eines missen, nicht eines verloren geben. Hier war ihm mehr gelungen als die Gestalt: Er hatte die Personen von allen Seiten mit Notwendigkeiten umstellt, die sich nicht durchbrechen ließen. Die beiden Brüder Seleucus und Antiochus lieben Rodogune, die dem Vater der beiden angelobt war, und sollen auf deren Geheiß den von Kleopatra getöteten Vater an der Mutter rächen; vollziehen sie aber die Rache, so werden sie zu Verbrechern an der Mutter und damit auch der Liebe zu Rodogune unwert, dieser Liebe, die sie gegen ihren Willen zu Rivalen macht; Rodogune kann, was immer ihr Herz ihr einflüstern mag, als geborene Fürstin nur dem die Hand reichen, der König wird; Kleopatra, die Mutter, deren Herrschaft bedroht ist, wütet um der Macht willen gegen sich selbst, gegen ihr Menschentum: »Sors de mon cœur, nature.« In der Verstrickung der Handlung, von der »ordre barbare« des Schicksals unerbittlich zum Handeln getrieben, müssen sich diese Menschen den Dolch in die Brust stoßen: alle stehen unter zwiefacher Pflicht wie Agamemnon, Orestes oder Elektra in der antiken Tragödie und können auch das Notwendige nicht tun, ohne ein Gesetz ihres Daseins, ihrer Ehre zu verletzen.

So ist alles Zwang im Leben der Mächtigen, das allein dem Dichter seiner tragischen Bühne würdig schien; aber der Wille kann diesen Zwang annehmen oder sich ihm, was freilich auf Kosten der Ehre geschähe, entziehen; alles hängt von der inneren Haltung ab, die der Mensch dem Zwange gegenüber findet. Corneille stand als Dichter so tief in der Geschichte, daß ihm die Formung des Menschen für sein geschichtliches Amt oft werter war als die unantastbare Reinheit der Kunst:

Nie vergessen es seine Menschen, daß das Ethos der Haltung von ihnen gefordert wird; nie vergißt es der Dichter, daß seine Menschen Vorbilder sind. Und vielleicht ist der ganze Stolz der Epoche in dieser Haltung verborgen: lebte der Dichter nicht in der größten Zeit Frankreichs? Und welches Lob, welchen Tadel konnten ihm wohl die späteren Jahrhunderte erteilen, nachdem er in seiner Zeit sein Werk getan?
Aber auch eine tiefe Demut verbirgt sich in dieser Haltung: jenseits der Geschichte steht kein Werk von Menschenhand; jenseits der Geschichte lebt nur die gläubige Seele; und so soll das Dauernde nicht im Werke gesucht werden. In weit größerem Raum, dem größten, der sich umspannen ließ, hat Corneille im »Pompée« die Menschen vor das tragische Entweder-Oder gestellt; es ist das tief eigentümliche Stück, dessen Held ein Toter ist: die Größe, das Wesen, die Macht des Pompejus werden ausgedrückt durch die Folgen seines Falles, durch die Forderungen, die dieser mit Schuld beladene Tod an die Zurückgebliebenen stellt. Nicht mehr die persönlichen Bindungen zwischen den Menschen und der Menschen an ihr Amt sind entscheidend; auf der Höhe der Macht, wo Cäsar, Kleopatra und des Pompejus Witwe Kornelia stehen, nehmen die weltgeschichtlichen Gegensätze die Menschen in Pflicht. Rom bemächtigt sich der Welt, aber dieser Sieg ist schon beschattet, denn Rom untersteht der Tragik seiner tief zerklüfteten Macht: Cäsar kann die Mitschuld an dem Tode des Pompejus nicht tilgen, indem er dessen Mörder richtet; nun erst kündigt ihm Kornelia tödliche Feindschaft, unabwendbare Rache an. Denn sie ist Römerin und wird als Römerin den Gegner treffen: Darum überwand sie sich und rettete ihn vor den Ägyptern, die auch einen schuldigen Römer nicht richten dürfen; vergeblich erbietet sich der Sieger, selbst den Scheiterhaufen zu Ehren des Überwundenen zu entzünden: Sie wird unter dem Gebot der Rache Götter und Menschen gegen ihn zu bewegen suchen. Aber auch in diesem Augen-

blick verschweigt sie nicht, daß sie als Römerin in ihm den Mann ehrt, der Rom den höchsten Ruhm erworben hat:

Je t'avouerai pourtant, comme vraiment Romaine,
Que pour toi mon estime est égale à ma haine;
Que l'une et l'autre est juste, et montre le pouvoir,
L'une de ta vertu, l'autre de mon devoir.

[POMPÉE V, 4]

Nicht mehr Menschen von Fleisch und Blut scheinen auf dieser weltgeschichtlichen Bühne einander zu begegnen und zu bekämpfen – auch Kleopatra ist nicht Liebende oder Geliebte, sondern allein Königin –; es sind Menschenbilder, die weltpolitische Kräfte verkörpern; sie könnten die Namen ihrer Länder, ihrer Ämter tragen, wie umgekehrt Cäsars Name zu einem Titel geworden ist. So völlig ist der innere Widerspruch gemeistert, ist das Gesetz in Leben und Schicksal eingegangen; aber es ist ein kämpfendes, die Menschennatur aufwühlendes Gesetz, für das sich der mächtige Wille der Handelnden entschieden hat; der eigentliche ihnen angemessene Bezirk des Daseins ist der Raum der großen Pflichten, der einander bedrängenden geschichtlichen Mächte; sie können und wollen in keinem andern Raume leben.
Eine Gestalt jedoch lehnt sich auf gegen diese Welt, die ihre Größe mit dem letzten Schimmer von Wärme und Liebe bezahlt hat: Es ist Camille, die Schwester des Horace. Dem Bruder, der ihren Geliebten im Kampfe getötet und damit Roms Freiheit gerettet hat, schleudert sie, da er als Sieger heimkehrt, den Fluch auf Rom ins Gesicht:

Rome, l'unique objet de mon ressentiment!
Rome, à qui vient ton bras d'immoler mon amant!
Rome qui t'a vu naître, et que ton cœur adore!
Rome enfin que je hais parce qu'elle t'honore!
Puissent tous ses voisins ensemble conjurés

Saper ses fondements encore mal assurés!
Et si ce n'est assez de toute l'Italie,
Que l'Orient contre elle à l'Occident s'allie;
Que cent peuples unis des bouts de l'univers
Passent pour la détruire et les monts et les mers!
Qu'elle-même sur soi renverse ses murailles,
Et de ses propres mains déchire ses entrailles!
Que le courroux du ciel allumé par mes vœux
Fasse pleuvoir sur elle un déluge de feux!
Puissé-je de mes yeux y voir tomber ce foudre,
Voir ses maisons en cendre, et tes lauriers en poudre,
Voir le dernier Romain à son dernier soupir,
Moi seule en être cause, et mourir de plaisir!

[HORACE IV, 5]

Kein größerer Frevel ist denkbar in dieser Sphäre als diese Worte: es ist der Fluch auf alle Geschichte, die Welt des Zwanges, des Ehrgeizes und der Macht, die das Menschliche tötet; es ist der Fluch auf den Ruhm, der, in den frühesten Tagen Roms ausgestoßen, dessen ganze Zukunft beschattet; es ist der Fluch der Frau, die es einmal wagt, im Namen der Liebe zu sprechen und »den Parzen zu trotzen«, der Frau, die immer wieder von der Geschichte mißhandelt werden wird, so wie Camille von ihr mißhandelt, an einem Tage auf den Gipfel höchster Hoffnung erhoben und hinab in die tiefste Trauer gestürzt wurde, damit sie endlich den Bruder bekränze, der ihr den Geliebten erschlagen. So erhebt sich einmal die Stimme derer, die an der Geschichte leiden und unschuldig sind an ihr, weil es sie nach dem Ruhme, den sie zu vergeben hat, nicht verlangt; und das ganze Gebäude irdischer Macht, an dem die Helden bauen, droht zu wanken, wenn diese Stimme der vergewaltigten Liebe, des zertretenen Herzens Rom verflucht. Aber nur einen Augenblick währt der Aufschrei: Horace tötet die Schwester auf der Stelle, wo sie gefrevelt: Unheilig ist der Wunsch, den sie auszusprechen

gewagt; heilig, nicht mehr dem Gesetze unterworfen, sondern des Gesetzes Grund, ist Rom.
Erfüllt von einer ähnlichen, aber wohl noch tieferen Empfindung, einer weit furchtbarern Geschichtserfahrung, hat ein anderer Dichter in einem andern Jahrhundert, einem andern Land denselben Fluch auf die Geschichte gestaltet: Es ist Camões, dessen tragisches Leben mit der Geschichte seines Volkes und mit dem Gedicht, das diese Geschichte gestaltet und bewahrt, zur erschütternden Einheit wurde. In dem Augenblick, da Vasco da Gamas Schiffe am Strande von Belem zur Ausfahrt bereit sind, taucht ein Alter von ehrwürdigem Aussehen unter dem Volk am Strande auf, um den Wagemutigen zu verfluchen, der als Erster ein Fahrzeug auf die Wellen gesetzt. Das alte Portugal, das genügsam und streng geordnet in seinen Grenzen gelebt, erhebt in dem Alten von Restella zum letztenmal seine Stimme; es geht unter an diesem Tage, da der Weg zur Größe eingeschlagen wird; aber mit der Seherkraft der Sterbenden erkennt der Greis, daß diese Größe Trug ist und namenloses Elend heraufführen wird. Die Stimme des Warners am Strande von Belem verhallt unter dem Jubel der Ausfahrenden und des zuschauenden Volkes; Camilles Aufschrei erstickt in ihrem Blut, und der Mörder erlangt die Verzeihung, den Dank seines Königs, – der nicht mehr König wäre, wenn Horace Rom nicht gerettet hätte; sie beide, der geheimnisvolle Sprecher des alten Portugals und die arme Römerin, stehen ja selbst tief in der Geschichte, gegen die sie sich auflehnen. Sie sind nur Personen in der Tragödie; notwendig treten sie auf, und notwendig werden sie nicht gehört.

Gloire

Das Tragische dieser Dichtung ist somit nicht metaphysischer Natur. Der verpflichtete Mensch wendet sich gegen sich selbst; er handelt aus Pflicht gegen seine Verpflichtung;

grauenvoll ist nicht die Tat des Horace, der »un acte de justice« vollzieht, sondern der Fluch Camilles auf ihr Vaterland. Im Menschen, der in der Geschichte steht, ereignet sich alles, nicht zwischen dem Menschen und den Mächten wie im antiken, im großen spanischen und im englischen Drama, aber auch nicht zwischen dem Menschen und der Außenwelt. Kein Vorwurf könnte das klassische französische Drama weniger treffen als der Vorwurf der Äußerlichkeit; die äußeren Dinge, die Umwelt, ihre Farbe und Kräfte treten kaum in der Sprachgestalt, geschweige denn durch Vertreter in Erscheinung; es ist kein Platz für sie auf dieser Bühne, wo allein der Mensch mit sich selber ringt. Sein Wille macht ihn zum Herrn der Dinge und Ereignisse; darum ist an diesen nichts gelegen; die Erde ist nicht Gottes Schöpfung und als solche der Liebe und Verehrung wert; sie ist das Brettergerüst, auf dem der Mensch seine Rolle spielt. Kulissenhafte Götterbilder werden nach Bedürfnis aufgestellt und fortgeschoben; aber die Götter nehmen ein jedes Opfer an, und wenn ihrer nicht gedacht wird, so werden sie gewiß nicht wagen, an ihr Dasein zu erinnern: was hätten sie auch auszurichten auf diesem Schauplatz, wo der Mensch mit furchtbarer Bewußtheit seine Aufgabe, sein Verhalten mißt und sich selber erhebt, sich selber richtet? Ehrfurcht bewegt das Herz der Helden nicht, denn es steht kein Himmel über ihnen; und da es keinen Himmel gibt, so auch keinen Abgrund, keine Schuld im tieferen, metaphysischen Sinne; es droht nur Verfehlung und ein Makel auf der Ehre; um sich vor diesem zu bewahren, sind die Menschen alle bereit, ihr Leben hinzugeben. Nur um den Menschen geht es, der sich selbst bewahren und eins sein soll mit seinem Gesetz.

Je veux régner, et tremble à quitter ce que j'aime,
Et ne me saurais voir d'accord avec moi-même,

gesteht Domitie in »Tite et Bérénice« (I, I), wie alle Männer und Frauen Corneilles gestehen könnten. Darum ist nichts mehr zu fürchten als der Zwiespalt im Menschen; die Klage darüber und über die Lähmung des Willens ist die echte Klage Corneilles, die er mit viel stärkerer Bewegung ausgesprochen hat als die Klage der Leidenschaften; in dieser Not werden seine Helden weich, scheint sein eigenes Herz weich zu werden.

O rigoureux combat d'un cœur irrésolu
Qui fuit en même temps tout ce qu'il se propose!
[CINNA IV, 2]

bricht Augustus aus; und für den verwandten Schmerz des Cid findet Corneille an einer fast vereinzelten Stelle seines Werkes eine lyrisch-musikalische Form.

Von solchem Leiden hätte vielleicht der Kardinal sprechen können, der dem Dichter Aufgaben stellte und seinen Weg bereiten half, Richelieu, von dem man erzählte, daß er selbst Tragödien dichte; vielleicht ließ der Kardinal auch Gott dem Herrn im gleichen Geiste danken, in dem die Mächtigen Corneilles ihren schattenhaften Göttern opfern ließen. Doch wann wäre es erlaubt, über das Innerste eines Menschen, und gar eines längst vergangenen, dessen Bild der heillosen Willkür geschichtlicher Überlieferung, dem Bewahrtsein oder Nichtbewahrtsein der erforderlichen Dokumente unterliegt, mehr als eine Vermutung zu wagen! Und wer wollte als Betrachter jener Zeit die heiligen Feuer vergessen, die vor so manchem Altare der Kirche Frankreichs brannten als stille Zeichen des in der Geschichte fortdauernden Übergeschichtlichen!

So völlig losgelöst in aller irdischen Bindung, so vereinzelt bei aller Verpflichtung ist der seine Tragödie erlebende Wille, daß ihm kein Gebet über die Lippen kommt; auch die Glaubenszeugen, die der Dichter gestaltet, kennen die Demut des

Gebetes nicht, dessen erstes Wort das »Dein Wille geschehe« ist; könnten sie so beten, so wäre ihres Bleibens und Leidens in der Tragödie nicht, die auf der überheblichen Selbstherrlichkeit des Willens ruht. Der Betende, der darum betet, daß Gottes Wille geschehe, kann nichts Tragisches mehr erfahren; er wird das Kreuz annehmen, das der Herr ihm reicht; auch der Zwiespalt der Pflichten ist tragbar als Kreuz. Der tragische Held aber steht und scheitert unter dem Gebot des »Mein Wille geschehe«. Und vielleicht vermochte der Tragiker Corneille nur zu leben und zu dichten, weil er in einer andern Welt als seine Helden zu Hause war und als Dichter die Bühne, als Beter das Gotteshaus aufsuchte. Der furchtbare Zwiespalt der Zeit zwischen Glauben und Tun, der Fahne, die Staatsmänner und Fürsten erhoben, und den Mitteln und Kräften, die sie einsetzten, dem Verlangen ihrer Seele und der Forderung, der sie glaubten, als Politiker dienen zu müssen, trennt auch das Leben des Dichters von seinem Werk; als frommer Christ lebte er abseits seiner tragischen Bühne, die ihrem innersten Wesen nach unchristlich war. Und nicht anders als Corneille lebten Richelieu, Mazarin und Ludwig XIV., Condé und Turenne zwischen ihrer religiösen Haltung und ihrer Tat, der Kirche und dem Schauplatz ihres Ruhmes, der Pflicht, die Stand und Standesgenossen auferlegten, und der Pflicht, die vom König ausging. Wer mag es ahnen, was es Turenne gekostet hat, seinen reformierten Glauben im Dienste seines Königs zu bewahren; wie tief sein persönliches Leben und sein Dasein in der Familie durch die religiösen Gegensätze zerklüftet war; und was es ihn endlich gekostet hat, überzutreten, in dem ernsten Bemühen, diesen Zwiespalt zu versöhnen! Waren die Herren der Fronde nur Aufrührer, oder waren sie nicht vielmehr auf doppelte Weise verpflichtet, wie auch die Hugenotten doppelt verpflichtet waren und die Fürsten oft genug dem Bekenntnis, der Idee zum Siege verhalfen, deren Sieg sie nicht wünschen konnten? Wer diese Zeit nicht leidend hinnehmen, sondern handelnd in sie eintreten wollte, entging dem tragischen Widerspruch nicht; heillos waren alle Lebenskreise verschoben, alle Daseinsschichten durcheinander geworfen; und nur wenige konnten auf der einen gewinnen, ohne auf der andern zu verlieren, Recht tun, das nicht in einem andern Betracht Unrecht war. Vielleicht hatte gerade darum der Dichter ihnen allen ein tröstendes Wort zu sagen: Wie, wenn es einen Wert gäbe, der die Kluft überbrückt, der den Menschen inmitten peinigender, oft so fragwürdiger Widersprüche in seinem Stolz, seiner Tatkraft bestätigt?

Der Wille, dessen Leiden Corneille darstellt, ist doch nicht ohne Stern; ja, er wäre in seiner schicksalhaften Gewalt nicht zu verstehen, wenn er nicht auf ein unverrückbares Ziel gerichtet wäre. Es ist die Gloire, die alle andern von Corneille errichteten Werte überstrahlt. Wunderbares Gesetz in der Brust der Spanier und Römer, der Griechen, Afrikaner, Parther und Langobarden! Sie alle, Männer wie Frauen, tragen etwas Unbesiegliches in sich, gleich dem Christen, für den nichts Unverwindliches geschehen kann. Was sich in ihrem Leben auch ereignen mag, welche Forderungen ihnen das Schicksal stellen wird, sie fürchten nicht den Verlust an Besitz und Glück, nicht an Liebe und nicht einmal an Macht, auch nicht an äußerem Ansehen und Ruhm in Menschenaugen; sie fürchten nur für ihre Gloire, die sie hüten wie ihre Seele. Das Innerste ihrer Persönlichkeit ist unbesitzbar; die Geliebte, der Liebende können es nicht vergeben, nicht fordern, und darum kann sie die Leidenschaft als solche, deren Natur es doch ist, besitzen zu wollen oder besessen zu werden, nicht zerstören. Nicht der Freund, nicht die Geliebte können ermessen, was die Gloire von ihnen verlangt; sie erst macht sie einsam, schenkt ihnen aber auch das unverwischbare Gepräge, das sie leidenschaftlich festhalten und triumphierend bereit sind, mit dem Leben zu bezahlen. Ihr ist die Pflicht untergeordnet, untersteht selbst das königliche Amt; erst weil die Pflichtverletzung die Gloire trübt, ist sie zu fürchten, und weil im Zwiespalt der Pflichten die Gloire gefährdet wird, darum bereitet der Widerstreit der Pflichten eine so furchtbare Not. Ihr gehört die einzige ganz wahre, überzeugende Leidenschaft der Fürsten und Fürstinnen, der Verschwörer und Feldherrn, der Glaubenszeugen, Staatsmänner und Krieger; in jedes andere Gefühl mischt die geheime Sorge um die Gloire sich ein, oder sie kann sich doch dareinmischen, ein bestehendes Verhältnis zwischen Menschen verändern und diese einfordern. Aber nur die Gloire macht den Menschen liebenswert; sie ist ein innerer Wert, oft im Einklange mit dem äußeren Rang, der sie unabweislich fordert, so wie sie ja auch, wenn die Ordnung der Dinge nicht gestört wird, in Einklang sein kann mit der Liebe; Gloire ist der aus dem Innern strahlende Glanz der Tugend, den die Menschen wohl fühlen und verehren, der aber auch seinen Wert nicht einbüßt, wenn er verkannt wird.

Die Gloire kann zur Rache verpflichten, sie kann zur Milde bewegen; sie kann aus der Liebe aufstrahlen, wenn die Liebe Treue hält, sich überwindet, sich opfert; Gloire ist der Glanz aller Überwindungen, aller Verzichtbereitschaft, die der Mensch in seinem Leben gesammelt hat; sie ist der deutlich erkennbare Adel der Höheren, fort und fort sich selbst bezwingenden, über sich selbst triumphierenden Menschen. Gloire ist das Kennzeichen überpersönlichen Daseins; sie ist die mächtige Schwinge, die über das Menschliche hinausträgt. Ihr gilt verzehrender Eifer, der alles Trübe, Enge, Selbstsüchtige des Lebens verbrennt. Dieser Eifer macht die Menschen hart gegen die Stimme der Liebe, so daß sie vor deren Ordnung wohl schuldig werden, freilich ohne daß der Dichter eine solche Schuld erkennt oder wahr haben will; die Gloire macht auch frei; sie erlöst vom Leben, diesem leidvollen Zwiespalt der Pflichten. Denn wenn die Notwendigkeiten zusammenstoßen, so bewahrt derjenige seine Gloire, der die höhere Pflicht ergreift und um ihretwillen das Opfer der Versäumnis der geringeren auf sich nimmt; Gloire fordert in einem jeden Falle die Entscheidung für das, was dem persönlichen Leben fern liegt: sie fordert den Entschluß, der tiefer in das eigene Dasein schneidet. Die ihr Angehörenden müssen siegen, denn eine Entscheidung für ihre Forderung ist immer möglich; es gibt keine Stelle des Daseins, von der nicht ein Weg hinaufführte in das überpersönliche Leben.

Da alles nur auf diesen Sieg ankommt – an ihm ist diesem Dichter der heroischen Zeit Frankreichs weit mehr gelegen als an dem Sieg der Kunst –, so führt die Gloire endlich an die Grenze des Tragischen und über dieses hinaus; der Tod der Menschen, die sich in der Krise ihres Daseins im Sinne der Gloire bewährt haben, scheint oftmals nicht mehr geboten; er würde kaum mehr bedeuten, als schon geschehen ist. Sie haben geopfert, was der Sterbliche zu opfern vermag; dadurch wird ihr Dasein zu einem Wert, den der Dichter zu bewahren sucht; so sehr lebt Corneille in seiner Zeit, im geschichtlichen Augenblick, daß er ihnen die Form der Tragödie opfert. Der Mensch, der das Tragische erfahren, so scheint er sagen zu wollen, darf nicht aus dem Leben scheiden; sterbend würde er ja nur auf die Ebene persönlichen Daseins zurücksinken, über die er sich emporgeschwungen hat, und so könnte sein Tod nicht erhebend wirken. Er muß vielmehr ordnend und dienend im Leben stehen als der Mensch höherer Art, der durch sein Beispiel auf das Überpersönliche weist. So schwer ist diese Entscheidung für die Gloire, daß angesichts ihrer der Tod nicht mehr ins Gewicht fällt: als Fremdlinge stehen die Überwinder im Leben, deren verborgene Wunde bei allem Stolze auf ihren Sieg doch nicht vernarben will. Hätten sie sich nicht bezwungen, so hätten sie die Gloire verloren, und was wäre dann ihr Leben gewesen? Nicht zwischen Sieg und Tod, sondern zwischen Sieg und Schmach stand die Wahl, und sie haben sie getroffen; das Leben selbst ist wenig, der Tod kein großes Übel, der Ruhm kein sonderlicher Wert, und schwerlich werden die Späteren ermessen, was dieses Leben, in dem so viel begraben, so viel verschwiegen wurde, in

Wahrheit gewesen ist. Für sie selbst ist es gleichgültig, wie lange ihr Tag noch währt, doch nicht für die andern, und darum werden sie ausharren; dann aber, wenn sie gehen sollen, möge die Spur dieses schweren Daseins auslöschen, in dem sie vor sich selbst und für sich selbst ihre Pflicht getan haben. Merkwürdig persönlich, wie der Abschied von einem überschweren, einsamen Leben, klingen die Worte des alten Feldherrn Suréna, des letzten Helden Corneilles:

Que tout meure avec moi, madame: que m'importe
Qui foule après ma mort la terre qui me porte?
Sentiront-ils percer par un éclat nouveau,
Ces illustres aïeux, la nuit de leur tombeau?
Respireront-ils l'air où les feront revivre
Ces neveux qui peut-être auront peine à les suivre,
Peut-être ne feront que les déshonorer,
Et n'en auront le sang que pour dégénérer?

[SURÉNA I, 3]

Solche Worte, die von dem Wissen um eine tiefe, nur andeutbare Überwindung und Erfahrung sprachen, mögen die großen Herren der Zeit erhoben und getröstet haben; konnten doch so viele Kämpfe und Widersprüche des persönlichen wie des geschichtlichen Lebens von der im Innern bewahrten Gloire verklärt werden! Welcher Art die Gloire war, was sie dem einzelnen abverlangt hatte, wer mochte es ermessen! Und wie vieles konnte den Augen der Welt verdammenswert, ja unrühmlich scheinen, was im Innern als das schwerste Opfer, die bitterste Selbstverleugnung, als ein Dienst ohne Lohn die verborgene Gloire vermehrte! Es gibt einen Ruhm, den kein Auge wahrnimmt, ein Heldentum, das so schwer erkauft wurde, daß alle Güter und Ehren, die es belasten, nichts gelten, ein Dasein auf der Höhe, das vom Glück nicht mehr berührt werden kann, weil es nur Pflicht, nur Dienst ist: dies scheinen die tragischen Schauspiele des Dichters zu sagen.

Und es wird unter den Männern und Frauen des Jahrhunderts nicht an den großen Seelen gefehlt haben, die er immer wieder feierte und für die er im Grunde schrieb: Seelen, in denen das Tragische fortlebte, dessen Bild seine Bühne darbot. Als der große Condé über des Augustus Selbstbezwingung weinte – im 5. Akt des »Cinna« –, da hatte Corneille das ihm verwandte Herz berührt. Und als ein ander Mal der Dichter nach zweijähriger Pause unvermutet im Theater erschien, unterbrachen sich die Schauspieler; der große Condé, der Fürst von Conti und die andern Herren, die auf den Ehrenplätzen auf der Bühne saßen, erhoben sich; die Insassen der Logen folgten, das Parterre klatschte Beifall. Freilich, ihn verwirrte diese Ehrung, und er wäre wohl schwerlich erschienen, wenn er sie vorausgesehen hätte; aber er mußte doch fühlen, daß er des Wortes mächtig war, dessen die Menschen bedurften.

Auch im Leben mag Corneille um die Gloire eines seinem Gesetze treuen Daseins gerungen haben; wie sonst hätte er dieses Wort als das höchste seiner Helden gebraucht, das ihr Schicksal erleuchtete, mit ihrem Leiden versöhnte; wie sonst es zum Ziele, ja zum Scheitelpunkt der Handlung gemacht! Denn die Handlung des Dramas empfängt wohl ihre erste Wirklichkeit von der Bühne her und für diese, ihre zweite, höhere aber als sichtbare Gestalt eines inneren Wertes, inneren Seins, von deren Mächtigkeit endlich doch die Wirkung abhängt. Unablässig rang der Dichter im Werke um die Gloire; schwankend in seiner Kraft, doch niemals in seiner Richtung, erreichte er nicht immer die höchste Ausbildung seiner Ideen; oft ergriff er eine getrübte, der Erde nähere Form, aber auch in dieser ist das Urbild zu erkennen. Oft steht das Gestirn tief, und Staub und Rauch der Schlachtfelder geben ihm einen glutenden Schein; zuweilen erscheint es hoch am Himmel in seinem eigenen reinen Licht. Unter dem Gebot der Gloire steht Chimène, die erste Heldin Corneillescher Prägung, die ihre spanische Herkunft so wenig wie viele spätere Heldinnen verleugnet; Gloire ist die untadelhafte

Erfüllung der Pflicht. »Il y va de ma gloire, il faut que je me venge« (Cid III, 3), sagt sie mit dem klaren Wissen des tragischen Menschen um sein Schicksal. Sie darf ihre Liebe zu Rodrigue eingestehen, denn nicht ihr gehorcht sie, sondern dem Gesetz; so wird sie das anderen Menschen Unbegreifliche tun:

Pour conserver ma gloire et finir mon ennui,
Le poursuivre, le perdre, et mourir après lui.
[CID III, 3]

Wohl spielt die Gloire zuweilen in ritterlich-weltlichen Farben, als käme es auf den Ruhm aus Menschenmund und den Sieg an, der vor Menschenaugen gewonnen wird; aber im Grunde sind der Held und die Heldin viel zu stolz, als daß sie ihre Gloire nicht im Bewußtsein des von ihm behaupteten Adels suchen sollten: Die gemeinsame Liebe zur Gloire, das, was sie trennt, verbindet sie ja in ihrem innersten Wesen. Als Chimène über dem Kriegsruhm des Geliebten ihre Pflicht zu vergessen scheint, muß ihre Trauerkleidung sie an das Gebot der Gloire mahnen:

Voile, crêpes, habits, lugubres ornements,
Pompe que me prescrit sa première victoire,
Contre ma passion soutenez bien ma gloire.
[IV, I]

Diese Szene ist gewissermaßen ein Symbol der Bühne Corneilles, ein Bild seines tragischen – und allen tragischen – Lebensempfindens: im Trauerkleide gewinnt die Heldin ihren Sieg; unter dem Gebot der höchsten Pflicht handelt sie gegen sich selbst und erhebt damit sich und uns über das Menschliche; so wird der Lebenswiderspruch fruchtbar, indem er den Menschen zur völligen Überwindung seiner selbst antreibt. Das Wüten gegen das eigene Dasein, sei es unter der Macht der Leidenschaft, der Erkenntnis, der bejahten Notwendigkeit oder, im höchsten Falle, unter der göttlichen Macht, ist die szenische Gestalt des Tragischen. So hat auch Rodrigue gehandelt; die Geliebte selbst sagt es ihm mit einer Stimme, die von Gram und geheimer Bewunderung zittert: »L'honneur te fut plus cher que je ne te suis chère« (v, 1). Damit ist das Gesetz seiner Gloire erfüllt, die Probe auf seine Opferbereitschaft bestanden; vielleicht hat er nun das Recht erworben, für die Liebe zu sterben, für die er nicht leben durfte. Auch Chimène ist frei. »Ta gloire est dégagée, et ton devoir est quitte« (v, 6), sagt der König zu ihr. Die Menschen gingen durch das Feuer, und so läßt sie der Dichter in das Leben zurückkehren; freilich bedarf es zur Versöhnung des Konfliktes des Königs, von dem das Recht ausgeht und der, kraft einer fast übernatürlichen Hoheit, die Hände verfeindeter Menschen zusammenfügen kann: »Et quand un roi commande on lui doit obéir.«

Diese Welt ist so fest geschlossen, wie nur die Spanier sie zu schließen vermochten. Aber je strenger die Bindungen und Gesetze, je stärker die Mächte sind, je mehr zugleich der Mensch ist und gilt, um so näher liegt die tragische Verwicklung; die Tragödie konnte nur in Zeiten gedeihen, verstanden und gefordert werden, denen bei kühnstem Stolz die Beobachtung engster Schranken natürlich war. In der Haltung der dargestellten Menschen gegenüber dem Gesetz besteht weit mehr noch als im Ideengehalt die Aussage der Tragödie. Für Horace, dem Mörder Camilles, gibt es schon keinen Zwiespalt mehr; er geht, ohne zu wanken, den tödlichen Weg zum Ruhm, ja er eilt ihn hinauf, die Menschen mit sich reißend oder ihnen entschwindend, ohne Gefühl für Schuld, in glühender Todesbereitschaft: »Je m'immole à ma gloire, et non pas à ma sœur« (v, 2). Der Gattin, deren Brüder er im Kampfe getötet und die ihn in leidenschaftlichem Schmerze bittet, auch sie zu töten, ruft er zu: »Participe à ma gloire au lieu de la souiller« (Horace iv, 7). Und in welchem Tone mag er ihr sagen, daß er sie liebe? »Je t'aime, et je connais la douleur qui te presse ...« (IV, 7). Aber dann wird auch er erschüttert: mit einer Klage über die Macht, die der Himmel den Frauen über die Seelen der Helden gegeben, macht er sich los; andere mögen das Leben lieben, er, der Held, dessen einzige Sorge es ist, seinen Ruhm vor Befleckung und den Einsprüchen des Herzens zu retten, muß es hassen. Wie er wird der Vater von der Sorge um den Ruhm seines Namens verzehrt; nicht der Tod der Tochter dünkt ihm beklagenswert: »Je ne plains point Camille: elle était criminelle« (V, 1); er beklagt nur den Sohn, der durch seine Tat unwillentlich seine Gloire getrübt. Denn auch der Held ist verstrickt in die Bindungen dieses Lebens, die alle unwürdig sind vor der Gloire; er kann nicht rein bleiben, nicht zu immer höherem Ruhme emporsteigen; es ist der tiefste Schmerz des Helden, daß den Tugenden Trübes beigemischt ist; daß der Ruhm verwelkt, das Große und Reine selten sich in seiner wahren Natur darstellen darf. Und es klingt wie die Klage des Dichters selbst, dem die Welt und die Geschichte den ersehnten Stoff verweigern oder doch viel zu selten erlauben, das Äußerste und Höchste, die vollkommen reine Gloire zu verherrlichen, die er im Herzen trägt:

> *Sire, c'est rarement qu'il s'offre une matière*
> *A montrer d'un grand cœur la vertu tout entière.*
> [V, 2]

Dies ist ja der heißeste Wunsch der Dichtung Corneilles, das Große zu feiern, in welcher Gestalt es auch immer erschienen ist; kein Lebenskreis ist ihm zu fern, kein Name zu fremdartig, wenn nur der Keim des wahrhaft Großen in ihnen ruht. Der Kampf der Mächtigen um die oberste Macht, das Politische im größten Sinne, das er für die französische Bühne gewann, ist aber nur die Hülle und Sprache des Seelendramas: was wäre die Macht ohne Gloire, was Gloire ohne Vertu? So gestaltet er den Kampf, den die Mächtigen in ihrem Innern führen, um den menschlichen Rang zu erwerben, der ihrem äußern Rang entspricht: Groß ist nicht der Gewaltige; groß ist nur die Seele, die sich zur vollkommenen Tugend, zur reinen Selbstentäußerung überwand.

Die Sucht nach Gloire bricht alle Bindungen, ja sie treibt die Menschen zu unrühmlicher Tat und facht in Liebenden einen Wetteifer an, der sie rücksichtslos streiten läßt um die Gloire, den einer jeden Gemeinsamkeit enthobenen Besitz. Unter der Pflicht, ihren Vater zu rächen, verschwört sich Emilie gegen ihren Wohltäter Augustus; eine solche Undankbarkeit sei schändlich, hält ihr Cinna, ihr Geliebter, vor. »Je fais gloire, pour moi, de cette ignominie« (Cinna III, 4), erwidert sie, sich von ihm wie von allem Menschlichen trennend: sie hat das Recht auf die persönliche, nur ihr bewußte Gloire. Und wie sollte Cinna sie nicht verstehen! In ihm glüht dasselbe Verlangen. »Mourez, mais en mourant ne souillez point ma gloire« (V, 2), ruft er ihr zu in dem Durst nach dem höheren Ruhm, dem größeren Verzicht. Aber sie sollen scheitern, denn Augustus, den sie zu stürzen suchten, überwindet sich und verzeiht den Verschwörern; er erhebt sich damit auf eine höhere Stufe des Menschentums und befestigt aufs neue und nun für immer seine Macht, die eine Macht des Ranges ist: Cinna und Emilie haben die eigenmächtig geschaffene Gloire, den falschen Ruhm erstrebt, den sie durch einen Anschlag auf den Staat erwerben wollten. Vergeblich suchten sie einander die letzten Fetzen trügerischen Ansehens zu entreißen; sie müssen sich der menschlichen Hoheit des Siegers unterwerfen und ihre Reue bekennen: ihre Gloire geht unter in der Gloire des Augustus, die am Ende alle Schuld der Handelnden und des Augustus selbst überstrahlt. So kann der Mensch einer Gloire nachtrachten, in der sich die Eigensucht versteckt; sie wird verworfen, und der Name dessen wird erhöht, der sich am weitesten von seinem Ich entfernt hat.

An der Gloire wird das Handeln der Menschen gemessen; sie

ist das Edelste, das ihnen eingeboren ist: jener Kern der Persönlichkeit, der zur Entfaltung im überpersönlichen Leben drängt. Durch ihre Gloire sind die Menschen Corneilles an die große Pflicht gebunden, die allein die großen Seelen im Leben hält. So wird die Gloire zur zeugenden, gestaltenden Idee der französischen Bühne. Wohl verzichten der Dichter und seine Zeit nicht gern auf die sichtbare Aura des Helden, so wie sie auch das Heilige in einer Aura sehen wollen und es darum nicht immer verstehen in seiner schlichten Erscheinung, auf seinem demütigen und an Demütigungen reichen Weg; aber es ist doch kein Augenblick, in dem der von seiner Gloire ergriffene Mensch nicht zu einem jeden Verzicht auf Irdisches bereit wäre. Diese Bühne als die Bühne sittlicher Entscheidungen ist ja mit äußerster Kraft dem Bereich des Tages entrückt; wie in die gotische Kapelle kein Lichtstrahl dringen durfte, den das bunte Glas nicht verwandelte, so darf, auf der tieferen Ebene, auf diese Bühne kein Tagschein fallen; weder Rom noch Ägypten ist ihr Schauplatz, sondern allein der Raum der heroischen Seele. Gleichgültig ist auch das Gewand der Zeiten, wenngleich der Dichter glauben mochte, er habe weit besser als Racine auf dieses Gewand geachtet; nicht die Wirklichkeit der Umwelt, wohl aber die Wirklichkeit der sie bewegenden politischen Kräfte hat er treu geschildert. Eben weil dieser Bühne allein das Innere der Darstellung wert erschien, mußte sie, die so viele Mißverständnisse von seiten eines anders gearteten Lebens- und Kunstgefühls erdulden sollte, Raum und Zeit auf das strengste beschränken. Sie sollten nicht ins Gewicht fallen, nicht empfunden werden; der Ort, wo der Mensch sein Schicksal trifft, gilt soviel wie die Welt, der Tag dieses Schicksals soviel wie ein Leben; alles, was sich im äußern Raum begibt, die Eroberung dieses Raums, die Ausübung der Herrschaft über ihn, der Verlust der Herrschaft, kann nur eine Folge dessen sein, was sich im Innern der Menschen ereignet; und je mehr der Mensch als Herr der Welt erscheint, dem die absolute

Macht – es ist die Macht des bewußten Willens – verliehen ist, um so gleichgültiger ist die farbige Gestalt der Welt. Genug, daß die Schatten dieser Menschen, die auf dem Gipfel stehen und ringen, auf die Landschaft fallen; genug, daß die Augen der Völker an ihnen hängen. Wer unter diesen zur Herrschaft Berufenen über sich selbst siegt, der hat alles gewonnen, was des Gewinnens wert ist: wichtig ist für den Dichter, der seiner Ära vorauslebte, nur die Probe auf den innern Wert, nicht die Auswirkung der bestandenen Prüfung auf die umgebende Wirklichkeit, auf die Geschichte.

So haben die Handelnden keinen Richter über sich: Sie tragen das Gericht in sich selbst; Ptolemäus, der König von Ägypten, der unter dem Einfluß eines schlechten Ratgebers den geschlagenen Pompejus verrät, mißachtet das Gebot der ihm, als einem König, eingeborenen Gloire.

Vous eussiez pu tomber, mais tout couvert de gloire:
Votre chute eût valu la plus haute victoire,
[POMPÉE III, 2]

sagt Cäsar zu ihm; Gloire und Macht wären im Falle des Ptolemäus vielleicht nicht mehr zu vereinen gewesen. Aber der Tod gibt ihm die Gloire seines Königtums zurück; vergeblich suchte er ihn im Kampf mit den Römern, endlich verschlingt das Meer das mit Flüchtlingen überladene Boot des Geschlagenen: »C'est ainsi que la mort lui rend toute sa gloire« (v, 3). Um die Krone sich bewährenden Menschentums geht alles, und auch die nicht für den Thron Geborenen müssen sich eine Krone erwerben; unter diesem Bilde faßt Corneille in der Tragödie »Théodore«, die ihm eine schmerzliche Niederlage eintrug, das Ethos seiner Dichtung zusammen:

Ainsi de ce combat que la vertu nous donne,
Nous sortirons tous deux avec une couronne.
[v, 6]

Aber die Gloire zwingt auch zum Verschweigen; um ihretwillen kann Rodogune ihre Neigung nur als Schmerz, mit einem Seufzer eingestehen; Gloire fordert äußerste Verhaltenheit, der ähnlich, die in der Ritterzeit die liebenden Frauen beseelte. Und endlich kann sie in tiefes Dunkel führen, wenn sie eine Pflicht auferlegt, die das Verbrechen verlangt; ganz vom Gebot der Gloire durchglüht, fordert Rodogune die Söhne der Kleopatra auf, den Tod des Vaters an der Mutter zu rächen: so müßte die Gloire durch Schuld erkauft werden, und den Helden, der dieses Gebot fühlt, befällt eine Trauer, die auch die höchsten Güter verhüllt: vor seinen Augen öffnet sich ein Abgrund,

Où la haine s'apprête à couronner le crime,
Où la gloire est sans nom, la vertu sans honneur.

[RODOGUNE III, 5]

Damit hat der Dichter vielleicht in der ihm gemäßen Welt der Tragödie das äußerste Wort gesprochen: der Ruhm kann ohne Namen sein, die Tugend ohne Ehre, ja, sie kann sich gegen die Ehre wenden; so können die großen Seelen erniedrigt werden vor den Menschen und vor sich selbst, ohne daß sie doch aufhörten, zu sein, was sie sein müssen; so muß das Edle sich gegen sich selber kehren.

Aber einmal hat Corneille diesen Kreis durchbrochen, indem er das Verlangen nach einer Gloire gestaltete, die höheren Ursprungs ist und darum alle irdischen Bindungen, auch die Bindung an den Staat, überwindet. Polyeucte, in dem sein Freund, der Märtyrer Néarque, das himmlische Feuer entzündet hat, ist wohl bereit, sein Leben für den Fürsten, den Staat zu opfern; er kennt die Gloire eines solchen Todes, die Gloire der Römer und seines eigenen vergangenen Lebens. Aber er ist in seinem Innern verwandelt worden; und die Gloire, die unter der Ordnung der Macht erstrebenswert schien, ist für ihn nicht mehr das schönste Ziel. Der Tod eines sich selbst opfernden Menschen kann einen noch höhern Wert erlangen, es gibt ein noch glänzenderes Geschick:

Si mourir pour son prince est un illustre sort,
Quand on meurt pour son Dieu, quelle sera la mort!
[POLYEUCTE IV, 3]

Diese fortreißende Kraft der ihrem höchsten Ruhme entgegeneilenden Seele hebt alle andern Menschen, die ganze Umwelt unwiderstehlich empor. Noch gelten zu Anfang die so oft gepriesenen Werte: Pauline hat aus Gehorsam gegen ihren Vater auf Sévère, einen römischen Edelmann, verzichtet und sich mit Polyeucte verbunden; auch leiden will sie nicht mehr unter diesem Verzicht, denn solche Leiden würden die Gloire des reinen Verzichtes beflecken; kraft ihres eigenen Willens wird sie sich von ihnen heilen; – vom Willen scheint auch das Leiden dieser Menschen abzuhängen. Noch ruht das Dasein aller, ihres Vaters Felix wie des Sévère und Polyeucte auf dem Dienst am Staate; aber die Idee des höheren Ruhmes, der Zeugenschaft, geht in Polyeucte auf; da der Kaiser Decius die Christen verfolgt, so ist dieser Ruhm nicht mehr vereinbar mit dem Dienst am Staate, auch nicht mit dem Dasein; er reißt in den Tod. So treibt der Bekehrte seinen Bekehrer und Freund Néarque, der bisher leidend für seinen Glauben zeugen wollte, zur Zerstörung der Götterbilder und zum Märtyrertume an; seine Liebe zu Pauline verwandelt sich: sie gilt nun der Seele, für die er Licht erbittet von Gott; seine Todesbereitschaft und innere Unbesiegbarkeit läßt auch Pauline die höhere Gloire ahnen und ihm im Glauben nachfolgen; nun verweigert sie dem Vater den Gehorsam; der Vater wird von ihrem Mute ergriffen, schwört den Göttern ab und ist bereit, für den Glauben zu sterben. Noch schwankt der Römer Sévère, der die Gloire äußerster Selbstbezwingung sich errungen hat, aber er wird den Kaiser bitten, den Glauben zu achten, der solche Zeugen stellt: So wird das ganze Land von der Idee ergriffen werden, für die Polyeucte gestorben ist.

Stätte der Gloire ist das Jenseits, wo der Märtyrer Néarque den Freund erwartet; dort hinauf eilt Polyeucte, im Fluge alle Fesseln abstreifend, dort hinauf sehnen sich Pauline und Felix, wird das Volk streben; alles verwandelt sich unter dem Feuer einer nach ihrer Gloire dürstenden Seele. Freilich, nicht die Demut gläubiger Nachfolge, deren Sieg verborgen ist und oft genug das Gewand der Schmach und Niederlage trägt, beseelt das Stück; nicht der Herr hat mit seiner stillen, umgestaltenden Gewalt sich die Menschen verpflichtet, es ist die Gloire, die sich ihrer mit Schicksalsgewalt bemächtigt und sie hinaufträgt, eine Gloire, die siegessicher die von ihr Ergriffenen losreißt von der Erde. »Je consens, ou plutôt j'aspire à ma ruine« (IV, 2): dieses Wort des Polyeucte klingt fremd und verderblich, und doch, wie könnte es der Zeit ferne gewesen sein, da die Kirche Frankreichs für die Bekehrung Kanadas Glaubensboten und Märtyrer von unbesieglicher Leidenskraft entsandte! Und wie schicksalhaft war der Bekennermut schon für die Frommen von Port Royal! So hat der Dichter, dessen Aufgabe es war, weniger das Leiden und die Leidenschaften als die Kraft und die Idee seiner Epoche zu gestalten, noch von deren Wesen ausgesagt, als er an die äußerste Grenze des Geschichtlichen führte; denn wer wollte das jenseitige Licht nicht wahrnehmen, das zuweilen die Zinnen der breit hingelagerten Königsschlösser umspielte und ihren Erdenprunk entschwerte. Etwas war auch in dieser Zeit beschlossen, was in keiner irdischen Form und Bindung Genüge fand. Und vielleicht sind es Kräfte dieser Art, die Worte und Tat der Geschlechter über die Grenze des Vergänglichen tragen.

Der König

Die mächtigste, geschichtliche Wirkung des Dichters beruht in der Formung des Menschen durch das Wort; sie wird um so weiter reichen können, je tiefer er das Wesen des Menschen faßt; und er würde auf sein Recht und sein Amt verzichten, wenn er an Stelle dieser langsamen Wirkung von innen her eine andere, auf den Weg von außen angewiesene suchte, die das Stichwort der Geschichte aufnähme, statt den Träger der Geschichte mit den Kräften des Geistes und in den gesetzten unverrückbaren Grenzen zu bilden. Auch würde er alles verfehlen, wenn er glaubte, umschaffen zu können, was geschaffen ist; er vermag nur, was ihm im Plan der Schöpfung gewährt ist, und könnte nichts Höheres erreichen, als den Menschen, der sich ewig von sich selbst entfernt und sich ewig sucht, seinem Wesen wieder anzunähern. So ist auch die andere große Idee, die Corneille als den Dichter einer tragischen Geschichtsbühne befeuerte, auf das Innere des Menschen gerichtet und ihrem Wesen nach nicht programmatisch, wie oft sie auch das politische Programm und die Doktrin berührt: es ist die Königsidee, die eng verbunden ist mit der Staatsidee und in den spätern Stücken fast mit ihr zusammenfällt. Sie ist der Idee der Gloire untergeordnet und unterliegt wie die Gloire der Tragik; immer mächtiger tritt sie hervor in der Entfaltung des Werkes; der Name des Königs scheint das höchste Wort des Dichters zu sein, wenngleich Corneille, der gewiß kein Höfling war und auch die Sprache der Fronde zu sprechen wußte, dem König gegenüber den Einspruch gefährdeten übergangenen Rechtes nicht vergaß. Lange nach des Dichters Tod, als unter Ludwig xv. der geschürte Unwille sich offen regte, wirkten bei einer Aufführung des »Don Sanche d'Aragon« die Verse, die das Ehrbewußtsein des einzelnen über den Gehorsam stellten, revolutionär:

Lorsque le déshonneur souille l'obéissance,
Les rois peuvent douter de leur toute-puissance.

[II, I]

Mit herben Worten hat es der Dichter den Herrschern vorgehalten, daß es ihre Gewohnheit sei, auf schlechte Ratgeber zu hören.

Aber der König ist die eigentlich tragische Person dieser Bühne, deren Geschick sich in den Mithandelnden an dem ihnen angemessenen Platze wiederholt; von ihm wird die Handlung bewegt, ja die Handlung ist mit einer wunderbaren Kunst so angelegt, daß sie ihn und das Wesen seines Amtes ausdrückt. Die szenische Versinnlichung der Königsidee als der höchsten Form des Tragischen scheint das dringendste Anliegen des alternden Dichters zu sein. Gewiß haben die politischen Ideen der Zeit, hat der Wunsch, der Ära Vorbild und Antrieb zu geben, einen wesentlichen Anteil an diesem Bestreben; der Dichter wollte den Weg des ersehnten Königs bereiten, indem er die Herzen der Menschen empfänglich machte für den König: wie könnte dieser herrschen, wenn sein Bild nicht in Menschenherzen lebte? Vielleicht auch wollte der Dichter den künftigen König formen, indem er ihn dichtete und ein Bild schuf, das dem Monarchen sich einprägen mußte. Die aus dem Wort gebildete Gestalt verpflichtet; sie betritt den Lebensraum eines Volkes und wirkt in ihm: Herrscher und Volk müssen ihr nachleben, bis sie in dem Geisteskampf, der aller Geschichte vorausgeht, von andern Gestalten und Bildern verdrängt und verdunkelt wird.

Endlich symbolisiert der König als die wesenhaft tragische Person das tragische Geschick der Welt. Ist der, zu dem alle hinaufblicken, hinaufverlangen, notwendig von untragbarem Zwiespalt betroffen, so ist die Welt zwiespältig bis in den Grund. Vielleicht ist dieses Vermächtnis Corneilles der Nachwelt am festesten verschlossen. Der Lehre der Aufklärung von der möglichen Beglückung der Menschen stand seine Einsicht in die ursächliche Zwiespältigkeit des Daseins, des wahrhaft großen Lebens entgegen; dem modernen, von der Eitelkeit und dem Selbstbetrug verfälschten Bilde des Ruhmes seine Verherrlichung der Gloire, die auf die Tugend des Verzichtes gegründet war; aber den Königen selbst mochte der Dichter schon ein Jahrhundert nach seinem Tode unverständlich geworden sein als Verkünder der unaustilgbaren, über alle Gemeinschaft erhebenden Prägung, die das Amt dem König aufdrückt.

Denn der König ist wohl mit einer Macht begabt, die an das Göttliche reichte – sofern in den Tragödien Corneilles für das wahrhaft Göttliche Raum wäre; er beansprucht die absolute Macht im Weltkreise – »un roi doit pouvoir tout« (Pertharite IV, 3) – und scheint Herr der Schicksale zu sein, und doch ist er der Unfreieste von allen. Von ihm wird die vollkommene Selbstentäußerung verlangt; nicht mehr der eigene Wille lebt in ihm, nur der Wille der Krone; das Gesetz, das sie ihm auferlegt, ist eindeutig, es kennt keine Rücksicht auf seine Person: »Un véritable roi n'est ni mari ni père; il regarde son trône, et rien de plus« (Nicomède IV, 3). Keine Gestalt des Dichters senkt sich den Dolch des Verzichtes mit dieser Gefaßtheit in die Brust wie der Herrscher, den Macht und Pflicht über alle andern erheben. Er ist das »große Herz«, das zu weit angelegt ist, als daß es nach Persönlichem trachten, um Persönliches leiden könnte und dürfte, und wie er nehmen die Frauen seines Hauses und Ranges dieses Gebot ohne Zögern an. Sie werden den Mann lieben, der die Krone trägt; und wer die Krone erwirbt und sie ihnen bietet, dem werden sie angehören; denn herrschen müssen sie, das ist ihr Gesetz; der Verlust des Thrones wäre der Verlust der Gloire; es ist kein Verlust denkbar, der mehr zu fürchten wäre. Nicht die Macht haben sie zu wahren, sondern den Rang als den Ausdruck ihres Wesens. Darum kennen sie keine Treue gegen Menschen; unverbrüchlich treu sind sie der Krone, auf wessen Haupt sie auch leuchten mag. Wohl wäre es ein wunderbares

Glück, wenn Gloire und Neigung, das Amt und die Liebe sich verbänden:

Et c'est, pour peu qu'on aime, une extrême douceur
De pouvoir accorder sa gloire avec son cœur.

[SOPHONISBE II, 5]

Aber der Geliebte vermöchte ihnen kein Glück zu bringen, wenn er nicht ihres Ranges wäre; Herrin ihrer Gefühle ist die Krone, und vielleicht vermag diese auch Liebe zu dem Manne zu erwecken, der an die Stelle des Geliebten getreten ist. Es gibt kein Glück außerhalb des gemäßen notwendigen Daseins. Über alles Leiden erhebt der Stolz; da die Königin allein den Fürsten sucht, der ihre Krone schützt, so darf sie auch werben; sie wirbt nicht um Glück, nicht um Wärme; die furchtbare Kälte, die auf den Gipfeln des Daseins liegt, hat alles Menschlich-Persönliche verzehrt; um so heller leuchtet das Gestirn in dieser klaren, eisigen Luft. So wirbt Viriate, die Königin von Lusitanien, um den greisen Feldherrn Sertorius, als dieser sie fragt, ob sie seinen jungen Unterfeldherrn Perpenna liebe:

Je sais vous obéir,
Mais je ne sais que c'est d'aimer ni de haïr;
Et la part que tantôt vous aviez dans mon âme
Fut un don de ma gloire, et non pas de ma flamme.
Je n'en ai point pour lui, je n'en eus point pour vous:
Je ne veux point d'amant, mais je veux un époux;
Mais je veux un héros, qui par son hyménée
Sache élever si haut le trône où je suis née.

[SERTORIUS IV, 2]

Und wie sie bekennt Rodogune:

Plus la haute naissance approche des couronnes,
Plus cette grandeur même asservit nos personnes;
Nous n'avons point de cœur pour aimer ni haïr:
Toutes nos passions ne savent qu'obéir.

[RODOGUNE III, 3]

So sind König und Königin dem Empfinden entrückt und müssen es sein; sie werden Bewunderung, nicht Liebe, geschweige denn Mitleiden erwecken; der Dichter will erheben, hinaufreißen, das Leben mit dem Großen verbinden und ihm verpflichten. Königtum ist ein Geheimnis; kein Gefühl vermag sich ihm zu nähern; Könige empfinden anders als die Menschen unter dem Throne. Freilich, ihr Königtum ist nicht das des heiligen Ludwig, der in der vollkommenen Heiligung des Lebens das erste Gebot seines Amtes erblickte und in seinem Testamente seinem Sohne empfahl, eher eine jede Qual zu erdulden als eine Todsünde zu begehen; es ist nicht das Königtum der sakramentalen Weihe, die unter dem schweren Gepränge der Formen in der französischen Monarchie fortlebte und noch den Sonnenkönig, ja auch noch den jungen Ludwig XV. wie ihre Untertanen glauben ließ, daß ihrer Hand heilende Kraft verliehen sei; sondern es ist das Königtum sittlichen Willens, das gleichwohl auf einem Geheimnis ruht.
Denn die Könige haben diesen Zug zum überpersönlichen Leben nicht erworben; sie haben ihn nur bewährt und in der Krise des Schicksals immer fester bejaht; in Wahrheit ist er ihnen eingeboren als die besondere Artung der Seele, die all ihr Fühlen und Denken, selbst das Wallen ihres Blutes bestimmt; sie sind Abbilder einer längst geschaffenen Gestalt, Erscheinungen einer Idee. So erkennt die Ägypterkönigin Kleopatra sich selbst:

Les princes ont cela de leur haute naissance:
Leur âme dans leur sang prend des impressions
Qui dessous leur vertu rangent leur passions.

Leur générosité soumet tout à leur gloire:
Tout est illustre en eux quand ils daignent se croire.

[POMPÉE II, 1]

Darum kann der wahre König aus seiner Natur nichts Unedles tun; er kann aber der Einflüsterung niedrig Geborener unterliegen. Darum kann auch der König sich nicht verbergen, kann ihm das Schicksal keine Maske aufzwingen, unter der er nicht erkennbar wäre: er muß die ihm auferlegte Forderung annehmen, und wenn er ihr ausgewichen ist, so muß er an die Stelle seines Weges zurück, wo er abgebogen ist. Das Gesetz seiner Natur zwingt ihn dahin, und auch die Menschen zwingen ihn unter sein Schicksal, denn sie erkennen seine Seele, die zwar getrübt wurde vom Unglück, aber nicht verwandelt werden konnte. Und vor dieser Seele behalten sie Achtung; er kann nicht verzichten, es ist gleichgültig, ob er mächtig oder machtlos ist. Auf der Besonderheit seines Wesens ist ein ordnendes Gesetz begründet, dessen die Welt nicht entbehren kann; sie wird ihn zurückfordern. Ein König wird auch immer von Menschen seines Ranges erkannt; wer Größe zu ahnen vermag, wer sie gar in sich selber trägt, der fühlt das Einmalige in seinem Blick, seinem Wort und beugt sich vor ihm.

Das Leben des verborgenen Königs, dem sein unaustilgbarer Adel anhaftet, gehört zu den Lieblingsthemen Corneilles; die Möglichkeit der Versinnlichung des Geistigen, des im Grunde unsagbaren, durch keinen Begriff zu erhellenden Geheimnisses des Amtes und Ranges mag ihn, dessen Kunst immer das Sinnbildliche suchte, zu diesem Vorwurf gezogen haben. So erzählte er die bedeutungsvolle Geschichte des Langobardenkönigs Pertharite, der an den Usurpator Grimoald Land und Thron verloren und als Totgeglaubter aus seinem Versteck im Walde wiederkehrt. Der Tiefgebeugte ist bereit, auf das ihm geraubte Reich zu verzichten, wenn ihm nur seine Gattin Rodelinde bleibt, um die der Sieger wirbt; aber dieser hat indessen mit ganzer Kraft darum gerungen, ein echter König zu werden: der Aufrührer hat die verwandelnde Gewalt der Krone erfahren; er hat den Glauben an seine Krone erworben, und dieser verleiht ihm einen höheren Rang:

Et comme un nouveau rang forme une âme nouvelle,
D'un comte déloyal il fait un roi fidèle.

[PERTHARITE I, 2]

So hat er eine neue Seele bekommen; er zeigte sich hochsinnig und tapfer, gerecht, gütig, großmütig; da tritt ihm der geborene König gegenüber, vor dem sein Recht erlischt. Vergebens sucht er sich durch den Glauben zu halten, der Wiedergekehrte sei ein Betrüger; das Volk neigt sich Pertharite zu, und Grimoald erleidet die Tragik der Usurpatoren, die wohl über Thron und Land, aber nicht über das Geheimnis des Königtums Macht erlangen; denn dieses lebt auf unbegreifliche Weise in seinen legitimen Trägern und im Volke fort, und keine Niederlage nimmt ihm seinen Adel:

Un roi, quoique vaincu, garde son caractère:
Aux fidèles sujets sa vue est toujours chère;
Au moment qu'il parait, les plus grands conquérants,
Pour vertueux qu'ils soient, ne sont que des tyrans;
Et dans le fond des cœurs sa présence fait naître
Un mouvement secret qui les rend à leur maître.

[V, 2]

Grimoald kann nicht herrschen, solange Pertharite neben ihm steht; er kann ihn auch nicht gefangen halten, denn das Volk würde sich für den Gefangenen empören; so müßte er den Wiedergekehrten töten, um die geraubte Macht zu behaupten. Dies hätte er als Thronräuber tun können, nicht als der König, der er auf dem Throne geworden ist; er hat erkannt:

Le pouvoir absolu n'a rien de redoutable
Dont à sa conscience un roi ne soit comptable.

[II, 3]

Nun fordert ihm die Vertu, die ihn in Pflicht nahm auf seinem Wege zur Macht, die Macht wieder ab:

Si je pense régner, sa mort m'est nécessaire;
Mais soudain ma vertu s'arme si bien pour lui.

[V, 2]

Es bleibt ihm nur der Verzicht. Pertharites Schwester Eduige, die der Usurpator auf den Thron zu erheben gedachte, muß ihm gegen ihre Wünsche zustimmen: »Qu'une haute vertu me plaît mieux qu'un haut rang« (V, 2). Damit haben sich alle, der Wiedergekehrte, sein Gegner und die Frau, die nach dem Königssitze verlangte, zum Verzicht überwunden; sie haben den Adel des Königtums noch einmal erworben. Nicht von ehrgeizigem Streben, sondern von der geheimen Kraft der Krone, die über ihnen leuchtet und der sie sich beugten, wurden ihre Schicksale gelenkt; so wird ihnen die reine Gloire zuteil: »Que des hautes vertus la gloire est le seul prix« (V, 5). Wie auf der spanischen Bühne ist die Handlung Gestalt der Idee; in der tragischen Begegnung der beiden Könige, des Usurpators und Pertharites, ist das ganze Geheimnis der Krone, des Ranges wie der Pflicht, die sie auferlegt, wie in einem Bilde beschlossen; denn Pertharite ist selbst der Überzeugung, daß der Gegner, der ihn besiegt hat, verpflichtet sei, ihn zu töten:

Sitôt qu'un roi vaincu tombe aux mains du vainqueur,
Il a trop mérité la dernière rigueur.
Ma mort pour Grimoald ne peut avoir de crime:
Le soin de s'affermir lui rend tout légitime.

[IV, 5]

Das Amt, das ein Teil ihres Wesens ist, wendet sich gegen die Träger selbst, bis der Verzicht den Ausweg öffnet in ein höheres Menschentum, das zugleich ein höheres Anrecht auf die Krone bietet.

Corneille erlitt mit dem Drama seine schwerste, wohl nie ganz verwundene Niederlage, die ihn zu langem Schweigen, fast zu endgültigem Verzicht auf die Tragödie bewegte. Mochten die Zeitgenossen die von ihm gewählten künstlerischen Mittel mit Recht tadeln, mit Unrecht bespötteln; mochten sie noch strenger denken als er und den Anblick eines verzichtenden Königs nicht ertragen – ohne das sittliche Ziel dagegen zu halten, das der Dichter am Schluß des Stückes erreichte –: Corneille nahm im Vorwort ohne Bitterkeit Abschied von der Bühne, getrost der Nachwelt das Urteil überlassend über den Dienst, den er dem französischen Theater geleistet. Denn wer, der zurückblicken wollte, konnte den Unterschied verkennen zwischen der Bühne, die der junge Dichter der »Médée«, des »Cid« betreten hatte, und der, die er nun wie ein geschlagener König verließ? Nicht allein die Form hatte er ihr geschenkt; er hatte ihr Thema angeschlagen, das seine Vorgänger doch erst ahnten; er hatte die Fülle sittlichen Gehalts, der Ideen in das Drama geworfen; er hatte es zu einem höhern Schauplatz der Geschichte gemacht, auf dem die Kämpfe siegreich und beispielhaft ausgetragen wurden, denen Frankreich entgegenging; auf dem die Männer erschienen, die Frankreich führen sollten. Das Bild des Königs war geprägt; schon im »Héraclius« hatte der Dichter das innere, alle Willkür durchdringende Leuchten aufgefangen, das von der Seele des echten Fürsten ausstrahlt und den Menschen als Leitstern hilft, sich in der Verwirrung der geschichtlichen Schicksale zurecht zu finden; am härtern Herzen wird der Sohn des Tyrannen, der falsche Prätendent, erkannt:

La générosité suit la belle naissance;
La pitié l'accompagne et la reconnaissance.
Dans cette grandeur d'âme un vrai prince affermi
Est sensible aux malheurs même d'un ennemi.

[HÉRACLIUS V, 2]

Auf die Seele kommt alles an; im »Don Sanche d'Aragon« stellte Corneille die Seele des echten Fürsten auf dem Wege durch die Tiefe dar. Don Sancho, der Sohn des in unglücklichem Kriege gefallenen Königs von Aragon, wächst als Sohn eines Fischers heran; seine Art und seine Tat, nicht sein Rang, tragen den Helden zu den höchsten Ehren empor; und da er nun seine vermeintliche Abkunft nicht verleugnet, vielmehr den armen Fischer, der ihn am Hofe zu Valladolid aufsucht, vor den Augen seiner Gegner als seinen Vater umarmt, da hat sich seine königliche Seele enthüllt; und die Entdeckung der fürstlichen Abkunft Don Sanchos, seine Erhebung auf den Thron der Väter, seine Vermählung mit der Königin von Kastilien sind nur die Bestätigung seines innern Wertes. Einem Manne von solcher Prägung darf die Königin ihre Bewunderung eingestehen, auch wenn er noch für den Sohn des Fischers gilt:

Je vous tiens malheureux d'être né d'un tel père;
Mais je vous tiens ensemble heureux au dernier point
D'être né d'un tel père, et de n'en rougir point.

[V, 5]

Aber der zum König Erhobene trägt es den kastilischen Grafen Manrique und Lope nicht nach, daß sie sich weigerten, ihre Häuser mit ihm zu verbinden. Er sei verantwortlich für das adlige Blut, das er von seinen Vätern empfangen, erklärte der Graf Manrique der Königin:

Mais disposer d'un sang que j'ai reçu sans tache!
Avant que le souiller il faut qu'on me l'arrache:
J'en dois compte aux aïeux dont il est hérité,
A toute leur famille, à la postérité,

[III, 4]

während der dritte der Grafen, Don Alvar, die Tugend des Helden über dessen Abkunft stellte: »Il honorait en moi la vertu toute nue.« Beide Haltungen billigt der den Thron besteigende Held ausdrücklich:

Votre dédain fut juste autant que son estime:
C'est la même vertu sous une autre maxime.

[V, 7]

Denn auch das Gegensätzliche vermag der König anzuerkennen, wenn es der Ordnung dient; recht geschieht einem jeden an seiner Stelle; das Recht adligreinen Blutes muß bestehen, ebenso wie das Recht der Tugend, der adligen Seele: des Königs ist es, die Haltung eines jeden in dem ihm zugemessenen Kreise zu werten und die Kreise alle wieder in ihrer Ordnung auf den Thron hin zu betrachten. So steht der Fischer – dessen Auftreten die aristokratische Form des großen Dramas freilich nicht erlaubt – an seiner Stelle wie der seiner Tradition verpflichtete Herr, und der König ist über sie mit der Kraft doppelten Rechtes, der Abkunft wie der Art, erhoben; es wurde ihm in der Geburt verliehen, und er hat sich das Verliehene erworben in einem heldischen Leben, auf dessen Höhe er seinen Stolz niederrang und den armen Fischer als seinen Vater ehrte:

Lui qui le reconnaît frémit de sa disgrâce;
Puis laissant la nature à ses pleins mouvements,
Répond avec tendresse à ses embrassements.
Ses pleurs mêlent aux siens une fierté sincère;
On n'entend que soupirs . . .

[V, 4]

Das Größte am König ist das Herz; wie wenig auch die Liebe nach des Dichters Meinung das Recht hat, die Schicksale der Menschen zu lenken, so fordert er doch an der höchsten Stelle die geläuterte Liebe als die ordnende, versöhnende, bindende Kraft.

Die spanische Welt verhalf dem Dichter zur Entwicklung seiner reinsten Bilder, und wie mächtig sollte spanisches Erbe den großen König durchdringen und formen, dem Corneilles Dichtung entgegenstrebte! Aber die Höhen seines Werkes sind auch für den Künstler nur in seltenen Stunden bewohnbar; er gestaltet die äußerste Möglichkeit seiner Zeit, – das, was sie vielleicht nicht erreicht, was aber doch in ihr lebt und sie antreibt: das reine Bild, nach dem sie sucht und für das sie da ist; und er scheint diese Gestaltung bezahlen zu müssen mit der Beziehung zu ihren Tiefen. Der Tragiker stieg wieder hinab in die Geschichte, über die er sich als Verkünder der Tugendwerte emporgeschwungen hatte; endlich gelingt die Tragödie nur in der Nähe der Mächte, wenn auch nicht in der Hingabe an sie. Durch Corneilles ganzes Werk bekämpfen einander zwei Stimmen, die um den Menschen ringen und ihn einander entreißen: gegen den Preis der Vertu, die sich über die Macht erhoben hat, streitet der Preis der Macht. Wohl tönt dieser häufig aus dem Munde solcher Menschen, gegen die der Dichter entscheidet, wie etwa des Ratgebers Photin (im »Pompée«), der seinem König Ptolemäus sagt: »La justice n'est pas une vertu d'État« und ihm das Verbrechen rät:

Quand on craint d'être injuste, on a toujours à craindre;
Et qui veut tout pouvoir doit oser tout enfreindre,
Fuir comme un déshonneur la vertu qui le perd,
Et voler sans scrupule au crime qui lui sert.

[I, I]

Mit dieser Lehre zerstört der Staatsmann die Gloire seines Königs, die dieser erst im Tode zurückgewinnt. Und wie Photin sucht die verbrecherische Königin Kleopatra von Syrien in der Macht den Sinn des Daseins und Wirkens: »C'est périr en effet que perdre un diadème« und »Mais enfin on perd tout quand on perd un empire« (Rodogune IV, 3). Photin wie Kleopatra werden gerichtet; der König Prusias von Bithynien wird von derselben Leidenschaft beherrscht: »Il n'est rien qui ne cède à l'ardeur de régner« (Nicomède II, 1); ihm wird verziehen, nachdem er beschämt worden ist; auch die königlichen Brüder Antiochus und Seleucus ergreifen, bewegt von der Liebe, mit Leidenschaft den Herrscherberuf: »Régnons: l'ambition ne peut être que belle« (Rodogune I, 3).

Etwas ist ja in all diesen Helden, den Königen und Cäsaren, das geneigt ist, dem Lobe der Macht zuzustimmen; mit solcher Leidenschaft hatte der Dichter die Krone und die von ihr ausgehende Gewalt erhöht, daß sie oft an die Stelle der Werte treten, die ihnen übergeordnet sind; immer wieder drängt der Anspruch des Königs über die Grenzen hinaus, die ihm der Dichter im Namen der Vertu und Gloire gezogen. Daß der König allmächtig sein müsse, ist die Überzeugung all dieser Herrscher, wenngleich sie noch auf einen sittlichen Wert gegründet ist: der König, der sich selbst bezwungen, ist, kraft dieser Selbstbezwingung, unbeschränkter Herr. Weit über das Menschliche ragen die Männer empor, die sich ihre innere Form errungen haben; der seines Willens völlig mächtige Held fordert die Götter heraus; er vermag nicht weniger als sie:

Un héros, comme un dieu, peut faire des miracles.

[SOPHONISBE II, 3]

Und wer wollte verkennen, daß in solchen Augenblicken nur das letzte Wort der Haltung fällt, die diesem ganzen Gestaltenkreise eigen ist! Diese Welt des Willens hat keine Erkenntnis zu bieten, die solche Worte widerlegen könnte; sie ist ja von unten emporgetürmt und ragt mit schwanker Spitze in den leeren Raum; sie ist nicht am Dauernden befestigt, sondern sucht sich, aufgebaut aus Vergänglichem, aus eigener Kraft über das Vergängliche zu erheben; Tugend ist nur eine Frage der Willensform. Nie rührt diese Welt an den Himmel, und nie steigt der Himmel zu ihr herab wie im griechischen oder im spanischen Drama; der Mensch findet sein Schicksal, seine Tragik in sich selbst in einer furchtbaren Verlassenheit; er findet sie nicht zwischen zwei Welten, sondern er ist gleichsam der Veranstalter des Spieles und der Spieler in einer Person. In ihm kreuzen sich die Pflichten; das ist sein Geschick; von oben hat er nichts zu fürchten: keine Macht wird ihn zerschmettern. Und sinnlos wäre es auch, die Mächte anzurufen oder zu ehren: hier, wo er sich selbst bezwingen, sich selbst erhöhen soll. Die reine Pflicht führt ihn wohl über sein persönliches Leben hinaus; das ist sein Glück und seine Erhöhung, aber wie, wenn diese Pflicht ihn nur wieder den irdischen Kräften auslieferte? Denn die Pflicht, die vom Menschen gesetzt, nicht von ihm empfangen ist, zwingt ihn in seinen Kreis zurück zur Erhöhung dessen, was er selbst geschaffen hat, was ihm erreichbar ist. Die Pflicht kann sich nicht selbst befestigen, sie muß auf einen Wert bezogen sein; so wird die Pflicht, deren Erfüllung für die Menschen Corneilles Gloire bedeutet, vom Staate auferlegt, und der Staat wird für sie zum Gott, zum Wert über allen Werten. Nicht das Gewissen, sondern der Staat übt das erste Richteramt aus; nicht um die Schuld geht es, sondern um das Verdienst; der Staat spricht von der Schuld los, die der Mensch zum Nutzen des Staates auf sich nahm, und damit ist auch das Gewissen, wenn es sich je geregt haben sollte, beruhigt. Der Staat kann auch denen die Pflicht zu leben auferlegen, die das Leben verwirkt haben oder den Tod sich wünschen.

Denn vom Menschen geht alles aus, zum Menschen, der seiner selbst mächtig ist, strebt alles zurück; auch die Märtyrer Polyeucte und Néarque werden nicht emporgerissen, sie schwingen sich selbst empor. Sie alle leben lange vor der Zeit, da der Herr die Welt betreten, und sie wissen von dem Reiche nichts, das er den von ihm ergriffenen und verwandelten Seelen gewiesen hat; nur damit er die für den Staat begangenen Verbrechen verzeihe, ruft Livie im »Cinna« den Himmel an:

Tous ces crimes d'État qu'on fait pour la couronne,
Le ciel nous en absout alors qu'il nous la donne,
Et dans le sacré rang où sa faveur l'a mis,
Le passé devient juste et l'avenir permis.
Qui peut y parvenir ne peut être coupable;
Quoi qu'il ait fait ou fasse, il est inviolable:
Nous lui devons nos biens, nos jours sont en sa main,
Et jamais on n'a droit sur ceux du souverain.

[CINNA V, 2]

Das Recht ist am Staat befestigt, nicht der Staat am Recht; der höchste Wert ist endlich das Leben, wenn auch das überpersönliche, und da dieses in der Hand des Herrschers ruht, so ist keine Pflicht denkbar, die seinen Rechten entgegen wäre.
So ist die Krone erhöht; der König, der sie ergreifen wird, hat keinen Einspruch zu fürchten. Wohl hat der Dichter, dann und wann Einflüssen einer anderen Sphäre nachgebend, auch die Sache des Gewissens vertreten. Aber die Sache der absoluten Macht, die er gleichfalls vertrat, steht ihr unversöhnlich entgegen. Und wie sollte die Geschichte ihn und sein Werk nicht beim Wort nehmen und sich der ihr gemäßen Kraft seines Geistes bemächtigen? Seltsamer Widerspruch zwischen Absicht und Wirkung! Indem Corneille das Königtum und die ordnende staatliche Macht über alle Werte erhob, um ihren Bestand zu sichern, hat er sie in Wahrheit gefährdet: da sie nirgendwo befestigt waren, so mußte sie ein jeder ergreifen können, der stark genug war und zu ordnen versprach. Da die Majestät des Mächtigen auch das Verbrechen heiligte, sollte das Verbrechen nichts mehr zu fürchten haben, wenn es die Majestät erlangte. So wurde die gewaltige Sprache des Dichters feil; statt die Richtung der Geschichte mitzubestimmen,

mündete sie in ihren Stromlauf ein und vermehrte noch die Wucht ihres Gefälles; der Geist, der auf die strenge Unterscheidung zwischen oben und unten und die feste Verpflichtung an das Oben verzichtete, mußte seine Rechte wie seine Aufgaben einbüßen. Aber diese Erhöhung der Macht, wie gefährlich sie auch der Reinheit seines Werkes werden mußte, wie wenig sie mit dem frommen und schlichten Leben und Menschentum Pierre Corneilles in Einklang stand, ließ ihn die miteinander ringenden irdischen Mächte erkennen und anerkennen; er hatte sich auf ihren Boden begeben und verstand, daß eine jede recht hatte nach ihrem eigenen Gesetz. So fand er den großen weltgeschichtlichen Gegensatz seiner Bühne: den Zusammenstoß zwischen dem römischen Imperium und seinen königlichen Nachbarn und Vasallen, der ein Zusammenstoß zweier Staatsideen ist. Und wie sein ganzes Werk die Versinnlichung inneren Seins und Lebens ist, so mag auch dieses Ringen der römischen Demokratie und des Cäsarentums mit den Königstraditionen ihrer Umwelt Abbild eines Kampfes sein, den der Dichter austrug: in ihm lebten römische Haltung, römische Sittlichkeit neben der Königsliebe seines Volkes. Sein eigenes, persönliches Leben drängte in die Geschichte hinüber und machte sie zum Schauplatz seiner Kämpfe, zur Stätte tragischen Lebensempfindens; wieder stießen Notwendigkeiten zusammen, aber nicht mehr Menschen und in Menschen lebende Pflichten bekämpften sich. Der Dichter hatte auf dem Wege zu Bild und Gestalt, zum Sinnbild tragischen Daseins die Sphäre des Persönlichen völlig verlassen; Ideen bewegten die Völker vor seinen Augen; und ein jeder, der als reiner Vertreter seiner Idee in diesem Kampfe stand und in ihm sein Schicksal fand, hatte recht.

So erscheinen Suréna und Cassius im ersten Akt des »Suréna« als Vertreter einander entgegengesetzter Ideen, die von diesen her, nicht als Menschen von Fleisch und Blut, zu leben scheinen:

L'un, fier et tout gonflé d'un vieux mépris des rois,
Semblait pour compliment nous apporter des lois;
L'autre, par les devoirs d'un respect légitime,
Vengeait le sceptre en nous de ce manque d'estime.
[I, 1]

Es ist vielleicht die letzte epigrammatische Zusammenfassung des Widerstreites, der Horatier und Curiatier, Ptolemäus und Pompejus, Cäsar und Kleopatra, Titus und Bérénice, Nicomède und Flaminius, Sertorius und die Königin Viriate, Sophonisbe und den Feldherrn Lälius gegeneinander stellt. Helden und Mächtige sind in ihrem Handeln von Ideen in Pflicht genommen, die zu stark und zu klar sind, als daß sie sich versöhnen ließen; um der Ideen willen werden sie zu Feinden, während sie als Menschen Achtung voreinander empfinden, vielleicht Liebe und Freundschaft fühlen könnten; Höheres können sie nicht erreichen, als daß ein jeder das Recht des andern gelten läßt, ohne es anzunehmen. Auch als Feinde dessen, den sie achten müssen, überwinden sie sich selbst.
Wohl scheint für den Dichter der Name des Königs immer erhabener zu werden, aber er gibt darum Rom, nach dessen Seite er in seinen früheren Werken vielleicht neigte, nicht unrecht; die Königin Viriate ist sogar bereit, als Gattin des Ersten der Römer, des Feldherrn Sertorius, ihren königlichen Rang abzulegen:

Mais parmi vos Romains je prends peu garde au sang,
Quand j'y vois la vertu prendre le plus haut rang.
Vous, si vous haïssez comme eux le nom de reine,
Regardez-moi, seigneur, comme dame romaine:
Le droit de bourgeoisie à nos peuples donné
Ne perd rien de son prix sur un front couronné.
[SERTORIUS II, 2]

Würde sie aber einem geringeren Römer die Hand reichen, so

würde sie diesen zwingen, gegen Sertorius zu kämpfen; denn die Erste zu sein in der jeweils geltenden Ordnung, es sei unter ihrem eigenen Volke oder den Römern, gebietet ihr die königliche Abkunft. Dennoch sind die unter der Pflicht Stehenden frei: Sertorius kann sich wohl überwinden, auf Viriate zu verzichten, um sich seinen Unterfeldherrn Perpenna zu erhalten – so wie die Königin, die ihn wiederliebt, an der Seite des Perpenna zur Feindin des Geliebten werden würde –, aber ihre Neigung, ihr Herz vermögen diese Menschen auch zu bewahren, wenn die ergriffene Pflicht sie zwingt, gegen ihre Neigung zu handeln. Sie bleiben freie Persönlichkeiten; Sertorius kann seinem Unterfeldherrn das Herz der Königin nicht versprechen; und so büßt der Feldherr, der von sich sagen konnte: »Rome n'est plus dans Rome, elle est toute où je suis« (III, 1), für diese letzte, unvernichtbare Freiheit des Herzens, der Persönlichkeit, mit dem Leben.

Geistige und politische Größe, die einer andern entgegen ist, soll nicht zerstört werden; statt ihrer soll der Mensch fallen, oder der Mensch soll doch seine höchsten Wünsche opfern: da der Senat Roms endlich bereit ist, die Königin Bérénice wider die römische Tradition als Kaiserin aufzunehmen, sieht sie ihre Gloire gerettet; an ihr ist es nun, Roms Tradition durch den Verzicht zu retten:

Rome a sauvé ma gloire en me donnant sa voix;
Sauvons-lui, vous et moi, la gloire de ses lois.

[TITE ET BÉRÉNICE V, 5]

Wenn der Königssohn Nicomède, der sich ohne Macht, allein durch den innern Adel gegen die Anschläge seiner königlichen Anverwandten behauptet hat, den römischen Gesandten um Freundschaft und die Anerkennung der Königsrechte bittet und dieser, auch in diesem Augenblick klug und beherrscht, entweder die Freundschaft oder die achtungsvolle Feindschaft des Senates in Aussicht stellt, so ist das gerade noch Mögliche erreicht: Rom wird seinen Anspruch so wenig aufgeben wie die Könige, die, wie Nicomèdes Stiefbruder Attale, gerade unter der Tyrannei Roms zum Bewußtsein ihrer Würde erwachen, und beide Formen werden die Menschen einfordern. Nur über ihre innersten Gefühle, über Achtung und Neigung werden die Menschen verfügen können und dürfen –, sofern diese Freiheit die Einsicht in die Notwendigkeit nicht trübt, der sie unterstehen. Um die letzten Fragen der Macht und Herrschaft geht es in allen diesen Dramen; und doch wäre es verfehlt, in ihnen politische Dichtungen zu sehen; nicht den Kampf der Interessen schildern sie, sondern die Haltungen der Menschen unter dem Gebot der Geschichte. Um der Liebe willen, aus Sorge um die Königin Laodice von Armenien, hat der Feldherr Nicomède sein Heer verlassen und sich in die Gewalt seiner Feinde begeben; was könnte weniger klug, weniger entschuldbar sein in politischem Sinne! Aber die Geschichte wird von Menschen getragen, nicht von Interessen bewirkt: Alles kommt an auf die Haltung, die Nicomède in der Gefahr einnehmen wird.

Damit war über die weltgeschichtliche Stellung des Königtums das Äußerste gesagt; indem ihm der Dichter den größten Gegner gegenüberstellte und beide Formen in diesem Zusammenstoß zum klaren Bewußtsein ihrer selbst, zur erneuten Behauptung ihrer Ideen gelangen ließ, machte er die Majestät der Krone sichtbar, auf deren Verherrlichung das ganze Zeitalter gerichtet war. Die Tragik der Gloire leuchtete aus ihr hervor; um sie war der Kranz der Schicksale gewunden; ihr strebten die Ideen zu als dem Symbol alles Edlen, Großen, Fordernden. Sie war aber auch die Mitte täglichen Geschehens, der Inbegriff geschichtsbestimmender Wirklichkeit. Im Jahre 1650 zog der zwölfjährige Königsknabe Ludwig XIV. an Stelle der vertriebenen Frondeure in Rouen ein; damals sollten Herren und Bürger die geheimnisvolle Macht des echten Königs erleben, die der Dichter drei Jahre später im »Pertharite« zur Anschauung brachte. Als im Jahre 1662 eine Spannung eintrat zwischen dem Papste und Frankreich, glaubte Corneille dem so oft gestalteten Anspruch Roms in der Zeit zu begegnen; heftig ergriff er die Partei des Königtums, ohne doch gegen die Kirche als solche kämpfen zu wollen: »Garde les droits tu trône et les droits de l'autel« und »Punis Rome l'injuste et conserve la sainte«, rief er dem jungen König zu. Aber es bedurfte keiner besonderen Beziehung; ein jedes Wort über das Königtum war für den regierenden König Frankreichs gesagt, mochte es dem Prinzen von Bithynien oder der Königin von Numidien gelten. Ein jedes Wort für das Königtum zielte und traf unmittelbar in die Geschichte der Zeit. So war die Dichtung mit Kräften erfüllt, deren Wirkung die Späteren nicht mehr ahnen sollten; sie hatte fast all ihre Güter dem Jahrhundert anvertraut und sollte von ihm getragen werden und mit ihm untergehen. Und wie selten ahnen wir, was unter uns versunken ist, wenn wir lange danach die Straße der Entschwundenen befahren und die Stille uns befremdet!

Einmal wandte sich Corneille von der Bühne aus fast unmittelbar an den König. Denn wie durchsichtig ist die Verkleidung geworden, unter der in der Tragödie »Attila« die kommende Macht des Königs Mérovée angezeigt und gefeiert wird! In der Wahl seines Bundesgenossen soll sich der Hunnenkönig zwischen dem sinkenden Römerreich und dem Beherrscher Galliens entscheiden; er weiß, Mérovée ist der größte König dieser Zeit:

Je le dis le plus grand, non qu'encore la victoire
Ait porté Mérovée à ce comble de gloire;
Mais si de nos devins l'oracle n'est point faux,
Sa grandeur doit atteindre aux degrés les plus hauts;
Et de ses successeurs l'empire inébranlable
Sera de siècle en siècle enfin si redoutable,
Qu'un jour toute la terre en recevra des lois,
Ou tremblera du moins au nom de leurs François.

[ATTILA I, 2]

Attila fragt zwei gefangene Fürsten um ihren Rat; der Ostgotenkönig rät das Bündnis mit Mérovée: »L'empire est prêt à choir et la France s'élève«; ihm widerspricht der Gepidenkönig, da die unbezweifelbare Größe Frankreichs noch ferne sei; wohl wanke das Reich, werde es von seinen Feinden zerrissen, doch sei es immer noch mächtiger als alle seine Gegner. Aber der Ostgote beharrt: »L'empire est quelquechose et l'empereur n'est rien.« Ihm stehe Mérovée gegenüber:

... un roi magnanime,
Amoureux de la gloire, ardent après l'estime,
Qui ne permet aux siens d'emploi ni de pouvoir,
Qu'autant que par son ordre ils en doivent avoir.
Il sait vaincre et régner ...

Das Drama wurde von der Truppe Molières im März des Jahres 1667 im Theater Palais Royal gespielt; im Mai desselben Jahres brach der König zu jenem raschen Einmarsch in Flandern auf, der ihm zwar nicht die begehrten Provinzen, aber doch Lille mit einigen anderen Grenzstädten einbrachte und nur das Vorspiel des großen später einsetzenden Machtkampfes mit Habsburg und dem Reiche war. Der junge Monarch, der, im Gegensatz zum Kaiser, seine Vasallen fest am Zügel hielt, der »herrschen und siegen ließ« und sich nach Ruhm verzehrte, war ein Herrscher nach dem Herzen Corneilles; und mit der Leidenschaft dessen, der die Heraufkunft seiner Idee in der Geschichte zu spüren glaubt, zeigte der Dichter dem König seine Stunde an.
Aber doch nur langsam, wie sich die Größe Frankreichs entwickeln sollte nach der Prophezeiung, deren der Hunnenkönig gedenkt, sollte sich die Größe dieses geborenen Königs entwickeln; und er sollte endlich noch das Bild übertreffen, das der Dichter als höchste Gestalt des Königtums aufgerichtet hatte. Denn jener rasche Sieg war noch nicht der Weg zu seinem wahren Ruhm; und auch die späteren Siege und das

Wachstum seiner Macht diesseits wie jenseits des Meeres sollten diesen Ruhm noch nicht vollenden. Wohl hörte der Dichter oft die Fanfaren des Erdenstreites, wenn er von Ruhm sprach; und wieviel lauter noch mochten sie in den Ohren des Königs schallen: er war mächtig genug, mit den Kräften der Persönlichkeit die ungeheuren Räume zu erfüllen, die er gebaut, die Formen zu durchdringen, die er geschaffen, so wie er in der ihm zugemessenen Zeit die Geschichte erfüllte. Groß mußte alles sein, was ihn umgab, was er suchte; und so erlesen glaubte er zu sein, daß er in der Kapelle allein sein Gesicht zum Altar wandte, während die Höflinge sich begnügen sollten mit dem Widerschein des Lichtes auf seinen Zügen. Aber er wußte doch immer ein Wort, das den Menschen, nicht den Diener und Vasallen, traf und beglückte, so wie er das Wort wußte, das einen jeden auf eine besondere Weise verpflichtete oder ihm befahl; er war Sonne nicht nur im Munde der Schmeichler – wie frühe hatte sich die Verachtung ihres Treibens und so vielen menschlichen Tuns eingegraben in sein Gesicht! –, er war es mit der geheimnisvollen Kraft mächtigen, selbstsichern Willens, des starken, ein Volk, eine Welt bewegenden Herzens.

Aber Ruhm ist doch nur Gloire im innersten Sinne; wie der Dichter sollte der König den Ruhm überleben und bewußt vom Gipfel herabsteigen, auf den ihn die Siegesgöttin allzu frühe getragen: der äußere Sieg ist ja noch kein Zeichen des Wertes; wahrer Sieg ist Haltung, Gefaßtheit, königliche Bezwingung des Selbsts. Und so sollte der Herrscher in der Stunde des Sonnenuntergangs in seinem Lande und für sein Land, für das allein er lebte, zu dem »großen Herzen« werden, das der Dichter vorahnend gefeiert. Als ihm das Schicksal allen Ertrag nur gewährt zu haben schien, um ihn wieder zu nehmen, die Heere unterlagen in Italien, Deutschland und den Niederlanden, das Volk hungerte und die Sieger schmähliche Bedingungen stellten, das Unglück den Königsstamm furchtbar traf und den Sohn und beide Enkel hinraffte, so daß Frankreich selbst zu sterben schien: was war da der Ruhm? Er lag im Unglück selbst, das mit solcher Wucht nur die Größe heimsucht; im Ertragen und im Schweigen, in der unerschütterlichen Behauptung inneren Königtums. Aber auch solche Festigkeit hätte das Schicksal nicht getragen; noch ein Schritt, der schwerste, war zu tun, noch eine Kraft zu erringen: die Demut, die schuldbewußt und gläubig die Erniedrigung annimmt und sie dadurch überwindet. Unter dem Zwang der Not konnte der Herrscher nicht bleiben, der er bisher gewesen, und noch einmal siegte sein Wille, der die Gegnerschaft der Welt herausgefordert hatte und von ihr gebeugt worden war. Gott strafe ihn, bekannte der Besiegte, und er habe es wohl verdient. Und die verborgene jenseitige Gloire des Christen, für die der Dichter der tragischen Bühne kein Wort fand, scheint nun auf den Zügen des Gebeugten und Sterbenden zu liegen; leicht wird der Abschied von der Welt, deren er sich bemächtigt hatte, in unersättlicher Begier zu wirken, zu besitzen und zu genießen. Die Bewegung will über ihn kommen, da er den Dauphin, einen fünfjährigen Knaben, seinen Getreuen empfiehlt, aber er fühlt sich weich werden und bittet, ihm diese Weichheit zu verzeihen, auch jetzt noch Herr seiner Gefühle, seines Willens; er bereut seine Kriege und ermahnt den an sein Bett geführten Erben, Frieden mit seinen Nachbarn zu halten und das Los seines Volkes zu erleichtern.

So gelang der Geschichte ein Menschenbild, das der Dichter in den engen Schranken seiner Kunst nicht erreichen sollte und das doch die Vollendung des Bildes in seinem Herzen war und vielleicht belebt war von seiner Kraft; das größere Schicksal war dem König vorbehalten und mit ihm auch die größere Aussage. Aber die großen Werke enden alle lange vor dem Anfang der Ewigkeit; die Tragödie endet vor der Demut, wie sie vor der vollkommenen Liebe endet; denn es ist kein Zwiespalt, den sie nicht zu versöhnen wüßten, indem sie ihn ertragen im Namen des Herrn. So trat der König, der zwei Menschenalter lang auf der tragischen Bühne der Geschichte gehandelt, am Ende in ein milderes Licht, und auch der Dichter sollte den so lange behaupteten Schauplatz unheilbarer, im tiefsten Grunde heilloser Schicksale viele Jahre vor seinem Tode endgültig aufgeben.

Jenseits der Bühne

Wie die Lebensläufe der drei griechischen Tragiker verbunden sind durch den Sieg bei Salamis, so sind die Lebensläufe der drei französischen Dichter verbunden durch den Namen einer Frau; und der Unterschied der Zeiten wie der Männer und ihrer Kunst mag in diesem Unterschiede sich ausdrücken. Mit der Truppe Molières kam die Marquise Thérèse de Gorla, die Frau des Schauspielers du Parc, nach Rouen (1658); sie spielte die tragischen Heldinnen Corneilles und spielte sich wohl mit des Dichters eigenen Worten in dessen Herz. Aber der früh gealterte Avocat du Roi stand weit hinter seinen Helden zurück in der Kunst des Werbens; er wurde bitter gegen die Jugend, die ihn verschmähte: sie beide, schrieb er der jungen Künstlerin, unterlägen dem Gesetz der Zeit, die ihr die Jugend nehmen werde, wie sie ihm die seine genommen, doch habe er die Macht, die Gloire ihrer Augen zu retten in seinem Wort. Thomas, der das Leben des Bruders miterlebte, teilte dessen Neigung; und vielleicht umwarb er die Künstlerin mit mehr Glück. Freilich mochte der Ältere längst einen schwereren Verzicht geleistet haben, als ihn diese Liebe kostete; bald fühlte er lächelnd »seine Leiden vorübergehen, sein Feuer erlöschen«. Einige Jahre später, als er nach Paris kam, sah er auf der noch einmal leidenschaftlich umworbenen Bühne die Künstlerin wieder in der Maske der Heldinnen, die lebten von seinem Leben, seinem Wort, seiner beherrschten Glut, seinem verborgenen Stolz. Und wie die Bühne, so sollte er die geliebte Frau an denselben Rivalen verlieren, dessen Ruhm aufging, nachdem Corneille ein Menschenalter lang über das Theater geboten: Thérèse wurde die große Liebe Racines, der sie der Truppe Molières entriß und zur Darstellerin seiner Andromaque im Hôtel de Bourgogne bestimmte. So hatte Thérèse auf Molières Bühne gespielt, Corneilles Herz berührt, Racines Leidenschaft entfacht und seinen ersten großen Sieg mit gewonnen; um ihretwillen hatten sich Racine und Molière verfeindet, indessen Corneille in der Neigung zu ihr den Verzicht seiner Helden noch einmal erlebte und gestaltete; jung sollte sie sterben in der Wirrnis ihrer Liebe, die vielleicht den untilgbaren, das Leben langsam verändernden Schatten der Schuld in das Dasein Racines warf.

Die Welt verwandelte sich, weil sich das Trachten und Sinnen der Menschen wieder verwandelte; sie begehrten andere Helden zu sehen, ein anderes Bild des Lebens. Die Leidenschaften sollten nicht mehr mit ihren Klagen den Widerstreit der Pflichten in der Brust heroischer Menschen begleiten, um endlich mit der höchsten Pflicht sich zu vereinen und an ihrem Siege teilzunehmen; sie sollten die erste Stimme führen, und welcher Reichtum, welches Grauen taten sich nun auf! Denn sobald die Leidenschaft siegte, kehrte sie sich gegen sich selbst; sie zerfiel und zerstörte sich, so wie in den harten, selbstsichern Helden der untergehenden Ära die Pflichten sich zerstört hatten. Nun wußten die Menschen nicht, ob sie liebten oder haßten; alle Gefühle fielen einander an; in dem furchtbaren Widerstreit schluchzte die Seele auf, suchte sie ihr Glück, das sie doch vernichten mußte, sobald sie es erreichte. Denn Ruhe sollte sie nicht mehr finden; immer aufs neue quollen die mächtigen streitenden Empfindungen empor, Schmerz und Lust miteinander vermengend und endlich die Seele und das Leben in den Abgrund hinunterreißend. Dieser Klang war betörend; er rührte das Leben selber an; alle zerstörende Süßigkeit war in ihm, die sich die Herzen bisher nicht eingestanden hatten und nun mit einem Mal einzugestehen wagten; aber die Haltung der Sprecher, die Form des Kunstwerkes, die auch jetzt gewahrt, ja nun erst vollendet wurde, erlaubten das Eingeständnis und die Hingabe an das zerstörende Gefühl. Wohl sollte auch Racine, der diesen neuen Klang gefunden, durch die Dämonie der Leidenschaft den Weg der Überwindung und der verborgenen Gloire gehen, nachdem er, noch innerhalb seiner Kunst, in der »Iphigenie« vollkommene Reinheit, in der »Athalie« aber, mit dem Einsatz seines ganzen Lebens und Werkes, das große religiöse Drama und ein Ende in jedem Sinne erreicht hatte. Aber über Hall und Widerhall entscheiden zum guten Teil doch die Mächte, die ein Dichter in seinen ersten großen Stunden aufruft: sie verleihen seiner Stimme den Ton, der unter aller Wandlung des Denkens und sittlichen Bewußtseins mitschwingt und sie von allen anderen Stimmen unterscheidet. Die Mächte, die Racine aufrief, denen er sich vertraute und die ihn zum Siege trugen, lagen außerhalb der Grenzen, die Corneille seiner Dichtung zog und ziehen mußte. Und wieviel Bitterkeit und offene oder heimliche Gegnerschaft nun auch ihr Urteil färbte und verfälschte, sie konnten einander nicht verstehen, nicht unbedingt gelten lassen; einem jeden war eine besondere Überwindung aufgegeben, und ein jeder hat überwunden; und weder der Zeit noch der Nachwelt gereicht es nun noch jemals zum Ruhme, daß sie immer zu vergleichen wissen, aber fast nie zu urteilen und ein Werk so leicht in seinem Verhältnis zu andern Werken, so schwer in seinem eigenen eigentümlichen Wert auffassen und betrachten können. Aber der Vergleich verlangt nur Augenmaß, das Urteil Wissen um das Unbedingte und die Bindung daran.

Mochte der Dichter, der seine Epoche lebte und aussprach, diesen innern Wandel fühlen und ihm nachgeben; mochte ihn allein die Neigung, die ihn so spät noch streifte, dazu bewegen: Er gönnte der Liebe in seinen letzten Stücken höheres Ansehen und Recht als in den vorausgegangenen. Von einer sonderbaren Zärtlichkeit sind die Helden und Könige des alten Corneille berührt: Sertorius, der bekennt: »J'ai cru honteux d'aimer quand on n'est plus aimable« (IV, 2), und sich bei seinen grauen Haaren entschuldigen möchte; der König

Syphax, der um Sophonisbes willen den Kampf mit Rom gewagt und Ruhm und Reich verloren hat, indem er für Karthago Krieg führte: so kann der Gealterte in der »törichten und strengen Sklaverei« der Liebe die Gloire einbüßen –; Martian, der greise römische Staatsmann, der seine Liebe zu der jungen Kaiserin Pulchérie gerne verschwiegen und mit ins Grab genommen hätte, aber nun an der Seite der Kaiserin, von ihr getrennt und mit ihr verbunden, seine Liebe bezwingen muß, so wie sie die ihre zu dem jungen Römer Léon bezwingt; und endlich der Parthergeneral Suréna, der, die Treue seines Herzens wie die Treue gegen seinen König und somit seinen Ruhm bewahrend, für seine Liebe stirbt und, als letzter Held des Tragikers, einen tragischen Tod erleidet. So hat das Herz sein Leiden bekennen, seinen Reichtum in der Stunde des Abschiedes, des Sieges über sich selbst verraten dürfen; aber die Werte der Haltung sind bewahrt, bis über dem letzten Schicksal der Vorhang fällt; die Hand, die den nie vergebenen Schatz nach heftigem Kampfe für immer verschließt, zittert nicht.

Wie fern rückte endlich die Bühne, auf der die vergeblich Umworbene das Werk eines andern zum Sieg getragen! Längst war die Künstlerin dahin, und der Schmerz, der über ihren frühen Tod hinaus noch durch Corneilles Dichtung bebte, galt vielleicht mehr dem überwundenen Herzen als dieser einen Liebe; auch jener Sieg war ohne Dauer: Racine schwieg. Und vielleicht hätten sich die großen Gegner, die Jahr um Jahr in der Hauptstadt einen ungleichen Kampf um den höchsten Preis der Bühne geführt hatten, nun im Schweigen weit besser verstanden als in der Kunst. Denn der Jüngere, der so viel reicher schien und weit verletzlicher war, hatte schon bald nach dem Älteren die Stelle erreicht, wo die aus der Tiefe hallenden Stimmen der Tragödie verstummen vor einem reineren, von oben kommenden Gesang. Wie eng war doch der Raum dieses Dramas, wie bald durchmessen! Immer standen Liebende einander gegenüber, die sich mieden oder in den Tod rissen; immer war von Göttern die Rede, an deren Macht weder die Personen noch der Dichter glaubten. Freilich, die würden irren, die meinten, daß die Bühne der Welt gleichen solle; Bühne und Welt sind auf das strengste voneinander geschieden. Aber ein vollkommenes Bild der Welt müßte sie doch geben; über ihr müßten die Höhen sich öffnen, unter ihr die Tiefen gähnen, zwischen die der Mensch gestellt ist und die der Dichter selber mächtig fühlt, so wie sie die Zuschauer fühlen. Wen wird vor Göttern schauern, an die er nicht glaubt? Und wie soll sich die Seele in diesem Raume zufriedengeben, wenn sie den gewaltigen Zug nach andern Räumen spürt, die ihr verschlossen sind? Wann rührte das Wort des Handelnden an Heiliges, wann dürfte es daran rühren! Und wie mächtig sind doch die Zeit und der Dichter noch immer vom Heiligen durchdrungen!

Dennoch fühlten alle den Kampf der Helden in ihrer Brust; nicht das Pathos, sondern die innere Wahrheit erweckte das Echo dieser Bühne; der Dichter schien, wenigstens für eine Weile, in einem wunderbaren Einvernehmen zu stehen mit der verborgenen Macht, die das Spiel der Zeit lenkte und dessen Szenenwechsel leise und unaufhaltsam vorbereitete in den Seelen; dies war wohl das Geheimnis seiner Wirkung. Und eben weil diese Kunst aus der Tiefe kam, konnte sie sich nicht über ihre Grenzen täuschen. Sobald Corneille in Paris St. Eustache oder St. Roch betrat, sobald Racine in Port Royal betete, traten sie aus dem Raum der Tragik und der Notwendigkeiten in den von der Gnade erleuchteten Raum. Sollte nicht auch der König am Ende der weltgeschichtlichen Tragödie seines Lebens den Schritt über diese Schranke tun? Denn die Fülle des Menschen und seiner Möglichkeiten reicht weit über das Tragische hinaus. Aber das große Drama hatte sich vom Heiligen und damit von der Überlieferung im ernstesten Sinne, vom Menschen und von der Welt in ihrer Gesamtheit geschieden. Der schmale, niedere, von zwei Galerien umlaufene Saal des Hôtel de Bourgogne, des ältesten Theaters der Hauptstadt, war von den »Confrères de la Passion« erbaut, einer Vereinigung von Handwerkern, die sich zusammengeschlossen hatten, um das Leiden des Herrn darzustellen; sie hatten wohl noch die Passion in diesem Raume gespielt; das Verbot, das ihre Darstellung traf, wies das kommende Drama in einen fremden, engen Bereich, wo es wohl rasch und wunderbar wachsen, aber nicht dauern konnte. Dieser Ausschluß des Sakralen wurde das Verhängnis der französischen Bühne; denn damit war das Absolute von ihr verbannt; und da die Tragödie ohne Beziehung zum Absoluten nicht möglich ist, mußte Corneille die Werte, die in der geschichtlichen Welt das feste Recht der zweiten Stelle einnehmen, an die erste setzen.

Nur für zwei Menschenalter hob sich der Vorhang des großen französischen Theaters, und das Drama sollte die Prägung dieser seiner Stunde weit über seine Zeit hinaustragen, solange es als Widerklang jener Tage lebendig blieb. Vielleicht war es nach den Griechen nur den Spaniern vergönnt, den ganzen Daseins- und Erkenntnisbereich im Drama abzubilden; sie zeigten den Menschen frei, seiner unsterblichen Seele bewußt, zwischen dem Herrn und dem Widersacher, und verklärten sein leidbeschwertes, Irrtümern und Versuchungen unterworfenes Dasein mit der Verehrung des Heiligen, vor dem die Tragik endet; sie allein dichteten ein Welttheater, in dem alle Lebenskreise vom tiefsten zum höchsten um die Offenbarung geordnet waren; wenn der französische Tragiker die Bühne betrat, so durfte er nicht beten wie Calderon, dessen langer Lebenstag um die gleiche Zeit sich vollendete. Aber er stand auch nicht unter dem Gewitterhimmel, der sich ein halbes Jahrhundert zuvor in Shakespeares Tragödie entladen hatte. Als Calderon des weltlichen Spieles müde war, konnte er seine ganze Kraft an die Verherrlichung des Heiligen auf seiner geistlichen Bühne setzen; Corneille und sein Rivale mußten verstummen: die »Andacht zum Kreuze« vertrug sich mit ihrer Bühne nicht, auf der unabänderlich der Mensch »Herr des Universums« war. Sie konnte wohl ein Beispiel geben, aber nicht das Gleichnis des Weltspiels, weil sie den Lenker allen Spiels, aller Geschicke nicht ahnen ließ. Denn erst der Name Gottes, nicht das von Menschen geschaffene oder ausgelegte Gesetz, verwandelt das Spiel in Schein, dem die Kunst als ihrem höchsten Ziele zustrebt; und erst wenn ihre Bilder an die reine Wirklichkeit Gottes rühren, leuchten sie als vollkommene Sinnbilder auf.

Aber Corneille hatte niemals sein ganzes Leben auf der Bühne gesucht. Nahe wie sie war ihm ein Bereich des Schweigens, und dieser Bereich ist ihm wohl lieber und vertrauter geworden, je unbeständiger das Glück sich zeigte, je fragwürdiger der Ruhm. Längst begnügte sich das ihm geschenkte Wort mit der Darstellung heldischer Schicksale nicht; es drängte ihn, zu verehren und Gott zu preisen; so übersetzte er auf den Rat der frommen Väter zu Rouen in der achtjährigen Pause nach dem Sturze des »Pertharite« des Thomas a Kempis »Nachfolge Christi« in kunstvollen Stanzen; und vielleicht hat ihm dieses Werk mehr Freude bereitet als seine Tragödien; hatte er damit doch auf seine Weise und unmittelbar etwas zur Verbreitung des Reiches Christi getan. Die Zeitgenossen nahmen das gewichtige Buch mit Liebe auf und trugen es weiter, ohne sich an dem Widerspruche zwischen der Kunst des Ausdrucks und der Schlichtheit des Vorbildes zu stoßen; der Dichter hatte kein anderes Wort als dieses mächtige, keine andere Form als diese prunkvolle und diente mit ihnen dem Herrn. Wie ihre Werke, so hat eine Zeit auch ihre Gebete, die den Spätern kaum mehr erreichbar sind; und wie die Stimmen der Völker, so finden sich auch die Stimmen der Zeiten zusammen im Lobgesang der Geschichte als ihrem höchsten möglichen Inhalt, der nicht für Menschenohren tönt. Der Dichter scheint gerade solche Aufgaben gesucht zu haben, die Entsagung und Selbstverleugnung forderten*; während der Arbeit an der letzten Tragödienreihe übertrug er das lange Gedicht des heiligen

* Hierzu vor allem das Buch von Robert Brasillach: Corneille (Paris 1938), das bis in die Geheimnisse dieses Lebens und Werkes vordringt.

Bonaventura zum Lobe der Jungfrau; er ließ endlich das umfangreiche »L'Office de la Sainte Vierge, traduit en français« erscheinen, das mit den Gebeten die Psalmen in Latein, französischer Prosa und poetischer Paraphrase enthielt. Und während seine tragische Muse dem Ruhm des Königs diente, widmete er dieses sein bescheidenstes und vielleicht mühereichstes Werk der armen Königin, die tief im Schatten der Sonne lebte, als Beterin in der Geschichte. Und wer mag sagen, welchen Anteil dieses Gebet an der Ära hatte, was es in ihr retten und wenden half! So hatte Corneille die Bezirke weltlichen Ruhmes völlig verlassen; nicht mehr der gefeierte Dichter begehrte er zu sein, der sein eigenes und eigenstes Wort, seine einmalige Gestaltung vertrat. Wie das Theater mied er in den letzten Jahren die Akademie. Er war ein namenloser Diener am längst gesprochenen, unverrückbaren Wort, ein Beter unter ungezählten Betern im heiligen Raum.

Damit war der Weg durchmessen; aus der Geschichte hatte sich das Werk erhoben, und von ihr sollte es wieder fortgerissen werden; nur die Seele ist frei. Doch was heldisch an dieser Seele war, das hatte Gestalt auf der tragischen Bühne gefunden, die nicht das ganze Menschentum bieten konnte, aber in den ihr bestimmten Schranken doch eine Form und Aussage bot, die von der Kraft dieses Menschentums erfüllt waren. Vieles zündete fort; nicht allein das Blut des Dichters war ein Erbe der Charlotte Corday; die Nachfahrin des Grand Corneille mochte berührt worden sein von seinem Geiste; und die Gloire, die er gefeiert, sollte in immer wechselnder Gestalt sein Volk befeuern. An dem dunklen Tage, da die Königsgestalten herabstürzten von Notre-Dame und die Ruhe der Toten gestört ward in St. Denis; als auch die bescheidene Grabschrift des Sonnenkönigs sein Gebein nicht schützte, da ward auch Corneilles Werk gestürzt, ein Teil seines Vermächtnisses zerstreut; und doch hätten sich die neuen Mächtigen auf das Recht berufen können, das er aller Macht erteilt hatte. Und so gibt es wohl einen höhern Ruhm als den seinen, und der Dichter des »Polyeucte« hätte ihn gewiß nicht verkannt. Hinter dem Hochaltare von St. Roch nennt eine Marmortafel die Namen der vier Geistlichen der Gemeinde, die in der Schreckenszeit den Tod für ihr Amt erlitten; von ihr geht der verborgene Glanz reinen Sieges und Ruhmes aus, der in einer höhern Ordnung des Dichters Namen überstrahlt. Aber Gestalt und Gedanke sind Hülle; es bleibt ein Letztes, Innerstes, das in gleicher Weise entfernt und erreichbar ist; und vielleicht kann dieses Erbe Pierre Corneilles nur von wenigen, aber zu allen Zeiten ergriffen werden. Denn es setzt ein Leiden voraus, das über die Wünsche des Herzens erhob; dann erst wird der Mensch in der Pflicht leben, und er wird den Zwiespalt der Pflichten erfahren. Daß der Mensch als Träger einer Pflicht, der eine andere widerstreitet, seinem tiefsten Leiden begegnet und auf die härteste Probe gestellt wird, war die Erfahrung Pierre Corneilles; er überwand sie nicht nur für seine Zeit mit der Forderung, unter zwei Opfern das schwerere zu bringen. Wie sein ganzes Sinnen und Trachten auf das Überpersönliche, das Emportragende und Große gerichtet war, so konnte er auch nur Helden darstellen, die an das Große gebunden sind; er verherrlichte sie in dem Augenblick, da sie auch das Teuerste hingaben, um fortan nicht mehr sich selbst zu gehören. Der Künstler, der dem Menschlichen verpflichtet ist wie der Kunst und weder diese noch jenes opfern kann, ohne untreu zu werden und seinen Weg zu verfehlen; der seinem Glauben Verpflichtete, den die Welt noch einmal in Pflicht nimmt: sie werden diese Männer und Frauen lieben und ehren, die das Kreuz sich widersprechender Pflichten im Herzen tragen und den ihnen verliehenen unsichtbaren Adel retten, indem sie der höchsten, dem Glücke fernsten Pflicht die untergeordnete opfern.

DAS DRAMA RACINES

Der Beginn des Jahres 1677 bescherte der Stadt Paris den erregenden Wettstreit zweier Bühnen. Zwei Dramatiker hatten den selben Stoff ergriffen: die Geschichte der Phädra, der Gattin des Theseus, die in unseliger Leidenschaft zu ihrem Stiefsohn Hippolyt diesen in den Tod treibt und ihre Schuld mit dem eigenen Tode sühnt. Am 1. Januar des Jahres 1677 wurde im Theater des Hotels de Bourgogne, das so viele berühmte Darstellungen geboten hatte, die Tragödie Jean Racines aufgeführt, am 3. Januar im Theater der rue Guénégaud das Stück des Dramatikers Pradon, dessen Name wohl längst vergessen wäre, wenn er nicht, durch einen vorausgegangenen Scheinerfolg und hochmögende Gönner ermutigt, sich zum Rivalen Racines aufgeschwungen hätte. Racine war damals achtunddreißig Jahre; er hatte innerhalb der letzten zehn Jahre der französischen Bühne eine Reihe glänzender Werke geschenkt, ja mit der »Andromaque«, in der er nach wenigen vorausgegangenen Versuchen, seine eigenste Sprache und Form gefunden, eine neue Ära dieser Bühne begonnen, die durchaus die seine sein sollte. Racine war auf der Höhe seiner Kraft und überzeugt, mit der »Phädra« sein Bestes gegeben zu haben. Aber Unerwartetes geschah: bei der ersten Aufführung waren die besten Logen, die meist von der vornehmen Gesellschaft besetzt waren, leer, und so blieb es während der folgenden Abende, während sich das Theater in der rue Guénégaud des erwünschten Zuspruchs erfreute. Racines Genie, dessen Ruhm den des gealterten Corneille längst überstrahlte, der Neid, aber vielleicht auch Racines Spottlust und Selbstbewußtsein, hatten ihm mächtige Gegner erweckt; der Sturz seiner »Phädra« war beschlossen, eh sie erschien. Da ihre Vorzüge sich nicht verbergen ließen, wurde ein Sonett verbreitet, das die Dichtung herabsetzen sollte; es wurde von Racines Freunden mit einem Spottgedicht auf das Stück Pradons beantwortet. Der Streit wurde so hitzig, daß Racine seine Ehre, gar sein Leben gefährdet sah; der große Condé bot dem Dichter sein Haus an, um ihn gegen Drohungen und Beleidigungen zu schützen. Aber Pradons Stück sollte nur sechzehn Aufführungen erleben, dann versank es für immer, während die hinreißende Schönheit der Leidenschaftstragödie Racines die Bewunderung Frankreichs gewann. Niemals noch hatte die Liebe im Zwiespalt mit sich selbst, hatten Glut und Haß, Hingabe und Eifersucht diese betörende Sprache im kühnen Anstieg und atemraubenden Sturze der tragischen Handlung gesprochen; diese Sprache ist wohl nie überboten worden, und Jahrhunderte haben sich inzwischen bemüht, das Unrecht wieder gut zu machen, das dem Meisterwerke bei seinem Hervortreten zugefügt wurde.

Aber die Kränkung war tödlich. Racine schwieg während der folgenden zwölf Jahre; und als er noch einmal zu seiner Kunst zurückkehrte, sollte es nicht mehr auf der weltlichen Bühne, dem Schauplatz tragischer Leidenschaften, sondern auf einer geistlichen, von den Eitelkeiten der Hauptstadt streng geschiedenen Bühne geschehen. Racine konnte mit vertrauten Freunden und Ratgebern ausführliche Briefe wechseln über den Wert, die Vervollkommnung, das Geheimnis der Vollkommenheit einiger Verse; er war überaus empfindlich gegen feindliche Kritik, und doch war es offenbar nicht diese allein, die ihn nach dem anfänglichen Mißerfolg der »Phädra« auf die Bühne verzichten ließ. Eine rätselvolle Scheu, Gewissensbedenken – so meinte ein Herausgeber des achtzehnten Jahrhunderts – mögen mit im Spiele gewesen sein. Welcher Art sind sie gewesen?

Wir müssen in die Jugend des Dichters zurückgehen, wenn wir den Verzicht, den er, veranlaßt durch eine niedrige Intrige und den flüchtigen Erfolg eines Unwürdigen, auf der Höhe seiner Kunst geleistet hat, verstehen wollen. Aber wir müssen uns auch in das Innerste Frankreichs, in die Mitte der französischen Geschichte des siebzehnten Jahrhunderts versetzen. Die von Versailles nach Chartres führende Straße schneidet das Tal von Chevreuse, wo sich einst zwischen Wäldern und Wiesen, umspiegelt von einem Teiche, die weitläufigen Gebäude der Zisterzienserinnen-Abtei Port Royal erhoben. Das Kloster stammte aus dem Anfang des dreizehnten Jahrhunderts; Geist und Lebensformen hatten sich verweltlicht, bis im Jahre 1608 die Äbtissin Angelica Arnauld, Tochter des berühmten Advokaten Antoine Arnauld, unter dem Einfluß der Predigt eines durchwandernden Kapuziners die Rückkehr zum Geiste des heiligen Benedikt vollzog; sie erneuerte ihr Gelübde, legte ein Bußgewand an, beobachtete streng die Fastengebote und ließ das Kloster mit festen Mauern umhegen; ihr Beispiel war von mächtiger Wirkung. Als sie fünfundzwanzig Jahre später – im Jahre 1633 – den Abbé von Saint Cyran als geistlichen Leiter nach Port Royal berief, wurde das Kloster zur Mitte der besonderen Frömmigkeit, die von Jansenius, dem Bischof von Ypern [gestorben 1638], ihren Namen hat. Jansenius vertrat die strengen Lehren von Gnade und Vorherbestimmung, die der heilige Augustinus im Alter gegen Irrtümer seiner Zeit ausgebildet hatte, mit solcher Entschiedenheit, daß er in eine gewisse Nähe zur Reformation geraten mußte, und eines ihrer Anliegen in die Kirche trug; auf diesem Felde wie als Gegner der Kasuistik, des festen Systems von Beispielen, das dem Büßenden Gewissensentscheidungen erleichtern sollte, gerieten die Anhänger des Jansenius in heftige Auseinandersetzungen mit den Jesuiten. Unter den frommen Weltleuten, die sich als »Einsiedler«, als solitaires, in geistlichen Übungen um das Kloster scharten, war Pascal. Im Hofe von Port Royal mag der junge Racine den großen Philosophen gesehen haben.

Sonderbar! Der Raum, den wir betreten haben, verändert sich völlig. Wir glaubten, es allein mit Problemen der Kunst zu tun zu haben; nun stoßen wir auf das Verhältnis zwischen Gnade und Wille, das Josef Lortz, »einfachhin *das* theologische Problem des westlichen Raumes, das Problem des Heilsgeschäftes«, genannt hat. Um dieses Problem hatte schon ein Jahrtausend vor Martin Luther die Christenheit gerungen, und lange über Luther hinaus sollte dieses Ringen fortwähren als ein wesentliches Element der abendländischen Geschichte und Frömmigkeit. Und auch Jean Racines Leben und Werk wurden in eine schicksalhafte Beziehung zu diesem Problem und Port Royal geführt. Er war in La Ferté-Milon als Sohn eines Beamten geboren worden [1639] und frühe verwaist; im Hause seiner Verwandten in seinem Geburtsort fanden die zum erstenmal ausgetriebenen Anhänger des Jansenius, die Messieurs und Solitaires, eine Zuflucht; des Dichters Familie stand in vielfältiger Beziehung zu dem Kloster im Tal von Chevreuse und sollte ihm auch Ordensfrauen schenken. Aus einem von Jansenisten geleiteten Kollegium in Beauvais sandten seine Verwandten den sechzehnjährigen Racine in die Schule von Port Royal; bis zu seinem neunzehnten Jahre sollte er dort bleiben. Die Bindung war entscheidend, unauflöslich. »M. Racine, poète, solitaire de Port Royal«, wurde er später in den Akten des Klosters genannt.

Und wieder hören wir die unwiderstehlichen Verse der »Phädra«, die zum Verderben drängenden Worte, mit denen die von der Göttin der Liebe geschlagene Königin ihrem Stiefsohn wider Willen ihre Liebe gesteht:

Objet infortuné des vengeances célestes,
Je m'aborre encor plus tu ne me détestes.
Les dieux m'en sont témoins, ces dieux qui dans mon flanc
Ont allumé le feu fatal à tout mon sang;
Ces dieux qui se sont fait une gloire cruelle
De séduire le cœur d'une faible mortelle.
Toi-même en ton esprit rappelle le passé:
C'est peu de t'avoir fui, cruel, je t'ai chassé;
J'ai voulu te paraître odieuse, inhumaine;
Pour mieux te résister, j'ai recherché ta haine.

De quoi m'ont profité mes inutiles soins?
Tu me haïssais plus, je ne t'aimais pas moins;
[PHÄDRA II, 5]

Und wir sehen die ernsten, kühnen, von einer Art eherner Heiligkeit umleuchteten Züge Pascals. Welch ein Abgrund zwischen religiöser Lebensform und Kunst! Und doch: Welche Verwandtschaft in der Größe des Herzens, der Hingabe, der Fähigkeit zu leiden! Welch eine Beziehung in der Fähigkeit zur Tragödie! Und vielleicht begegnen wir hier dem Tragischen selbst, das wohl fast immer mit der Schuld verkettet, aber durchaus nicht ausschließlich auf sie bezogen ist. Es ist eine Anlage zum Unbedingten, zur Selbstzerstörung, zum Hinausstrebenmüssen über das irdische Dasein; ein Hingegebensein an Mächte, die sich in Zeit und Form, in der Existenz der Person, nicht mehr austragen lassen.

Wir wissen von keinem Gespräch zwischen Racine und Pascal; im Gegenteil: die Bahn des Dichters strebt von Port Royal fort; er vollendet seine philosophischen Studien im Collège d'Harcourt in Paris, wo er seinen Verwandten wegen gefahrdrohenden Umgangs Anlaß zur Sorge gibt. Mit neunzehn Jahren kommt er in das Haus seines Oheims nach Uzès, in den französischen Süden; er berichtet von einem Olivenwäldchen, den Steineichen des bischöflichen Gartens, von den grünen Massiven vor seinem Fenster, aus deren Mitte sich efeuüberkleidete Felsen erheben. Er reist hinüber nach Nîmes, wo Arena und Tempel im mittelalterlichen Geniste der kleinen Stadt noch die erhabene Ruhe des Altertums bezeugen; er liest in dieser selben Zeit in den Schriften des heiligen Thomas, Virgils und Ariosts und begegnet damit der zweiten, sein Leben bestimmenden Geistesmacht, der Antike, nachdem er in Port Royal der religiösen in ihrer besonderen jansenistischen Ausprägung begegnet ist. Die dritte und letzte Macht, in deren Bann er nach seiner Rückkehr nach Paris geraten soll, ist die formende Geschichtsmacht der Zeit, Ludwigs XIV., seines Hofes, seines Jahrhunderts.

Was Racine als Tragiker erlernen konnte, das verdankt er zum unvergleichlichen Teile den antiken Tragikern, Euripides, Seneca und Sophokles vor allen; er hat sich niemals gescheut, Pläne, Handlungen, Gestalten, Motive von ihnen zu übernehmen, ja ganze Szenen zu übersetzen und seinen Dramen einzubauen, glücklich, wenn es ihm gelang, nur einen Zug zu verbessern, die Reden antiker Helden in wenigen Versen zusammenzuschließen oder einen bewunderten Vers eines griechischen oder römischen Tragikers auf nicht unwürdige Weise wiederzugeben. Da er in der Ehrfurcht vor dem Maß, in der Konzeption des zum Übermaß drängenden, sich selber gefährdenden Lebens, der todbringenden Leidenschaft den Alten nahe war, so hatte er solche Entlehnungen nicht zu fürchten. Der Keim des Tragischen war auch in Racines Bewunderung Ludwigs XIV., des Königs schlechthin, den er über einen jeden Einspruch, ja über Kränkungen hinweg verteidigte. Er rühmte es Corneille in der nach dessen Tode [1684] vor der Akademie gehaltenen Rede nach, daß seine letzten, mit erlöschendem Bewußtsein gesprochenen Worte ein Dank gewesen seien an Ludwig den Großen; daß unter dem größten französischen Könige auch der größte Dichter Frankreichs geblüht habe. Den Ruhm Ludwigs XIV. nur im mindesten zu erhöhen, war Jean Racines höchstes irdisches Ziel.

Verbergen wir es uns nicht: es geht in Racines Tragödien im selben Maße um die Tragik der Leidenschaft wie um die Tragik der Macht, um die Herrschaft und ihre Ausübung, um »tous les droits de l'empire en vos mains confies« [»Iphigenie« IV, 4]. Die erste Person ist auch für ihn der König – bis Gott in der »Athalie«, dem letzten, jenseits der weltlichen Bühne spielenden Stück, die Person schlechthin ist, vor der alle Personen verschwinden. Die Herrscher und Helden Racines sind Huldigungen; sie blicken auf zu Ludwig XIV., dessen Schwächen auch noch bewundernswert erscheinen, ja, der keine Schwächen hat. Wohl hat der Dichter der »Phädra«, des »Britannicus« wie kein zweiter die Not, den Zwiespalt, die elementare, sich selber zerrüttende, ins Verderben ziehende Macht des weiblichen Herzens ausgesagt, zum Motive tragischer Handlungen gemacht. Und doch hat man diese Darstellung des Weiblichen überschätzt; Racines Welt ist festen Gefüges, mit dem Blick auf Geschichte gebaut; sie wird vom König, vom Herrscher getragen; der Staat ist nicht allein Gerüst der Bühne; er ist bestimmender Inhalt; am Verhältnis zum Staate entscheidet sich alles, an ihm müssen sich die Menschen bewähren, sei es in Griechenland oder in Rom, im Orient des Altertums oder in der modernen Türkei; um des Staates willen muß Theseus sein Geschick ertragen, verzichtet Titus, der Kaiser, auf Bérénice. Um des Staates willen ringen sich die Helden Racines zu jener Fassung hindurch, die das Tragische zwar nicht durchbricht, aber es erduldet, bewältigt in gefaßter Menschlichkeit.

Denn Übermaß und Fassung halten einander die Waage; die Welt des Tragikers ist im Gleichgewicht; niemals heben die Ansprüche, Anstürme des Herzens die Verpflichtung auf, die irdische Ordnung zu erhalten und vorzuleben. Ohne gegen den Felsen dieses Gebotes anzukämpfen, könnte das Herz sich nicht aussagen, nicht in seinen Klagen sättigen; das Herz ermächtigt nicht zum Verzicht auf die Macht; es ist das letzte Tragische der »Phädra«, daß die Königin unter der Gewalt unerlaubter Leidenschaft sich nicht fähig, nicht mehr würdig weiß zu herrschen:

Moi, régner! Moi, ranger un État sous ma loi,
Quand ma faible raison ne règne plus sur moi!
Lorsque j'ai de mes sens abandonné l'empire!
Quand sous un joug honteux à peine je respire!

[PHÄDRA III, 1]

Das ist das Tragische, daß Phädra nicht mehr herrschen kann, nicht mehr herrschen darf; daß das welterhaltende Gesetz der

Vernunft in ihr erschüttert worden ist. Die Leidenschaften in ihrem Widerspruch lösen die Herrschaft des Menschen über sich selber auf; man hat es Racine zum Vorwurf gemacht, daß er immer wieder die Eifersucht berief, um die Handlung vorzutreiben, zu vollenden; die Qual der Eifersucht mag ein Motiv gewesen sein, das in seinem Leben immer wiederkehrte; um sie gestaltend zu überwinden, hat er wohl die Reinheit mancher Form verdorben, die Handlung belastet, überladen – wie in der »Iphigenie« und in der »Phädra«, aber diese Qual bedeutet doch nur einen Ton in der Klage des sich selber nicht mehr genügenden, zu Tode verwundeten, von Wünschen gepeinigten, von Selbstvorwürfen zermarterten Herzens. Es ist die Klage, die sich über die Handlung erhebt, als deren eigentliches, die Gemüter schmelzendes Wort.

Und doch ist diese Klage nicht uferlos; es ist der Triumph Racines, daß er sich immer wieder meistert und das überquellende Empfinden bändigt im hinstürmenden und streng gemessenen Rhythmus der Verse, in der genau durchdachten, ausgewogenen Anlage der Handlung: Übermaß und Harmonie, Krankheit, Raserei der Liebe und Wissen von Gesetz und Form, Rausch und Kunstverstand, Zug zum Untergang und strenge Vernunft konnten sich niemals inniger durchdringen. Sainte Beuve, dem wir viel für das Verständnis Racines zu danken haben – er hat ihn wohl deshalb so gut verstanden, weil er Port Royal geliebt und verstanden hat –, pries die Harmonie des Ganzen seiner Tragödien als Racines höchsten Vorzug; nicht die Einzelheiten, wie unvergleichlich sie oft sind, bleiben sein entscheidendes Verdienst, sondern das Gleichgewicht der Kräfte, Personen, die Fähigkeit, Gewicht gegen Gewicht zu werfen, die ungeheuere Last des Tragischen in der Schwebe zu halten. Darum wäre mit der Untersuchung der Einzelheiten, der genialen Züge, Kühnheiten, Berechnungen doch nicht das letzte gesagt. Tragisch ist das Lebensgefühl, das Dasein; das Kunstwerk aber ist in Harmonie; das bewegte Herz zerstört sich im Widerspruch, darf nicht bekennen, was in ihm tobt, und muß sich doch enthüllen, weil die Wahrheit mit unvergleichlicher Macht Wirklichkeit ist und sich immer wieder als solche erweisen muß: alle Tragödie bedeutet ja Durchbruch der Wahrheit, Sieg über jede Lüge der Eitelkeit, der Scham und Furcht, aber auch über die Verhaltenheit des liebenden Herzens. Racines Werk hätte dieses Gleichgewicht nicht behauptet, wenn er den Tag nicht bejaht, nicht mit letzter Dankbarkeit auf die verdüsterte Welt zurückgeblickt hätte.

Et la mort, à mes yeux dérobant la clarté,
Rend au jour qu'ils souilloient toute sa pureté,

sagt die sterbende Phädra. Es ist das Vermächtnis des Tragikers Racine: ein Lobpreis des Tages, der von der Gegenwart des tragischen Menschen befleckt war; des Tages, der sich wieder als rein erzeigt, wenn der tragische Mensch aus ihm scheidet.

Das antike Drama reichte, mit Ödipus auf Kolonos oder mit dem Tode des Herakles, an die Vorhalle des Christentums; Shakespeare gelangte – mit Macbeth und Lear – in die Nähe der Antike; Racine mochte seinen Schauplatz in Rom oder in Athen oder am Bosporus suchen: er stellte doch immer die christliche Seele dar. Er ließ sich von allen Dichtern des Altertums beschenken, aber nahe waren ihm auch Petrarca und Tasso, die großen Elegiker der Christenheit: die Seele unter den Gewichten der Macht, die Seele, die nicht mehr ganz zu Hause ist auf der Erde, in der Geschichte, und sich selber erkennt, indem sie gebrochen wird: das war doch sein eigentliches Anliegen. Ließen sich die Gestalten und Handlungen verweben in ein einziges Bild, so erschiene die christliche Seele an der Grenze der Geschichte, die Seele, die ihrer selber inne wird unter der Last der Macht und sich in sich faßt, indem sie ihre Unvereinbarkeit mit dem Irdischen begreift. Der höchste Wert Racines wie Corneilles ist die Gloire, aber verstanden als ein völlig innerlicher Wert, als die letzte Selbstbehauptung; diese Gloire hat mit dem Ruhm nichts mehr zu tun, der vor den Augen der Welt den Erbauer von Versailles umleuchtet, nichts mit dem gleichwohl mächtigen Posaunenschall des Barock, wohl aber mit einem tief verborgenen Adel, den der Dichter immer wieder in seinem Herrscher fand und finden wollte: Gloire, das ist Gehorsam gegen das eingesenkte Gesetz, gegen das Selbst, das der Mensch sich nicht gegeben hat, das ihm von oben verliehen worden ist: Gloire, das ist unzerstörbarer Adel; das ist Unsterblichkeit, das Heilige der Person, das der König, der Held, die liebende, herrscherliche Frau heimbringen sollen von den Schlachtfeldern der Geschichte, aus den Feuern der Leidenschaft. Indem diese Frauen und Männer von gloire sprechen, erwarten sie keinen Beifall mehr: sie meinen nichts als die Achtung vor sich selbst, die äußerste, transzendente Unzerstörbarkeit der Person. Die gloire siegt über die Macht, das unvergänglich Menschliche über die Geschichte, indem es sich untergehend in ihr bewährt. Aber Theseus, der letzte Held der weltlichen Bühne Jean Racines, war an die Grenze der Erde gelangt: er wußte vom Totenreich wie kein anderer seiner Helden:

Croirai-je qu'un mortel, avant sa dernière heure,
Peut pénétrer des morts la profonde demeure?

[PHÄDRA II, 5]

Und

On ne voit point deux fois le rivage des morts.

[PHÄDRA II, 1]

Hier ist das Ende: Der Einspruch des Totenreichs gegen Herrschaft und Welt. – Hinter dem Drama der Helden Racines spielte sein eigenes, jenem verwandt und doch völlig anderer Art. Aber vielleicht war für solche Fragen kein Raum mehr im Drama Racines. Seine Kunst war heimatlos. Zu Anfang seiner theatralischen Laufbahn, nach der Aufführung seines ersten Stückes, der »Thébaïde«, deren dramatische Anlage nur wenige Kenner würdigen konnten, führte ihn der Weg an Port Royal vorüber. Er fragte an, ob man ihn empfangen wolle. Aber sœur Sainte-Thècle, seine Tante, mußte ihm zu ihrem Schmerze schreiben, daß man seinen Besuch nicht annehmen könne, man habe erfahren, daß er mehr denn je mit Menschen verkehre, deren Name von allen Frommen mit Recht verabscheut würde; habe man diese Menschen seines Umgangs doch sogar aus der Kirche verwiesen und von den Sakramenten ausgeschlossen. Er möge nicht kommen; sœur Sainte-Thècle dürfe nicht mit ihm sprechen, »vous sachant dans un état si déplorable, et si contraire au Christianisme«. Racine hat diese Abweisung schwerlich verschmerzt; bald scheute sein Spott auch vor Port Royal nicht zurück, er richtete eine seiner bewunderten und gefürchteten petites lettres gegen Nicole, den Mitarbeiter Pascals; er wagte es, in seinem Selbstgefühl als Künstler verletzt, seine einstigen Lehrer, denen er Unendliches verdankte, zu belächeln, selbst das Gedächtnis der Mère Angelique zu bespötteln. Und doch gab er alles auf ein Urteil aus Port Royal. Das Vorwort der »Phädra« wendete sich unmittelbar dahin; es sprach den ganzen Ernst der inzwischen gereiften Kunstanschauung Racines aus: es sei zu wünschen, daß die modernen Stücke ebenso fest gegründet, ebenso reich an nützlichen Belehrungen seien wie die der Alten. Dann vielleicht würden Personen, die ihrer Frömmigkeit und ihrer Überzeugungen wegen gerühmt seien und bisher die Tragödie abgelehnt hätten, mit ihr versöhnt. Solche müßten günstiger urteilen, wenn die Autoren darauf bedacht seien, die Zuschauer in gleichem Maße zu unterrichten wie zu unterhalten.

Racine liebte das Theater leidenschaftlich; er kannte den Schauspieler und seine Kunst und wollte ihm Rollen schaffen wie ein jeder große Dramatiker es gewollt hat; die »Phädra« wäre wohl nicht geschrieben worden, wenn nicht Mademoiselle de Champmélé ihn um ein Stück gebeten hätte, in dem sie die ihr zu Gebote stehenden Leidenschaften mit mächtigster Wirkung in Szene setzen konnte; als Phädra erreichte sie den Gipfel ihres Triumphes. Aber das Theater ist laut; und Racine war gerade der Sprecher der feinsten Empfindungen und Widerstände. Welch ein Widerspruch! Die Macht der Leidenschaft, das glühende Verlangen nach Ruhm trieb ihn auf die Bühne, die Scheu seines Herzens trieb ihn zurück. War er nicht seinen Helden und Heldinnen verwandt, denen sich unverwindliche Geständnisse über die Lippen drängen? Und war nicht dieser Widerspruch der Nerv seiner Dramen, das Dramatische überhaupt? Eines Tages wird er es nicht mehr ertragen, daß er sein Innerstes enthüllt hat; er ist stolz auf das Getane; er arbeitet im stillen noch immer an seiner Vervollkommnung – Schwächen sehend und an ihnen leidend, wo andere nur glänzende Vorzüge bewundern –, aber er wünscht mitunter alles ungeschehen. »M. Racine, poète et solitaire.« Welch ein Leiden verbirgt sich hinter diesen Worten. Ähnliches hat wohl Grillparzer ertragen, der seine Stücke nicht sehen konnte. Aber vielleicht hat es auch Molière gefühlt, als er den »Misanthrope« Abschied nehmen ließ von der Welt; vielleicht empfand es auch Shakespeare, der sich endlich von der Bühne abwandte, ohne ernste Sorge für die Erhaltung seiner Stücke zu tragen.

Ein verheimlichtes Leiden blieb und stieg an und verkümmerte den Ruhm; es genügte ein so leicht durchschaubarer, von einer Intrigue herbeigeführter Mißerfolg wie der von der »Phädra« erlittene, um Racine verstummen zu lassen. Der große Arnauld, der jüngste der Brüder der Mère Angelique, der mit neunundzwanzig Jahren Priester geworden war und im Kampfe um Port Royal Verwandte und Freunde übertraf, sollte ein günstiges Wort über die »Phèdre« gesprochen haben: schon diese Nachricht vermochte Racine heimzuführen nach Port Royal, wo er im Grunde immer zu Hause war. Sein Freund Boileau vermittelte den Besuch. Weinend fiel der

Dichter Arnauld zu Füßen; auch dieser warf sich auf die Knie; so umarmten sie sich. Racine wollte büßen; er begehrte den völligen Verzicht, aber er ließ sich von seinem Beichtvater überzeugen und entschloß sich, zu heiraten. Das viel gefährdete, von tragischen Spannungen erfüllte Leben schien sich in einem bürgerlichen Dasein auszugleichen. Drei seiner Töchter sollten den Weg des Vaters zu Ende gehen und Ordensfrauen werden. Der König erwies ihm die Auszeichnung, ihn zum Historiographen zu ernennen; Racine begleitete den Herrscher auf dem Feldzug nach Namur. Er sammelte Notizen und bereitete eine umfangreiche Geschichte des angebeteten Königs vor; aber ein Unstern stand über der Arbeit. Die Manuskripte fielen dem Brande eines Hauses in Saint Cloud, wo sie untergebracht worden, zum Opfer. Vielleicht galt dem Dichter diese Arbeit schon mehr als das Drama.

Der schwerste Konflikt des persönlichen Lebens war versöhnt; es stand noch aus die Versöhnung der Kunst mit dem Glauben. Corneille hatte seine religiöse Glut in seinen Märtyrerdramen gestaltet und in der Übertragung der »Nachfolge Christi« in Verse sich die Sprache frommer Poesie gewonnen; Racines Bühne blieb von der Offenbarung geschieden; er begnügte sich mit religiösen Gesängen. Als im Jahre 1689 Madame de Maintenon für die jungen Mädchen von St. Cyr, ein von ihr für die Erziehung armer adliger Töchter gestiftetes Institut, ein dramatisches Gedicht wünschte, erhob sich Racines Kunst noch einmal unter Bedingungen, die ihr offenbar entgegen waren. Die jungen Mädchen hatten »Andromaque«, das Leidenschaftsdrama seiner Jugend, gut, allzu gut gespielt; in der Geschichte Esthers fand er einen Stoff frei von irdischer Leidenschaft, eines reinen Lobgedichts. Ludwig XIV. besuchte die erste Vorstellung; er geleitete den König und die Königin von England zu einer Wiederholung. Der Erfolg war so groß, daß Racine noch im selben Jahre die »Athalie« schrieb; aber wieder traten ihm seine Feinde entgegen, die

Feinde der Kunst überhaupt; das Stück wurde nur vor dem König und Madame de Maintenon gespielt, nicht in St. Cyr, sondern in Versailles, und ohne szenischen Schmuck. Die jungen Darstellerinnen waren auf das einfachste gekleidet. Noch einmal traf den Empfindlichen eine Enttäuschung; es war die letzte. Die Buchausgabe [1691] verbot es den Schauspielern, das Stück aufzuführen. Mit den großartigen Chören der »Athalie« verstummte Racines Sprache für immer. Es ist die Klage um Sion, die Verherrlichung unverrückbarer Verheißung des künftigen Jerusalems, der Lobpreis des Friedens in Gott:

O promesse! ô menace! ô ténébreux mystère!
Que de maux, que de biens sont prédits tour à tour?
Comment peut-on avec tant de colère
Accorder tant d'amour?
Sion ne sera plus: une flamme cruelle
Détruira tous ses ornements.
Dieu protège Sion: elle a pour fondements
Sa parole éternelle.

[ATHALIE III, 8]

Und

D'un cœur qui t'aime,
Mon Dieu, qui peut troubler la paix?
Il cherche en tout ta volonté suprème,
Et ne se cherche jamais.
Sur la terre, dans le ciel même,
Est-il autre bonheur que la tranquille paix
D'un cœur qui t'aime?

So gab Racines Kunst weit mehr noch, als sie verheißen hatte. Und woher nehmen wir das Recht, das lange Schweigen zu beklagen, das dem letzten Gesange vorausging? Ist es nicht wahr, was ein Verehrer des Dichters bemerkte: daß es nicht allein des Glaubens, daß es auch dieses Schweigens unter dem

Gewissen, des silence scrupuleux, bedurft hatte, um die Tragödie, fern ihrem Ursprung, auf solcher Höhe noch einmal aufzunehmen?

Aber Racine war ein Tragiker – und vielleicht hatte Theodor Haecker in gewissem Sinne recht, als er ihn den letzten Tragiker des Abendlandes nannte. Das aber bedeutet doch, daß der Schatten nicht aus dem Leben zu tilgen ist, auch nicht durch den Glauben. Der Tragiker wird vom Tragischen aufgespürt werden, wie er sich auch verkleiden mag. Madame de Maintenon verlangte von dem Dichter eine Denkschrift über die Leiden des französischen Volkes; Racine gehorchte auch dieses Mal und wohl nie in edlerer Absicht. Aber der König traf seine Gattin über der Lektüre an; sie vermochte weder den Verfasser zu verschweigen noch zu verteidigen. Racine suchte den Unwillen zu ertragen eingedenk der Frommen von Port Royal, die für ihn Unglück, heilsame Demütigungen, erflehten. Als er auf einem Spaziergang in Versailles Madame de Maintenon traf und sie ihm Hoffnung auf ihre Fürsprache machte, wurden sie vom Geräusch eines heranfahrenden Wagens unterbrochen. »Sauvez-vous, c'est le roi.« Diese Worte, meint Sainte Beuve, seien der letzte tödliche Stoß für Racine gewesen; er mußte vor dem Manne fliehen, den er wie kein zweiter bewundert, geliebt hat. Wenige Tage vor seinem Tode warf er einen alle seine Werke enthaltenden Band ins Feuer, in dem er in jahrelanger peinlichster Arbeit die letzten Verbesserungen eingetragen hatte: auch der Wunsch, mit dem völlig Tadelsfreien auf die Nachwelt zu kommen, schien ihm eitel. Damit wurde das Innerste ausgetragen: ein Drama mit dem Drama selbst, der Streit zwischen der Bühne und Port Royal. Der große Zwiespalt wurde völlig zugunsten Port Royals entschieden, und zwar vom König selbst; Racine wünschte, im Tale von Chevreuse begraben zu werden, zu Füßen seines Lehrers Hamon; »je supplis très humblement la mère abesse et les religieuses de vouloir bien m'accorder cette honneur, quoi que je m'en reconoisse trèsindigne«, schrieb er in seinem Testament, in dem er noch einmal reuevoll der Ärgernisse gedachte, die er in seinem Leben gegeben. Es bedurfte der Erlaubnis des Königs zur Erfüllung des letzten Willens; Ludwig hat sie sofort erteilt [1699].

Noch ein Jahr vor seinem Tode hatte sich Racine in einem Briefe an Madame de Maintenon gegen den Vorwurf des Jansenismus verteidigt; im Jahre 1710 wurde der Kampf um Port Royal auf tragische Weise beendet: die Ordensfrauen und ihre Anhänger wurden ausgewiesen, die verlassenen weitläufigen Gebäude niedergerissen par ordre du roi. Eine Jagdgesellschaft, die das Trümmerfeld zu betreten wagte, fand in der Kirche die aus den Gräbern gerissenen Toten. Mit berühmten Meistern von Port Royal wurden Pascal und Racine in der uralt ehrwürdigen Kirche St. Etienne du Mont zu Paris begraben. Nichts wäre schmerzlicher gewesen für den Dichter als die Zertrümmerung der Stätte, wo er seine Form empfangen, seinen Glauben gebildet, behauptet, wo er sich büßend Frieden errungen hatte; aber die schwebende Harmonie des Gewölbes von St. Etienne du Mont über seinem Grabe ist wie ein Wiederklang seiner Verse.

Wir haben viel, zu viel schon vom Erbe des Abendlandes gesprochen; was uns not tut, sind Menschen und Werke, die es uns leibhaft vergegenwärtigen. Zu ihnen gehören Jean Racine und sein Werk. Er hat das tragische Erbe der Antike angenommen und in der Hingabe an die Offenbarung erhöht; er ward von Virgil und Euripides geprägt wie von Augustinus; sein Leben war von den großen Glaubenskämpfen der Christenheit bewegt, wenn er auch niemals schwankte im Gehorsam gegen die Kirche; er feierte den christlichen Herrscher, den Nachfahren Ludwigs des Heiligen, als leidenschaftlich anteilnehmender Zeuge seiner Größe, der Geschichte überhaupt; er bildete das Leid, den Adel, Tragik und Selbstbehauptung der Männer und Frauen unter der Krone, aber auch die kranke Gier nach der Macht. Er überwand endlich den

Zwiespalt zwischen Leben und Kunst, Ruhm und christlicher Demut, indem er nicht mehr den Klang des eigenen Namens suchte mit seinem Werke; und er vollendete seine Kunst, die tragische Kunst seines Volkes, in der Verherrlichung der Wahrheit. Unerhörte Gegensätze glätteten sich in seinem Leben und Dichten, nicht indem ihr Schmerzliches aufgehoben, sondern indem es ausgesagt, geformt und damit bewältigt wurde. Das unheilbar Tragische im Ebenmaß der Schönheit, die Wahrheit ist: das ist das Vermächtnis Racines, ist seine geistige Gestalt. 1947

CHRISTOPHER MARLOWE, DER DICHTER DER MACHT

Poverty and Poetry his tomb does inclose.
Wherefore, good neighbours, be merry in prose.
[Grabschrift des Dichters Thomas Churchyard, 16. Jahrhundert]

Dichter, die Sprecher ihrer Völker sind, erscheinen und wirken in engstem Zusammenhang mit der Geschichte: nicht um der Geschichte selbst zu dienen, sondern um die Kraft auszudrücken, die sie von innen bewegt, und um, wenn die Sendung erfüllt werden soll, das geschichtliche Leben, Vergangenes und Künftiges, mit dem Ewigen zu verbinden. Die Sendung kann verfehlt werden; denn auch das Genie ist frei und kann die ihm auferlegte Pflicht mißdeuten oder abwerfen; die sittliche Kraft entscheidet auch hier weit mehr als die Umstände. Weniger kann die Aussage verfehlt werden, wenn auch ihre Stärke und Geltung von der Meisterschaft über die Mittel des Ausdrucks abhängen. Die größten englischen Dichter des sechzehnten Jahrhunderts erhoben sich, als die Geschichte Englands ihre bedeutsamste Wendung genommen hatte, fast könnte man sagen, in zwei Stücke zerbrochen war, so wie etwa ein treibender Eisblock auseinanderbirst und dann die Strömung die beiden Teile rasch voneinander entfernt. Das alte England der großen Herren, der Ritterklöster, mächtigen Geistlichen, schwachen, ehrgeizigen, verbrecherischen Könige, dieses unter allen Kämpfen doch befriedete, weil gläubige England war noch nahe, aber der Abstand zwischen ihm und dem Bestehenden vergrößerte sich von Tag zu Tag; wenn die Lebenden selbst nicht mehr in der entschwindenden Sphäre aufgewachsen waren, so stammten doch ihre Eltern aus ihr; diese waren noch römisch getauft und aufgenommen worden in die eine, umfassende Kirche, gegen die plötzlich diesseits der Alpen und Pyrenäen der Kampf entbrannte. Aber die Macht der Taufe ist schwer zu begrenzen, sie ist ein Geheimnis; wenige, die vom heiligen Wasser genetzt wurden, verlieren die Bindung an den Ort, wo dies geschehen ist; und es ist ohne Belang für die Tatsache dieser Bindung, ob sie von den Menschen anerkannt wird oder ob diese während ihres ganzen Lebens sich bemühen, sie zu zerreißen.

Was war geschehen? Der Sinn der englischen Reformation, das heißt der Tat Heinrichs VIII., besteht in einer Wertverschiebung: der Staat erlangte Autorität über den Glauben und seine Form. Der Kampf mit Rom und seinem Anspruch war ja nicht neu; er wurde immer geführt, auch von gläubigen Königen, und war ebensowenig völlig zu vermeiden, wie die einzelnen Streitfälle zu umgehen waren, die sich aus der wechselseitigen Durchdringung zweier Autoritäten ergaben. Solange die weltlichen Herren nicht versuchten, die Form des Glaubens zu verändern oder eine geforderte Wandlung im Kampfe mit Rom zu unterstützen, rührte dieser Kampf nicht an die Grundfesten der bestehenden Ordnung. Aber in diesem Kampf, der anscheinend nur um Interessen ging, um weltliche Hoheitsansprüche, um Geld, Besitz und Gerichtsbarkeit, war ein Gesetz lebendig, das die Gesamtheit des religiösen und geistigen Lebens zu verändern drohte: Im Augenblick, wo der König völlig siegte und sich und sein Land von Rom frei

machte, mußte er auch die Glaubensform verändern; es war sinnlos, ja unmöglich, dem Papst den Gehorsam aufzusagen und papistisch zu bleiben, Rom zu verleugnen und die von Rom vertretene Glaubensform beizubehalten: beruhte nicht auf ihr und auf ihr allein die Hoheit Roms? So verfuhr Heinrich VIII. nur folgerichtig, als er Sakramente aufhob und seinen Untertanen bald dies, bald jenes zu glauben befahl, wie es ihm sein theologischer Dilettantismus und der ihm, als einem König, eigene Instinkt für die Notwendigkeit einer Form eingaben; der Staat hatte die Seelen aus einer Heimat verwiesen, die schon begonnen hatte, ihnen fremd zu werden; der Staat mußte nun darauf bedacht sein, ihnen wieder eine Heimat zu beschaffen – über die er selbst Herr war.
Aber bedurfte der Mensch wirklich eines solchen der Erde entrückten Bereichs? Kam es nicht auf einen Versuch an mit der Erde selbst? Diese Frage stellte Christopher Marlowe, der Schusterssohn aus Canterbury. Als er aufwuchs in der alten Kathedralenstadt, dem Ausgangspunkt der endgültigen Christianisierung Englands und Mittelpunkt englischen Christentums, mochten sich noch viele Leute daran erinnern, daß vor etwa dreißig Jahren im Auftrage des Königs ein langer Wagenzug vor der Kathedrale erschienen war, um alle die Schätze mit fortzunehmen, die sich im Laufe vieler Jahrhunderte in dem ehrwürdigen Heiligtum und dem anschließenden Kloster aufgehäuft hatten; der Herrscher selbst, so wurde erzählt, habe an seinem Daumen den Rubin von wunderbarer Größe getragen, den einst ein frommer französischer König am Grabe des heiligen Thomas von Canterbury niedergelegt hatte. Das Ansehen der Kathedrale war vernichtet, auch das der alten Hauptstadt Kents; London, die Handelsstadt, schien England werden zu sollen. Wohl versuchte Erzbischof Parker zur Zeit der Königin Elisabeth der alten Schule wenigstens das Ansehen der Gelehrsamkeit zurückzugeben; aber es fehlte die Weihe, die sich durch nichts ersetzen läßt. Die Macht hatte gesiegt; auf Gut und Geld, auf Herrschaft kam es an, nicht

auf Symbole oder die Ehrfurcht vor dem Unsichtbaren und deren sichtbare Form; Marlowe wurde zum Sprecher der losgelösten, rein irdischen Macht.

Wohl schon, als der Dichter nach beendigter Erziehung aus Cambridge nach London kam, brachte er das Manuskript des ersten Teils des »Tamerlan« mit; kein zweiter Dichter, auch Shakespeare nicht, hat mit einer so rücksichtslosen Klarheit und Leidenschaft wie Marlowe bekannt, was England bewegte in den Jahren, da es seine künftige Macht zum ersten Mal zu umfassen suchte oder sie doch ahnte. Vergeblich hatte Martin Frobisher wieder und wieder Grönland umschifft, um an der Küste des Baffinlandes nach Gold zu suchen; Davis sollte ihm folgen und in die Straße eindringen, die nach ihm benannt wurde; mit Beute beladen, kamen Hawkins und Drake von der Küste Guineas, von den reichen spanischen Kolonien in Mittelamerika und dem nördlichen Südamerika zurück; als erster Nachfolger Magellans hatte Drake dessen Straße befahren und im Stillen Ozean, nahe der Küste Perus, unermeßliche Schätze geraubt, die er nach gefahrvoller Heimfahrt seiner Königin zu Füßen legte; früher schon war Jenkinson, das Goldland der Fabel vor Augen, um Skandinavien herum und durch das Weiße Meer gesegelt, um dann, über Moskau und Nischnij Nowgorod und das Kaspische Meer bis fast an die Grenze Afghanistans vorzudringen; Fitch war unterwegs, durch das Mittelmeer über Aleppo, Basra, Ormuz Indien und dessen Innerstes zu erreichen; Lancaster sollte ihm auf dem Wege um das Kap folgen. Die Welt lag offen da und war noch mit dem Scheine des Wunderbaren, mit der Möglichkeit des Unwahrscheinlichsten umgeben, die am stärksten zu Taten reizen; sie bot ungeheure Gefahren, aber doch nur geringen Widerstand; Tamerlan, der Welteroberer, stand mitten in der Gegenwart.

Aber Marlowe nährte den Skythen mit Normannenblut, mit uralt englischem Erbe; so kalt, so leidenschaftlich, so außerhalb einer jeden Möglichkeit, von der Schuld gebeugt oder gehemmt zu werden, war Wilhelm der Eroberer in der Zeit seiner Tat; als hochgewachsener blonder Normanne von furchtbarer Gliederstärke und mit blassem, von Gier und Plänen verzehrtem Gesicht stand Tamerlan vor den Augen des Dichters. War aber Wilhelm, der Staatsmann, besonnen im kühnsten Wagnis, fähig, auf den einen ihm günstigen Augenblick lange Zeit zu warten, ein zäher Vorbereiter und listiger, rücksichtsloser Betrüger, so war Tamerlan trunken; ihn berauschte die Macht, das unbegrenzte Versprechen, das die Welt und ihre Schätze ihm zu machen schienen. Und der Glaube? Toren sind alle, Mohammedaner und Christen, die auf übernatürlichen Beistand hoffen und nicht genug haben an der Erde. Es ist keine größere Seligkeit möglich als diese irdische; keine außer dem Triumph, einen gefangenen, einstmals mächtigen Kaiser als lebendige Stufe vor den Thron zu schleudern und auf ihn zu treten; als den Gefangenen in einem Käfig mitzuschleppen, ihn hungern zu lassen, zu schmähen und zu erniedrigen, auf einem von Königen gezogenen Gespann unter Peitschenknallen durch die bezwungene Welt zu rollen. Die Macht will ins Grenzenlose; das ist ihr Gesetz; aber es wirft keinen Schatten auf sie: der Sterbende, den kein Gegner besiegt, an dem kein Rächer seine ungeheuerlichen Verbrechen gesühnt, läßt sich eine Weltkarte reichen:

Give me a map; then let me see how much
Is left for me to conquer all the world;
That these my boys may finish all my wants.

Er hat die Grenzen der Welt noch nicht erreicht und blickt auf Erreichbar-Größeres; er träumt in diesen letzten Augenblicken davon, einen Kanal graben zu lassen, der aus dem Mittelmeer in das Rote Meer führt; wenn er stirbt, so nur, weil seine Leidenschaft ihn verzehrt hat, sein Körper verbraucht ist; der Sohn wird vielleicht versagen, aber Tamerlan glaubt bis zuletzt an die Möglichkeit dessen, was er gewollt, an die Unangreifbarkeit irdischer Werte:

> *So reign, my son; scourge and control those slaves,*
> *Guiding the chariot with thy father's hand.*

Wohl sprach Tamerlan von Gott, aber nur, um sich als Gottes Geißel zu bezeichnen; es gibt einen Glauben, der dazu dient, Gott verantwortlich zu machen für Verbrechen ungeheuren Ausmaßes und frei zu werden für diese Verbrechen; es ist der Glaube der Empörer und großen Eroberer, der Glaube Tamerlans, eines Niedriggeborenen, der kein Recht hat und sucht und sich als bewußter Zerstörer auf Gott beruft; er will Geißel sein in der Hand des Herrn und duldet darum den Schöpfer.

Reuelos stirbt auch Barabas, der Jude von Malta, der, wie Tamerlan die Macht des Schwertes, die Macht des Geldes, die Weltmacht des Handels vertritt. Der in enger Kammer sitzende Händler, der sein Gold zählt und abwägt und den Lauf seiner Schiffe verfolgt, der bald darauf bereit ist, seine Tochter seinem Schatz zu opfern, nimmt als Gestalt und in seinem Schicksal alles Krämertum voraus, das sich nun erst, seit die Meere geöffnet sind, zu weltbeherrschender Geltung erheben soll. Mehr als er, mehr auch als Tamerlan, will Faust, der Deutsche, der seine Seele verkauft, um die höchste, die geistige Macht zu erwerben; war für Tamerlan ein König mehr als Gott, so ist für Faust der Wissende, Zaubergewaltige mehr als ein König. Der Glaube an die Allmacht des Wissens soll nun erst die Welt erobern, um durch Jahrhunderte zu herrschen; die Wissenschaft wurde ja eben erst ›frei‹; aber Faust verachtet Recht, Medizin, Theologie in gleicher Weise; er will Macht allein, und da diese sich endlich als unzulänglich erweist angesichts der Nichtigkeit der Zeit, so ist der eben begonnenen Entwicklung ihr Schicksal vorausgesagt. Auch Faust bereute nicht, er wollte nur bereuen, als es zu spät war;

vorher, in der letzten ihm gegebenen Frist, entschied er sich nicht für Reue und Abkehr, sondern für das Leben, für Helena, deren Kuß ihm unsterbliches Leben verleihen sollte.
Um dieselbe Zeit etwa, da Shakespeare sich anschickte, den gewaltigen Epilog auf das entschwindende alte England zu halten, hatte Marlowe den Prolog für das werdende schon gesprochen, ja man könnte sein Werk den Prolog des Empire nennen, wäre es nicht allzu unerbittlich im Ausdruck und daher nicht eigentlich englisch; wo die entscheidende Tat geschieht, schätzt man selten das entscheidende, allzu deutliche Wort. Aber Schwert, Handel und Wissen, der Eroberer, der Krämer und der die Natur beherrschende Zauberer (der Techniker im modernen Sinne) begründeten und behaupteten das Empire; Tamerlan weiß, daß die Macht die Liebe kosten kann; Barabas gibt aus Liebe zu seinem Gold die letzte Liebe hin; Faust verzichtet auf die Seligkeit und wird dadurch der Mächtigste. Doch in dieser Tragödie des verwegensten Empörers ist auch die Hölle geschildert: nicht mehr die der Glaubenszeit, sondern die Hölle, die den modernen Menschen umschließt. Nachdem Faust den Pakt vorgelesen und sich entschlossen hat, ihn zu besiegeln, gilt seine erste Frage der Hölle; Mephistopheles erwidert: die Hölle sei unter dem Himmel; sie sei überall, wo wir uns befänden; und dereinst, wenn die Welt ende, sei alles Hölle, was nicht Himmel sei. Hölle ist Ferne von Gott; Hölle ist im Grunde die ganze Erde: die Sphäre der Macht. Gott ist, aber er ist unerreichbar geworden; in seiner letzten, entsetzlichsten Sekunde fühlt ihn Faust, der von den Teufeln fortgeschleppt wird:

My God! My God, look not so fierce on me!

Es ist der Schrei eines Verzweifelten, der die überirdische Macht wohl fühlt in seiner Angst, aber nicht an sie glauben und sich zum Glauben und zur Liebe nicht überwinden kann; es ist der Schrei des modernen Menschen. Puritaner behaupteten, bei einer Vorstellung des »Faust« sei der zitierte Satan selbst auf der Bühne erschienen; ein nach dem Tode des Dichters gefundenes Dokument, dessen gotteslästerlichen Inhalt man nur mit Auslassungen wiederzugeben wagte, bezichtigt Marlowe des Atheismus; die Echtheit wird bestritten; der Inhalt, so ungereimt er im einzelnen ist, steht in einer gewissen Übereinstimmung mit Marlowe und seinen Werken. Die Lebensform, die er darstellte, war unmöglich von Anfang an; sie war aber zu einem guten Teil das Ergebnis der im sechzehnten Jahrhundert gefallenen Entscheidung: seit der Staat über dem Glauben stand, blieb als Ziel nur die Macht; aber die Macht ist kein Inhalt und rechtfertigt nicht sich selbst. Tamerlan ist bereits der Übermensch, der am Ende des neunzehnten Jahrhunderts wieder heraufkommt, nur ist er echt; Normannenblut ist in ihm. Marlowe lebte und starb als Empörer und gelangte darum nicht zur geschlossenen Tragödie, zur Kunstform; in Shakespeare überwog die Ehrfurcht, die in dem Menschen zu erwecken die letzte Aufgabe der Tragödie ist. Diesem Größeren übergab Marlowe am Ende seines kurzen Lebens, als noch nicht Dreißigjähriger, die Historie: auch als Dichter des »Edward II« ist Marlowe ein gewaltiger Gestalter, aber er ist nicht mehr, was er war, was ihn einzigartig machte. Der Tradition zufolge soll der Dichter des »Tamerlan« kurz vor seinem Tode, vielleicht selbst an dem Tage, da ihn der tödliche Dolchstich traf, das seit Jahren bei Deptford in der Themse liegende Schiff Francis Drakes besucht haben, mit dem der große Pirat und spätere Seeheld als erster Engländer die Welt umfahren hatte. Diese Überlieferung wirft gleichsam ein letztes, grelles Licht auf das düstere Leben des Dichters; das Schiff war aus der Ferne gekommen, von der er einen verzehrenden Traum geträumt; es hatte den ganzen Bereich künftiger englischer Macht durchquert, so wie auch Marlowe diese Macht im voraus durchlebt hatte, um ihre Größe und ihre Tragik zu erkennen und zu feiern und endlich an ihre Grenzen zu stoßen.

WAHRHEIT UND WAHRHAFTIGKEIT AUF DER BÜHNE MOLIÈRES

N'y a-t-il point quelque danger à contrefaire la mort?
[Le Malade Imaginaire, III, *17]*

Wahrhaftigkeit als Vollzug der Wahrheit ist eines der großen Anliegen der Kunst Molières. Wir nehmen damit ihrem Spiele nichts von seinem Zauber; die Anmut, mit der er die Wahrheit vorgebracht hat, ist von dieser nicht zu trennen, und nur durch das Medium dieser Anmut können wir Molière wahrhaft empfinden, verstehen. Daß er zu hoch stand, zu sehr Künstler, das heißt zu gütig und einsichtig war, als daß er um einer moralischen Doktrin willen aufgetreten wäre, bedarf keines Beweises. Für ihn ging es um das Ethos, und dieses war das Ethos seines Lebens wie seiner Kunst; es stand in einem heftigen Gegensatz zu seiner Zeit und ist doch deren Eigentum und Krone. Wir haben kein Recht, eine Epoche zu verdammen, weil Molière sie so leidenschaftlich anklagte als eine Zeit der Unwahrheit, der Schmeichelei, der erstarrten, übersteigerten Formen und Formeln; wir müssen ihr vielmehr dankbar sein, daß sie, als einen sicheren Zeugen ihres höchsten Gehalts, einen Molière hervorbrachte und duldete: daß sie ihn anhörte und ihn sogar mit dem Beifall der Besten belohnte. Gerade das ist ihre Rechtfertigung, wie ja so oft geschichtliche Lebensformen ihre Rechtfertigung von ihren erbitterten Anklägern erfahren, auch wenn sie diesen ein hartes Schicksal bereiteten. Es ist schon viel, daß sie ihre Widersacher überhaupt ertrugen und sprechen ließen.

Molières Zeit erscheint uns gerade groß und ehrwürdig wegen der strengen Formen, denen sie sich unterwarf. Diese Formen geben ihr für den Rückblickenden ein einheitliches Gepräge, das darüber hinwegtäuschen könnte, daß auch die Ära Ludwigs XIV. von den heftigsten Gegensätzen durchklüftet, von unaufhaltsamen Veränderungen der gesellschaftlichen

Schichtungen bewegt und beunruhigt, von heranziehenden Gefahren beschattet war. Vielleicht klammerten sich gerade deshalb die Menschen an Haltungen, Satzungen, Wendungen fest. Das einstmals Blühende begann zu welken oder sich zu verhärten; was übertrieben war, starb zuerst gleich exzentrischen, bizarren Lebensgestalten des Tierreichs, die nur als versteinerter Abdruck auf uns kommen; aber auch eine verborgene Verarmung war im Gange; das Leben, Geist und Glaube, strömten ab, die Leere trieb nicht lebensfähige Gebilde hervor, und im gleichen Maße mußte die Lüge an Macht gewinnen, die Lüge, die den Menschen in Tun und Denken, in Sein und Haltung unablässig versucht und heimsucht. Aber die Menschen der Zeit Molières wollten die Form – die Bürger nicht minder wie die Adligen; sie waren stolz auf sie, gewannen und festigten in der Form ihren Stand. Die Behauptung der Form zeigt immer eine Fähigkeit zu verzichten, sich zu beherrschen. Es sind ja nur die Gefahren der Form und ihre Verfallserscheinungen, niemals ist es die Form selbst, gegen die sich der Dichter wendet. Seine Kunst, seine ganze Erscheinung sind unlösbar an eine Epoche strengen Formwillens, also noch immer an eine starke Epoche gebunden, wie die spanische Dramatik und wie noch die Dichtung des deutschen Idealismus einem strengen Ethos und einer gewissen Festigkeit in der Bewahrung der Sitte und Haltung sich angeschlossen haben. Die Kunst hat die großen Konflikte, die sie darstellt, gerade dem Zusammenstoß des Lebens und der Leidenschaften mit den geltenden Gesetzen zu danken; wo die Formen und Rangordnungen nicht mehr geachtet werden, findet der Dramatiker keinen Stoff.

Aber die Form, die Molière allein gelten läßt, ist eine natürliche und erfüllte: sie beruht auf echter, edler Selbstachtung und aufrichtiger Achtung vor dem andern. Die beiden großen Werte, an denen er den Menschen mißt, sind cœur und raison; es ist aber das Bezeichnende, daß sie nicht getrennt auftreten, auch nicht im Mißverhältnis zueinander stehen dürfen. Nur wo sie im Gleichgewicht sind, begegnen wir einem Menschen nach dem Sinne des Dichters; einem solchen ist die wahre Form gemäß; er ist zu klug und einsichtig, als daß er das Recht der Form nicht achten würde, aber er achtet sich selbst zu sehr, als daß er der Lüge der falschen Form sich beugen könnte. Eine auf diese Weise von Leben und Geist durchdrungene Form, die in der Wechselwirkung, der Begegnung sich entfaltet, ist immer von Anmut umspielt. Wenn cœur und raison im Einklang sind, haben sie auch charme, grâce. Die Anmut der Wahrhaftigkeit könnte man fast als ein Vorrecht Molièrescher Gestalten bezeichnen; sie kann nur der Richtigkeit der Einsicht wie des Gefühls, der stillen, natürlichen Vorherrschaft der Vernunft über die gleichwohl starken, aber geordneten Empfindungen zu danken sein. Das Natürliche ist das wesenhaft Geformte, die Form als echtes, liebenswürdiges Leben. Sie kann schon im Kinde sein, wie im Louison [im »Malade imaginaire«] und wie viel mehr in den Zofen, den jungen Liebenden; sie regiert, auch wo sie verletzt wird, im Salon wie im Bürgerhause. Alle Personen Molières wollen nicht aus dem schmalen Raume treten, in dem sie handeln. Mit einer Art von Wehmut, im Bewußtsein einer großen Entfernung blicken wir auf diese Bilder zurück, so deutlich wir auch fühlen: es ist noch immer unser Herz, das Herz des Menschen überhaupt, das in diesen Gestalten schlägt. Aber es ist ein so entschieden bürgerliches Theater, daß seine Spielformen, zu einem Teil seine Technik, seine ganze Atmosphäre dem Zeitlich-Geschichtlichen in weit höherem Grad untertan sind als die des großen spanischen und englischen Theaters. Der Raum dieses Dramas ist eng; nur Alceste, der Menschenfeind, verläßt ihn nach seiner letzten Enttäuschung – so wie der Dichter ihn mit dem letzten Auftritt seiner Lebenstragödie verlassen hat; war er doch als Gestalter nicht in der Enge gefangen, der zu einem großen Teile die Glaubwürdigkeit und herzbewegende Gegenwart seiner Gestalten zu danken ist.

Denn Molière gehörte mit seinem ganzen Herzen der Wahrheit und muß die Erfahrung gemacht haben, daß ihr, die doch das Leben selber ist, etwas Tödliches innewohnt. Ihre Forderung ist unbedingt; das Zusammensein, Zusammenwirken der Menschen, das Erbe, das ein jeder antreten muß, wollen aber eine unbedingte Forderung nicht dulden. Nur wenige sind es, die wirklich aus der Wahrheit leben, die Wahrheit tun wollen. Anmut und Liebe, das Lachen, das gerade von der schmerzlichen Unvereinbarkeit zwischen dem Seinsollenden und dem Daseienden erweckt wird, bringen Trost. Aber sie täuschen nicht über die Unerbittlichkeit hinweg, die hier am Werke ist. Es ist das tief Persönliche, Erschütternde, daß dieses nach Wahrheit brennende Herz das eines Schauspielers war, der sich an Verwandlung nicht sättigen kann. Die großen Dramen sind Enthüllungsdramen, die großen Szenen, in denen sie gipfeln, Enthüllungsszenen, und sie sind es gerade als Kunstwerke höchster Art. Denn Komödie bedeutet Verkleidung, und was sollte verkleidet werden, wenn nicht die Wahrheit! Aber das Spiel ist nur dann geschlossen, wenn das Verkleidete wieder enthüllt wird. Unter dem Zauber der Rede, des blitzenden, erheiternden Geistes begibt sich ein tiefsinniges Spiel zwischen Wahrheit und Lüge, bis die Lüge endlich die Wahrheit bei der Hand nimmt und an die Rampe führt. Das ist Molières Dramaturgie. Der Schein dient dazu, die Wirklichkeit zu enthüllen. Denn der Schatz des Geizigen ist ja nicht wirklich gestohlen; indem er aber gestohlen zu sein scheint, durch die Komödie des Diebstahls, wird Verborgenes offenbar: die dämonische Liebe des Harpagon zu seinem Gold. Elmire liebt den Tartuffe nicht, aber sie spielt ihm Liebe vor und macht den zuvor Überraschten auf geschickte Weise sicher, während er in Wahrheit belauscht wird: so kommt seine Niedrigkeit an den Tag; mit der Entlarvung der Célimène stiebt das nichtige Getriebe, das sich um sie bewegte, auseinander – freilich ohne daß sie den Jahrmarkt der Eitelkeiten verlassen wollte; einer doppelten Täuschung wenigstens – der Erscheinung der Toinette als Arzt und des Spiels mit dem Tode – bedarf es, damit Argan endlich aus der Täuschung über sich selbst und die andern erwache. Lüge, wie das Adelskostüm des Bürgers Jourdain, der seine Lächerlichkeit enthüllt, indem er sich maskiert, sind die Wissenssucht und der Geisteskult der Femmes Savantes: vergeblich möchte sich die Unwahrhaftigkeit des hungernden ungeordneten Herzens darunter verstecken; es entblößt sich, indem es sich verleugnet. Auch hier wird am Schluß eine – übrigens etwas unvermittelte – Finte gebraucht, um die niedrige Gesinnung des verherrlichten Schöngeistes Trissotin zu entlarven.

Welches überlegnen Wissens von dieser Welt des Scheins und Betrugs, in der die Menschen einander unter Masken entgegentreten und sich selber in ein schillerndes, närrisches Gewebe einspinnen vor sich selbst, bedarf es, um auf diese Weise die Lüge der Wahrheit dienstbar zu machen! Hier, unter so fragwürdigen Umständen, unter so verdächtig-gebrechlichen Wesen ist keine andere Hilfe als durch den Betrug. Denn ihm erliegen die Menschen; und wenn er geschickt geleitet wird, führt er zum guten Ziele. Eine Auswahl von Sentenzen, auch von Selbstbekenntnissen, mag sie noch so sorgfältig getroffen werden, kann das Ganze und Innerste eines Dichters nicht aussprechen; es liegt – als etwas, das nur angedeutet werden kann – im Ganzen des Werkes, in der Wahl des Grundthemas und der Stoffe, in der Art der Gestaltung und selbst in der Technik. Molières Dramaturgie ist eingegeben von diesem Streben zur Wahrheit, der Leidenschaft, aufrichtig zu sein – franc et sincère; wir können vielleicht auch sagen, von dem Schmerze über das, was der Wahrheit angetan wird. Schicht um Schicht wird abgetragen von einem Verborgenen; die Lüge wird von spielerischen Händen abgelöst, aber es bedarf solcher Hände: nur sie können so behutsam, so leicht – so unbarmherzig sicher verfahren. Ist die letzte Hülle entfernt, so wird Erschreckendes, Furchtbares sichtbar: der Mensch in seiner Verruchtheit, seiner hochmütigen Herzlosigkeit, seiner armen, kindischen Eitelkeit, seiner Dämonie; spielte jetzt das

Herz nicht herein, hätte nicht die Wahrheit als Wahrheit ihren Glanz, der auf die Szene und in die Herzen fällt, der Mißklang wäre nicht zu überwinden. Aber die unendliche Genugtuung darüber, daß das Versteckspiel wenigstens einmal an sein Ende gekommen ist, versöhnt; freilich geht es an tausend andern Schauplätzen fort, wird es morgen schon an diesem wieder beginnen. Aber immer wieder mischt sich der Dichter in das Maskentreiben, ergreift er den Stoff der Welt und hält ihn ins Licht, das ihn verzehrt, bis nur der Mensch auf der Bühne steht, der keine Ausflucht mehr hat.

Seine Technik ist von der Folgerichtigkeit der Tragiker; seine Haltung gegenüber dem Menschen, dem Leben ist eine andere. Es ist, als sei der tödliche Konflikt, die Möglichkeit der Unversöhnlichkeit, schon vorher bestanden worden; aber auch die Enge des gewählten Lebenskreises, die besondere Schärfe der Beobachtung, die der Stilisierung entgegen ist, läßt die Tragödie nicht zu. Hier bricht immer wieder die Stimmung durch, die die übermütige Maskerade um M. de Pourceaugnac durchzieht und beendet:

Sortez, sortez de ces lieux,
Soucis, Chagrins et Tristesse;
Venez, venez, Ris et Jeux,
Plaisir, Amour et Tendresse;
Ne songeons qu' à nous réjouir;
La grande affaire est le plaisir.
[III, 10]

Ja, wenn die Menschen wirklich zu singen und zu spielen, zu musizieren und zu tanzen vermöchten, wenn Musik und Tanz eingingen ins Leben, so wäre Ordnung und Friede. Es ist die Zeit, da die französische Musik nach Deutschland hinüberklingt; ungefähr dreißig Jahre später nimmt der junge Bach am Hof in Celle diesen Klang auf, der noch bis in die Kunst der Fuge weiterschwingt; wir möchten, die wundersamen

Worte des Tanzmeisters und Musikmeisters im »Bourgeois Gentilhomme«, dieser Verkleidungskomödie des Bürgertums, würden von den Menschen wirklich beherzigt und verstanden im Ernste ihrer Liebenswürdigkeit. Was würde es bedeuten, Musik und Tanz nicht nur zu betreiben, sondern aus ihnen zu leben!

Le maître à danser: Il n'y a rien qui soit si nécessaire aux hommes que la danse. – Le maître de musique: Sans la musique, un état ne peut subsister. – Le maître à danser: Sans la danse, un homme ne saurait rien faire. – Le maître de musique: Tous les désordres, toutes les guerres qu'on voit dans le monde n'arrivent que pour n'apprendre pas la musique. – Le maître à danser: Tous les malheurs des hommes, tous les revers funestes dont les histoires sont remplies, les bévues des politiques et les manquements des grands capitaines, tout cela n'est venu que faute de savoir danser. – Monsieur Jourdain: Comment cela? – Le maître de musique: La guerre ne vient-elle pas d'un manque d'union entre les hommes? – Monsieur Jourdain: Cela est vrai. – Le maître de musique: Et si tous les hommes apprenaient la musique, ne serait-ce pas le moyen de s'accorder ensemble, et de voir dans le monde la paix universelle? – Monsieur Jourdain: Vous avez raison. – Le maître à danser: Lorsqu'un homme a commis un manquement dans sa conduite, soit aux affaires de sa famille, ou au gouvernement d'un Etat, ou au commandement d'une armée, ne dit-on pas toujours: Un tel a fait un mauvais pas dans une telle affaire? – Monsieur Jourdain: Oui, on dit cela. – Le maître à danser: Et faire un mauvais pas, peut-il procéder d'autre chose que de ne savoir pas danser? – Monsieur Jourdain: Cela est vrai, et vous avez raison tous deux.

[I, 2]

Vielleicht ist das die Philosophie Molières: der Anfang allen Unglücks ist ein falscher Schritt; er ist unverzeihlich in der

Kunst, im Gang der Verse, im Spiel der Gestalten, und nicht anders steht es damit in Familie und Staat, im Verhältnis der Völker zueinander, das von der Musik regiert werden sollte. Wem die Harmonie nicht durch die Seele schwingt, der vermag nicht zu ordnen, zu herrschen.

Diese Harmonie der Seele, der Lebensrhythmen wird am entschiedensten bedroht vom Leiden am Lose der Wahrheit und Wahrhaftigkeit; Alceste, der es nicht über sich bringt, einen aufdringlichen Dilettanten mit einer Schmeichelei zu belügen, den lächelnde Einsicht in die Schwäche und Hilfsbedürftigkeit aller nicht hinwegtrösten kann über die Unaufrichtigkeit der Konvention, gibt das Spiel auf:

... me laissez enfin
Dans ce petit coin sombre avec mon noir chagrin.
[V, 1]

Es ist, bei aller Haltung, die auch hier noch bewahrt wird, die Dissonanz, die gewissermaßen das Spiel der Geigen zerreißt und beendet, das Tragische, das sich im Grunde nicht mehr bewältigen läßt. Denn Alceste hat recht: es ist nicht möglich, in jedem Falle seiner Forderung zu genügen

qu'en toute rencontre
Le fond de notre cœur dans nos discours se montre,
[I, 1]

nicht möglich, in der Gesellschaft im unbedingten Sinne franc et sincère zu sein. Man sieht die Herzen nicht; man lebt nicht aus dem offenen Herzen. Aber tut es denn Alceste? Er wirbt um Eliante, nachdem er sich von Célimène verraten sieht:

En recevant mon cœur,
Acceptez-le, madame, au lieu de l'infidèle:
C'est par-là que je puis prendre vengeance d'elle;

Et je la veux punir par les sincères vœux,
Par le profond amour, les soins respectueux,
Les devoirs empressés et l'assidu service,
Dont ce cœur va vous faire un ardent sacrifice.
[IV, 2]

Er ist offen, indem er sein Motiv ausspricht – das ein schlechter Werber ist. Doch kann er von »profond amour« sprechen? Wahr ist die Leidenschaft, die ihn beugt, die auch in diesem Augenblick noch durchaus der andern gehört und ihn, dem das Herz über alles geht, treibt, dieses verschmähte Herz zu vergeben, um sich zu rächen, ohne die letzte Zustimmung der Liebe. So aber durfte das Herz nicht vergeben, ein Herz nicht gefordert werden. Darum ist es gerecht, daß in dem Augenblick, da die Leidenschaft zu der Kalten, Unwürdigen sich in Liebe umwandeln will [V, 8] und Alceste vor Eliante den Unwert seines Herzens eingesteht, auch die Liebe nicht angenommen wird. Aber gerade mit dieser Gestalt, die Molières bitterste Erfahrung an den Menschen schlechthin und an der Zeit, aber auch seine persönlichste Tragödie enthüllt, gelangt Molière wieder, wie im Lebensgefühl der Komödie überhaupt, in die Nähe Shakespeares, dessen Herzog von Wien die Worte sprach: »Ich fühl' die Neigung, allen zu verzeihn.«
Wäre Alceste ohne Tadel, so würde sein Geschick zum Gericht, und es gäbe keine Rechtfertigung für die Lebensklugheit seines Freundes Philinte und für dessen Glück, das am Ende aufleuchtet; doch im raschen heftigen Ausbruch des Schmerzes versündigt sich auch Alceste am Herzen, mutet er dem Herzen der reinen, wahrhaftigen Frau Unmögliches zu; auch er verletzt das heilige Recht des Innern und kann dies nicht wieder gutmachen. Der Menschenfeind als solcher ist ja niemals im Recht, mag er von so selbstsüchtig-unbedachter Großartigkeit sein wie Timon von Athen oder von so eigensinniger Empfindlichkeit und stolzer Schwermut wie der Held Molières. Von einer gewissen Stelle an wollen sie beide unver-

söhnlich zürnen, im Zerfall mit Menschen und Welt verharren. Wer sich aus dem Spiele halten will, entgeht der Gefahr nicht, sich darüber zu erheben; es will uns nicht gelingen, uns zu distanzieren, ohne zu urteilen. Alceste will sich nicht beistehen lassen; er will das Unrecht, das er erleidet; er will den Groll als Haltung; er will richten.

Non, je veux m'y tenir.
Quelque sensible tort qu'un tel arrêt me fasse,
Je me garderai bien de vouloir qu'on le casse;
On y voit trop à plein le bon droit maltraité,
Et je veux qu'il demeure à la postérité
Comme une marque insigne, un fameux témoignage
De la méchanceté des hommes de notre âge.
Ce sont vingt mille francs qu'il m'en pourra coûter;
Mais pour vingt mille francs j'aurai droit de pester
Contre l'iniquité de la nature humaine,
Et de nourrir pour elle une immortelle haine.
[V, I]

Freilich, seine »Augen sind zu sehr verwundet« – »Mes yeux sont trop blessés«; er mag ein Recht haben auf sein »petit coin sombre«, nur nicht das Recht auf unauslöschlichen Haß und dessen versteckten Hochmut; er ist vom selben Stoffe wie die andern. Damit fällt ein versöhnlicher Schimmer auf das Spiel, in das Philinte und Eliante, wie sie auch eilen mögen, den Freund nicht mehr zurückholen werden; den Irrungen des Herzens sind alle unterworfen und alle sind in Gefahr, sich an der Wahrheit zu versündigen, so verschiedenen Charakters und Wertes auch ihre Motive sind; so lange das Herz im Spiele ist, darf das Spiel nicht verdammt werden, und Philinte und Eliante wahren das Herz und sein Recht, wenn sie sich auch nicht entschließen werden, mit der die Welt regierenden Form zu brechen. Unentschuldbar ist allein die Kälte und ihre Lüge, die spöttische Selbstsucht des abgestorbenen Herzens der Célimène.

So trübt der Schein auf die verhaltenste, schmerzlichste Weise die Aufrichtigkeit des Alceste; es kann nichts völlig ungetrübt sein auf dieser unter der äußersten Wahrhaftigkeit stehenden Bühne; auf ergreifend-geheimnisvolle Art verschlingen sich Wahrheit und Lüge – die anmutige Lüge der Kunst und die tragische Wahrheit des Lebens – in der Beziehung Argans, des malade imaginaire, zu seinem Dichter. Immer wieder wird es die Menschen bewegen, wie der Todkranke mit seiner Krankheit spielte; wie er, an seinem letzten Abend auf der Bühne durch Argan von sich selber sagen ließ:

Si j'étais que des médecins, je me vengerais de son impertinence; et, quand il sera malade, je le laisserais mourir sans secours. Il aurait beau faire et beau dire, je ne lui ordonnerais pas la moindre petite saignée, le moindre petit lavement; et je lui dirais: Crève, crève; cela t'apprendra une autre fois à te jouer à la faculté.

[III, 3]

Wie er, den Tod schon an seiner Seite, sich in der Ecke niederstreckte, um den Gestorbenen zu mimen, mit der komischen, nun ins Unheimliche umschlagenden Frage Argans: ob es denn nicht gefährlich sei, auf diese Weise sich zu verstellen. Ja, es ist gefährlich, das Leben zu dichten und zu Ende zu dichten, denn das Unwiderrufliche könnte kommen auf den Pfaden der Phantasie. Wahrheit war ja die Krankheit und der Schatten des Todes auf dem Spieler, und Schein war ihre Übertragung in die Geschichte vom eingebildeten Kranken, dem seine Torheit endlich doch zur Einsicht in das Wesen der ihn umgebenden Menschen verhilft. So rief ihn der Tod von der Szene, nachdem er das Ballett noch bestanden und den ihn befallenden Krampf mit einem Lachen erstickt hatte.

Die Frage will uns bedrängen: wohin hat der Tod ihn gerufen? Wir wissen, daß der Geistliche sich weigerte, den Dichter des Tartuffe zu versehen. Zwei Schwestern der charité, die im Hause wohnten, standen ihm bei. Die Ablehnung des Geistlichen war das kälteste und zugleich törichteste Mißverständnis. Denn Tartuffe ist ja der faux dévot; ihm gegenüber steht das Bild des dévot de cœur, wie es Cléante entwirft:

Ce titre par aucun ne leur est débattu;
Ce ne sont point du tout fanfarons de vertu;
On ne voit point en eux ce faste insupportable,
Et leur dévotion est humaine, est traitable:
Ils ne censurent point toutes nos actions,
Ils trouvent trop d'orgeuil dans ces corrections.
Et, laissant la fierté des paroles aux autres,
C'est par leurs actions qu'ils reprennent les nôtres.
[I, 6]

Freilich, Molière ist uns die Gestalt des dévot de cœur schuldig geblieben; er hat den Tartuffe nicht seinem Gegenbilde auf der Szene begegnen lassen, ihn nicht mit den Mitteln der Kunst überwunden. Wir mögen diese Gestalt schmerzlich vermissen; wir mögen mit Bezug auf die letzten Dinge Fragen stellen, die das Werk nicht beantwortet. Aber verkennen wir nicht damit die Kunst Molières? Ihr tiefstes Wesen als eines Verkleidungsspieles war es, die Wahrheit zu vergegenwärtigen durch das Medium des Scheins; von der Idee bis zur Technik wird sie von diesem Zuge als der gestaltenden Kraft beherrscht; er ist eingegeben von der theatralischen Genialität und löst die unfehlbare schauspielerisch-szenische Wirkung aus: er stellt dem Schauspieler die hinreißende Aufgabe – und zugleich dem bürgerlichen Theater die Forderung nach Wahrheit und Wahrhaftigkeit, die es bis zu seinem Ende durchglüht, bis zu Ibsens »Wenn wir Toten erwachen«, dem verworrenen Epilog, über den hinaus es auf der bürgerlichen Bühne kein Wort mehr gibt. Denn hier wird endlich versucht, ins Freie durchzubrechen; vergeblich; es bleibt nur die Klage um die verlorene Freiheit, um den großen Raum: und das unter dem nicht gewollten, befehdeten Kreuz. Aber die Wahrheit selbst in Sachen der Religion? Wir können es uns nicht anders denken, als daß sie Molière zu ernst gewesen ist für die Grazie seines Spiels. Der dévot de cœur mußte unsichtbar bleiben, so wie die Krankheit, der Tod, sich nicht verraten sollten. Vielleicht ist der dévot de cœur nach den Worten des Matthias Claudius der »unsterbliche Fremdling im Menschengehäuse« gewesen, der »inwendig« wohnt. Wer auf diese Art die Wahrheit will und wahrhaftig ist, wer alle Schwächen des Menschenherzens verlacht, ohne das Herz zu verletzen, der ist wohl verborgenerweise der dévot de cœur, Tartuffes Überwinder in der Maske des Tartuffe. Er gehört offenbar denen an, denen verheißen ist, daß sie ans Licht gelangen, weil sie die Wahrheit tun – die Wahrheit, aus der das Spiel hervorblüht und die es unwiderruflich beendet. 1947

LESSINGS DRAMA

Mich dünkt, ich weiß
Aus welchen Fehlern unsere Tugend keimt.
[Nathan 4, 5]

Im Jahre 1731 wurde im Royal Theatre in London das Drama »George Barnwell« von George Lillo mit ungewöhnlichem Erfolg aufgeführt. Die Zeitungen berichteten, die Königin habe in das Theater gesandt und das Manuskript sich ausbitten lassen. Unter dem Titel »Der Kaufmann von London« erschien das Stück in der Übersetzung von H. A. Bassewitz im Jahre 1757 in Hamburg, nachdem es zuvor schon [1754] in Wien gespielt worden war; es sollte von großem Einfluß sein sowohl auf das deutsche wie auf das französische Drama.

George Lillo [1693 bis 1739] lebte als Juwelier in London, hochgeachtet von seinen Freunden, die ihm nach seinem frühen Tode nachrühmten, daß er den Geist eines Römers mit der edeln Einfalt eines frühen Christen vereinigt habe; Erscheinungen seiner Art finden wir wohl nur in England und Spanien, wo die tief eingewurzelte Leidenschaft für die Szene durch Jahrhunderte am nationalen Drama fortgestaltete. Wenn wir dem »George Barnwell« gerecht werden wollen, dürfen wir gleichwohl nicht an das große englische Theater des sechzehnten und siebzehnten Jahrhunderts denken – andere Stücke Lillos sind ihm näher; hier handelt es sich um die Geschichte eines jungen Kaufmanns, der einem tief gesunkenen Weibe verfällt, von ihm ausgebeutet, zum Mord angetrieben und dann auf das schmählichste verraten wird. In Shakespeares Stücken erscheint immer eine ganze Welt, in der lebendigen Gliederung ihrer Rangstufen; hier spielt sich alles in einem Stande ab, dessen eigentlicher Repräsentant, der Kaufmann Thorowgood, schon ein Berufsethos ausspricht, wie es uns durch »Soll und Haben« vertraut geworden ist; die Sphäre oberhalb dieses Standes wirkt nicht herein, von unten bricht die Dirne Millwood in diese von Rechtlichkeit, Frömmigkeit und Selbstbewußtsein erfüllte Enge, um sich ihr Opfer zu holen. Gegen ihre Verworfenheit ist man hier nicht gewaffnet; da sie gefaßt werden soll, gibt die Millwood den Geliebten wie die Dienerschaft bedenkenlos preis, ja sie geht zum Angriff über: sie ist durch alle Stände gekommen, hat Beziehungen zu Männern aller Berufe unterhalten und keinen Unterschied gefunden, es sei denn in ihren Fähigkeiten. Alle waren so schlecht wie nur möglich. Was sind die Gesetze? Sie sind nur das Mittel, den andern für das zu bestrafen, was ein jeder selber tut oder fähig wäre zu tun. Einmal ist die Seele der Millwood herabgewürdigt, zertreten worden. Seitdem steht die Anklägerin außer dem Gesetz, der Norm, dem Stande – eine Erscheinung, die von der bürgerlichen Welt nicht bewältigt werden kann.

Mit dieser Anklage kündigt sich eine besondere Form des Dramas an; der Erfolg des Stückes mag auf der Klarheit, Sicherheit, Folgerichtigkeit des Baus, der eindringlichen Gestaltung, der klugen Ökonomie, die für einen jeden der fünf kurzen Akte eine packende große Szene und noch nicht ausgelöste Wirkung bereit hat, auf der Verherrlichung des Kaufmannsstandes und seines Selbstbewußtseins, aber auch auf einem gewissen Wohlgefallen an Tugend und Rührsamkeit im Sinne der Zeit beruht haben; diese Schwächen dürfen aber nicht täuschen über die Festigkeit der hier regierenden Sittlichkeit, der Lillo offenbar seine klare Form verdankt: es gibt wohl Erbarmen für den Mörder, aber keine Gnade. Was die künstlerische Verdichtung, Vergegenwärtigung betrifft, ist Lillo einem seiner deutschen Nachahmer – und wohl deren bedeutendstem –, dem schon mit zwanzig Jahren verstorbenen Johann Wilhelm von Brawe, weit überlegen. Brawe, der aus Weißenfels stammte, gehörte zu Lessings Kreis in Leipzig; 1758, kurz vor des Dichters Tode, wurde Brawes Trauerspiel »Der Freigeist« von Lessing und Nikolai mit einem Preise ausgezeichnet. Was das Außerordentliche an Lillos Stück ist, die Schilderung des Bösen – bis zum Radikal-Bösen hin –, zeichnet auch Brawes Drama aus. Vielleicht hat es jede Zeit mit einer besonderen Erscheinungsform des Bösen zu tun: für das achtzehnte Jahrhundert bezeichnend sind der Intrigant und die Verführerin; später hat man diese Gestalten nicht mehr recht verstanden, vielleicht nicht mehr ganz ernst nehmen können, und doch waren und sind sie berechtigt; es ist in jedem Falle eine Epoche glücklich zu preisen, die genau weiß, mit welcher Manifestation des Bösen sie es zu tun hat.

Die englische Umwelt bot um diese Zeit dem langsam, unter vielen Fehlschlägen und unglücklichen Fügungen sich durchkämpfenden deutschen Drama die modische Szenerie. Im Winter 1755 hatte sich Lessing von seinen Berliner Freunden zurückgezogen, um in der Stille eines Potsdamer Gartenhauses sein erstes großes Trauerspiel »Miß Sara Sampson« auszuarbeiten; auch dieses Stück ist von Lillo beeinflußt, aber keineswegs von ihm abhängig. Die große Szene des zweiten Aktes, in dem die Marwood den abtrünnigen Geliebten zurückgewinnt, gehört nicht nur zum stärksten, was Lessing geschrieben hat, sondern wohl zum dramatischsten des deutschen Dramas überhaupt. Ein gewisser Wortreichtum, namentlich in der Katastrophe, ist oft genug getadelt worden; das Stück bleibt doch das erste deutsche Trauerspiel der beginnenden Epoche; Lessings Idee des Tragischen ist in der Heldin schon durchgebildet; Sara Sampson ist reines Opfer des Bösen. Sie möchte unter dem Gewissen handeln nach ihrem Herzen, aus freier, reiner Innerlichkeit, aber sie wird verstrickt und mißhandelt, ohne es zu wollen, die Liebe ihres Vaters, die Rechte eines Kindes, von dem sie nichts wußte. Wenn sie im fünften Akt am Gift der entflohenen Rivalin hinsiecht, so mögen wir sie bedauern, wie es die weinenden Zuschauer der Erstaufführung in Frankfurt an der Oder taten. Den mächtigen Zug nach oben, den die tragische Dichtung auszulösen vermag, in dem sie uns, in einer einzigen Erschütterung, die Hinfälligkeit *alles* Menschen-Tuns und -Seins, des Irdischen überhaupt und die Macht göttlichen Waltens wie in einer Vision erfahren läßt, fühlen wir nicht. Es geht ja nicht um alles; um den ganzen Menschen vor Gott, sondern um eine unglückliche Begebenheit in einem Stande, der lügnerischen oder zur Lüge verlockenden Formen unterworfen ist; das Drama, berufen, Spiegel und Tribunal der Welt zu sein, arbeitet, was Stoff und Umwelt betrifft, mit den Mitteln des Gesellschaftsromans. Eine ganze Dimension scheint zu fehlen: diejenige, die zum Symbol erhebt, zum visionären Eindruck verhilft. Eine reine Frau ist in eine trübe, dumpfe Sphäre gezogen worden und wird in ihr erstickt; die letzte Aussage ist eine Anklage, wenn sie auch nicht formuliert wird. Es ist eher das Moralische als das Sittliche, das entscheidet. Der dramatische Stil ist in eine Enge geraten, in der er sich nicht voll auswirken kann.

Nach der Aufführung der »Sara Sampson« hat Lessing in den

Briefen an Nikolai und Moses Mendelssohn – in Anlehnung an Aristoteles, aber nicht in völliger Übereinstimmung mit ihm – seine Theorie des Tragischen entwickelt: es ist die Aufgabe des Trauerspiels, Leidenschaften zu erregen, die bessern. Im Grunde kann es sich nur um *eine* Leidenschaft handeln – Leidenschaft im ganzen, ernsten, schweren Sinne verstanden, um das Mitleid. Der Schrecken bereitet – als »Überraschung des Mitleids« – das Mitleid vor; in der Bewunderung beruht es; wird diese zu groß, so schwindet das Mitleid und die dem Trauerspiel gezogene Grenze wird überschritten. Unglück und Verdienst müssen im Gleichgewicht, Charakter und Unglück ein Ganzes, das Unglück im Zusammenhang mit dem Charakter, in gewissem Grade dessen Folge sein; weder der Bösewicht noch der Unantastbare taugen zur Hauptperson der Tragödie. Der starre Heroismus, der unsere Bewunderung erweckt, aber das Mitleid tötet – wie er etwa von Corneille oder von Calderon in einigen Stücken gestaltet wurde –, ist Gegenstand des Heldengedichts, nicht mehr der Tragödie. Ihr Wesentliches ist es, an das Herz zu rühren und es in Empfindung zu erhalten, das Empfinden des Zuschauers zu weiten, über ihn selbst hinaus und ihn dadurch zu bessern; Szenen, in denen dies nicht geschieht, sind unvermeidlich, wohl auch nötig, aber sie gelten als »leere Szenen« mit Bezug auf den Zweck des Dramas. Dies ist die dem bürgerlichen Trauerspiel genau entsprechende Theorie – unendlich weit entfernt von der antiken Tragödie, auf die sie sich beruft; denn die antike Tragödie spielt in einer religiösen Sphäre und ist von den Schauern vor der Gottheit durchbebt; die Theorie, die hier vorgetragen wird, ist erdacht, um eine Sara, eine Emilia im bürgerlichen Zimmer der Aufklärung als Heldinnen zu rechtfertigen, zu erklären.

Im Jahre 1760 veröffentlichte Lessing die Übersetzung zweier Dramen Diderots, des »Natürlichen Sohnes« und des »Hausvaters«, ohne sich als Übersetzer zu nennen; 1781, in seinem Todesjahr, bekannte er sich gelegentlich einer Neuauflage zu dieser Arbeit unter nachdrücklicher Betonung der Förderung, die er Diderot verdankte: nach Aristoteles habe sich kein philosophischerer Geist mit dem Theater abgegeben als Diderot, schrieb er 1760, und 1781 erklärte Lessing, daß ohne Diderots Muster und Lehren sein Geschmack »eine ganz andere Richtung würde bekommen haben«. Namentlich galt das mit Bezug auf den »Hausvater« [Père de famille], der weder französisch noch deutsch, sondern schlechthin menschlich sei; hier endlich konnten die deutschen Schauspieler lernen, das auszudrücken, was »ein jeder verstand und fühlte«. Lessing sah in Diderot den Bundesgenossen im Kampfe gegen die Vormacht und Nachwirkungen des klassischen französischen Theaters, welcher Kampf, so verständlich er in der Zeit war, Lessing bekanntlich zu schroffen Ungerechtigkeiten hinriß, besonders in der Beurteilung Corneilles. Eine These Diderots war, daß an Stelle der Charaktere, deren nur eine geringe Zahl im theatralischen Sinne fruchtbar sei, die Stände auf die Bühne gebracht werden sollten. »Künftig muß der Stand, müssen die Pflichten, die Vorteile, die Unbequemlichkeiten desselben zur Grundlage des Werkes dienen ... War der Charakter nur ein wenig übertrieben, so konnte der Zuschauer zu sich selbst sagen: ›Das bin ich nicht.‹ Das aber kann er unmöglich leugnen, daß der Stand, den man spielt, sein Stand ist: seine Pflichten kann er unmöglich verkennen. Er muß doch, was ›er hört, notwendig auf sich anwenden‹.« [Hamburgische Dramaturgie, 86. Stück.] Diese Forderung stimmte überein mit der gleich zu Anfang der Hamburgischen Dramaturgie ausgesprochenen Überzeugung, daß »das Theater die Schule der moralischen Welt sein soll«. In diesem Sinne war der »Hausvater« freilich ein Muster; bezeichnenderweise führt der Held keinen Namen; er ist die Person des »Hausvaters«. Zustande kam die Darstellung und Lösung eines Familienstreites, in kluger, spannender Entwicklung und vorzüglicher Gliederung, freilich reich an Tränenflüssen und schönen Empfindungen; was damals als die Schule der Natürlichkeit, dramatischer Beweglichkeit galt, ist heute untragbar.

Aber zunächst unternahm Lessing einen Vorstoß in ganz anderer Richtung: »Philotas« [1759 und 1772] ist ein Staatsdrama, in Form und Folgerichtigkeit eines der merkwürdigsten Stücke unseres Schrifttums. Trotz seines Kampfes gegen die drei Einheiten hat Lessing in seinem Gesamtwerke die Einheiten gewahrt, soweit es nur irgend anging. Im »Philotas« ist die antike Form wieder aufgenommen: die Katastrophe, die Gefangennahme des Königssohnes, liegt vor dem Stück; dieses schildert nur seinen Selbstmord, zu dem er sich entschließt, um seinem Gegner, dem König Aridäus, den Vorteil, den er ihm als Geisel bringen könnte, aus der Hand zu winden und seinem Vater, der den Sohn des Aridäus gefangen hat, den alleinigen Vorteil zu lassen. Wie das geschieht, namentlich die letzte Wendung des Aridäus angesichts des Sterbenden, ist von großer dramatischer Wucht. Lessing hat in die antike Form den tiefsten, eigentlich verborgenen Gehalt jener Jahre, der Zeit des Siebenjährigen Krieges, gefaßt. Freilich wissen wir nicht mit Bestimmtheit, was Friedrich der Große getan hätte, wenn er gefangen genommen worden oder völlig geschlagen worden wäre; daß er aber in der Nähe des Selbstmordes lebte und aus diesem Gedanken auf eine gefährliche Weise die Kräfte des letzten Widerstandes zog, ist nicht zu leugnen. Problematisch wie diese Haltung des Königs bleibt der »Philotas«, so schön diese Gestalt als eine »wunderbare Vermischung von Kind und Held« auch ist; einmal spricht Philotas davon, daß der Philosoph ihn gelehrt habe, »Gott zu denken« und er aufs höchste nicht sagen könnte, was Gott ist. Doch sprechen die Götter »ihr Urteil durch das Schwert des Tapfersten«; sie haben aber dem Menschen die Freiheit zu sterben in allen Umständen des Lebens gelassen; aus dieser Freiheit wird Philotas »der größere Sieger«. Hier ist keine andere Gottheit denn der Staat.

Mit der »Minna« nähert sich Lessing der Form Diderots;

Goethe hat gemeint, daß der »spezifisch temporäre« Gehalt des Stückes dessen großen Erfolg bewirkt habe; in der Tat hat Lessing, der an seinem Meister Diderot gerade das Außernationale bewunderte, hier nationales Empfinden ausgesprochen – nicht in uneingeschränkt glücklicher Weise. Die Figur des Riccaut, die vom Dramaturgischen her nicht ausreichend gerechtfertigt ist, bleibt zu billig; wenn in einer Dichtung eine fremde Nation nur durch *eine* Gestalt vertreten wird, so sollte diese keine Karikatur oder Minderwertigkeit sein. Auf der andern Seite wäre es falsch, das Stück im eindeutig friderizianischen Sinne auszulegen, so sehr es auch vom Geist jener Zeit geprägt worden ist. Tellheim ist ins Unglück geraten, gerade weil er auf eigene Verantwortung und zu seinem eigenen Schaden die Kontribution nicht auf die geforderte schroffe Weise eingetrieben hat; er ist Ritter, der aus freien Stücken Dienst genommen, sich für Friedrich entschieden hat: daß er aber vom König Undank erfuhr, verwindet, verzeiht er nicht; es geht ihm nur um die Wiederherstellung seiner Ehre, nicht um den endgültig verbitterten Dienst; eine »Bestimmung« will er nicht machen aus seinem Soldatentum. Im Grunde ist er frei: das heißt, er steht seinem König gleich als Ritter, als Ehrenmann; nichts ist ihm ferner als Soldatentum an sich, Gehorsam ohne Ehre – ebenso wie nicht der Krieg, sondern der Friede, als das eigentlich wünschenswerte, die Ordnung erscheint. Wir wissen, daß Lessing in Leipzig an der Tafel seiner Freunde und Bekannten Anstoß erregte als Parteigänger des Preußenkönigs; in Berlin jedoch verteidigte er die Sache der »Sachsen und Orthodoxen« – was ihn doch nicht hinderte, in die Dienste des Generals Tauentzien zu treten; in Wahrheit ging er unabhängig durch seine Zeit, sich genügend im Bewußtsein seines eigenen Wertes, der Ziele, die er erstrebte und gelassen gegenüber dem Mißverständnis oder Unverständnis, das ihm die Nachwelt erweisen werde.

Was braucht sie, wen sie tritt, zu wissen?
Weiß ich nur, wer ich bin,

sagte er schon mit dreiundzwanzig Jahren. Es sind nicht die rein nationalen Gehalte, es ist nicht die Staatsgesinnung, die das Stück tragen, wenn auch solche Züge ihm zum Erfolg verholfen und dann zu seiner schmählichen Ausbeutung geführt haben; in der freien eigenwilligen Menschlichkeit der beiden Hauptgestalten liegt – abgesehen vom hohen Rang des dramatischen Kunstwerkes und der Sprache – die Bedeutung. Eine gewisse Problematik bleibt jedoch dem Vorwurf eigen. Ein Edelfräulein holt sich den Mann zurück, der sich ihr versprochen und dann entzogen hat; sie geht soweit, ihm zu gestehen, daß die ritterliche Tat, die er in ihrer Heimat vollbrachte, sie vermochte, uneingeladen in die erste Gesellschaft zu gehen, wo sie ihn antreffen konnte, nicht nur in dem festen Vorsatz, ihn zu lieben, sondern ihn zu besitzen [4, 6] – und sie verwindet es, daß er, der stets im Bewußtsein der erfahrenen Kränkung und Demütigung gefangen ist, auch jetzt »sie nicht hört«; hier hätte ein vielleicht nur um einen Grad anders empfindender Dichter das Ende setzen und die Liebenden in einem tragischen Mißverständnis auseinandergehen lassen müssen. Aber das Stück wurde an einem Frühlingsmorgen des Jahres 1763 im »Gelehrten Garten« vor Breslau entworfen; es ist wohl ziemlich das einzige Mal, daß wir Lessing im Freien arbeiten sehen; er arbeitete sonst im Wechselgespräch mit seinen Büchern. Seinen Freunden schon fiel es auf, daß er wenig Freude an Landschaften hatte; sein Biograph Ad. Stahr bekennt, in Lessings gesamtem Werk, auch in Tagebuchblättern und Briefen, keine Stelle zu wissen, »wo er der landschaftlichen Natur auch nur erwähnte«. Hier aber, in der »Minna«, sollte Natur sein, auf die Gefahr hin, daß sie sich um einen Schatten zu natürlich gab.

Auf dem Pulte, vor dem Werther sich erschoß, lag aufgeschlagen »Emilia Galotti«: es bleibt ein merkwürdiges Zeugnis für die innere Stärke, die Gefühlsmäßigkeit einer scheinbar rationalen Dichtung, von der Hebbel sagte, daß hinter jeder Szene, jeder Rede Lessing selbst stehe mit seinem klaren Auge, seinem hellen Blick; die »unendliche Harmonie von Stoff und Form« erhebt, nach Hebbels Urteil, dieses Trauerspiel zu »einer wahrhaft einzigen Erscheinung« in unserer Literatur, »wo diese Harmonie so selten ist«. Goethe hat in späteren Jahren, obwohl er das Werk noch immer rühmte, wohl nicht mehr so günstig gedacht; die Liebe der Emilia zum Prinzen sei nur angenommen, aber nicht ausgesprochen, darum die Tat des Vaters unzureichend motiviert. Nun ist es klar, daß die Dichtung so nicht gemeint sein kann; eine Liebe Emilias zum Prinzen wird nicht angenommen; sie ist unmöglich, solange das Drama spielt. Auch Matthias Claudius, den Hebbel in seiner Besprechung zitiert, traf das Rechte nicht, wenn er meinte: Emilia habe das sittliche Gleichgewicht schon verloren und könne nur vorm physischen, nicht mehr vorm geistigen Fall bewahrt werden. Aber der Tod der Emilia ist und bleibt das Problem. Im Grunde handelt es sich doch um das römische Trauerspiel »Virginia«, das Lessing so lange plante; eine Römerin konnte in der äußersten Gefahr von ihrem Vater auf diese Weise getötet werden; eine Christin von ihrem christlichen Vater nicht. Ein Moment der Freiheit, der Selbstverantwortung, der Wahrhaftigkeit, ein Tun mußte dazu kommen: Lessing setzte es in das Geständnis der Emilia, daß sie nicht unverführbar sei. Dieses Geständnis sollte offenbar die letzte Krone der Emilia sein: Ausdruck des sittlichen Adels eines reinen, natürlichen Menschen, der redlich bleibt gegen sich und andere bis zum Tode und in dem äußersten furchtbaren Augenblicke, da es noch möglich ist, diesen unangetasteten Adel sichert. Aber dieses Geständnis wird gemacht von einer jungen Verlobten, der eben, vor wenigen Stunden, auf der Fahrt zur Trauung der Geliebte an der Seite ermordet wurde; es ist nur gedacht, der Gestalt und der Situation nicht gemäß, und wird immer unwahrscheinlich bleiben. Emilia ist Opfer wie Sara und fällt an der Stelle, wo ihr Stand mit einem andern zusammenstößt; wir können sie bedauern; das mächtige Walten über dem »Staubgeschlechte«, von dem die große Tragödie schwingt, empfinden wir nicht. Und doch: welche Klarheit und Entschlossenheit des Denkens und Handelns bis zu dieser Szene, welches Leben der Figuren, welche starre Größe in Odoardo, welche erhabene Nüchternheit, welche Bescheidung eines mächtigen Geistes, der sich im einfachsten und klarsten Worte faßt, in der Handlung selbst, in der Unerbittlichkeit des Ablaufs sich mitteilt! Diese Beherrschtheit und Nüchternheit hatte und hat der deutschen Dichtung sicherlich weit mehr zu geben als sie von ihr angenommen hat; diese Form bildete sich kaum zum zweiten Mal. Vielleicht aber wollte Lessing den Odoardo als Helden; er ist es im fünften Akt, doch unter diesem Gesichtspunkt müßte sich die ganze Komposition verschieben; der Anteil ist auf Emilia gesammelt, die eigentlich alles vorwegnimmt, was vom bürgerlichen Standesdrama noch zu erwarten ist und geleistet wird – ein anderes als das bürgerliche hat es im Grunde nicht gegeben, wenige Ausnahmen abgerechnet. Das bürgerliche Standesdrama ist auf das Mitleid gerichtet; Opfer, die uns erbarmen, sind seine höchsten Gestalten, sein Ethos ist die Anklage der sittlichen Verfassung der Umwelt; zur großen Tragik, zur unabwendbaren-ungewollten Schuld, zur Erfahrung der Mächte, zur letzten Freiwerdung auf dem Wege unerhörten Leidens bricht es nicht durch.

Auch während der Arbeit am »Nathan« dachte Lessing an das Theater, »wenn es auch erst nach hundert Jahren wäre« [an seinen Bruder Karl G. Lessing, 7. November 1778]; er fühlte den Abstand vom bisherigen dramatischen Werk und wählte den Vers, dadurch, mit schon erlöschender Kraft, dem heraufkommenden deutschen Drama die Form weisend. Freilich hat Lessings Vers noch nichts vom künftigen Klang; er trägt das Gepräge einer – oft sogar mühsamen – Übertragung der Prosa ins Metrum. Es gehört zum Wesen der Bühne, Tribunal zu sein; unerbittliche Wahrhaftigkeit waltet über den Menschen, dem Geschehen und drängt zum Gericht; die Personen können einander täuschen; der Zuschauer kann niemals getäuscht werden. Hier wird die Bühne zur Kanzel. Aber die Forderung nach Duldung und Gerechtigkeit gilt und wird denen, die sie geerbt haben, immer Verpflichtung und furchtbare Anklage sein. Anders steht es mit dem Begriff der Religion, der hier gegeben wird. Die Fabel vom Ring setzt die Erschütterung der Autorität der Offenbarung voraus. Die Offenbarung als solche besteht: nur *ein* Ring ist echt:

Von diesen drei
Religionen kann doch nur eine
Die wahre sein.

[III, 5]

Aber wie sollen wir uns in einen Vater einfühlen, der seine drei Söhne mit derselben Liebe liebt und sich doch damit abfindet, daß zwei in der Täuschung leben, das echte Kleinod zu besitzen? Für Gott wäre dieser Vater ein höchst unpassendes Bild, hatte er doch »die fromme Schwachheit«, einem jeden denselben Ring zu versprechen, während Gott ja ein Volk als Träger der Wahrheit auserwählte. Wir erkennen die Bedeutung der religiös-sittlichen Forderung, um die es Lessing geht: am Tun liegt alles, daran, daß die Ringe »nach außen« wirken; der Glaube an die Echtheit soll einen jeden der drei Söhne zum Höchsten steigern – und in diesem Höchsten werden sie vielleicht – das ist Lessings Hoffnung – eins. Die Wahrheit ist da, doch nicht mehr festzustellen; darum ist das Tun im Glauben wichtiger als die Wahrheit. Wie aber sollen wir dieses Tun begreifen? Der gute Baum bringt gute Früchte; es ist nicht möglich, daß der Irrtum dieselben Früchte zeitigt wie die Wahrheit: hat hier nicht die Polemik das erste Wort?
Wohl hatte Lessing nur allzu recht, diejenigen zu verklagen, die im Besitze der Wahrheit sind und sie nicht in Liebe tun

– und es ist seither keine Zeit gekommen, die ein Recht hätte, diese Anklage abzuweisen. Goethe beklagte es, daß die erbärmliche Zeit, in der Lessing leben mußte, ihm keine besseren Stoffe gab: in der »Minna« habe er an den Händeln der Sachsen und Preußen teilnehmen müssen, in der »Emilia« gegen die Fürsten, im »Nathan« gegen die Pfaffen polemisiert. Damit ist aber auch die Aussage wesentlich eingeschränkt; von unbedingter Gültigkeit kann sie nicht sein. Die Brüder, die vom Vater mit den falschen Ringen betrogen worden sind, werden sich vergeblich mühen, zu vollbringen, was dem Besitzer des echten Ringes allein aufgetragen und möglich ist; dieser steht freilich unter dem besonderen Gericht des ihm überantworteten Kleinods; die Gnade ist allein in der Wahrheit, und der Eine muß dafür einstehen, daß diese Gnade auf alle übergeht. Ist dem nicht so, dann bleibt nur die Ausflucht, die Lessing andeutet: daß der echte Ring verlorengegangen sei, oder, wie der kluge Richter glauben machen will, daß der Vater die »Tyrannei des *einen* Ringes« nicht länger habe dulden wollen und ihn zurückgezogen habe; dann wären alle drei Ringe falsch, und der Vater hätte die Wahrheit, die doch da war und sich als Segenskraft auswirkte, aus der Welt genommen. Aber damit konnte der Richter die Streitenden schwerlich trösten, geschweige denn aneifern; über seinem Rate erlöscht das Licht der Welt; mit dem Glauben an das Dasein der Wahrheit schwindet auch die Möglichkeit des Strebens, ihr zu entsprechen. Und wie sollen wir uns mit einem Gott abfinden, der die von ihm geoffenbarte Wahrheit aus der Welt nimmt, um die Welt von der Tyrannei der Wahrheit zu erlösen? Schwerlich hat Lessing den »Nathan« als sein letztes Wort gemeint; er plante ein Nachspiel: »Der Derwisch«. Im Jahre 1779, als seine physische Kraft schon gebrochen war, kündigte er der Hamburger Freundin Elise Reimarus ein neues Drama an, das er bald auszuarbeiten hoffte: »Der fromme Samariter, ein Trauerspiel in fünf Aufzügen, nach der Erfindung des Herrn Jesu Christi.« Der Levit und der Priester, fügte er hinzu, sollten eine »gar brillante Rolle« darin spielen. So wäre wohl auch dieses Werk nicht aus dem Bann der Polemik getreten.

Der »Nathan« führt vor die letzte Frage: vor die Vorstellung vom Vater. Hinter dem dramatischen Schaffen des Dichters ging – als sein eigentliches Drama – der Kampf um nichts geringeres als um das Bild Gottes; dieser Kampf mußte in die Dichtung hineinwirken: die Tatsache, daß in den großen Dramen wohl keine Lösung völlig glückte, daß jedesmal im fünften Akt eine Frage stehen bleibt, die keine befriedigende Antwort findet, kann nicht ohne Beziehung zu diesem Kampfe sein. Auch die menschliche Lösung im »Nathan«, die Entdekkung, daß Liebende Geschwister sind, und der Übergang einer leidenschaftlichen Beziehung in Geschwisterliebe, ist allenfalls in einem rasch verschwebenden, wehmütig-verklärten Märchen möglich; im ernsten Drama ist nicht ihr Ort. Das Drama setzt völlige Entschiedenheit mit Bezug auf die letzten Dinge voraus; die Kräfte seiner Form kommen nicht ins Gleichgewicht, ehe es der Dichter nicht ist. Wohl können einer bedeutenden dramatischen Gestaltungskraft, die im Kampfe steht, gerade aus dessen Wucht außerordentliche Gebilde gelingen, aber an *einer* Stelle wird die Form offenbleiben, das nicht bewältigte Problem zutage treten; es gehört zum tiefsten Wesen der dramatischen Form, daß sie sich nicht ergeben will, eh alles geklärt ist. Lessing hat eine Fülle dramatischer Entwürfe und Ideen hinterlassen, Zeugnisse eines rastlos zum Dramatischen drängenden dichterischen Geistes, denen gegenüber das zur Ausführung Gekommene fast dürftig ist; zuweilen dachte er daran, einige Jahre aufs Land zu gehen, um da »nichts als Komödien auszuarbeiten, deren Aufführung er dann, mit einer eigenen Truppe, von Ort zu Ort ziehend, auf seine Gefahr unternehmen wollte«. [K. G. Lessing.] Er hatte eine Epoche, da er »jeden wichtigen Vorfall in Tragödie oder Komödie brachte«. Sein leidenschaftliches Interesse trieb ihn zur Erforschung aller Geheimnisse der Kunst, zur Entdeckung des großen spanischen Theaters, viele Jahrzehnte bevor es in Deutschland einigermaßen bekannt geworden ist; schon als Student in Wittenberg hatte er sich als Übersetzer des Spanischen bemächtigt; im Hause eines Hamburger Kaufmanns studierte er Calderon und Lope, als noch kein einziges der großen spanischen Dramen übersetzt war. Welche Begegnung eines rastlos suchenden, im Suchen sich gefallenden Geistes mit der ehernen Festigkeit der religiösen Dramatik, welche Ungleichheit in Vermögen und Aufgebot der Phantasie, und doch wieder: welche Verwandtschaft des die Mittel der Kunst erwägenden, wählenden Verstandes, dichterischer Nüchternheit! Hinter der leidenschaftlich bewegten spanischen Bühne steht die Ruhe des Hochgebirges; hinter dem streng geordneten Theater Lessings wogt eine geheimnisvolle Unendlichkeit, ein Suchen nach der Wahrheit, das mehr als die Wahrheit sein soll für den Menschen, vielleicht gar – eine Ewigkeit ohne Gott, ohne Gottes Person.

Daß Lessings Geist auf das Ewige gerichtet war, daß er inständig rang um Religion: wer könnte einen Augenblick daran zweifeln? Er war vorurteilsfrei genug, ein Buch wie William Laws »Serious Call« zu übersetzen [1756] und tat es vielleicht nicht allein, um seiner frommen Schwester eine Freude zu machen; gegen Ende seines Breslauer Aufenthaltes entwarf er eine große Abhandlung »Von den Verfolgungen und Märtyrern der Christen«; es drängte ihn mächtig zu den Quellen; mit einem Freunde wollte er die Kirchenväter lesen. Sein religiöser Sinn sträubte sich heftig dagegen, daß die Religion in Buch und Buchstaben allein beschlossen sein sollte. Die Starrheit seiner Gegner drängte ihn vielleicht in Stellungen, die er nicht gewollt; nicht dem Gehalt des Christentums, der »Lehre«, wie er sie einmal verstand, galten seine Angriffe, sondern der Beweisführung der Theologen; die Religion blieb seines Erachtens im Herzen der Christen unverrückt und unverkümmert bestehen, wieviele Einsprüche die Vernunft auch gegen die Bibel erheben konnte, und auf das entschiedenste bestritt er den Satz, daß ohne die neutestamentlichen Bücher keine Spur dessen, was Christus getan und gelehrt hat, auf uns gekommen wäre.

Und doch ist kein Zweifel, daß die Bahn seines Geistes sich senkte und er sich für die Erde entschied. Als Jacobi den Dichter nach einem für diesen schon sehr schweren Winter im Jahre 1780 in Wolfenbüttel besuchte, brachte er eine Abschrift des Goetheschen »Prometheus« mit, in der Erwartung, mit Lessing in der Ablehnung des Gedichtes einig zu sein. Aber er stieß auf dessen Zustimmung; er habe den Grundgedanken schon lange und zwar aus der ersten Hand. Was konnte auch von der Offenbarung geblieben sein, wenn sie nur ein »Elementarbuch« war, zur »Erziehung des Menschengeschlechts« mit dem Ziel radikaler Freiwerdung zur Tugend um ihrer selbst willen; was von Christus, der nur der »beste Pädagoge« war; was von der Religion, da wir ein neues und ewiges Evangelium, das des »dritten Zeitalters«, erst erwarten sollten; was von der »Lehre von der Dreieinigkeit«, die in dem ewigen Namen Sohn nur die »populäre« Benennung der wirklich gewordenen Vorstellung Gottes von sich selbst enthalten sollte – und nichts wußte vom Heiligen Geist? Und welches Gepräge nahm die Unsterblichkeit an, wenn der einzelne Mensch etwa, wie Lessing fragte, »mehr als einmal auf dieser Welt vorhanden gewesen sein«, ja so oft wiederkommen könnte, als er neue Kenntnisse, neue Fertigkeiten zu erlangen geschickt sei? Fällt die Ewigkeit dann nicht aus dem Schauen und Verehren ewigen Seins in das Irdische, gewissermaßen in einen heillosen Kreis oder Kreislauf, ein Streben und Lernen ohne Ende?

Lessing war sich der Konsequenzen bewußt. In seinem Nachlaß findet sich dieses sonderbare Blatt: »Gespräch über die Soldaten und Mönche«. A. *Muß man nicht erschrecken, wenn man bedenkt, daß wir mehr Mönche haben als Soldaten?* – B. *Erschrecken? Warum nicht ebensowohl erschrecken, daß es weit mehr Soldaten gibt als Mönche? Denn eins gilt nur von dem und jenem Lande in Europa und nie von Europa über-*

haupt. Was sind Mönche, und was sind denn Soldaten? – A. *Soldaten sind Beschützer des Staats!* – B. *Mönche sind Stützen der Kirche!* – A. *Mit eurer Kirche!* – B. *Mit eurem Staate!* – A. ---- B. *Du willst sagen, daß es weit mehr Soldaten gibt als Mönche.* – A. *Nein, nein, mehr Mönche als Soldaten!* – B. *In dem und jenem Lande von Europa magst du recht haben. Aber in Europa überhaupt? Wenn der Landmann seine Saat von Schnecken und Mäusen vernichtet siehet, was ist ihm dabei das Schreckliche? Daß der Schnecken mehr sind als der Mäuse, oder daß es der Schnecken, oder der Mäuse so viel gibt?* – A. *Das verstehe ich nicht.* – B. *Weil du nicht willst. – Was sind denn Soldaten?* – A. *Beschützer des Staats.* – B. *Und Mönche sind Stützen der Kirche.* – A. *Mit eurer Kirche!* – B. *Mit eurem Staate!* – A. *Träumst du? Der Staat! der Staat! Das Glück, welches der Staat jedem einzelnen Gliede in diesem Leben gewährt!* – B. *Die Seligkeit, welche die Kirche jedem Menschen nach diesem Leben verheißt!* – A. *Verheißt!* – B. *Gimpel!*

Die letzte Entscheidung wird offenbar nicht vollzogen. Das gefährliche Gespräch bleibt auf des Messers Schneide stehen. Glück und Seligkeit stehen einander gegenüber; diese ist im Jenseits, jenes im Diesseits zu erwarten, das Glück vom Staate, die Seligkeit von der Kirche. Es gibt nur diese zwei Möglichkeiten. Wie wird sich der Dichter, wie wird sich die Menschheit entscheiden? Das eine ist gewiß, daß der Staat, an den Lessing dachte, keinen entschiedeneren Gegensatz haben konnte als den im Absolutismus aufgekommenen Militärstaat: Freiheit und Recht im reinsten Sinne, »sind beseitigt, da fast überall geworbene und der Landesherrschaft allein zu Befehl stehende Soldaten unterhalten werden; der militärische Absolutismus hat alle die alten Einrichtungen und Bindungen aufgehoben, die dem Schutze der Freiheit und des Rechtes dienen«. Sollte Lessing wirklich an das Glück im Staate geglaubt haben, so müßte er kühn genug gewesen sein, einen Staat der vollkommenen Freiheit für möglich zu halten; ein anderer Staat konnte für ihn nicht in Betracht kommen, weil er des Menschen nicht würdig wäre, die Erziehung des Menschengeschlechtes nicht vollenden könnte. Wie aber, wenn mit der von der Kirche verheißenen Seligkeit auch der letzte Schutz menschlicher Freiheit fiele: wenn der Staat, in dem alles ist, das ganze erreichbare Glück, auch alles forderte, unabwendbar forderte, den ganzen Menschen für den Dienst an irdischer Macht, gleichgültig, ob diese nun glücklich machte oder nur »Glück« genannt wurde? Mußte der Staat, der gegen die Kirche stand, statt von ihr durchdrungen zu werden, nicht unweigerlich das Gepräge tragen, das der militärische Absolutismus gefunden hatte?

Lessing selbst hat im Bewußtsein unermeßlicher Fernen, die ihm das Abendrot »weder ganz verhüllte noch ganz entdeckte«, gebeten, ihn »stehen und staunen zu lassen, wo er stehet und staunet«. Es ist merkwürdig, wie dieser mächtige, klare Geist sich am Ende in das Unbestimmte, Schwankende, Widersprüchliche findet, in das Geheimnis, dessen Erleuchtung er vom Aufgang der neuen Lebenssonne mit gelassener Zuversicht erwartete. Wohin sah er die Menschheit entwandern, mit welchen Hoffnungen, geleitet von welchem Plane! Welcher Mut – und sei es der Mut eines grandiosen Irrtums – gehörte zu dieser Hoffnung in »miserabler Zeit«! Längst hatte er gelernt, an sich selber zu leiden: daß er sich selber vorfand, das war, nach seinem Geständnis, das Furchtbare nach seiner letzten Heimkehr von Hamburg nach Wolfenbüttel. In Hamburg hatte er einen neuen Vertrag mit dem Theater geschlossen, in dem er sich verpflichtete, jährlich zwei Stücke zu schreiben: so reich fühlte er sich noch immer, als es längst zu spät und die Kraft des großen Streiters, der maßlos gewesen in seinem Bedürfnis nach Arbeit, völlig erschöpft war.

Und damit kehren wir zu der Frage zurück, die die aufgegriffenen, knapp angedeuteten Züge zusammenfaßt: es ist die Frage nach dem Drama und seinem Gehalt, nach der Form und ihrem Verhältnis zu den Überzeugungen von den letzten

Dingen; denn an diesen Überzeugungen entscheidet sich die Form. Man nehme sie nicht zu leicht; das Verhältnis zur Wahrheit ist mit ihr verbunden, aber auch die Auswirkung der Wahrheit in den Geschicken der Völker. Was Wert ist in der Dichtung, hat alle Aussicht, Wert zu werden in der Geschichte. Eine so fadenscheinige Erfindung wie der Ritter Riccaut de la Marlinière – vielleicht nur der Scherz einer ausgelassenen Stunde, oder eine Rache – hat mehr Anteil an tatsächlicher Geschichte, als wir bestimmen können. Generationen können von ihr ein verkehrtes Bild empfangen haben. Und gerade diese Gestalt verletzt auch die Form, lebt auf Kosten des Gesetzes der Kunst.

Lessing und seine englischen und französischen Meister und Anreger haben das Gebiet des bürgerlichen Standesdramas besetzt, das in der Folge bebaut und wieder umgepflügt wurde, bis ihm Ibsen das Letzt-Erreichbare abgewann und den Epilog seiner großen Kunst, ja des Bürgertums selber sprach. [Strindbergs »Kammerspiele« gehen darüber hinaus; ihre bezeichnenden Bilder sind die Brandstätte, der Scheiterhaufen, die Ruine; die Personen dieser Stücke sind keine Gestalten mehr wie die Personen Ibsens, und damit hat Strindberg auch das Recht auf eine neue Form gewonnen; es sind Gespenster, die in den Flammen des Selbstgerichtes einander anfallen und peinigen oder aus diesen Flammen hervortreten auf dem Wege in ein ganz anderes, nicht zu bezeichnendes Dasein. Hier spricht kein Moralist mehr, der bessern will und somit, sei es auch in spätester Stunde, noch an die Möglichkeit der Besserung glaubt, sondern hier spricht die Einsicht in die Unwiderruflichkeit des Endes; das Wort der ›Kammerspiele‹ kommt von jenseits der bürgerlichen Welt und des in ihr noch befangenen Epilogs, mit dem Ibsens Werk ausklingt; es ist ein Vorbote apokalyptischer Wahrheit, der das Drama aus seinem ganzen Wesen entgegendrängt.] Aber die Grenzen bürgerlicher Dramatik waren von Anfang an bestimmt, die Möglichkeiten nicht allzu groß. Was im Wesentlichen fehlte, sollte nie hinzugefügt werden: die freie Größe der Auseinandersetzung des Menschen mit den Mächten, das Gleichnis der ganzen Wirklichkeit, die befreiende Wucht echter Tragik, die in den engen Zimmern eines Standes sich nicht entladen will, die Sicherheit im Verhältnis zwischen Schuld und Sühne, oder die völlige Freiheit von beiden, die Überzeugungskraft der geschlossenen Form. Lessing selbst vertrat eine sonderbare Willkür in Sachen der Offenbarung; was ihm im geringsten als ein Verstoß wider die Vernunft erschien in den Argumenten der Theologen, bestritt er mit Erbitterung – während ihm selber eine phantastische These wie die sich wiederholende Wiedergeburt auf Erden, die in den Kreislauf der Gottlosen münden muß, als vernünftig erschien. Die Sittlichkeit verteidigte er streng, wenn auch nicht ohne Inkonsequenzen; die Hoffnung auf den Menschen hat er jedoch maßlos übersteigert, indem er von der Liebe zur Tugend – der Liebe zu einer Abstraktion – erwartete, was allein im Bereich des Glaubens und seiner Gnade aus Liebe zum Gottmenschen möglich wird.

Und so fragen wir nach dem Vermächtnis. Ein morgendlicher Zauber, die Frische des Herzens, der Sprache, des Geistes umspielt die Jugendstücke noch immer; es sind Verheißungen, die die »Minna« einlöste, ein Tag, der an Heiterkeit doch nicht seinesgleichen hat. Aber auch die Dramatik der »Sampson« und des »Philotas« können wir nicht entbehren, selbst wenn sie der Bühne verloren wären. Das Drama als Form geistiger Entscheidung überlebt in jedem Falle die Ansprüche an das Theater, die mit den Zeiten sich verändern, ohne daß diese Veränderung zu einem Urteil über den Wert ermächtigen kann. Über alles aber bewundern wir die männliche Beherrschtheit, die Herzens- und Geistesklarheit der »Emilia Galotti«, die das Höchste ist, was die einmal erwählte Form zu geben vermochte. Und so wenig sich auch unser Glaube von den Thesen »Nathans« überzeugen läßt, so verwehrt er es uns doch nicht, daß wir den Menschen lieben, der von der Liebe zu den Menschen, zu kühner Gerechtigkeit bewegt, sein

Wort in die Zeit und in die Jahrhunderte warf: ein Streiter, der sich freudig im Streit verzehrte, ein Gewissen, das sich niemals beugte und uns augenblicklich verklagt, wenn wir uns beugen wollen.

»Was Blut kostet, ist gewiß kein Blut wert.« In diesem Wort, gesetzt, daß es gelebt wird, ist mehr Heldentum, als in der Schlacht sich bewähren kann; in Lessings Leben mehr erhebende Tragik, als in jedem Streite um die Macht. Die Übermacht des Geistes und seiner Forderung, des Geistes, der frei sein muß und sich rücksichtslos ausgibt um dieser Freiheit willen, hat ihn gebrochen; so ist er durch sein Volk gegangen, die Menschheit mit einem Kranze beschenkend, den sie nicht verdiente, nicht verdienen konnte, und den er ihr doch reichen mußte, weil es seine innerste Natur war, das Höchste zu erwarten und für möglich zu halten, wo er mit seiner fortreißenden Leidenschaft liebte.

Aber als Vermächtnis bleibt auch das Problem des Dramas, das Lessings Werk aufgeworfen hat. Die Begrenzung auf einen Ausschnitt der Welt – wie sie die »Miß Sara Sampson«, »Minna von Barnhelm«, »Emilia Galotti« kennzeichnet – erscheint in der folgenden Zeit nicht allein im Drama der bürgerlichen Sphäre, sondern auch unterm historischen Gewande; ein Andringen des wesentlich Bürgerlichen, des Moralischen gegenüber dem Sittlichen, standespolitischer Forderungen, ein Abgeschlossensein gegenüber der Gesamtheit der diesseitig-jenseitigen Mächte teilen sich dem historischen Drama der deutschen Klassik mit und gewinnen einen größeren Anteil an ihm, als sich vielleicht auf den ersten Blick erkennen läßt. Noch einige der ergreifendsten Gestalten Grillparzers, sein Bancbanus und vielleicht selbst Kaiser Rudolf II., obwohl er unter dem Mysterium der Krone steht, sind in der Tragik übersteigerter Individualität bürgerlich empfunden. Aber neben dieser im zwanzigsten Jahrhundert sich erschöpfenden Entwicklung geht der Kampf um die großen überpersönlichen Inhalte des Dramas, um das Theater als Bühne der Welt ununterbrochen fort. Denn in gewissem Sinne war ja schon Lessing an das Ende seines Dramas gelangt: der »Nathan«, der Plan des »Samariters«, wenn er sich auch in Lessings Polemik gehalten hätte, bedeuten ein Ende; von seiner Stelle aus, als Anwalt der Menschheit, suchte Lessing schon das Drama größeren Stils, das nicht allein eine Verwicklung austrägt, eine Gestalt und die herzbewegende Macht ihres Schicksals beschwört; er entschied sich zum Vers; er wollte die größten Fragen aufwerfen, beantworten. Freilich konnte dies nicht in der Form des bürgerlichen Trauerspiels geschehen; göttliche Macht handelt hier nicht; es geht nur um die Vorstellungen, die sich der Mensch von Gott gemacht hat. Aber gerade an dieser Stelle, wo er das größere Drama sucht, begegnen wir Lessings größtem Anliegen wieder: es ist gewiß, daß das Drama in demselben Maße alles für sich, vor sich hat, wenn es das Ganze will und über Tendenzen und jede Gefangenschaft in einem Stande und ständischen Vorstellungen hinausstrebt zum entscheidenden Gespräch zwischen dem Menschen und den Mächten, wie die Zeit sie erfaßt. Keine andere Kunstform kann leisten, was vom Drama erwartet werden muß: ihm ist es wesentlich, zum Ja und Nein aufzufordern, einen geistigen, seelischen, geschichtlichen Prozeß zu beenden, nicht allein zu spiegeln. Das Drama kann nicht nur den Menschen wandeln; es wandelt die Zeit, und die Zeit wird vielleicht nicht zur Ruhe kommen, nicht zur Klarheit über sich selbst, eh nicht von der Bühne her das Wort der Wahrheit gesprochen wird. Dieses Wort ist gerade deshalb zu erwarten, weil die Bühne nicht ›Kanzel‹ ist und niemals sein kann; sie ist der Ort des Zusammenstoßes der in Gestalten verdichteten Gewalten, die im Menschen sind und um den Menschen ringen. Und es ist darum von ernstester Bedeutung, ob ein Sieg auf der Bühne erfochten wird, der einem Geschlecht zum Zeichen werden kann; ob das dichterische Wort, verteilt unter Gestalten und lebend in ihnen, die Zeit durchleuchtet und entscheidet: von Gnaden der unverrückbaren, überzeitlichen Wahrheit, die allein die Kraft und die Berufung hat, dem Sturm auf dem Meere entgegenzutreten und ihn zu stillen. Vielleicht gibt es eine Verantwortung der Kunst, die nur vom Drama erfüllt werden kann, und vielleicht ist die Stunde dieser äußersten Verantwortung wieder gekommen.

SCHILLER ALS TRAGIKER UNSERER GESCHICHTLICHEN EXISTENZ

Im wesentlichen möchte ich von Schillers tragischer Bühne sprechen. Ich bin mir wohl bewußt, daß sie sein gesamtes Dichtertum nicht umfaßt und er in ihr sein letztes Ziel nicht sehen wollte. So wie er sich selber verstanden hat, kann er wohl nur vom Humanismus und Idealismus seiner Zeit gesehen werden. Die Frage ist, ob er uns nicht mehr zu sagen hat, wenn wir uns wirklich als Menschen unserer Epoche an ihn wenden, was übrigens seiner Auffassung von der erschließenden Bedeutung des geschichtlichen Augenblicks, von dessen Vorrecht, am besten entsprechen würde. Vielleicht hat er sein Höchstes in einzelnen Gedichten gegeben. Die Geschichte seines Geistes, wenn sie darstellbar wäre in allen Etappen von der strengen Glaubenswelt der Kindheit durch Skeptizismus und Materialismus der modernen Naturwissenschaften und den völligen Zusammenbruch der Glaubenswelt und Sinngebung bis zur Heranbildung einer ethischen Kunstphilosophie und zur Anschauung einer neuen freien Totalität: diese ungeschrieben gebliebene Geschichte würde gewiß zu den stärksten formenden Kräften unseres Erbes gehören. Er hat sie in einem Epigramm zusammengefaßt:

Suchst du das Höchste, das Größte? Die Pflanze kann es dich lehren.
Was sie willenlos ist – sei du es wollend – das ists.

Damit ist auch etwas gesagt, was uns fremd ist, das ganz dem 18. Jahrhundert, der Ära Rousseaus gehört. Ein unbewußt glücklich-vollkommener Zustand war am Anfang; und diesen sollen wir auf dem Wege höchster Sittlichkeit, im Stande »Erworbener Unschuld« wieder erreichen. Die Kunst hat die große Aufgabe, den Menschen umzuschmelzen und dieses Endzustandes fähig zu machen; Schiller ist, wie stark auch Kant auf ihn wirkte, doch immer ganz unabhängig, ganz Künstler geblieben. Ein Paradies steht also am Anfang, eines am Ende; beide sind im irdischen Sinne zu verstehen. Insofern ist Schiller dem kühnen Wort seiner frühen Jugend, »Die Weltgeschichte ist das Weltgericht«, treu geblieben. Er hat damals, in einer Epoche völligen Unglaubens und bestürzender kosmischer Visionen, jede transzendentale Gerichtsbarkeit abgelehnt. Uns geschieht hier auf Erden, wie wir glauben; der Hoffende hat seine Hoffnung, der Genießende den Genuß. Was wir Ewigkeit nennen, alle Inhalte des Jenseitsglaubens sind nur

Der Riesenschatten unserer eigenen Schrecken
Im hohlen Spiegel der Gewissensangst.

Das ist im mittleren Stadium der Menschheit gesprochen, nach der Vertreibung aus dem Paradies der Kindheit, der Natur – auf dem Wege in das Paradies der durch Schönheit und Sittlichkeit geläuterten Natur, die zu erringen Bestimmung des Menschen ist. Schiller meint also nicht Rückkehr, sondern Aufbruch in ein geschichtliches Elysium. Das ist den Verheißungen aller Revolutionen nahe und ist der Grund, warum sie ihn, willentlich oder unwillentlich irrend, in Anspruch nahmen und nehmen, gestern, heute und morgen. Was er wirklich meinte, war die Herabkunft der von Kunst und Sitte gerufenen Götter, eine Art Menschwerdung des Göttlichen in der Menschheit. Es ist eine endzeitliche Vorstellung, das Glücksreich der Kunst. Und Kunst ist für Schiller einzig und allein Glück gewesen: das Reich des spielenden Menschen, der freien Selbstverwirklichung. Mit politischen und sozialen Umwälzungen hat dieses Glücksreich nichts zu tun. Aber was hat es zu tun mit Schillers tragischer Bühne? Ich komme damit, schon anfangs, auf einen Widerspruch, den ich nicht auflösen kann. Wenn die Gleichung des Daseins lösbar ist: was soll dann die Tragödie? Hat sie gerade die Aufgabe, in das Glücksreich zu führen? Ist das nicht der absurde Versuch einer Synthese von Äschylos und Rousseau? Ist ihre Aussage nicht endgültig? Endgültig wäre die Aussage der Tragödie nur, wenn sie auf einem wesentlich-tragischen Verhältnis zwischen Mensch und Gott beruhte. Schiller hat um eine solche Begründung gerungen. Aber der Denker und Menschheitslehrer und der Gestalter des Tragischen sind nie einig geworden. Das sagt im Grunde gegen den Tragiker Schiller nichts, im Gegenteil: es spricht für ihn. Das Tragische war für ihn elementar. An den theatralischen Ausdruck des Tragischen setzte er sein leidenschaftlichstes Streben. Ganz am Ende, als ihm die Feder schon aus der Hand sank, glaubte er der geheimnisvollen Kunst endlich Meister zu werden. Lassen wir Philosophie, Religion und Kunsttheorie! Sie werden uns keine befriedigende Antwort geben. Philosophie und Reflexion sind Kunstwerke für sich. Wohl niemals hat sich ein Werk so populärer Wirkung auf eine künstlichere Theorie gestützt. Freilich ist auch das popularisierende Mißverständnis kaum weiter getrieben worden als im Falle Schillers. Allein die Tatsache, daß die Vorwürfe seiner Tragödien – ausgenommen die »Jungfrau«, die eine ganz eigene Stellung in seinem Werke einnimmt – große Verbrechen sind, sollte uns stutzig machen. Schiller ist recht eigentlich der Dichter des politischen Verbrechens, des Verbrechens im Staate und am Staate. Er hatte einen kriminalistischen Verstand, war immerfort auf der Suche nach merkwürdigen, instruktiven Rechtsfällen, führte seine Dramen wie Prozesse, verklagte Zeit, Menschheit, Vergangenheit und in der Tiefe sich selbst. Der politische

Verbrecher auf dem Karneval in Genua – ich meine in immer anderer idealistischer Maskierung – ist sein Held. Schiller ist ganz und gar Tragiker der Geschichtswelt. Er ist selber eine im höchsten Grade geschichtliche Existenz und sah im Drama, in der Bühne eine geschichtsbestimmende Macht. Von Anfang an ist für ihn die Szene weltgeschichtliche Bühne. Nachdrücklich entschied er sich für sein Jahrhundert. Unter dem bezeichnenden Titel »Die Kunst im politischen Zeitalter« schrieb er 1794 in den Briefen über die ästhetische Beziehung des Menschen: »Ich möchte nicht gern in einem anderen Jahrhundert leben und für ein anderes gearbeitet haben. Man ist ebensogut Zeitbürger als man Staatsbürger ist.« Wenn er es als einen sicheren Probierstein wahren ästhetischen Wertes ansah: ob das Kunstwerk uns mit »Gleichmütigkeit des Geistes und Freiheit, mit Kraft und Rüstigkeit« entläßt: so zielte er damit wieder auf das Geschichtliche, auf das Sein und Tun im Jahrhundert. Aus der Geschichte erhebt sich das Drama, Prophetie und Klage. In ihr wirkt es fort.

Zugemessen war Schiller der späte Vorabend der französischen Revolution, deren Ablauf, der Untergang des Reiches, die Heraufkunft der napoleonischen und, hinter ihr, der russischen Macht. Das »In Tyrannos« auf dem Titelblatt der »Räuber« war keine Prophetie mehr. Aber was der Dichter des »Fiesco« zwei Jahre später sagte von der Tragik des Staatsstreiches, von der Unmöglichkeit, Freiheit durchzusetzen, ohne sich an Freiheit zu versündigen, nahm den eigentlich bedeutenden Gehalt der französischen Revolution voraus. Schillers tragische Kunst hat diesen prophetischen Zug bewahrt. Er ist für sie kennzeichnend. Im »Wallenstein« meldete sich fast zehn Jahre vor der Schlacht von Jena das eiserne Zeitalter Napoleons an: Europa wird zum Kriegstheater; Herrschaft und idealistische Thesen vermengen sich auf ununterscheidbare Weise; und wieder soll ein Glücksreich mit Verbrechen realisiert werden. Der »Demetrius« weist, ehe noch Napoleon kulminiert, auf den Sieger von morgen, die

Macht Alexanders I. und Nikolaus' I., vielleicht auch weiter. Denn was könnte der Vers aus dem »Demetrius« uns sagen: »Rußland wird nur durch Rußland überwunden!« Schiller dichtete im Zuge der Geschichte, lebend in Völkergeschicken. Was Johanna zu Agnes Sorel sagt auf deren weiblich-enge Frage nach einem erfreulichen Orakel: »Mir zeigt der Geist nur große Weltgeschicke«, das gilt von seiner Muse. Er hat dem 16. Jahrhundert drei Dramen gewidmet: »Fiesco«, »Don Carlos«, »Maria Stuart«; von historischen Schriften zu schweigen. Hier hat er die unsere Epoche vorbereitenden Entscheidungen gesehen, in der Reformation den Brennpunkt moderner Geschichte – im Christentum, ob er sich auch nicht zu ihm bekennen konnte, ihr bedeutendstes Phänomen. Ich möchte sprechen von der Gestalt des Tragischen in Schillers Drama, von seiner Auffassung von Geschichte und seinem Durchbruch zum großen Geschichtsdrama, endlich von dem Gesetz und der Würde, die er dem deutschen Drama gegeben hat. Eng damit verknüpft ist das Problem der Freiheit und ihrer Realisierung in der Geschichte; es ist keineswegs Schillers einziges Problem, aber doch dasjenige, das ihn zwischen der Diktatur der französischen Revolution und der Diktatur Napoleons, vor der Diktatur überhaupt, zum Dichter der Ära gemacht hat. Es ist sein prophetisches Problem; denn Fragestellung und Lösung scheinen in unserem Jahrhundert noch bedeutungsschwerer zu werden als sie für Schiller gewesen sind; es ist sichtlich das Problem unserer, der Geschichte verhafteten Existenz.

Unser Verständnis Schillers, unsere Beziehung zu seiner Kunst hängen also im wesentlichen davon ab, ob uns das Tragische noch etwas bedeutet. Schiller hat den Begriff weit gefaßt; ich möchte auf jede einschränkende Definition verzichten. Das Tragische ist das Rätselantlitz des Daseins selbst; das Dasein stellt Forderungen, die es aufheben, die sich wenigstens auf der bisher bewohnten Ebene nicht realisieren lassen, wohl aber realisiert werden müssen. Es ist ein religiöses Phänomen;

denn im tragischen Konflikt öffnet sich eine Dimension menschlicher Machtlosigkeit; ist der Mensch aber unmächtig, so ist er doch imstande, eine Haltung vor dieser Dimension einzunehmen. Schiller erkannte zwei Fundamentalgesetze der tragischen Kunst: Darstellung der leidenden Natur, und Darstellung der moralischen Selbständigkeit im Leiden. Der letzte Zweck der Kunst, fährt er fort, ist die Darstellung des Übersinnlichen; diese wird von der tragischen Kunst erreicht, indem sie »die moralische Independenz von Naturgesetzen im Zustand des Affekts versinnlicht«. Diese Unabhängigkeit wird Ereignis in der Bejahung der Pflicht, aber doch nicht im eigentlichen Sinne Kants, sondern aus dem Affekt, dem Herzen, gegenüber der Welt der Erscheinungen, und scheinbar in ihrer Fessel, also im ästhetischen Sinne.

Die Tragödie ist somit an die Anerkennung metaphysischer und personaler Werte gebunden. Wenn Schiller im Jahre 1784 die Bühne als moralische Anstalt betrachtete und rechtfertigte, so nicht aus engem Moralismus, wie rationalistisch auch seine Argumente vom politischen Nutzen der Bühne uns in den Ohren klingen. Die Begegnung mit dem Tragischen, die Auseinandersetzung mit ihm ist ja persönlichkeitsbildend im höchsten Sinne. Dieselbe Wirkung ist auch der Komödie eigen; Tragödie und Komödie haben denselben Ursprung; sie finden nur ganz verschiedene Antworten des Menschen, der mit dem Grunde des Daseins zerfällt und dem Unmöglichen begegnet – sei es nun klagend oder lachend. Die Wahrheit und der Mensch: das ist alles, was die Bühne zu geben hat; das heißt die Wahrheit vom Menschen als einem physisch-metaphysischen Wesen, dessen innerstes Gesetz in Widerspruch zu den äußeren Mächten steht. Schillers Bühne steht und fällt mit der Anerkennung der von der Erfahrung des Tragischen geprägten Persönlichkeit; des Menschen also, der, wenn er bleiben will was er ist, sich opfern muß; der seine moralische Independenz im tödlichen Gegensatz zur Welt der Erscheinungen vollzieht.

Dies ist die Voraussetzung. Und wenn wir sie nicht erfüllen, finden wir keinen Weg zu Schiller. Wo die personalen Werte nicht mehr gelten, ist es zu Ende mit der Tragödie. Ich halte die Gefahr, daß der Sinn für die Tragödie absterben könnte, für die größte unserer Kultur. Denn die Tragödie stellt die große Frage unserer geschichtlichen Existenz; sie erhebt sich dort, wo der Blick über die Erde emporsteigen muß. Und es ist nichts unserem Erbe und Wesen so fremd wie das Verstummen dieser Frage, als die Meinung, daß, auch beim äußersten Streben nach Gerechtigkeit oder Wohlstand, das Verhältnis zwischen Mensch und Welt endgültig geordnet werden könne. Wo dieser Glaube sich durchsetzt – sei es nun unter dem Zeichen des Atheismus oder der säkularisierten christlichen Religion –, wo das Tragische eliminiert ist, lohnt sich das Dasein nicht mehr, wie glücklich auch immer die Menschen sich in einer untragischen Welt fühlen mögen. Ich stelle die Möglichkeit solchen Glückes der Völker – wenigstens für eine Epoche – gar nicht in Frage, vielleicht sind wir sogar auf dem Wege dahin. Aber dann gilt von der Welt, was Goethe vorausahnte: sie ist eine gesprungene Glocke, die nicht mehr klingt. In ihr ist der Mensch nicht Person, kann er es nicht sein. Denn er ist der königlichen Freiheit beraubt, vor dem Unabänderlichen willentlich sein Gesetz zu erfüllen.

In den drei Jugenddramen hat Schiller wohl alle tragischen Motive seiner Kunst angeschlagen; sie sind eine Aussage über Welt und Mensch von kaum überbietbarer Intensität. Er beginnt mit der herausfordernden Existenz des Bösen. Franz Moor ist da. Er möchte gar nicht da sein und sieht nicht den geringsten Grund, seinen Eltern zu danken für sein Dasein – sie haben ihn ja nicht gewollt, ihn, die Person. »Wo stickt dann nun das Heilige? Etwa im Aktus selber, durch den ich entstund?« Das ist Schillers erster großer Auftritt. Das Rätsel des Bösen bleibt; es inkorporiert sich wieder in Wurm, der doch mehr ist als schablonenhafte Intrigantenfigur des

18. Jahrhunderts: eben das jenem Jahrhundert gemäße Böse. Im Verräter Wallenstein weitet sich die Erkenntnis des Bösen zur Weltsicht:

> *Dem bösen Geist gehört die Erde, nicht*
> *Dem guten.*

Den Besitz, die Macht muß der Mensch den falschen Mächten abgewinnen. Das Böse umflirrt die Elisabeth, Lüge und Haß den Schleier der Majestät. Später tritt das Problem zurück, je mehr sich die Auffassung vom Tragischen verinnerlicht. Hier, in der Jugendwelt, geht es darum, daß, wie Franz Moor sagt, jeder gleiches Recht hat zum Größten wie zum Kleinsten: »Anspruch wird an Anspruch, Trieb an Trieb und Kraft an Kraft zernichtet.«

Aber die Szene, an der Schillers ganzes Herz hängt, ist die zweite des dritten Aktes der »Räuber«: Karl, umlagert von den Räubern, blickt an der Donau in die sinkende Sonne. Der Geist des Friedens webt über der Landschaft; ihn überkommt wie von einer ihn gefangen haltenden Macht der Gedanke an die Kindheit, da er nicht schlafen konnte, wenn er sein Nachtgebet vergessen hatte; die Erde ist herrlich, er aber auf ihr ein Ungeheuer. »Sei doch kein Kind«, sagt einer der Räuber. – »Wär ichs – wär ichs wieder«, antwortet Karl. Und dann noch einmal: »Daß ich wiederkehren dürfte in meiner Mutter Leib.« Die Kindheit steht gegen den Menschen auf – vor Carlos in der Begegnung mit seinem Vater, vor Wallenstein in der letzten Nacht, am erschütterndsten in der Jungfrau von Orleans, die vom eigenen Vater, der sie retten will, von der Stimme der Kindheit also, der Zauberei angeklagt wird. Dieses Heraufkommen der Kindheit, der Vergangenheit über einen Menschen ist auch das Motiv des »Demetrius«.

Karl und Franz sind echte Brüder, ein jeder ein Ungeheuer, ein jeder in so tiefem Mißverhältnis zur Welt, ein jeder so zum Maßlosen geneigt, daß er imstande wäre, die Welt zu zersprengen. In Franz bekämpfen sich zynischer Materialismus und metaphysische Angst, christliches Erbe und moderner wissenschaftlicher Atheismus. In Karl kämpft der »Tiermensch« mit dem Verstandesmenschen, die animalische mit der sittlichen Natur; Schiller hat auf diesen Zusammenstoß das Bewußtsein der Freiheit überhaupt gegründet, weil in ihm die Möglichkeit, sich zu entscheiden, offen liegt. Ergänzen wir die Weltsicht mit Zügen und Motiven aus »Fiesco« und »Kabale und Liebe«, so spüren wir ein Lebensgefühl, das sich nicht ausschließlich auf Erfahrung wird zurückführen lassen. Es ist angeboren. Schuld trennt von der Natur, dem ursprünglich glücklichen Zustand; der Mensch ist mit den Ursprüngen zerfallen; das feindliche Verhältnis zwischen Vätern und Söhnen bietet sich in »Kabale und Liebe« nur in einem andern Aspekt. Aber auch die Liebenden sind miteinander zerfallen. Amalia stößt Karl im 5. Akt mit den Worten zurück:

AMALIA: *Mörder! Teufel! Ich kann dich Engel nicht lassen.*
KARL, schleudert sie von sich: *Fort! Falsche Schlange!*

Es ist hier fast epigrammatisch gefaßt, was Schillers ganzes Werk durchzieht; die Liebenden sind einander zum Verderben; Fiesco und Leonore, Ferdinand und Luise, Don Carlos, die Eboli, Posa und die Königin, Max und Thekla, die Jungfrau und Lionel, wie ja auch die Feindschaft zwischen Eltern und Kindern über Johanna und Thibaut bis zu der erschütternden Szene zwischen Demetrius und Marfa variiert. Die Geschlechter müssen einander zerstören, wie Väter und Söhne einander zerstören; ein Urhaß glüht in den Ursprüngen des Lebens. In aller Leidenschaft verfehlen einander die Liebenden. Können sie sich überhaupt verstehen? Die Tatwelt des Mannes, die Gefühlswelt der Frau gleiten aneinander vorüber. »Über euch Weiber«, ruft Ferdinand im 5. Akt von »Kabale und Liebe«: »Die zärtliche Nerve hält Freveln fest, die die Menschheit an ihren Wurzeln zernagen.« Alle Personen dieser Liebestragödie sind Gefangene der Enge, der Schuld, des Bösen, eingekerkert in einem auf Betrug und Verbrechen noch notdürftig stehenden, einem morgen stürzenden Staat. Die Liebenden allein versuchen aus dem Herzen zu leben – das Herz, die ursprüngliche Empfindung, ist ja für Schiller die Weisung, das Heilige, göttliches Gebot: das Herz, nicht das Gewissen. Aber Luise verfällt in ihrer Angst der Intrige Wurms – um des Herzens willen betrügt sie das Herz – in sich, im Geliebten. Auch das Herz kann in dieser Sphäre nicht mehr raten, und damit ist alles verloren. Die Liebenden gehen daran zugrunde, daß »ein entsetzliches Schicksal die Sprache ihrer Herzen verwirrt« hat. In Wahrheit aber sind sie durch eine unsichtbare Schranke von Anfang geschieden; in der eisigen Kälte zwischen den Getrennten zu Beginn des 5. Aktes ist dieses latente unüberwindliche Geschiedensein szenisch vergegenwärtigt. In noch grausamerem Aspekt erscheint dieses tragische Grundverhältnis zwischen Mann und Frau in den Szenen Fiescos und Leonores; um seiner Tat willen mißhandelt er rücksichtslos das Herz seiner Frau; es bleibt gerade ein einziges Wort der Erklärung, der Liebe; dann fällt Leonore für den Staatsstreich ihres Gatten. Von dem mißhandelten, geopferten Herzen her wird das Werk des Politikers in Frage gestellt. Zwischen Fiesco und Julia wütet nur der Haß der Geschlechter, der in der Eboli aufflammt, zwischen Elisabeth, Maria, Leicester flackert und wieder zwischen Demetrius und Marina ausgetragen worden wäre. Es ist der Lebenswiderspruch, daß die Kräfte einander zerreiben; daß durch das Herz, die Sinne, die Bande des Blutes aneinander gekettete Menschen einander verderben müssen. In diesem Abgrund stellt sich die Frage nach der Freiheit – nach der Independenz der sittlichen Natur. Sie wird beantwortet durch das Opfer. Die Menschen, die miteinander und füreinander nicht leben können, haben die Freiheit, miteinander oder füreinander zu sterben. Die eigentliche Liebe verwirklicht sich im Übersinnlichen, wie Schiller sagte – als eine das Dasein überschreitende Handlung.

Später hat Schiller in der »Braut von Messina« mit der Darstellung einer »tragischen Familie« im Sinne des Aristoteles das letzte Wort gesucht vom Zerfall des Lebens mit sich selbst, dem ursprünglichen Widerspruch, anfänglicher Unmöglichkeit des Daseins. Die Familie, die erste natürliche Einheit, vernichtet sich selbst unter undurchdringlichem, feindlichem Himmel.

Wohl preist der Chor den fernen Frieden genügsamen Lebens. Aber der tragische Mensch, der Fürst, wendet sich von den Mächten, aus einem jeden Zusammenhang: Warum besuchen wir die heiligen Häuser

Und heben zu dem Himmel fromme Hände?
Gutmütge Toren, was gewinnen wir
Mit unserm Glauben?

Und:

Was kümmerts mich noch, ob die Götter sich
Als Lügner zeigen oder sich als wahr
Bestätigen? Mir haben sie das Ärgste
Getan –

Die szenische Wirkung war groß. Die Besucher der ersten Aufführung in Lauchstädt glaubten, die ewigen Mächte zu spüren, als das Drama unter Blitz und Donner eines rechtzeitigen Unwetters über die Szene ging. Und doch ist die Problematik solcher Nachdichtung antiker Form und antiken Empfindens, um die wir uns heute vielfach bemühen, geblieben; Schiller ist, vollbringend und scheiternd, der »modernste Dichter«, wie Humboldt sagte, seine Szene ist die im modernen Geiste aufgefaßte Geschichte.

Die Romantiker hatten wohl darin recht, daß sie Schillers höchste dichterische Gewalt in den apokalyptischen Szenen der »Räuber«, den Auftritten zwischen Franz, dem alten Daniel und dann Pastor Moser bewunderten; wir ahnen, von welcher Macht die christliche Umwelt des jungen Schiller war. Das erste, im Alter von dreizehn Jahren geschriebene Trauerspiel hieß »Die Christen«. »Kabale und Liebe« ist ein streng christliches Stück. Der alte Miller gehört zu den stärksten christlichen Gestalten des deutschen Dramas. Aber solche Gestaltungen sind Abschiede. Und auch über diesen im Bereich des Christlichen spielenden Stücken leuchtet nicht der Erlöser-Gott, sondern der Richter. Ein jedes Drama Schillers spielt in apokalyptischem Aspekt; der fünfte Akt ist gleichsam der Anbruch des Jüngsten Tages. Aber es ist ein Tag nicht des Jubels, sondern zornflammender Gerechtigkeit. Schiller, schrieb Gustav Schwab an Karoline von Wolzogen, habe das Christentum wohl für das wichtigste Faktum der Weltgeschichte gehalten; aber die Urkunden des Christentums seien nach Schillers Meinung von ungetreuen Händen überliefert worden. Für dieses wichtigste Faktum fand er kein glaubwürdiges Zeugnis. Auch scheint er die Verletzungen seines Gemütes, die er durch »dogmatischen Religionsunterricht« erlitt, nie überwunden zu haben. Demselben Verhängnis unterlagen Lessing und Hölderlin, vielleicht auch Nietzsche. Wo, etwa in der »Maria Stuart«, in der »Jungfrau von Orleans« die heiligen Namen genannt werden, haben sie höchstens so viel zu bedeuten wie die Namen der antiken Götter in den Gedichten, vielleicht nicht einmal so viel: sie sind der einer gewissen Geschichtsepoche angemessene Ausdruck des Göttlichen, niemals Bekenntnis. Wenn Schiller aber wirklich, wie Karoline von Wolzogen schreibt, am letzten Morgen seines Lebens sich einige Male emporgerissen und das Wort »Judex« gesprochen hat: so hat er noch mit dem letzten Atemzuge den Gott seiner Tragödie genannt. Es ist ein rätselvoll-unbarmherziger Gott. Doch der Mensch in seiner letzten sittlichen Freiheit sieht ihm ohne Furcht ins Antlitz. Was aber die vergeistigende Macht des Christentums und das Sittliche angeht, so hat niemand die Forderung Christi ernster genommen als Schiller; er hat das Christentum ganz verstanden, als er in der Rede von der Schaubühne sagte, daß die Religion nicht bei den offenbaren Äußerungen des Willens, den Taten, stehenbleibe; sondern daß sie ihre »Gerichtsbarkeit bis in die verborgenen Winkel des Herzens fortsetzt und den Gedanken verfolgt bis an die innerste Quelle«. Die Forderung Jesu Christi, der dem Sinnen unseres Herzens das Gericht ankündigte, und die der Tragödie fallen an dieser Stelle zusammen. Das hat Racine in seiner »Phädra« realisiert.

Im »Fiesco« hatte Schiller seine Domäne betreten: den Boden des geschichtlichen Dramas; das heißt die Darstellung sittlicher Entscheidungen durch das Medium der Geschichte. Die »Räuber« blieben dramatisierter Roman, hier aber ist, ohne Zwischenstation, die dramatisch-tragische Handlung erreicht. Ermißt man das in kurzer Zeit auf dem Wege zum Drama Geleistete, so ahnt man, wie hart ihn Dalbergs Ablehnung dieses politischen Trauerspiels getroffen haben muß. Je mehr Fiesco sich seinem Ziele, der Befreiung Genuas nähert, um so mehr fordert er die Gegenhandlung heraus, die ihn und sein Werk zertrümmern werden, als Macht von außen und als Gefahr seines eigenen Innern. Wenn einer unserer Dichter Berufung zum handelnden Staatsmann hatte – nicht allein zum hochsinnigen staatsmännischen Verwalter und Pädagogen wie Goethe –, so war es Schiller; die Verschwörerszenen des »Fiesco«, das von Hofmannsthal als einzigartig gerühmte Fragment der »Geisterseher« – es ist die Geschichte eines raffinierten politischen Betrugs – die Unterhandlung Wallensteins mit dem schwedischen Oberst Wrangel, die Exposition des »Demetrius« weisen auf eine Anlage, die den Übergang aus der gedichteten Geschichte in die handelnde hätte wagen können; die ein Jahr vor dem Tode, im Mai 1804, versuchte Flucht aus Weimar, Annahme einer Berufung nach Berlin hätte eine staatsmännische Laufbahn eröffnen können. Ich könnte mir wohl denken, daß Schiller im Kampfe gegen Napoleon, vielleicht neben dem Freiherrn vom Stein oder in einem gespannten Verhältnis zu ihm vorübergehend eine geschichtlich-politische Stellung eingenommen hätte. Der juristisch-kriminalistische Sinn ist für ihn ebenso bezeichnend wie der politisch-geschichtliche; in dem Tragiker Schiller waren Staatsanwalt und Staatsmann, zugleich aber Hochverräter und Umstürzler, Befreier und Tyrann verborgen. Franz Moors Bekenntnis: »Ich will alles um mich her ausrotten, was mich einschränkt, daß ich nicht Herr bin«, ist ihm doch kaum ferner als die Verheißungen Posas, des Bürgers derer, »welche kommen werden«. Und eben Posa wird sich uns als ein Tyrann erweisen. Man könnte alle politischen Gestalten Schillers auf eine einzige zurückführen: auf Karl Moor, den edeln Räuber, den verbrecherischen Wohltäter – und vielleicht gar auf den ähnlich-unähnlichen Bruder. Schiller blieb – als Dichter, ich spreche hier nicht von dem gütig-nachsichtigen, freilich auch dann und wann zur Härte gestimmten Menschen – in einem herrischen Verhältnis zur Welt.

Fiesco weiß, daß man Republiken »nicht mit einem Pinsel frei machen kann«, wie er dem Maler Romano sagt. Wer in dieser Sphäre wirklich handeln will: der muß sich in ihr Spiel einlassen; er muß betrügen und seine Weisheit mit Tollheit maskieren; er muß tief in den Morast, bis er festen Boden unter sich fühlt. Das Ideal – das ist die tragische Idee – wird sich nur dann durchsetzen lassen, wenn es sich bis zur Unkenntlichkeit erniedrigt hat, im Inneren aber unversehrbar blieb; befreien, den Menschen zum Menschen machen wird der, der zum Anschein in Unmenschlichkeit untergeht. Aber das ist die Hybris des Revolutionärs. Es ist über Menschenkraft. »Das Glück und ich stehen besser«, verteidigt sich Fiesco. Aber was er Freiheit nennt, das könnte nur die Gestalt der von ihm erstrebten Herrschaft sein. Nur herrscherliche Menschen, deren Natur es ist, Gefolgschaft ohne Widerspruch, Gehorsam gegen das Herz, gegen das Menschliche, ja ohne Einsicht zu fordern, werden die Freiheit durchsetzen

– aber dann werden sie selbst tyrannisch herrschen im Namen der Freiheit. Fiesco muß Herzog werden. Die Freiheit wird nur etabliert werden durch Gewalt. Damit hebt sie sich selber auf. Fiesco muß über sie hinweg gehen, indem er sie inthronisieren will. »Denke, du spieltest um den Himmel, Fiesco«, sagt Leonore zu ihm. »Wenn eine Billion Gewinste für einen einzigen Fehler fiel', würdest du dreust genug sein, die Würfeln zu schütteln? und die freche Wette mit Gott einzugehen? Nein, mein Gemahl! Wenn auf dem Brett alles liegt, ist jeder Wurf Gotteslästerung.« Fiesco muß Herzog werden – und eben dann ist Fiesco verloren.
Schiller hat – um das Jahr 1783 – die Frage aufgeworfen, die bis heute keine andere Beantwortung gefunden hat als die Katastrophen der modernen Revolutionen. Ihre Träger hatten diese zwei Möglichkeiten: Gewalt zu brauchen oder sich ihr auszuliefern, oder, wie Wallenstein sagt, Gewalt ausüben oder dulden. In beiden Fällen versündigten sie sich an ihrem Prinzip. Ob Freiheit möglich, ob der Mensch ihrer fähig ist: das ist eine personale Frage. Für ein Volk, einen Staat wird sie ohne Widerspruch gegen die Freiheit nicht entschieden werden. Wir würden uns viel zu leicht und jedenfalls gar nicht im Sinne Schillers beschwichtigen, wenn wir uns mit Abstufungen der Freiheit, je nach ihrer Erreichbarkeit und Vertretbarkeit, abfinden wollten. Die Freiheit bleibt »eine freche Wette mit Gott«. Wenn wir sie nicht ganz ernst, nicht absolut nehmen, so dürfen wir nicht wagen, sie anzurufen. Aber eine solche Auffassung wird uns richten. Zurückblickend auf das Paradies, dessen Pforten sich verschlossen haben, leidenschaftlich strebend in ein anderes, das noch nicht fest verschlossen ist, das vor Schillers Augen in diesseitigen und doch unwahrscheinlichen Farben glänzt, werden wir schuldig an der Freiheit, die wir wollen. Diese Schuld ist todernst. Für sie fallen sie alle: Fiesco, Posa, Carlos, Wallenstein. Sie ist ebenso unvermeidbar, wie sie unverzeihlich ist. Das ist tragisches Gesetz. Dieser Erfahrung entsteigt Schillers Lebens-

stimmung; auf ihr beruht seine ergreifende Verwandtschaft mit Beethoven; Trauer und Jubel, Verzweiflung und Zuversicht verschlingen sich in hymnischer Melodie. Ich will später andeuten, wie Schiller versucht hat, das Verhängnis zu durchbrechen. Er mußte es wohl. Aber ich glaube nicht, daß ihm das im »Tell« gelungen ist. Vielleicht wäre es in der Komödie möglich gewesen, die er gewiß hätte erreichen können, aber nicht mehr erreichen sollte. Das Problem der Realisierung der Freiheit in Staat und Geschichte – also nicht im Einzelleben, wo das freie Opfer immer möglich ist –, stellt sich damit als das Problem der Vertretbarkeit einer Sünde. Aber auch wenn sie vertreten wird, muß sie der tragischen Gerichtsbarkeit verfallen. Der Vollzug der Freiheit ist im selben Grade ein tragisches Problem wie der Vollzug der Wahrheit. Aber dieses hat einen Dichter von der Macht Schillers nicht gefunden. Es ist vielleicht das essentiell christliche Problem. Es wartet.

Zwischen dem Drama und der Geschichte walten vielfältige wesensgemäße Beziehungen. Schiller bahnte sich einen neuen Weg zu seiner Kunst, als er, nach dem Abschluß des »Don Carlos« und gegen Körners Rat, das Studium der Geschichte aufnahm. Drama ist Maskenspiel, Verkleidung in Ämter, Zeiten, Würden, Vertauschung der Sphären und Werte, Entschwerung der Wirklichkeit mit den Mitteln der Durchleuchtung und Sinngebung; alle Macht ist Schein und zugleich ist ihre Verwaltung mit dem höchsten Ernste belastet; Geschichte, die in der irdischen Wirklichkeit aus dem Grenzenlosen in das Grenzenlose flutet, unbegrenzbar und unergründlich, ist gefaßt in das Kunstgesetz, das Anfang und Ende fordert. Das Drama nimmt die unabwendbaren Zusammenstöße geschichtlicher Notwendigkeiten auf in seinen Bereich und macht sie transparent, ohne ihre Wucht zu vermindern. Von Gnaden der wirklich vollzogenen tragischen Form wird Geschichte Gleichnis. Sie erscheint als Handlung unter dem Bogen des Gerichts. Die Strömung der Zeit wird erlebt als die Handlung treibende Kraft. Fragwürdig ist alle Gegenwart, wirklich nur das verkörperte Gesetz des Daseins, der tödliche Kampf in seiner Tiefe. Was auch der Dichter glauben oder nicht glauben mag: die Kunstgestalt, sei es die der Tragödie oder der Komödie, jedenfalls aber die konsequente Form, führt an die Grenze der Zeit, der Erde, vor den unerforschlichen Himmel. Das Dasein des Menschen wird im wesentlichen als ein geschichtliches Phänomen gefaßt, eingeschlossen in unzerreißbare Zusammenhänge, aber unter dem Zeichen rätselvoller Freiheit. Ohne das Moment des freien Willens ist die Tragödie nicht möglich, wenn er sich auch nur noch zum Leiden entscheiden kann. »Ich will es dulden«, sagt Karl Moor, die Pistole wegwerfend; »mit Willen« übergibt er sich der Justiz, der er verfallen ist. Je dichter das Gewebe des Geschichtlichen ist, um so wahrer das Bild der menschlichen Existenz. Und eben darin beruht die geschichtliche Wirkung der Tragödie. Nationale oder vordergründig politische Momente, so groß auch ihre Bedeutung immer war und sein wird – man kann aus jedem Drama Schillers ein Tendenzstück machen –, meine ich nicht, wenn ich von der geschichtlichen Macht des Dramas spreche; vielmehr meine ich die Gewalt, die es auf den erschütterten Einzelnen ausübt; indem es den Menschen vergegenwärtigt unter dem Gesetz der Geschichte, frei in einem unaufhaltbaren, auf Tat und Entscheidung drängenden Prozeß, formt es den Menschen für die Geschichte. Er wird ins Feuer der Tragödie geworfen. Er weiß: was er auch tun wird, er wird eine Gegenmacht heraufbeschwören. Er wird unabwendbar an eine Stelle gedrängt werden, wo er allein sein Innerstes befragen kann. Daß aber das Innerste nicht unfehlbar ist, vielmehr immer in Gefahr, untergründigen Mächten zu erliegen: das ist die eine Gestalt Schillerscher Tragik. Für sie stehen Luise und Ferdinand, Fiesco, Wallenstein, die Jungfrau. Die zweite Gestalt des Tragischen ist die Entscheidung des Herzens für den Tod: Posa, Maria Stuart am Ende, auch die Jungfrau nach ihrem Sturze,

Max und Thekla. Wie in einer gewissen theologischen Sicht der Mensch nur das Gewissen hat, das aber immerfort irren kann, so der Schillersche Held nur das fehlbare oder ihn vernichtende Herz. Aber alles kommt darauf an, daß der Charakter des Spiels gewahrt werde. Nachdrücklich verlangte Schiller, daß der ernsteste Stoff, vermöge der künstlerischen Behandlung, die Fähigkeit behalte, mit dem leichtesten Spiel vertauscht zu werden. Schon darum wäre eine unmittelbare positive Wirkung verfehlt. Die Verwirklichung der Freiheit, an der Schillers Revolutionäre und Staatsmänner, seine Mächtigen scheitern, geschieht auf der Szene, in der Schwebe, der Freiheit der Kunst. Vom Menschen im Spiel, der die Entscheidung seines Herzens trifft, geht das Gefühl der Freiheit auf uns über. In der Anschauung des Schönen, das heißt des unter dem Gesetze der Kunst Gestalteten, werden wir frei – aufgerufen zur eigenen Freiheit, die uns verschüttet war. Geschichte als Bühne – im Gegensatz zum Weltdrama der Geschichte – ist die Stätte der Freiheit und Freiwerdung, der Wiederherstellung des Menschen in seiner Ganzheit. Die Tragödie ist die überhöhte Geschichte, in die das Wesen der irdischen Geschichte, ihre Tragik, aufgenommen ist, ihre Beantwortung aber findet von der sittlichen Idee. Nie hat Schiller daran gedacht, die Idee in der überlieferten Geschichte selbst zu suchen. Diese bleibt Medium der Kunst, ideenlos an sich, der Belebung durch die Idee bedürftig, in gewissem Grade sogar von ihm verachtet.

Schiller suchte, als er sich der Geschichte intensiv zuwandte, genau das, was die Schaubühne nach seiner früh erhobenen Forderung geben sollte: die Wahrheit und den Menschen, das heißt »die Gleichförmigkeit und unveränderliche Einheit der Naturgesetze und des menschlichen Gemüts, welche Einheit die Ursache ist, daß die Ereignisse des entferntesten Altertums ... in den neuesten Zeitläuften wiederkehren«. Schiller war sich der Fragwürdigkeit aller Überlieferung, der geringen Aussicht, ein Faktum glaubwürdig mitgeteilt zu finden, der Unfähigkeit der Menschen, einen Vorgang so zu schildern, wie er geschehen ist, tief bewußt. Das war ja eine seiner großen Schwierigkeiten dem Christentum gegenüber, daß ihn die Quellen seiner Geschichte nicht befriedigten; daß er seine Entstehung aus den Quellen nicht verstehen konnte. Um den universalgeschichtlichen Zusammenhang zu fassen, ging er von seiner Zeit aus, das heißt von dem greifbaren Ende, der »heutigen Gestalt der Welt«. Von da suchte er zum Ursprung der Dinge zurückzudringen, indem er von Phase zu Phase die Erscheinungen nach der Wirkung erforschte, die sie auf die heutige Weltgestalt hatten. Man hat ihm deswegen die Überschätzung seiner Epoche vorgeworfen, aber Schiller – das gehört zu seinen Paradoxien – verband höchste Erwartung mit abgründiger Resignation. In Wahrheit ist es doch so, daß unsere persönliche Geschichtserfahrung, das verarbeitende Erlebnis dessen, was wir in unserem Augenblick als Kommen, Schwinden und immerwährendes Strömen, als Fallen und Steigen empfinden, Zugang zum Verständnis der Geschichte bleibt. Wir haben keine Hoffnung, das Wesen des Geschichtlichen aus Geschichtswerken zu erkunden, wenn wir nicht empfinden, daß Geschichte in uns geschieht und wenn wir diesen Prozeß, den geschichtlichen Vollzug in uns, nicht beobachten und durchdenken. Die Ideen, Vorstellungen, die heute Geschichte regieren, haben sich gestern in uns gemeldet, und was wir heute ahnen, ist wahrscheinlich morgen in irgendeiner Form geistig-geschichtliche Macht; was wir heute in uns überwinden, welche Ansprüche es in der Öffentlichkeit, in den Parlamenten und den Reden der Staatsmänner auch noch stellen mag, ist wahrscheinlich morgen tot. Gerade indem Schiller seine Zeit ernster und wichtiger nahm, als die ganze, ihm wohl bewußte Vergangenheit, ist er zu einem geschichtsmächtigen Dichter geworden. Alle voreiligen Verheißungen, die man ihm seit seinem Tode zuschrieb, sind gefallen, und seine Aussage von der tragischen Würde der geschichtlichen Existenz steht unberührt da. Das deutet auf die geheimnisvolle Übereinstimmung zwischen dem künstlerischen Auftrag und der Stunde der Geburt, welche Entsprechung eine jede wirklich bedeutende Erscheinung kennzeichnet. Eine jede Kunst ist in ihr geschichtliches Zeitalter geboren. Sie wird in dem Maße frei vom Banne der Zeit, in dem es ihr gelingt, in die Tiefe der Geschichte hinabzusteigen. Und in demselben Grade wird sie Geschichte mitbestimmen. Als Euripides den furchtbaren Augenblick des Aufbruchs nach Sizilien ergriff und aussagte, gestaltete er die Tragik der Völkergeschicke überhaupt. Und allein ein Wort von dieser Tragik ist unverrückbare Prophetie.

Ich glaube, es bedarf nur noch weniger Züge aus den weltgeschichtlichen Dramen Schillers, um zu erweisen, daß sie in diesem Sinne prophetischen Geistes sind. Als er in den Briefen über »Don Carlos« den Marquis Posa verteidigte, interpretierte er seine Idee des Tragischen in der Geschichte. Es ist wahr, Posa handelte »in despotischer Willkür« gegen seinen Freund Carlos; man kann hinzusetzen: auch gegen die Königin. Indem der Marquis über deren Willensentscheidungen hinweg seine Intrige durchsetzt, verdirbt er sie und sich – die Sache selbst. Aber das ist es ja gerade: daß wahre Größe des Gemüts oft nicht weniger zu Verletzungen fremder Freiheit führt als Egoismus und Herrschsucht; das rührt her von der »allgemeinen Hinneigung unsers Gemütes zur Herrschbegierde oder dem Bestreben, alles wegzudrängen, was das Spiel unsrer Kräfte hindert«. Auf dem Wege zum Freiheitsgenuß verirrt sich der Marquis zum Despotismus. Genau das entspricht allgemeiner Erfahrung. »Nennen Sie mir, lieber Freund – um aus unzähligen Beispielen nur eines auszuwählen – nennen Sie mir den Ordensstifter oder auch die Ordensverbrüderung selbst, die sich – bei den reinsten Zwecken und bei den edelsten Trieben – von *Willkürlichkeit* in der Anwendung, von *Gewalttätigkeit* gegen fremde Freiheit, von dem Geiste der *Heimlichkeit* und der *Herrschsucht* immer rein erhalten hätte? Die bei Durchsetzung eines, von jeder unreinen

Beimischung auch noch so freien moralischen Zweckes, insofern sie sich nämlich diesen Zweck als etwas für sich Bestehendes denken und ihn in der Lauterkeit erreichen wollten, wie er sich ihrer Vernunft dargestellt hatte, nicht unvermerkt wären fortgerissen worden, sich an fremder Freiheit zu vergreifen, die Achtung gegen anderer Rechte, die ihnen sonst immer die heiligsten waren, hintanzusetzen und nicht selten den willkürlichsten Despotismus zu üben, ohne den Zweck selbst umgetauscht, ohne in ihren Motiven ein Verderbnis erlitten zu haben.«

Wir dienen der Freiheit nicht ohne fremde Freiheit zu verletzen. Wallenstein – das ist die Schwäche der Figur – möchte die Freiheit gar nicht ausüben; er möchte nur das Gefühl ihres Genusses haben, mit ihr spielen, und darüber wird es zu spät für ihn und die ganze Welt, die er repräsentiert und trägt. Ein im Grunde armer Mensch wie Butler, ein kleiner Mann im Zusammenhange, weiß wohl von dieser Problematik:

Es denkt der Mensch die freie Tat zu tun,
Umsonst! Er ist das Spielwerk nur der blinden
Gewalt, die aus der eignen Wahl ihm schnell
Die furchtbare Notwendigkeit erschafft.

Während sich Wallenstein verklagt fühlt vom »Doppelsinn des Lebens«, schaltet er rücksichtslos mit »fremden Freiheiten«, auf verhängnisvolle Weise mit der des Max Piccolomini:

Wer bist du?
Wenn ich *am Kaiser Unrecht handle, ists*
Mein Unrecht, nicht das deinige. Gehörst
Du dir? Bist du dein eigener Gebieter,
Stehst frei da in der Welt, wie ich, daß du
Der Täter deiner Taten könntest sein?
Auf mich *bist du gepflanzt, ich bin dein Kaiser,*
Mir angehören, mir gehorchen, das

Ist deine Ehre, dein Naturgesetz.
Und wenn der Stern, auf dem du lebst und wohnst,
Aus seinem Gleise tritt, sich brennend wirft
Auf eine nächste Welt und sie entzündet,
Du kannst nicht wählen, ob du folgen willst,
Fort reißt er dich in seines Schwunges Kraft
Samt seinem Ring und allen seinen Monden.

Hier ist Wallenstein wahr. Und es bleibt fatal, daß der große Staatsverbrecher und Verräter sich alsbald wieder in der Maske Karl Moors gefällt, von der Erfüllung der Zeiten – im irdischen, nicht apokalyptischen Sinne – und von Menschheitsbeglückung redet. Schiller mußte seine Helden lieben. Und wenn er sie lieben sollte, mußten sie edel – und mußten doch auch wieder Verbrecher sein. Das ist eine Inkonsequenz, ein Durchbrechen der Aussage vom Tragischen, ein sentimentalischer Zug, der für das deutsche Volk von verwirrender Wirkung war. Ohne Karl Moors greuliche Verbrechen ernst zu nehmen, vergoß es Tränen gegenüber seinen Regungen. Es ist die Verwirrung der Sprache des Herzens. Wallenstein identifiziert das Schicksal mit dem Herzen – und in geschichtlicher Perspektive hat er wohl recht, denn mit dem »Herzen« setzt sich das Schicksal durch:

Recht stets behält das Schicksal, denn das Herz
In uns ist sein gebietrischer Vollzieher.

Dagegen eben sind Max und Thekla konzipiert, ein vielen Dramaturgen höchst unerwünschtes Paar. Da wir aber von dem ausgehen müssen, was ein Dichter sagen will – nicht vom dramaturgischen Katechismus –, so müssen wir Max und Thekla anerkennen als Verkörperung der höchsten Idee Schillers. In dieser von Verbrechen und Doppelsinn völlig durcheinandergeworfenen Welt bleibt nur die erste Herzensregung eines reinen Jünglings und des ihn liebenden Mädchens. Wallenstein weiß ja selbst, daß der Lügengeist »nachahmend die Stimme der Wahrheit ... birgt«. Recht ist nur noch, wie die Liebende erkennt, was das »zarte Herz« des Geliebten »gleich zuerst ergriffen und gefunden hat«.

Zwischen dem Helden, dessen Bild sich verdüstert hat und dem ihm fremd gewordenen Vater stürzt Max in den Tod. Die noch realisierbare Freiheit, die noch erreichbare Selbstbehauptung ist der Selbstmord – Schiller hat diese Einsicht vielfach wiederholt und variiert. Daß Max den Tod nicht allein sucht, vielmehr sein ganzes Regiment mitreißt, gehört zu den Unbegreiflichkeiten Schillerscher Pathetik. Er schaltet also mit einigen tausend Freiheiten tapferer Männer, mit der besten Truppe des Kaisers – den er doch als Herrn anerkennt –, als ob sie sein persönliches Eigentum wären, wie der härteste Tyrann. Damit ist dem Helden der Kranz des gewiß bewundernswert geschilderten Leichenbegängnisses zugefallen, aber die Problematik Maxens, der doch die Herzensentscheidung, das höchste sittliche Postulat, tragen soll, bleibt hinter der Problematik Wallensteins – hinter der Problematik ihres tragischen Dichters – kaum zurück. Schiller spürte selbst die Schwierigkeit. Er hat sich, wie Ludwig von Wolzogen berichtet, erst nach vielem Schwanken für dieses Ende Maxens entschieden. Wir müssen uns der Aussage stellen; sie reicht tief in das Wesen des deutschen Geistes, deutscher Geschichte. Wallenstein trägt in mancher Szene die Maske des Mephistopheles, eines verwirrenden Verführers. Nie konnte ich mir vorstellen, wie ein Schauspieler die *ganze* Rolle spielen soll, so wie sie Schiller gesehen und konzipiert hat – oder wie ein Regisseur die zwei einander konträren Tonarten aufeinander abstimmen könnte. In seiner akademischen Antrittsrede vom Mai 1789 sagte Schiller als angehender Professor der Geschichte von dem die Geschichte betrachtenden philosophischen Geist: »Er nimmt also diese Harmonie aus sich selbst heraus und verpflanzt sie außer sich in die Ordnung der Dinge, d. i. er bringt einen vernünftigen Zweck in den

Gang der Welt und ein teleologisches Prinzip in die *Weltgeschichte.*« Diese These wird als Grundlage der Geschichtsbetrachtung immer in gleichem Grade vertretbar und anfechtbar bleiben. Aber der Dichter, der die Wahrheit vom Menschen darstellen will, kann sich so wenig wie der Verkünder unwandelbarer sittlicher Gesetze auf sie berufen; er bleibt auf die Glaubwürdigkeit der Figuren angewiesen. Schiller aber legte hier, auf seine unbekümmerte souveräne Art, »das Große in das Leben«, ohne es im Leben zu suchen. Das war sein Despotismus. Er zwang dem tragischen Vorwurf seine Wünsche, seine Hoffnungen auf wie im »Don Carlos« auch. Ich glaube, das Herz hat ihm in diesen Szenen und Gestalten eine falsche Größe geraten. Maxens Selbstmord konnte nur eine personal-tragische Entscheidung sein. Und die Idealisierung des Hochverräters Wallenstein ist dem Kunstwerk wie der Aussage gefährlich, aber auch im geschichtlichen Sinne, da jede Unbestimmtheit der Haltung und jede Abweichung von der sittlichen Konsequenz in der Dichtung von unabsehbarer Auswirkung im Leben und in der Weltgeschichte sind.

Vielleicht hat Schiller in der »Maria Stuart« die reinste Darstellung der sittlichen Independenz gegeben. Die Form ist der des Euripides nachgebildet; was geschieht, ist nur die Auswirkung dessen, was schon geschehen ist. Die äußere Freiheit ist verschlossen; Mortimer scheitert, wie er muß, an der äußeren Gewalt; würde er aber nicht daran scheitern, so doch im Sittlichen daran, daß er die »fremde Freiheit« der Maria Stuart mißachtet. Marias Schuld verliert mehr und mehr an Gewicht; sie entschwindet im Ganzen des Schicksals; indem Maria es annimmt, verwirklicht sie ihre absolute Freiheit. Sie schreitet aus dem Kerker, während Elisabeth sich im Gefängnis ihrer Schuld verschließt. In Maria verschmelzen sich Leiden und Freiheit; sie sind nicht mehr zu trennen. Schiller hat das Sittlich-Schöne in dieser Einheit gesehn.

Unter den welthistorischen Dramen ist die »Jungfrau« das persönlichste; es ist kein Freiheitsdrama, sondern die Mythe von der Sendung. Der mit ihr belastete, durch sie ausgezeichnete Mensch soll sich mit dem Irdischen nicht vermengen; er soll gerade das Herz verleugnen, dessen Stimme in Schillers Welt doch das oberste Gesetz ist. Der Gesendete gehört rückhaltlos einer andern Welt; aber Sendung bedeutet doch Vollzug in der Geschichte: das Heilige soll sich restlos hingeben an diese Welt und soll doch von ihr sich nicht berühren lassen; es ist aus jeglicher Ordnung gehoben und verrät sich selbst, wenn es sich in das Menschliche neigt. Es darf sich nicht beugen, auch dem Rufe des Herzens nicht. Denn der Ruf, der Auftrag von oben ist heiliger als das Herz. Zwischen beiden scheitert die Jungfrau. Der Gesendete soll sich in völliger Reinheit opfern, in seiner Integrität – untergehen, aber unvermischt. Er ist nur insofern frei, als er vorbehaltlos gehorsam ist. Schillers Verhältnis zur überlieferten Geschichte – deren Wahrheitsgehalt ihm ja immer anfechtbar war – zeigt sich hier ganz klar. Er fühlt sich weder an Charaktere gebunden noch an Fakten, sondern einzig und allein an die Konzeption und die in ihr eingeschlossene Idee. Mit der geschriebenen Historie verfährt er rücksichtslos; er sieht in ihr nichts Großes: nur die Möglichkeit, den Keim des Kunstwerks in ihr einzubetten und zu entwickeln, tragische Motive auszubilden. Um so wichtiger ist für ihn das Kolorit als Mittel der Versinnlichung. Immer intensiver, mit immer höherem Gelingen hat er darum gerungen, sich eine historische Sphäre, eine Überlieferung, eine Stunde der Weltgeschichte in ihrem spezifischen Gehalt zu eigen zu machen. Sie sind Fleisch und Blut des geschichtlichen Dramas; das geistdurchflammte Leben ist allein vom Dichter selbst. Es ist ganz unverständig, die »Jungfrau von Orleans« als Darstellung einer Heiligen zu kritisieren. Wenn Heiligkeit Sendung ist in die Zeit und radikaler Gehorsam gegen Gott, so hat Schiller freilich etwas vom Heiligen in seinem Gedichte ausgesprochen; aber das Christliche ist für ihn nur Farbe. Es geht nicht um Heilsgeschichte, sondern um die Tragik des Genius, vielleicht gar um die Tragik des Dichters, der als Künstler auf das Herz angewiesen ist und ihm nicht gehorchen sollte; um den Widerspruch zwischen dem Gesetz des Geistes und dem Herzen, die Erniedrigung des Gesendeten in der Menschen- und Geschichtswelt. In dem Jugendgedichte »Monument Moors des Räubers« stehen die Verse:

Jünglinge! Jünglinge!
Mit des Genius gefährlichem Ätherstrahl
Lernt behutsamer spielen.

Schiller hat diese Erfahrung in der Geschichte des Mädchens von Orleans objektiviert; er hat, wie das seinem auf große Zusammenhänge gerichteten Sinn entsprach, einen tief persönlichen Konflikt in die Weltgeschichte getragen. Das Ende ist dem Selbstmord Maxens, Mortimers, Ferdinands und Luisens, in gewissem Sinne Posas, ganz nahe. Dostojewski, ein großer Bewunderer Schillers, hat diese Idee in seine abgründige religiöse Problematik übernommen und im Selbstmord den Widerspruch gegen Gott, die Ordnung Gottes und die Unsterblichkeit, den letzten Akt der Freiheit des ungläubigen Menschen gesehen. »Ein jeder, der die große Freiheit will, muß sich selbst zu töten wagen«, heißt es in den »Dämonen«. Mitten in der Arbeit beschlich den Dichter das Gefühl, daß er vom Drama einmal werde Abschied nehmen müssen; kein tragischer Dichter hat wohl ausschließlich in einer tragischen Welt gelebt. Plötzlich erweisen sich die Formgesetze der Tragödie als zu eng. Und auch Schiller hat nicht allein zu dem schrecklichen Gott der Tragödie aufgeblickt, der erntet, wo er nicht gesät hat, und den Schuldig-Unschuldigen, den von der Schuld kaum Gestreiften, ja den Unschuldigen verdirbt; er feierte ja als Hymniker die bacchantische glücksfähige Erde und Menschheit und den lieben Vater über den Sternen, die Hochzeit der Menschheit mit dem Kosmos; aus der Tiefe eines jeden seiner Trauerspiele dringt der Strahl des verlorenen oder wiederkehrenden Paradieses.

Im »Tell« hat er versucht, die Last des Tragischen abzuwerfen. Der Held und sein Volk verwirklichen die Freiheit, indem sie, gegen die Macht des Tyrannen, das ewige Recht herabholen von den Sternen. Das Gedicht ist wie ein Märchen angelegt: Der ursprünglich glückliche Zustand wird neu gegründet, aber nicht im Sinne einer Rückkehr, sondern als Zeichen für die Welt. Von der bisherigen Wertwelt aus gesehen ist es unmöglich, daß Tell kein anderes Opfer bringt als seine Armbrust, die ihm, nachdem er Geßler gerichtet hat, zur Jagd nicht mehr dienen soll; sie wird an »heiliger Stätte« aufbewahrt. Aber das echte Heiligtum der Schweiz ist nicht Tells Armbrust; es ist der Saal in Schwyz, in dem die Bundesbriefe hängen: gesiegelte und verpflichtende Dokumente des Rechts. Tell hebt vor dem Königs- und Verwandtenmörder Parricida seine »reinen Hände« zum Himmel; er hat nicht gemordet wie dieser, nur sein Teuerstes verteidigt, bekennt sich aber gleich darauf als ein »Mensch der Sünde«, der dem mit Blut Befleckten nicht helfen kann. Bei aller bewundernswerten Sorgfalt der Motivierung bleiben der Schuß aus dem Hinterhalt samt der Auseinandersetzung mit Johannes Parricida problematisch; es ist schwer zu begreifen, daß in diesem einen und einzigen Falle die Realisierung der Freiheit in der Geschichte ohne Tragik abgehen soll. Die Gefahr einer von Rousseau ausgehenden, von ihm nicht völlig frei werdenden Auffassung vom Menschen und der Welt ist mit dem »Tell« tief in das Geschichtsbewußtsein und die Geschichte gedrungen. Hier ist auch die einzige Stelle, wo Schiller die tragische Beziehung zwischen Vater und Sohn aufgelöst hat. Tell muß das Leben des Knaben aufs Spiel setzen, und dieser willigt im Vertrauen auf den Vater ein.

Aber schon während der Proben zum »Tell«, im März 1804, hatte Schiller mit der Arbeit am »Demetrius« begonnen; sie ist die Rückkehr ins Tragische. Noch fühlte sich der Dichter nicht berufen, die längst ersehnte Komödie zu schreiben, in ihr die Tragik zu überwinden und damit sein theatralisches Werk zu krönen; dem Schauspiel, als welches der »Tell« sich gibt, ist das versagt. Allein die Komödie wäre der echte Abschied, der Übergang in eine neue Phase gewesen; das fühlte niemand besser als Schiller selbst. Der »Demetrius« aber war seine größte tragische Konzeption. Das Drama hätte wieder, wie die »Jungfrau«, der sich auch das Baugesetz anschloß, die Problematik der Sendung aufgeworfen; eine von ihrem Träger für echt gehaltene Sendung beruht auf einem Irrtum; die geschichtliche Notwendigkeit, der sich Demetrius im Vollzuge der Sendung ausgeliefert hat, zwingt ihn, sie festzuhalten – auch nachdem der Irrtum entdeckt ist; der Gläubige wird also zum Betrüger; unabwendbar geht die Notwendigkeit über in Schuld. Niemals war Schiller seinem Vorsatz näher, das Ganze einer Überlieferung, nicht als Vergangenheit, sondern als künstlerisches Kolorit, als Verleiblichung der Idee, szenisch zu gestalten: die russische Geschichte, die schicksalsträchtige Eigenart des russischen Volkes wäre als tragische Person aufgetreten; die Szene zwischen Demetrius und seiner vorgeblichen Mutter Marfa, die ihr Herz nicht für ihn sprechen fühlt und damit ihn und sich verdirbt, war der höchste Schiller erreichbare Kranz. Das Herz hätte in Marfa gegen die Sendung entschieden; die ungewollte Verfehlung im Ursprung über die geschichtliche Tat. Daß Schiller diesen Kranz berühren, aber nicht mehr bergen sollte, könnte wie die höchste Gunst der Muse erscheinen. Er sollte sterben dürfen im Antlitz des rötlich strahlenden Gipfels.

Über das Geleistete dehnt sich die geschaute, erträumte Szene weit hinaus. Das Groß-Stadt-Drama »Die Polizei«, die nach Paris, in den modernen Staat, den Bereich seiner anonymen Polizeimacht verlegte Geschichte eines Verbrechens – sowohl als Trauerspiel wie als Komödie geplant; die in antiker Form gedachten »Malteser«, der dem »Demetrius« verwandte »Warbeck«; ein auf der See spielendes Drama, in dem sich Ausgeliefertsein und Freiheit wundersam verflochten hätten, die phantastische Tragik des Sebastian von Portugal; sie alle neben so vielen Entwürfen, Gesichten, Erwägungen sind immer neue Versuche, das Tragische und sein Widerspiel im Komischen zu ergreifen, auszuschöpfen. Vielleicht wäre auch nach dem »Demetrius« nur noch die Komödie geblieben: das schwerelose Spiel des Menschen in seiner Freiheit, das von Anfang an Schillers Wunschbild gewesen ist. Die Befreiung von unserem abendländischen Geschichtszwang ist vielleicht nur in der Romanze Shakespeares, in den Traumspielen Calderons, in Kleists Märchendrama vom Prinzen von Homburg gelungen.

Hinter der tragischen Bühne erdämmerten ferne Prosawerke. Karl Moor liest in der Schenke an der sächsischen Grenze seinen Plutarch, das Buch »von großen Menschen«. Die dramatische Gegenüberstellung beispielhafter Gestalten der griechischen und römischen Welt, Geschichte in der Perspektive sittlicher Werte und Entscheidungen, gehört zu den stärksten Kräften, die sich in Schillers Geistesgeschichte ausgewirkt haben. Einen »deutschen Plutarch«, eine Sammlung exemplarischer Lebensbilder aus der deutschen Geschichte hoffte er zu schreiben. Vergessen wir seine epischen Pläne nicht: ein Gedicht von Gustav Adolph, dem er sich nahe glaubte; das Epos des Siebenjährigen Krieges, das an einer bedenkenswerten Einsicht scheiterte: »Friedrich II.«, schrieb Schiller am 28. November 1791 an Körner, »ist kein Stoff für mich, und zwar aus einem Grunde, den Du vielleicht nicht für wichtig genug hältst. Ich kann diesen Charakter nicht lieb gewinnen; er begeistert mich nicht genug, die Riesenarbeit der Idealisierung an ihm vorzunehmen.« Das weist noch einmal auf sein Verhältnis zur geschriebenen Geschichte: alle seine Tragödien beruhen darauf, daß er diese Riesenarbeit durchgeführt hat; daß er aus der Kraft und Souveränität seines Geistes und seines Herzens in Leben und Geschichte das Große legte, das in ihnen zu suchen er verschmähte. Das ist nicht christlich; es fügt sich auch nicht in unsere Geschichtsphilosophie. Aber Schillers Werk wird von diesem Anspruch getragen: um der Idee willen ist er über das gelebte Leben hinweggeschritten, wie er über sich selbst hinweggeschritten ist.

Schillers Aussage ist nicht systematisch; er war ja zuerst theatralisches Genie, ganz für das Theater gemacht, wie Goethe sagte. Die Sicherheit des Erfolges war für eine jede Erstaufführung seiner Meisterjahre unbestritten. Der ideale Gehalt und der dramatische Ablauf, Szene, Rolle, Spannung, Situation, der von Schiller erstrebte, in seinen eigenen Inszenierungen scharf herausgehobene pathetische Effekt lassen sich nicht auseinander gliedern. Ich will trotzdem versuchen, die tragenden Einsichten zusammenzufassen, weil sie aus der Kraft der dramatischen Gestaltung und szenischen Wirkung von bedeutendem Einfluß auf unser Geschichtsbewußtsein sind und bleiben werden.

Grundlagen seiner großen Bühne sind: die geschichtlichen Bedingungen unserer Existenz, die Tragweite der personalen Entscheidung, deren Notwendigkeit und übergeschichtlicher Wert, die Freiheit innerhalb der großen Zusammenhänge, die in jedem Falle, wenigstens für Augenblicke, erreichbar ist. Die Manifestation des sittlichen, aber nicht in Regeln faßbaren Gesetzes bleibt der Sinn der Handlung und des Geschehens. Der Mensch vollendet sich in der Freiheit des Leidens, in der tödlichen Unabhängigkeit von den Mächten, denen er unterliegt.

Alle Geschicke und Fragestellungen weisen auf das Opfer als auf das höchste Menschliche: auf die Reinheit des Untergangs. Sie wirken über die Zeit hinaus, Menschen, Völker gestaltend. Viele der Lösungen Schillers bleiben problematisch, Aufforderung, mit ihm und ihnen zu ringen und den Vollzug der geschichtlichen Existenz selber auf uns zu nehmen, wie er, mehr und mehr geschichtliche Person werdend, ihn auf sich genommen hat. Er hat den Prolog unseres Zeitalters gesprochen, dessen Anspruch auf Freiheit sich auf die Idee oder Ideologie gründet statt auf den Menschen in menschlich-religiöser Ordnung – und daher immerfort in Diktatur umschlagen muß. Je unbarmherziger der Zwang moderner Machtformen sich um uns zusammenschließt, um so deutlicher empfinden wir, was Schiller eigentlich gemeint hat, als er die Tragödie der Freiwerdung in der Geschichtswelt und des Gesendetseins in diese dichtete. In jeder Macht wirkt die Absicht, das Absolute, die radikale personale Freiheit, das, was unbedingt von oben ist, zu mißachten; in der sich unaufhaltsam technisierenden Macht unseres Jahrhunderts weit mehr noch als in den teils revolutionären, teils restaurativen Tyranneien, denen Schiller gegenüberstand oder deren Heraufkunft er ahnte.

Aber damit ist doch nur die Aussage erster Instanz getroffen. Wichtiger ist, daß Schiller das Bewußtsein der Tragik überhaupt in eine Zeit geworfen hat, die an vordergründige Lösungen glaubte und meinte, mit sozialen oder philosophischen Programmen den Daseinswiderspruch verheilen zu können. Ich möchte damit den geschichtlichen Auftrag des 18. Jahrhunderts keineswegs in Frage stellen; aber sein Welt- und Menschenbild reichte nicht aus. Wie ein Jeder seiner Zeit unterliegt, so auch Schiller: damit hat er die tragische Atmosphäre des »Don Carlos« verdorben, die grandiosen Schluß-Akte des »Wallenstein« beeinträchtigt.

Dennoch: er hat einander vernichtende Notwendigkeiten auf die Bühne gebracht; ich denke vor allem an »Maria Stuart« – deren sentimentalischen Elemente wir freilich ausscheiden müssen. Damit hat Schiller das Erbe der griechischen, englischen, französischen Tragiker für Deutschland gewonnen. Dem Wesen des französischen Seelendramas, seinem lyrisch-tragischen Stil ist er viel näher geblieben, als er wahr haben wollte; er hat den Franzosen viel zu verdanken. Ich möchte Alfieri als einen echten, aber starren Tragiker nicht vergessen. Im wesentlichen aber war die tragische Weltansicht zu

Beginn des letzten Jahrhunderts Schiller überantwortet, hat er sie für sein Zeitalter erneuert. Sie gehört zu unserem Leben selbst, und wir würden uns selbst und würden auch das Christentum aufgeben, wenn wir das Erbe der Tragiker verleugnen wollten. Denn das Christentum ist nur erreichbar in einer tragischen Welt – als Antwort an sie, wie ja Christus die frei machende Erscheinung absoluter Freiheit in der Gestalt erbarmungslosen, aber bejahten Leidens ist. Nichts ist dem europäischen Vermächtnis so sehr entgegen wie die Meinung, daß der Mensch im Irdischen gefaßt, daß das Ziel der Menschheit als vollkommene Ordnung auf Erden erreicht werden könne.

Schillers Nachfolge? Sie liegt nicht in der Wiederholung seiner Form und Dramaturgie – Generationen von Epigonen haben damit sich und das Publikum geplagt, ganz und gar nicht in Schillers Geiste. Er hat sich selbst sein Gerüst gebaut und hielt es immer für ein wandelbares Gerüst. Über keine Kunst, sagte er 1784 in seiner Mannheimer Rede auf die Schaubühne, sei so viel gesagt und geschrieben worden, »über keine weniger entschieden«. Und 16 Jahre später an Körner mit Bezug auf die »Jungfrau«: »Jeder Stoff will seine eigene Form, und die Kunst besteht darin, die ihm passende zu finden. Die Idee eines Trauerspiels muß immer beweglich und werdend sein und nur vitaliter in hundert und tausend möglichen Formen sich darstellen.« So hat er jede einmal gemeisterte oder versuchte Form wieder abgeworfen.

Er hat auf die deutsche Bühne das »Problem der Weltordnung« getragen. Als Historiker glaubte er zu seiner Lösung beitragen zu können. Als Dichter hat er es in tragischer Perspektive gesehen. Damit hat er der deutschen Bühne Gesetz und Würde gegeben. Wenn wir den Mut finden, die tragische Konstellation, der Schiller sich stellte, in unserer Stunde zu erkennen, sind wir seine Erben. Seine Helden fallen dort, wo der Mensch nur noch Mensch ist in Freiheit und Gehorsam, die Welt ihm aber dieses Sein nicht mehr erlaubt; wo der

Mensch die Geschichte verläßt, in der er reif geworden ist zur Freiheit und zum Gehorsam – für die übersinnliche Existenz. Geschichte aus diesem Aspekt steht nicht in den Büchern der Historiker. Sie ist, im Sinne Schillers, nur Bühne, auf der das Tragische und das Sittliche verschmolzen sind, eines das andere tragend und mitvollziehend. Sie ist die Stelle, wo der Dichter zum Helden, wo der Darsteller zum Zuschauer das Wort Johannas spricht an ihren König:

Ich sah dich, wo dich niemand sah als Gott.

Das heißt: in der Würde und in der Tragik, im Tun und Erleiden deiner Freiheit und deiner Notwendigkeit. Du bist dieses *eine* Mal. Und deine Freiheit ist ein Moment der Geschichte.

FAUSTS RETTUNG

Mit entsetzlicher Macht stürmt die Geschichte gegen die Werke des Geistes an; in eine jede schadhafte Stelle wühlt sich die Flut. Die Werke des Geistes müssen auf der einen Wahrheit gegründet sein und ihre Erscheinung in der Zeit aus der Kraft der Gestaltung, mit der Gewalt der Schönheit widerspiegeln, wenn sie dem unablässigen Andrange der Weltgeschicke, den von diesen in den Menschen bewirkten Veränderungen widerstehen sollen; insoweit die Werke des Geistes auf den scheinhaften Wahrheiten beruhen, die von Epochen erfunden, auf den Thron erhoben und mit ihnen wieder ins Grab genommen werden, unterliegen sie der Geschichte. Der Ort, wo sie geschaffen wurden, ist nach kurzer Zeit nicht mehr betretbar – und selbst wenn sie eine Zeit vorwegnehmen, so werden sie nur um so unbarmherziger von der darauffolgenden Epoche selber weggerissen; die Not, die Hoffnung, die Einsicht, die den von geschichtlichen Ereignissen übermächtigten, von einer noch so großartigen Subjektivität geleiteten Gestalter bewegten, verlieren unablässig an Bedeutung. Der »Faust« ist in gewissem Grade das heilige Buch eines Jahrhunderts gewesen: ist er es noch? Wir glauben ein Recht zu dieser Frage zu haben und durch sie die Ehrerbietung vor dem Dichter und der ihm zuteil gewordenen Gnade nicht zu verletzen; die Zeit selbst wirft die Frage auf, stürzen doch nicht nur Mauern in diesen Jahren ein; mit dem Tode der Menschen, dem Verschwinden ganzer Lebenskreise, dem Fall der Denkmale, dem Untergang der Heiligtümer, die nicht mehr heilig gehalten wurden, und der Stätten der Erinnerung, die für heilig gehalten wurden, ohne es im eigentlichen Sinne zu sein, sinken auch Werte und Werke des Geistes dahin, ohne unser Zutun, vielmehr zu unserer tiefen Trauer. Das geheimnisvoll-furchtbare Wort des heiligen Paulus drängt sich uns auf die Lippen: »Und wie das Werk eines jeden sei, wird das Feuer erproben. Wenn jemandes Werk, welches er darauf [den Glauben an das Gericht] gebaut hat, besteht . . ., so wird er Lohn empfangen. Brennt aber jemandes Werk, so wird er Schaden leiden, er selbst aber wird selig werden, jedoch so wie durch Feuer.« [1. Kor. 3, 13-15.] Unser Leben ist gespenstisch geworden; wir gehen mit Toten wie mit Lebenden um und halten Lebende schon für tot; wir sind ohne jedes Hausrecht beheimatet in Häusern, die wie Träume entschwinden, und ohne Bürgerrecht in den Städten, die sich auflösen wie Gewitterwolken: haben wir nicht ein Recht, nach dem Äußersten und Letzten zu suchen, nach dem Worte, das nicht stirbt, dem Werke, das nicht verbrennt? Zu diesen Werken wurde der »Faust« von einigen Generationen gerechnet, und noch vor etwa dreißig Jahren wäre er wohl unter den zwei oder drei Büchern gewesen, die wir ergriffen hätten, wenn wir uns von vielen tausenden hätten trennen müssen. Gilt das noch heute? Und warum? Oder warum gilt es nicht mehr? Hat der »Faust« nicht Geschichte gemacht in den letzten hundert Jahren und vielleicht gerade die Schrecken beschworen die uns erschüttern? Das konnte aber nur dann geschehen, wenn Menschen und Völker sich der Dichtung im leidenschaftlichen Glauben an ihre Sendung hingaben. Aber hat das Gedicht nicht auch vor diesen Schrecken, vor dieser Möglichkeit des Endes mit ergreifender, ahnungsvoller Weisheit gewarnt? Wußte es nicht viel mehr von der Welt und ihren Abgründen als jene, die sich von ihm leiten ließen?

Mit solchen Fragen gelangen wir vor ein sonderbares Mißverständnis der Ausleger und Leser: Fausts Worte und Taten und die Welt, in der er sich bewegt, stimmen wahrlich nicht überein. Während er noch am Ende eines zwar an Taten, aber vielleicht nicht an inneren, umwandelnden Erfahrungen reichen Lebens meinte, daß die Aussicht »nach drüben« uns verrannt sei, begann ja das Gedicht schon mit dem »Prolog im Himmel« im wahrsten Sinne des Wortes »drüben«; das »Drüben« spielt unablässig in die Lebenstragödie des Verleugners herein als die »Stimme von oben«. Aus dem »Drüben« stammt schließlich sein Begleiter Mephistopheles, der Fausts tätiges Leben auf Erden erst ermöglicht, wenn auch nur als Spuk – denn die echte Wirklichkeit, die Gründung in Gottes Ordnung mangelt diesem Wirken durchaus; gespenstisch sind die Schlachten, die Faust für den Kaiser schlägt, schattenhaft ist seine Heeresmacht, so wesenlos wie das Geld, das den morschen Staat retten soll, oder der in Auerbachs Keller verzechte Wein; in einer gespenstischen Groteske endet die Helenatragödie, mit rechten Dingen ging es auch nicht beim Dammbau zu: dies alles ist Täuschung, ist segenslos, armer Zauber dessen, der gegen Gott steht und darum nicht schaffen kann; aus dem »Drüben« kamen auch alle die Hilfsmächte, deren sich Faust und Mephisto bedienten, wenn auch aus dem Drüben der Tiefe. Im »Drüben« im höchsten Sinne, im Strahlenkreise der Gottesmutter, endet folgerichtig das Gedicht. Faust, der eine jede Wissenschaft vom »Drüben« abweist, ist ganz von den Mächten des Jenseits umgeben; ihnen allein verdankt er, daß er nicht längst untergegangen ist, daß er sein langes Leben durchstürmen konnte. Aber das ist gerade ein Grundzug Faustens, daß er die Wirklichkeit nicht annimmt, der er gegenübersteht, auf die er angewiesen ist; so rafft er sich selbst noch der eingedrungenen Sorge gegenüber zu dem großartig-törichten Widerspruch auf: Ich werde sie nicht anerkennen; – und im nächsten Augenblicke tappt er blind in die Welt des Truges, deren eigentliche Ordnung und Übermacht er nicht gelten lassen wollte. Faustens Schicksal ist die Tragödie eines Menschen, dessen unbezwingliche Eigenmacht in heillosem Widerspruch zu den Weltmächten beharrt. Es geht um eine hoffnungslos tragische Anlage. Daß ein Mensch dieser Art gerettet wird, ist das Problem des Gedichts.

Nein, Faust und die Welt, in der er lebt, irrt und wirkt, stimmen wahrlich nicht überein; er scheitert ja eben deshalb, weil er sich der Weltwirklichkeit nicht anschließt, in die er gestellt ist; er weiß von Anfang, daß er scheitern wird; die Frage ist für ihn nur, auf welche Weise dies geschieht und ob es etwa eine Möglichkeit gäbe, daß er »gern zugrunde gehe«. Der Donner der Verse an Schwager Kronos, die Goethe nach dem Zusammensein mit dem Dichter des »Messias« und wie eine Antwort an diesen schrieb, hallt unterirdisch mit:

Töne, Schwager, im Sturm
Raßle den schallenden Trab,
Daß der Orkus vernehme: wir kommen.

Mephisto hat recht: Und hätt' er sich auch nicht dem Teufel übergeben, er müßte doch zugrunde gehn. – Dem Doktor ist bei solcher Haltung von der Erde her schwerlich zu helfen. Das Merkwürdige ist nur, daß von einigen Generationen Faust zum Ideal erhoben wurde; daß er selber angenommen wurde, aber nicht die diesseitig-jenseitige Weltwirklichkeit, die ihn besiegt; – während wir doch Goethes geheimnisvolles Lächeln, mit dem er auf die vollendete Dichtung sah, in Beziehung zu der Möglichkeit dieses ungeheuern Mißverständnisses bringen möchten. Gewiß lebte der tragische Held in Goethe, und kein Wort, kein Bekenntnis, keine Einsicht Faustens entbehrt des wundersam-mitschwingenden Klanges, der nur vom Herzen des Dichters ausgehen konnte; Goethe hat das Faustische, das Rastlos-Unselige in sich getragen und bezwungen und überwunden, indem er Faust gestaltete, ebenso wie das zerstörende Nein des Mephistopheles; diese Gestaltung sah er denn doch als die dringendste Aufgabe an, die aus den ungeheuern, so vielfach im Fragmentarischen verlaufenden Entwürfen seines dichtenden Geistes an ihn gekommen war. Faust war der Teil seines Selbst, an dem er mit leidenschaftlichem Herzen hing und von dem er gleichwohl frei werden mußte; konnte er doch immer nur in langen Abständen zu ihm zurückkehren, nicht eigentlich mit ihm leben. Des Dichters eigenes Dasein hatte seine starken Pfeiler in der Ehrfurcht, der Kontemplation, in der Vollendung der Menschlichkeit, in einer schauenden, empfangenden Beziehung zur Wirklichkeit, die Faust verweigert war. Aber »Dämonen, weiß ich, wird man schwerlich los«. Endlich, im Sommer 1831, ist es dem Dichter gelungen, hat er Faust gebannt im Rahmen einer Welt, in der die Gnade waltete in unangreifbarer Macht über dem Unfrieden des Menschen, den unüberschaubaren Scharen der Unterwelt. Dies war die große Leistung, die große Forderung: Faust zu befrieden; es konnte nur geschehen über den Trümmern alles dessen, was Faust gesucht und getan hatte und auf dem Wege der Schuld, der sich ein Höherer erbarmte. Aber diese einfache Wahrheit wurde nicht zum Inhalt der Zeit, die Goethes Dichtung sich zum heiligen Buch erkor: sie wollte Faust selbst, sein rastlos-unseliges Aufbegehren, seine Schuld an der Wirklichkeit und am Menschen, seinen Wahn und törichten Traum, sein Streben, das ihn im Grunde, nach einem hundertjährigen, schuldüberladenen Dasein, zu keiner neuen Einsicht gebracht hatte. Faust beginnt als Verzweifelter, dessen Gott sich annimmt:

im »garstigen Wirrwarr netzumstrickter Qualen«, als Knecht des Dämons, der Gottes Knecht sein muß, endet er: und eben diesen Helden, dieses Schicksal wollte die Zeit. Sie wollte die Verzweiflung und Faust, ihren Helden, mit dem es auf eine geheimnisvoll-trostreiche Weise doch noch ein gutes Ende nahm; sie wollte nicht die Gnadenwelt, die ihn umschirmte, vor allen Dingen nicht die Verpflichtung an die regierenden Mächte dieser Welt. Daß aber der geniale Frevler, der sich an allem Geschaffenen vergangen hatte und »mit Frevelwort sich und die Welt verfluchte«, erlöst wurde: das war dieser Zeit das Wunderbare, die Botschaft, die sie in ihrer Verzweiflung bestärkte, die dieser geliebten, bewunderten Verzweiflung den letzten Ernst nahm. Die Verzweiflung galt eben doch nicht für Zeit und Ewigkeit; die Schuld, die offener oder verborgenermaßen als solche empfunden wurde, hatte die Hoffnung, einmal entsühnt zu werden: wer mit Faust lebte, sündigte und verzweifelte, der konnte auch gerettet werden mit Faust. Über ihm walteten Mächte, die niemand anerkennen mußte, auf die man sich aber gleichwohl verlassen konnte. Und hier liegt das große geschichtliche Problem für die Deutschen und für die Welt, für das Zeitalter, dessen Sprecherin Goethes Dichtung ist: es ist die Rettung Faustens.

Gott der Herr wacht über Faust schon, eh die Tragödie beginnt; aus dem Kreis der Gnade tritt der Zweifler nicht heraus; ihr Walten ist über allem Begreifen und vom Dichter mit der Größe empfunden, die nur einem verehrenden Geiste eigen sein kann. Aber innerhalb der Ratschlüsse der Gnade steht der unwissende, suchende Mensch, der über sein zeitliches und ewiges Leben verfügt wie über ein freies Eigentum. Insofern ist der Augenblick, da Faust die Phiole voll tödlichen Saftes an die Lippen hebt, der entscheidende des ganzen Dramas, sein eigentlicher Kern; hier geht es um Sein und Nichtsein, ist der Held an den äußersten Rand der Welt gedrängt worden; hier müßte Fausts Leben, müßte die Dichtung enden, wenn nicht in unerforschlichem Ratschluß die

Macht der Höhe eingreifen, Glockenklang und der Chor der Engel erschallen würden. Den Verzweifelten, der in der höchsten Kühnheit seiner Eigenmacht sich vermißt, »neuen Sphären reiner Tätigkeit« – von denen doch nie eine Botschaft zu den Menschen gekommen ist – entgegenzueilen und der holden Erdensonne entschlossen den Rücken zuzukehren, trifft die frohe Botschaft, die in Ewigkeit verpflichtende Wahrheit: »Christ ist erstanden!« Und sonderbar! Er hält ein. Er hört den Chor der Weiber und dann den Chor der Engel noch einmal. Aber wie seltsam lautet seine Antwort, bleibt sein Verhalten!

Was sucht ihr mächtig und gelind,
Ihr Himmelstöne, mich am Staube?
Klingt dort umher, wo weiche Menschen sind!
Die Botschaft hör ich wohl, allein mir fehlt der Glaube;
Das Wunder ist des Glaubens liebstes Kind.
Zu jenen Sphären wag ich nicht zu streben,
Woher die holde Nachricht tönt;
Und doch, an diesen Klang von Jugend auf gewöhnt,
Ruft er auch jetzt zurück mich in das Leben.
Sonst stürzte sich der Himmelsliebe Kuß
Auf mich herab in ernster Sabbatstille;
Da klang so ahnungsvoll des Glockentones Fülle,
Und ein Gebet war brünstiger Genuß;
Ein unbegreiflich – holdes Sehnen
Trieb mich, durch Wald und Wiesen hinzugehn,
Und unter tausend heißen Tränen
Fühlt ich mir eine Welt entstehn.
Dies Lied verkündete der Jugend muntre Spiele,
Der Frühlingsfeier freies Glück;
Erinnrung hält mich nun, mit kindlichem Gefühle
Vom letzten, ernsten Schritt zurück.
O tönet fort, ihr süßen Himmelslieder!
Die Träne quillt, die Erde hat mich wieder!

Was könnte widersprüchlicher sein: wohl fühlt sich Faust am Staube, empfindet er die ihm gewordene Botschaft von der auferstandenen Liebe als eine himmlische; er ist erschüttert, wie könnte er sonst von dem erträumten Fluge in andere Sphären lassen. Aber doch weist er die Botschaft schroff zurück: sie ist für »weiche Menschen« bestimmt, die sich mit dem Glauben an Wunder helfen und trösten. Er, in harter, männlicher Wahrhaftigkeit, glaubt nicht. Und doch ist er bewegt. Nicht der Wahrheitsgehalt der Botschaft, aber Jugenderinnerungen, die sich mit diesen Klängen unlösbar verbunden haben, kommen über ihn. Faust überläßt sich ihnen, einem ins Grenzenlose wogenden, jugendlichen Gefühl; dieses Gefühl fesselt ihn an die Erde, die er mißachtet. So mögen auch die Himmelslieder, die er nicht hören wollte, weiterklingen; und während dann der Chor der Jünger und der Chor der Engel die Verkündung erneuern, versinkt Faust in seinen Tränen, seiner von Erinnerungen belebten Liebe zur Erde, in sich selber, seinem Sehnen und seiner Wehmut, seinem glücklich-unglücklichen Ich. Wollte er nicht weich werden, und hat er darum die Botschaft an weiche Menschen verwiesen? Aber es ist doch offenbar, daß nicht der Glaube weich ist, der hört, was geoffenbart wurde: das furchtbar ernste, den Tod bezwingende Wort; weich ist der seiner Jugend Nachtrauernde, dem Glockenton und Chor nur eine unbestimmte, seine Gefühle erweckende, ihnen schmeichelnde Musik sind – wie ihm Gebet Genuß war.

Die Worte »Christ ist erstanden!« lösen Faust aus dem selbstgewählten Tode. Faust ist vorerst gerettet; nur den Retter erkennt er nicht an. Über das klare Wort erhebt sich das gestaltlose, durch Wald und Wiesen treibende, ins Unendliche drängende Gefühl. In Faust ist jene verhängnisvolle Weichheit, die, um sich selber zu entgehen, sich in die Härte und Gewalttätigkeit flüchtet; Weichheit, die nicht zur echten Form gelangt und darum eine scheinhafte Form erzwingt; diese Weichheit, das Sichausliefern an Gefühle, an deren

Stelle die in klare Bilder gefaßte Wahrheit, die konkrete Wirklichkeit stehen sollten, ist gewiß nicht Faustens rein persönliches Verhängnis; Goethe hat an dieser Stelle eigene schwere Gefahren und solche seines Volkes ausgesprochen. Faust und sein Schicksal stehen, wie gesagt, nicht für den Dichter allein; der Dichter ist ja damit fertig geworden in lebenslangem Kampfe; um so bedeutender ist die Rolle Faustens für alle, die nicht als Gestalter, wohl aber als miterlebende Vollzieher der Dichtung ihren Gefahren begegnen müssen. Unabhängig von Glauben und Unglauben besteht die Tatsache, daß Faust nur gerettet werden konnte, weil seine Kindheit und Jugend von den Ausstrahlungen der Heilswahrheit durchdrungen waren; sonst hätte der Gesang der Engel die mächtigen, zur Erde zurückziehenden Erinnerungen nicht erweckt. Das Gefühl ist »alles«, nicht das Wort. Gegen das Wort hat Faust eine so entschiedene Abneigung, daß Mephisto, in versteckter Genugtuung, auf wahrhaft diabolische Weise ihn verspottet:

Faust: Wie nennst du dich?
Mephisto: Die Frage scheint mir klein
Für einen, der das Wort so sehr verachtet.

Der Christus, das Wort selber, nicht nennen will, wird auch das Wort für den Widersacher nicht finden, mindestens dieses Wortes in seinem ganzen Ernste nicht bedürfen, nicht einsichtig werden. Da Faust in eigenmächtigem Wahne sich vermißt, das Wort der Schrift zu verfälschen und Sinn und Kraft und endlich die Tat an den Anfang zu setzen, ist Mephisto unter der Gestalt des Pudels schon im Zimmer, ist der Weg im Schatten der Magie schon angetreten. Die berühmte Umfälschung geschieht im Machtkreis des Widersachers, und in diesem wird Faust umgetrieben, bis er endlich, blind und von Schuld beladen, glaubt, die lebenslang ersehnte Tat zu tun, während nicht seine Werkleute, sondern die Lemuren geschäftig sind.

Aber wir möchten noch verweilen vor dem Weinenden, der Qual und Freude seiner Erinnerungen sich Hingebenden, über dem der Engelsgesang verhallt – für ihn keine Botschaft, sondern nur ein sentimental empfundener Klang. Vielleicht ist diese Szene das größte Symbol der deutschen Bühne oder doch eines ihrer größten. Hier wäre noch eine Rettung im wahren Sinne möglich; in der nächsten Szene schon werden Fausts Blicke auf dem Osterspaziergang von dem ihn umkreisenden Pudel gebannt; die Unruhe des Tieres zieht seine eigene innere Unruhe mächtig an; er muß den Pudel herbeirufen; die Worte »Geselle dich zu uns! komm hier!« sind wohl die dämonischsten der Dichtung. Jetzt aber singen die Engel noch über dem Weinenden: Christ ist erstanden. Er hat sich zu leben entschlossen; diesen Entschluß verdankt er der Verkündigung: müßte er sie nicht annehmen? Welches Leben könnte er, so nahe dem Tode, empfangen haben, wenn nicht ein Leben, das sich unter den Retter, die Offenbarung stellt? Ist er nicht vom Tode erstanden aus der Kraft Christi? Er weint um Wiese und Wald, um der Frühlingsfeier freies Glück, um die Erde, aus der »seine Freuden quillen«, die Sonne, die seinen Leiden schien, obwohl sein ungebändigter Geist die Freuden der Erde nicht zu halten vermag; er weint um das Vergangene, um den Genuß, den er nicht zu genießen vermochte, um die »frohe Zeit«, von der wir uns nicht denken können, daß sie wirklich froh für ihn gewesen sei, um das »Blendwerk der Erscheinung«, das er, als ein Unheilbarer, bald wieder verfluchen wird, mit allen Gaben und Gütern der Welt, der Liebe, des Geistes; er weint, übermächtigt von seinem lange erstarrt gewesenen, unter dem Strahl der Gnade wieder auftauenden Herzen, ertrinkend in seinem Gefühl.

Dies allein ist ihm geblieben; der Geist, der sich schon göttliche Gewalt anmaßte und mit Zaubers Kraft, magischen Zeichen vertrauend, nach dem Innersten der Natur zu greifen wagte, hat sich tödlich verletzt an den ihm gezogenen Schranken; Faust, der unter dem Chor der Engel wie unter einer betörenden Musik sich der Erde überläßt, ist schon ein Gescheiterter; das Scheitern ist seinem Lebensgefühl eigen; es ist ein Unvermeidliches, das ihm und der Menschheit und Schöpfung gemäße Los – und es ist ebenso merkwürdig wie bedeutungsvoll, wie oft die Wendungen »zugrunde gehen« oder »zerscheitern« im ersten Teil der Dichtung wiederkehren. Nur das Gefühl bleibt noch, ein Drang, das Leben zu durchstürmen um des Lebens willen. Damit ist die Stunde des Dämons gekommen. Der vom Gefühl Übermannte, im Geiste Gescheiterte ist des Teufels Beute. Aber gerettet wurde er von der Gnade, deren Stimme nun verhallt. Auf einem ungeheuern Umweg, durch die dunkelste Nacht der Schuld, satanische Abgründe, über das Blendwerk der Erdenmacht, die, auf Teufels Künsten ruhend, gleich einem Wolkengebirge sich auftürmt und wieder verfließt, den leidenschaftlich gewollten, erzwungenen Traum vom Altertum und seiner hinfälligen Herrlichkeit drängt sich der Gescheiterte, fort und fort aufs neue scheiternd und nur durch Teufelswerk beschützt, dem Zusammenbruch des letzten Erdenwerkes entgegen. Hier aber war die Wegscheide; durch Gottes Barmherzigkeit wird er am Ende den Gesang der Engel wieder vernehmen, den er jetzt nicht hören will.

Faust, der diesen Weg einschlägt, ward als ein rastlos Strebender verherrlicht; der Dichter hat ihn als solchen gedacht. Aber sollten wir nicht einmal die Frage wagen nach dem Unterschied zwischen einem Streben im Sinne Dantes, einem begnadeten Empordringen durch das Geschaffene, und heillos-unheilbarer Unzufriedenheit, die in keiner Lage zu verharren vermag? Gilt hier nicht Mephistos Wort:

Denn ein vollkommener Widerspruch
Bleibt gleich geheimnisvoll für Kluge wie für Toren.

Ist dieses Streben im Sinne Faustens nicht ein vollkommener Widerspruch? Mephisto soll dann gewonnen haben, wenn es ihm gelingt, den Helden jemals schmeichelnd zu belügen, daß er »sich selbst gefallen mag«. Hohes und Tiefstes wallen durcheinander:

Nur keine Furcht, daß ich dies Bündnis breche!
Das Streben meiner ganzen Kraft
Ist grade das, was ich verspreche.
Ich habe mich zu hoch gebläht;
In deinen Rang gehör ich nur.
Der große Geist hat mich verschmäht,
Vor mir verschließt sich die Natur.
Des Denkens Faden ist zerrissen,
Mir ekelt lange vor allem Wissen.
Laß in den Tiefen der Sinnlichkeit
Uns glühende Leidenschaften stillen!
In undurchdrungnen Zauberhüllen
Sei jedes Wunder gleich bereit!
Stürzen wir uns in das Rauschen der Zeit,
Ins Rollen der Begebenheit!
Da mag denn Schmerz und Genuß,
Gelingen und Verdruß
Miteinander wechseln, wie es kann;
Nur rastlos betätigt sich der Mann.

Wie könnte wohl eine in rühmlichem Sinne rastlose Betätigung des Mannes gleichgesetzt werden mit dem gewollten Sturz in die Tiefen der Sinnlichkeit, die Glut der Leidenschaften, die bald aus dem irdisch-menschlichen Bereich hinübertreibt in den satanischen Flammenschein des Blocksbergs! Was verspricht Faust? Lebensgier ohne Maß, Sünde oder männliche Tat, uneingeschränkte Hingabe an Taumel und »schmerzlichsten Genuß«, wie er gleich darauf sagt – oder doch wieder das »Genießen« dessen, was der ganzen Menschheit zugeteilt ist, und das Trachten nach dem Höchsten und Tiefsten, das der Menschengeist erschwingen kann? Ja, welchen Widerspruch verspricht er nicht, und auf welche unbegreifliche Weise verschlingen sich hohe Vorstellungen mit allzu irdischem Trachten, gleitet das so wert gehaltene »Streben« in das roheste Schwelgen und selbst in das Gemeine ab, bis es sich folgerichtig auf den Blocksberg emportragen läßt! Dürfte die Verwirrung nicht daher kommen, daß es Faust vor allem daran liegt, ein Unzufriedener zu sein und zu bleiben? Nicht erkennendes Schauen, dem der Dichter der »Göttlichen Komödie« entgegenpilgert, nicht die gestaltende, ordnende, machtvolle Tat – denn was wird am Kaiserhofe nun tatsächlich bewirkt? – sind das Ziel; sie beide setzen ja die Fähigkeit zu verweilen voraus, aber gerade verweilen will Faust um keinen Preis; es ist, als gäbe er sich selber auf, wenn er verweilen wollte. Verweilen wollen, das heißt für den Tod bereit sein; sollte ihn dieser Wunsch ankommen, so ist das Leben nicht mehr lebenswert. Noch durch die höchste Gemeinsamkeit mit Helena rinnt die Zeit, und Faust fühlt sie erschauernd als das Eigentliche, dem er nur für einen Augenblick kraft seines Willens widerstehen kann; »Dasein ist Pflicht, und wär's ein Augenblick«. Euphorion, der mit meteorischer Schnelle Kindheit und Jugend durcheilt, aufstrahlend sich emporschwingt und niederstürzt, ist das leuchtende Symbol dieser ins Wesenlose treibenden Hast. Fausts Leben ist eine einzige Flucht; es ist im Grunde kein erfahrendes, erwerbendes Streben, sondern ein spukhaftes Geschehen; auf eine höchst merkwürdige Weise hat der zweite Teil der Dichtung bis in die herrlichsten Szenen, die großartigsten Sprachgebilde, derengleichen die deutsche Dichtung nicht mehr dargeboten hat, den Charakter des alten Zauberstückes bewahrt; erst der erste Teil des fünften Aktes senkt sich auf diese unsere Erde nieder als eine wahrhaft tragische Dichtung von einzigartiger Wucht und Düsternis. Das Tragische bleibt ja an die Wirklichkeit und an die Realistik des Stiles gebunden: Shakespeare hat die Tragödie im Märchen überwunden. Darum zerfließen die Erschütterungen des Helenadramas, sobald sich Mephisto als Zauberkünstler und damit wieder als Zerstörer entlarvt. Das »Faustische«, nach dem wir schon Zeitalter und Kulturkreise benennen wollten, bedeutet die schuldbeschwerte Flucht des gescheiterten, nicht befriedbaren Geistes durch alle Räume der Welt, des Abgrunds, der Geschichte. Weder von der Welt noch von sich selber kann Faust irgendeine Hilfe erwarten, seit er mit Frevelswort sich und die Welt verfluchte. Dies fühlt er am Ende, da die vier grauen Weiber sein Gemach betreten. Er hat sich, versehrten Geistes, an der Welt und sich selber versündigt; er kann keine gute, echte Beziehung zur Schöpfung mehr finden. Aber wo wäre diese Beziehung auf eine schönere Weise gelebt worden als in der Hütte Philemons und der Baucis, im Schatten des morschen Kirchleins und der Linden? Hier waltet Liebe, die Jahre und Leidenschaften überdauerte; Liebe, die eben nur in der Nachbarschaft des Heiligen blüht. Ihr war es gegeben, im engsten Kreise wahrhaftig wohltätig zu sein, während für Faustens ungeheuerlich-ehrgeiziges Werk »Menschenopfer mußten bluten« und »Nachts des Jammers Qual« erscholl. Hier allein, im Lindenraume, leben zwei Menschen im Einklange mit der Schöpfung – so wie Gretchen einst lebte, ehe der Versucher über sie kam. Hier ist die Welt nicht Beute, sondern anvertrautes Gut. Faust will sie als Beute. Wir dürfen nicht einen Augenblick vergessen, daß Faust seine ganze Bahn im Schatten Satans durchstürmt. Die Aussage vom Wesen des Satanischen gehört ja zu den wesentlichen Inhalten des Gedichts. Wenn auch der Teufel am Ende als ein Betrogener erscheint: seine Macht auf Erden, im Geisterreich, in der Geschichte gehört zu den wichtigsten Momenten der von Goethe dargestellten Welt. Wie wenig machten die Erben sich diese Einsicht zunutze! Sie vergötterten den strebenden Faust; den Teufel, dessen Gestalt wahrlich von einem andern Gusse ist, nahmen sie nicht ernst, konnten sie doch darauf vertrauen, daß er zwar das Böse wollte, aber doch das Gute schuf! Gehört es aber nicht zum Schrecklichen dieser Welt, daß selbst am Guten der Teufel mitwirkt; daß er als mächtige, konkrete Person auf keine Weise aus dem Drama der Geschichte wie der Seele und auch der heiligen Geschichte wegzudenken ist? Grillparzer notierte 1836 in seinen Studien, daß Goethe »allerdings auch etwas Mephistophelisches in seiner Natur hatte, was sich besonders darin zeigte, daß er auch den Mephistopheles in den andern leicht erriet«; das Gewaltig-Diabolische, das verneinen will, stellte dem Dichter als eine zu überwindende Macht die Lebensaufgabe, deren tödlichen Ernst wir uns nur schwer vergegenwärtigen können.

Das Diabolische kam nicht von ungefähr an Faust heran; es ist schon in ihm: wie er die Welt zerstört, so zerstört er die Menschen. Einst, zur Pestzeit, hat er mit falschen Arzneien »weit schlimmer als die Pest getobt. Ich habe selbst das Gift an Tausende gegeben«. Bedenkenlos verfügt er über die erzauberte Heereskraft, über die Arbeiter am Dammbau; so hat er schon Gretchens Lebenskreis und die Geliebte zerrüttet, die für die Rettung geeignete Zeit in infernalischer Gesellschaft auf dem Blocksberg versäumt oder verschwelgt – wie schwächlich, ja töricht ist der Vorwurf, den er dessentwegen Mephistopheles macht: er habe ihm Gretchens Elend »verheimlicht«. Faust liebt die Erde, an der er mit klammernden Organen hängt, aber er verdirbt sie und ihre Bewohner; das Aufleuchten der Feuersbrunst in dem von Lynceus gepriesenen Frieden und das Zusammensinken der alten Linden in den Flammen ist nur Symbol der von Faust ausgehenden Verderbnis:

Bis zur Wurzel glühn die hohlen
Stämme purpurrot im Glühn.

Der Schauder, der ihn ergreift, da er von den Müttern hört, gilt nicht allein dem unergründlichen Geheimnis des verborgenen Werdens und Bewahrens; er gilt auch der persönlichen Schuld. Am Mütterlichen, der Mutter selbst, hat sich Faust auf das furchtbarste versündigt. Aber der auf diese Weise mit dem Geschaffenen schaltet, bekennt, nachdem er den schwersten Frevel der Weltverfluchung bereits auf sich geladen hat und nun, von Mephisto geleitet, in die Welt hinaus soll:

Vor andern fühl ich mich so klein;
Ich werde stets verlegen sein.

Die Anmaßungen seines Geistes und seine Lebensform standen in einem Widerspruch, den wir schon deutsch nennen müssen.

Mit dem allem soll nicht der Dichter, sondern der Kultus des faustischen Ideals getroffen werden: die Apotheose des scheiternden Verderbers. Er wurde von Goethe auf eine solche Weise gebannt und überwunden, daß er als Lebensform nicht mehr gepriesen oder in Anspruch genommen werden sollte. Die Werke der großen Dichter haben die Gnade, den Völkern, aus denen sie hervorwuchsen, zur Selbstbegegnung zu verhelfen. Und nur dann nehmen wir diese Werke so ernst, wie es ihnen gebührt, räumen wir ihnen die geschichtliche Wirkung ein, die sie fordern müssen, wenn wir nach dieser Selbstbegegnung trachten. Wie der Don Quichotte als Aussage eine Kritik am spanischen Volke ist – so ist der »Faust« eine Kritik am deutschen. Die Kritik eines Dichters aber ist kein Nein: ein Künstler kann nicht verneinen, nur bilden. Ein Gebild hat seine Existenz, die nicht mehr aufgehoben werden kann; es vermag zu warnen, zu leiten oder zu verführen, aber immer mit den Mitteln der Erschütterung, der ihm einwohnenden Schönheit. Nur müßte es ganz klar sein, daß die Gefolgschaft Fausts in tiefe Schuld, in die Sünde am Geschaffenen und endlich zum »Zerscheitern« führt; wir würden Goethes Vermächtnis mißachten, wenn wir dies nicht sagen wollten. Ein anderes ist dann, ob wir uns doch für Faust entscheiden, oder ob wir im Augenblick des völligen Zusammenbruchs unserer Eigensucht und Eigenmacht, da wir den Gesang der Engel über uns vernehmen, uns aufraffen und eine Rettung suchen, die Faust nicht suchen wollte. War es doch nicht allein die Entscheidung über sein persönliches Schicksal, sondern die Mahnung an die Mitverantwortung für das Weltgeschick, die sich anmeldete mit den Worten: Christ ist erstanden. Hätte Faust den Gesang angenommen, hätte er ihn gelebt: welchen Weg hätte dann die Geschichte eingeschlagen? Denn daß ein geistiges Ereignis dieses Ranges mächtig in die Geschichte wirkt, ein Bahnbrecher geschichtlicher Entwicklungen ist, kann nicht bezweifelt werden. Aber Faust ist an die dunkeln Mächte gefesselt: Magie kann er nicht von seinem Pfad entfernen; sein Lebensdrama ist das eines Besessenen; und insofern steht die Dichtung wie ein Wartturm über einem eben, zur Zeit ihres Entstehens, sich öffnenden Feld der Geschichte, das bis in weite Fernen überschaubar wird.

Die Ära Goethes ist die Ära der Französischen Revolution und Napoleons, vor allem aber der Vorbereitung eines bisher beispiellosen Angriffs unterirdischer Mächte auf den Menschen, seine Würde und seine Ordnungen und den Frieden der Erde. Diese geschichtlichen Gewalten, die im Gesang an Kronos bejahte Hölle, sind eingestürmt in die Dichtung; aber auch das tief Zwiespältige einer Zeit, die von Dämonenscharen verfinstert war und zugleich am Ideale höchster Menschlichkeit dichtete, hat der Dichtung seinen Stempel aufgeprägt. Ähnlich wie Wallenstein, eine prophetische, die Ära Napoleons vorwegnehmende Gestalt, von seiner Begierde zur Erde gezogen wird und als Feldherr und Staatsmann ein ebenso gewagtes und freventliches wie ehrgeiziges, von Grund aus lügenhaftes Spiel treibt und zugleich vom Glücke der Menschheit schwärmt, das er vorzubereiten gedenkt – Napoleon hat es nicht anders getan, prahlte er doch noch im Schlitten auf der Flucht durch die Schneewüste von Völkerfrieden –: so auch schwankt Faust zwischen der Hingabe an seine Eigensucht und dem Durst nach der Menschheit; zwischen den Verruchtheiten der Tiefe und weltbeglückenden Träumen. Das Wort ist hart und kann doch nicht unterdrückt werden, daß einer niedrigen Absicht niemals ein idealer Schein, hochgestimmtem Streben selten der Nachklang eines derben Verlangens fehlt. Sind die zwei Seelen daran schuld? Ist es wirklich die Seele, die auf den Blocksberg will; die Seele, die sich im Weltbesitz beeinträchtigt fühlt, weil ihr ein paar Linden und ein armes Stückchen Land nicht gehören? Wie oft mußte unsere Sprache leiden für unsere Unaufrichtigkeit, und das heilige Wort Seele wurde in Anspruch genommen für Neigungen des Fleisches, die niemals in den Bereich der Seele dringen: Dies ist ja eben das Furchtbare, daß Faust sich nicht selbst erkennt oder sich über sich selbst betrügt; daß er nicht unbedingt wahrhaftig ist, wie es doch selbst ein großer Sünder sein könnte. Muß er nicht das Wort verwerfen, weil die Wahrheit nur Wort für ihn ist, nicht Macht? Er kennt Mephisto; er weiß, mit wem er den Pakt geschlossen. Wie kann er glauben, daß ein solcher nicht allenthalben Unrecht tut, die Menschen verletzt, das Lebendige kränkt, die Welt verdirbt, wo er immer ihrer habhaft wird? Ist Faust nicht das groteskgigantische Ich, das die Philosophie jener Jahre konzipierte in seinem schauerlichen Mißverhältnis zur Welt? Können Gefühle der Liebe, die eines solchen Menschen Brust durchwehen, mehr als flüchtigste Träume sein? Und haftet nicht gerade ihnen der Frevel an? Wie sollte Faust einen Augenblick vergessen, daß dieses ganze Leben, die Liebe des armen Mädchens, die Gaben ihres Herzens: daß all dieses Scheinglück erschlichen ist und dieses Dasein mit dem Fluch auf die Welt und die Liebe begonnen hat! Woher nimmt Faust dieses ungeheuerliche Recht? Aus seinem Schmerze, seiner Verzweiflung, seiner Lebensgier? Und wenn ein solches Ich jemals im Rechte sein sollte: stürzt dann nicht die Welt aus den Angeln? Aber weit schlimmer: er lebt in erborgter Gestalt.

Da er nicht ist, der er ist, so ist eine jede Tat, eine jede Gebärde, eine jede Silbe nicht wahr. Im Grunde sind Faust und Wallenstein Verwandte Siegfrieds. Die Tarnkappe ist ein deutsches Symbol.

So strebt alles dem finstersten Ausgang zu. Faust, der die Welt hundertfach betrogen hat, als Arzt und Lehrer, in der Liebe, in Kaisers Diensten und mit Werken der Wohltätigkeit, muß als Betrogener sterben. Aber Faust, der sich selbst hätte retten können, wenn er die Botschaft der Engel angenommen hätte, wird gerettet nach seinem Tod. Als die Dichtung noch in Goethes Todesjahr erschien, hat Nikolaus Lenau daran leidenschaftlich Anstoß genommen; er meinte, daß es für Faust kein Heil habe geben können, und versuchte mit seinen Mitteln, an seiner Stelle, die Verdammnis des Unseligen zu gestalten. Goethes entschieden zur Bejahung drängende Natur hätte es wohl schwerlich vermocht, ein Leben lang eine Gestalt mit sich zu tragen und mit den Kräften seines Herzens zu speisen, die in einem mehr oder weniger bestimmten Sinne für die Ewigkeit als verloren hätte angesehen werden müssen. Er kannte die Dämonie, die furchtbare Nähe des Nein – wie sicher treffen über die ganze Breite der Dichtung die Verneinungen Mephistos ihr Ziel! – eben darum vermochte er mit dem Nein nicht zu schließen. So hatte er, als er in dem Gedichte »Eins und Alles« mit den Versen

Denn alles muß in nichts zerfallen,
Wenn es im Sein beharren will!

einer scheinbaren Verneinung nachgegeben hatte, bald aufs entschiedenste widerrufen:

Kein Wesen kann zu nichts zerfallen!
Das Ewge regt sich fort in allen,
Am Sein erhalte dich beglückt!

[VERMÄCHTNIS]

»Ich habe«, sagte er zu Eckermann, am 12. Februar 1829, »dieses Gedicht als Widerspruch der Verse: Denn alles muß in nichts zerfallen, wenn es im Sein beharren will etc., geschrieben, welche dumm sind, und welche meine Berliner Freunde, bei Gelegenheit der naturforschenden Versammlung, zu meinem Ärger in goldenen Buchstaben ausgestellt haben.« Zu viel Welt im größten Sinne war um Faust entfaltet, war auf seine Schultern gelegt, zu viel gültige Weisheit ihm anvertraut worden. Ist doch der Weisheit letzter Schluß von der gebotenen täglichen Eroberung der Freiheit wie des Lebens nur eine Entsprechung evangelischer Wahrheit: das christliche Leben ist auf das »Heute!« angewiesen; im fortwährenden Heute entscheidet sich das Heil: »sondern ermahnet euch selbst einander alle Tage, so lange es noch ›heute‹ heißt.« [Hebr. 3, 13.]

Faust war Gottes Knecht von Anfang an, der Ratschluß der Gnade, den wir Menschen nicht durchdringen, war längst über ihn gefallen; Faust ist, nach dem Urteil Gottes des Herrn, »gut« und sich des rechten Weges wohl bewußt. Zwischen diesen Worten und Fausts Handeln, selbst seinen Absichten, klafft der unverheilbare Riß des Gedichts. Das Wort: »Wer immer strebend sich bemüht«, hat gewiß seine Geltung. Nur: Gilt es für Faust? Wir vermögen uns die Vollendung eines Menschen nicht zu denken ohne die Wiedergeburt, das Metanoeite!, die Sühne und Wandlung. Aber auch wenn wir auf diese Ordnung verzichteten und Faust in seine eigene zu stellen suchten, würden wir die Fragen nicht los. Hat Faust wirklich gestrebt, strebend sich bemüht? Oder hat er nicht vielmehr mit den Worten: »Ich bin nur durch die Welt gerannt?« die Wahrheit ausgesprochen? Daß Faust um seines Strebens willen erlöst werden könne, bleibt unbegreiflich. An dieser Stelle neigt sich das Mysterium herab: Fausts Unsterbliches gelangt in den Strahlenkreis der Mater Gloriosa. Der sich an der Mutter versündigte, findet in der Mutter die mächtigste Fürsprecherin – so wie die Welt sich an der Gottesmutter versündigte und ihr, die sich in freiem Gehorsam der Botschaft des Engels beugte, alles Heil verdankt. Das Ewig-Weibliche zieht hinan durch die Schuld des Mannes an der Mutter, welche Schuld zur felix culpa wird. Der Herr, an den der Chor der Osternacht mahnte, erscheint nicht mehr; aber alle Herrlichkeit der Gottesmutter und der sie umwallenden Scharen kommt von ihm; durch die Mutter gelangt Faust in Seinen Kreis: es sind die »höhern Sphären«, zu denen Gretchen hinaufführen wird, nun ihr Schmerz sie der Gottesmutter annäherte.

Vielleicht sind diese letzten Gesänge der Dichtung auch in bezug auf die Geschichte die ahnungsreichsten; vielleicht hat eben die Stunde begonnen, da diese Verse und Gedichte sich entsiegeln. Weder vom Sittlichen noch vom Theologischen her kann die Lösung hinreichend begründet werden; als Prophetie wird sie vielleicht verständlich. Über dem Trümmerwerk faustischen Lebens erstrahlt die Glorie der Gottesmutter in einer bisher noch nicht erschienenen Macht. Das Faustische endet an den Grenzen des Reiches, über dem die Mutter Christi thront. Der Frevel am Mütterlichen, dieser eigentlich faustische Frevel, kann nur von der Mutter verziehen werden. Faust hat die Welt getäuscht und verwüstet, weil sein sich verzehrendes Ich sich nicht an ihr sättigen konnte. Mit der Verehrung der Mutter beginnt eine neue Welt: eine Ordnung, die Faust nicht mehr zu erschüttern vermag, weil er für sie keine Versuchung, kein Halbgott mehr ist. Faust findet Frieden im Geheimnis mütterlicher Barmherzigkeit: nicht in der Täuschung, sondern in der Wahrheit der höhern Sphären selbst. Und dann ist Faust freilich nicht mehr der er war; »belehrt« von der Büßerin, die für ihn eintritt, wird auch er, der bisher keine Buße leistete, zu denen gehören, die »dankend« sich umarten werden, zu Verherrlichern der Mutter des Herrn. Hier ist echter Kultus, nicht mehr die Vergötzung des Gescheiterten; hier geht die Tragödie über in das Mysterium, ist das Ende strahlender Beginn. Aber es geschieht in einer andern Dimension als die, in der Faust lebte und irrte; das Wort, das hier gesprochen wird, kann nicht im Feuer verbrennen wie das Werk: es ist das Wort der Seligkeit, das Wort vom Frieden des deutschen, des abendländischen Geistes. In der Verehrung der Mutter, in der unbedingten Achtung vor ihr, ist Friede. Der Geist, der Gottes Mutter verehrt, wird eine Erleuchtung erfahren, die Fausts irdische Errungenschaften weit überstrahlt. Was immer man sagen mag gegen den Schluß des »Faust«, der ja auch von der Gestalt der Dichtung her anfechtbar bleibt, die Tragödie strebt, von divinatorischer Kraft getragen, in das Geheimnisvoll-Sakrale und kann nur von dort her ganz ernst genommen, wirklich verstanden werden. Es gibt keine Macht der Welt, die sich Faustens erbarmen könnte, es sei denn die Mutter, die er am furchtbarsten verletzt hat. Gegen die Rechte der Mutter hat sich die faustische Eroberungssucht aufgelehnt, an den Rechten der Mutter wird sie schuldig; allein in dieser Schuld ist noch Heil. Aber die Mutter ist mächtig durch Christus; in den verborgenen höheren Sphären führt sie den Empörer zu Christus zurück. Faust, dessen irdisches Herz daran verbrannte, daß »wir nichts wissen können«, und der verbrannten Herzens die Welt verheerte und selber zum Fluche ward, wird von Gretchen in den Bereich des wahren Wissens, der Wahrheit emporgeleitet; er vermochte weder sich noch andere zu führen: nun aber ist er von der Gottesmutter der Liebenden anbefohlen, die als verlassene Mutter ihr Kind getötet hat und wider Willen am Tod der eigenen Mutter mitschuldig geworden ist. Die Schwerter sind durch Gretchens Herz gegangen, nicht die heiligen, die Mariens Herz durchbohrten, sondern die Schwerter der Erdennot; aber ihr Schmerz und ihr Glaube, der die Wirklichkeit des Diesseits und Jenseits unvergleichlich besser verstand als Faustens Zweifelsucht, haben sie mit dem Widerschein Mariens verklärt: an Gretchen sind die einzigen Worte gerichtet, die die Mater Gloriosa spricht; sie gelten der Rettung Fausts. Und erst hier, in der Region der Gottesmutter, wird das Faustische wirklich bezwungen und gelöst: das Scheitern auf Erden würde ja keine Lösung im letzten Sinne bedeuten, ist doch das von Anfang gefühlte, sogar gewollte Scheitern der Zug zum Nichts, eine Geschichtsmacht, deren Drohung nicht aufgehoben wird. Die Lösung liegt in der Befriedung des faustischen Geistes; darin, daß er, übermächtigt vom Licht, zum Anbetend-Schauenden wird. Faust ist gewiß nicht der alleinige Vertreter des Abendlandes: ihm und Hamlet steht die Welt Dantes gegenüber. Weder vom Dichter des Faust noch des Hamlet können wir sagen, daß sie ihre Helden ausschließlich gelebt haben: für Goethe wie für Shakespeare gab es weite Bezirke des Schauens, die ihre berühmtesten Helden nicht mit ihnen teilten. Den Abendländern, in denen das Faustische mächtig war, begegnen in ruhiger Sicherheit der Heilige von Assisi, Albertus Magnus und Thomas von Aquin, Dante und Calderon, aber mit Faust würden sie am Ende einstimmen in die hingerissenen Worte des Doctors Marianus an die Jungfrau, Mutter, Königin. Denn die Welt, die Geister und Völker bedürfen der Mutter, der unversehrbaren, die zum Himmel emporstieg und doch auf der Erde blieb; und das Lob der Gottesmutter, das über den Ruinenfeldern der Geschichte nur um so eindringlicher tönt, ist erst der Weisheit letzter Schluß. Aber das Drama, das nun beginnt, die Umartung Fausts, der danken lernt, entzieht sich unsern Blicken.

Nun, da es sehr spät geworden ist und allenthalben die Türme wanken und Richtbilder verblassen, blicken wir noch einmal auf Goethes Leben und Werk, auf beider geschichtlichen Ort zurück. Welch einen Ansturm der Geschichte hat Goethe erfahren! Sie hat sein Leben in drei Teile zertrümmert: die scheinbar leichte und freie, von der Gewalt der Jugend durchstürmte und mehr und mehr sich umwölkende Epoche vor der Französischen Revolution; die Zeit der Revolution und Napoleons, den hemmungslosen Einbruch des Dämonischen in die Geschichte; und die bleierne Ruhe danach, über der sich wieder die Wolken ballten. So spielen auch alle Stile abend-

und morgenländischer Dichtung, fast alle Haltungen des Abendländers in Goethes Werk; es bleibt Fragment im größten Sinn, eine gewaltige Masse vollendeter und nicht vollendeter Gebilde, die sich über eine weite Ebene ausbreiten; das Werk gleicht einem an Schwemmgut überreichen Stromdelta, über dem heimatliche und fremde Vögel einander begegnen und mit den wundersamsten Liedern grüßen. Fragment bleibt das Geschichtsbild, gleichwohl der großartigste Entwurf eines solchen Bildes, den die deutsche Dichtung uns geschenkt hat; die Mitte der Vision, wo der Herr der Geschichte in seiner Majestät erscheinen müßte, ist leer. Die geplante geistige Bewältigung der Französischen Revolution, die uns eine Geschichtsdichtung ohnegleichen dargeboten hätte, ruhte, nachdem der Anfang [in der »Natürlichen Tochter«] auf das herrlichste gelungen war. Aber unbestimmt bleibt auch die Forderung an den Menschen: der vollendeten Menschlichkeit, die »Tasso«, »Iphigenie« und »Wilhelm Meister« fordern, steht mit erdrückender Wucht die dämonische Zerrissenheit Fausts gegenüber, der von einem ganz andern Raume umgeben ist als jene. Hätte nicht Goethe, der Sohn der Krönungsstadt, der Zeuge der letzten ermattenden Kaisermacht und ihres Endes, eben von Gnaden des Reiches Sprecher des Abendlandes sein können, sein müssen? Denn nur das Abendland konnte sich als neue geschichtliche Form über das Reich erheben. Wir wissen nicht, ob eine solche Mission ergreifbar, vollziehbar war, ob sie dem Dichter und den Gegebenheiten seiner Existenz entsprach. Aber wir können uns auch nicht verbergen, daß Goethe dieser Sprecher nicht ist. Das Werk, das Bild, der Anruf – und mit ihnen auch das Leben – ermangeln der letzten Bestimmtheit; der vom Dichter so sehr gehaßte Nebel umwogt die Werkstatt, den Meister. Um so bewundernswerter ist die Klarheit einzelner Gebilde; um so echter die nordische Absonderlichkeit und Ungeheuerlichkeit anderer, die des Dichters Kunstansichten zwar auf das schroffste widersprechen, aber dennoch Zeugen seiner gewaltigen Bildkraft sind. Uns aber geht es nun, da – sicherlich nicht von Menschenhand – die Axt an die Wurzel gelegt ist, nicht mehr um die ästhetische Bewertung, und selbst die Liebe zum Dichter darf das letzte Wort nicht sprechen; es geht vielmehr um das letzte Wort, das hilft; um das Wort, das mächtig genug ist, das Erbe unseres Geistes über den aufgeklafften Abgrund zu tragen. Noch mehr, als wir wohl ahnen können, wird am diesseitigen Rande des Abgrunds zurückbleiben oder in die Tiefe stürzen. Welches Wort aber überdauert Weimar und Frankfurt und Königsberg und all die Stätten, um die wir die Trauer, solange wir noch leben werden, nicht eine Stunde aus unserm Herzen bannen können? Faust, der sich der Magie ergab, weil sein herrischer Geist es verschmähte, in verehrender Demut schauend zu lernen; Faust, dem die Gewaltigen des Abgrunds dienen mußten, ist der große Held der Untergänge, die wir erfahren: aber auch Faust hat, wie eine jede aus der Geschichte hervorgewachsene Gestalt, seine Zeit, die ihm die Geschichte begrenzt. Während die Erde dröhnt und das Verderben über alle ihre Fluren und die letzten Hütten herniederzustürzen droht, sehen wir Fausts hochragenden Schatten an Gewalt verlieren; er zieht die Menschen nicht mehr zu sich heran wie einst; er entschwindet zwischen Flammen und Trümmern mit dem ganzen ungeheuerlichen Hexenwerk, das ihn umflimmert, und wieder hören wir die ekstatische Stimme des auf dem Angesicht anbetenden Doctors Marianus:

Werde jeder beßre Sinn
Dir zum Dienst erbötig;
Jungfrau, Mutter, Königin,
Göttin, bleibe gnädig!

Die himmlische Mutter wird Faust erlösen; sie wird die Welt heilen, die an Faust zerbrochen ist. 1. 6. 1944

FRANZ GRILLPARZER

Franz Grillparzers Drama ›Ottokars Glück und Ende‹ ist die einzige klassische Bühnendichtung, die das Reich, und zwar das Reich als geistige, sittliche und politische Ordnung, und damit das entscheidende Motiv der deutschen Geschichte auf der Szene vergegenwärtigt; Grillparzer hat mit diesem Drama eine Aufgabe ergriffen und gelöst, die in Weimar nicht angestrebt wurde. Es bleibt, daß im ›Faust‹ das Reich nur in gespenstischen, entleerten Formen erscheint, Ort der Zauberkünste Mephistos; daß Schiller, ungeachtet seines tiefen Sinnes für historische Formen, nicht das Reich auf die Bühne brachte, sondern den Verrat am Reiche im ›Wallenstein‹ und den Abfall im ›Tell‹; daß er diesen Abfall glorifizierte und dennoch in der unvergleichlichen Ballade vom Grafen von Habsburg das sakramentale Geheimnis des Reiches gestaltet hat. Vielleicht ist er sogar in diesem Gedicht, kraft genialer Intuition, tiefer in das Heiligtum gedrungen als der aus katholischer Tradition gekommene österreichische Tragiker. Ich möchte heute im wesentlichen von Grillparzers geschichtlicher Stellung und seiner Aussage von der Geschichte sprechen.

Wie ist er zum Dichter des Reiches geworden? Was war ihm darin gegeben und versagt? In seinem dramatischen Werk sind mehrere nebeneinander laufende Linien zu erkennen; die Griechendramen, die Lustspiele, die Leidenschaftsstücke in der Nachfolge der Spanier bilden solche Zusammenhänge, die im übrigen nicht schematisiert werden dürfen. Die glühende Phantasie des Dichters, die Verletzlichkeit seiner Natur, die Widerstände des Äußeren und Inneren stehen zueinander in schmerzhaftem Mißverhältnis; vieles blieb unausgeführt; es wäre Sache des Burgtheaters gewesen, den Dichter in seiner besten Zeit, nach dem gewaltigen Erfolge des ›Ottokar‹, zu der geplanten Reihe habsburgischer Königsdramen zu ermutigen. Nach allem Ermessen ist das die einzige Möglichkeit gewesen, Unwiederbringliches zu retten, das Eigentliche deutscher Geschichte uns auf der Szene, aus einer dramatischen Kraft ersten Ranges gegenwärtig zu halten. Denn Grillparzer kam zu sehr später Stunde. In seiner Nachfolge blieben nur noch die Aufgaben, die Hofmannsthal getragen oder erfüllt hat; Hofmannsthal ist in seinem Trauerspiel ›Der Turm‹ gewissermaßen durch das aus dem Geschichtlichen hinausführende Tor geschritten, an dessen Schwelle Grillparzer als Dichter der ›Libussa‹ ahnungsvoll schauend stehenblieb. ›Ottokar‹, der ›Bruderzwist‹ und ›Libussa‹ scheinen mir eine Einheit zu bilden, keine geschlossene, vielmehr eine fragmentarische. Grillparzers Konzeption des Reiches und deren Fortentwicklung spielen sich in ihnen ab; auch äußerlich ist eine gewisse Einheit gewahrt – so verschieden die Stücke sind – durch die Bedeutung, die Burg und Stadt Prag in den drei Trauerspielen haben. Hier wird Grillparzer zum Propheten; von dem Schicksalsfelsen, auf dem Ottokar von Böhmen sein strahlendes Gewaltreich zu festigen hoffte, blickte der alternde Dichter weit in das Künftige; er sah den Untergang aller Ordnung, die Heraufkunft derer, die nicht herrschen sollen und am Ende der Geschichtszeit in einem verklärten Diesseits die Wiederkunft des Reiches. Nur darum geht es mir heute; ich bin mir wohl bewußt, daß Grillparzer weit mehr zu sagen hat – und gerade jetzt, von Sittlichkeit, von Humanitas, vom Verhältnis zur Wahrheit. Sehen doch manche verehrende Kenner seines Werkes sein Höchstes in dem Liebesdrama ›Des Meeres und der Liebe Wellen‹, in dem in der Tat etwas gewagt und gelungen ist, was kein zweiter ungestraft versuchen würde. Anmut und Tragik sind nie inniger verflochten worden.

Wir müssen uns Grillparzers Stellung in der Zeit und die Probleme seiner Existenz vergegenwärtigen, wenn wir sein Verhältnis zur Geschichte verstehen wollen. Sein geistiger Ort ist ganz klar bestimmt: er fühlte sich in der Nachfolge Weimars; wie weit er auch im Menschlichen von Schiller entfernt war:

– wo Schiller die Kantische Forderung vertrat, gestaltete Grillparzer die menschliche Wärme der Reinheit –, so fest fühlte er sich als Dramatiker Schiller verpflichtet. Noch 1859, im Jubiläumsjahre, als Grillparzers Bühnendichtung längst verstimmt und verstummt war, bekannte er: ›Wenn meine Arbeiten nur irgendeinen Wert haben, so haben sie ihn dadurch, daß ich, ohne mich durch Spekulation und falsche Gründlichkeit irre machen zu lassen, immer den Weg gegangen bin, den Schiller uns Deutschen für lange, lange Zeit, wohl gar für jede künftige vorgezeichnet hat.‹ Vor der Übermacht der Persönlichkeit Goethes und seines Werkes versagte Grillparzer bei seinem Besuche in Weimar im Jahre 1826; er brach in Tränen aus und flüchtete vor einer zweiten Begegnung. Und was will es sagen, daß der Achtzigjährige in einem Dankschreiben an die Kaiserin Augusta sich ›gewissermaßen als ihr Untertan‹ bezeichnete. Der österreichische Legitimist nennt sich sechs Jahre nach dem 66er Krieg Untertan der Preußenkönigin, weil sie in Weimar geboren, eine ›Tochter Weimars‹ ist.

Hugo von Hofmannsthal hat einmal die preußischen und die österreichischen Werte in einer tendenzlosen Tabelle einander gegenübergestellt, ausgehend von der geschichtlichen Gegebenheit einer künstlich geschaffenen und einer gewachsenen Form. ›Mehr Tugend‹ auf der Seite Preußens, ›mehr Frömmigkeit‹ in Österreich. ›Mehr Tüchtigkeit‹ dort, ›mehr Menschlichkeit‹ hier. ›Höchste Autorität der Krone‹ in Preußen, ›höchstes Zutrauen der Krone‹ in Österreich; ›Kampf ums Recht‹ dort, ›Lässigkeit‹ hier. ›Unfähigkeit, sich in andere hineinzudenken‹ – und: ›Hineindenken in andere bis zur Charakterlosigkeit‹. Es treten in Österreich Züge auf, die ohne weiteres auf Grillparzer übertragen werden können: etwa ›Geringe Begabung für Abstraktion‹: das eben ist bezeichnend für den Künstler, oder ›Mehr Balance‹, ›Jeder einzelne Mensch Träger einer ganzen Menschlichkeit‹, ›Vorwiegen des Privaten‹, ›Weicht Krisen aus‹, und endlich: gegenüber der preußischen ›harten Übertreibung‹ die österreichische Selbstironie, überhaupt ›Ironie bis zur Selbstauflösung‹. Diese Selbstironie setzt tiefe Widersprüche, ein kaum tragbares Leiden am eigenen Ich voraus. In den sechs Bänden des Tagebuches, einem als Ausdruck und Kritik der Persönlichkeit und Zeit wie als Kunstkritik hochbedeutenden Werke, wird dieses Leiden getragen, der Dichter karikiert, ironisiert sich in fremden Gestalten, etwa als Herrn Fixlmüllner, eine ängstlich pedantische, kleinbürgerliche Beamtenfigur; immer ist Fixlmüllner verletzt, vergrämt, in Sorge. Aber es wäre ganz falsch, den Dichter mit ihm zu identifizieren. Fixlmüllner ist nur eine Figur im Ringen um Selbstbehauptung in einer als feindlich, als ungemäß empfundenen Welt. Wenn Grillparzer sich abschloß, so nur, um das Heilige, das er in seiner Seele wußte, zu schützen. Um dieses Heiligen willen hätte er keine andere Existenz führen können und sollen als eine freie; daß er sie sich nicht zutraute, war seine Tragik. Aber der Mangel an Selbstvertrauen ist dafür nicht allein verantwortlich; die Ehrfurcht vor der Muse, die, wie Gertrud von le Fort einmal sagte, ›keine Erfindung‹ ist, war in Grillparzer viel zu groß, als daß er ihr etwas hätte abfordern können, was sie ihm nicht schenken wollte; daß er, ohne innere Notwendigkeit, etwas unternommen hätte.

Wenigstens hierin war er mit seinem Gegner Hebbel einig, daß der Dichter im Drama Symbole seines Innern gegeneinander stellt. Es war die Ehrfurcht vor dem Göttlichen in der Seele, die ihn leitete; den eigenen Wert verkennen, sagt er noch in seinem Gesuch um die Stelle eines Archivdirektors im Jahre 1831, ist ›Sache des Schwachherzigen und des Toren‹. Aber eben weil er sich dieses Wertes bewußt war, empfand er wenige Wochen später die Annahme der Beamtenstelle als Verrat, als Abbild der schwärzesten Sünde, die auf Erden geschehen ist: ›Habe die Archivdirektorstelle erhalten‹, notiert er, ›und so des Menschen Sohn um dreißig Silberlinge verkauft.‹ Das ist ja die Tragik der Sappho und Medea, der

Hero und Libussa, daß in ihnen Göttliches gebeugt wird, daß sie es einer Welt überantworten, in der es gebrochen werden muß. Die Liebe – das ist die dunkle Erfahrung – fesselt das Göttliche, also die Kunst, zwingt sie zum Dienst.

Dieser Widerspruch zwischen Bestimmtheit und Verletzlichkeit, Stolz und Verzicht ist nicht der einzige; ein elementar chaotisches Element meldet sich in der ›Ahnfrau‹; es wird Gestalt in der Jugendwelt Medeas, in ihr selbst, und erscheint wieder in zerstörenden und sich vernichtenden Figuren: in dem ungebändigten Böhmenkönig, im Herzog von Meran, im ›Treuen Diener‹, in Don Cäsar im ›Bruderzwist‹. Die dramatische Spannung der Geschichtsdramen wird von diesem Ansturm der die Person und Welt zerrüttenden Kräfte und dem Ringen der ordnenden Mächte mit ihnen getragen. Das ist eine Grundlage der Geschichtsauffassung Grillparzers, in der sich Persönliches und Allgemeingültiges zusammenschließen. Wie sorgsam er auch in seinen vorbereitenden Studien verfuhr – die Vorarbeit zum ›Ottokar‹ ist eine fast gelehrtenhafte Leistung –, so wenig fühlte er sich durch die Fakten gebunden:

›Der Dichter‹, erkannte er, ›wählt historische Stoffe, weil er darin den Keim zu seinen eigenen Entwicklungen findet, vor allem aber, um seinen Ereignissen und Personen eine Konsistenz, einen Schwerpunkt der Realität zu geben, damit auch der Anteil aus dem Reich des Traumes in das der Wirklichkeit übergehe ... Das eigentlich Historische aber, nämlich das wirklich Wahre, nicht bloß der Ereignisse, sondern auch der Motive und Entwicklungen, gehört so wenig hierher, daß, wenn heute Urkunden aufgefunden würden, die Wallensteins völlige Unschuld bewiesen, Schillers Meisterwerk nicht aufhören würde, das zu sein, was es ist und unabhängig von der historischen Wahrheit bleiben wird für alle Zeiten ... Der Geschichtsschreiber weiß wenig, der Dichter muß alles wissen.‹ Alles wissen: das heißt gerade das, was der Historiker kaum wissen kann: die letzten Motive, die Widerstände des

Innern, die ganze Wahrheit vom Menschen. Geben kann er sie aber nach Grillparzers Anschauung nicht, ohne sie in sich zu tragen. Sollte also Shakespeare ein Mörder, Dieb, Lügner, Verräter, Undankbarer, Wahnsinniger gewesen sein? ›Ja ... er mußte zu dem allem die Anlage in sich haben.‹ Dann aber, wäre hinzuzufügen, mußten Shakespeare wie Grillparzer auch die Anlage zum König gehabt haben; eine Anlage zu des Königs Verhältnis zu Macht und Welt, zum Beruf, die Dinge der Erde zu ordnen, ins Gleichgewicht zu bringen, den Dämon zurückzuschleudern, der unablässig sich dem ordnenden Willen entgegenwirft. Als schwerste und seltenste aller Tugenden hat Grillparzer in seinen Aphorismen die Gerechtigkeit gepriesen. Man fände zehn Großmütige gegen einen Gerechten. – Die hier gemeinte Gerechtigkeit ist zugleich ein Gebot der Dramaturgie, für die ein jeder Spieler in seinem Rechte sein muß. Ist das echte Drama ein Kosmos, Fülle des Menschlichen unter einem Gesetz, so muß in der Seele des Dichters die Möglichkeit einer solchen Ganzheit, eines Kosmos sein. Diese Möglichkeit ist nach der Antike zum mindesten *ein*mal dagewesen: in Shakespeare, vielleicht auch in Lope. Von Shakespeare können wir sagen, daß ihm der Mensch, der unbegrenzte, der Raum zwischen Verbrechen und Heiligkeit, erreichbar war.

Mit den Widersprüchen in Grillparzers vielfach bedrohter, doch auf das höchste Sittliche angelegter Natur verband sich die Zwiespältigkeit der Epoche. Er wurde ungefähr ein Jahr nach dem Tode Kaiser Josephs II., der Anfang 1790 starb, geboren. Das Reformwerk Josephs II. prägte die Ära; es ist die ungeheure Anstrengung eines bedeutenden Fürsten, das auf dem Kaisertum dem Reiche, den Stammlanden lastende Erbe in Einklang mit den im achtzehnten Jahrhundert durchgebrochenen geistigen und sozialen Veränderungen zu bringen. Ich kann hier auf Bewertungen verzichten. Hinter Joseph II. stand eine Notwendigkeit; das Verdikt über die Aufklärung ist längst revidiert worden; auf besonders eindringliche Weise von dem katholischen Historiker Friedrich Heer. Eine ganz andere Frage ist: ob das Reich, als geheiligte, vereinende Macht, als erstes Zeichen des Gottesreiches noch haltbar war. Es hatte ein Jahrtausend sich behauptet. Ein so bedeutender, gläubiger Mann wie der Fürstabt Gerbert von Sankt Blasien, der der Kaiserin Maria Theresia tief ergeben war, sah in Joseph den Beender, in der nun abgelaufenen Geschichte des Reiches die tausend Jahre der Apokalypse, in denen der Teufel angekettet war. Das Reich stand in Frage und sollte in Frage stehen solange Grillparzer lebte und dichtete. Österreich erlebte keine politische, aber eine geistige Revolution. Die neuen Ideen müssen die Menschen mit unwiderstehlicher Macht ergriffen haben; mit ihnen verbanden sich Erinnerungen an Bedrückung, an unselige Methoden und Vorkommnisse der Gegenreformation. Grillparzer gibt uns in seinem Tagebuch ein Bild der religiösen Krise jener Jahre. Ich muß davon sprechen, weil diese Krise Grillparzers Werk bestimmt hat und in ihm nie wirklich ausgetragen wurde – trotz der Geschlossenheit des Weltbildes im ›Ottokar‹. Seine Aussage bleibt vor den Letzten Dingen in der Schwebe. Am Ende ist er ein ehrfürchtig Fragender. Niemals hat er die Frage über die Ehrfurcht hinausgetrieben. Als Knabe wollte er Priester werden. Er las die heilige Messe an einem Altar von Pappe; er reichte den Hausgenossen die heilige Kommunion; oder er predigte vom Stuhl des Vaters herab zur tränenströmenden Rührung der Dienstmagd. Wie die Heiligen, wie Ignatius und Teresa, fühlte er sich von Heiligen- und Märtyrerlegenden in fremde Länder, zum Blutzeugen aufgerufen. Dann wurde der Knabe aus allen Phantasien geschleudert. Als sein Vater, der Advokat Wenzel Grillparzer, mit Freunden am Tische saß, brachte er, ohne an den Sohn zu denken, den Trinkspruch aus: »Wir wollen uns freuen, solange wir leben; wer weiß, ob wir in einer anderen Welt so fröhlich sein werden!« – »Wer weiß«, antwortet einer der Gäste, »ob es überhaupt nach diesem Leben noch eines gibt.« Sie schweigen, sehen vor sich hin,

bemerken den Knaben, suchen den Eindruck zu verwischen; aber ein Blitz ist in seine Seele gefallen:
›Ich verließ den Tisch, setzte mich in eine Ecke und überließ mich ganz den neuen Ideen, welche mit reißender Gewalt meine Seele durchströmten. Ich fühlte mich leicht, alle Fesseln, deren Druck ich oft recht fühlte, waren gefallen, ich fühlte ein Licht in mir, das ich schon vorher dunkel geahndet hatte. Von dieser Zeit an rechne ich die traurigsten Tage meines Lebens. Veraltete Vorurteile im Kampfe mit schimmernden Vorstellungen, lange Gewohnheit streitend mit dem wohltuenden Stolz des Erhabenseins über Volksmeinungen. Ringen nach Gewißheit, verbunden mit Unfähigkeit, Gründe richtig abzuwägen, eine stürmische Phantasie, bis zum Wahnsinn glühend. Aufblitzen des dichterischen Talentes, von unnützen Grübeleien niedergedrückt, alles dies vereinigte sich, meinen ohnehin schwachen Körper ganz zu zerrütten, meine Gesundheit zu untergraben und den Grund zu allen meinen häufigen Krankheiten zu legen, die durch lange Jahre meinen Körper zerrütteten.‹
Seine Kunst entspringt also dort, wo sein Glaube, der vielleicht mehr Phantasie und Wunschgebilde als echter Glaube war, zerbricht. Die Religion bezeichnete er später selber als die Poesie des unpoetischen Menschen; es ist von da nicht weit zu einem Bekenntnis Gerhart Hauptmanns aus dessen mittlerer Zeit: ›Kunst ist Religion.‹ Das Versickern eines religiösen Dramas deutet sich an in einer Tagebuchnotiz aus dem Jahre 1820 oder 1821: Er hört gegen Mitternacht, im Bett liegend, das Sterbeglöcklein – das Zügenglöcklein –, das die Gläubigen auffordert, betend einem mit dem Tode Ringenden beizustehen. Unbeschreibliche Wehmut befällt ihn; er erinnert sich daran, daß er am Sterbebette des Vaters nicht beten konnte, und versucht es doch. ›Wer weiß‹, fragt er sich, ›ob es nicht doch hilft?‹ Er möchte, wie Jacob Burckhardt, beten ohne zu glauben. Aber im Ave Maria verwechselt er die Gesätze, er schämt sich und schläft ein. Ich weiß nicht – und

vielleicht weiß es niemand, ob er noch einmal zu beten versuchte. Kurz vorher, wenige Tage nach seinem achtundzwanzigsten Geburtstag, hatte sich seine Mutter erhängt; wie es heißt: in einem Anfall religiösen Wahnsinns. Auch das sollte für ihn unverwindlich sein.

Über solchen Tiefen erhebt sich das Werk, in dem so vieles gesagt ist von der Tragik der Vereinzelung, von der Individualität als Schicksal, vom Zerfall des Menschen mit sich selbst, mit dem, was er war und sein soll, vom Verluste priesterlicher Berufung. Von den Wirrnissen des Herzens möchte ich nicht eingehend sprechen. Die Leidenschaft wurde von äußerster Empfindlichkeit und Bedenklichkeit befehdet; vielleicht hatte er sich im Innersten entschieden, ohne sich im Äußeren entscheiden zu können; vielleicht war seine Beziehung zur Frau als eine wesentlich tragische überhaupt nicht entscheidbar.

Es gibt weder einen österreichischen Menschen noch einen deutschen oder englischen, bayerischen oder sächsischen; das Menschsein wird nicht von der Nation oder Landsmannschaft bestimmt; aber eine sehr deutliche Grenze verläuft zwischen dem Österreicher und dem Deutschen. Ein verehrter österreichischer Freund, der in seiner Jugend noch Kaiserjäger gewesen war, schrieb mir einmal: »Den ›Faust‹ verstehe ich überhaupt nicht. Ich habe nie begreifen können, was Sie daran haben und was daran sein soll.« – Nun, Sie werden sagen: ein dummer Österreicher. Aber ich sage: lieber dumm als kein Österreicher. – Ich kann die Grenze nicht besser bezeichnen. Was im ›Faust‹ bewältigt werden sollte, wurde von meinem Freunde, einem Offizier und Weltmann, nicht als Gefahr empfunden: das Maßlos-Unbefriedbare nicht und auch Fausts Sünde am Geschöpf, am Menschsein nicht. Grillparzer, in dessen Jugendzeit der Kaiser die Krone des Reiches vom Haupte nahm, um Österreich mit ihr zu krönen, war, trotz Weimar, Österreicher durchaus. Auf der Höhe seiner Kraft, in seiner scheinbar glücklichsten Zeit, hat er im ›König Ottokar‹ Österreich die Krone gereicht. Mit den Ideen der Zeit, der auf so verhängnisvolle Weise von der Restitution bekämpften revolutionären Gefahr, hatten sich die in den Teilreichen rasch verstärkenden Nationalismen verbündet: gegenüber solchen Bedrohungen, die sich ja unbesieglich erweisen sollten, gestaltete und verherrlichte der Dichter Recht und Berufung Rudolf von Habsburgs des Gründers, aber auch österreichisches Wesen, Menschlichkeit und Gerechtigkeit, die Kraft der Demut und Milde; eine ganz bestimmte Art zu herrschen und zu ordnen, menschlicher Herrscher zu sein.

Rudolf I. gibt die Antwort auf die Frage nach dem echten König, die durch Grillparzers ganzes Werk geht; auf ihn scheinen die anderen Könige und ihre Getreuen zu weisen, so wie Shakespeares Könige hinweisen auf Heinrich V.; wir können ja das Werk eines Dichters nicht immer in chronologischer Folge verstehen, sondern viel eher als die Entfaltung des einen großen Seelengehaltes und Weltgefühls, welche Entfaltung oft zögernd geschieht und die reinsten Blätter bald früher, bald später ins Licht breitet. Was Rudolf I. vom ersten Augenblick seines Auftretens an auszeichnet, ist seine Rechtlichkeit, während wir von Ottokars Unrecht an der Königin Margarete erfahren, noch ehe er selbst erscheint; Rudolf steht neben der Gekränkten.

Vom Rechte, für das er steht, dem persönlichen der gekränkten Königin und dem Rechte des Reiches, das seinen Sachwalter in Pflicht nimmt, nicht aber die Bedingungen abwartet, die der Erwählte ihm stellt, wird Rudolf emporgetragen. Der Böhmenkönig sah die ihm dargebotene Krone wie ein Ding an, das man zu gelegener Zeit ergreifen kann:

Die Kron' ist mein! das heißt, wenn ich sie mag.

[2. AUFZUG]

Rudolf ist der von der Krone Ergriffene, ihr Dienende; seine erste Handlung nach der Krönung zu Aachen kennzeichnet seinen Sinn. Auch der Habsburger gehorchte einst seinem Ehrgeiz wie Ottokar und nahm die Welt wie dieser nicht in ihrem eigenen Sinn und Werte, sondern als wäre sie

ein weiter Schauplatz nur
für Rudolf und sein Schwert

[3. AUFZUG]

Aber dann erhob ihn Gott auf den Thron, und nun erst erkannte er die Wirklichkeit der Welt, die nicht Gegenstand eigenmächtigen Trachtens sein kann, weil sie längst erfüllt ist von dem ihr von Gott verliehenen Sinn:

Die Welt ist da, damit wir alle leben,
Und groß ist nur der ein' allein'ge Gott!

[3. AUFZUG]

Das Amt bemächtigt sich des Erwählten und verwandelt ihn; er ist nicht mehr, der er war.

Ich bin nicht der, den Ihr voreinst gekannt!
Nicht Habsburg bin ich, selber Rudolf nicht;
In diesen Adern rollet Deutschlands Blut,
Und Deutschlands Pulsschlag klopft in diesem Herzen.
Was sterblich war, ich hab' es ausgezogen
Und bin der Kaiser nur, der niemals stirbt.

[3. AUFZUG]

Mit ihm ist geschehen, was so viele Kaiser erfahren haben, die als Nebenbuhler oder aufrührerische Söhne den Herrschenden bekämpfen und dann, als sie selbst auf den Thron gelangten, tun mußten, was er tat, und erkannten, was er einst erkannte, und nun das Unrecht erlitten, das sie zuvor getan hatten. Diese Wandlung des Gekrönten wird aber nicht allein von der veränderten politischen Stellung bewirkt; sie ist ein

Wunder, das ausgeht von der Weihe; die Krone wirkt mit eigener Macht in der Geschichte, weil sie heilig ist; sie kann nie Besitz, niemals Ding werden. Dies ist die Einsicht, die von Rudolfs Stirne leuchtet und den tatkräftigen, nüchternen und bedächtigen, fast schon bürgerlichen Mann über alle Menschen erhebt; er ist von einem Geheimnis ergriffen und in die Sphäre des Heiligen erhoben worden; ihm selbst ist es ein Wunder, was mit ihm geschah. Denn das Reich ist Gottes, nicht der Menschen, und dieses Reiches Krone hat Gott ihm aufs Haupt gesetzt:

Als mir, dem nie von solchem Glück geträumt,
Der Herr der Welten auf mein niedrig Haupt
Mit eins gesetzt die Krone seines Reichs,
Als mir das Salböl von der Stirne troff,
Da ward ich tief des Wunders mir bewußt
Und hab' gelernt, auf Wunder zu vertraun!

[3. AUFZUG]

Der Gekrönte erlangt ein geheimnisvolles Wissen; künftige Zeiten wollen sich ihm entschleiern; der König wird zum Propheten, wie die Könige alter Zeiten Propheten waren:

Der Jugendtraum der Erde ist geträumt . . .
Und nach den Zeichen sollt' es fast mich dünken,
Wir stehn am Eingang einer neuen Zeit.

[3. AUFZUG]

Es ist eine bürgerliche Prophetie. Aber diese Ahnung läßt dem Gegner Gerechtigkeit widerfahren: Ottokar ist der letzte der Gewaltigen, deren Stunde um ist; er kommt aus einer anderen Ära und fügt sich nicht in die Ordnung des Reiches. Ottokar kann nicht knien. Da er es doch tut, unter dem Zwang der Stunde, um sein Lehen zu empfangen und als Kniender von den Vasallen gesehen wird, zerbricht er unter dem Gefühl untilgbarer Schmach. Er meint kein König mehr zu sein, nur eines Königs Schatten; das heißt aber, daß er nie ein König, sondern immer nur ein Gewaltiger gewesen, dem die Krone Ding und Besitz war. Könnte er das Heilige erkennen in der Krone des Reiches, so würde er sein Knien nicht als Schmach empfinden; sein tiefstes Verhängnis ist, daß er die Ordnung des Heiligen nicht zu sehen, nicht zu betreten vermag. Seines Lebens Inhalt war die Gewalt; da er sie verloren hat, so hat er sich selbst verloren. Dies ist ja das eigentlich tragische Motiv Grillparzers: der Zerfall des Menschen mit sich selbst, die Spaltung in zwei Wesen, die einander befehden, die Kluft zwischen Vergangenheit und Gegenwart, welche zwei Wirklichkeiten in den Menschen des ›Goldenen Vlieses‹ gegeneinander wüten. Es ist das Schicksal, das Medea nach der Ankunft vor Korinth herankommen sieht und dem sie entgehen möchte:

Geschehen ist, was nie geschehen sollte,
Und ich bewein's, und bittrer, als du denkst;
Doch soll ich drum, ich selbst, mich selbst vernichten?
Klar sei der Mensch und einig mit sich selbst!

[›MEDEA‹, I. AUFZUG]

So ist mit ›König Ottokars Glück und Ende‹ zum ersten und einzigen Mal das innere Wesen des Reiches im Bilde einer großen bewegten Handlung auf der deutschen Bühne erschienen. Die innere bewegende Kraft ist die Krone selbst; sie verdrängt die menschlichen Leidenschaften nicht, aber sie ruht über ihnen und wirkt sich auf sie aus, das Drama wie ein Gestirn regierend. Demgegenüber ist die Tragödie Rudolfs II. in höherem Maße eine Charaktertragödie. Rudolf II. bereitet sich das Verderben, indem er erst die Tat scheut und aufschiebt und schließlich handelt, da es zu spät ist. Die Tatkraft des Gründers ist ihm versagt; um so empfindlicher ist sein Eigenwille und sein Selbstbewußtsein, um so verletzlicher kann sein

Stolz sein; dieser Stolz, der doch nur die Rüstung tiefster Demut ist. Wohl reicht seine Kraft nicht aus, die Krone zu tragen in aufrührerischer Zeit; aber das Geheimnis der Krone lebt in ihm; sie hat ihn, in noch höherem Maße als den Ahnherrn, zum Seher gemacht. Führte Rudolf I. in die Geschichte hinein, so steht der zweite Kaiser seines Namens an deren Grenze, vor dem furchtbaren Ende und an der Schwelle eines geschichtsfernen Reichs. Was ihn im Bestehenden noch festhalten will, ist sein Glaube an die Ordnung, die Gott eingesetzt hat, an das Amt, das auch durch den Schwachen wirkt, weit über dessen Kräfte hinaus:

Ich bin das Band, das diese Garbe hält,
Unfruchtbar selbst, doch nötig, weil es bindet.
[›EIN BRUDERZWIST IN HABSBURG‹, 3. AUFZUG]

Insofern lebt das Überpersönliche des Kaisertums auch in ihm; aber das Reich ist tödlich verwundet, und vielleicht steht das Versagen dieses kaiserlichen Menschen, der seiner Aufgabe nicht mehr entspricht, das Schwinden der Kaisergestalt, in einer tiefen Beziehung zu diesem inneren Hinschwinden und Sichverbluten des Reiches. Wie das Reich, so ist auch der Kaiser verwundet; beide tragen noch den Schimmer heiliger Würde, aber sie behaupten die Welt nicht mehr; von Rudolf II. geht schon die Sage, daß er tot sei. Vielleicht kann nun ein Kaiser im höchsten Sinne nicht mehr sein, da das Reich nicht mehr ist. Denn das Reich ist nicht mehr eins: gerade in der Verehrung des Heiligen, die das Wesen des Reiches ausmachte, ist es auf tragische Weise gespalten – so wie die Helden der Tragödie gespalten sind und wider sich selbst handeln und sich selber vernichten müssen.

Das Drama ist denn auch so gefügt, daß von der persönlichen Katastrophe der Blick auf die Reichskatastrophe fällt: dem Tod des letzten Kaisers folgt die Zerstörung des Reiches in dem großen Kriege, dessen Schrecken und Unerbittlichkeit mit dem Auftreten Wallensteins vorweggenommen werden. Aber diesem Vorgefühl, das sich später am Schluß des fünften Aufzuges mit einer Macht sondergleichen bewahrheiten soll, als würde die Bühne von der Geschichte selbst erschüttert, setzt der Kaiser den noch festen Glauben an die Zukunft seines Hauses entgegen:

Mein Haus wird bleiben, immerdar, ich weiß,
Weil es mit eitler Menschenklugheit nicht
Dem Neuen vorgeht oder es hervorruft,
Nein, weil es, einig mit dem Geist des All,
Durch Klug und scheinbar Unklug, rasch und zögernd,
Den Gang nachahmt der ewigen Natur
Und in dem Mittelpunkt der eignen Schwerkraft
Der Rückkehr harrt der Geister, welche schweifen.

[3. AUFZUG]

Während der Kaiser unterliegt, tritt das Bild der Ordnung, das er sich als Träger der Krone und gewissermaßen erleuchtet von ihr gemacht, nur um so ergreifender hervor. Zu lenken wäre die Welt nur durch die Liebe, vom

lebendig warmen Wort,
Das, von dem Mund der Liebe fortgepflanzt,
Empfangen wird vom liebedurst'gen Ohr.

[3. AUFZUG]

Dieses Ohr fehlt: der Kaiser wünschte sich zu Anfang, nicht mehr als ein Ohr zu sein, wie es die Sterne, das Gestein, die Pflanze, Tier und Baum zu sein scheinen:

Und wer's verstünde, still zu sein wie sie,
Gelehrig fromm, den eignen Willen meisternd,
Ein aufgespanntes demutvolles Ohr,
Ihm würde leicht ein Wort der Wahrheit kund,
Die durch die Welten geht aus Gottes Munde.

[I. AUFZUG]

Ist ›Ottokars Glück und Ende‹ wie ein Vorspruch zur Reichsgeschichte, und der ›Bruderzwist‹ wie ein Epilog, so faßt ›Libussa‹, das Gedicht von der Gründung Prags, der Stadt überhaupt, das Drama der Geschichte zusammen. Es geht nun nicht mehr um das Reich; es geht allein um Gottes Ordnung, deren Wahrung auf Erden allerdings die Aufgabe des Reiches war und bleibt. Das Drama spielt vor der Geschichte und es schließt doch auch ihr Ende ein; vom ersten Tag reicht es zum letzten, vom Ursprung der Staatsmacht zum Ende.

Dies ist die Tragik der Geschichte: die irdische Macht möchte sich der himmlischen bedienen und verliert sie dadurch; das Göttliche, das von der Liebe gezogen, herniedersteigt, leidet und opfert sich unter den Menschen, bis seine eigenste göttliche Kraft es wieder den Menschen entrückt und sie sein Schwinden betrauern. Der Staat kann das Göttliche nicht besitzen; er bleibt demnach darauf angewiesen, Geschichte entspringt an der Stelle, wo dieser Zwiespalt aufbrach; ihr äußerstes Ziel, ihre große Hoffnung ist die Versöhnung.

Die sterbende Libussa läßt eine dunkle Voraussage und eine Verheißung zurück. Sprach Kaiser Rudolf II. im Vorgefühl des großen Krieges seinen Fluch aus über Prag, so ahnt die Seherin, am Morgen der Gründung Prags, das Los der Stadt überhaupt und der Staaten, die nun entstehen werden, da sich der Mensch aus dem großen Zusammenhange der Schöpfung löst.

Das Edle schwindet von der weiten Erde.
Das Hohe sieht vom Niedern sich verdrängt.
Und Freiheit wird sich nennen die Gemeinheit.

[5. AUFZUG]

Aber auf dem Wesen des Menschen selbst ruht eine unerschütterliche Hoffnung; im Abgrund der Leere wird er sich wieder finden. Wenn er alles verloren hat, wird er seines Adels, seines

Anspruchs innewerden, und noch einmal wird sich die Welt verwandeln, wie sie sich jetzt, in dieser Stunde des Aufgangs und des Untergangs, unter dem geheimnisvollen Wechsel der Sternbilder verwandelt:

Dann kommt die Zeit, die jetzt vorübergeht,
Die Zeit der Seher wieder und Begabten.
Das Wissen und der Nutzen scheiden sich
Und nehmen das Gefühl zu sich als drittes;
Und haben sich die Himmel dann verschlossen,
Die Erde steigt empor an ihren Platz,
Die Götter wohnen wieder in der Brust,
Und Demut heißt ihr Oberer und Einer.

[5. AUFZUG]

Und doch erheben sich gerade hier, wo wir vor dem Absoluten stehen, Fragen an den Dichter. Er sah die Erde heraufsteigen an die Stelle des Himmels; aber er konnte sich nicht entschließen, der Stelle, die nun wirklich ›die Götter‹ nennen sollte, die endgültige Fassung zu geben. Statt des Verses ›Und Demut heißt ihr Oberer und Einer‹ bringt das Manuskript unzählige Varianten in Vorschlag* wie ›Und Menschheit heißt ihr Oberster und Einer‹ oder ›Und ihnen (den Göttern) ähnlich sein heißt sie besitzen‹. Für ›Menschheit‹ oder ›Menschlichkeit‹ sind am Rande vermerkt ›Menschenwert‹, ›Mitgefühl‹, ›Seelenfriede‹, ›Demut‹, ›Selbstbeschränkung‹, ›Unterwerfung‹: Worte, in denen allen die Ehrfurcht mitschwingt. Für das Göttliche findet der Dichter keinen Namen, wohl aber für den Menschen. Der Mensch – das war vielleicht Franz Grillparzers heiligstes Wort. Es steht an den entscheidenden Stellen seiner Dramen: Ottokar erkennt sein schwerstes Unrecht als eine Sünde am Menschen, den er zum Mittel seines Machtstrebens entwürdigte:

* Vgl. Emil Reich, Grillparzers Dramatisches Werk, Wien 1938, S. 323.

Ich aber hab sie hin zu Tausenden geworfen
Um einer Torheit, eines Einfalls willen,
Wie man den Kehricht schüttet vor die Tür.
[5. AUFZUG]

Die Schändung des göttlichen Ebenbildes wirft die Königin von Ungarn im ›Treuen Diener‹ ihrem entarteten Bruder Otto vor:

Kannst also du der Gottheit Abglanz schänden?
Des Schöpfers Bild in deinem Angesicht?
[3. AUFZUG]

Das Bild des Menschen als Gottes Bild kann nicht zerstört werden, auch die Donaulandschaft nicht, die sich vor Rudolf breitet:

Mit hellem Wiesengrün und Saatengold,
Von Lein und Safran gelb und blau gestickt.
[›OTTOKAR‹, 3. AUFZUG]

Ein Schimmer des Schöpfungsmorgens liegt auf dem Menschen, der Welt, und ist nicht auszulöschen so wie Schatten des Untergangs auf ihnen liegen; auf jedem Tage ruht der Abglanz des Ersten und des Jüngsten Tages: das Bewußtsein der Nähe dieser beiden Tage macht vielleicht das tiefste Bewußtsein der Zeit und der Geschichte aus. Auch der Dichter muß des Schöpfungsmorgens eingedenk bleiben und seiner Wiederkehr.

So wandelt sich Grillparzers Vorstellung vom Reich durch die drei großen Geschichtsdramen ›Ottokar‹, ›Bruderzwist‹ und ›Libussa‹ vom konkret Geschichtlichen ins Prophetische hinüber. Am sinnfälligsten, aus dem Fluß und der Wucht theatralischer Handlung ist die Frage: ›Wer soll herrschen?‹ im ›Ottokar‹ beantwortet: Der soll herrschen, der in der

Kraft der Demut steht, durchmächtigt vom Amte, Diener, nicht Herr der Krone; der Erfahrene und Wissende, der den Menschen ehrt und dem die Erde ans Herz gewachsen ist. ›Gott aber hat die Ordnung eingesetzt‹: dies ist Grillparzers Wort gerade an uns, gerade in dieser Stunde. Mit dem ein einziges Mal in solcher Klarheit gestellten Thema hatte der Dichter gegenüber der Weimarer Klassik auch den unschätzbaren Vorzug, daß ihn in Wien eine reiche lebendige Theatertradition trug; daß er in ihr hatte aufwachsen dürfen. Er konnte das Theater weiterführen. Er mußte es nicht bauen. Nachdrücklich hat er betont, daß nicht der Gedanke das Kunstwerk macht, sondern die Darstellung, die Belebung des Gedankens. Sein Drama bewahrt den Charakter des Spiels. Durch sein ganzes Werk läßt es sich verfolgen, wie es ihm gelungen ist, in der schauspielerischen Gebärde das Wesen der Personen auszudrücken, wie Handlung und Gebärde einander hervorrufen und zusammenfallen, wie er den Schauspieler so führt, daß er darstellerisch sich aussagt. Ihm geht es, um eine Definition Hofmannsthals zu verwenden, nicht um Geschehen, sondern um Handlung; alle Bewegung geht vom Innern der Menschen aus. ›Nur wenn das Kunstwerk für den Künstler eine Welt war‹, notierte er in seinen Studien, ›wird es auch eine Welt für den Beschauer.‹ Sobald sich der Vorhang vor Grillparzers Gestalten teilt, ist diese Welt da.

Nachwort
Quellennachweis

NACHWORT

Für E.

Tes yeux cherchent en vain, tu ne peux échapper,
Et Dieu de toutes parts a su t'envelopper.
[Racine, Athalie, V, 5]

Reinhold Schneiders Essays sind ein Dokument der Geistesgeschichte; nicht ein totes, den Archiven zugehöriges, sondern eines, dessen Notwendigkeit in einer Zeit der Suche nach Orientierungspunkten erneut und verstärkt deutlich wird. Sie sind auch ein Dokument jenes Geistes, »der lebendig macht«[1] und um dessen Erkenntnis Schneider sich bei seinem Gang durch die Weltliteratur ebenso bemühte wie in den eigenen Werken.

Als Reinhold Schneider 1937, nachdem er bereits einige seiner bedeutendsten Werke veröffentlicht hatte (*Die Leiden des Camões*, 1930, *Philipp* II. *oder Religion und Macht*, 1931, *Die Hohenzollern. Tragik und Königtum*, 1933, *Das Inselreich. Gesetz und Größe der britischen Macht*, 1936) eine bewußte Entscheidung für den christlichen Glauben traf, war dieses Neue schon lange vorgezeichnet; es war, wenn man wollte, ablesbar am zuvor Veröffentlichten. So endet der 1934 geschriebene Essay über Miguel de Unamuno, in dem er Licht- und Schattenseiten des Spaniers exemplarisch verdeutlicht, mit der Feststellung, hier handele es sich um »die auf Volk und Welt gerichtete, dichterisch-religiöse Existenz eines Mannes und Streiters, der von der Sehnsucht nach Ewigkeit verwundet wurde (...): Ärgernis und Weisung auf den einzigen noch gangbaren Weg, den Weg nach innen, von Christus im Grab zu Christus im Himmel.«

Ist also Reinhold Schneider ein christlicher Essayist? Ihn ohne weiteres unter die christlichen Schriftsteller einzureihen, hieße, denen Recht zu geben, die durch eine solche Kategorisierung der Auseinandersetzung mit seinen oft provozierenden Gedanken elegant aus dem Wege gehen wollen, es hieße aber auch, ein eher einseitiges Bild vom Wesen der christlichen Essayistik und Literaturkritik vorauszusetzen. Werner Kohlschmidt, einer der ersten, die sich mit einer theologischen Orientierung der Literaturkritik befaßten, stellte 1951 fest, es könne »keinen Sinn haben, etwa einer nach links oder rechts hin politisierten, also im Ergebnis präformierten Geschichts- oder Literaturgeschichtsinterpretation eine weitere dieser Art, die sich ›christlich‹ nennt, an die Seite zu stellen«.[2] Kohlschmidt befürchtete hier eine Entwertung zur Propaganda, wobei er selbst polemisch unterstellte, christliche Interpretation sei im Ergebnis präformiert. Vorsicht ist selbstverständlich geboten, solange es darum geht, die philologische Analyse eines Textes frei zu halten von nicht-philologischen Überlegungen zur Aussage selbst. Doch verkennt er, und mit ihm viele, die den Argumenten seines Aufsatzes folgen, offensichtlich die Erkenntnismöglichkeiten, die in dem von Reinhold Schneider gewählten Vorgehen liegen. Kohlschmidts Satz, »die Frage nach der Wahrheit wird nicht ernsthaft gestellt, wenn man Dichtung als theologisches oder philosophisches Zeugnis ›auswertet‹«[3], ist falsch und deutet bestenfalls auf eine undifferenzierte Auffassung vom Wesen ernsthafter Wahrheitssuche. Denn sowohl Literatur- und Geschichtswissenschaft im engeren Sinne, als auch literarische und historische Essayistik müssen über die ersten Schritte der technischen Untersuchung ihres Gegenstands hinauskommen, wenn sie auch nur die Chance haben wollen, ihren Lesern Erkenntnisse zu vermitteln. Und eben hier liegen Sinn und Notwendigkeit einer christlichen Geschichts- und Literaturgeschichtsinterpretation.

Darstellung, Interpretation und Kritik sind im Idealfall immer auch Aufforderung zum gedanklichen Nachvollziehen und zum Handeln. Schneider selbst gibt dazu einen Hinweis am Ende seines zuerst 1948 veröffentlichten Aufsatzes über *Lessings Drama*: »Keine andere Kunstform kann leisten, was vom Drama erwartet werden muß: ihm ist es wesentlich, zum Ja und Nein aufzufordern, einen geistigen, seelischen, geschichtlichen Prozeß zu beenden, nicht allein zu spiegeln. Das Drama kann nicht nur den Menschen wandeln; es wandelt die Zeit, und die Zeit wird vielleicht nicht zur Ruhe kommen, nicht zur Klarheit über sich selbst, ehe nicht von der Bühne her das Wort der Wahrheit gesprochen wird. Dieses Wort ist gerade deshalb zu erwarten, weil die Bühne nicht ›Kanzel‹ ist und niemals sein kann; sie ist der Ort des Zusammenstoßes der in Gestalten verdichteten Gewalten, die im Menschen sind und um den Menschen ringen. (...) Vielleicht gibt es eine Verantwortung der Kunst, die nur vom Drama erfüllt werden kann, und vielleicht ist die Stunde dieser äußersten Verantwortung wieder gekommen.«

Schneider, der zehn Dramen schrieb und in dessen Essayistik das Drama einen wesentlichen Teil ausmacht, will seine Leser in einen aktiven Lernprozeß einbeziehen. Literatur als Teil gesellschaftlicher Verantwortung und ihre Interpretation als vermittelnde Dienstleistung: das ist, auch und gerade aus christlicher Perspektive, notwendig, mühsam, jedoch an keiner Stelle »präformiert«. Selbst die Wahrheit, nach der Pilatus, sie vor sich sehend, fragte[4], muß von jedem einzelnen neu und für sich erkannt und akzeptiert werden.

Als christlicher Essayist und Kritiker kann Reinhold Schneider folglich nur gelesen werden, wenn man ihn zuvor aus den Ghetto-Definitionen des Christlich-Präformierten befreit hat. Ist dies aber geschehen, erscheint also die christliche Literaturbetrachtung nicht mehr als metakritisches Außenseiterphänomen, sondern als integraler Bestandteil legitimer Methodenvielfalt, als Bereicherung und Herausforderung zugleich, dann sollte auch die Scheu vor dem offenen Bekenntnis zu solchem Vorgehen abgelegt werden.

Und dann gewänne auch die Offenheit an Profil, mit der Schneider in seinem Aufsatz *Christliche Dichtung* Stellung bezieht: »Wie wenig Verständnis brachte und bringt die literarische, selbst die christliche Kritik für eine Haltung auf, die das Gewissen über die Kunst setzen muß, das Seelenheil über das Werk! Durch eine solche Haltung soll das Gesetz der Kunst nicht im mindesten eingeschränkt werden. Im Gegenteil, es wird verstärkt: dient die Kunst der Verherrlichung Gottes und der Wahrheit, so kann sie ihren Dienst nur tun, wenn sie in sich vollendet ist. Aber der Bereich der Verantwortung, von dem sie getragen wird, greift weit hinaus über den Bereich der Kunst. (...) Man kann vom Christen nicht erwarten, daß er rede, als ob er nicht Christ wäre. Will man eine Kunstanschauung von ihm, so kann es nur eine christliche sein.«[5]

Vor diesem Hintergrund steht der christlichen Essayistik, der christlichen Kritik ein weites Feld der Erprobung offen, in dem vorschnelle Meinungen und festgefahrene Vor-Urteile keinen Platz haben. Wer weiß, wie oft Schneider selbst in seiner Christlichkeit angezweifelt wurde, von Protestanten wegen seines oft mystisch verfärbten Katholizismus, von Katholiken wegen seiner unbequemen Fragen und Zweifel, der wird sich davor hüten, die etikettierten Schubladen eilfertig zu öffnen. Auch die von ihm in verschiedenen Essays und Vorträgen über christliche Dichtung und Kritik angedeuteten Kriterien sind nicht als Elemente einer ars poetica christiana mißzuverstehen. Sie belegen nicht mehr und nicht weniger als das Ausmaß der Verantwortung, mit der hier gearbeitet wird.

Die in dem vorliegenden Band versammelten Texte ermöglichen einen umfassenden Einblick in die kompromißlose Ernsthaftigkeit, mit der Reinhold Schneider die europäische Literatur las, zu verstehen und zu erläutern suchte. Wenn er schreibt, es sei klar, »daß die Grenzen zwischen christlichem und nichtchristlichem Schrifttum fließen; daß das von der Offenbarung geprägte Lebensgefühl in Bereiche wirkt, die von der Offenbarung abgewandt sind«,[6] so ist damit auch eine Richtung seiner sehr eigenen Wahrheitssuche angegeben. Die Frage der Gültigkeit interpretatorischer Kriterien und ihrer Folgen für die literarische und ethische Bewertung[7] ist implizit in jeder dieser Arbeiten gegenwärtig. Und Schneider weiß, anders als manche seiner Kritiker, daß Bewertung eine Konsequenz ist, nicht eine Voraussetzung.

Seit Platon in seinem frühen Dialog *Ion* den Sokrates sagen läßt, am Päan des Tynnichos zeige der Gott, daß solche Dichtung nichts Menschliches sei und von Menschen, sondern Göttliches und von Göttern, die Dichter aber nichts seien als Sprecher der Götter, seit der hellenistisch-jüdisch gebildete Paulus von Tharsus in der Befolgung seiner eigenen Maxime, allen Menschen alles zu sein[8], vor den Athenern auf dem Areopag zum Philosophen wurde und eine Passage aus den *Phainomena* des Aratos als Bestätigung der göttlichen Wahrheit interpretierte[9], ist jede Literatur in eine Wechselbeziehung mit der Theologie gestellt, unabhängig von ihrer Form und der Festlegung des Vorgangs als bewußt oder unbewußt. Die *Mahnrede an die Griechen* des Clemens von Alexandrien und die Entwicklung des Archetypbegriffes durch und seit Augustinus fügen die platonische und die christliche Theologie in ihrem Einfluß auf das Verständnis von Literatur schon im dritten und vierten Jahrhundert zusammen. Verengungen (wie der Index librorum prohibitorum) blieben die Ausnahme, und daß sich in einem solchen Rahmen der Bogen spannen läßt von Heiligenviten und ihrer Kommentierung bis zur sozialutopischen Äußerung Ernst Blochs, das Trompetensignal in Beethovens *Fidelio* weise auf das Kommen des Messias hin, hätte weder Paulus noch Clemens sonderlich erstaunen können.

Damit ist auch die Annäherung an die Aufgabe von Dichter und Dichtung, wie sie Reinhold Schneider extrem in seinen Aufsätzen über *Hölderlins Deutschlandbild* und die *Sendung Achim von Arnims* vorführt, eingebunden in ein umfassend-notwendiges Feld der Ausdeutung von Literatur. Nur muß sich der diesem Vorgehen entfremdete Leser darüber klar sein, daß er es nicht mit dem vagen Raunen von Heil und Offenbarung zu tun hat, das sich Schneiders Stil gelegentlich, bei flüchtiger Betrachtung, zum Vorwurf machen ließe, nicht allein mit der Suche nach christlichen Archetypen, auch nicht mit der hoffnungsfrohen Ermittlung eines geistigen Paradieses, sondern immer wieder mit dem mühevollen Fragen danach, wo in der Dichtung Wahrheit erscheint, oder versagt bleibt, oder verleugnet wird. Wenn Reinhold Schneider das auch nicht immer restlos geglückt ist, hat er es doch wie kaum ein zweiter seiner Generation fertiggebracht, die großen Namen der Weltliteratur aus den Elfenbeintürmen der philologischen Kritik herauszuholen und zu zeigen, wo deren persönliche und gesellschaftliche Aktualität liegt.

Und wie die schon eingangs zitierte Passage aus dem Essay über *Lessings Drama* zeigte, sah Schneider vor allem das Drama als paradigmatisch für die Aktualität von Literatur. In seinem Vortrag *Schiller als Tragiker* sagt er: »Wir würden uns selbst und würden auch das Christentum aufgeben, wenn wir das Erbe der Tragiker verleugnen wollten. Denn das Christentum ist nur erreichbar in einer tragischen Welt – als Antwort an sie, wie ja Christus die frei machende Erscheinung absoluter Freiheit in der Gestalt erbarmungslosen, aber bejahten Leidens ist. Nichts ist dem europäischen Vermächtnis so sehr entgegen wie die Meinung, daß der Mensch im Irdischen gefaßt, daß das Ziel der Menschheit als vollkommene Ordnung auf Erden erreicht werden könne.«

Die große Zahl der Arbeiten, in denen er sich mit der Problematik des Dramas befaßt, wird an der Auswahl des vorliegenden Bandes repräsentativ deutlich; Calderon, Claudel, Corneille, Goethe, Grillparzer, Kleist, Lessing, Marlowe, Molière, Racine, Schiller, Shakespeare erscheinen in Einzelaufsätzen, und in den Arbeiten über den *Künstler und die Dämonen*, *Drama und Geschichte*, *Drama und Königtum* und den

Menschen und das Leid in der griechischen Tragödie kommt die Erörterung gattungsspezifischer Fragen hinzu.

Wäre diese Gewichtung für einen christlichen Essayisten schon allein in dem historischen Bewußtsein denkbar, daß die Wiederbelebung des europäischen Theaters im Mittelalter aus der Dramatisierung des Ostertropus, *Quem quaeritis in sepulchro?*, hervorging, so ist für Reinhold Schneider ausschlaggebend, daß das Drama, wie er in seinem Lessing-Aufsatz sagt, den Menschen und die Zeit hier und heute wandeln kann. »Die Bühne ist kein Laboratorium der Psychoanalytiker und Mediziner«, schreibt er in *Das Drama als Geschichtsmacht*, »kein Studio dramatisierender Feuilletonisten und kein Lehrstuhl der Sozialreformer und keine Tribüne irgendwelcher Propagandisten. Ihr Zeichen ist die tragische Maske. Blicken wir sie an! Hölderlin hat in seinen Anmerkungen zum Ödipus das Wort ›zerstörungsfroh‹ gebildet; es läßt sich der Tragödie nicht nehmen, nicht abstreiten. Aber gerade aus der Kraft dieses Geheimnisses, dieses sinnlosen Widerspruchs, trägt sie über alle Untergänge hinaus, ist sie europäische Aussage, gerade der Gegenwart.«

Als dieser Essay 1953 im Sammelband *Erbe und Freiheit* erschien, waren mit einer Ausnahme (*Der Tod des Vizekönigs*, 1955) die zehn Dramen Schneiders geschrieben, waren acht veröffentlicht (*Der Kronprinz. Politisches Drama*, 1948, *Das Spiel vom Menschen* und *Belsazar*, beide nach Calderon, 1949, *Der große Verzicht*, 1950, *Der Traum des Eroberers*, *Zar Alexander*, *Die Tarnkappe*, alle 1951, *Innozenz und Franziskus*, 1952), alle weit über sein eigenes Erwarten hinaus erfolgreich. Ohne daß Schneider selbst je den Anspruch erhoben hätte, damit zur europäischen Aussage der Gegenwart beizutragen, sind sie doch auch Zeichen seiner Enttäuschung über die Entwicklung des Dramas nach '45. Ebenso wie seine eigenen Theaterstücke erhalten die Essays auf diese Weise den Charakter von Aufrufen zum Nachdenken und zum Handeln; und was er 1952 über die *Theologie des Dramas* schrieb, hätte er, aus seiner Sicht, auch heute kaum anders zu formulieren brauchen:

»Man sollte glauben, daß die heute lebenden Menschen, unter deren Füßen der Boden der Jahrhunderte eingebrochen ist, der tragischen Kunst sich zuwenden; hat sie doch in ihrem Wesen, als Aussage vom Leben und den Mächten, alles vorweggenommen, was sich begeben hat und noch begeben kann. Das ist aber keineswegs der Fall. Die Erfahrung des Tragischen wird nach Möglichkeit umgangen, verschleiert, verwischt; es wird versucht, sie in ihren Vorfeldern zu bewältigen, im politischen, sozialen, psychologischen, die gewiß im Schatten des Tragischen liegen können. Aber wer blickt der tragischen Maske ins Antlitz? Es sind nur wenige.«[10]

Die Essayistik Reinhold Schneiders ist Ausdruck persönlicher Betroffenheit und persönlichen Engagements. In ihrer Bandbreite ebenso wie in der Ernsthaftigkeit der in ihr ausgetragenen Wahrheitssuche nimmt sie eine Sonderstellung ein, deren Bedeutung nicht zu übersehen ist. Lernen aus dem Umgang mit Literatur, Handeln »im lebendigen Geist« und trotz der Verführung zur Resignation nicht in Hoffnungslosigkeit versinken – das sind Konsequenzen, die aus den in diesem Band versammelten Essays mit aller Aktualität deutlich werden. Darin verbindet der Christ Reinhold Schneider nicht nur die Konfessionen, sondern er appelliert darüber hinaus auch an jene, denen die christliche Geschichts- und Literaturgeschichtsinterpretation nicht behagt. In diesem Sinne konnte die berühmt gewordene Diskussion über das Thema, ob die Dichtung das Leben bessern solle, mit Gottfried Benn stattfinden; und in diesem Sinne sind die literarischen Essays Reinhold Schneiders unverändert notwendig.

Carsten Peter Thiede

1 Johannes 6, 63.

2 Werner Kohlschmidt, ›Möglichkeiten und Grenzen einer theologischen Orientierung der Literaturwissenschaft‹, in: *Sammlung* 6/1951, S. 336 bis 348, hier S. 338.

3 *Ibid., S. 339.*

4 Johannes 18, 37–38; es gehört zu den Subtilitäten der Textgeschichte, daß gerade diese Passage auf dem ältesten erhaltenen Papyrus des Neuen Testaments zu finden ist. Vgl. auch Schneiders *Pilatus. Was ist Wahrheit?* (im Band 9 der *Gesammelten Werke,* Frankfurt: Insel 1978, S. 37–44) und die Worte, die er in seiner durch erste Berichte über Konzentrationslager 1933 angeregten Erzählung *Vor dem Grauen* den Benedikt Labre sprechen läßt: »Auf ein Stück Wahrheit läßt sich nichts erwidern. Es wirkt – oder es wirkt nicht. Das ist nicht in unserer Hand; wir sollen es nur bezeugen.« (Band 4 der *Gesammelten Werke,* Frankfurt: Insel 1979, S. 447.)

5 *Christliche Dichtung,* Band 9 der *Gesammelten Werke,* Frankfurt: Insel 1978, S. 430–431.

6 *op. cit.,* S. 428. Eine Festlegung versucht z. B. Gisbert Kranz in seinem *Lexikon der christlichen Weltliteratur* (Freiburg/Basel/Wien 1978); darin sind von den 22 Personen, die mit ihrem Leben und Werk im vorliegenden Band namentlich Gegenstand der Darstellung sind, elf in eigenen Artikeln behandelt: Bernanos, Calderon, Claudel, Corneille, Dostojewski, Annette von Droste, Kierkegaard, Novalis, Pascal, Racine, Unamuno.

7 Vgl. E. D. Hirsh, *Validity in Interpretation,* New Haven/London 1967, und Vernon Ruland, *Horizons of Criticism. An Assessment of Religious-Literary Options,* Chicago 1975.

8 1. Korinther 9, 22.

9 Apostelgeschichte 17, 28.

10 *Theologie des Dramas,* in Band 8 der *Gesammelten Werke,* Frankfurt: Insel 1978, S. 238–245.

QUELLENNACHWEIS

I: Religion und Philosophie

Begegnung mit Kierkegaard. In: Eckart, Witten a. d. Ruhr, Januar/März 1956 und Begegnung und Bekenntnis. Freiburg–Basel–Wien: Herder 1963, ²1964.

Unamuno. Zu seinen Briefen. In: Die Literatur 37 (1934/35) und Pfeiler im Strom. Wiesbaden: Insel 1958, ²1963.

Pascals Drama. In: PASCAL, Ausgewählt und eingeleitet von Reinhold Schneider, Frankfurt/Hamburg 1954, ²1955, ³1957 (Fischer Bücherei. 70. Bücher des Wissens.) und Verpflichtung und Liebe, Freiburg–Basel–Wien: Herder 1964.

Das ungelöste Problem: Goethes Glaube. In: Dichter und Dichtung. Köln/Olten: Hegner 1953, ²1958.

II. Dichtung

Der Künstler und die Dämonen. In: Macht und Gnade. Leipzig: Insel 1940, Neuausgabe. Frankfurt: Suhrkamp 1977.

Kleists Ende. In: Neues Abendland I (1946/47) Aug. 46, 6–11; Sept. 46, 12–18, Dämonie und Verklärung. Vaduz. Liechtenstein 1947, Dichter und Dichtung. Köln/Olten: Hegner 1953: ²1958.

Novalis und der Tod. Heidelberg: F. H. Kerle, 1943, Dämonie und Verklärung. Vaduz. Liechtenstein 1947, Dichter und Dichtung. Köln/Olten: Hegner 1953, ²1958.

Hölderlins Deutschlandbild. In: Dämonie und Verklärung. Vaduz: Liechtenstein 1947; Veränderte Neuausgabe Freiburg–Basel–Wien: Herder 1965.

Chamissos Geschichtserfahrung. In: Macht und Gnade. Leipzig: Insel 1940; Neuausgabe. Frankfurt: Suhrkamp 1977.

Die Sendung Achim von Arnims. In: Vom Geschichtsbewußtsein der Romantik. Wiesbaden: Steiner 1951 und Dichter und Dichtung. Köln/Olten: Hegner 1953, ²1958.

Erworbenes Erbe. Annette von Droste. München: Alber, 1948 und in Dichter und Dichtung. Köln/Olten: Hegner 1953, ²1958.

Dostojewski: Der Idiot. In: Pfeiler im Strom. Wiesbaden: Insel 1958 und Freiheit und Gehorsam. München: Deutscher Taschenbuch Verlag 1967 (dtv 441).

Das Geheimnis der Finsternis. Georges Bernanos. In: Freiburger Katholisches Kirchenblatt, Freiburg, 5. u. 12. Sept. 1948, und in: Begegnung und Bekenntnis. Freiburg–Basel–Wien: Herder 1963.

Claudels Weltgedicht. Vortrag am 11. Sept. '48 in den Städtischen Bühnen, Freiburg i. Br. Unveröffentlichtes Manuskript, 1948.

Gottfried Benn / Reinhold Schneider: Soll die Dichtung das Leben bessern? Wiesbaden: Limes 1956.

III. Drama

Das Drama als Geschichtsmacht. Veränderte Fassung des Vortrages *»Anfang des Dramas«*; geh. bei den »Darmstädter Gesprächen«, April 1955. In: Erbe und Freiheit. Köln/Olten: Hegner 1955.

Drama und Königtum. In: Macht und Gnade. Leipzig: Insel 1940, Neuausgabe Frankfurt: Suhrkamp 1977.

Der Mensch und das Leid in der griechischen Tragödie. München: Schnell & Steiner 1947.

Tod und Unsterblichkeit in Shakespeares Drama. 1947. In: Dichter und Dichtung. Köln/Olten: Hegner 1953, ^{2}1958.

Das Bild der Herrschaft in Shakespeares Drama. In: Pfeiler im Strom. Wiesbaden: Insel 1958 und in: Freiheit und Gehorsam. München: Deutscher Taschenbuch Verlag 1967 (dtv 441).

Calderon. In: Dichter und Dichtung. 1947. Köln/Olten: Hegner 1953, ^{2}1958.

Corneilles Ethos in der Ära Ludwigs XIV. In: Leipzig: Insel 1939 und Baden-Baden: Verlag Hans Bühler jr. 1948.

Das Drama Racines. 1947. In: Dichter und Dichtung. Köln/Olten: Hegner 1953, ^{2}1958.

Christopher Marlowe, der Dichter der Macht. In: Macht und Gnade. Leipzig: Insel 1940, Neuausgabe Frankfurt: Suhrkamp 1977.

Wahrheit und Wahrhaftigkeit auf der Bühne Molières. 1947. In: Dichter und Dichtung. Köln/Olten: Hegner 1953, ^{2}1958.

Lessings Drama. München: Alber 1948, und in: Dichter und Dichtung. Köln/Olten: Hegner 1953, ^{2}1958.

Schiller als Tragiker. In: Erbe und Freiheit. Köln/Olten: Hegner 1955.

Fausts Rettung. Baden Baden: Bühler 1946 und Berlin: Suhrkamp 1946; in: Dämonie und Verklärung. Vaduz: Liechtenstein 1947 und Dichter und Dichtung. Köln/Olten: Hegner 1953, ^{2}1958.

Franz Grillparzer. In: Pfeiler im Strom. Wiesbaden: Insel 1958 und in: Freiheit und Gehorsam. München: Deutscher Taschenbuch Verlag 1967 (dtv 441).

Reinhold Schneider
Insel und Suhrkamp Verlag

Gesammelte Werke in zehn Bänden. Insel Verlag.
Hrsg. im Auftrag der Reinhold Schneider-Gesellschaft von Edwin Maria Landau. Alle Bände in Leinen.
Band 1: Camoes/Philipp II.
Band 2: Das Inselreich. Gesetz und Größe der britischen Macht
Band 3: Der große Verzicht. Erzählungen. Das Drama
Band 4: Zeugen im Feuer. Erzählungen
Band 5: Lyrik
Band 6: Dem lebendigen Geist
Band 7: Geschichte und Landschaft
Band 8: Schwert und Friede. Essays
Band 9: Das Unzerstörbare. Religiöse Schriften
Band 10: Die Zeit in uns. Verhüllter Tag. Winter in Wien.

Gesammelte Werke. Suhrkamp Taschenbuch Verlag.
Im Auftrag der Reinhold Schneider-Gesellschaft hrsg. von Edwin Maria Landau.
Band 2: Philipp II. st 1412
Band 3: Das Inselreich. Gesetz und Größe der britischen Macht. st 1413
Band 6: Erzählungen I. st 1416
Band 8: Gedichte. st 1418
Band 9: Dem lebendigen Geist. st 1419
Band 11: Schwert und Friede. Essays. st 1421

Einzelausgaben
– Der Balkon. Aufzeichnungen eines Müßiggängers in Baden-Baden. st 455
– Las Casas vor Karl V. Szenen aus der Konquistadorenzeit. BS 622
– Lektüre für Minuten. Gedanken aus seinen Büchern und Briefen. Auswahl und Nachwort von Pirmin Meider. Insel. Gebunden
– Portugal. Ein Reisetagebuch. st 1073
– Tagebuch 1930-1935. Auswahl und Nachwort von Josef Rast. Insel. Gebunden
– Verhüllter Tag. BS 685

Zu Schneider
Reinhold Schneider. Leben und Werk im Bild. Von Edwin Maria Landau, Maria von Look und Bruno Stephan Scherer. it 318

45/1/6.87

suhrkamp taschenbücher
Eine Auswahl

2/1/8.86

2/2/8.86

2/3/8.86

2/4/8.86

2/5/8.86

2/6/8.86

2/7/8.86